三目类序释评

濬文
Revival

三目类序释评

李致忠 释评

山西出版传媒集团
三晋出版社

前 言

本书之所以命名"三目类序释评",缘于其内容是对《汉书·艺文志》《隋书·经籍志》《四库全书总目》三目之总序、部序、类序,乃至后按进行了阐释和评断。余嘉锡先生《目录学发微》称"目录之书有三类:一曰部类之后有小序,书名之下有解题者;二曰有小序而无解题者;三曰小序、解题并无,只著书名者"。《汉书·艺文志》《隋书·经籍志》属于第二类,即有小序而无解题;《四库全书总目》则属于第一类,既有小序,又有解题,有的类后还带有后按。《目录学发微》又称自《四库全书总目》以后,"诸家目录能述作者之意者,虽不可云绝无,至于每类皆为之序,于以辨章学术,考镜源流者,实不多见。计现存书目,有小序者,《汉志》《隋志》《崇文总目》《四库提要》四家而已,而《崇文总目》尚未足为重轻。盖目录之书莫难于叙录,而小序则尤难之难者"。可知在中国古典目录学史上,带有航标性质的目录著作,只有《汉志》《隋志》《四库总目》三目而已。抓住这三目,中国古典目录学研究就有了史的坐标。

目录者,学术之史也。目录之所以能辨章学术,考镜源流,任于其有科学的分类及每类小序之简短的解读。类例不分,书固不明,学固不清。正宋郑樵《通志·校雠略》所说:"学之不专者,为书之不明也。书之不明者,为类例之不分也。有专门之书,则有专门之学;有专门之学,则有世守之能。人守其学,学守其书，书守其类。"此言分类在正确部居图书方面的重要作用。章学诚《校雠通义·互著篇》谓："古人著录，不徒为甲乙部次计。如徒为甲乙部次计，则一掌故令史足矣，何用父子世业，阅年二纪，仅乃卒业乎？盖部次流别，申明大道，叙列九流百氏之学，使之绳贯珠联，无少缺逸，欲人即类求书，因书究学。……古人最重家学，叙列一家之书，凡有涉此一家之学者，无不穷源至委，竟其流别，所谓著作之标准，群言之折衷也。"此言小序在设类分书方面的重要作用。本书所选之三目，在类分与类序方面亦各有千秋，堪称中国古典目录著作的典范，洵为三大里程碑。

研究中国古典目录学有种种方法，我则取最原始的方法。即将三目总序、部序、类序分别对应展开，无对应者则独立铺陈。而将每篇总序、部序、类序乃至于后按加以规范标点，对有关文句加以注疏。有的光进行文字笺注和掌故探源尚不易理解者，还尽可能做了通释。从《汉志》《隋志》至《四库总目》，历时既久，书有增损，人有迁变，类分有别，识序有异，其中自有优劣短长和当与不当。如何去谬匡正、去伪存真、拨乱反正，则在每类之后加以按断，试图评出合理的类分，以便古为今用。

将上述综合起来，有三目，有类序，有笺注通释，有按断评论，故名之曰"三目类序释评"。

初，本书原为授课预备的讲义，所以将我对四部分类法的部、类调整表也列了出来。做着做着似乎成了气候，有了规模，于是有了出版的意念。正遇北京图书馆出版社社长、总编郭又陵、徐蜀二同志颇愿鼎力，才使本书有了出版的机会。在此向他们表示衷心的感谢。

本书初版于2002年。2021年后获山西三晋出版社莫晓东社长青睐，惠予在该社再版，内心十分感谢。特别是责任编辑郭亚林女士、张仲伟先生，不仅悉心审稿，订正谬误，还搜寻20多年来方家纠谬意见，借以刊谬补缺，令人心生感动。只是我个人已垂垂暮年，精力、体力、视力均不允许躬自进行通改，所以很有可能旧误仍存，基本还是旧貌，祈望广大读者谅解，并继续惠以新的指正。

李致忠
2023年10月18日于北京

四部分类法的应用及其类表的调整

从《隋书·经籍志》算起,以经、史、子、集为标目的四部分类法,迄今已行用将近1400年。就是辛亥(1911)革命至于今的90年,无论私撰官修的各种善本书目或古籍书目,也几乎都使用四部法类分图书,可见其生命力之强,行用时间之长。推其原因,四部法盖是历代目录学家精心策划、不断调整、与时俱进的分类法;盖是历代目录学家从中国历代学术传扬、学科演化、图籍流存中类归出来的最适合中国古籍、最能反映中国传统学术文化部居的分类法;盖是历代中国学者,包括今天搞传统学问、传统文化的学者最熟悉最习惯使用的分类法。今天,当着学界要编辑《中国古籍总目》、要编制《中国古籍联合书目数据库》时,估计仍要使用四部分类法,这大概是不言而喻的事。但要涵盖所有中国古籍并类归恰当,又有哪张现成的四部分类表能够拿过来就用呢?现成的任何一家四部分类表大概都无法承担此任。推其原因,盖是任何一张四部分类表都有它的局限性;盖是任何一张四部分类表的类目设置和部居都还有不尽科学和不尽如人意的地方;盖是此次编目其事体大、问题复杂,历史上形成的任何一张四部分类表都无法拿来即用。有鉴于此,我们必须先下力气对类表进行调整。

四部调整

调整，有部、类的调整，有部居的调整。调整的依据和原则，是现存中国古籍的实际，以及因现存古籍的实际而设类标目的目录学原则。

既然是要为《中国古籍总目》和《中国古籍联合书目数据库》调整制定类表，那就有个先界定什么是中国古籍的问题。谈到什么是中国古籍，好像是耳熟能详，不言而喻，没有什么值得讨论的。其实关于什么是中国古籍的争论已近20年。起因是编制中国古籍书目怎么界定收录范围而引起的。争论的各方对中国古籍即指"中国古代的典籍"，不持异议。可是对古代下限的划分，界线前来华传教、经商而长期居住在中国并有著作传世的外国人作品，界线前西学东渐过程中北京同文馆、上海江南制造局等单位及少数个人翻译的西方人文、教育、经济、科技、军事、地理等方面的著作，1911年以后部分人的中国传统文化、学术著作，因各馆藏书布局及分工负责不同而引起的对古籍概念理解的歧异等问题，却又众说纷纭了。这些问题不讨论明白，不取得共识，就不可能有科学的古籍界定，没有科学的古籍界定，当然也就无法制定科学的四部分类表。

关于中国古代的下限划分，在政治学家和历史学家那里早就锁定在1840年了。的确，1840年发生鸦片战争，帝国主义以坚船利炮敲开了中国的大门，中国沦为半封建半殖民地的社会，迈出了近代社会的脚步。但是中国封建社会延续了两千多年，其政体国体并未因鸦片战争的炮声而从根本上瓦解，其政治经济制度也只是因震撼而动摇，其思想体系、学术主流、文化传统也只是受到了一些冲击。一句话，中国古代封建社会的特质并没有发生脱胎换骨的转换。因此，当我们要界定古代典籍而必须给中国古代社会划线的时候，似乎不能硬搬政治学家和历史学家所划的1840年，而是要从古籍自身发展演变的特殊规律而划到1911年。这个下限，有关争论的各方都表示认同。

但一接触实际，问题就又来了。如此划线是否意味着1911年以前产生在神州大地的所有典籍便都是中国古籍了呢？这又生出了三种说法：一种说法是凡成书于1911年以前的稿本、抄本、印本典籍，均可视为中国古籍；第二种说法是1911年以前产生的又具有中国古典装帧形式的典籍，可叫作中国古籍；第三种说法是1911年以前以传统的著作方式研究中国传统文化而又具有中国传统装帧形式的典籍，才可以称为中国古籍。三种说法中的第一种说法过于宽泛，照这种说法，西学中的数理化、天地生、医科农、军事、教育、机械制造等一大批1911年以前翻译的作品，就全裹了进来，岂不鱼龙混杂，无法以对付中国古籍见长的四部分类法类分它们了吗？第二种说法加进了具有中国古典装帧形式的限制，但由于这种说法只注意到书的外表形态，未注意书籍装帧形式变数较大，以此作为衡量中国古籍的唯一标准，会惹出很多意想不到的混乱。第三种说法比较确切，但也比较严苛。一是1911年以前一些外国人的作品，如利玛窦、南怀仁、汤若望、罗雅谷、闵明我等人的作品，其内容有的就不是中国文化，怎么办？收不收？二是1911年以后虽然末代的封建王朝已经覆灭，但封建社会长期形成的学术主流、学术传统、治学方法仍然影响着很多人。特别是那些清末遗民，他们人虽踏入了民国，但治学内容、方式、习惯却依然故我。如王先谦、王闿运、马其昶、刘师培、章太炎等人的某些作品，论内容属于中国传统文化，论方式仍是中国传统的著作方式，论装帧亦仍是中国传统的装帧形式，可这些作品就是成书在1911年以后，又怎么办？收不收？第一个问题好解决，部分在华外国人的作品，有的内容虽不属中国传统文化，或说是不为中国所固有，但它们久已汇入中国古籍的烟海，为各家古籍书目所著录。我们也完全可以仿此照收，不必过于拘泥。1911年以后继产的那点东西，内容形式还应算作中国古籍，也可照录不误，亦不必过分拘泥其已在1911年以后。我们的态度应是有时限而又不唯时限，科学定义古籍而又不必过分拘泥。因此，我们界定的中国古籍，仍应以"1911年以前以中国传统的著作方式研究中国传统文化而又具有中国传统装帧形式的典籍，就是中国古籍"的说法为标准，对其前后的某些特殊情况，则灵活处理。但对1911年以前直接翻译的西学作品，则不论其装帧形式如何，都不能视为中国古籍。可以给它们单拟类表单独编目，或单拟类表单独编目之后附在《中国古籍书目》卷尾。至于各馆因藏书布局和分管部门不同而想搭车揽送所提出来的争论，只能希望顾全大局，舍弃小我。只有将上述情况厘清了、说明了，大家有共识了，才能为四部类表的调整营造良好的气氛，提供可靠的前提。

四部类表的调整，首先要考虑到四部的调整，而调整的着眼点集中在子部。《四库全书》不收丛书，因而没有丛书的类分部居问题。可是它收了若干部类书，于是就出现了将其往哪儿放的问题。类书本是将众书中若干问题摘出，然后分门别类再编辑成一书，冠以新的书名。如《艺文类聚》《事文类聚》《白氏六帖》《太平御览》《册府元龟》《锦绣万花谷》《永乐大典》《古今图书集成》等，就都是类书。这些书由于是摘辑，哪条哪段都不能反映其所出之书的完整面貌；摘辑者也只是就各书分类摘编，并没有自己的理论、思想和阐述。因而这类书不具备子书的性质和特征，而离经、史、集就更远。《四库总目·类书类》小序称："类事之书，兼收四部。而非经非史非子非集，四部之内乃无类可归。"于是就勉强将其放在了子部。可是此例一开，其后的古籍书目，乃至《中国古籍善本书目》《北京图书馆古籍善本书目》《中央图书馆善本书目》等，都率由旧章，全将类书放在了子部。

好像就理应如此了，其实这是完全没有道理的。此次调整四部类表，似可将其从子部移出，与丛书部合并，称为"类丛部"，与经、史、子、集平行单列，成为五部体制。

明代胡应麟《少室山房笔丛·九流绪论下》谓："按类书，《郑志》另录，《通考》仍列子家，盖不欲四部之外别立门户也。然类书有数种，如《初学》《艺文》，兼载诗词，则近于集；《御览》《元龟》，事实咸备，则邻于史；《通典》《通志》，声韵礼仪之属，又一二间涉于经。专以属之子部，恐亦未安。余欲别录二藏及赝古书及类书为一部，附四大部之末，尚俟博雅者商焉。"胡应麟早于四库馆臣百年已认识到类书非经非史非子非集而又涉经邻史似子近集的特质，主张将其从子部移出，于四部之外另设一部。这是目录学类分于类书上闪现的思想火花。但要与释、道藏和伪书并为一部，则是胡氏的胡来。此次将其析出，单列为类丛部，应该说是合理的。

自宋代产生丛书以来，发展愈来愈快，部头愈来愈大，形成中国古籍中重要的组成部分。所谓丛书，就是完整地编录两个部类（含两个部类）以上的群书为一书，再冠以新的书名，就成为丛书。其与类书不同的是，类书割裂原书，摘录段落，而后分门别类地再辑成一书；丛书则是选取两个部类以上的各种单书，使每一书都保持自身的完整，而后再分门别类地编成一书。如《四库全书》就是最大的丛书，其收书3400多种，每种都自身完整，独立存在。这类书有的包含经史，有的包含子集，有的经史子集都有所容，也是即经即史即子即集而又非经非史非子非集，将其隶属于子部更是不妥当。可是不少古籍书目，如《北京图书馆善本书目》《北京图书馆古籍善本书目》，至今仍将它放在子部，与类书比肩，这更没有道理。为解决这个问题，张之洞在编辑《书目答问》时，就单立了"丛书部"，故在20世纪80年代编辑《中国古籍善本书目》时，便采纳了张氏类例，把丛书从子部移了出来，单独设立了"丛书部"。但类书也有与丛书靠近的地方，如《永乐大典》虽是类书，在编法上却又完整收录很多单书，颇有先类后丛之意。当今我们又要编制《中国古籍总目》和《中国古籍联合书目数据库》，索兴把类书、丛书从原来的四部中单列出来，成为类丛部，使行之1400年的经、史、子、集，变为经、史、子、集、类丛五部的格局。这是部目的调整。

经部调整

经部类分历来分歧不大，特别是《十三经》定格以来，各目经部类表均大同小异。但就这小异，却也足够我们加以研究，最后拿出定见的。否则经部类表也是调整不出来的。

《汉书·艺文志》的"六艺略"，相当于后世书目的"经部"。其下设类目为易、书、诗、礼、乐、春秋、论语、孝经、小学，凡九类。《晋中经簿》的"甲部"，相当于《汉书·艺文志》的"六艺略"及以后书目的"经部"，其下设类目为六艺、小学，与《汉志》无大出入。王俭《七志》的"经典志"既不同于其前《汉志》的"六艺略"和《晋中经簿》的"甲部"，其下设类目为纪六艺、小学、史记、杂传，又不同于以后的书目。阮孝绪的《七录》，首录即是"经典录"，下设类目为易部、尚书部、诗部、礼部、乐部、春秋部、论语部、孝经部、小学部。一看就知道与《汉志》"六艺略"全同。《隋书·经籍志》的"经部"下设易、书、诗、礼、乐、春秋、孝经、论语、纬书、小学，凡十类。较《汉志》多出了"纬书"一类，《孝经》《论语》的部居前后变位。这里蕴含着目录家的思想，无须赘述。北宋以后，《孟子》被列入经书，《十三经》始成。自此之后，易、书、诗、周礼、仪礼、礼记、乐、春秋左氏传、春秋公羊传、春秋穀梁传、论语、孟子等十二经，便都在经位上有了部居。唯独《十三经》中的《尔雅》，在部居上未能跻身经位，而是被部居在"小学类"的"训诂"之属。只有《中国丛书综录》敢冒天下之大不韪，将《尔雅》提升到了经位，与其他经平行开设了"尔雅类"。这个做法是个大胆的创新，也能言之成理。然《尔雅》内容本是训释经书的，自身并不是宣圣教、传王道、讲治世的经典，故传统习惯上都将其放在"小学类"。这也是有道理的。可是《十三经》中唯独将《尔雅》甩到"小学类"，虽然仍在经部，但却远离了经位，人为制造了混乱。《丛书综录》将其提到经位，是恢复其本原，我们应该采纳。即在四书类后设尔雅类，下设正文、传说、分篇、专著四属，与《丛书综录》相一致。纬书，是对经书而言的，汉朝人伪托孔子之名所作。有《易纬》《书纬》《诗纬》《礼纬》《乐纬》《春秋纬》《孝经纬》，对七经而言，称为七纬。这些书以儒家经义附会人事的吉凶祸福，预言未来的治乱兴衰，多为怪诞无稽之谈，与方士所传谶语合称谶纬。隋炀帝曾发使四方，搜集与谶纬有关之书焚烧之，其学渐微。但到唐初编辑《隋书·经籍志》时，这类书仍有流传，《隋志》在经部单列了"异说"一类，著录《河图》《河图龙文》《易纬》《尚书纬》《尚书中候》《诗纬》《礼纬》《礼记默房》《乐纬》《春秋灾异》《孝经勾命决》《孝经援神契》《孝经内事》等十三部。可是自南朝刘宋大明（457—464）中"始禁图谶，梁天监已后，又重其制。及高祖受禅，禁之逾切。炀帝即位，乃发使四出，搜天下书籍与谶纬相涉者，皆焚之。为吏所纠者至死。自是无复其学"（《隋志·异说类》小序）。这就是说汉代产生的一些纬书，经南朝至隋代的焚禁，已散亡殆尽。后世辑佚，亦残缺不全，形不成气候。至《通志·艺文略》则将纬书分散附在各该经之后，即《易》《书》《诗》《礼》《乐》《春秋》《论语》《孝经》类下，均设有"谶纬"之书，不再在经类之内单设二级类的"纬书"之目。此列一开，直到《中国古籍善本书目》《北京图书馆古籍善本书目》仍在沿用。然至20世纪50年代上海图书馆牵头编辑《中国丛书综录》时，则又视书之实存情况，在经部之末单设了"谶纬"类，其下还分设了总录、河图、洛书、谶、易纬、尚书纬、诗纬、礼纬、乐纬、春秋纬、论语纬、孝经纬十二属。从《隋志》单列"纬书"，中经1300年的撤类分属，至《中国丛书综录》又单设"谶纬"类，可谓都有自己的根据。这个根据就是得有其书。今天我们要编制古籍总目，这类书还是会遇到一些，因而立"谶纬"一目于经部之末，还是可以考虑的。

现在谈经部之首类。近现代编辑古籍书目，常在经部开头首列诸经汇刻一类，其类目名称也不尽一致。如《宝文堂书目》叫"诸经总录"；台湾中央图书馆《旧籍特藏分类表》则在经部之尾列此类，名叫"汇编类"；《中国古籍善本书目》《北京图书馆古籍善本书目》又都放在经部开头，称为"总类"。这种类目名称不能贴切地反映书之本质特征。"总录"，每经都撮录一些，然后汇总在一起，也可以叫"总录"；撮录诸经一类或几类内容，仍可以叫"总录"，可见总录之称确实不确切。将几种经书汇刻在一起，应该起自东汉的《熹平石经》，《后汉书·灵帝纪》称其为《正定五经》，这实际上已是经书的丛刻。其后的《正始石经》《开成石经》《蜀石经》等，也都是这类性质。五代国子监校刻的《九经》，应是雕版印刷术应用之后始出的经书丛刻。其后宋有越州本《六经》，元有《相台五经》，明清则有《十三经》。这些都是丛刻的性质。人们通常这样定义丛书、丛编，汇刻跨部类之书为一书叫丛书，汇刻同部类之书为一书叫丛编。根据这样一个定义原则，我们不如直表其里，干脆就叫作"丛编"，部居在经部开头。这个问题如果能得到共识，则史部开头的汇刻史书也可以叫作"丛编"，子部开头的汇刻子书也可以叫作"丛编"。依此类推，部下之类有时也有丛刻，则可以称为"类编"。但到集部还可以从传统习惯而称总集，排在别集之后。但总集之下仍有"丛编"。《隋书·经籍志》将石经类归到经部"小学类"，将其当作字书看，不甚妥当。石经的本质是经书丛刻，只不过其介质是石材而已。因此，凡石经含两种经书以上者，入经部"丛编"；只剩一种经书甚至又残者，可以各入其经，也可以单列石经一类。将这些问题都厘清之后，我们似乎可以调整出一张经部类表，以供参考了。

经　部

丛　编
　易　类
　　正文之属
　　传说之属
　　图研之属
　　文字音义之属
　　分篇之属
　　专著之属
　　易例之属
　　古易之属
　书　类
　　正文之属
　　传说之属
　　文字音义之属
　　分篇之属
　　书序之属
　　专著之属
　　逸书之属
　诗　类
　　正文之属
　　传说之属
　　文字音义之属
　　分篇之属
　　诗序之属
　　诗谱之属
　　专著之属
　　逸诗之属
　　三家诗之属
　周礼类
　　正文之属
　　传说之属
　　文字音义之属
　　分篇之属
　　专著之属
　仪礼类
　　正文之属
　　传说之属
　　文字音义之属

分篇之属
　　　专著之属
　　　图研之属
　　　逸礼之属
　礼记类
　　　正文之属
　　　传说之属
　　　文字音义之属
　　　分篇之属
　　　专著之属
　大戴礼记类
　　　正文之属
　　　传说之属
　　　分篇之属
　　　逸礼之属
　三礼总义类
　　　通论之属
　　　名物制度之属
　　　图研之属
　　　通礼杂礼之属
　　　目录之属
　乐　类
　　　乐制之属
　　　乐理之属
　　　律吕之属
　春秋左传类
　　　正文之属
　　　传说之属

　　　文字音义之属
　　　专著之属
　　　释例之属
　春秋公羊传类
　　　正文之属
　　　传说之属
　　　文字音义之属
　　　专著之属
　春秋榖梁传类
　　　正文之属
　　　传说之属
　　　文字音义之属
　　　专著之属
　春秋总义类
　　　正文之属
　　　传说之属
　　　文字音义之属
　　　专著之属
　四书类
　　　大学之属
　　　　正文
　　　　传说
　　　中庸之属
　　　　正文
　　　　传说
　　　论语之属
　　　　正文
　　　　传说

文字音义
　　　专著
　　古齐鲁论
　孟子之属
　　正文
　　传说
　　文字音义
　　专著
　合刻总义之属
　　传说
　　文字音义
　　专著
孝经类
　正文之属
　传说之属
　文字音义之属
　专著之属
尔雅类
　正文之属
　传说之属
　分篇之属
　专著之属
群经总义类
　传说之属
　图研之属
　文字音义之属
　授受源流之属
　石经之属

　　通考
　　专考
小学类
　文字之属
　　说文
　　传说
　　专著
　　字书
　　通论
　　古文
　　字典
　　字体
　　蒙学
　音韵之属
　　韵书
　　古今韵说
　　等韵
　　注音
　训诂之属
　　群雅
　　字诂
　　方言
　　译语
　文法之属
　　文法
　　函牍格式
　　公文程式
　　杂著

11

谶纬类
  河图之属
  洛书之属
  谶之属
  易纬之属
  书纬之属
  诗纬之属
  礼纬之属
  乐纬之属
  春秋纬之属
  孝经纬之属
  论语纬之属
  总义之属

史部调整

《汉书·艺文志》无史部，将左丘明《国语》、刘向《新国语》、《世本》、《战国策》、《奏事》、《楚汉春秋》、《太史公》、《续太史公》、《太古以来纪年》、《汉著记》、《汉大纪年》等有数的几种史书，附在了《春秋》类的后边。《晋中经簿》的丙部是史部，但只分史记、旧事、皇览簿、杂事几类。《七志》将史记、杂传等史书，同纪六艺、小学等一道放在"经典志"中。《七录》的"记传录"是史部，首列"国史部"。《隋书·经籍志》确立了四部分类法，其史部首列"正史"之目。然《隋志》并未解释什么叫"正史"，也未说明为什么要立"正史"之目，只是在其正史类序中说："古者天子、诸侯，必有国史，以纪言行。"透露出国史即正史的理念。其后的所有目录，无论是史志目录，还是公私藏书目录，几乎都率由旧章，于史部均首列正史。《四库全书总目》史部亦首列"正史"，并在类序中说："盖正史体尊，义与经配，非悬诸令典，莫敢私增，所由与稗官野记异也。"原因是正史所由与稗官野记迥异，故其体尊，义与经配，有利传授经国治道，故名"正史"。其实在我们今人看来，倒不一定非要遵从这些理念而列"正史"。我们的理解是所谓正史，乃历代当朝或后朝官方认同或组织官修的史书。这种史书一共二十四部，加上《清史稿》，亦不过二十五部。这二十四史，都是以人为主线的纪传体书书，乃历史上逐渐形成，赓续未断，并成为整体和系统学问，编目类分时不宜拆散。可是自1911年以来，特别是1949年以来，各家编制善本书目或古籍书目，几乎都扬弃了"正史"类名，而代之以"纪传体"之目。二十四史都是纪传体史书，这没错，但二十四史以外的史书还有很多也都是纪传体，如果都按体裁分，便混在了一起。特别是在"纪传体"类目之下再细分"通代""断代"，则二十四史便被割裂开来。例如《史记》是大通代，《南史》、《北史》、新旧《五代史》则被看成是小通代，于是这几种书便被分入了"通代"，其余十九史便被分入了断代。如果再阑入其他纪传体史书，也各入通代、断代，则二十四史便被零切碎割。这一割裂，二十四史便失去了严整性、系统性和学术性，也非常不便于检索。有鉴于此，我们似可以仍然保留"纪传体"的二级类目，其下设正史、别史两属。这样史部开头几类既能保持按体裁类分的一致性，又能保证正史不被拆散的严整性。这样做，不是守旧，也不是目录学思想的回潮，而是恢复实事求是和便于查检、辨章学术的目录学原则。

四库馆臣还谓："司马迁改编年为纪传，荀悦又改纪传为编年。刘知幾深通史法，而《史通》分叙六家，统归二体，则编年、纪传均正史也。其不列为正史者，以班、马旧裁，历朝继作；编年一体，则或有或无，不能使时代相续，故姑置焉。"（《四库总目·编年类》小序）按照四库馆臣的说法，编年体史书也是正史，之所以没列入正史，原因有二：一是《史记》《汉书》体裁既立，历代国史悉遵其体，继有续作，成为赓续未断的正统；二是编年体史书时有时无，未形成时代系统，因此未进入正史，特列入"编年"。四库馆臣如此处理不是不可以，但将其列在"正史"之后，则在部居上恐意有未安。

与正史相对应的应当是别史。正史一立，作为辅助补充正史的别出之史，即别史，也必须随之而列类。别史之列类标目，始于陈振孙的《直斋书录解题》，用以部居上不至于正史，下不至于杂史的别史。《四库总目·别史类》小序称："《史记》《汉书》以下已列为正史矣，其歧出旁分者，《东观汉纪》《东都事略》《大金国志》《契丹国志》之类，则先资草创；《逸周书》《路史》之类，则互取证明；《古史》《续后汉书》之类，则检校异同。其书皆足相辅，而其名则不可并列，命曰别史。"言简意赅，阐释透辟。然别史既为正史之补充，当紧随正史之后而部居，以便相辅相成。可是四库馆臣却认为"编年、纪传均正史也"，因而在正史之后未列别史，反而列了编年、纪事本末。现在应该改正此种部居，将别史从纪事本末后移至编年前，部居在纪传体之下位类，与正史并列，成为别史之属。使别史在部居上拱卫正史，补充正史。也便于用书人查检。

"诏令奏议"之明确标目设类，是《四库全书总目》考察历史、结合实际、博采众长而创立的一类。该类的《四库总目》小序称："《唐志·史部》，初立此门。"这话说得并不确切。今检《旧唐书·经籍志·史部》，并无此一门，只在"起居注"类中间著录了《晋书杂诏书》一百卷、《晋太元副诏》二十一卷、《晋义熙诏》二十二卷等十一部诏令之书。《新唐书·艺文志》亦在"起居注"类中间著录了这十一部书，并加录了《宋永初诏》六卷、《宋永嘉诏》二十一卷、《古今诏集》一百卷、《明皇制诏录》十卷等十部诏令之书。《四库总目·诏令奏议类》小序又说："黄虞稷《千顷堂书目》则移制诰于集部，次于别集。"这倒是事实，但其形式是在别集之后另立一目，名曰"制诰类"。其后再另立一目，名曰"表奏类"。本质上并不属于集部，而是附在集部之后。认识此类书之性质，乃"王言所敷……涣号明堂，义无虚发，治乱得失，于是可稽。此政事之枢机，非仅文章类也"（《四库总目·诏令奏议类》小序）者，是四库馆臣，故诏令奏议

14

之立类，当属四库馆臣之创格。而今编目，仍沿用此类，无庸顾虑。《中国丛书综录》将诏令、奏议分开，入史部政书类的"掌故琐记之属"，似不可取。《汉志·六艺略·礼类》有《议奏》三十八篇，春秋类有《议奏》三十九篇。也是附列。

传记类，即《隋志》的"杂传"类，而《隋志》的来源乃是《七录》中"记传录"的"杂传部"，可见这个类目是个非常古老的类目。到《四库全书总目》，则在传记类目下加以细分。原则虽对，但下分之属却大可商榷。比如其在"传记"类下分为圣贤、名人、总录、杂录、别录五属。这种分法一是过分守旧，二是很难掌握操作。圣贤一共有几个？名人用什么尺度来衡量？什么叫"总录"？什么叫"杂录"？"别录"之说能否成立？都很值得研究。"圣贤"类所收只有《孔子编年》《东家杂记》两种，并在后按中说："以上所录，皆圣迹也。收存目之中有诸贤之叙录，名统于一，故总标目曰圣贤。"检《四库存目》，确是著录了《孔子世家补》《孔氏实录》《孔子论语年谱》《孟子年谱》《夷齐录》《闵子世谱》《孔子年谱纲目》《孔子年谱》等书，故以"圣贤"标目没什么不可以，但这种分法绝非科学的学科分类，而是儒家崇尚圣贤之目录学思想的体现。"名人"之属所录"大抵名世之英与文章道德之士也。不曰名臣而曰名人者，其中或苦节卓行，而山林终老；或风流文采，而功业无闻，概曰名臣，殊乖其实。统以有闻于后之称，庶为兼括之通词尔"（《四库总目·名人类》后按）。尽管这也是一种构想，但这个名人尺度实难统一掌握。"总录"之属所录之书无非都是一书有多个人传记的书籍。也就是《四库总目》该类按语所说"合众人之事为一书"者。"《册府元龟》有'总录'之目，今取以名之。"貌似命名有据，但反映书之本质不确。因为录众文众事众人，均可称为"总录"。其实本质是"总传"，也就是合众人事迹为一书者之总汇，所以不如叫作"总传"。"杂录"之属，按《四库总目·杂录类》后

15

按称:"传记者,总名也。类而别之,则叙一人之始末者,为传之属;叙一事之始末者,为记之属。以上所录,皆叙事之文,其类不一,故曰杂焉。"这种解释十分牵强,只记杂事而不涉人之传记者,有的应进杂史,有的应进地理类杂记,有的应进子部杂著杂记。此处所剩者仅杂传而已,故名"杂传"更明确。"别录"所录"皆逆乱之人,自为一传者,命曰别录,示不与诸传比也。其割据僭窃之雄,别附'载记';征讨削平之事,别入'杂史',均不与此同科"(《四库总目·别录类》后按)。其实说穿了,仍不过是个人传记而已,只不过传主乃割据僭窃或傀儡伪首罢了,这些人附于"总传"之末当无不可。改"别录"为"别传",用以类分个人传记而单行成书者,并部居在"总传"之后,似为更好。今参酌众家,据以实际,将传记类调整为总传、别传、杂传、科举录、职官录、日记。总传之下可设历代、郡邑、谱牒、姓名、人表、君臣、儒林、文苑、技艺、忠孝、隐逸、列女、释道仙;别传之下可设个人、年谱、事状、墓志。其余类属不表自明,可暗分明不分。

《四库全书总目》的"载记"类,对应的乃是《隋书·经籍志》的"霸史"类。而《隋志》"霸史"之设盖借鉴《七录》"记传录"中的"伪史部"。其著录内容均为四方割据僭越之政权史,意谓其政权是伪政权,其政权之获取非天命所归,而是以霸道手段所强得。此在封建正统观念下如是处理,是完全可以理解的。直到《四库全书总目》才提出比较客观的见解:"五马南浮,中原云扰,偏方割据,各设史官,其事迹亦不容泯灭,故阮孝绪作《七录》,'伪史'立焉。《隋志》改称'霸史',《文献通考》则兼用二名。然年祀绵邈,文籍散佚,当时僭撰,久已无存;存于今者,大抵后人追记而已。曰"霸"、曰"伪",皆非其实也。案《后汉书·班固传》称撰平林、新市、公孙述事为'载记';《史通》亦称平林、下江诸人《东观》列为'载记';又《晋书》

附叙十六国，亦云'载记'，是实立乎中朝以叙述列国之名。今采录《吴越春秋》以下述偏方僭乱遗迹者，准《东观汉纪》《晋书》之例，总题曰'载记'，于义为允。""载记"一词乃中性，无褒无贬，确是立乎中朝，居高临下，客观著录其书。故"载记"一类，我认为应该保留，不应分入杂史。理由是一要尊重客观事实，二要尊重相对集中便于寻检的目录学原则。部居可摆在"杂史"之后，"史钞"之前。

地理类也是个老类目。《七志》的"图谱志"中有"纪地域及图书"。《七录》的"记传录"中有"土地部"。至《隋书·经籍志》正式于史部设了"地理"类目。直到今天，这个类目仍为各家古籍书目所沿用。但类表几乎没有完全相同的。《四库全书总目》地理类类表为官殿、总志、都会郡县、河渠、边防、山川、古迹、杂记、游记、外纪，凡十属。之所以如此类分和部居，四库馆臣也有说法："首官殿疏，尊宸居也；次总志，大一统也；次都会郡县，辨方域也；次河防、次边防，崇实用也；次山川、次古迹、次杂记、次游记，备考核也；次外纪，广见闻也。"从表面上看似乎都言之成理，但仔细推敲，却又大可商榷。因为要"尊宸居"，所以就单设"宫殿类"，并且部居为首，真是岂有此理。下边又单设名胜古迹，与"宫殿"两者相重。"总志"者，无非是全国总志，在封建社会确有威德遐宣、响从影附、以昭一统之盛的含义，可是在我们今人的思想里，它就是记载全国的志书，与方志相对。"都会郡县"之设，四库馆臣的解释是为了"辨方域"，其实说穿了，无非是记载一方的志书，与总志相对，可见不如直名"方志"。除水患兴水利，乃中华民族的优良传统，光治理黄河的书就数不胜数，甚至演为河政。其他治江、治淮、治海、治塘、围堰、治湖方面的书也不胜枚举。将这类书分入"河渠"或"山水"都不合适。河渠者，只是记河记渠；山水者，只是游山玩水，记山记水，与除害兴利的水利不能同日而

17

语,故应单设水利志。"边防"一类应改名"古防务"。原因是古人之所谓边防,不都指边疆、边界,还含有边塞之义,且其边多与神州内部的少数民族有关,谈不上国与国之间的真正边防。且看《四库全书》"边防类"所收之《北边备对》《江东地利论》《东南防守利便》《九边考》《海防图论》《万里海防图说》《江防图考》《筹海图编》《秦边纪略》,等等,哪一部是现代意义的边防呢?没有。有鉴于此,不如改名"古防务",其下再分"海防""江防""陆防"。综上所述,地理类的类表似可调整为总志、方志、专志、杂志、水利志、山川志、游记、古防务、外纪,凡九属。方志类下再分通志、郡县志;专志类下再分古迹、宫殿、寺观、祠庙、陵墓、园林、书院;水利志类下暗分除水患、兴水利,实际并不明确标目;山川志类下再分设山志、水志;古防务类下也可暗分为海防、江防、陆防。

当然,地理类下还有个舆图问题。如何对待舆图,大概可作三种考虑:一种是从俗,如编辑古籍目录,通常不收录舆图;一种是在地理类下单列一目,可名为"舆图",其下可再分为坤舆图、全国图、郡县图、山图、水图、道里图、军用图、园林图、建筑宫殿图、陵寝图等;三是各附其类,即将各类性质的地图在地理类下各入其属,附于属末。这三种考虑中,我比较倾向第二种,即在地理类下为舆图单列一目,使地理类形成十属,类表也更为严整。

"政书"类目之创始者,乃钱溥《秘阁书目》。"政书"类对应的是《隋书·经籍志》之"故事""仪注"类,也有称"旧事"的,到陈振孙《直斋书录解题》则称"典故",其实说穿了指的就是旧时的典章制度。然"《隋志》载《汉武故事》,滥及稗官;《唐志》载《魏文贞故事》,横牵家传。循名误列,义例殊乖"。故四库馆臣"惟以国政朝章、六官所职者,入于斯类"。并以"政书"标目,以见综括古今之义焉。(见《四库总目·政书类》小序）这是四库馆臣的创见，点到了事物的本质，故迄今其所列类表仍大体可行，稍做调整充实，仍可应用。政书类可下设通制、仪制、邦计、邦交、军政、律令、考工、公牍档册、掌故琐记等属。仪制之下再分典礼、杂礼、专志。专志之下还可细分为纪元、讳法、谥法、科举、校规。邦计之下还可细分为通纪、营田、赋税、贸易、俸饷、漕运、盐法、钱币、户政、地政、荒政、衡制等目。军政之下还可再分为兵制、马政、保甲、团练、边政等目。律令之下还可细分为刑制、律例、治狱、判牍、法医等目。考工之下可分为营造、杂志之目。"史评类"之部居应前提到"史钞类"之后。目录应单列二级类目，金石类当从过去经部"小学类"、史部"目录类"中析出，单列二级类目，名为"金石类"。

金石之文，《隋志》《唐志》皆附于"小学"，《宋史·艺文志》乃附"目录"。至《四库全书总目》，则将集录古刻、条列名目者入"目录"，《博古图》之类因器具而及款识者则入"谱录"，石鼓文音释之类仍归"小学"，《兰亭考》《石经考》之类，只要是征故实而非考文字者则入"金石"。《四库总目》尽管如此辨章其学术特质，却仍将金石隶于"目录"，这不符合金石之学发展的实际。目录本指书目，不能囊括金石的全部内容。《文渊阁书目》列有"法帖"，《述古堂书目》曾单列"金石"，故专门为"金石"列类也有前例可循，且久已为近现代各家所编古籍书目所行用，今可在史部之下单列"金石类"，其下位类分可参考《中国丛书综录》，分为总志之属、金之属、钱币之属、玺印之属、石之属、玉之属、甲骨之属、陶之属、郡邑之属，凡九属。原《中国丛书综录》所设"竹木简牍"之属，无非是近现代以照相制版技术影印出土之竹木简牍之书。这类书不应仍视其为文物考古，而应视其内容，各入相关类目。总志之下还可再分目录、图像、文字、通考、题跋、杂著，金之属下面还可再分为目录、图像、文字、通考、题跋、杂著，钱币之下还可再分为图像、文字、杂著，玺印之下还可再分为目录、文字、通考、杂著，石之属下面还可再分为目录、图像、文字、通考、题跋、义例、字书、杂著，玉之属下面还可再分为目录、图像、文字、通考、题跋、杂著，甲骨之下还可再分为图像、文字、通考、义例、字书，陶之属下面还可再分为图像、文字，郡邑下面还可再分为目录、图像、文字、题跋、杂著。这样我们就可以将史部类表调整为：

史　部

丛　编　　　　　　　　　　载记类
　纪传体　　　　　　　　　史表类
　　正史类　　　　　　　　史钞类
　　　通代　　　　　　　　史评类
　　　断代　　　　　　　　　史学之属
　　别史类　　　　　　　　　史论之属
　　　通代　　　　　　　　　考订之属
　　　断代　　　　　　　　　咏史之属
　编年类　　　　　　　　　传记类
　　通代之属　　　　　　　　总传之属
　　断代之属　　　　　　　　　历代
　纪事本末类　　　　　　　　　郡邑
　　通代之属　　　　　　　　　谱牒
　　断代之属　　　　　　　　　姓名
　杂史类　　　　　　　　　　　人表
　　通代之属　　　　　　　　　君臣
　　断代之属　　　　　　　　　儒林
　　外纪之属　　　　　　　　　文苑

20

技艺（书画、印人、伶人、筹人）
　　忠孝
　　隐逸
　　列女
　　释道仙
　别传之属
　　个人
　　年谱
　　事状
　　墓志
　杂传之属
　科举录之属
　　总录
　　历科会试录
　　登科录
　　历科乡试录
　　诸贡录
　　武试录
　职官录之属
　　总录
　　历朝
　日记之属
政书类
　通制之属
　仪制之属
　　通礼
　　典礼
　　杂礼
　　专志
　　纪元
　　谥法
　　讳法
　　科举校规
　邦计之属
　　通纪
　　营田
　　赋税
　　贸易
　　俸饷
　　漕运
　　盐法
　　钱币
　　户政
　　地政
　　荒政
　　衡制
　邦交之属
　军政之属
　　兵制
　　马政
　　保甲
　　团练
　　边政
　律令之属
　　刑制

21

律例　　　　　　　　陵墓
　　治狱　　　　　　　　园林
　　判牍　　　　　　　　书院
　　法验　　　　　　杂志之属
　考工之属　　　　　水利之属
　　营造　　　　　　山川之属
　　杂志　　　　　　　　山志
　掌故琐记之属　　　　　水志
　公牍档册之属　　　　游记之属
职官类　　　　　　　　外纪之属
　官制之属　　　　　　防务之属
　　通志　　　　　　　　海防
　　专志　　　　　　　　江防
　官箴之属　　　　　　　陆防
诏令奏议类　　　　　　舆图之属
　诏令之属　　　　　　　坤舆
　奏议之属　　　　　　　全国
时令类　　　　　　　　　郡县
地理类　　　　　　　　　山图
　总志之属　　　　　　　水图
　方志之属　　　　　　　道里
　　通志　　　　　　　　军用
　　郡县志　　　　　　　园林
　专志之属　　　　　　建筑宫殿
　　古迹　　　　　　　　陵寝
　　宫殿　　　　　金石类
　　寺观　　　　　　总志之属
　　祠庙　　　　　　　　目录

图像	字书
文字	杂著
通考	玉之属
题跋	目录
杂著	图像
金之属	通考
目录	题跋
图像	杂著
文字	甲骨之属
通考	图像
题跋	文字
杂著	通考
钱币之属	义例
图像	字书
文字	陶之属
杂著	图像
玺印之属	文字
目录	郡邑之属
文字	目录
通考	图像
杂著	文字
石之属	题跋
目录	杂著
图像	目录类
文字	通论之属
通考	义例
题跋	考订
义例	掌故琐记

23

藏书约	禁毁
总录之属	书志之属
史志	提要
官修	题跋
私撰	专录之属
地方	版本之属
氏族	通论
汇刻	专考
征访	书影

子部调整

自六经以外，凡立说者，皆子书也。此后，演变为凡有一能一技一艺之长而形诸文字且成书籍者，也被看作是子书。《隋志·子部》总序称："《汉书》有诸子、兵书、数术、方伎之略，今合而叙之，为十四种，谓之子部。"正反映了这一认识历程。《四库总目·子部》总序称："其初亦相淆，自《七略》区而列之，名品乃定；其初亦相轧，自董仲舒别而白之，醇驳乃分。"今检《汉书·艺文志》，其诸子凡分为儒家、道家、阴阳家、法家、名家、墨家、纵横家、杂家、农家、小说家十家，确是"区而列之，名品乃定"。其后这十家有的发展，有的演变，有的放绝，经过一千七八百年的磨合，至《四库全书总目》则诸子中仅列儒家、兵家、法家、农家、医家、杂家、小说家，增添了释家、道家。阴阳家进了"术数"，名、墨、纵横家并入了"杂家"。"兵家"于《汉书·艺文志》并不在诸子中，而是单列"兵书略"。"医家"亦不在诸子中，而属"方技略"，分列为医经、经方、房中、神仙四类。《隋书·经籍志》子部列儒、道、法、名、墨、纵横、杂家、农家、小说家、兵家、天文、历数、五行、医方，凡十四类，较《汉志》诸子略少了一个"阴阳"，多了一个"兵家"。现就有关类目阐释如次。

诸子汇刻，久已有之，至明而大盛，故子部首类仍应是"丛编"，"丛编"之下可按所收诸子多寡暗分明不分。如二子、四子、六子、二十子等。

儒家，自《汉书·艺文志》起，历来被摆在诸子中的首位。其理由如《汉志·儒家类》小序所说："儒家者流，盖出于司徒之官，助人君顺阴阳明教化者也。游文于六经之中，留意于仁义之际，祖述尧舜，宪章文武，宗师仲尼，以重其言，于道最为高。"这是汉武帝"罢黜百家，独尊儒术"之后的目录家的评说。《四库总目·子部》总序则称："儒家本六艺之支流，虽其间依草附木，不能免门户之私，而数大儒明道立言，炳然具在，要可与经、史旁参。"可见儒家乃被认为是六经之支脉，祖述尧舜，宪章文武，宗师仲尼，明道立言，助人君，明教化，于道最高。其家其学可与经、史旁参。然家与学还是有区别的，儒家乃先秦诸子中的一个学派，其说宗师仲尼，其理宪章文武，其宣教则祖述尧舜，故其理论体系乃在先秦已创立而成，故可称为家。汉武帝"罢黜百家，独尊儒术"之后，儒家成为官方哲学，其后历代硕学鸿儒祖述其说，阐释义理，此乃学也而非家也。故"儒家类"下当再分为"儒家""儒学"。"儒家"用来类分部居先秦儒家著作；"儒学"用来类分部居汉以后历代阐释、弘扬儒家之说的著作。"儒学"之下还可再分为经济之属、性理之属、礼教之属，礼教之属下边还可再细分为鉴戒、家训、乡约、女范、蒙学、劝学、俗训。

道家本亦先秦的哲学流派，但由于后世为道教所追宗，故与宗教混在一起。《四库总目·道家类》小序称："世所传述，大抵多后附之文，非其本旨。彼教自不能别，今亦无事于区分。"故《四库总目》便不负责任地在"释家"之后，并列而设置了"道

25

家"一类，反把后世神仙道术、导引烧炼、符箓章咒、斋醮服饵等阑入"道家"。这既是不尊重学术事实，也是不尊重先秦道家。如果我们能在子部单设"宗教类"，则道家与道教便可分开，还道家以本来面貌和应有地位。

纪晓岚在《四库总目·子部》总序中说："儒家尚矣。有文事者有武备，故次之以兵家。兵，刑类也，唐、虞无皋陶，则寇贼奸宄无所禁，必不能风动时雍，故次以法家。民，国之本也；谷，民之天也，故次以农家。本草经方，技术之事也，而生死系焉，神农、黄帝以圣人为天子，尚亲治之，故次以医家。重民事者先授时，授时本测候，测候本积数，故次以天文历算。以上六家，皆治世者所有事也。百家方技，或有益，或无益，而其说久行，理难竟废，故次以术数。游艺亦学问之余事，一技入神，器或寓道，故次以艺术。以上二家皆小道之可观者也。《诗》取多识，《易》称制器，博闻有取，利用攸资，故次以谱录。群言歧出，不名一类，总为荟萃，皆可采撷菁英，故次以杂家。隶事分类，亦杂言也，旧附于子部，今从其例，故次以类书。稗官所述，其事末矣，用广见闻，愈于博奕，故次以小说家。此上四家，皆旁资参考者也。二氏，外学也，故次以释家、道家终焉。"由此可知《四库全书总目》之子部类表为儒家类、兵家类、法家类、农家类、医家类、天文历算类、术数类、艺术类、谱录类、杂家类、类书类、小说家类、释家类、道家类，凡十四类。这种类分、部居的逻辑大都可以斟酌采纳，但有几类则当辩白而调整之。

首先还是道家。《汉志·道家类》小序称："道家者流，盖出于史官，历记成败存亡祸福古今之道，然后知秉要执本，清虚以自守，卑弱以自持，此君人南面之术也。合于尧之克攘，《易》之嗛嗛……"与儒家"助人君顺阴阳明教化者也。游文于六经之中，留意于仁义之际，祖述尧舜，宪章文武"殊途同归。故自

《汉志》以降，几乎所有书目于子部都是先儒后道，方轨并驾。关于道家之作用地位，张舜徽先生在《汉书艺文志通释》中有过一段精彩的议论："'此人君南面之术也'，一语道破道家之用而无遗。而上句所提'秉要执本，清虚以自守，卑弱以自持'十四字，尤为南面术纲领，竟以数语尽之，可谓至精至邃矣。此乃《七略》原文，班氏特移录沿用之耳。刘向之父德，史称其少修黄老术，有智略。向、歆承其家学，故能窥见道家之用。此犹司马谈尝习道论于黄子，故其《论六家要指》，独推崇道家。其言有曰：'道家使人精神专一，动合无形，赡足万物，与时迁移，应物变化。立俗施事，无所不宜。指约而易操，事少而功多。''道家无为，又曰无不为。其实易行，其辞难知。其术以虚无为本，以因循为用。虚者，道之常也；因者，君之纲也。群臣并至，使各自明也。'此皆言道家所陈人君南面之术，最为高妙。……又曰：'儒者则不然，以为人主，天下之仪表也。主倡而臣和，主先而臣随。如此，则主劳而臣逸。至于大道之要，去健羡，绌聪明，释此而任术。'司马谈两相比较，以为在南面术之运用方面，道家为工而儒家为拙耳。"这段议论，点破了道家秘旨，托出人君南面所用之术，实较儒家为高。然自汉武帝"罢黜百家，独尊儒术"之后，儒家成了历代封建社会的官方哲学，为历来目录学家推为子部之首，故儒家之后必次以"道家"。也就是两家都被看重。其余兵、法、农、医，可依四库馆臣的部居。但若恢复名家、墨家、纵横家地位，则应在此四类之前。纪晓岚《纪文达公集·济众新编序》中说："余校录《四库全书》，子部凡分十四家。儒家第一，兵家第二，法家第三，所谓礼乐兵刑，国之大柄也。农家、医家，旧史多退之于末简，余独以农家居四，而其五为医家。农者，民命之所关，医虽一技，亦民命之所关，故升诸他艺术上也。"其实道家、墨家、名家、纵横家摆在儒家之后，同可视为礼乐兵刑方面的内容，不破坏纪晓岚"礼乐

27

兵刑"的构想。纪晓岚之所以斥道，其原因是"后世神怪之迹多附于道家"。其实这不应怪道家自身，而应怪后世道教之徒多所攀附和目录学家在分类上的强行类归及胡乱类归。这两股力量加在一起，便使本属哲学流派的道家陷入了污浊的泥潭。明代胡应麟《少室山房笔丛·经籍会通二》说："《老》《关》《庄》《列》，皆谭理之书。自张道陵、寇谦之、杜光庭辈盛演其教，欲与释藏相抗，故以柱下为道君。又创立元始天尊，而姓之曰乐、名之曰静信。亡论太始以前，即汉、秦间姓名绝少此类，盖魏晋六朝假托宛然……尚难尽信。"这一点，纪晓岚不是不知道，只是他认为"彼教自不能别，今亦无事于区分"，因而又多被污染了二百多年。我们现在的任务就是要将道家从烂泥潭中解救出来，揩去身上的污垢，恢复其本来的面貌。即在子部儒家之后仍列道家，而在子部末尾开列宗教，下设佛教、道教、其他宗教之属。这就都合理了。

阴阳家，也是战国时的九流之一，其代表人物是邹衍、邹奭。其学包括阴阳四时、八位、十二度、廿四时等度数之学和五德终始的五行之说。故《汉书·艺文志》说："阴阳家者流……'敬顺昊天，历象日月星辰，敬授民时。'此其所长也。"到《隋书·经籍志》则并入了"五行类"。后来此家放绝，其余绪到《四库全书》时则并入了"术数类"。故此家可不列类。

法家，"信赏必罚，以辅礼制。《易》曰'先王以明罚饬法'，此其所长也"。故自《汉志》《隋志》直至《四库全书》都列有"法家"。

名家、墨家、纵横家都还有书或辑佚书存世，故不当不列类。特别是其中的墨家，其发端就是针对儒家来的，是儒家的反对派，又有书传世，怎么能听信黄虞稷的意见，并入"杂家"呢？《庄子·天下篇》将诸子分为邹鲁，墨翟、禽滑厘、彭蒙、田骈、慎到，关尹、老聃，庄周，惠施、桓团、公孙龙七个学派。《荀子·非十二子》分它嚣、魏牟，陈仲、史䲡，墨翟、宋子，慎到、田骈，惠施、邓析，子思、孟轲，仲尼、子弓为七个学派。《荀子·解蔽篇》中又列墨子、宋子、慎子、申子、惠子、庄子、孔子七家。《韩非子·显学篇》说："今之显学，儒、墨也。"司马谈《六家要指》说："夫阴阳、儒、墨、名、法、道德，此务为治者也。"几乎所有这些早期历史人物所分的诸子学派中，都有墨家，黄虞稷、纪晓岚怎么能因其传世书少，就将其并入杂家呢？同样的道理，名家、纵横家，也不能因其传世书少而并入杂家。余嘉锡《目录学发微》指斥《四库全书总目》"最误者莫如合名、墨、纵横于杂家，使《汉志》九流十家顿亡其三，不独不能辨章学术，且举古人家法而淆之矣"。批评得已入肯綮之间。故这三家虽然书少，但必得列类。

杂家，《汉志·杂家类》小序称："杂家者流，盖出于议官。兼儒、墨，合名、法，知国体之有此，见王治之无不贯。"可见杂家乃博采众家之长而立一家之说，故治国之体当有此杂家之说，王者之治，于百家之道亦无不贯综。《隋志·杂家类》小序亦称："杂者，兼儒、墨之道，通众家之意，以见王者之化，无所不冠者也。"故《汉志》将其部居在儒、道、阴阳、法、名、墨、纵横家之后，农家、小说家之前。《隋志》"杂家"部居基本与《汉志》同，只是将"阴阳家"后移至倒数第二的位置，称为"五行"。鉴于上述这些，"杂家"应提前至"医家"之后，似更合理。至《四库总目》的"杂家类"则偷换杂家固有的概念，说什么"杂之义广，无所不包，班固所谓'合儒、墨，兼名、法'也"。班固所谓"合儒、墨，兼名、法"，是说杂家兼有儒、墨、名、法各家之长，博采众家为一家，形成自己的学说，不是大杂烩的杂类。《四库总目》偷换概念，将杂家说成杂类，变成无所不包的大杂烩。因此，《四库总目》的"杂家类"必须进行彻底改造。改造的方向是在诸子系列中仍列名家、墨家、纵横家，恢复其固有地位。"杂家类"一分为二，一仍称"杂家类"，使原确属杂家的作品类归于此；二是对应"杂家类"再设一"杂学类"，用以类归《四库总目》"杂家类"下的"杂考""杂说""杂品""杂纂""杂编"之属。这几个类属，《四库总目》有原则性的界说："……辩证者谓之'杂考'，议论而兼叙述者谓之'杂说'，旁究物理、胪陈纤琐者谓之'杂品'，类辑旧文、涂兼众轨者谓之'杂纂'，合刻诸书、不名一体者谓之'杂编'。"这种简明的界说，至今不失其精，仍可沿用。

农家是个老类目，原因是民为国本，食为民天，故历来被重视。农家的渊源，《汉志》小序推测"盖出于农稷之官"。其学说内容是"播百谷，劝耕桑，以足衣食"。故《书》叙八政，"其一曰食"。《周官·冢宰》"以九职任万民，其一曰三农生九谷"。所有这些，表明农桑自古就是为政的首要。然《汉志》又批评"及鄙者为之，以为无所事圣王，欲使君臣并耕，悖上下之序"。这就完全反映了儒家的等级观念。孟子就曾经严厉批评过许行"贤者与民并耕而食"的思想。从此农业变成了平民百姓的鄙事，给以后农家类分的混乱埋下了祸根。

《四库总目·农家类》小序就说："农家条目，至为芜杂。诸家著录，大抵辗转旁牵。因耕而及《相牛经》，因《相牛经》及《相马经》……今逐类汰除，惟存本业，用以见重农贵粟，其道至大，其义至深，庶几不失《豳风》《无逸》之初旨。"这么一汰除，本业倒是存了，可与农有关的农耕、农艺、园艺、牧副、养殖、饮膳、鸟兽虫鱼乃至兽医等，便都被排斥到其他部类中去了。其中牵涉最多的是"谱录类"。

《四库总目·谱录类》小序称："《隋志·谱系》本陈族姓，而末载《竹谱》《钱图》；《唐志·农家》本言种植，而杂列《钱谱》《相鹤经》《相马经》《鸷击录》《相贝经》；《文献通考》亦以《香谱》入农家。是皆明知其不安，而限于无类可归；又复穷而不变，故支离颠舛，遂至于斯。惟尤袤《遂初堂书目》创立'谱录'一门，于是别类殊名，咸归统摄，此亦变而能通矣。今用其例，以收诸杂书之无可系属者。"问题是这些所谓的杂书是否真的无可系属，非要用"谱录"二字去统摄？事实上并不完全如此。"谱录"不是不能列目，问题是不能列目之后只要见到书名中有"谱"、有"录"字样就通通收进来。《四库总目》恰好在这一点上严重违背了历来依学科、内容、体裁分类的目录学原则，一股脑地将毫不相干的器物图谱、食谱、草木鸟兽虫鱼谱等，都统归于"谱录"名下，这是典型的形而上学，是真真正正的岂有此理。其实检各家书目"谱录类"所收之书，几乎都应也都能各归其类。属彝器图谱者，可入金石考古；属其他器物者，可入工艺；属刀剑器械者，可入兵家兵器；属饮食炮制、烹调、品尝、器具者，可入膳食烹调；属花草蔬木者，可入园艺；属鸟兽虫鱼者，可入鸟兽虫鱼；相牛、相马、相鹤以及医治众兽者，可入畜牧、兽医。因此，可考虑撤销"谱录"类目，重新调整"农家"类目，并在子部增设"工艺"类目。具体做法可考虑设农家农艺，以收综合论农之书。其下可设农艺之属、蚕桑之属、园艺之属、畜牧之属、水产之属、鸟兽虫鱼之属、兽医之属。农艺之下可设农历农谚、土壤耕作、农家器具、作物种植、灾害防治、产品加工、膳食烹调。园艺之下可设总志、蔬菜、瓜果、花卉。个别著作实在不好类分者，只能依照"离其疏远，合其近密"的原则，附入相关类中。而将日用器物，如陶瓷、器具、几案、锦绣、服饰、香料、游具、雕刻、髹饰等；将文房四宝，如纸、墨、笔、砚、装潢等，入新增设的"工艺类"。"工艺类"在子部可与"艺术类"平行且连属并列。

小说家，虽非大说，但亦是先秦九流十家之一。《汉志·小说家类》小序称："小说家者流，盖出于稗官。街谈巷语、道听涂说者之所造也。孔子曰：'虽小道，必有可观者焉。'"可见这类书乃采歌谣,观人诗,供人君知风俗,晓民怨,以便过则正之,失则改之的劝诫之书。鲁迅先生《中国小说史略》谓小说"诸书大抵或托古人,或记古事,托人者似子而浅薄,记事者近史而悠谬者也"。这就点破了小说家著作的本质:"似子"而"近史"。此为"小说家"之概念。后世小说逐渐演变,至唐则出现了虚拟故事体的传奇小说,以及后来的话本小说、通俗小说,包括某些文言小说。这些小说,虚拟人物,虚构故事,虚设情节,虚饰环境场景,完全成了文学作品。虽然仍能"寓劝戒",但不能"资考证"了。所以"小说家"及"小说类"不能混为一谈。《四库总目》由于不收后世的戏剧小说,故其"小说家类"尚不失大体,当然也有不少书应移入"杂家类"。《四库总目》以后的不少目录,如台湾《中国旧籍特藏分类表》《中央图书馆典藏北平图书馆善本书目》,乃至《中国丛书综录》《中国古籍善本书目》,都将子部"小说家类"改为"小说类",使小说家的作品与后世文学性质的作品混排通录,从而破坏了中国学术分类的固有体系和目录学约定俗成的传统,动摇了子部重实录、讲立说的根基。《北京图书馆古籍善本书目》子部"小说家类"收书起自《山海经》,集部"小说类"收书起自《飞燕外传》的做法,可以借鉴。故这次调整,在子部仍得设"小说家"类,并得将其部居从倒数第三位移到"杂家"之后,并随同"杂家"前移至"天文历算"之前,"医家"之后,以便使能称家者相对集中。

《汉书·艺文志》之"数术类"下分"天文""历谱""五行""蓍龟""杂占""形法"六属。至《隋书·经籍志》,则将"天文""历谱""五行"提出,在子部并设"天文""历数""五行"三类,而将"蓍龟""杂占""形法"通归入"五行"。至《四库全书总目》则合《汉志》《隋志》"天文""历数"为"天文算法类",而将《汉志》"兵书略"中的"兵阴阳","数术略"中的"五行""蓍龟""杂占""形法"统归于"术数类",

下设"数学""占候""相宅相墓""占卜""命书相书""阴阳五行""杂技"七属。从"数术"改为"术数",反映了"数算之术"演变为"术士之数"的客观事实。改得高明。

道家既已与道教分开,并在"儒家"之后设置了"道家",则道教便无了着落,故在子部各类之后需设"宗教类",其下设道教之属、佛教之属、其他宗教之属。道教之下还可再分为经文、神符、灵图、谱箓、戒律、威仪、方法、众术、表章赞颂、杂著等。佛教之下还可再分为大藏、单经、律、论、经疏、论疏、经咒、诸宗、总录等。其他宗教之下可再分为回教、摩尼教、景教、耶教等。根据上述认识,子部类表可调整为:

子　部

丛　编
　儒家类
　　儒家之属
　　儒学之属
　　　经济
　　　性理
　　　礼教
　　　　鉴戒
　　　　家训
　　　　乡约
　　　　女范
　　　蒙学
　　　劝学
　　　俗训
　道家类
　墨　家

名　家
纵横家
兵家类
　兵法之属
　操练之属
　武术技巧之属
　兵器之属
法家类
农家农艺类
　总论之属
　农艺之属
　　农历农谚
　　土壤耕作
　　农家器具
　　作物种植
　　灾害防治

产品加工
　　　膳食烹调
　蚕桑之属
　园艺之属
　　　总志
　　　蔬菜
　　　瓜果
　　　花卉
　畜牧之属
　水产之属
　鸟兽虫鱼之属
　兽医之属
医家类
　内经之属
　难经之属
　伤寒之属
　金匮之属
　总论之属
　内科之属
　　　通论
　　　中风
　　　脚气
　　　疝症
　　　虚劳
　　　瘟疫
　　　鼠疫
　　　痧症
　　　霍乱

　　　痢疟
　　　虫蛊
　　　其他
　外科之属
　　　通论
　　　痈疡
　　　疯疠
　　　瘰疬
　　　疔毒
　骨伤科之属
　五官科之属
　　　眼科
　　　耳鼻喉科
　　　口腔科
　妇产科之属
　儿科之属
　痘疹科之属
　诊治之属
　　　诊法
　　　针灸
　　　按摩导引
　养生之属
　脏象之属
　本草之属
　方剂之属
　医案之属
　医话之属
　杂著之属

杂家类
杂学类
　　杂考之属
　　杂说之属
　　杂品之属
　　杂纂之属
　　杂编之属
小说家类
　　杂事之属
　　异闻之属
　　琐语之属
天文历算类
　　天文之属
　　历法之属
　　算书之属
术数类
　　数学之属
　　占候之属
　　命书相书之属
　　相宅相墓之属
　　占卜之属
　　阴阳五行之属
　　杂术之属
艺术类
　　总论之属
　　书画之属
　　　总论

　　　题跋
　　书法书品
　　　法帖
　　画法画品
　　　画谱
　　　画录
　　音乐之属
　　　总论
　　　琴学
　　　乐谱
　　　雅乐
　　　燕乐
　　　杂乐舞
　　篆刻之属
　　　印论
　　　印谱
　　游艺之属
　　　棋弈
　　　联语
　　　诗钟
　　　谜语
　　　剧艺
　　　投壶
　　　蹴鞠
　　　捶丸
　　　烟火
　　　角力

35

酒令
猜拳
博戏
杂艺
工艺类
 日用器物之属
  陶瓷
  器具
  几案
  锦绣
  服饰
  游具
  雕刻
  髹饰
  香料
 文房四宝之属
  丛录
  纸
  墨
  笔
  砚
  装潢
 观赏之属
  庭院
  瓶花
  古玩

  奇石
  杂赏
宗教类
 道教之属
  经文
  神符
  灵图
  谱箓
  戒律
  威仪
  方法
  众术
  表章赞颂
  杂著
 佛教之属
  大藏
  单经
  律
  论疏
  经咒
  诸宗
  总录
 其他宗教之属
  回教
  摩尼教
  景教
  耶教

集部调整

集部之雏形当是《汉书·艺文志》的"诗赋略"。至阮氏《七录》乃设"文集录",其下有"楚辞部""别集部""总集部""杂文部",集部规制大体底定。至《隋书·经籍志》乃谓"班固有诗赋略,凡五种,今引而伸之,合为三种,谓之集部。"下设楚辞、别集、总集,沿袭的基本是《七录》。直到今天,除了后世新的文学体裁出现并蔚为大观而类目有所增加外,基本格局没有太大的变化。

裒屈原、宋玉诸赋而定名楚辞者,刘向也。《七录》《隋志》于集部别为"楚辞"一门,其后历代因之。其原因盖为汉魏以下赋体迁变,无全集皆作此体者。他集不与楚辞相类,楚辞亦不与他集相类。体裁既异,不能相容,故只好在"别集"之前单列"楚辞"。按其本质,应属地方艺文,进"总集"中的"郡邑"之属。然自《七录》《隋志》以降,集部首列"楚辞"久已约定俗成,今宜由旧例,以适应传统习惯。

《隋书·经籍志》谓:"别集之名,盖汉东京之所创也。"这就是说东汉已经有了"别集"之名。而正规见于书目者,则始于《七录》"别集部"。《七录》作者阮孝绪,乃南北朝时的南朝梁人。而南朝齐梁间张融则自制《玉海集》;江淹则区分部帙,使其集有前集、后集之别;梁武帝则有诗赋集、有文集、有别集;梁元帝则有集和小集;谢朓则有集和逸集;王筠则一官一集,依官分集;沈约则有正集和别选集略。表明个人诗文集之盛正肇此时,阮孝绪编《七录》设"别集部",如实地反映了这种盛况,恰是完成了目录学所应承担的使命。唐宋以后体例相沿,名目益繁,"别集"之目亦沿用至今。"别集"之下再分为汉魏六朝、唐五代、宋、金、元、明、清七个历史阶段。这也是根据书存多少而分的时期。今后编目,"别集"类表仍可率由旧章。

《隋书·经籍志》谓:"总集者,以建安之后辞赋转繁,众家之集日以滋广,晋代挚虞苦览者之劳倦,于是采摘孔翠,芟剪繁芜,自诗赋下各为条贯,合而编之,谓为《流别》。是后,文集总钞,作者继轨,属辞之士,以为覃奥,而取则焉。"这就是说总集之创,肇于晋代挚虞的《文章流别集》。其后编者继轨,"一则网罗放佚,使零章残什并有所归;一则删汰繁芜,使莠稗咸除,精华毕出"。成为"文章之衡鉴,著作之渊薮矣"。(《四库总目·总集类》小序)可见"总集"之列为类目亦其来久矣。今参酌众家,其类表可调整为丛编、通代、断代、郡邑、氏族、酬唱、题咏、尺牍、谣谚、课艺、域外。

文章盛于两汉,至建安、黄初,体裁渐备,故论文品评之说出焉。曹丕《典论》为其首,但久已失传。其勒为一书而传于今日者,刘勰《文心雕龙》、钟嵘《诗品》为最早。至宋、明两代,尤好议论,所撰尤繁,终成大观,遂使"诗文评"一目立焉。今结合现存此类之书,参酌众家之设目,本类类表可调整为诗评、文评、郡邑、制艺。

《四库全书总目》只列"词曲类"而排斥戏剧、小说,其实词曲合列也并不合适。王国维在《宋元戏曲考序》中说:"一代有一代之文学,楚之骚,汉之赋,六代之骈语,唐之诗,宋之词,元之曲,皆所谓一代之文学,而后世莫能继焉者也。独元人之曲,为时既近,托体稍卑,故两朝史志与《四库》集部,均不著于录。后世儒硕,皆鄙弃不复道。而为此等,大率不学之徒。即有一二学子以余力及此,亦未有能观其会通,窥其奥窔者。遂使一代文献,郁堙沉晦者且数百年,愚其惑焉。"这段话振聋发聩,足以使我们重新考虑调整这一类目,即将《四库全书总目》的"词曲类"拆开,另列词类、曲类、戏剧类、小说类。词类之下再分类编、别集、总集、词话、词谱、词韵。曲类之下再分诸宫调、散曲、曲选、弹词、宝卷、曲韵曲谱、曲律、曲评曲话曲目。戏剧类之下再分为杂剧、传奇、总集、选集。小说类之下再分短篇、长篇。这样集部类表就成了楚辞、别集、总集、诗文评、词类、曲类、戏剧类、小说类，凡八类的格局。具体类表为：

集　部

楚辞类
 别集类
  汉魏六朝别集
  唐五代别集
  宋别集
  金别集
  元别集
  明别集
  清别集
 总集类
  丛编之属
  通代之属
  断代之属
  郡邑之属
  氏族之属
  酬唱之属
  题咏之属
  尺牍之属
  谣谚之属
  课艺之属
  域外之属

诗文评类
 诗评之属
 文评之属
 郡邑之属
 制艺之属
词类
 丛编之属
 别集之属
 总集之属
 词话之属
 词谱之属
 词韵之属
曲类
 诸宫调之属
 散曲之属
 曲选之属
 弹词之属
 宝卷之属
 曲韵曲谱曲律之属
 曲评曲话曲目之属
戏剧类

杂剧之属	小说类
传奇之属	短篇之属
总集之属	长篇之属
选集之属	小说评论
地方戏曲	

类丛部

类书类	汇编之属
通类之属	郡邑之属
专类之属	家集之属
丛书类	自著之属

2001 年 9 月

目　次

前言 …………………………………………………………（1）
四部分类法的应用及其类表的调整 …………………………（1）

《汉书·艺文志》总序 ………………………………………（1）
《隋书·经籍志》总序 ………………………………………（9）
《四库全书总目》凡例 ………………………………………（29）
　　　　※　　　　※　　　　※
《汉志·六艺略》总序 ………………………………………（44）
《隋志·经部》总序 …………………………………………（49）
《四库总目·经部》总序 ……………………………………（53）
　　　　※　　　　※　　　　※
　《汉志·易类》小序 ………………………………………（58）
　《隋志·易类》小序 ………………………………………（63）
　《四库总目·易类》小序 …………………………………（68）
　　　　※　　　　※　　　　※
　《汉志·书类》小序 ………………………………………（73）
　《隋志·书类》小序 ………………………………………（79）
　《四库总目·书类》小序 …………………………………（82）
　　　　※　　　　※　　　　※
　《汉志·诗类》小序 ………………………………………（87）

1

《隋志·诗类》小序 …………………………………… (93)
《四库总目·诗类》小序 ……………………………… (99)
　　　　　※　　　　　※　　　　　※
《汉志·礼类》小序 …………………………………… (103)
《隋志·礼类》小序 …………………………………… (107)
《四库总目·礼类》小序 ……………………………… (114)
　　　　　※　　　　　※　　　　　※
《汉志·乐类》小序 …………………………………… (117)
《隋志·乐类》小序 …………………………………… (123)
《四库总目·乐类》小序 ……………………………… (125)
　　　　　※　　　　　※　　　　　※
《汉志·春秋类》小序 ………………………………… (131)
《隋志·春秋类》小序 ………………………………… (136)
《四库总目·春秋类》小序 …………………………… (142)
　　　　　※　　　　　※　　　　　※
《汉志·论语类》小序 ………………………………… (148)
《隋志·论语类》小序 ………………………………… (152)
《四库总目·四书类》小序 …………………………… (154)
　　　　　※　　　　　※　　　　　※
《汉志·孝经类》小序 ………………………………… (159)
《隋志·孝经类》小序 ………………………………… (162)
《四库总目·孝经类》小序 …………………………… (166)
　　　　　※　　　　　※　　　　　※
《汉志·小学类》小序 ………………………………… (172)
《隋志·小学类》小序 ………………………………… (181)
《四库总目·小学类》小序 …………………………… (187)

　　　　　　　※　　　　　※　　　　　※

《隋志·异说类》小序 …………………………（190）
　　　　　　　※　　　　　※　　　　　※

《四库总目·五经总义类》小序 ………………（195）
　　　　　　　※　　　　　※　　　　　※

《隋志·史部》总序 ………………………………（199）
《四库总目·史部》总序 …………………………（203）
　　　　　　　※　　　　　※　　　　　※

《隋志·正史类》小序 ……………………………（207）
《四库总目·正史类》小序 ………………………（209）
　　　　　　　※　　　　　※　　　　　※

《隋志·古史类》小序 ……………………………（214）
《隋志·起居注类》小序 …………………………（219）
《四库总目·编年类》小序 ………………………（221）
　　　　　　　※　　　　　※　　　　　※

《隋志·杂史类》小序 ……………………………（225）
《四库总目·杂史类》小序 ………………………（229）
　　　　　　　※　　　　　※　　　　　※

《隋志·霸史类》小序 ……………………………（231）
《四库总目·载记类》小序 ………………………（234）
　　　　　　　※　　　　　※　　　　　※

《隋志·旧事类》小序 ……………………………（238）
　　　　　　　※　　　　　※　　　　　※

《隋志·职官类》小序 ……………………………（242）
《四库总目·职官类》小序 ………………………（244）
　　　　　　　※　　　　　※　　　　　※

3

《隋志·仪注类》小序 …………………………………（247）
《隋志·刑法类》小序 …………………………………（253）
《四库总目·政书类》小序 ……………………………（255）
　　　　　※　　　　　※　　　　　※
《隋志·杂传类》小序 …………………………………（259）
《四库总目·传记类》小序 ……………………………（266）
　　　　　※　　　　　※　　　　　※
《隋志·地理类》小序 …………………………………（271）
《四库总目·地理类》小序 ……………………………（276）
　　　　　※　　　　　※　　　　　※
《隋志·谱系类》小序 …………………………………（281）
　　　　　※　　　　　※　　　　　※
《隋志·簿录类》小序 …………………………………（287）
《四库总目·目录类》小序 ……………………………（288）
　　　　　※　　　　　※　　　　　※
《四库总目·诏令奏议类》小序 ………………………（295）
　　　　　※　　　　　※　　　　　※
《四库总目·史钞类》小序 ……………………………（299）
　　　　　※　　　　　※　　　　　※
《四库总目·时令类》小序 ……………………………（303）
　　　　　※　　　　　※　　　　　※
《四库总目·史评类》小序 ……………………………（307）
　　　　　※　　　　　※　　　　　※

《汉志·诸子略》总序 …………………………………（310）
《隋志·子部》总序 ……………………………………（313）
《四库总目·子部》总序 ………………………………（315）

※　　　　　※　　　　　※

《汉志·儒家类》小序 …………………………………（322）
《隋志·儒家类》小序 …………………………………（326）
《四库总目·儒家类》小序 ……………………………（327）
　　　　※　　　　　※　　　　　※
《汉志·道家类》小序 …………………………………（333）
《隋志·道家类》小序 …………………………………（335）
《四库总目·道家类》小序 ……………………………（339）
　　　　※　　　　　※　　　　　※
《汉志·阴阳家类》小序 ………………………………（344）
《隋志·五行类》小序 …………………………………（346）
《四库总目·术数类》小序 ……………………………（350）
　　　　※　　　　　※　　　　　※
《汉志·法家类》小序 …………………………………（353）
《隋志·法家类》小序 …………………………………（354）
《四库总目·法家类》小序 ……………………………（357）
　　　　※　　　　　※　　　　　※
《汉志·名家类》小序 …………………………………（360）
《隋志·名家类》小序 …………………………………（362）
　　　　※　　　　　※　　　　　※
《汉志·墨家类》小序 …………………………………（363）
《隋志·墨家类》小序 …………………………………（366）
　　　　※　　　　　※　　　　　※
《汉志·纵横家类》小序 ………………………………（369）
《隋志·纵横家类》小序 ………………………………（371）
　　　　※　　　　　※　　　　　※

《汉志·杂家类》小序 …………………………………（373）
　　《隋志·杂家类》小序 …………………………………（375）
　　《四库总目·杂家类》小序 ……………………………（375）
　　　　　　　※　　　　　※　　　　　※
　　《汉志·农家类》小序 …………………………………（381）
　　《隋志·农家类》小序 …………………………………（382）
　　《四库总目·农家类》小序 ……………………………（383）
　　　　　　　※　　　　　※　　　　　※
　　《汉志·小说家类》小序 ………………………………（389）
　　《隋志·小说家类》小序 ………………………………（390）
　　《四库总目·小说家类》小序 …………………………（393）
　　　　　　　※　　　　　※　　　　　※
《汉志·兵书略》总序 ……………………………………（396）
　　《隋志·兵家类》小序 …………………………………（402）
　　《四库总目·兵家类》小序 ……………………………（403）
　　　　　　　※　　　　　※　　　　　※
《汉志·数术略》总序 ……………………………………（405）
　　《汉志·数术略·天文类》小序 ………………………（409）
　　《隋志·天文类》小序 …………………………………（411）
　　《汉志·数术略·历谱类》小序 ………………………（413）
　　《隋志·历数类》小序 …………………………………（415）
　　《四库总目·天文算法类》小序 ………………………（417）
　　《汉志·数术略·五行类》小序 ………………………（421）
　　《汉志·数术略·蓍龟类》小序 ………………………（423）
　　《汉志·数术略·杂占类》小序 ………………………（425）
　　《汉志·数术略·形法类》小序 ………………………（429）

6

※　　　　※　　　　※	
《汉志·方技略》总序 ……………………………………	(431)
《汉志·方技略·医经类》小序 ………………………	(434)
《汉志·方技略·经方类》小序 ………………………	(435)
《汉志·方技略·房中类》小序 ………………………	(437)
《汉志·方技略·神仙类》小序 ………………………	(439)
《隋志·医方类》小序 …………………………………	(440)
《四库总目·医家类》小序 ……………………………	(442)
※　　　　※　　　　※	
《四库总目·艺术类》小序 ……………………………	(449)
※　　　　※　　　　※	
《四库总目·谱录类》小序 ……………………………	(453)
※　　　　※　　　　※	
《四库总目·类书类》小序 ……………………………	(457)
※　　　　※　　　　※	
《汉志·诗赋略》总序 ……………………………………	(460)
《隋志·集部》总序 ………………………………………	(466)
《四库总目·集部》总序 …………………………………	(473)
※　　　　※　　　　※	
《隋志·楚辞类》小序 …………………………………	(482)
《四库总目·楚辞类》小序 ……………………………	(484)
※　　　　※　　　　※	
《隋志·别集类》小序 …………………………………	(487)
《四库总目·别集类》小序 ……………………………	(488)
※　　　　※　　　　※	
《隋志·总集类》小序 …………………………………	(491)

《四库总目·总集类》小序 …………………………………（492）
　　　　　※　　　　　※　　　　　※
《四库总目·诗文评类》小序 ………………………………（495）
　　　　　※　　　　　※　　　　　※
《四库总目·词曲类》小序 …………………………………（498）
　　　　　※　　　　　※　　　　　※
《隋志·道经》总序 …………………………………………（502）
《隋志·佛经》总序 …………………………………………（510）
《四库总目·释家类》小序 …………………………………（517）

附录　四部调整类目表 ………………………………………（521）

《汉书·艺文志》总序

昔仲尼没而微言绝，七十子丧而大义乖①，故《春秋》分为五②，《诗》分为四③，《易》有数家之传④。战国从衡⑤，真伪分争⑥，诸子之言纷然殽乱⑦。至秦患之⑧，乃燔灭文章⑨，以愚黔首⑩。汉兴，改秦之败，大收篇籍⑪，广开献书之路。迄孝武世⑫，书缺简脱⑬，礼坏乐崩，圣上喟然而称曰："朕甚闵焉。"⑭于是建臧书之策⑮，置写书之官⑯，下及诸子、传说⑰，皆充秘府⑱。至成帝时⑲，以书颇散亡，使谒者陈农求遗书于天下⑳。诏光禄大夫刘向㉑校经传、诸子、诗赋，步兵校尉任宏㉒校兵书，太史令尹咸㉓校数术，侍医李柱国㉔校方技。每一书已㉕，向辄条其篇目㉖，撮其指意㉗，录而奏之㉘。会向卒㉙，哀帝复使向子侍中奉车都尉歆卒父业㉚。歆于是总群书而奏其《七略》㉛，故有《辑略》㉜，有《六艺略》㉝，有《诸子略》，有《诗赋略》，有《兵书略》，有《数术略》，有《方技略》。今删其要㉞，以备篇籍。

注释

①昔：以往、从前。仲尼：孔子的字。孔子（前551—前479）名丘字仲尼。鲁国陬邑（今山东曲阜）人。没：通殁，去世，死亡。微言：精辟深刻的语言。绝：断绝。七十子：指孔子的学生弟子。颜师古注曰："七十子，谓弟子达者七十二人。举其成数，故言七十。"《史记·孔子世家》云："孔子以《诗》《书》《礼》《乐》教弟子盖三千焉，身通六艺者七十有二人。"故俗语说孔子"三千徒众立，七十二贤人"。其实"三千""七十二""七十"都只是说孔子创办私学，广收弟子，有教无类，并不一定真有三千学生，更不一定真的出了七十二位贤达者。古

人常以三之倍数、九之倍数，如三十六、七十二、三百、三千等，来形容事物之众多。所以这句话中的"七十子"乃"七十二"之整数，言弟子之多。丧：去世、死亡。大义：指精微语言中所包含的深刻意义，即"微言大义"。乖：违逆，背离常道。这两句话的意思是说自昔日孔子下世则精辟深刻的说教便断绝了，其七十弟子死后，阐释那些微言中所含之大义也背离了原意常道。

②《春秋》分为五：《春秋》，鲁国史书，起鲁隐公元年（前722），止鲁哀公十四年（前481）。相传孔子曾加工整理过《春秋》，故自他死后便相继有五家分别阐释它。这五家便是《春秋左氏传》《春秋公羊传》《春秋穀梁传》《春秋邹氏传》《春秋夹氏传》。左氏者，左丘明；公羊者，公羊高；穀梁者，穀梁赤；邹氏、夹氏，久已不详其名。

③《诗》分为四：《诗》指《诗经》，相传孔子曾删诗而成《诗经》三百零五篇，是中国最早的诗歌总集。分为四，是说孔子去世以后也有四家分别阐释《诗经》，即《齐诗》《鲁诗》《韩诗》《毛诗》。齐指齐国辕固，鲁指鲁国申培，韩指燕人韩婴，毛指毛亨。今仍传于世者，唯《毛诗诂训传》为全，其余三家《诗》仅为后人辑释耳。

④《易》有数家之传：《易》又称《周易》，是我国古代的占卜之书。分经、翼两部分。经指上下经，包括卦、卦辞、爻辞三部分，文字十分简略，全靠十篇解说文字为其辅翼，故称十翼。十翼，指上象、下象、上象、下象、上系、下系、文言、说卦、序卦、杂卦十篇。有数家之传：是说孔子之后，有数家传授《周易》。至汉初而言《易》者本之田何，何授丁宽，宽授田王孙，田王孙授施雠、孟喜、梁丘贺。此外还有京氏、费氏、高氏也传《易》。所以说"《易》有数家之传"。

⑤战国从衡：《史记·六国年表》说自三家分晋、田和灭齐

"而有六国之盛,自此始务在强兵并敌,谋诈用而从衡短长之说起,矫称蜂出,誓盟不信,虽置质剖符,犹不能约束也"。从衡:通纵横。战国时苏秦、张仪皆学纵横家术,苏秦往说齐、楚、燕、韩、赵、魏,合纵抗秦。张仪则相秦惠王,以连横之策说六国,使他们背叛纵约而事秦。故史称"合纵连横"。

⑥真伪分争:《韩非子·显学篇》说:"世之显学,儒、墨也。儒之所至,孔丘也;墨之所至,墨翟也。自孔子之死也,有子张之儒,有子思之儒,有颜氏之儒,有孟氏之儒,有漆雕氏之儒,有仲良氏之儒,有孙氏之儒,有乐正氏之儒。自墨子之死也,有相里氏之墨,有相夫氏之墨,有邓陵氏之墨。故孔、墨之后,儒分为八,墨离为三。取舍相反不同,而皆自谓真孔、墨。孔、墨不可复生,将谁使定后世之学乎?"韩非之论,道出了战国时代百家争鸣,各自以为得某家学术之真,而指责旁人为伪,彼此攻讦,互争真假。

⑦诸子之言纷然殽乱:由于真伪分争,致使先秦至汉初诸子百家之说互相混杂纷乱。殽,同淆,杂乱无章。

⑧至秦患之:群言淆乱,蛊惑人心,动摇国基,最为统治者所害怕。患,即担心、害怕、忧虑。之,指代真伪分争、群言淆乱的现象。此句是说到秦统一六国之后最害怕这种纷然淆乱的社会局面。

⑨乃燔灭文章:乃,就、即。燔,烧、焚。灭,尽。文章,指《诗》《书》及百家语者。《史记·李斯列传》说:"'臣请诸有文学、《诗》、《书》、百家语者,蠲除去之。令到满三十日弗去,黥为城旦。所不去者,医药、卜筮、种树之书。若有欲学者,以吏为师。'始皇可其议。"这就是历史上有名的"焚书坑儒"。其实历史上这种焚书去籍的事情早有发生。《孟子·万章下》说:"北宫锜问曰:'周室班爵禄也,如之何?'孟子曰:'其详不可得闻也,诸侯恶其害己也,而皆去其籍。'"籍,簿籍,

指记载周室制定的那些官爵和俸禄等级的簿籍,也就是档案记录。诸侯讨厌这些害己的簿籍,就把它们毁掉。可见焚书毁籍之事,非始自李斯。秦自孝公时起,亦已有商鞅教之燔《诗》《书》而明法令。

⑩以愚黔首:黔首,战国及秦代对黎民百姓的称谓。《史记·秦始皇本纪》:"二十六年……更名民曰黔首。"刘宋裴骃《史记集解》引东汉应劭话说:"黔亦黎,黑也。"《说文解字·黑部》:"秦谓民为黔首,谓黑色也。周谓之黎民。"颜师古注《汉书》:"秦谓人为黔首,言其头黑也。"可证黔首即是秦时对百姓的称呼。燔灭文章是为了愚弄百姓。《商君书·垦令篇》有云:"民不贵学问则愚,愚则无外交;无外交,则勉农而不偷。民不贱农,则安不殆。"可见秦之焚书,还有一个目的,这就是愚民。

⑪大收篇籍:西汉初年,吸取秦代来去匆匆的历史教训,改正"焚书坑儒"而酿成的败绩,故大收篇籍。篇籍,即指书籍。如楚元王学《诗》、惠帝除挟书之令、文帝使晁错受《尚书》、置《论语》《孝经》《尔雅》《孟子》博士等,都是一反秦代燔灭文章的恶作而崇文劝学的实例。《汉书·河间献王传》说刘德"修学好古,实事求是。从民得善书,必为好写与之,留其真。加金帛赐以招之。繇是四方道术之人不远千里,或有先祖旧书,多奉以奏献王者,故得书多,与汉朝等",亦从侧面反映了汉初大收篇籍,广开献书之路的史实。

⑫迄孝武世:迄,至、到。孝武,西汉武帝刘彻的谥号。这句话是说至汉武帝临朝问政的时代。

⑬书缺简脱:颜师古《汉书》注说:"编绝散落,故简脱。"上古书籍的制作材料是竹木简和缣帛,《墨子》书中已多次谈到"书于竹帛,镂之金石,琢之盘盂"。用竹木简写书,每完一篇,要用麻绳、丝线绳编连。时间久了,编绳断绝,竹木简就会脱落,变得不全。张舜徽先生认为"书谓帛书,简谓竹简也"。意

即帛书残缺，简书脱落。

⑭朕甚闵焉：《汉书·武帝纪》："元朔五年（前124）六月诏曰：'今礼坏乐崩，朕甚闵焉。'"《汉书·楚元王传》："故诏书称曰：'礼坏乐崩，书缺简脱，朕甚闵焉。'"面对礼坏乐崩、书缺简脱的社会文化局面，汉武帝喟然叹息曰实在令人忧伤。闵，通悯。喟然，叹息状。

⑮建藏书之策：藏：通藏，贮藏。策，计划，政策。颜师古注引如淳曰："刘歆《七略》曰：'外则有太常、太史、博士之藏，内则有延阁、广内、秘室之府。'"《文选》李善注引刘歆《七略》曰："孝武皇帝敕丞相公孙弘广开献书之路，百年之间，书积如山。"既然书积如山，就必要制定收藏的政策，那就是在朝廷内外实行分别收藏的策略。

⑯置写书之官：设置抄写书籍的专门机构和官员。《隋书·经籍志》亦曰："武帝置太史公，命天下计书先上太史，副上丞相，开献书之路，置写书之官。"亦谓设置了抄写所献之书的官吏。

⑰下及诸子、传说：武帝时广开献书之路，六艺之外，诸子与传说均在广求之内。诸子，指诸子百家的著述；传说指对六艺经文的传注阐述之文。经者，纲领之谓，并非尊称。古时纲领性文字皆可称经，故诸子百家之书亦可名经，如《墨经》《法经》《道德经》《水经》《山海经》《离骚经》《黄帝内经》《神农本草经》《脉经》《针灸经》《相马经》等。六艺，每书都分经、传两部分。经者是六艺纲领性原文；传者，注也，释也，即经的传说。

⑱皆充秘府：是说汉武帝广开献书之路所收集来的六艺经、传，诸子百家，都庋藏于内府。张舜徽《汉书艺文志通释》谓武帝搜访既周，"自六艺经传外，诸子百家，故书雅记，悉辐凑于京师。盖其初尚未专尊儒术，表章六经，故兼收并蓄，于斯为

盛也。"

⑲至成帝时：成帝名刘骜，公元前32—前7年在位。

⑳使谒者陈农求遗书于天下：使，令，派遣。谒者，官名，始置于春秋、战国时，职在为国君掌管传达。秦汉时沿置此官。汉制郎中令属官有谒者，少府属官有中书谒者令。谒者掌进见宾客礼仪等事。陈农，由于官职低微，事迹行实不详。《汉书·成帝纪》河平三年（前26）"秋八月乙卯晦，日有蚀之。光禄大夫刘向校中秘书，谒者陈农使使求遗书于天下"。颜师古注曰："言令陈农为使而使之求遗书也。"

㉑光禄大夫刘向：刘向（约前77—前6）本名更生，字子政。西汉沛（今江苏沛县）人。年十二以父荫为辇郎，既冠又以行修饬擢为谏大夫，宣帝时又招选名儒俊材，向进对称旨。宣帝复兴神仙方术，向以家中所藏异书言能使鬼物化为黄金，宣帝令典尚方令，掌铸作事。然花费甚多而方不验，获罪下狱，幸有其兄阳城侯力救而免死。又遇国家初立《穀梁春秋》，复受学官讲论五经于石渠。后竟受光禄大夫。光禄大夫，官名。汉武帝元狩五年（前118）置中大夫，太初元年（前104）更名光禄大夫，秩比二千石，与谏大夫等同掌顾问应对。

㉒步兵校尉任宏：步兵校尉，汉时军职称谓之一，其位略次于将军，是京师屯兵八校之一。任宏亦名任伟公，行实不详。

㉓太史令尹咸：太史，西周、春秋时的官名，掌撰文修史，兼及天文历法、祭祀与典籍管理。秦汉时设太史令，职位有所降低，仍掌管起草文书、记载史事、编写史书，兼及天文历法、祭祀与国家典籍。尹咸，生平事迹不详。

㉔侍医李柱国：侍医，御医，皇帝的医官。李柱国，生平事迹不详。

㉕每一书已：已，完毕，即每一书校正完毕。

㉖向辄条其篇目：向，指刘向。成帝时校理中秘之书，除刘

向外，尚有任宏、尹咸、李柱国、杜参、班斿等人，他们各有分工，分别完成自任其类图书的校理工作。而刘向除担任经传、诸子、诗赋等类图书的校理外，还负责其他人所校完之书的"条其篇目"的工作，处在总其成的位置。辄，就、便。条其篇目，条理它的篇章目次。

㉗撮其指意：撮，摘取、撮取。其，它的，指每书。指，通旨。指意，要点、要旨。句意是撮取出它的要点，或写出它的提要。

㉘录而奏之：录，誊录、抄录。就是将摄取出的提要，誊录在各该书之前，连同各该书一道奏进御览。之，代词，（指代图书，奏的宾语）。阮孝绪《七录序》曰："昔刘向校书，辄为一录，论其指归，辨其讹谬，随竟奏上，皆载在本书。时又别集众录，谓之《别录》，即今之《别录》是也。"也说明上述过程。可知昔日刘向校理群书，对每一校毕之书便条理其篇目，撰写其提要。这个篇目便是"目"，提要便是"录"，合起来便产生了"目录"。正像今日犹存的《孙卿新书叙录》（即《荀子叙录》），先列三十二篇篇目于前，然后叙述作者行事、书中内容、校理经过于后。这就是当日刘向所为每书叙录之体例。

㉙会向卒：会，恰巧、适逢、正遇。向，即刘向。卒，去世、死亡。遇逢刘向去世。

㉚哀帝复使向子侍中奉车都尉歆卒父业：哀帝，刘欣，公元前6—公元前1年在位。复使向子，又令刘向的儿子。侍中，汉代宫内的近侍官，于皇帝周围应承杂事，不是正式的官职，汉代称为加官。奉车都尉，官名，汉武帝元鼎二年（前115）置，秩比二千石。掌御皇帝车辇。歆，刘歆。卒父业，完成他父亲刘向未竟的事业。

㉛总群书而奏其《七略》：总，汇总、总括。群书，群书之名及其叙录。阮孝绪《七录序》称："会向亡，哀帝使歆嗣其前

7

业，乃徙温室中书于天禄阁上，歆遂总括群篇，奏其《七略》。"盖当时以《别录》为底本，删繁存简，撰为《七略》。张舜徽《汉书艺文志通释》谓："隋唐《志》咸著录刘向《七略别录》二十卷、刘歆《七略》七卷，明二书详略不同。方之《四库全书》，《别录》为《总目提要》，《七略》乃《简明目录》也。"借喻允当。

㉜故有《辑略》：阮孝绪《七录序》谓："向子歆撮其指要，著为《七略》。其一篇即六篇之总最，故以《辑略》为名。……向、歆虽云《七略》，实有六条。刘氏之世，史书甚寡，附见《春秋》，诚得其例。诗、赋不从六艺《诗》部，盖由其书既多，所以别为一略。"张舜徽《汉书艺文志通释》谓："其中《辑略》，犹群书之叙录，乃论列学术源流得失之篇章。其时部勒群书，实分六类，故汉人直称为'六略'。《论衡·对作篇》所谓'六略之书，万三千篇'，即指《七略》而言。《七略》原书，于书名下各有简略解题，故为书至七卷之多。班氏删《七略》以入《汉书》，为《艺文志》，仅其中之一篇，势不得不蠲汰烦辞，但存书目。复散《辑略》之文，置于卷首及每略每部之后，今《志》中大序、小序之文，皆出于《辑略》，但稍有损益耳。"讲得十分透辟。证明《辑略》乃其他六略之总序、略序及每种书叙录之总和也。

㉝有《六艺略》：艺，才能、技艺。《论语·子罕篇》："牢曰：'子云，我不试，故艺。'"宋邢昺疏："试，用也。言孔子自云：'我不见用于时，故多技艺。'"意谓"因为我未被国家重用，所以学会一些技艺"。六艺，古人称六经为六艺。《史记·滑稽列传》引孔子话说："六艺于治，一也。《礼》以节人，《乐》以发和，《书》以道事，《诗》以达意，《易》以神化，《春秋》以道义。"可证六艺即六种学艺，于治理国家各有各的用途，其意义是一样的，所以刘向受命整理中秘群书将六艺之书部居在一类，

8

单独成为一略,故称六艺略。

㉞今删其要:删,去掉、剪汰。要,指要、精要。颜师古注谓:"删去浮冗,取其指要也。"张舜徽《汉书艺文志通释》谓:"《七略》原本,于每书名之下,各有简要之解题,故为书至七卷之多。由其为簿录专籍,自可任情抒发。至于史册包罗其广,《艺文》特其一篇,势不得不翦汰烦辞,但存书目。"是"今删其要"最好的解释。

《隋书·经籍志》总序

夫经籍也者①,机神之妙旨②,圣哲之能事③。所以经天地,纬阴阳④,正纪纲,弘道德⑤。显仁足以利物,藏用足以独善⑥。学之者将殖焉,不学者将落焉⑦。大业崇之⑧,则成钦明之德⑨;匹夫克念,则有王公之重⑩。其王者之所以树风声,流显号,美教化,移风俗,何莫由乎斯道⑪?故曰:"其为人也,温柔敦厚,《诗》教也;疏通知远,《书》教也;广博易良,《乐》教也;絜静精微,《易》教也;恭俭庄敬,《礼》教也;属辞比事,《春秋》教也。"⑫遭时制宜⑬,质文迭用⑭,应之以通变,通变之以中庸⑮。中庸则可久,通变则可大⑯。其教有适,其用无穷,实仁义之陶钧⑰,诚道德之橐籥也⑱。其为用大矣,随时之义深矣,言无得而称焉⑲。故曰不疾而速,不行而至。今之所以知古,后之所以知今,其斯之谓也。是以大道方行,俯龟象而设卦⑳;后圣有作,仰鸟迹以成文㉑。书契已传,绳木弃而不用㉒;史官既立,经籍于是兴焉㉓。

夫经籍也者,先圣据龙图,握凤纪㉔,南面以君天下者,咸有史官以纪言行。言则左史书之,动则右史书之,故曰君举必书,惩劝斯在。考之前载,则《三坟》《五典》《八索》《九丘》㉕之类是也。下逮殷、周，史官尤备，纪言书事，靡有阙遗。则《周礼》所称"太史掌建邦之六典、八法、八则，以诏王治㉖；小史掌邦国之志，定世系，辨昭穆㉗；内史掌王之八柄，策命而贰之㉘；外史掌王之外令及四方之志，三皇五帝之书㉙；御史掌邦国都鄙万民之治令，以赞冢宰"㉚。此则天子之史，凡有五焉。

诸侯亦各有国史，分掌其职。则《春秋传》晋赵穿弑灵公，太史董狐书曰"赵盾杀其君"以示于朝。宣子曰："不然。"对曰："子为正卿，亡不越境，反不讨贼，非子而谁？"㉛齐崔杼弑庄公，太史书曰"崔杼弑其君"，崔子杀之。其弟嗣书，死者二人。其弟又书，乃舍之。南史闻太史尽死，执简以往，闻既书矣，乃还㉜。楚灵王与右尹子革语，右史倚相趋而过，王曰："此良史也，能读《三坟》《五典》《八索》《九丘》。"㉝然则诸侯史官，亦非一人而已，皆以记言书事，太史总而裁之，以成国家之典。不虚美，不隐恶，故得有所惩劝。遗文可观，则《左传》称《周志》《国语》有郑书之类是也。

暨夫周室道衰，纪纲散乱。国异政，家殊俗，褒贬失实，隳紊旧章㉞。孔丘以大圣之才，当倾颓之运，叹凤鸟之不至㉟，惜将坠于斯文，乃述《易》道而删《诗》《书》，修《春秋》而正《雅》《颂》，坏礼崩乐，咸得其所。自哲人萎而微言绝，七十子散而大义乖。战国纵横，真伪莫辨，诸子之言，纷然淆乱。圣人之至德丧矣。先王之要道亡矣。陵夷蹉跎㊱，以至于秦。秦政奋豺狼之心，划先代之迹㊲。焚《诗》《书》，坑儒士，以刀笔吏为师㊳，制挟书之令㊴。学者逃难，窜伏山林，或失本经，口以传说。

汉氏诛除秦、项，未及下车，先命叔孙通草绵蕝之仪，救击柱之弊㊵。其后张苍治律历，陆贾撰《新语》，曹参荐盖公，言黄老㊶，惠帝除挟书之律，儒者始以其业行于民间。犹以去圣既远，经籍散逸，简札错乱，传说纰缪，遂使《书》分为二，《诗》分为三，《论语》有齐、鲁之殊，《春秋》有数家之传。其余互有蹖驳，不可胜言。此其所以博而寡要，劳而少功者也。武帝置太史公，命天下计书先上太史，副上丞相，开献书之路，置写书之官。外有太常、太史、博士之藏；内有延阁、广内、秘室之府。司马谈父子，世居太史，探采前代，断自轩皇，逮于孝武，作《史记》一百三十篇。详其体制，盖史官之旧也。至于孝成，秘藏之书颇有亡散，乃使谒者陈农求遗书于天下，命光禄大夫刘向校经传、诸子、诗赋；步兵校尉任宏校兵书；太史令尹咸校数术；太医监李柱国校方技。每一书就，向辄撰为一录，论其指归，辨其讹谬，叙而奏之。向卒后，哀帝使其子歆嗣父之业，乃徙温室中书于天禄阁上[42]。歆遂总括群篇，撮其指要，著为《七略》。一曰集略，二曰六艺略，三曰诸子略，四曰诗赋略，五曰兵书略，六曰术数略，七曰方技略。大凡三万三千九十卷。王莽之末，又被焚烧。光武中兴，笃好文雅，明章继轨，尤重经术。四方鸿生巨儒，负帙自远而至者，不可胜算。石室、兰台，弥以充积[43]。又于东观及仁寿阁集新书，校书郎班固、傅毅等典掌焉，并依《七略》而为书部，固又编之以为《汉书·艺文志》。董卓之乱，献帝西迁，图书缣帛，军人皆取为帷囊[44]，所收而西，犹七十余载。两京大乱，扫地皆尽。

魏氏代汉，采摭遗亡，藏在秘书、中、外三阁。魏秘书郎郑默始制《中经》，秘书监荀勖又因《中经》更著《新簿》，分为四部，总括群书。一曰甲部，纪六艺及小学等书；二曰乙部，有古诸子家、近世子家、兵书、兵家、术数；三曰丙部，有《史记》、旧事、皇览簿、杂事；四曰丁部，有诗赋、图赞、汲冢书。大凡四部，合二万九千九百四十五卷。但录题及言[45]，盛以缥囊[46]，书用细素[47]。至于作者之意，无所论辩。惠、怀之乱，京华荡覆，渠阁文籍[48]，靡有孑遗[49]。东晋之初，渐更鸠聚。著作郎李充以勖旧《簿》校之，其见存者但有三千一十四卷。充遂总没众篇之名[50]，但以甲乙为次。自尔因循，无所变革。其后中朝遗书稍流江左。宋元嘉八年，秘书监谢灵运造四部目录，大凡六万四千五百八十二卷。元徽元年，秘书丞王俭又造目录，大凡一万五千七百四卷。俭又别撰《七志》，一曰经典志，纪六艺、小学、史记、杂传；二曰诸子志，纪今古诸子；三曰文翰志，纪诗赋；四曰军书志，纪兵书；五曰阴阳志，纪阴阳图纬；六曰术艺志，纪方技；七曰图谱志，纪地域及图书。其道、佛附见，合九条。然亦不述作者之意，但于书名之下每立一传。而又作九篇条例，编乎首卷之中。文义浅近，未为典则。齐永明中，秘书丞王亮、监谢朏又造《四部书目》，大凡一万八千一十卷，齐末，兵火延烧，秘阁经籍遗散。梁初，秘书监任昉，躬加部集；又于文德殿内列藏众书，华林园中总集释典[51]，大凡二万三千一百六卷，而释氏不豫焉[52]。梁有秘书监任昉、殷钧《四部目录》；又文德殿目录；其术数之书，更为一部，使奉朝请祖暅撰其名，故梁有五部目录[53]。普通中[54]，有处士阮孝绪，沉静寡欲，笃好坟史，博采宋、齐已来王公之家凡有书记，参校官簿，更为《七录》。一曰经典录，纪六艺；二曰记传录，纪史传；三曰子兵录，纪子书、兵书；四曰文集录，纪诗赋；五曰技术录，纪数术；六曰佛录；七曰道录。其分部题目，颇有次序；割析辞义，浅薄不经。梁武敦悦[55]《诗》《书》，下化其上，四境之内，家有文史。元帝克平侯景[56]，收文德之书及公私经籍归于江陵[57]，大凡七万余卷。周师入郢，咸自焚之[58]。陈天嘉中，又更鸠集，考其篇目，遗阙尚多。其中原则战争相寻，干戈是务，文教之盛，苻、姚而已[59]。宋武入关[60]，收其图籍，府藏所有，才四千卷。赤轴青纸[61]，文字古拙。后魏始都燕、代，南略中原，粗收经史，未能全具。孝文徙都洛邑，借书于齐，秘府之中，稍以充实。暨于尔朱之乱[62]，散落人间。后齐迁邺，颇更搜聚，迄于天统、武平，校写不辍。后周始基关右，外逼强邻，戎马生郊，日不暇给。保定之始，书止八千，后稍加增，方盈万卷。周武平齐，先封书府，所加旧本，才至五千。

隋开皇三年，秘书监牛弘表请分遣使人，搜访异本，每书一卷，赏绢一匹，校写既定，本即归主。于是民间异书往往间出㊳。及平陈已后，经籍渐备，检其所得，多太建时书，纸墨不精，书亦拙恶。于是总集编次，存为古本。召天下工书之士，京兆韦霈、南阳杜頵等，于秘书内补续残缺，为正、副二本，藏于宫中。其余以实秘书、内、外之阁，凡三万余卷。炀帝即位，秘阁之书限写五十副本，分为三品。上品红瑠璃轴，中品绀瑠璃轴，下品漆轴。于东都观文殿东西厢构屋以贮之。东屋藏甲乙，西屋藏丙丁。又聚魏已来古迹名画于殿后，起二台，东曰妙楷台，藏古迹；西曰宝台，藏古画。又于内道场集道、佛经，别撰目录。

大唐武德五年，克平伪郑㊴，尽收其图书及古迹焉。命司农少卿宋遵贵载之以船，溯河西上，将至京师，行经底柱，多被漂没。其所存者，十不一二。其目录亦为所渐濡，时有残缺。今考见存，分为四部，合条为一万四千四百六十六部，有八万九千六百六十六卷。其旧录所取，文义浅俗，无益教理者，并删去之。其旧录所遗，辞义可采，有所弘益者，咸附入之。远览马《史》、班《书》，近观王、阮《志》《录》，挹㊵其风流体制，削其浮杂鄙俚。离其疏远，合其近密，约文绪义，凡五十五篇，各列本条之下，以备经籍志。虽未能研几探赜㊶，穷极幽隐，庶乎弘道设教，可以无遗缺焉。夫仁义礼智，所以治国也；方技数术，所以治身也；诸子为经籍之鼓吹；文章乃政化之黼黻㊷，皆为治之具也，故列之于此志云。

注释

①经籍：泛指载籍、典籍、书籍。本指历来被尊为典范的著作，但作为史书中的一个门类，如《汉书》《新唐书》《宋史》

13

《明史》等都开艺文志一类，用以登录群书；《隋书》《旧唐书》以及某些方志、政书中则开经籍志一类，用以登录群书。所以此处的经籍与艺文同义，泛指的是群书、典籍。

②机神之妙旨：机神，即神机，指神妙的机关。《淮南子·齐俗》谓："神机阴闭，剞劂无迹，人巧之妙也。"此句是说经籍中蕴含着神机妙道。或者说经籍是人巧之妙道。

③圣哲之能事：圣哲，指有超凡道德才智的人。洪兴祖补注《楚辞·离骚》谓"睿作圣，明作哲"，意思是说圣者有睿智，哲人明世道。此处圣哲，即指圣明睿智之人。此句意谓经籍是圣贤哲人能事的外在表现，是他们睿智明神的载体。

④所以经天地，纬阴阳：所以，即以所，用来。经，通俗的解释就是织物的纵线，与纬相对，纬即织物的横线。《大戴礼记·易本命》说："凡地，东西为纬，南北为经。"经天地，经，动词，即谓这些经籍可以用来经划天地。纬阴阳，纬，动词。阴阳，指日月星辰运转的规律。全句即指这些经籍可以用来纬度测算阴阳的运转。

⑤正纪纲，弘道德：正，动词，拨正、摆正、端正、矫正。纪纲，也称纲纪，即法度、法制、伦常。《书·五子之歌》："今失厥道，乱其纪纲，乃底灭亡。"《礼记·乐记》："作为父子君臣，以为纪纲。纪纲既正，天下大定。"弘，弘扬。《论语·述而》："志于道，据于德，依于仁，游于艺。"孔子所修的道，指理想的人格或社会图景。德，指立身的根据和行为准则。这里的道德是指维系社会正常运转而调整人们相互关系的行为规范的总和。弘道德，就是指弘扬这些行为规范。两句连起来，是说这些经籍可以用来矫正邦纪朝纲，弘扬人们的道德规范。

⑥显仁足以利物，藏用足以独善：《易·系辞》谓："显诸仁，藏诸用，鼓万物而不与圣人同忧。"《易》疏则称"藏诸用者，潜藏功用，不使物知"。其意是说阴阳之道显明易见者，表

其生育万物之仁；潜藏难知者，表其生育万物之作用。全句之义，是说这些经籍中所蕴含之仁道，显扬时十分有利于天地万物生长运转；潜藏其功用，亦可以保持个人的节操，独善其身。

⑦学之者将殖焉，不学者将落焉：殖，生长、繁殖、蕃息。是说不断学习这些经籍的人，将增长知识，提高修养，传扬道德。落，停息、定止。是说若不学习这些经籍就会停息定止自己的修养与进步。

⑧大业崇之：大业，指伟大的事业。《易·系辞上》谓："盛德大业，至矣哉。"《易》疏曰："于行谓之德，于事谓之业。"大业崇之，谓干大事业的人崇尚这些经籍。之，代词，指代经籍。

⑨则成钦明之德：钦，敬佩。明德，儒家认为人生来就具有善良的德性，这个德性就称为明德。《大学》开宗明义便说："大学之道，在明明德。"还说："古之欲明明德于天下者，先治其国。"与上句连读，干大事业的人崇尚经籍，便能修成受人钦敬的德性，以为天下主。

⑩匹夫克念，则有王公之重：匹夫，庶民、平民、普通百姓。克念：克，能。念，读念，诵念，不忘。全句是说普通平民如能坚持学习这些经籍，亦有成为重臣的可能。

⑪何莫由乎斯道：何莫，哪个不是。由，从。斯，兹，此。道，道路、途径、渠道。斯道，这条道路、途径、渠道。与上几句连读，王者之所以能够树风声、流显号、美教化、移风俗，哪个不是由崇尚经籍这条渠道而得来呢？

⑫其为人也……《春秋》教也：这段话原出《礼记·经解》第二十六。孔颖达《礼记正义》说："经解一篇，总是孔子之言。"这就是说《礼记》经解乃孔子所为，所以《经解》当中的话都是孔子所说。故这段话的前边，《经解》则为"孔子曰：'入其国，其教可知也。其为人也……。'"其为人也，言他们的做

人。温柔敦厚，《诗》教也：孔颖达疏曰："温，谓颜色温润；柔，谓情性和柔。《诗》依违讽谏，不指切事情，故云温柔敦厚《诗》教也。"意谓为人温顺、柔和、诚实、厚道，是用《诗》进行教育的结果。疏通知远，《书》教也：孔颖达疏曰："《书》录帝王言诰，举其大纲，事非繁密，是疏通上知帝王之世，是知远也。"疏通，通达、通晓。意谓其为人也，若能远知通晓远古帝王时事，则是用《尚书》进行教育的结果。广博易良，《乐》教也：孔颖达疏曰："《乐》以和通为体，无所不用，是广博简易。良，善使人从化，是易良。"意谓其为人也，若能心胸广阔和协，从善如流，则是用《乐经》进行教育的结果。絜静精微，《易》教也：孔颖达疏曰："《易》之于人，正则获吉，邪则获凶。不为淫滥，是絜静；穷理尽性，言入秋毫，是精微。"意谓其为人也若能不淫滥，且穷理尽性，言说入微，则是用《易》进行教育的结果。因为《易》对于人来说有扶正祛邪的教育作用。恭俭庄敬，《礼》教也：孔颖达疏曰："《礼》以恭逊节俭、齐庄敬慎为本，若人能恭敬节俭，是《礼》之教也。"意谓其为人也若能恭谨节俭、庄重敬慎，则是用《礼》进行教育的结果。属辞比事，《春秋》教也：孔颖达疏曰："属，合也。比，近也。《春秋》聚合会同之辞，是属辞；比次褒贬之事，是比事也。"清代孙希旦《礼记集解》说："属辞，连属之辞，以月系年，以日系月，以事系日；比事，比次列国之事而书之。"本指连缀文辞，排列史事，后用以泛称撰文记事。所以这句话的意思是说，其为人也若能连缀文辞，比次列国之事，微言大义，寓褒贬于其中，则是用《春秋》进行教育的结果。

⑬遭时制宜：遭，逢也、遇也。意谓对经籍的这些妙旨要道，要因时制宜。

⑭质文迭用：《论语·雍也》："子曰：'质胜文则野，文胜质则史。'"质，指事物的本体、本质、质朴。文，指文彩、辞彩。

孔子认为仁义是质，礼乐是文。质与文的关系是内容与语言、形式的关系。迭，更替、更迭、轮流、交替。整个句意是对质和文可交替运用、使用。

⑮中庸：不偏为中，不变为庸。儒家以中庸为最高的道德标准。《论语·雍也》："中庸之为德也，其至矣乎！"可为证。因时制宜，质文迭用，再加上因时因事的变通，而变通要以达到中庸为目标。

⑯中庸则可久，通变则可大：不偏且不变的正道，可天长地久；通权达变则视野广大无边。

⑰实仁义之陶钧：陶钧，制陶器所用的转轮。汉桓宽《盐铁论·遵道》谓："辞若循环，转若陶钧。"就是转轮之意。《史记·鲁仲连邹阳列传》说："是以圣王制世御俗，独化于陶钧之上。"刘宋裴骃《史记集解》引《汉书音义》："陶家名模下园转者为钧。"唐司马贞《史记索隐》引张晏的话说："陶，冶；钧，范也。作器下所转者名钧。"后世比喻为造就、创建。实仁义之陶钧，是说经籍乃造就传播仁义的陶钧，有如制造陶器的转轮。

⑱诚道德之橐籥也：橐籥，古代冶炼时用以鼓风吹火的器具，犹后世的风箱。橐是外面的鞴囊，籥是囊内送风的管子。《老子》中说："天地之间，其犹橐籥乎？虚而不屈，动而愈出。"魏源《老子本义》："外橐内籥，机而鼓之，致风之器也。"即外囊内管之意。全句是说这些经籍是修炼传扬道德的鼓风器。

⑲言无得而称焉：这句话是说经籍作用之大，随时变化，意义深远，难得找到与之相称的表述语言。亦即难以言表的意思。

⑳俯龟象而设卦：上古大道方行之际，伏羲俯视龟背之图像因而演画成八卦。《易·系辞上》说："河出图，洛出书。"孔安国伪《尚书传》谓："河图即八卦。"河图即从黄河中涌出的龙马图像。

㉑仰鸟迹以成文：后世圣人出现以后，仰观鸟的迹象而创造

17

出文字。《淮南子·说山》："见鸟迹而知著书。"即此意。《易·系辞》还说："仰则观象于天，俯则观法于地，观鸟兽之文与地之宜，近取诸身，远取诸物，始画八卦。"八卦即被看成是最早的文字。

㉒书契已传，绳木弃而不用：书契，即指文字。孔颖达《尚书正义》疏曰："书者，文字；契者，刻木而书其侧，故曰书契也。"书契已传，是说文字已经流传，则结绳记事、刻木记事便被扬弃而不再行用了。《易·系辞》说："上古结绳以治，后世圣人易之以书契。"伪《尚书序》说："古者伏羲氏之王天下也，始画八卦，造书契，以代结绳之政，由是文籍兴焉。"

㉓史官既立，经籍于是兴焉：史官，主管文书典籍之官，即称史官。《周礼·春官》之属有大史、小史、内史、外史、御史等。其实六官所属诸职司皆有史。诸侯列国也有史。春官之大史即左史，内史即右史。这些史官终日侍候在天子、诸侯周围，记言记事，于是便产生了书籍。

㉔先圣据龙图，握凤纪：龙图，即河图，也就是八卦。传说有龙马从黄河中浮出水面，负出龙图，其实即指文字。《竹书纪年·上黄帝轩辕氏》："五十年秋七日庚申，凤鸟至，帝祭于洛水。"南朝梁沈约为这句话作注，说是"龙图出河，龟书出洛，赤文篆字，以授轩辕。"其意是谓凤鸟至，洛书出。先人圣哲据有龙图，握有凤纪，亦即掌握了文字图籍，才得以南面而为天下君。

㉕《三坟》《五典》《八索》《九丘》：《尚书》伪孔序："伏羲、神农、黄帝之书，谓之《三坟》，言大道也。少昊、颛顼、高辛、唐、虞之书，谓之《五典》，言常道也。……八卦之说，谓之《八索》；九州之志，谓之《九丘》。丘，聚也。言九州所有，土地所生，风气所宜，皆聚此书也。……《春秋左氏传》楚左史倚相，能读《三坟》《五典》《八索》《九丘》。即谓上世帝王遗书也。"可见这些都是传说中的古书名。

㉖太史掌建邦之六典、八法、八则，以诏王治：这并非《周礼》中的原话，《周礼》卷二十六曰："太史掌建邦之六典，以逆邦国之治；掌法以逆官府之法；掌则以逆都鄙之治。"注曰："典、则，亦法也。逆，迎也。六典、八法、八则，冢宰所建，以治百官。太史又建焉，以为王迎受其治也。"唐贾公彦疏曰："云典、则亦法也者，按太宰注典、法、则所用异，异其名也，其实典则与法一也，故云典、则亦法也。"用现代语言解释，就是太史职掌国家的建章立制的任务，如六典、八法、八则，就是由太史主持制定的，目的在于诏告帝王的治道。六典，指治典、教典、礼典、政典、刑典、事典。八法，指周代管理百姓的通法。《周礼·天官·大宰》："以八法治官府，一曰官属，以举邦治；二曰官职，以辨邦治；三曰官联，以会官治；四曰官常，以听官制；五曰官成，以经邦治；六曰官法，以正邦治；七曰官刑，以纠邦治；八曰官计，以弊邦治。"八则，亦法意，管公卿大夫之采邑，王子弟所食邑的则例。

㉗小史掌邦国之志，定世系，辨昭穆：《周礼》贾公彦疏曰："志者，记也。诸侯国内所有记录之事皆掌之。定世系者，谓定帝系世本。辨昭穆者，帝系世本之中皆自有昭穆亲疏，故须辨之。"其意是说小史是掌管纪录国事，编定帝王世系的世本，辨别昭穆亲疏辈分。昭穆，古代宗法制度中，宗庙或墓地辈分的排列次序。通常是始祖灵位居中；二、四、六世依次列于始祖之左，称为昭；三、五、七世列于右，称为穆。

㉘内史掌王之八柄，策命而贰之：《周礼注疏》卷二十六谓："内史掌王之八柄……执国法及国令贰。"八柄，古时统治者驾驭臣下的八种手段，即爵、禄、予、置、生、夺、废、诛，用以调节统治阶层内部的权与利。策命，策书命令。即内史既执国法又执国令，故称贰之。《周礼》贾公彦疏曰："以内史掌爵禄生杀之事，故执国法及国令之贰。"国法，国之正法；国令，国之政令。

㉙外史掌王之外令及四方之志，三皇五帝之书：《周礼》原文是："外史掌书外令，掌四方之志。"意思是说王下畿外之命由外史起草并书之。畿，古称天子所领之地。《诗经·商颂·玄鸟》："邦畿千里，维民所止。"《周礼·地官·大司徒》："制其畿方千里而封树之。"唐孔颖达疏曰："制其畿方千里者，王畿千里，以象日月之大，中置国城，面各五百里。"所以这王之外令，指的就是王畿以外的政令由外史书写下达。四方之志，东、西、南、北、四方，志，记也。若鲁之《春秋》、晋之《乘》、楚之《梼杌》等史志。即外史还负责记载四方史志。外史还负责的三皇五帝之书，当指传说中的《三坟》《五典》《八索》《九丘》等典籍。

㉚御史掌邦国都鄙万民之治令，以赞冢宰：都鄙，采邑、封邑。《周礼·天官·大宰》："以八则治都鄙。"注称："都鄙，公卿大夫之采邑，王子弟所食邑。"意思是太宰掌管公卿大夫及王子弟的封邑并管理万民百姓的治令。冢宰，即大宰、太宰。上述这些职责，本是太宰冢宰的职掌，御史也来参管此事，属赞襄性质，故曰以赞冢宰。

㉛晋赵穿弑灵公……非子而谁：这段话原出《春秋左氏传》卷十："太史书曰：'赵盾弑其君。'以示于朝。宣子曰：'不然。'对曰：'子为正卿，亡不越竟，反不讨贼，非子而谁？'"《春秋穀梁传》卷十二："赵穿弑公而后反赵盾，史狐书贼曰：'赵盾弑公。'盾曰：'天乎天乎！予无罪。孰为盾而忍弑其君者乎？'史狐曰：'子为正卿，入谏不听，出亡不远，君弑，反不讨贼，则志同。志同则书重，非子而谁？'"春秋时晋灵公夷皋，公元前620—前607年在位，奢侈重敛，且喜从台上以弹弓射人，观其避丸之态以做戏。厨师做熊掌不熟，灵公便杀其头，使妇人将其尸体抬出。赵盾作为正卿大夫，骤进而阻谏。灵公非但不听，反使钼麑刺杀盾。钼麑不忍执行，触槐树而死，盾乘机而逃

亡，至郊外而并未出境。而此时，赵穿却攻杀灵公于桃园。赵盾、赵穿是叔伯弟兄。实际是赵穿杀了晋灵公，太史董狐却说是赵盾弑灵公。盾不服而呼天叫冤，董狐却说他：你是正卿，入谏不听，逃亡不远。灵公遭杀，你反不讨贼，那就是与弑君者同流合污了，这岂不等于你弑君又是谁呢？

㉜齐崔杼弑庄公……乃还：这段话原出《春秋左氏传正义》卷三十六："大史书曰：'崔杼弑其君，崔子杀之。其弟嗣书，而死者二人。其弟又书，乃舍之。南史氏闻大史尽死，执简以往，闻既书矣，乃还。"崔杼是春秋时齐国的大夫，曾有宠于齐惠公。至齐灵公欲废太子光。崔杼便乘灵公染疾有病而拥立太子光，是为齐庄公。崔杼有爱妻名棠姜，庄公与其私通，崔杼乃怒杀庄公而立杵曰为君，是为齐景公，崔杼任右相。齐太史书曰"崔杼弑其君"，崔杼便将太史杀了。太史的两个弟弟继续写崔杼弑庄公这件事，又均遭杀戮，所以说"死者二人"。其弟继续书写纪录这件事，崔杼才罢手舍生而不杀。齐国有南史氏，南史，复姓，听说太史尽被杀戮，便带着竹简前往，准备秉笔再书其事，听说崔杼已准许太史之弟直书其事，就回去了。

㉝楚灵王与右尹子革语……《九丘》：楚灵王名围，后改名虔，楚共王的次子。公元前540—前529年在位，为楚国君。尹，古代官名，楚有令尹、箴尹，周有百尹。子革，郑穆公子然，字子革，奔楚为右尹，后成了子革氏。倚相，楚灵王时的史官。这段话原出《春秋左传正义》卷四十五："王出复语，左史倚相趋过，王曰：'是，良史也，子善视之，是能读《三坟》《五典》《八索》《九丘》。'"其意是说楚灵王正与右尹子革谈话，史官倚相从面前走过，灵王便对子革说，这人是很好的史官，你要善待他，这个人能解读《三坟》《五典》《八索》《九丘》之类的书。

㉞隳紊旧章：隳，毁坏；紊，乱。毁坏搅乱旧有的典章。

㉟叹凤鸟之不至：语出《论语·子罕》："子曰：'凤鸟不至，

河不出图，吾已矣夫.'"凤鸟，即凤凰，古代传说中的神鸟，据说只有在天下太平时才会出现。孔子感叹凤鸟之不飞来，实质是感叹周室道衰，纪纲散乱，世风日下，紊乱旧章的世道。

㊱陵夷踳驳：陵夷，迤逦渐平，引申为衰颓。《汉书·成帝纪》："帝王之道，日以陵夷。"《宋史·胡铨传》："国势陵夷，不可复振。"踳驳，舛谬杂乱。踳，舛也、乖也。驳，色杂也。此句承上接下，谓自周室道衰，纪纲散乱，礼崩乐坏，战国纵横，真伪莫辨，至德丧失，衰颓舛乱，一直到秦统一六国。

㊲刬先代之迹：刬，铲也，即消灭、铲除。指责秦王朝铲除消灭前代之遗迹。

㊳以刀笔吏为师：刀笔吏，指文书小吏。刀笔，古时在竹木简上以笔书写文字。竹木经过刮削，新茬外露，极易吃墨。若写错了文字，就只能用刀将其刮削，然后再写上正确的文字。因而刀、笔都成了古代书写时不可或缺的工具。笔用以书字，刀用以刮削错字，所以这里的刀，某种意义上类乎后世的橡皮功用。吏，小官。刀笔吏虽然官小，但是文书小吏，有文化。焚书坑儒之后，便让世人以这种刀笔吏为师。《史记·萧相国世家赞》说："萧相国何，于秦时为刀笔吏，录录未有奇节。"可证萧何在秦时就做过刀笔吏。

㊴制挟书之令：秦始皇三十四年（前213），接受李斯建议，制定挟书之令，开始焚书。次年，又因方士儒生求仙药而不得，卢生等又逃逸，又开始坑杀咸阳儒生四百六十余人。这就是历史上有名的"焚书坑儒"事件。挟，《汉书·惠帝纪》："四年，除挟书律。"注引应劭话曰："挟，藏也。"张晏曰："秦律，敢有挟书者族。"全句是说秦制定了关于收藏图书的律令。

㊵叔孙通草绵蕞之仪，救击柱之弊：叔孙通，汉初薛县（今山东藤州市南）人。曾为秦博士，秦末又为项羽部属，后又归刘邦，仍任博士，称为稷嗣君。在人品上颇受非议。汉朝建立，与

儒生共立朝仪。后任太子大傅。《汉书·叔孙通传》："高帝悉去秦仪法，为简易。群臣饮，争功，醉或妄呼，按剑击柱。上患之，通知上益厌之，说上曰：'夫儒者难与进取，可与守成。臣愿征鲁诸生与臣弟子，共起朝仪。'……与其弟子百余人，为绵蕝野外，习之月余，通曰：'上可试观。'"应劭解释："立竹及茅，索营之，习礼其中也。"颜师古注曰："蕝与蕞同。"蕞，束茅立于地面，表明位次的标志。绵，丝绵，这里是缠绕之义。也就是捆束起各式各样的茅草捆，各立在相应的位次，用来演习朝仪。汉初，朝仪未立，群臣无约束，醉饮廷堂，狂呼妄叫，以剑击柱，大有居功作乱之势，刘邦颇为此忧心。叔孙通草定朝廷礼仪制度，使群臣有所遵循，解除了争功击柱之患。

㊶曹参荐盖公，言黄老：曹参，字敬伯，西汉初沛县（今江苏）人。曾为沛县狱吏。秦末随刘邦起义，屡立战功。汉朝立，封平阳侯。曾任齐相九年，并从刘邦击破陈豨、英布。后继萧何为汉惠帝丞相，举事无所变更，一遵萧何约束，有"萧规曹随"之称。《汉书·曹参传》："参之相齐……尽召长老诸先生，问所以安集百姓……闻胶西有盖公，善治黄老言，使人厚币请之。既见盖公，盖公为言治道贵清静，而民自定，推此类具言之。参于是避正堂，舍盖公焉。"黄老，即黄帝及老子学说，主张无为而治。此句言曹参为齐相，推崇盖公理论，主张黄老之学。

㊷乃徙温室中书于天禄阁上：温室，宫殿名。汉未央宫、长乐宫皆有温室殿。《三辅黄图·汉宫》："温室殿，武帝建，冬处之温暖也。"可证武帝至成帝时所收天下遗书不少就存放在温室殿，至哀帝时使刘歆继承其父刘向校理群书的未竟事业，才将存放在温室殿的书移到天禄阁上。天禄阁，汉代殿阁名。《三辅黄图》六："天禄阁，藏典籍之所。《汉宫殿疏》云：'天禄骐麟阁，萧何造，以藏秘书，处贤才也。'"

㊸石室、兰台，弥以充积：石室，收藏图书档案之室。《史

记》卷一三〇《太史公自序》:"迁为太史令,䌷史记石室、金匮之书。"即缀集史记旧闻及石室、金匮之书而作《史记》。兰台:汉代宫内藏图书的地方,设御史中丞掌管,后置兰台令史,掌书奏。东汉以御史大夫官属省入兰台,置御史中丞,故御史台也称兰台。弥,副词,更加、越发之意。谓东汉光武中兴之后,石室、兰台的藏书更加充盈丰富。

㊹图书缣帛,军人皆取为帷囊:图书缣帛,是说两汉宫中藏书多以缣帛为书写载体。缣帛,丝织品中的一种,图书缣帛,即指帛书。东汉献帝初平元年(190)二月丁亥,因董卓作乱,献帝将都城由洛阳迁往长安。西迁过程中,军人都取帛书作为帷帐或囊袋。

㊺但录题及言:这是一句非常费解的话,显然是《隋书·经籍志》的作者对郑默《中经》及荀勖《中经新簿》编目简陋的一种品评。但,只,仅。录,著录、记录、登录。题,题名、书名、题目。及,至、到。言,《周礼·大司乐》注:"发端曰言,答述曰语。"即"言"有发端,开端之义。意即郑、荀两目只著录到每书开端之题名、书名。如果此解可通,这倒是中国传统目录书名著录的传统习惯。迄今,著录中国古书,其书名之选取仍以卷端题名为标准。卷端,即每书卷一之开端。

㊻盛以缥囊:盛,装也。缥,青白色的丝织物。囊,书囊,书套,书帙。意谓那时的书以青白色丝织品做的囊帙相装。

㊼书用缃素:缃,浅黄色。素,缣帛,丝织品。指当时写书用缣素,再染成浅黄色,就称缃素。

㊽渠阁文籍:渠阁,借指石渠阁。石渠阁,汉代宫中的藏书之处,在未央宫的北面。相传为萧何所造,用以贮藏入咸阳时所取秦之图籍。此之渠阁是借喻,实指当时内府藏书。

㊾靡有孑遗:靡,无。孑,余,残留、残余。遗,遗留、剩余。全句是说西晋自惠帝、怀帝时发生动乱以来,京城板荡,内

府藏书没有留存剩余。

(50)充遂总没众篇之名：充，李充。遂，于是。总，汇总。没，沦落、遗留。是说东晋初年，图书又有聚集，著作郎李充便以荀勖旧日的《中经新簿》加以核校，最后总汇这些沦落遗留下来的篇籍，又编新目。

(51)华林园中总集释典：华林园，佛教的园林，后秦鸠摩罗什《弥勒下生成佛经》："尔时弥勒佛于华林园，其园纵广一百由旬。"此句华林园，指六朝时的宫苑。三国时吴始建，故址在今南京市鸡鸣山南古台城内。南朝刘宋元嘉时扩建，又增华光殿、景阳楼、竹林堂诸胜。齐、梁时诸帝常宴集于此。总集，汇总编辑。释典，释家典籍。整理佛教典籍于华林园中，当属师出有名。

(52)释氏不豫焉：豫，通与，参与。不豫，不参与，未入列。虽说在华林园中总集了释典，但所编辑的目录中却未被著录。

(53)梁有秘书监任昉……故梁有五部目录：这段话也很费解。很多目录学史研究者，都说南朝梁代，典籍整理的规模大，共编成三部目录，与《隋书·经籍志》所云五部相牴牾。细读《隋书·经籍志》总序原文："齐末，兵火延烧，秘阁经籍遗散。梁初，秘书监任昉躬加部集。"这就是说，任昉面对齐末的经籍散遗状况，自己亲自编辑了一部目录。《梁书·任昉传》："任昉字彦昇，乐安博昌（今山东寿光）人。……雅善属文，尤长载笔，才思无穷。当世公王表奏，莫不请焉。……昉不治生产，至乃居无室宅。世或讥其多乞贷，亦随复散之亲。……昉坟籍无所不见，家虽贫，聚书至万余卷，率多异本。昉卒后，高祖使学士贺纵共沈约，勘其书目，官所无者，就其家取之。"这段话中的"勘其书目"，指的当是任昉"躬加部集"的私家藏书目录。贺纵、沈约勘核时用的是官府藏书，所以才有高祖所谓"官所无者，就其家取之"之语。这是梁目之一。《隋书·经籍志》总序原文又说："梁有秘书监任昉、殷钧四部目录。"任昉生于刘宋孝武帝大明四年（460），卒于梁武帝天监七年（508），活了四十九岁。而秘书丞殷钧撰《梁天监六年四部书目录》，是在公元507年，此时任昉尚在世。所以《梁天监六年四部书目录》必是任昉、殷钧合辑的四部目录。此为梁目之二。梁代最著名的公藏书目，是《文德殿四部目录》。这部目录是刘峻，即刘孝标主编的。刘孝标于"梁天监初召入西省，与学士贺纵典校秘阁。"《隋书·经籍志》总序原文"又于文德殿内列藏众书"，"又文德殿目录"，指的就是刘孝标与贺纵典校秘阁，就文德殿列藏众书而编制的书目。此为梁目之三。《南史·祖暅之传》："暅之字景烁，少传家业，究极精微，亦有巧思入神之妙。……父所改何承天历，时尚未行，梁天监初，暅之修之，于是始行焉。"祖暅之乃天文数算家祖冲之之子，少承家学，巧思入神，数算精深，其对有关天文历算之书单编一目，似在情理之中。故《隋书·经籍志》总序原文说："其术数（疑为数术）之书，更为一部，使奉朝请祖暅撰其名。"这"更为一部"，似当为单撰一部目录，并不是《文德殿四部目录》的附部。因为四部目录中有数术类位，无须另附。此为梁目之四。来新夏先生《古典目录学》第一百二十六页，谈到南北朝时刘遵还编过一部《梁东宫四部目录》四卷，并认为"似为太子藏书所编之目"。《南史·刘遵传》："遵字少陵，少清雅，有学行，工属文。为晋安王纲、宣惠云麾二记室，甚见宾礼。王立为太子，仍除中庶子。遵自随藩及在东宫，以旧恩偏蒙宠遇，时辈莫及。"见其确曾为东宫中庶子，编制《东宫四部目录》亦在情理中。初唐编撰《隋书·经籍志》时，可能见过此目，统计在内，未予表述。故《隋书·经籍志》总序说"梁有五部目录"，此盖为其一。

㊾普通中：南朝梁武帝的第二年号为"普通"，始于公元520年，终于527年，行用八年。普通中，即普通年间。

㊿敦悦：敦，敦厚、笃厚。悦，喜好。敦悦，即笃信深好。

《后汉书·郑兴传》杜林举荐郑兴，说他"执义坚固，敦悦《诗》《书》，好古博物，见疑不惑"。

⑤⑥元帝克平侯景：侯景，南朝梁怀朔人，字万景。先为北朝魏尔朱荣的将领，后又归高欢。欢死，归附南朝梁，并被封为河南王。后举兵叛乱，攻破梁都建康（今江苏南京），将梁武帝萧衍困于台城（宫城），饿死。自己拥兵自立，号称汉帝，到处烧杀抢掠，长江下游地区遭受极大破坏，史称侯景之乱。元帝萧绎派陈霸先、王僧辩击败之。陈霸先开始为梁的始兴太守，以讨平侯景之功，迁为相国，封为陈王，就便也就灭梁立陈，自己称帝，是为陈高祖。

⑤⑦收文殿之书及公私经籍归于江陵：梁元帝萧绎，梁武帝萧衍第七子，封湘东王，镇守江陵。侯景叛乱时，曾派陈霸先、王僧辩灭景，自己也就称帝，是为梁元帝。所以才有"元帝克平侯景，收文殿之书及公私经籍归于江陵"之说。

⑤⑧周师入郢，咸自焚之：梁元帝承圣三年（554），梁岳阳王萧詧投降西魏。次年被西魏立为梁帝，建都江陵，是为后梁，实为西魏和北周的附庸。公元554年西魏军破江陵时，梁元帝萧绎被杀。萧绎由于收文德殿藏书及公私经籍归于江陵，所以藏书多达十四万卷，城破时全部自行烧毁。这时尚谈不到"周师入郢"。郢，即指江陵。

⑤⑨苻、姚：苻，当为苻。即指苻秦。苻秦，即前秦，十六国之一。始立国者为苻健，起于公元351年，中经苻生、苻坚、苻丕、苻登、苻崇的经营，成为十六国当中最大的国家。公元394年为后秦所灭。淝水之战后，羌族贵族姚苌于公元384年称王，两年后称帝，都长安，国号仍为秦，史称后秦，也俗称姚秦。"文教之盛，苻、姚而已"，也即是说十六国当中，不过是苻秦和姚秦时期尚有一些文化积累。

⑥⑩宋武入关：宋武，指南朝刘宋武帝。宋武名刘裕，字德

舆，小字寄奴，祖籍彭城（今江苏徐州）人，后迁居京口（今江苏镇江）。幼家贫，长为东晋北府兵将领。元兴三年（404）击败桓玄，掌握东晋大权。公元417年出兵关中，消灭后秦。元熙二年（420）代晋称帝，南朝开始，死谥武帝。宋武入关，即指宋武帝入潼关，进兵关中。

㉛赤轴青纸：唐五代以前，三国两晋之后，中国书籍的装帧形制流行卷轴装。卷轴装的轴常常用来表示书的品级和门类，因此对轴的轴头就要加以装饰和区分色泽。赤轴，是说卷轴装的轴头染了红颜色，或镶嵌了红琉璃之类的装饰品。青纸，大概就是磁青纸。磁青纸在我国有悠久的历史。敦煌遗书中已发现有隋代磁青纸的写经，可证在隋之前已有磁青纸行用。晋制规定，皇帝诏书用青纸紫泥。《晋书·楚王玮传》："玮临死，出其怀中青纸诏，流涕以示监刑尚书刘颂……"可证青纸在魏晋南北朝时期是上等好纸。

㉜尔朱之乱：尔朱，复姓，此处指尔朱荣。尔朱荣是北魏秀容部落的首领，字天宝。北魏孝明帝时为直寝、游击将军。北魏末年招降侯景、高欢，兵势渐盛。武泰元年（528）胡太后毒死明帝，立元钊为帝，尔朱荣借口起兵于太原，入洛阳，杀太后和元钊及百官二千余人，立孝庄帝，自任都督中外诸军事、大将军兼尚书令，专断朝政。尔朱之乱，即指他领兵入洛，滥杀无辜之乱。

㉝隋开皇三年……于是民间异书往往间出：隋开皇初，散骑常侍兼秘书监事牛弘上表请开献书之路。表文在谈完书之五厄之后，牛弘"伏愿天鉴少垂照察。上纳之，于是下诏献书一卷，赉缣一匹，一二年间篇籍稍备"。因为献书一卷，非但赏绢一匹，并在校写抄副之后，仍将原书归还书主，即如牛弘表中所说"勒之以天威，引之以微利"，所以争相献书，民间异书亦往往随之而出。

㉞克平伪郑：伪郑，即王世充所立国号。王世充字行满，隋新丰（今陕西西安市临潼区东北）人。本姓支，祖籍西域月支。隋炀帝时任江都郡丞，后因镇压农民起义有功，升为江都通守。大业十三年（617），奉调北援东都洛阳，为瓦岗军李密所击败，但入据洛阳以自守。大业十四年（618），隋炀帝被杀，王世充则拥立杨侗为帝（即皇泰帝），得以专权。不久又击败瓦岗军，势气大振，野心膨胀，唐武德二年（619），他又废掉杨侗，自称皇帝，国号为郑，年号开明。武德四年（621），兵败降唐，至长安，为仇人所杀。所谓克平伪郑，即指打败了王世充所立的郑国之号。

㉟挹：酌取、援引。

㊱研几探颐：几，隐微、细微。《易·系辞上》："夫《易》，圣人之所以探深研几也。"研几，既研究细微。颐，幽深难见。《易·系辞上》："探颐索隐，钩深致远，以定天下之吉凶。"探颐，探求幽深。

㊲黼黻：黼，古代礼服上白与黑相间的花纹；黻，古代礼服上黑与青相间的花纹。两字连用，即指古代礼服上绣制的花纹。引申为文彩、装饰。本句是说文章乃是政治与教化的装饰、补充、辅助。

《四库全书总目》凡例

一是书卷帙浩博，为亘古所无。然每进一编，必经亲览，宏纲巨目，悉禀天裁。定千载之是非，决百家之疑似，权衡独运，衮钺斯昭①，睿鉴高深，迥非诸臣管蠡之所及。随时训示，旷若发蒙，八载以来，不能一一殚记，谨录历次恭奉圣谕为一卷，载

29

诸简端,俾共知我皇上稽古右文②,功媲删述③,悬诸日月,昭示方来,与历代官修之本泛称御定者迥不相同。

一是书以经、史、子、集提纲列目。经部十类,史部十五类,子部十四类,集部五类。或流别繁碎者,又各析子目,使条理分明。所录诸书,各以时代为次。其历代帝王著作,从《隋书·经籍志》例,冠各代之首。至于列朝圣制、皇上御撰,揆以古例,当弁冕全书。而我皇上道秉大公,义求至当,以《四库》所录包括古今,义在衡鉴千秋,非徒取尊崇昭代。特命各从门目,弁于国朝著述之前。此尤圣裁独断,义惬理精,非馆臣所能仰赞一词者矣。

一前代藏书,率无简择,萧兰并撷④,珉玉杂陈⑤,殊未协别裁之义。今诏求古籍,特创新规,一一辨厥妍媸⑥,严为去取。其上者,悉登编录,罔致遗珠⑦;其次者,亦长短兼胪⑧,见瑕瑜之不掩。其有言非立训,义或违经,则附载其名,兼匡厥谬。至于寻常著述,未越群流,虽咎誉之咸无,要流传之已久。准诸家著录之例,亦并存其目,以备考核。等差有辨,旌别兼施,自有典籍以来,无如斯之博且精矣。

一自《隋志》以下,门目大同小异,互有出入,亦各具得失,今择善而从。如诏令、奏议,《文献通考》入集部。今以其事关国政,诏令从《唐志》例,入史部;奏议从《汉志》例,亦入史部。《东都事略》之属不可入正史,而亦不可入杂史者,从《宋史》例,立别史一门。《香谱》《鹰谱》之属,旧志无所附丽,强入农家,今从尤袤《遂初堂书目》例,立谱录一门。名家、墨家、纵横家,历代著录各不过一二种,难以成帙,今从黄虞稷《千顷堂书目》例,并入杂家,为一门。又别集之有诗无文者,《文献通考》别立诗集一门,然则有文无诗者何不别立文集一门?多事区分,徒滋繁碎。今仍从诸史之例,并为别集一门。又兼诂群经者,《唐志》题曰"经解",则不见其为群经;朱彝尊

《经义考》题曰"群经",又不见其为经解;徐乾学通志堂所刻,改名曰"总经解",何焯又讥其杜撰。今取《隋志》之文,名之曰"五经总义"。凡斯之类,皆务求典据,非事更张。

一焦竑《国史经籍志》多分子目,颇以饾饤为嫌。今酌乎其中,惟经部之小学类,史部之地理、传记、政书三类,子部之术数、艺术、谱录、杂家四类,集部之词曲类,流派至为繁夥,端绪易至茫如。谨约分小学为三子目,地理为九子目,传记为五子目,政书为六子目,术数为七子目,艺术、谱录各为四子目,杂家为五子目,词曲为四子目,使条理秩然。又经部之礼类,史部之诏令奏议类、目录类,子部之天文算法类、小说家类,亦各约分子目,以便检寻。其余琐节,概为删并。

一古来诸家著录,往往循名失实,配隶乖宜⑨。不但《崇文总目》以《树萱录》入之种植,为郑樵所讥,今并考校原书,详为厘定。如《笔阵图》之属,旧入小学类,今惟以论六书者入小学。其论八法者,不过笔札之工,则改隶艺术。《羯古录》之属,旧入乐类,今惟以论律吕者入乐。其论管弦工尺者,不过世俗之音,亦改隶艺术。《左传类对赋》之属,旧入春秋类,今以其但取俪辞,无关经义,改隶类书。《孝经集灵》旧入孝经类,《穆天子传》旧入起居注类,《山海经》《十洲记》旧入地理类,《汉武帝内传》《飞燕外传》旧入传记类,今以其或涉荒诞,或涉鄙猥,均改隶小说。他如扬雄《太玄经》,旧入儒家类,今改隶术数。俞琰《易外别传》,旧入《易》类,今改隶道家。又如《倪石陵书》,名似子书,而实文集。陈埴《木钟集》,名似文集,而实语录。凡斯之流,不可殚述,并一一考核,务使不失其真。

一诸书刊写之本不一,谨择其善本录之。增删之本亦不一,谨择其足本录之,每书名之下,钦遵御旨,各注某家藏本,以不没所自。其坊刻之书不可专题一家者,则注曰通行本。至其编次先后,《汉书·艺文志》以高帝、文帝所撰杂置诸臣之中,殊为非体。《隋书·经籍志》以帝王各冠其本代，于义为允，今从其例。其余概以登第之年、生卒之岁为之排比，或据所往来倡和之人为次。无可考者，则附本代之末。释、道、闺阁，亦各从时代，不复区分。宦侍之作⑩，虽不宜厕士大夫间，然《汉志》小学家尝收赵高之《爰历》、史游之《急就》⑪，今从其例，亦间存一二。外国之作，前史罕载，然既归王化，即属外臣，不必分疆绝界，故木增⑫、郑麟趾⑬、徐敬德⑭之属，亦随时代编入焉。

一诸书次序，虽从其时代，至于笺释旧文，则仍从所注之书，而不论作注之人。如儒家类明曹端《太极图述解》，以注周子之书，则列于《张子全书》前；国朝李光地注解《正蒙》，以注张子之书，则列于《二程遗书》前是也。他如《史记疑问》附《史记》后、《班马异同》附《汉书》后之类，亦同此例，以便参考。至于汪晫所集之《曾子》《子思子》，则仍列于宋；吕柟所辑之《周子抄释》诸书，则仍列于明。盖虽裒辑旧文，而实目为著述，与因原书而考辨者，事理固不同也。

一刘向校理秘文，每书具奏；曾巩刊定官本，亦各制序文。然巩好借题抒议，往往冗长，而本书之始末源流转从疏略。王尧臣《崇文总目》、晁公武《郡斋读书志》、陈振孙《书录解题》，稍具崖略，亦未详明。马端临《经籍考》，荟萃群言，较为赅博，而兼收并列，未能贯串折衷。今于所列诸书，各撰为提要，分之则散弁诸编，合之则共为总目。每书先列作者之爵里，以论世知人；次考本书之得失，权众说之异同；以及文学增删、篇帙分合，皆详为订辨，巨细不遗。而人品学术之醇疵，国纪朝章之法戒，亦未尝不各昭彰瘅⑮，用著劝惩。其体例悉承圣断，亦古来之所未有也。

一四部之首各冠以总序，撮述其源流正变，以挈纲领。四十三类之首亦各冠以小序，详述其分并改隶，以析条目。如其义有未尽，例有未该，则或于子目之末，或于本条之下附注案语，以明通变之由。

一历代敕撰官书，如《周易正义》之类，承诏纂修，不出一手，一一详其爵里，则末大于本，转病繁冗，故但记其成书年月、任事姓名，而不缕陈其爵里。又如汉之贾、董，唐之李、杜、韩、柳，宋之欧、苏、曾、王，以及韩、范、司马诸名臣，周、程、张、朱诸道学，其书并家弦户诵，虽村塾童竖皆能知其为人，其爵里亦不复赘。至一人而著数书，分见于各部中者，其爵里惟见于第一部，后但云某人有某书已著录，以省重复。如二书在一卷之中或数页之内易于省记者，则第二部但著其名（如明戴元礼已见所校补朱震亨《金匮钩玄》条下，其《推求师意》二卷，仅隔五条之类）。

一刘勰有言，意翻空而易奇，词征实而难巧。儒者说经论史，其理亦然。故说经主于明义理，然不得其文字之训诂，则义理何自而推？论史主于示褒贬，然不得其事迹之本末，则褒贬何据而定？如成风为鲁僖公之母⑯，明载《左传》，而赵鹏飞《春秋经筌》谓不知为庄公之妾，为僖公之妾。是不知其人之名分可定其礼之得失乎？刘子翼入唐为著作郎、宏文馆直学士⑰，明载《唐书·刘炜之传》，而朱子《通鉴纲目》书贞观元年征隋秘书刘子翼不至；尹起莘《发明》称"特书隋官以美之"，与陶潜称晋一例。是未知其人之始终，可定其品之贤否乎？今所录者，率以考证精核、辨论明确为主，庶几可谢彼虚谈，敦兹实学。

一文章流别，历代增新。古来有是一家，即应立是一类；作者有是一体，即应备是一格，斯协"全书"之名，故释、道外教、词曲末技咸登简牍，不废搜罗。然二氏之书，必择其可资考证者。其经忏章咒，并凛遵谕旨，一字不收。宋人朱表青词，亦概从删削。其依声填词之作，如石孝友之《金谷遗音》，张可久之《小山小令》，臣等初以相传旧本，姑为录存，并蒙皇上指示，命从屏斥。仰鉴大圣人敦崇风教，厘正典籍之至意。是以编辑虽

33

富,而谨持绳墨,去取不敢不严。

一圣贤之学,主于明体以达用。凡不可见诸实事者,皆属卮言[18]。儒生著书,务为高论。阴阳太极,累牍连篇。斯已不切人事矣。至于论九河则欲修禹迹,考六典则欲复周官,封建井田,动称三代,而不揆时势之不可行。至黄谏[19]之流,欲使天下笔札皆改篆体;顾炎武之流,欲使天下言语皆作古音,迂谬抑更甚焉。又如明之曲士[20],人喜言兵;《二麓正议》欲掘坑藏锥以刺敌;《武备新书》欲雕木为虎以临阵;陈禹谟至欲使九边将士人人皆读《左传》,凡斯之类,并辟其异说,黜彼空言,庶读者知致远经方,务求为有用之学。

一汉唐儒者,谨守师说而已。自南宋至明,凡说经、讲学、论文皆各立门户。大抵数名人为之主,而依草附木者嚣然助之。朋党一分,千秋吴越,渐流渐远,并其本师之宗旨亦失其传。而仇隙相寻,操戈不已,名为争是非,而实则争胜负也。人心世道之害,莫甚于斯。伏读御题朱弁《曲洧旧闻》,致遗憾于洛党;又御题顾宪成《泾皋藏稿》,示炯戒于东林,诚洞鉴情伪之至论也。我国家文教昌明,崇真黜伪,翔阳赫耀,阴翳潜消,已尽涤前朝之敝俗。然防微杜渐,不能不虑远深思。故甄别遗编,皆一本至公;铲除畛畦[21],以预消芽蘖之萌。至诗社之标榜声名,地志之矜夸人物,浮辞涂饰,不尽可凭,亦并详为考订,务核其真,庶几公道大彰,俾尚论者知所劝戒。

一文章德行,在孔门既已分科。两擅厥长,代不一二。今所录者,如龚诩、杨继盛之文集,周宗建、黄道周之经解,则论人而不论其书;耿南仲之说《易》、吴朌之评《诗》,则论书而不论其人。凡兹之类,略示变通。一则表章之公,一则节取之义也。至于姚广孝之《逃虚子集》、严嵩之《钤山堂诗》,虽词华之美足以方轨文坛,而广孝则助逆兴兵[22],嵩则怙权蠹国,绳以名义,匪止微瑕。凡兹之流,并著其见斥之由,附存其目,用见圣朝彰善瘅恶，悉准千秋之公论焉。

一儒者著书，往往各明一义。或相反而适相成，或相攻而实相救，所谓言岂一端，各有当也。考古者无所别裁，则多歧而太杂；有所专主，又胶执而过偏，左右佩剑，均未协中。今所采录，惟离经叛道、颠倒是非者，掊击必严；怀诈狭私、荧惑视听者，屏斥必力。至于阐明学术，各撷所长，品骘[23]文章，不名一格，兼收并蓄，如渤澥[24]之纳众流，庶不乖于全书之目。

一《七略》所著古书，即多依托。班固《汉书·艺文志》注可覆按也。迁流泊于明季，讹妄弥增，鱼目混珠，猝难究诘。今一一详核，并斥而存目，兼辨证其非。其有本属伪书，流传已久；或掇拾残剩，真赝相参，历代词人已引为故实，未可概为捐弃，则姑录存而辨别之。大抵灼为原帙者，则题曰某代某人撰；灼为赝造者，则题曰旧本题某代某人撰；其踵误传讹，如吕本中《春秋传》旧本题吕祖谦之类，其例亦同。至于其书虽历代著录而实一无可取，如《燕丹子》、陶潜《圣贤群辅录》之类，经圣鉴洞烛其妄者，则亦斥而存目，不使滥登。

一九流[25]自《七略》以来，即已著录。然方技家递相增益，篇帙日繁，往往伪妄荒唐，不可究诘。抑或卑琐微末，不足编摩。今但就四库所储，择其稍古而近理者各存数种，以见彼法之梗概。其所未备，不复搜求。盖圣朝编录遗文，以阐圣学、明王道者为主，不以百氏杂学为事也。

一是书主于考订异同，别白得失，故辨驳之文为多。然大抵于众说互殊者权其去取，幽光未耀者加以表章。至于马、班之史，李、杜之诗，韩、柳、欧、苏之文章，濂、洛、关、闽之道学，定论久孚，无庸赘一语者，则但论其刊刻传写之异同，编次增删之始末，著是本之善否而已。盖不可辨者，不敢因袭旧文；无可复议者，亦不敢横生别解。凡以求归至当，以昭去取之至公。

注释

①衮钺斯昭：衮，古代帝王及上公穿的绘有卷龙的礼服。若是谁被赐以衮衣，就意味着得到了褒奖。钺，古代兵器，圆刃，青铜制造。形似斧而较大。盛行于殷周时期。用兵器或刑具来砍斫，谓之钺。清魏源《圣武记》卷十四："汉令私铸铁者钺左趾。"带有惩罚之义。衮钺形成词组，就具褒贬之义了。古代赐衮衣以示嘉奖，给斧钺以示惩罚。梁启超《上鄂督张制军书》："上畏昊天之视听，下畏良史之衮钺，则亡羊补牢，今犹可及。"良史之衮钺，即良史之褒贬。衮钺斯昭，即褒贬昭明、分明。

②稽古右文：稽，稽考、考索、考核。稽古，《尚书》中《尧典》《舜典》《大禹谟》《皋陶谟》诸篇，皆以"曰若稽古"为开端。《尚书》传训稽为考，言稽考古道。右，古以右为尊为上，故称所崇尚、器重、看重、尊重的人、事为右。例"无出其右者"，即没有在他之上的了。右文，崇尚文治。《宋史·选举志三》："国家恢儒右文，京师郡县皆有学。"清代康、雍、乾三朝，始终高举稽考古道、崇尚文治的旗号。到开馆编修《四库全书》，则"稽古右文"旗帜举得更高。实则寓禁于征，全毁、抽毁、禁止流通不少典籍。

③功媲删述：《史记·孔子世家》："孔子之时，周室微而礼乐废，《诗》《书》缺。追迹三代之礼，序《书传》……故《书传》《礼记》自孔氏。孔子语鲁太师：'乐其可知也。……吾自卫反鲁，然后乐正，《雅》《颂》各得其所。'古者《诗》三千余篇，及至孔子，去其重，取可施于礼义……三百五篇，孔子皆弦歌之。……礼乐自此可得而述，以备王道，成六艺。孔子晚而喜《易》，序、彖、系、象、说卦、文言。读《易》，韦编三绝。……孔子以《诗》《书》《礼》《乐》教，弟子盖三千焉，身通六艺者七十有二人。……君子病殁世而名不称焉……乃因史记作《春秋》。……孔子布衣，传十余世，学者宗之。自天子王侯，中

国言六艺者折中于夫子,可谓至圣矣。"所谓孔子删《诗》《书》,定《礼》《乐》,赞《周易》,修《春秋》,即指此。清代乾隆皇帝下诏开馆修编《四库全书》,其功可与孔子删述六经相媲美。

④萧兰并撷:萧,植物名,蒿类,即艾蒿。《诗·王风·采葛》:"彼采萧兮,一日不见,如三秋兮。"萧即指蒿类植物。兰,兰草,古所谓兰,多指此兰。《离骚》:"扈江离与辟芷兮,纫秋兰以为佩。"此处之兰,即指兰草。兰草与艾草,兰香艾臭,后用来比喻君子与小人。此处萧兰并撷,是说前代藏书好坏不分,良莠并取。

⑤珉玉杂陈:珉,似玉而非玉的美石。《荀子·法行》:"子贡问于孔子曰:'君子之所以贵玉而贱珉者何也?为夫玉之少而珉之多邪?'"可证珉、玉在成色上是有区别的。此处之珉玉杂陈,仍指斥前代藏书良莠不分,鱼龙混杂。

⑥辨厥妍媸:辨,分辨。厥,代词,同其。妍,美好。媸,丑陋。妍媸,美和丑。《关尹子·三极》:"日无不照,有妍有丑,而日无厚薄。"《文选·陆士衡·文赋》:"混妍媸而成体,累良质而为瑕。"此处一一辨厥妍媸,即一一辨别它们的美和丑、好与坏。

⑦罔致遗珠:罔,副词,毋、不。《尚书·大禹谟》:"罔游于逸,罔淫于乐。"罔即毋意。罔致遗珠,是说四库馆臣编书严为去取,其上乘好书全会录用,不致于遗漏明珠而使之投暗。

⑧长短兼胪:胪,序列、陈列、胪列。指四库馆臣选书,对次一等的典籍也长短兼而录列,令其瑕不掩瑜。

⑨配隶乖宜:配,分配、匹配、配置。隶,隶属。乖,背离、违戾。是说古来诸家著群籍,常常望文生义,循名失实,致使类分部居失当,配置隶属不宜。

⑩宦侍之作:《钦定四库全书总目》由纪晓岚整理订定之后,

于乾隆五十四年（1789）首先由武英殿版行于世，是为殿本。六年后，即乾隆六十年（1795），浙江官府又据杭州文澜阁所藏殿本重刻，是为浙本。同治七年（1868），广东又据浙本翻刊，是为粤本。三本在文字上不尽相同，略有出入。此处"宦侍之作"，宦侍，殿本作"宦寺"，较为恰当。宦寺，即宦官。宦官有宦人、寺人之称，合称为宦寺。后世亦称为阉人、太监。《新唐书·李石传》："方是时宦寺气盛，陵暴朝廷。"宦寺之作，指的就是宦官太监的作品。

⑪赵高、史游：赵高，秦时宦官。始皇崩于沙丘，高与李斯矫诏赐长子扶苏死，立胡亥为二世皇帝。后高又杀李斯，自为丞相，成为中国封建社会历史上第一次宦官专权。史游，西汉元帝时的黄门令。宦者即称为黄门，汉代给事内廷的黄门令、中黄门等官，皆以宦者充任。故黄门令史游也是太监。

⑫木增：《四库全书总目》卷一百三十二子部杂家类存目九著录了木增的《云薖淡墨》六卷，并谓木增字生白，云南丽江土司，世袭土知府。以助饷征蛮功，晋秩左布政使，年甫三十即谢职。天启五年特给诰命，以旌其忠。增好读书，多与文士往还。《云薖淡墨》大抵直录诸书，随手摘抄之文。无所阐发，又多参释典道藏之语，未免糅杂失伦，然当时流传甚广。其实到乾隆编修《四库全书》，特别是《四库全书总目》定稿时，西南久已改土归流，四库馆臣仍题此为外国之作，是绝大的错误。

⑬郑麟趾：朝鲜的正宪大夫、工曹判书、集贤殿大提学、知经筵春秋馆事兼成均大司成。明景泰二年（1451）作为朝鲜使臣来到中华，进献其所撰《高丽史》一百三十九卷，即世家四十卷、志三十九卷、表二卷、列传五十卷、目录二卷。朱彝尊《曝书亭集》有是书题跋，称其为体例可观，有条不紊。

⑭徐敬德：朝鲜人，生活在相当中国明代嘉靖时期。他安贫乐道，年五十六，因其国提学金安国的推荐，授奉参，力辞不

就，居于花潭，因以为号。其学一以宋儒为宗，而尤究心于周子《太极图说》、邵子《皇极经世》，故其杂著皆发挥二书之旨。其卓然传濂洛关闽之说以教其乡者，自徐敬德始。《四库全书总目》别集存目五，录有《徐花潭集》二卷，盖其杂文杂诗之作。

⑮彰瘅：彰善瘅恶之缩写。彰，表彰。瘅，憎恨。即表彰善者，憎恨恶者。这句话承上文，即《四库全书》所录诸书作者，其人品、学术之好坏深浅正邪，亦各昭其该彰该瘅。

⑯成风：鲁僖公之母。这里说"成风为鲁僖公之母，明载《左传》"。其实成风之名之事，于《左传》凡三见，于《公羊传》凡两见。其中《左传》三见并未讲清她与僖公的关系。唯《春秋公羊传·文公》："五年三月辛亥，葬我小君成风。成风者何？僖公之母也。"讲得最明确。

⑰刘子翼：《新唐书·刘祎之传》称祎之"父子翼，字小心，在隋为著作郎。峭直有行，尝面折僚友短，退无余訾。李伯药曰：'子翼詈人，人都不憾。'贞观初，召之，辞以母老，诏许终养。江南道巡察使李袭誉嘉其孝，表所居为孝慈里。母已丧，召拜吴王府功曹参军，终著作郎、弘文馆直学士"。《旧唐书·刘祎之传》载之与此大同小异，文字情节更详。

⑱卮言：随人意变，无主见之言。也解释为破碎之言。此处为缺乏事实根据的随意信口之言。

⑲黄谏：字廷臣，明高邮人，后徙居兰州。正统七年（1442）以一甲第三人登第，历官侍讲学士，兼尚宝寺卿，奉遣出使安南。曾议定迎诏坐次等仪，迁本院学士。后遭贬为广州判，从学者甚众，广人立祠祀之。善书画，工篆隶行楷。清初，对明人明事讳莫如深，此处批评黄谏，下文批评顾炎武，均带有政治偏见。黄工篆隶行草，并未强调随意笔札也要用篆字书写；顾炎武有《音学五书》，无非钩沉古音，也并未强调天下说话都得用古语。四库馆臣虚张声势，耸人听闻，不可全信。

39

⑳曲士：乡曲之士，即指寡闻陋见之人。《庄子·秋水》："曲士不可语于道者，束于教也。"释文引晋司马彪的解释："曲士，乡曲之士也。"

㉑畛域：范围、界限。《庄子·秋水》："泛泛乎其若四方之无穷，其无所畛域。"即无范围、无界限之义。域，通域。

㉒广孝则助逆兴兵：《明史·姚广孝传》："姚广孝，长洲人，本医家子。年十四，度为僧，名道衍，字斯道。事道士席应真，得其阴阳术数之学。……太祖选高僧侍诸王，为诵经荐福。宗泐时为左善世，举道衍，燕王与语甚合，请以从。至北平，住持庆寿寺。出入府中，迹甚密，时时屏人语。及太祖崩，惠帝立，以次削夺诸王，周、湘、代、齐、岷相继得罪，道衍遂密劝成祖举兵……"所谓广孝助逆兴兵，即指他为燕王朱棣出谋划策，举兵南下，夺取惠帝皇位之事。因为在四库馆臣看来，姚广孝便是助纣为虐，所以他的《逃虚子集》便只能入《四库》别集存目。

㉓品骘：品，品评。骘，定。《尚书·洪范》："惟天阴骘下民，相协厥居。"传谓："骘，定也。天不言而默定下民，是助合其居，使有常生之资。"故品骘，即品评论定、品定之义。

㉔渤澥：即渤海。《汉书·司马相如传·子虚赋》："浮渤澥，游孟诸。"颜师古注曰："渤澥，海别枝也。澥音蟹。"意谓《四库全书》之兼收并蓄，如渤海之纳百川众流。

㉕九流：战国时的九个学术流派。《汉书·叙传》下曰："群言纷乱，诸子相腾。秦人是灭，汉修其缺。刘向司籍，九流以别。"应劭注曰："儒、道、阴阳、法、名、墨、纵横、杂、农，凡九家。"如果加上小说家，便合为十家。所以九流实际为先秦诸子的别称。"九流自《七略》以来，即已著录"，实际说的就是诸子之书自刘歆《七略》即已著录。

按：前两篇分别是《汉书·艺文志》和《隋书·经籍志》总

序，后一篇乃非总序，而是编书凡例。这是因为时代不同、使命不同而形成的差异。

《汉书》主要撰写者班固，生于东汉刘秀建武八年（32），卒于汉和帝永元四年（92）。他生活的时代，距西汉哀帝（前6—前1）相去不到百年。而哀帝时以侍中奉车都尉身份继承其父刘向未竟之功的刘歆，则"总群书而奏其《七略》，故有《辑略》，有《六艺略》，有《诸子略》，有《诗赋略》，有《兵书略》，有《术数略》，有《方技略》"。可见《汉书·艺文志》反映的完全是西汉书籍的情况。而《汉书·艺文志》总序，则非常实际地从孔子及其弟子之后讲起，说到《春秋》分为五家，《诗》分为四家，《易》分为数家；战国纷争，合纵连横，真伪不让，诸子之言亦纷然殽乱；至秦则焚书坑儒，篇籍荡然。汉兴乃改秦之败策，大收篇籍，建藏书之策，置写书之官。至成帝时再次征集天下遗书，广搜众本，并授命刘向校理群书，这才产生了目录之学及目录学中的灵魂——分类之学。《汉书·艺文志》开史志目录、著录一代藏书之盛的先河，并在总序中创谈书籍发展史、图书事业史和分类著录编目史的先例。

《隋书·经籍志》的编写已届初唐的七世纪前半叶，与《汉书·艺文志》的编写时间相去六百年。这六百年虽然社会长期动荡不安：三国鼎立，战争相寻；两晋更迭，干戈频操；南北对峙，相互践踏，但说经释典、撰史记事、赋诗言志、著文黼黻政化、品评寄情扬善济美，却也赓续未断，图书事业曲折发展。唐贞观十五年（641），诏修梁、陈、齐、周、隋五代史志，《隋书》十志乃是这五代的史志，故《隋书·经籍志》便非记一代藏书之盛，而是著录梁、陈、齐、周、隋五代官私目录所藏的见存典籍。所以它在谈及书籍发展史、图书事业史的同时，用了很大的篇幅谈目录编制史，并从中引出了一个最大的成果，这就是图书四分法。可以这样说，没有晋荀勖《中经新簿》分甲乙丙丁即经子史集、东晋李充《晋元帝四部目录》分甲乙丙丁即经史子集、刘宋丘渊《晋义熙已来新集目录》、殷淳《四部大目》、《元嘉八年秘阁四部目录》、刘孝标《文德殿四部目录》、殷钧《梁天监六年四部书目录》、刘遵《梁东宫四部目录》等书目的编制，就没有四分法的产生，也就没有经、史、子、集的架构体系。

我们知道，南朝齐王俭曾编过《宋元徽元年四部书目》，但由于他不满意魏晋以来陈陈相因的四部分类体例，于是便据自己所掌握的官私目录，利用整理国家藏书的机会，又编制了规模宏大的典籍目录《七志》。《七志》扬弃了四分法，重新采用刘向、刘歆父子编目时的七分法。比王俭稍后一点，又有梁阮孝绪以个人之力，于梁武帝普通四年（523）总集众家，斟酌王俭《七志》，仿效刘向、刘歆《七略》，又编制了《七录》。《七志》与《七录》在目录学史上蜚声今古，享有盛誉。但我个人认为，这两部目录至少在分类架构上是个大倒退。须知西汉末年刘氏父子校理群书最后形成的目录《七略》，只是分类学上的草创体例，以今天的眼光看并未如实反映彼时的学术状况。汉武帝时已罢黜百家，独尊儒术，立了五经博士，经学已卓然立于学林，可是他们仍然以"六艺"标目，并未承认经学。另外刘氏父子虽说是校理群书，但群书加起来无非是三十八类而已。书没那么多，情况没那么复杂，分起来也就比较简单。到了魏晋南北朝，图书情况大变，仍硬套七分法，便难免胶柱鼓瑟。清代章学诚在其《校雠通义·宗刘第二》中曾说："《七略》之流而为四部，如篆隶之流而为行楷，皆势之所不容已者也。史部日繁，不能悉隶以《春秋》家学，四部之不能返《七略》者一；名、墨诸家，后世不复有其支别，四部之不能返《七略》者二；文集炽盛，不能定百家九流之名目，四部之不能返《七略》者三；抄辑之体，既非丛书，又非类书，四部之不能返《七略》者四；评点诗文，亦有似别集而实非别集、似总集又非总集者，四部之不能返《七略》

者五。凡一切古无今有、古有今无之书，其势判如霄壤，又安得执《七略》之成法以部次今日之文章乎?"这段话十分精到，道出了《隋书·经籍志》采用、完善、定型四分法的科学贡献。当然《七录》之二位类，对《隋志》启发也很大。

《隋书·经籍志》还有一个突出的贡献，就是它第一次提出了图书的分类原则："离其疏远，合其近密。"意即将内容性质相差甚远的图书各分其类，各列其目；而将内容性质非常相近相似的图书合并到同一类目之下。这个原则可以说抓住了类分图书的本质，是永恒不变的真理。直到今天，仍不失其现实意义。

《四库全书总目》不是史志目录，无义务记一代藏书之盛。它是群书的选目、存目，是编众书为一书并冠以总书名的丛书子目。它无法也无须仿《汉书·艺文志》《隋书·经籍志》总序，再讲一通书籍发展史、图书事业史及书目编制史，而是必须要讲清选取标准、分类方法、部居原则，所以它采取了写凡例的办法。我们纵观《四库全书总目》之二十条凡例，其翻来覆去强调的，主要是上述三个方面。这三个方面中的选取标准，既有他们的政治标准，也有他们的学术标准，此无须在这里论列。其书之部居排列次序，一遵撰著者或图书传、注、笺、评加工者的科第和生卒年，并非四库馆臣所首创，亦有很多不足之处，亦无需在此论列。其有关分类的几条，"如诏令、奏议，《文献通考》入集部。今以其事关国政，诏令从《唐志》例，入史部；奏议从《汉志》例，亦入史部。《东都事略》之属不可入正史，而亦不可入杂史者，从《宋史》例，立别史一门。《香谱》《鹰谱》之属，旧志无所附丽，强入农家，今从尤袤《遂初堂书目》例，立谱录一门。名家、墨家、纵横家，历代著录各不过一二种，难以成帙，今从黄虞稷《千顷堂书目》例，并入杂家，为一门。又别集之有诗无文者，《文献通考》别立诗集一门，然则有文无诗者何不别立文集一门?多事区分，徒滋繁碎。今仍从诸史之例，并为别集一门。又兼诂群经者，《唐志》题曰'经解'，则不见其为群经；朱彝尊《经义考》题曰'群经'，又不见其为经解；徐乾学通志堂所刻，改名曰'总经解'，何焯又讥其杜撰。今取《隋志》之文，名之曰'五经总义'。凡斯之类，皆务求典据，非事更张"，这段关于类目的增删取舍立废的论述，显出了四库馆臣类分图书的高明见地，以及把握图书内容、掌握学科划分尺度的能力，也显出了他们择善而从的借鉴精神和因书设类的原则。所以《四库全书》的四部类表，直到今天虽然也暴露出不少毛病，但始终未失去其类分古籍的指导意义。但是《四库总目》故弄玄虚，偷换概念，甚至指鹿为马，淆乱视听的地方也不少，其具体类属的安排部居之得与失，将随类序的诠释而加以评论。

※　　　※　　　※

《汉志·六艺略》总序

凡六艺一百三家，三千一百二十三篇①。

六艺之文②：《乐》以和神，仁之表也③；《诗》以正言，义之用也④；《礼》以明体，明者著见，故无训也⑤；《书》以广听，知之术也⑥；《春秋》以断事，信之符也⑦。五者，盖五常之道⑧，相须而备⑨，而《易》为之原⑩。故曰"《易》不可见，则乾坤或几乎息矣"⑪，言与天地为终始也。至于五学，世有变改，犹五行之更用事焉⑫。古之学者耕且养⑬，三年而通一艺，存其大体，玩经文而已⑭。是故用日少而畜德多⑮，三十而五经立也⑯。后世经、传既已乖离⑰，博学者又不思多闻阙疑之义⑱，而务碎义逃难，便辞巧说⑲，破坏形体⑳；说五字之文，至于二三万言。后进弥以驰逐㉑，故幼童而守一艺，白首而后能言；安其所习，毁所不见，终以自蔽㉒。此学者之大患也。序六艺为九种。

注释

①六艺一百三家，三千一百二十三篇：张舜徽《汉书艺文志通释》引顾实话说："都计《易》十三家二百九十四篇，《书》九家四百一十二篇，《诗》六家四百一十六卷，《礼》十三家五百五十五篇，《乐》六家百六十五篇，《春秋》二十三家九百四十八篇，《论语》十二家二百二十九篇，《孝经》十一家五十九篇，小学十家四十五篇，适符一百三家，三千一百二十三篇之数。"这就是说《汉书·艺文志》六艺类著录图书凡九类一百三家三千一百二十三篇。

②六艺之文：六艺，古人称六经为六艺。张舜徽先生谓："艺者学也，谓六种学艺耳。"但《汉书·艺文志》六艺略，即六艺类，则不仅指六种学艺，而是作为图书的部类名称而标目。实则在六艺标目之下，也不仅仅包含《易》《书》《诗》《礼》《乐》《春秋》这六种经书，还包含着《论语》类、《孝经》类和小学类图书，实为九类图书，奠定了后世四分法经部的基础。六艺之文，指六艺的经文。

③《乐》以和神，仁之表也：《礼记·乐记》："仁近于乐，义近于礼，乐者敦和，率神而从天。"又说："大乐与天地同和，大礼与天地同节。和故百物不失，节故祀天祭地。……乐者天地之和也，礼者天地之序也。和故百物皆化，序故群物皆别。"即是说乐是和协天地的，以《乐》教人，便能敦和人神，并能"率神而从天"，这是仁的表征，所以说"仁近于乐"。简明地说，《乐》可以用来敦和人神，使仁爱之情表现出来。

④《诗》以正言，义之用也：《尚书·舜典》："诗言志，歌咏言。"其注"谓诗言志以导之歌，咏其义以长其言"。因为诗是言其志的，歌是咏唱其言的，所以要以《诗》端正其言，以言来

咏义，所以以《诗》来正言，乃义的功用所要求。

⑤《礼》以明体，明者著见，故无训也：体，体制。《礼记·乐记》："大乐与天地同和，大礼与天地同节……乐者天地之和也，礼者天地之序也。和故百物皆化，序故群物皆别。乐由天作，礼以地制。过制则乱，过作则暴。……庄敬恭顺，礼之制也。……作乐以应天，制礼以配地。"可见《礼》是用来明确体统礼制的，明确之后是要指导实际行动的，所以显而易见，无须再加以训释。

⑥《书》以广听，知之术也：《礼记·经解第二十六》："疏通知远，《书》教也。"唐孔颖达正义曰："录帝王言诰，举其大纲，事非繁密，是疏通。上知帝皇之世，是知远也。"可见《书》可以用来广视听，扩见闻，是人们获取知识、增长智慧的手段。

⑦《春秋》以断事，信之符也：《礼记·经解第二十六》："属辞比事，《春秋》教也。……属辞比事而不乱，则深于《春秋》者也。"孔颖达正义曰："属，合也；比，近也。《春秋》聚合会同之辞是属辞，比次褒贬之事是比事也。"是说《春秋》属辞记事，寓意褒贬，明断是非。符，信物，凭证。以《春秋》笔法精神来断事，是信用的凭证。

⑧五常之道：五常，指仁、义、礼、智、信。张舜徽《汉书艺文志通释》引姚明煇话说："《乐》《诗》《礼》《书》《春秋》，以应仁、义、礼、智、信，故曰五常之道。"

⑨相须而备：须，通需。姚明煇说："须，需也。五常又应五行生克消长，缺一不可，相需而备也。"意谓仁、义、礼、智、信这五常之间的关系，犹如金、木、水、火、土五行之间的关系，彼此相生相克，相消相长，相互依存，相互借助，相互需要。一句话，相互需要、借助，才能形成完备的五常之道。

⑩《易》为之原：要培养人们具备仁、义、礼、智、信五常之德，就要不断学习《乐》《诗》《礼》《书》《春秋》，而其原

则出于《易》。因为《易》道阴阳变化，为五行之原，引申也就为五常之原，也就成了上述五经的总归。

⑪《易》不可见，则乾坤或几乎息矣：《周易·系辞上第七》："乾坤成列，而《易》立乎其中矣。乾坤毁，则无以见《易》。《易》不见，则乾坤或几乎息矣。"孔颖达正义曰："《易》者，阴阳变化之谓。阴阳变化，立爻以效之，皆从乾坤而来。故乾生三男，坤生三女，而为八卦，变而相重，而有六十四卦，三百八十四爻。本之根源，从乾坤而来。故乾坤既成列位，而《易》道变化建立乎乾坤之中矣。乾坤毁则无以见《易》。……《易》不可见……若《易》道毁坏不可见其变化之理，则乾坤亦坏，或其近乎止息矣。几，近也。犹若树之枝干生乎根株，根株毁，则枝条不茂。"简明地说，如果见不到《易》了，则乾坤宇宙的变化运行也就几近于停息了。这个道理说的是《易》道与天地宇宙相终相始。

⑫至于五学，世有变改，犹五行之更用事焉：五学，指六艺中的《乐》《诗》《礼》《书》《春秋》为五学。前边已说过五学盖五常之道，历代习学解释都有变化更改。而五常中的仁为木、义为金、礼为火、智为水、信为土，所以说五学之世有变改，犹如五行之相生相克，更用于事。

⑬古之学者耕且养：耕，耕种稼穑。养，修养身心。是说古代的学者一边从事农耕稼穑，一边修养道德身心。

⑭三年而通一艺，存其大体，玩经文而已：古时学者且耕且养，无暇询章问句、释文训字，只能了解大体旨意。张舜徽先生《汉书艺文志通释》："古初学在敦饬躬行，即《易·大畜卦·象辞》所云'君了以多识前言往行以畜其德也'。当时学风淳朴，不尚烦琐。但期通贯大义，有裨淑身立品而已。平日耕养之时多，诵读之功少，故必三年而后通一艺也。"玩，研习、体会。《易·系辞上》："是故君子居则观其象而玩其辞，动则观其变而

玩其占。"此中的两个"玩"字，都是研习、体会、品味之义。只是研习经文，不涉及训传经解。

⑮用日少而畜德多：畜，蓄也。是指古时学者玩经文，存大体，且耕且养，所以每通一经用的时日虽少而所获得的修养道德却多。

⑯三十而五经立也：古时十五岁入学读书，三年通一艺，至三十岁正好读完五经，故谓三十而五经立也。

⑰后世经、传既已乖离：经，指六艺原文。传、注、解。解说经文的文字。乖离，抵触、背离。《荀子·天论》："上下乖离，寇难并至。"《汉书·五行志下》："君臣乖离，上下交怨。"此两处的乖离，都是背离之义。经、传乖离，是说经文与解释诂训经文的传注已经背离。

⑱博学者又不思多闻阙疑之义：多闻阙疑，原出《论语·为政》："子曰：'多闻阙疑，慎言其余，则寡尤。'"多闻，多听、多知。阙疑，阙，保留；疑，疑问。有疑问则保留。这里是说博学之人不思念"多闻阙疑"的意义。

⑲而务碎义逃难，便辞巧说：碎义，支离破碎的文义。逃难，逃，逃避、回避；难，责难、诘难、反驳。逃避诘难。便辞，牵强附会，巧为立说。全句是说，博学之人不讲究多闻阙疑，而去追求支离破碎的文义，逃避诘难，牵强附会，巧为立说。

⑳破坏形体：破坏文字形体。是说不惜破坏文字形体去牵强附会文义。

㉑后进弥以驰逐：后进，后辈、后来人。弥，副词，益、更加、越发。驰逐，追逐。博学之人不思多闻阙疑，而务碎义逃难，便辞巧说，几字之经文，衍说成二三万言之解，使得后辈学子益发追赶效法他们。

㉒安其所习，毁所不见，终以自蔽：习惯满足于他们所学的

内容和方法，诋毁未见过的东西，终于故步自封，自己蒙蔽了自己。

《隋志·经部》总序

凡六艺经纬六百二十七部，五千三百七十一卷①。

传曰："玉不琢，不成器；人不学，不知道。"②古之君子，多识而不穷，畜疑以待问③。学不逾等，教不陵节④。言约而易晓，师逸而功倍。且耕且养，三年而成一艺。自孔子没而微言绝，七十子丧而大义乖。学者离群索居⑤，各为异说。至于战国，典文遗弃。六经之儒，不能究其宗旨。多立小数⑥，一经至数百万言，致令学者难晓，虚诵问答，唇腐齿落而不知益。且先王设教，以防人欲，必本于人事，折之中道⑦。上天之命，略而罕言；方外之理，固所未说。至后汉好图谶⑧，晋世重玄言⑨，穿凿妄作，日以滋生。先王正典，杂之以妖妄；大雅之论，汩之以放诞⑩。陵夷⑪至于近代，去正转疏，无复师资之法；学不心解，专以浮华相尚。豫造杂难，拟为雠对。遂有苃角、反对、互从⑫等诸翻竞之说。驰骋烦言，以紊彝叙。诡诡成俗⑬，而不知变，此学者之蔽也。班固列六艺为九种，或以纬书解经合为十种。

注释

①《隋书·经籍志》六艺，即经部，著录《易》类之书六十九部，五百五十一卷；《书》类之书三十二部，二百四十七卷；《诗》类之书三十九部，四百四十一卷；《礼》类之书一百三十六部，一千六百二十二卷；《乐》类之书四十二部，一百四十二卷；《春秋》类之书九十七部，九百八十三卷；《孝经》类之书十八部，六十三卷；《论语》类之书七十三部，七百八十一卷；谶纬

类之书十三部,九十二卷;小学类之书一百八部,四百四十七卷。凡十类,六百二十七部,五千三百七十卷,较其所统计的五千三百七十一卷少一卷。

②玉不琢,不成器;人不学,不知道:这段话原出《礼记·学记第十八》:"君子欲化民成俗,其必由学乎?玉不琢,不成器;人不学,不知道。是故古之王者,建国君民,教学为先。"意谓美玉虽好,不经雕琢亦成不了可赏可用的器物。同样的道理,人若是不学习,也就无从知晓道德道理。

③古之君子,多识而不穷,畜疑以待问:多识,多知多懂多见识。《文选·汉张平子〈东京赋〉》:"鄙夫寡识,而今而后乃知大汉之德馨盛在于此。""鄙夫寡识"与"君子多识"是相对而言的。穷,止、尽。多识而不停止学习进取。畜疑,即阙疑,畜积、保留疑问,以等待机会向别人请教。实则即是多闻阙疑,待机向别人请问。

④学不逾等,教不陵节:学不逾等,原出《礼记·学记第十八》:"大学始教,皮弁祭菜,示敬道也;宵雅肄三,官其始也;入学鼓箧,孙其业也;夏楚二物,收其威也;未卜禘,不视学,游其志也;观而弗语,存其心也;幼者听而弗问,学不躐等也。此七者,教之大伦也。"孔颖达正义曰:"此一节明天子、诸侯教学大理,凡有七种……教学之法,若有疑滞未晓,必须问师,则幼者但听长者解说,不得辄问,推长者谘问,幼者但听之耳。……躐,逾越也,言教此学者令其谦退,不敢逾越等差。"是说古之君子,学则按部就班,不逾越等级。教不陵节,亦原出《礼记·学记第十八》:"大学之法,禁于未发之谓豫,当其可之谓时,不陵节而施之谓孙,相观而善之谓摩。此四者,教之所由兴也。"孔颖达正义曰:"此一节论教之得理则教兴也。……陵,犹越也;节,谓年才。……谓教人之法当随其年才,若年长而聪明者,则教以大事而多与之;若年幼又顽钝者,当教以小事又与之

少。是不越其节分而教之。"可证"教不陵节",是说君子行教而不超越节分。

⑤离群索居：离开群体而另外寻索居处。《礼记·檀弓上》："子夏投其杖而拜曰：'吾过矣，吾过矣！吾离群而索居亦久矣。'"即是此意。

⑥多立小数：数，技艺、技术。《孟子·告子上》："今夫弈之为数，小数也。"《淮南子·诠言》："渡水而无游，数虽强必沉；有游，数虽赢必遂。"这里的"数"均系雕虫小技之意。这里是说战国以后，六经之儒读经不究其宗旨要义，而立小技，注重章句，旁征博引，强拉硬扯，穿凿附会，使一经之解说多至数百万言。

⑦折之中道：中道，无过无不及的中正之道、中庸之道。《孟子·尽心下》："孔子不得中道而与之，必也狂狷乎！"何谓中庸，不偏叫中，不变叫庸。《论语·雍也》："中庸之为德也，其至矣乎！民鲜久矣。"既不偏不倚，又持久不变，孔子认为这是最高的道德。先王设教，目的在于培养这种有高尚道德的人，所以折之以中道。

⑧后汉好图谶：图，指河图；谶，预言吉凶得失的文字或图记，也称为符命之书，或应验的符命谶语。秦时图谶已发端。西汉已有人伪托孔子为《易纬》《书纬》《诗纬》《礼纬》《乐纬》《春秋纬》《孝经纬》，专以儒家经义附会人事吉凶祸福，预言治乱兴衰，多为怪诞无稽之谈。王莽阴谋篡政，使上下争言符命图谶，以大造舆论。《后汉书·光武帝纪上》："光武避吏新野，因卖谷于宛。宛人李通等以图谶说光武云：'刘氏复起，李氏为辅。'光武初不敢当，然独念兄伯升素结轻客，必举大事，且王莽败亡已兆，天下方乱，遂与定谋，于是乃市兵弩。十月，与李通从弟轶等起于宛，时年二十八。"故后汉一直流行图谶之说。自曹魏以后，历代皆悬以为禁。至隋炀帝乃发使四方，搜集这类

书籍以焚之,其学遂微。

⑨晋世重玄言:玄言,本指精微玄妙之言,多指佛道教的义理。但此处之玄言,则指的是晋代崇尚玄学玄谈。魏晋时期,用老庄思想糅合儒家经义,以代替两汉经学。魏正始年间何晏作《道德论》,王弼注《老子》和《易经》,皆"贵无",认为伦理纲常出于自然,主张君主"无为而治"。其后向秀、郭象注《庄子》,继续提倡此说。东晋以后,玄学又与佛学趋于合流。晋代玄学家大都是所谓的名士,他们以出身门第、容貌仪止和虚无玄远的"清谈"相标榜,成为一时风气。故说晋世重玄言。

⑩汩之以放诞:古时汩与汨,一读 mì 一读 gǔ,并非一字。但因这两个字古义相近,篆文变隶书之后形亦相近,极易相混,故在古籍中常互相通用。这里的汩,有扰乱、弄乱、掺乱之意。整句是说大雅之论,掺之以放诞不稽的解说。

⑪陵夷:衰落、败落。西汉成帝鸿嘉二年三月有雉雊集于庭,后集于府,又集承明殿,故成帝诏曰:"朕既无以率道,帝王之道日以陵夷。"即帝王之道日渐衰落。

⑫芰角、反对、互从:芰角,有的书亦作芰角,两者均不明何义,盖为解字说经的一种方式。反对,本指韵文中辞反而义同的对偶句。南朝梁刘勰《文心雕龙·丽辞》谓:"反对者,理殊趣合者也。"互从,《说文》中有此字从彼字、彼字又从此字者,谓之互从。《说文释例·互从》:"《说文》有此字从彼字而彼字又从此字者,乃读者不知古音而任意改之也。"上述三者,盖均为解字说经的方式。

⑬詃詃:喧嚷争辩之声谓之詃詃。扬雄《法言·寡见》:"呱呱之子,各识其亲;詃詃之学,各习其师。"

《四库总目·经部》总序

经禀圣裁，垂型万世①。删定之旨，如日中天，无所容其赞述②。所论次者，诂经之说而已。自汉京以后，垂二千年，儒者沿波，学凡六变：其初专门授受，递禀师承，非惟诂训相传，莫敢同异，即篇章字句，亦恪守所闻，其学笃实谨严，及其弊也拘；王弼、王肃稍持异议③，流风所扇，或信或疑，越孔、贾、啖、赵以及北宋孙复、刘敞等④，各自论说，不相统摄，及其弊也杂；洛、闽继起⑤，道学大昌，摆落汉唐，独研义理，凡经师旧说，俱排斥以为不足信，其学务别是非，及其弊也悍（如王柏、吴澄攻驳经文，动辄删改之类）；学脉旁分，攀缘日众，驱除异己，务定一尊，自宋末以逮明初，其学见异不迁⑥，及其弊也党（如《论语集注》误引"夏瑚商琏"⑦之说，张存中《四书通证》即阙此一条以讳其误。又如王柏删《国风》三十二篇，许谦疑之，吴师道反以为非之类）；主持太过，势有所偏，材辨聪明，激而横决，自明正德、嘉靖以后，其学各抒心得，及其弊也肆（如王守仁之末派皆以狂禅解经之类）；空谈臆断，考证必疏，于是博雅之儒引古义以抵其隙，国初诸家，其学征实不诬，及其弊也琐（如一字音训动辨数百言之类）。要其归宿，则不过汉学、宋学两家互为胜负。夫汉学具有根柢，讲学者以浅陋轻之，不足服汉儒也；宋学具有精微，读书者以空疏薄之，亦不足服宋儒也。消融门户之见而各取所长，则私心祛而公理出，公理出而经义明矣。盖经者非他，即天下之公理而已。今参稽众说，务取持平，各明去取之故，分为十类：曰"易"、曰"书"、曰"诗"、曰"礼"、曰"春秋"、曰"孝经"、曰"五经总义"、曰"四书"、曰"乐"、曰"小学"。

注释

①经禀圣裁，垂型万世：禀，领受、承受。《左传》鲁昭公二十六年："先王所禀于天地，以为其民也，是以先王上之。"注曰：禀，受也。孔颖达正义："先古圣王所治理人民者，为受阴阳之气，生于天地之中。"可证禀确系领受、承受、接受之义。圣裁，圣贤的裁断。垂型，垂，流传；型，典型、式样，亦通刑，即规范。全句是说经书承受的是圣人孔子的裁断，为万世流传典型规范。四库馆臣这两句话，可谓一语道破了两千年尊经崇儒的真谛。

②删定之旨，如日中天，无所容其赞述：删定之旨，指孔子删定六经之宏旨。《史记·孔子世家》："孔子之时，周室微而礼、乐废，《诗》《书》缺。追迹三代之礼，序《书传》，上纪唐、虞之际，下至秦缪，编次其事。……故《书传》《礼记》自孔氏。孔子语鲁太师……吾自卫反鲁，然后乐正，《雅》《颂》各得其所。古者《诗》三千余篇，及至孔子，去其重，取可施于礼义……《礼》《乐》自此可得而述，以备王道，成六艺。孔子晚而喜《易》，序彖、系、象、说卦、文言。……子曰：……君子病殁世而名不称焉……乃因史记作《春秋》。"所谓孔子删定六经，即指此而言。其宏旨在于成六艺，备王道，所以说他删定之旨如日中天，无法对其加以赞述。

③王弼、王肃稍持异议：王弼（226—249），字辅嗣，魏国山阳（今河南焦作市）人。三国时魏国著名的玄学家，是清谈之风的开创者之一。他用"援老入儒"的方式解释伦理纲常，以新的玄学代替逐渐失势衰微的汉儒经学。其《周易注》《周易略例》偏重哲理方面的阐释，冲击了汉代经学的烦琐之风。王肃（195—256），字子雍，东海郯（今山东郯城北）人。也是三国时魏国经学家。他生年早于王弼，卒年晚于王弼。他曾遍注群经，对今、古文经学加以综合。喜贾逵、马融之学，而与郑玄学派对

立。所注《尚书》《诗》《三礼》《左传》《论语》及其父王朗所作《易传》，在晋代均立于学官。在当时即有"王学"之称。王肃、王弼生当同时，对汉代经学的阐述都有不同的角度，开辟了新的风气。所以此处说"王弼、王肃稍持异议"。

④越孔、贾、啖、赵以及北宋孙复、刘敞等：孔、贾、啖、赵，盖均指唐代经学家。孔，似指孔颖达。孔颖达（574—648），字冲远，冀州衡水（今属河北）人。生于北朝，少时曾从师于刘焯。隋大业初选为"明经"，授河内郡博士。唐初先后任国子博士、国子司业、国子祭酒等职。又奉诏领衔整理五经，依据南学简约、北学深芜、玄学治经，引用谶纬等治经特点，融合南北经学家的见解，扬长避短，成《五经正义》，由此形成了唐代义疏派风格，其书亦成为科举取士的标准。贾，似指贾公彦。贾公彦，唐代经学家。《旧唐书·贾公彦传》："贾公彦，洺州永年（今属河北）人。永徽中官至太学博士。撰《周礼义疏》五十卷、《仪礼义疏》四十卷。……时有赵州李玄植又受'三礼'于公彦，撰《三礼音义》行于代。"贾氏《二礼义疏》后来都收入《十三经注疏》。啖，似指啖助。啖助（724—770），唐代经学家。《新唐书·啖助传》："啖助字叔佐，赵州（今河北赵县）人。后徙关中。淹贯经术。天宝末调临海尉，丹阳主簿。秩满屏居，甘足疏粝。善为《春秋》，考三家短长。"撰有《春秋集传》和《春秋统例》。后由赵匡、陆淳加以订补、编纂，开宋儒怀疑经传的风气。赵，似指赵匡。赵匡，字伯循，河东（今山西永济蒲州镇）人。唐代的经学家。《新唐书·啖助传》："助门人赵匡、陆质，其高弟也。助卒，年四十七，质与其子异衷录助所为《春秋经传》《总例》，请匡损益。"匡在损益订补啖助《春秋集传》《春秋统例》的过程中，完成了自己的《春秋阐微纂类义疏》。孙复（992—1057），北宋初年的学者。《宋史·孙复传》："孙复字明复，晋州平阳（今山西临汾）人。举进士不第，退居泰山。学

《春秋》，著《尊王发微》十二篇，大约本于陆淳，而增新意。"孙复注经重探寻本义，不惑传注，开宋代以义理解经的风气。刘敞（1019—1068），北宋经学家。《宋史·刘敞传》："刘敞字原父，临江新喻（今江西新余）人。举庆历进士，廷试第一。……拜翰林侍读学士……改集贤院学士，判南京御史台。……敞学问渊博，自佛老、卜筮、天文、方药、山经、地志，皆究知大略。……长于《春秋》，为书四十卷，行于时。"这个为书即指其所撰《春秋权衡》和《七经小传》。今收入《四库全书》者，《春秋权衡》为十七卷、《七经小传》三卷。刘敞作《春秋权衡》，开宋儒批评汉儒的先声。此处之"越孔、贾、啖、赵以及北宋孙复、刘敞等"，是说经过唐孔颖达、贾公彦、啖助、赵匡及北宋孙复、刘敞等经学家的各自论说，不相统摄，又由拘泥导向了混杂。

⑤洛、闽继起：洛，指洛学；闽，指闽学。洛学，指以北宋程颢、程颐为首所创立的学派；闽学，指以朱熹为首的学派。程颢、程颐二兄弟都是洛阳人，都曾问学于周敦颐，都是北宋理学的奠基者，又都在洛阳讲学十余年，弟子有"如坐春风"之喻。朱熹是二程学派的继承者、发展者。朱熹祖籍安徽，后长期侨寓福建，并讲学于福建路的建阳。由于福建简称闽，所以以朱熹为首的理学便称为闽学。此处之"洛、闽继起"，即指洛学、闽学相继发展。理学摆脱汉唐，独研义理，凡经师旧说俱认为不足信而加以排斥，其学风显得霸道，故称其弊也悍。

⑥见异不迁：《国语·齐语》："令夫士……少而习焉，其心安焉，不见异物而迁焉……故士之子恒为士。……令夫农……少而习焉，其心安焉，不见异物而迁焉……故农之子恒为农。"此处是说自宋迄明理学定为一尊，成为官方哲学，见异不改，墨守门户，其弊类乎结党。

⑦夏瑚商琏：《论语·公冶长》："子贡问曰：'赐也何如？'子曰：'女，器也。'曰：'何器也？'曰：'瑚琏也。'"瑚琏，古代

宗庙祭礼时用以盛粮食的玉饰器皿，因其贵重，后来常用来比喻人有才能，堪当大任。子贡问孔子自己像个什么，孔子告诉他你像个器具。再问像个什么器具，孔子告诉他你像瑚琏之器。对"瑚琏"二字怎么解释，朱熹作《四书集注》时，解释为"夏瑚商琏"，也就是夏代进行宗庙祭祀时用瑚盛黍稷，商代用琏盛黍稷。其实瑚、琏是一种质地的器皿，难分夏瑚商琏。朱熹此解虽误，但绝非杜撰，而是误引了包咸的解释。包咸，字子良，东汉初会稽曲阿（今江苏丹阳）人。少为诸生，受业长安，习《鲁诗》和《论语》。东汉光武帝时举孝廉，除郎中，授太子即后之东汉明帝《论语》，故对《论语》有注释。《十三经注疏·论语·公冶长》："包曰瑚琏，黍稷之器。夏曰瑚，殷曰琏，周曰簠簋，宗庙之器，贵者。"朱子未深究，误引以为是。张存中作《四书通证》便故意缺此一条，表示忌讳朱熹之误，足见其党同伐异之烈。

按：《汉志·六艺略》总序，其要讲五学之用。学者且耕且养，三年而通一艺，故只能存其大体，玩习经义，用日少而积德多。后世经、传乖离，碎义逃难，便辞巧说。五字之文，衍绎二三万言，故学者皓首穷经，安其所习。班固一针见血地指出："此学者之大患也。"应该说不无见地。

《隋志·经部》总序，则仿班固《汉志》六艺总序思路，强调"人不学，不知道"，君子多识而学不止，蓄疑待问。古之六艺，言约易晓，师逸而功倍。后之学者，离群索居，各学异说，不究宗旨，多立小数，一经竟至数百万言。后汉好谶纬，晋世重玄学，经学为之一变。至于近世，去正转疏，学不心解，相尚浮华，驰骋烦言，诡诡成俗，此学者之蔽也。看来也讲了一些流变，但如班固一样，仍强调的是学者的态度和作风，在于教人习经而知道。

至《四库全书总目》编辑之时，经学已有近两千年的历史。

馆臣们高屋建瓴，纵观嬗变，提出了"儒者沿波，学凡六变"的经学发展史观。指出六变中虽各有短长，但拘、杂、悍、党、肆、琐，则是六个发展过程中每一进程的弊端，不啻为经学发展的高度概括，也是"辨章学术，考镜源流"的目录学典范。

※　　　　※　　　　※

《汉志·易类》小序

《易》曰："宓戏氏仰观象于天，俯观法于地，观鸟兽之文与地之宜，近取诸身，远取诸物，于是始作八卦，以通神明之德，以类万物之情。"① 至于殷周之际，纣在上位②，逆天暴物③；文王以诸侯顺命而行道④，天人之占可得而效⑤，于是重《易》六爻⑥，作上、下篇⑦。孔氏为之《彖》《象》《系辞》《文言》《序卦》之属十篇⑧。故曰《易》道深矣⑨，人更三圣⑩，世历三古⑪。及秦燔书，而《易》为筮卜之事，传者不绝⑫。汉兴，田何传之⑬。讫于宣、元，有施、孟、梁丘、京氏列于学官⑭；而民间有费、高二家之说⑮。刘向以中古文《易》经⑯校施、孟、梁丘经，或脱去"无咎""悔亡"⑰，唯费氏经与古文同。

注释

①宓戏氏仰观象于天……以类万物之情：这段话原出《易·系辞下》，文字略有出入。原文："古者包犧氏之王天下也，仰则观象于天，俯则观法于地，观鸟兽之文与地之宜，近取诸身，远取诸物，于是始作八卦，以通神明之德，以类万物之情。"

宓戏氏：宓读伏。宓戏氏，又作宓羲氏、虑戏氏、伏戏氏、伏羲氏、庖犠氏、包犠氏。

仰观象于天：举首观天之象。象，指天象。

俯观法于地：俯首效地之形。法，效法。《易·系辞上》："天尊地卑……在天成象，在地成形……仰以观于天文，俯以察于地理……崇效天，卑法地。"即此义也。

观鸟兽之文：观察鸟兽的肤色花纹。

地之宜：即物宜。孔颖达正义曰："地之宜者，若《周礼》五土、动物、植物各有所宜是也。"也就是物有所宜。这几句话是说圣人作《易》，无大不极，无微不究。大则取象效形于天地，细则观察鸟兽肤色花纹与地之所宜。

近取诸身，远取诸物：诸，"之于"二字合音合义，即近取之于自身，远取之于他物。孔颖达正义曰："近取诸身者，若耳、目、鼻、口之属是也；远取诸物者，若雷、风、山、泽之类是也。"这就是说伏羲氏作《易》画卦，是法天文，效地理，近取自身，远取他物，并摄鸟兽之纹与地之所宜最后才成的。

以通神明之德，以类万物之情：通，沟通、通晓、了解。神明，神祇。《易·说卦》："吾者圣人之作《易》也，幽赞于神明而生蓍。"德，事物的属性、规律。类，类推、类比。情，情理。全句是说宓戏氏通过作《易》画卦，沟通了解了被视为神明的事物的属性规律，类推类比出了万物的情理。

②纣在上位：纣，一作受，亦称帝辛，商代最后的国君。曾征服东夷，损耗大量的人力物力。又滥杀忠臣九侯、鄂侯、比干、梅伯，囚禁周文王、箕子。沉迷酒色，横征暴敛，统治残酷。但因他是商代国君，故称纣在上位。

③逆天暴物：逆，违背。逆天，违背天命。暴，暴殄。暴物，暴殄、暴损天物。

④文王以诸侯顺命而行道：文王，指后来西周的文王，姬姓，名昌。商纣王时为西伯侯，即西方诸侯之长。顺命，顺从天命。行道，替天行道，也就是施行了一套符合天意民心的政治主

59

张。当纣王逆天暴物之际，文王却以诸侯身份顺从天命而替天行道。曾被纣王囚禁在羑里（今河南汤阴北）。

⑤天人之占可得而效：占，占卜、占问。效，效验、征验。古人认为推天道和行人事之间的关系可以通过占卜而得到效验。

⑥重《易》六爻：重《易》，重演伏羲《易》八卦中的每卦三爻，组合成六十四卦的每卦六爻。八卦中的一长划或两短划，都叫一爻。如"—"是阳爻，"--"是阴爻。重卦六划，故称六爻。如乾卦"☰☰"就是六划，也称六爻。亦称六位、六龙。

⑦作上、下篇：文王所演成的《周易》六十四卦分为上、下篇。前三十卦为上篇，后三十四卦为下篇。

⑧孔氏为之《彖》《象》《系辞》《文言》《序卦》之属十篇：《史记·孔子世家》："孔子晚而喜《易》，序《彖》《系》《象》《说卦》《文言》。读《易》，纬编三绝。"《汉书·艺文志》说孔子为《周易》作了上述的加工，盖源于《史记》。孔颖达正义曰："序，《易》之《序卦》也。夫子作《十翼》，谓《上彖》《下彖》《上象》《下象》《上系》《下系》《文言》《序卦》《说卦》《杂卦》也。"凡十篇。

⑨故曰《易》道深矣：所以说《易》中蕴含着深奥的道理。

⑩人更三圣：更，颜师古注"更"，经也。即历经之意。是说《易》道之所以深奥，是历经伏羲、文王、孔子三位圣人的相继推演、加工和阐述。

⑪世历三古：孟康曰："《易·系辞》曰：'《易》之兴其于中古乎？'然则伏羲为上古，文王为中古，孔子为下古。"是说《易》道之所以深奥，非但经三圣加工，还经了上古、中古、下古三个历史阶段的检验。

⑫及秦燔书，而《易》为筮卜之事，传者不绝：燔，焚、烧，指秦始皇焚书。《史记·秦始皇本纪》谓焚书过程中"所不去者，医药、卜筮、种树之书"。而《易》正是讲卜筮之事的书，

不在焚毁之列,故传授其书者没有断绝。

⑬汉兴,田何传之:田何,字子庄,一作子装,西汉初淄川(今山东淄博)人。后徙杜陵(今陕西西安东南),号杜田生。专治《周易》,是当时今文《易》学的创始人。西汉立为今文《易》学博士的,都出于他的传授。

⑭讫于宣、元,有施、孟、梁丘、京氏列于学官:到西汉宣帝、元帝时,有施雠、孟喜、梁丘贺、京房的《易》学立于学官。施雠,字长卿,西汉沛(今江苏沛县东)人。学《易》于田何的再传弟子田王孙。曾参与石渠阁议,讨论五经异同。是施氏《易》学的开创者,宣帝时立为今文《易》学博士。孟喜,字长卿,西汉东海兰陵(今山东兰陵县)人。学《易》于田何的再传弟子田王孙,是当时今文《易》学孟氏学派的创始者,宣帝时立为博士。孟氏《易》又传授于同郡白光及沛县翟牧,故《易》又有翟孟白之学。事载《汉书·儒林传》。梁丘贺,字长翁,西汉琅邪诸(今山东诸城)人。尝从京房受《易》,又学《易》于田何的再传弟子田王孙,是当时今文《易》学梁丘学派的开创者,宣帝时立为学官,为博士。又以尝为京房弟子,官至中大夫、给事中、少府。京房,其传记于《汉书》中两出:一出卷七十五,谓"京房字君明,东郡顿丘(今河南清丰西南)人也。治《易》,事梁人焦延寿。延寿字赣。赣贫贱,以好学得幸梁王,王共其资用,令极意学。既成,为郡史,察举补小黄令。……赣常曰:'得我道以亡身者,京生也。'"一出卷八十八《儒林传》:"京房受《易》梁人焦延寿。延寿云尝从孟喜问《易》,会喜死,房以为延寿《易》即孟氏学,翟牧、白生不肯,皆曰非也。至成帝时,刘向校书,考《易》说,以为诸《易》家说皆祖田何、杨叔元、丁将军,大谊略同,唯京氏为异,党焦延寿独得隐士之说,托之孟氏,不相与同。……房授东海殷嘉、河东姚平、河南乘弘,皆为郎、博士。繇是《易》有京氏之学。"由于京房在《汉书》中两出,误

61

被后人认为有两个京房，直至今日有的辞书亦有如是者。

⑮民间有费、高二家之说：费，指费直；高，指高相。《汉书·儒林传》："费直，字长翁，东莱人也。治《易》，为郎，至单父令。长于卦筮，亡章句，徒以《彖》《象》《系辞》十篇《文言》解说上下经。""高相，沛人也。治《易》与费公同时，其学亦亡章句，专说阴阳灾异，自言出于丁将军。传至相，相授子康及兰陵毋将永。……繇是《易》有高氏学。高、费皆未尝立于学官。"张舜徽先生作《汉书艺文志通释》，于汉初《易》学得失有过一段精辟的议论，可谓针砭中的。张先生谓："考汉世立于学官之施、孟、梁丘、京及民间高氏，皆以今文而早亡，独费氏以古文而得存，且传其学者不绝。良由以十篇说《易》，不杂后起附会之义，视诸家为醇正，最为学者所尊信。陈澧谓此法'乃千古治《易》之准的也。孔子作十篇，为经注之祖；费氏以十篇解说上下经，乃义疏之祖。费氏之书已佚，而郑康成、荀慈明、王辅嗣皆传费氏学'。其说是已。今《十三经注疏》中之《周易正义》，即费氏学也。其后说《易》者悉承此本。"

⑯中古文《易》经：汉代藏于皇室秘府中的、用有别于当时通行文字的古文字书写的《易》经。中与外相对，费氏《易》便是禁中以外民间流传的古文字《易》经。《汉书·成帝纪》："河平三年，光禄大夫刘向校中秘书。"即与此"中"同。

⑰"无咎""悔亡"：有一种解释说"无咎""悔亡"是《易》中经常使用的说明吉凶的术语，恐不对。不错，"无咎"在《易》中前后出现有几十次；"悔亡"也出现过十余次，但每次出现都表明一种意思，而且都出现在经文或传文上，所以不如解释为经、传之文。"无咎"，在《易》中有二义：一指无过失；一指过由自取，无所怨咎。"悔亡"，悔恨消失。《易·咸》："九四，贞吉悔亡。"注曰："吉然后乃得亡其悔。"

《隋志·易类》小序

昔宓羲氏始画八卦，以通神明之德，以类万物之情。盖因而重之为六十四卦。及乎三代，实为三《易》：夏曰《连山》①，殷曰《归藏》②，周文王作卦辞，谓之《周易》。周公又作爻辞③。孔子为《彖》《象》《系辞》《文言》《序卦》《说卦》《杂卦》，而子夏为之传④。及秦焚书，《周易》独以卜筮得存，唯失《说卦》三篇，后河内女子得之。汉初，传《易》者有田何。何授丁宽，宽授田王孙，王孙授沛人施雠、东海孟喜、琅邪梁丘贺，由是有施、孟、梁丘之学。又有东郡京房，自云受《易》于梁国焦延寿，别为京氏学，尝立后罢。后汉，施、孟、梁丘、京氏，凡四家并立，而传者甚众。汉初又有东莱费直传《易》，其本皆古字，号曰古文《易》。以授琅邪王璜，璜授沛人高相，相以授子康及兰陵毋将永⑤，故有费氏之学行于人间，而未得立。后汉陈元⑥、郑众⑦皆传费氏之学。马融⑧又为其传，以授郑玄⑨。玄作《易》注，荀爽⑩又作《易》传。魏代王肃、王弼并为之注。自是费氏大兴，高氏遂衰。梁丘、施氏、高氏亡于西晋；孟氏、京氏有书无师。梁、陈，郑玄、王弼二注列于国学。齐代唯传郑义。至隋，王注盛行，郑学浸微，今殆绝矣。《归藏》汉初已亡，案晋《中经》有之，唯载卜筮，不似圣人之旨。以本卦尚存，故取冠于《周易》之首，以备殷《易》之缺。

注释

①夏曰《连山》：相传为《周易》以前夏代的《易》名《连山》。中国国家图书馆藏有宋人伪造而又为宋刻的《古三坟书》，其书分为山坟、气坟、形坟。该书以《连山》为伏羲之《易》，

《归藏》为神农之《易》，"乾坤"为黄帝之《易》。且各衍为六十四卦而系之以传。《古三坟书》即为宋人伪作，其说概皆不可凭信。清代马国翰辑刻玉函山房辑佚丛书，收有《连山》一类，亦不可信。柯劭忞为《续修四库全书总目提要》中的《连山》写提要，指出："此书自《隋书·经籍志》以前皆不著录。《北史·刘炫传》牛宏奏购求天下遗书，炫伪造书百余卷，题为《连山易》《鲁史记》等，录上送官求赏。后人有讼之，经赦免死。国翰所辑，多本之黄佐《六艺流别》、罗泌《路史》二书，亦稗贩于他书者。然为刘炫之伪《连山》无疑也。"可证《连山易》是为后人伪造，《隋书·经籍志》的编撰者误认伪书，并说夏代的《易》经曰《连山》，实为无稽之谈。

②殷曰《归藏》：意谓殷商时代的《易》经曰《归藏》。柯劭忞《续修四库全书总目提要》《归藏》条提要谓："是书《汉书·艺文志》不著录，晋《中经簿》始载之。《隋书·经籍志》有三卷，晋太尉参军薛贞注。宋《中兴书目》仅存《初经》《岁母》《本义》三篇。宋以后，此三篇亦佚。欧阳修谓'汉初虽有《归藏》，已非古经，今书三篇，莫可究矣'。其言最确。马端临谓《连山》出于刘炫伪作，度《归藏》亦此类，是端临谓《归藏》亦出于炫之伪作，则不根之论也。《太平御览》卷八十二，引《归藏》昔桀筮伐唐而枚占于荧惑。近人王国维治殷墟甲骨文，谓卜辞之汤皆作唐，证《御览》所引者确为殷代古经。执单词以为证据，亦不敢从也。"这段话表明，《归藏》并不同于《连山》，它并非后世伪造，而是汉初就有，但亦非古经。说是殷代之《易》曰《归藏》，亦不根之谈，没有确证。

③周公又作爻辞：爻辞，指说明六十四卦各爻象的文辞；唐孔颖达《周易正义》卷首第四《论卦辞爻辞谁作》曰："其《周易》系辞凡有二说，一说所以《卦辞》《爻辞》并是文王所作……二以为验《爻辞》多是文王后事。案升卦六四'王用亨于

岐山'，武王克殷之后始追号文王为王，若《爻辞》是文王所制，不应云'王用亨于岐山'；又明夷六五'箕子之明夷'，武王观兵之后箕子始被囚奴，文王不宜预言箕子之明夷；……验此诸说，以为《卦辞》文王，《爻辞》周公，马融、陆绩等并同此说。今依而用之。"这就是说，早在东汉就有了文王制《卦辞》、周公作《爻辞》的说法了。所以《隋志》在此说"周公又作《爻辞》"。孔颖达又说："之所以只言三圣，不数周公者，以父统子业故也。……文王见礼坏乐崩，道孤无主，故设礼经三百，威仪三千。其三百、三千即周公所制。《周官》《仪礼》明文王本有此意，周公述而成之，故系之文王。然则《易》之《爻辞》，盖亦是文王本意，故《易纬》但言文王也。"这也只是唐朝人的说法，实际已难以确考。

④子夏为之传：意谓子夏为孔子所作《易》之《彖》《象》《系辞》《文言》《序卦》《说卦》《杂卦》等十翼又作了传注。《史记·仲尼弟子列传》："卜商，字子夏。少孔子四十四岁。"春秋时卫国人，孔子弟子，长于文学。"孔子既没，子夏居西河，教授，为魏文侯师。"相传他在西河教书时，曾序《诗》传《易》。按《史记·仲尼弟子列传》："孔子传《易》于瞿，瞿传楚人馯臂子弘，弘传江东人矫子庸疵，疵传燕人周子家竖，竖传淳于人光子乘羽，羽传齐人田子庄何，何传东武人王子中同，同传菑川人杨何。何元朔中以治《易》为汉中大夫。"这当中未说传子夏，更未说子夏传别人。其中的瞿指商瞿，鲁人，字子木，少孔子二十九岁，显然与子夏同时而长子夏十五岁。张舜徽先生引谓："《唐会要》载开元七年诏：'子夏《易传》近无习者，令儒官详定。'司马贞议曰：'按刘向《七略》有子夏《易传》。'又王俭《七志》引刘向《七略》云：'《易传》子夏，韩氏婴也。'是其书本名《子夏易传》，不名《韩氏易传》，《七略》旧题，昭然可考。班固此《志》录诸家《易》传，自《周氏》二

篇至《丁氏》八篇七家之书，悉题某氏，欲使前后一例，遂采《七略》之语，改题《韩氏》耳。但《儒林传》不言韩婴字子夏，后人遂误以为是孔子之弟子卜商。至《隋书·经籍志》乃直题：'《易》二卷，魏文侯师卜子夏传。'则因子夏二字而附会之也，于是异说纷起，争论不休。独宋翔凤《过庭录》谓：'子夏当是韩商之字，与卜子夏名字正同，当是取传韩氏《易》最后者题其书，故韩氏《易传》为子夏传也。'其说甚通，可成定论。"足证《隋志》之误。清姚振宗《隋书经籍志考证》曰："按韩婴传《易》，史不言其所受。张氏惠言谓出于子夏，与商瞿别为一派，可为定论。然则汉人传子夏《易》者，婴之后有婴孙博士商，商之后有待诏韩生、司隶校尉盖宽饶，而韩氏则家世传业者也。"表明姚振宗虽以张惠言说法为定论，但亦提出韩氏传《易》以存疑。

⑤相以授子康及兰陵毋将永：相，指高相。《汉书·儒林传》："高相，沛人也。治《易》与费公同时，其学亦亡章句，专说阴阳灾异，自言出于丁将军。传至相，相授子康及兰陵毋将永。康以明《易》为郎，永至豫章都尉。及王莽居摄，东郡太守翟谊谋举兵诛莽，事未发，康候知东郡有兵，私语门人，门人上书言之。后数月，翟谊兵起，莽召问，对受师高康，莽恶之，以为惑众，斩康。繇是《易》有高氏学。高、费皆未尝立于学官。"可证高氏《易》并非受之于王璜。王璜是费氏《易》的嫡传弟子，而费直与高相同时治《易》，自言出于丁将军。丁将军即丁宽，丁宽则直接是田何的一传弟子，再往上可以直缕到孔子。康，是高相的儿子，名康。毋将永，兰陵人。康、永二人同受《易》于高相。

⑥陈元：《后汉书·陈元传》："陈元，字长孙，苍梧广信人也。父钦，习《左氏春秋》，事黎阳贾护，与刘歆同时而别自名家。王莽从钦受《左氏》学，以钦为厌南将军。元少传父业，为之训诂，锐精覃思，至不与乡里通。以父任为郎。建武初，元与

桓谭、杜林、郑兴，俱为学者所宗。时议欲立《左氏传》博士，范升奏以为《左氏》浅末，不宜立。元闻之，乃诣阙上疏曰……"其《春秋》学问，在此疏中表现得淋漓尽致。其传《易》，乃传费直《易》学。

⑦郑众：字仲师，河南开封人，东汉经学家。《后汉书·郑众传》："众字仲师，年十二从父受《左氏春秋》，精力于学，明《三统历》，作《春秋难记条例》，兼通《易》《诗》，知名于世。"

⑧马融：字季长，扶风茂陵（今陕西兴平东北）人。东汉著名的经学家和文学家。《后汉书·马融传》："融才高博洽，为世通儒，教养诸生，常有千数。涿郡卢植，北海郑玄，皆其徒也。……著《三传异同说》，注《孝经》《论语》《诗》《易》《三礼》《尚书》《列女传》《老子》《淮南子》《离骚》。所著赋、颂、碑、诔、书、记、表、奏、七言、琴歌、对策、遗令，凡二十一篇。"《隋志》此处说他于《易》又为其传，即指他注《易》。

⑨郑玄：字康成，北海高密（今属山东）人，东汉著名的经学家。《后汉书·郑玄传》："玄少为乡啬夫，得休归，常诣学官，不乐为吏，父数怒之，不能禁。遂造太学受业，师事京兆第五元先，始通《京氏易》《公羊春秋》《三统历》《九章算术》。又从东郡张恭祖受《周官》《礼记》《左氏春秋》《韩诗》《古文尚书》。以山东无足问者，乃西入关，因涿郡卢植，事扶风马融。……玄所注《周易》《尚书》《毛诗》《仪礼》《礼记》《论语》《孝经》《尚书大传》《中候》《乾象历》，又著《天文七政论》《鲁礼禘祫义》《六艺论》《毛诗谱》《驳许慎五经异议》《答临孝存周礼难》，凡百余万言。玄质于辞训，通人颇讥其繁。至于经传洽孰，称为纯儒，齐、鲁间宗之。"郑玄初学今文经学，又从马融习古文经。他遍注群经，以古文为主，但又博采今文经学之长，成为融今古文经学于一炉的集大成者。

⑩荀爽：《后汉书·荀爽传》："爽字慈明，一名谞，幼而好

学,年十二,能通《春秋》《论语》。太尉杜乔见而称之曰:'可为人师。'爽遂耽思经书,庆吊不行,征命不应。颍川为之语曰:'荀氏八龙,慈明无双。'……著《礼》《易传》《诗传》《尚书正经》《春秋条例》。又集汉事成败可为鉴戒者,谓之《汉语》。又作《公羊问》及《辩谶》,并它所论叙,题为《新书》。"亦为东汉著名的经学家。

《四库总目·易类》小序

圣人觉世牖民①,大抵因事以寓教。《诗》寓于风谣②,《礼》寓于节文③,《尚书》《春秋》寓于史,而《易》则寓于卜筮。故《易》之为书,推天道以明人事者也。《左传》所记诸占,盖犹太卜④之遗法。汉儒言象数,去古未远也。一变而为京、焦,入于禨祥⑤;再变而为陈、邵,务穷造化⑥,《易》遂不切于民用。王弼尽黜象数,说以老、庄,一变而胡瑗、程子,始阐明儒理⑦;再变而李光、杨万里⑧,又参证史事,《易》遂日启其论端。此两派六宗⑨,已互相攻驳。又《易》道广大,无所不包,旁及天文、地理、乐律、兵法、韵学、算术,以逮方外之炉火,皆可援《易》以为说。而好异者又援以入《易》,故《易》说愈繁。夫六十四卦,《大象》皆有"君子以"字,其《爻象》则多戒占者,圣人之情见乎词矣。其余皆《易》之一端,非其本也。今参校诸家,以因象立教者为宗,而其他《易》外别传者,亦兼收以尽其变,各为条论,具列于左。

注释

①圣人觉世牖民:觉,使动词,使世人觉悟、觉醒。牖民,牖通诱,牖民,即引导、诱导人民。《诗·大雅·板》:"携无曰

益,牖民孔易。"孔颖达正义曰:"天王之导民也,如埙然如篪然,言民必应君命,如埙篪之相和也。"全句是说圣人觉悟世事,诱导教化人民。

②风谣:指《诗经》的十五国风。《南齐书·皇后传论》:"后妃之德,著自风谣,义起闺房,而道化天下。"是说后妃之德,是由《诗》之国风染化而成。《诗》十五国风,均来自反映各地风土民情的歌谣,所以后世亦泛指风情民谣。《后汉书·方术传上·李郃》:"和帝即位,分遣使者,皆微服单行,各至州县,观采风谣。"唐皮日休《霍山赋》序:"臣日休以文为命士,所至州县山川,未尝不求其风谣。"仍不失当时采风为《诗》的本义。

③节文:一出于《礼记·乡礼》:"宾出,主人拜送,节文终遂焉。"孔颖达正义曰:"终,谓终竟也;遂谓申也。言虽至饮毕,主人备礼拜而送宾,节制文章,终竟申遂,不有阙少,故郑云终遂犹充备也。"二出于《孟子·离娄上》孟子曰:"仁之实,事亲是也;义之实,从兄是也;智之实,知斯二者弗去是也;礼之实,节文斯二者是也……"赵岐注曰:"礼义之实,节文事亲从兄,使不失其节而文其礼敬之容,故中心乐之也。"可见节是礼节,文是文饰礼敬之容。上述孔颖达正义之说,未免自乱其义。其实仍是饮罢宾出,主人拜送,礼节文敬之容可算完备了。朱熹谓"礼文"为"品节文章",更离题太远了。

④太卜:官名。殷时有六太之官,此之一也。周属春官,为卜筮官员之长,也称为卜正。秦、汉有太卜令。东汉并入太史。北魏有太卜博士,北齐有太卜局丞,北周有太卜大夫。隋、唐设太卜令。宋以后太卜属司天台,不设专官。

⑤一变而为京、焦,入于禨祥:京,指京房;焦,指焦延寿。《汉书·京房传》:"京房字君明,东郡顿丘人也。治《易》,事梁人焦延寿。"《汉书·儒林传》:"京房受《易》梁人焦延寿……唯京氏为异,党焦延寿独得隐士之说……房以明灾异得

幸……房授东海殷嘉、河东姚平、河南乘弘，皆为郎、博士。繇是《易》有京氏之学。"可见京房之《易》学，死守焦延寿独得隐士传《易》之说，专讲灾异征兆，并且得到宠幸。《汉书·京房传》："延寿字赣。赣贫贱，以好学得幸梁王，王共其资用，令极意学。既成，为郡史，察举补小黄令。……赣常曰：'得我道以亡身者，京生也。'其说长于灾变，分六十四卦，更直日用事，以风雨寒温为候，各有占验。房用之尤精。"礼祥，吉凶。礼，鬼俗也。祈求鬼神以致福。京、焦二人治《易》，均以灾异、灾变以征事，故说"入于礼祥"。

⑥再变而为陈、邵，务穷造化：陈，当指陈抟。陈抟字图南，自号扶遥子。一说亳州真源（今河南鹿邑东）人，一说普州崇龛（今四川潼南西境）人。生于唐末，后唐长兴中举进士不第，遂隐居武当山九室岩，服气辟谷三五年或说二十余年。后移居华山云台观，每寝处，百余日不起。五代后周世宗时曾召为谏议大夫，不受。太平兴国中朝宋，太宗甚重之，赐号希夷先生。抟好读《易》，著有《无极图》，刻于华山石壁。还著有《先天图》《指玄篇》《三峰寓言》等。其学说认为万物一体，宇宙间只有超绝万有的"一大理法"存在，可谓务穷造化。他的理论，后经周敦颐、邵雍等继承并加以推演，成为宋代理学的组成部分。邵，指邵雍。邵雍（1011—1077），字尧夫，号伊川丈人。其先范阳人，幼随父迁共城（今河南辉县）。隐居苏门山百源上，后人又称为百源先生。屡授官不赴。后居洛阳，与当时富弼、司马光、吕公著等从游甚密。北海李之才摄共城时，尝授以图书、先天、象数之学。并根据《易传》关于八卦形成的解释，结合一些道教思想，虚构出一个宇宙构造图式和学说体系，以推衍解说自然和人事的变化，形成了自己的象数之学。认为宇宙的本原是"太极"，即"道"与"心"。《皇极经世》是他这方面的代表作。此处说陈、邵务穷造化，即说他们欲穷极宇宙之理，所以也就不切于民用了。

⑦一变而胡瑗、程子,始阐明儒理:胡瑗(993—1059),字翼之,泰州海陵(今江苏泰州)人。世居陕西路的安定堡,学者称为安定先生。曾任国子监直讲、太子中允、侍讲,官至太常博士。长期讲学于苏州、湖州之间。提出"致天下之治者在人才,成天下之才者在教化,教化之所本者在学校"的理论,故其讲学分经义、治事两斋,使诸生各就其志,以类群居,以利将来擢用。他还提出了"明体达用"之学,认为"体"是封建社会的道德准则,"用"即是这个准则的应用。并提出"命者禀之于天,性者命之在我"的理论,开宋儒性命之学的先声。《周易口义》《洪范口义》等,集中反映了他的学说和理论。程子,指北宋程颢、程颐两兄弟。程颢(1032—1085),字伯淳,河南洛阳人。人称明道先生。嘉定十三年(1220)谥纯。举嘉祐进士,调鄠县主簿。熙宁初为太子中允,监察御史里行。神宗数召见,颢前后进说,大约以正心窒欲、求贤、育才为言。后与王安石新法不合,出签书镇宁军判官,知扶沟县。曾和胞弟程颐同学于周敦颐,世称"二程"。提出了"天者理也"和"只心便是天,尽之便知性"的命题,认为知识、真理的来源,只是在于人的心中,"当处便认取,更不可外求"。使心寂然无事,"廓然大公","内外两忘",即能"穷理尽性"。为学以"识仁"为主,认为"仁者浑然与物同体,义礼知信皆仁也"。识得此理,便须以诚敬存之。极力倡导"传心"说。他得不传之学于遗经,以兴起斯文为己任。辨异端,辟邪说,使圣人之道焕然复明于世,被誉为孟子之后,一人而已。著有《定性书》《识仁篇》。后人所编之《遗书》《文集》《经说》等,均收入《二程全书》中。其弟程颐(1033—1107),字正叔。与其兄程颢同问学于周敦颐。年十八,游太学,著《颜子好学论》,胡瑗大为惊异,即延见,处以学职。先被召为秘书郎,哲宗初擢崇政殿说书。与王安石新政不合。其学,以《四书》为标指而达于六经,主张"穷理"。认为"天下

之物皆能穷，只是一理"。"一物之理即万物之理"。理"在天为命，在人为性，论其所主为心，其实只是一个道"。主张"去人欲，存天理"。为名教纲常辩护。著有《易春秋传》《颜子所好何学论》等。后人所编《遗书》《经说》《文集》等，均收入《二程全书》中。由于胡瑗、二程讲《易》道大量采用儒家观点，所以说"始阐明儒理"。

⑧李光、杨万里：李光（1078—1159），字泰发，一字泰定，号转物居士，浙江上虞人。师事刘安世。崇宁五年（1106）进士，除太常博士，迁司封。累官至参知政事。卒谥庄简。绍兴庚申以论和议忤秦桧，谪岭南，自号读《易》老人。因要抒发读《易》所得，撰有《读易详说》十卷。《四库全书总目》该书提要说他"于当世之治乱，一身之进退，观象玩辞，恒三致意。如解坤之六四云：'大臣以道事君，苟君有失德而不能谏，朝有阙政而不能言，则是冒宠窃位，岂圣人垂训之义哉？'……又解否之初六云：'小人当退黜之时，往往疾视其上，君子则穷通皆乐，未尝一日忘其君。'"确实将《易》理与政事联系起来。杨万里（1127—1206），字廷秀，学者称诚斋先生。谥文节。江西吉水人。绍兴二十四年（1154）进士，曾任秘书监，调零陵丞。时张浚谪居永州，勉以正心诚意之学，万里服其教终身。孝宗时召为国子博士，累官至宝文阁学士。撰有《诚斋易传》，说《易》大旨本程氏，而多引史传以证之。即此处所谓"再变而李光、杨万里，又参证史事"者也。

⑨两派六宗：盖为汉儒言象数者为一宗；一传为焦延寿、京房，为二宗；再传为陈抟、邵雍，为三宗。此为一派三宗，或可称为象数派。王弼黜象数为一宗；一传为胡瑗、程子，为二宗；再传为李光、杨万里，为三宗。此又为一派三宗，或可称为非象数派，或玄解派。所谓两派六宗盖即指此。

按：《汉志·易类》小序，重在言伏羲《易》与《周易》之嬗承，《周易》与孔子《十翼》之关联，汉兴《易》学之师传授受。言简意赅，辨章有序，一目了然。《隋志·易类》小序，亦言《易》之嬗承，然三代三《易》之说不可全信。至汉代《易》之授受、师承渊源，则讲得实而清晰。魏、晋王肃、王弼虽说以老、庄，实兴费直之《易》。《易》学之传，渊源有自，亦辨章得明白。《四库全书总目》虽非史志目录，不承担记一代藏书之盛的使命，然其编修《四库全书》却也面临浩瀚典籍，而要遴选有当，故对两千年的学术发展不能不纵观横看，洞察分析，理出脉络。《易》学中"两派六宗"之说，不能不说是四库馆臣对两千年《易》学发展的高度概括和科学总结。纵观三序，均以"辨章学术"为能事，绝不失中国传统目录学的章法。

※　　　　※　　　　※

《汉志·书类》小序

《易》曰："河出图，雒出书，圣人则之。"① 故《书》之所起远矣②。至孔子篡焉，上断于尧，下讫于秦，凡百篇，而为之序，言其作意。秦燔书禁学，济南伏生独壁藏之④。汉兴，亡失，求得二十九篇⑤，以教之齐、鲁之间⑥。讫孝宣世，有欧阳、大小夏侯氏立于学官⑦。古文《尚书》者，出孔子壁中⑧。武帝末，鲁共王坏孔子宅⑨，欲以广其宫，而得古文《尚书》及《礼记》《论语》《孝经》凡数十篇，皆古字也。共王往入其宅，闻鼓、琴、瑟、钟、磬之音，于是惧，乃止不坏。孔安国者，孔子后也⑩，悉得其书，以考二十九篇，得多十六篇⑪。安国献之，遭巫盅事，未列于学官⑫。刘向以中古文校欧阳、大小夏侯三家经文，《酒诰》⑬脱简一，《召诰》⑭脱简二。率简二十五字者，脱亦二十五字；简二十二字者，脱亦二十二字⑮。文字异者七百有余，脱字数十。《书》者，古之号令。号令于众，其言不立具，则听受施行者弗晓⑯。古文读应《尔雅》，故解古今语而可知也⑰。

注释

①河出图，雒出书，圣人则之：此话原出《易·系辞上》："天生神物，圣人则之。……河出图，洛出书，圣人则之。"孔颖达正义曰："如郑康成之义，则《春秋纬》：'河以通乾出天苞，洛以流坤吐地符。河龙图发，洛龟书感，《河图》有九篇，《洛书》有六篇。'孔安国以河图则'八卦'是也，洛书则'九畴'是也。"其实这只是古代儒家关于《易》与《洪范》两书来源的传说。相传伏羲时从黄河中涌出一匹龙马，背负一幅文图，伏羲将其照样描下，就成了"八卦"，所以"八卦"也称"河图"，这就是《易》的起源。雒与洛同。相传大禹治水的时候，有神龟从洛水中涌出，背上有赤文绿字，大禹将其演为《洪范》，所以《洪范》也称《洛书》。今《尚书》中有《洪范》一篇是也，这就是《书》的起源。圣人，指伏羲和大禹。则之，则，法则；之，代词，指代龙图和龟书，也就是圣人效法它们，将它们规范成形，于是才有了《易》和《书》。

②故《书》之所起远矣：《书》指《尚书》，所以说《尚书》的起源是很久远的。

③至孔子簒焉：簒，纂的异体字，即编纂之义。焉，代词，指代《书》。到孔子编纂它的时候，则上起自尧，下至于秦国，一共收集了一百篇，并为之作序，以阐明其写作的意图。秦国，指秦缪公时。

④济南伏生独壁臧之：《汉书·儒林传·伏生》："伏生，济南人也，故为秦博士。孝文时，求能治《尚书》者，天下亡有，

闻伏生治之，欲召。时伏生年九十余，老不能行，于是诏太常，使掌故晁错往受之。秦时禁《书》，伏生壁藏之，其后大兵起，流亡。"臧通藏。秦焚书时，伏生将《尚书》收藏在夹壁里了。

⑤汉兴，亡失，求得二十九篇：《汉书·儒林传·伏生》："汉定，伏生求其《书》，亡数十篇，独得二十九篇。"是说汉朝兴起定鼎之后，伏生原收藏在墙壁中的《尚书》亡失散佚了数十篇，仅得到二十九篇。

⑥以教之齐、鲁之间：今山东泰山以北黄河流域及胶东半岛地区，彼时为齐地。今山东泰山以南的汶、泗、沂、沭四水流域彼时为鲁地。以教之齐、鲁之间，是说伏生以所得二十九篇《尚书》行教在齐、鲁大地。

⑦讫孝宣世，有欧阳、大小夏侯氏立于学官：汉代皇帝均以"孝"字谥。宣帝，即西汉刘询。其意是说到汉宣帝的时候，有欧阳、大小夏侯氏治《尚书》而被立为博士。《汉书·儒林传》："欧阳生，字和伯，千乘（今山东高青）人也。事伏生，授兒宽。宽又受业孔安国，至御史大夫……欧阳、大小夏侯学皆出于宽。宽授欧阳生子世，世相传；至曾孙高，子阳，为博士。"大小夏侯，大夏侯指夏侯胜，字长公，西汉东平（今属山东）人，今文《尚书》大夏侯学的开创者。小夏侯指夏侯建，字长卿，亦是山东东平人，是今文《尚书》小夏侯学的开创者。《汉书·儒林传》："夏侯胜，其先夏侯都尉，从济南张生受《尚书》，以传族子始昌。始昌传胜，胜又事同郡蕳卿，蕳卿者，兒宽门人。胜传从兄子建，建又事欧阳高。胜至长信少府，建太子太傅，自有传。由是《尚书》有大小夏侯之学。"

⑧古文《尚书》者，出于孔子壁中：颜师古注《汉书》曰："《家语》云：'孔腾，字子襄，畏秦法峻急，藏《尚书》《孝经》《论语》于夫子旧堂壁中。'而《汉纪·尹敏传》云：'孔鲋所藏。'二说不同，未知孰是。"按《史记·孔子世家》，孔子生鲤，鲤生

75

伋，伋生白，白生求，求生箕，箕生穿，穿生子慎，子慎生鲋，鲋弟子襄，即孔腾。孔鲋、孔腾已是孔子八世孙。孔腾尝为孝惠皇帝博士，又迁为长沙太守，年五十七卒。其兄孔鲋博通经史，秦始皇并天下，召为鲁国文通君，迁少傅。李斯始议焚书，鲋闻之，收其家《论语》《尚书》《孝经》等书藏于旧宅壁中，隐居嵩山，教弟子百余人。后陈涉为楚王，聘为太傅，寻托病而退。年五十七卒于陈下。从上述情况判断，孔宅壁中书为孔鲋所藏的可能性更大。"古文《尚书》者，出于孔子壁中"，是说从孔宅壁中发现的《尚书》不是用当时通行的汉代隶体字书写的，而是用古体文字书写的，所以称为古文《尚书》，以别于当时流行的今文《尚书》。

⑨武帝末，鲁共王坏孔子宅：鲁共王名刘馀，西汉景帝第五子，初为淮阳王，后为鲁王，死谥共。《史记·五宗世家》："鲁共王馀，以孝景前二年用皇子为淮阳王。二年，吴楚反破后，以孝景前三年徙为鲁王。好治宫室苑囿狗马。季年好音，不喜辞辩。"由于他好治宫室苑囿，才有"欲广其宫"的举动，才有要拆毁孔子宅院的可能。此处说鲁共王坏孔子宅，发生在武帝末年，盖有误。武帝刘彻生于景帝即位的当年，即公元前156年。十六岁登基，做了五十五年皇帝。而其兄刘馀则在景帝二年（前155）便受封做了淮阳王，显然比武帝要年长很多。到武帝末年，刘馀久已老死，不可能再广其宫室。所以此事当发生在景帝末年。张舜徽《汉书艺文志通释》引周寿昌曰："鲁恭王以孝景前三年徙王鲁，徙二十七年薨，适当武帝元朔元年，时武帝方即位十三年，安得云武帝末乎？"足见其必为景帝末而绝非武帝末。王充《论衡·正说篇》云："孝景帝时，鲁恭王坏孔子教授堂以为殿，得百篇《尚书》于壁中。"云云。亦证明确在景帝时。

⑩孔安国者，孔子后也：《史记·孔子世家》："子襄生忠，年五十七。忠生武，武生延年及安国。"可证孔安国是孔子十一世孙，确为孔子的后代。

⑪悉得其书，以考二十九篇，得多十六篇：是说景帝末年鲁共王坏孔子宅，从孔宅墙壁中所得之用古文字书写的《尚书》及《礼记》《论语》《孝经》等书，悉数为孔安国所得。孔安国以这部古文《尚书》考校伏生所传二十九篇今文《尚书》，多出来十六篇。至于为什么从孔宅壁中所得之古文典籍，又悉数为孔安国所得，盖有两个原因：一是孔安国乃孔子十一世孙，似有得之的继承权；二是他为当今皇帝即汉武帝的博士，官至临淮太守，有学问，有地位，有得到的条件。

⑫安国献之，遭巫蛊事，未列于学官：孔安国是否有献这批古文书写的典籍的条件，久存怀疑。张舜徽先生《汉书艺文志通释》曰："《史记·孔子世家》云：'安国为今皇帝博士，至临淮太守，早卒。'司马迁曾亲从安国问故，记其早卒应不误。《太史公自序》有云：'予述黄帝以来，至太初（前104—前101）而讫。'则安国之卒，必在太初以前；而巫蛊之难乃在武帝征和元年（前92）己丑、二年（前91）庚寅，距安国之卒已久，奚从而献书于朝？此甚可疑之事也。清初阎若璩撰《尚书古文疏证》，据荀悦《汉纪》叙及此事，乃云：'武帝时，孔安国家献之。'于安国下多一'家'字，谓可补《汉志》之漏，以释千古之疑。朱彝尊《曝书亭集》中有《尚书古文辨》，亦主此说。论证确固，不可易也。顾《文选》所载刘歆《让太常博士书》，亦言'孔安国献之。遭巫蛊仓卒之难，未及施行'。从知《汉书》《文选》录本流传，偶脱'家'字，为时已久矣。武帝末年，惑于鬼神，崇信巫术。巫者恒用诅咒之术以蛊害人，女巫且常往来宫中，教宫中美人度厄，辄埋木人而祭祀之。其时江充颇用事，因与太子据有隙，恐帝崩后为太子所诛。会帝有疾，遂诬太子以巫蛊厌帝，妄称在太子宫中得木人最多。太子恐，收斩充，因举兵反，兵败自杀。因此事株连而死者数万人，史称巫蛊之狱。"可证孔安国献书于朝，正逢巫蛊之难，未列学官之说靠不住。实则是孔

安国家献书于朝,遭巫蛊事而未列于学官。

⑬《酒诰》:《尚书》中的篇名,属《周书》中的一篇。《尚书·酒诰》注曰:"康叔监殷民,殷民化纣嗜酒,故以戒酒诰。"

⑭《召诰》:《尚书》中的篇名,亦是《周书》中的一篇。《尚书·召诰》注曰:"召公以成王新即政,因相宅以作诰。"刘向以中古文《尚书》校欧阳、大小夏侯三家今文《尚书》经文,则校出今文《尚书·酒诰》篇脱掉一根简,《召诰》篇脱掉二根简。

⑮率简二十五字者,脱亦二十五字;简二十二字者,脱亦二十二字:率,大率、大体。意即大体是每简写二十五字者,缺一简也就脱二十五字;每简写二十二字者,缺一简也就脱二十二字。

⑯《书》者,古之号令。号令于众,其言不立具,则听受施行者弗晓:张舜徽《汉书艺文志通释》引刘知幾话说:"《书》之所主,本于号令。所以宣王道之正义,发话言于臣下。故其所载皆典、谟、训、诰、誓、命之文。至于尧、舜二《典》,直言人事;《禹贡》一篇,唯言地理;《洪范》总述灾祥;《顾命》都陈丧礼,兹亦为例不纯者也。"可证按正理说,《尚书》之文,都应该是王者所发的号令。有不是号令的,那就属于体例不纯。立具,具文立契。号令发于众,如果不将所发的号令具文立契,那么听受号令并且要加以实施的人就不会知晓。张舜徽《汉书艺文志通释》:"古之号令于众者,语不通俗,则听受者不易晓,故必杂以方言俚语而后能喻众。"亦说的是号令如不通俗便不易晓。

⑰古文读应《尔雅》,故解古今语而可知也:张氏《汉书艺文志通释》:"汉初善读《尚书》者,无逾司马迁。于采用《尚书》文句收入《史记》时,恒用常见字义以代古语。如《尚书·尧典》'钦若昊天',《五帝本纪》改为'敬顺昊天';……《尚书》'载采采',《史记》作'始事事';《尚书》'瞽子',《史记》作'盲者子'。……斯乃以训诂代经文。"《尔雅》便是以近

正之常义诂训经文的，所以读古文经书应对应《尔雅》，其古文便可以今语加以训释而变得可以知晓。

《隋志·书类》小序

书之所兴，盖与文字俱起。孔子观书周室，得虞、夏、商、周四代之典。删其善者①，上自虞，下至周，为百篇，编而序之。遭秦灭学，至汉，唯济南伏生口传二十八篇。又河内女子得《泰誓》一篇，献之。伏生作《尚书传》四十一篇，以授同郡张生，张生授千乘欧阳生，欧阳生授同郡兒宽，宽授欧阳生之子世，世传之至曾孙欧阳高，谓之《尚书》欧阳之学。又有夏侯都尉，受业于张生，以授族子始昌，始昌传族子胜，为大夏侯之学。胜传从子建，别为小夏侯之学。故有欧阳、大小夏侯三家并立。讫汉东京，相传不绝，而欧阳最盛。初，汉武帝时，鲁恭王坏孔子旧宅②，得其末孙惠所藏之书③，字皆古文。孔安国以今文校之，得二十五篇。其《泰誓》与河内女子所献不同。又济南伏生所诵有五篇相合。安国并依古文开其篇第，以隶古字写之④，合成五十八篇。其余篇简错乱，不可复读。并送之官府。安国又为五十八篇作传，会巫蛊事起，不得奏上。私传其业于都尉朝，朝授胶东庸生，谓之《尚书》古文之学，而未得立。后汉扶风杜林传古文《尚书》，同郡贾逵为之作训，马融作传，郑玄亦为之注。然其所传唯二十九篇，又杂以今文，非孔旧本。自余绝无师说。晋世秘府所存，有古文《尚书》经文，今无有传者。及永嘉之乱⑤，欧阳、大小夏侯《尚书》并亡。济南伏生之传，唯刘向父子所著《五行传》是其本法，而又多乖戾⑥。至东晋，豫章内史梅赜⑦始得安国之传，奏之。时又阙《舜典》一篇。齐建武中，吴姚兴方于大桁市得其书，奏上。比马、郑所注多二十八字，于是始列国学。梁、陈所讲，有孔、郑二家。齐代唯传郑义。至隋，孔、郑并行，而郑氏甚微。自余所存，无复师说。又有《尚书》逸篇，出于齐、梁之间，考其篇目，似孔壁中书之残缺者，故附《尚书》之末。

注释

①删其善者：其句式句义类乎《汉书·艺文志》总序末句"今删其要，以备篇籍"。删其要，是删其冗杂，留其精要之义。此处"删其善者"，亦为删其浮冗，留其精善之文。孔子西观周室，得读虞、夏、商、周四代之档案图典，只取百篇编而成《书》，并为之作序。显然是剔删摒弃了不少东西而选择部分精善编成百篇的《尚书》。

②武帝时，鲁恭王坏孔子旧宅：这句话是从《汉志·书类》小序套来的。前边曾讨论过，鲁恭王也称为鲁共王，名刘馀，西汉景帝第五子，初封为淮阳王，后改封为鲁王，卒谥"共"亦曰"恭"。前文曾引证张舜徽先生《汉书艺文志通释》中周寿昌的说法："鲁恭王以孝景前三年徙王鲁，徙二十七年薨，适当武帝元朔元年，时武帝方即位十三年，安得云武帝末乎？"《隋书·经籍志》编制过程中可能发现了这类疑点，所以改为"武帝时"的模糊提法。实则恐怕还是不对。对者当在景帝末年。景帝末年，刘馀徙为鲁王，正在七八年上，大兴土木，扩大宫室，才涉及要拆除孔子旧宅。

③得其末孙惠所藏之书：从《史记·孔子世家》可以理出孔子的世系。孔子生鲤，字伯鱼。伯鱼生伋，字子思。子思生白，字子上。子上生求，字子家。子家生箕，字子京。子京生穿，字子高。子高生子慎，子慎生鲋，鲋弟子襄，子襄生忠。忠生武。武生延年及安国。安国生卬，卬生驩。孔子→孔鲤→孔伋→孔白→孔求→孔箕→孔穿→孔谦┬孔鲋　　┬孔忠→孔武┬孔延年　　　　　　　　　　　　└孔腾┘　　　　　　└孔安国→

卬→驪。从这个世系图上看不出什么孔子末孙惠的影子。前边曾讨论过,究竟是谁先将书藏进了孔壁。颜师古注《汉书》,谓:"《家语》云:'孔腾,字子襄,畏秦法峻急,藏《尚书》《孝经》《论语》于夫子旧堂壁中。'而《汉纪·尹敏传》云:'孔鲋所藏。'二说不同,未知孰是。"其实从前边《汉书·艺文志》该条的注释看,藏书于孔壁者,就是孔鲋。

④安国并依古文开其篇第,以隶古字写之:隶古字,即指隶书的古字。隶书,相传为秦始皇时程邈在云阳狱中所作。其实早在秦始皇以前,秦国胥吏因政务繁多,以篆字书写过于麻烦,便在笔画笔形上加以改造,结构上虽仍与篆书相似,但工整逊之,这种字当时就称隶书。在秦昭襄王时这种字便与小篆并行于世了。所谓"以隶古字写之",就是以隶书的古字书写的,或者说是以隶写的古文书写的。"安国并依古文开其篇第"以及下文之"安国又为五十八篇作传",都证明《隋书·经籍志》的作者,深信孔壁古文《尚书》系孔安国所传,并说出其授受流传的脉络。然姚振宗《隋书经籍志考证》引证唐陆德明《经典释文·叙录》曰:"江左中兴,元帝时豫章内史枚赜奏上孔传《古文尚书》,亡《舜典》一篇,购不能得,乃取王肃注《尧典》,从育徽五典以下分为《舜典》,篇以续之,学徒遂盛。齐明帝建武中,吴兴姚方兴,采马、王之注,造孔传《舜典》一篇,云于大舫头买得上之,时不行用。……晁氏《读书志》古文《尚书》十三卷,汉孔安国以隶古定五十九篇之书,盖以隶写籀,故谓之隶古。……《四库全书》提要曰《史记》《汉书》但有安国上古文《尚书》之说,并无受诏作传之事,此伪本凿空之显证。又曰古文《尚书》东晋初始出,乃增多二十五篇。初犹与今文并立,自陆德明据以作《释文》、孔颖达据以作《正义》,遂与伏生二十九篇混合为一。唐以来虽疑经惑古,如刘知幾之流,亦以《尚书》一家列之,《史通》未言古文之伪。自吴棫始有异议,朱子稍稍疑之,

吴澄诸人本诸子之说，相继抉摘，其伪益彰。然亦未能条分缕析，以抉其罅漏。明梅鷟始参考诸书，证其剽剟，而见闻较狭，搜采未周。至国朝阎若璩，乃引经据古，一一陈其矛盾之故，凡一百二十八条，古文之伪乃大明。"因此，《隋志》此处对古文《尚书》的说法，只能作为一种参考了。

⑤永嘉之乱：永嘉，西晋怀帝司马炽的年号（307—313）。晋怀帝的前任皇帝晋惠帝在位期间，政治腐败，八王战乱相继。至惠帝永兴元年（304），匈奴贵族刘渊，乘机在离石（今属山西）起兵，立国号为汉。晋怀帝永嘉四年（310）刘渊死，其子刘聪继立。翌年，刘聪遣石勒挥师至苦县宁平城（今河南鹿邑西南），灭晋军十万余人，俘杀太尉王衍等。同年又派刘曜率兵攻破洛阳，生俘怀帝，纵兵烧杀抢掠。因为发生在永嘉年间，史称永嘉之乱。

⑥乖戾：抵触，不一致，前后矛盾。通乖离。

⑦梅赜：亦作枚赜、梅颐或枚颐，字仲真，东晋汝南西平（今河南西平西）人。少好学，以隐求仕。初为领军司马，官至豫章内史。献伪《古文尚书》及伪《尚书孔氏传》，东晋君臣信以为真，立于学官。宋吴棫、朱熹始加怀疑，明梅鷟进一步提出质疑，直至清代阎若璩始辨伪得明。

《四库总目·书类》小序

《书》以道政事，儒者不能异说也。《小序》之依托①，《五行传》之附会②，久论定矣。然诸家聚讼，犹有四端：曰今文、古文；曰错简；曰《禹贡》山水；曰《洪范》畴数。夫古文之辨，至阎若璩③始明。朱彝尊④谓是书久颁于学官，其言多缀辑逸经成文，无悖于理。汾阴汉鼎⑤，良亦善喻，吴澄⑥举而删之，非可行之道也。禹迹大抵在中原⑦，而论者多当南渡，昔疏今密，其势则然。然尺短寸长，互相补苴，固宜兼收并蓄，以证异同。若夫刘向记《酒诰》《召诰》脱简仅三，而诸儒动称数十。班固牵《洪范》于洛书，诸儒并及河图，支离穿凿⑧，淆经义矣。故王柏《书疑》⑨、蔡沈《皇极数》⑩之类非解经之正轨者，咸无取焉。

注释

①《小序》之依托：《史记·孔子世家》："孔子之时，周室微而礼乐废。《诗》《书》缺。追迹三代之礼，序《书传》，上纪唐虞之际，下至秦缪，编次其事。"这就是《汉志·书类》小序中说孔子"上断于尧，下讫于秦，凡百篇，而为之序。言其作意"的来源。张氏《汉书艺文志通释》："顾《史记》所谓'序书传'，书传谓古代史料，序谓编次之也。序与叙同，故《汉书·儒林传》称孔子'叙书则断《尧典》'，亦即此意，皆未言孔子曾为《尚书》撰序。后之言孔子作《书序》者，傅会之辞也。"这段文字的中心思想，是谓"序"为序次、编次、整理，不是为《尚书》写序文。今之《尚书》序文，乃后人依托，绝非孔子所作。

②《五行传》之附会：《五行传》为刘向撰。刘向本名更生，字子政。《汉书·刘向传》："成帝即位，显等伏辜，更生乃复进用，更名向。向以故九卿召拜为中郎，使领护三辅都水。数奏封事，迁光禄大夫。是时帝元舅阳平侯王凤为大将军，秉政，倚太后，专国权，兄弟七人皆封为列侯。时数有大异，向以为外戚贵盛，凤兄弟用事之咎。……向见《尚书·洪范》箕子为武王陈五行阴阳休咎之应，向乃集合上古以来历春秋六国至秦汉符瑞灾异之记，推迹行事，连传祸福，著其占验，比类相从，各有条目，凡十一篇，号曰《洪范五行传论》，奏之。"此处之"《五行传》

之附会",即指这《洪范五行传论》而言。从其缘起、内容及用意看,均属凿空附会。

③阎若璩:阎若璩(1636—1704),字百诗,号潜邱。山西太原人,迁居江苏淮安。顺治时以商籍补县学生员。康熙初归太原故籍,补廪生。应博学鸿词科,报罢。长于考据,尤精于地理之学。曾与胡渭等协助徐乾学修《大清一统志》。自撰《尚书古文疏证》,从多方面论证东晋梅赜所献所谓《古文尚书》和《尚书孔氏传》出于伪作。此处之"古文之辨",即指对《古文尚书》之考辨,至阎若璩才算大白于天下。

④朱彝尊:朱彝尊(1629—1709),字锡鬯,号竹垞。浙江秀水(今嘉兴)人。康熙间以布衣举博学鸿词,授翰林院检讨。参与编修《明史》。充日讲起居注官,典试江南,入值南书房。工诗词散文,为浙西词派创始人。又通经学,精考据。撰有《经义考》,论及《古文尚书》。其《曝书亭集》中又有《尚书古文辨》。《经义考》谓《古文尚书》虽伪,但系缀辑逸经之文,久颁学官,无悖于理。

⑤汾阴汉鼎:《史记·封禅书》:"其夏六月中,汾阴巫锦为民祠魏脽后土营旁,见地如钩状,掊视得鼎。鼎大异于众鼎,文镂无款识,怪之,言吏。吏告河东太守胜,胜以闻。天子使使验问巫得鼎,无奸诈,乃以礼祠,迎鼎至甘泉,从行,上荐之。"《汉书·吾丘寿王传》:"及汾阴得宝鼎,武帝嘉之,荐见宗庙,臧于甘泉宫。群臣皆上寿贺曰:'陛下得周鼎。'寿王独曰非周鼎……此天之所以兴汉,乃汉宝,非周宝也。上曰'善'。"这就是"汾阴汉鼎"掌故的由来。汾阴,地名,战国时的魏邑,汉置县,属河东郡。以在汾水之南而名。

⑥吴澄:吴澄(1249—1333),字幼清,人称草庐先生,元崇仁人。至大初年为国子司业,迁翰林学士。通经传,于《易》《书》《诗》《礼》《春秋》,均有论著。《四库全书总目·书纂》

提要:"澄专释今文,尚为有合于古义……惟其颠倒错简,皆以意自为,且不明言所以改窜之故,与所作《易纂言》体例迥殊,是则不可以为训。"《古文尚书》及《尚书孔氏传》,虽为伪托,但系掇拾经文,久立学官,不悖于理,如同巫人汾阴得汉鼎,亦未尝不是一宝。吴澄举而删之,当然被四库馆臣批评为"非可行之道也"。

⑦禹迹大抵在中原:禹迹,大禹治洪水,足迹遍于九州,故称九州大地为禹迹。《左传》襄公四年:"芒芒禹迹,画为九州。"关于九州的范围,历来说法并不完全一样。《尚书·禹贡》谓九州为冀、豫、雍、扬、兖、徐、梁、青、荆。一看便知主要在中原,不出黄淮、江淮流域范围。此处说"禹迹大抵在中原",基本是对的。

⑧支离缪辁:支离,分散、形体不全。《庄子·人间世》:"夫支离其形者,犹足以养其身,终其天年,又况支离其德者乎!"即支离破碎、形体不全之义。缪辁,纵横交杂。《楚辞》刘向《九叹远游》:"潏湟缪辁,雷动电发。"即纵横交杂之义。

⑨王柏《书疑》:王柏(1197—1274),字会之,少慕诸葛亮为人,自号长啸,后又以为长啸非持敬之道,乃更号鲁斋。南宋婺州金华(今属浙江)人。学于何基,为朱熹三传弟子。《四库全书总目·书疑》提要:"柏之学,名出朱子,实则师心,与朱子之谨严绝异。……柏作是书,乃动以脱简为辞,臆为移补……"武断专横,已非经学家之仪,无可取。

⑩蔡沈《皇极数》:蔡沈(1167—1230),字仲默,因隐居九峰,学者称为九峰先生。宋福建建阳人。少学于朱熹,年三十便屏弃举子业,专研理学。其《皇极数》,专以八卦之数推衍人之祸福吉凶,实为不经之学。故四库馆臣批评王柏的《书疑》及蔡氏之《皇极数》,非解经之正轨。

85

按：《汉志》言《书》，虽意在讲清《书》之起源及流传授受、师承流派，然说"武帝末，鲁共王坏孔子宅"，在时间上绝有误差。此一误便影响后世一两千年。班固，东汉人，去西汉不远，不应发生如此错误，贻误后人。又说孔安国"悉得其书，以考二十九篇，得多十六篇。安国献之，遭巫蛊事，未列于学官"。《史记》之记事，上起黄帝，下至汉武帝太初之年。司马迁写其老师孔安国早卒，必在太初前，因为太初以后事司马迁便不写了。而巫蛊事，则在武帝征和元年至二年（前92—前91），此时已届武帝末年。早在15年前就已经死去的人，怎么可能又出来献《古文尚书》呢？《汉志》这些关于《古文尚书》的误说，非但影响《隋志》的将错就错，也为后世伪造《古文尚书》留下了可乘之隙。

《隋志》不但沿袭了《汉志》的误说，并进一步确认"安国并依古文开其篇第，以隶古字写之……会巫蛊事起，不得奏上"。错上加错。又说："至东晋，豫章内史梅赜始得安国之传，奏之。"进一步将假的说成真的了。唐作《五经正义》其中《尚书》便取古文《尚书》为蓝本，至今《十三经注疏》仍是取《古文尚书》。

至四库馆臣，虽明其为伪，但视若汾阴汉鼎，取兼收并蓄之说，反批评吴澄、王柏否定《古文尚书》之做法。貌似公允，实则卫道。当然，时至清代，如何对待《古文尚书》问题，也确应有个实事求是的态度。这一点，四库馆臣又不失实事求是的风范。

※　　　　※　　　　※

《汉志·诗类》小序

　　《书》曰："诗言志，歌咏言。"①故哀乐之心感，而歌咏之声发②。诵其言谓之诗，咏其声谓之歌。故古有采诗之官，王者所以观风俗，知得失，自考正也③。孔子纯取周诗，上采殷，下取鲁，凡三百五篇④。遭秦而全者，以其讽诵不独在竹帛故也⑤。汉兴，鲁申公为《诗》训故⑥，而齐辕固、燕韩生皆为之传⑦。或取春秋，采杂说，咸非其本义，与不得已，鲁最为近之⑧。三家皆列于学官。又有毛公之学⑨，自谓子夏所传⑩，而河间献王好之，未得立⑪。

注释

　　①诗言志，歌咏言：这两句话原出《尚书·舜典》："帝曰：'夔，命汝典乐，教胄子。直而温，宽而栗，刚而无虐，简而无傲。诗言志，歌咏言，声依永，律和声。八音克谐，无相夺伦，神人以和。'"注曰："谓诗言志以导之歌，咏其义以长其言。"孔颖达正义曰："诗言人之志意，歌咏其义以长其言。"《礼记·乐记》："金石丝竹，乐之器也。诗，言其志也；歌，咏其声也；舞，动其容也。三者本于心，然后乐器从之。"孔颖达正义曰："诗谓言词也，志在内，以言词言说其志也。歌咏其声也者，歌谓音曲，所以歌咏其言词之声也。"《左传》襄公二十七年："诗以言志，志诬其上。"孔颖达正义曰："在心为志，发言为诗，是诗所以言人之志意也。"归纳起来，就是诗能道出人的志向，歌能唱出人的心声。

　　②故哀乐之心感，而歌咏之声发：《礼记·乐记十九》："乐者，音之所由生也。其本在人心之感于物也，是故其哀心感者，

其声噍以杀；其乐心感者，其声啴以缓；其喜心感者，其声发以散；其怒心感者，其声粗以厉；其敬心感者，其声直以廉；其爱心感者，其声和以柔。六者非性也，感于物而后动。"这即是说，不同的心理感情，发出的声音也不同。悲哀之情感，喜乐之心生，都会促使发出歌咏之声。歌，唱也；咏，曼声长吟也。哀乐之情感动于心，而吟唱之声就会发生。

③故古有采诗之官，王者所以观风俗，知得失，自考正也：《汉书·食货志上》："孟春之月，群居者将散，行人振木铎徇于路，以采诗，献之大师，比其音律，以闻于天子。故曰王者不窥牖户而知天下。"孟春之月，指正月。正月乃开春之月，农时将至，故冬季群居之人将分散开来，各趋陇亩。行人，即遒人。遒人，古官名，掌宣布教化。《书·胤征》："每岁孟春，遒人以木铎徇于路。"木铎，铎，铃，木铎即有木舌的铃。古时施行政教、传布命令用以振鸣惊众。《周礼·天官·小宰》："徇以木铎。"郑玄注曰："木铎，木舌也。文事奋木铎，武事奋金铎。"徇，通巡。采诗，颜师古注曰："采取怨刺之诗。"是说古时专有采集诗歌的官员，采来的诗王者用来观察社会风俗，知道王政的得失，自行考核端正政风的依据。张舜徽《汉书艺文志通释》："采诗之说，传自在昔。《春秋公羊》宣公十五年传注亦云：'男女有所怨恨，相从而歌。饥者歌其食，劳者歌其事。男年六十、女年五十无子者，官衣食之，使之民间求诗。乡移于邑，邑移于国，国以闻于天子。故王者不出牖户，尽知天下所苦，不下堂而知四方。'可知古有此制，汉儒类能言之，盖上世勤求民隐者之所为也。今三百篇中之国风，多由采集而得。其中除男女情思之词外，若鄘风《相鼠》、魏风《伐檀》《硕鼠》之类，乃唾骂剥削压迫者之言，大为暴戾之君所忌，于是不复采诗矣。此《孟子》所谓'王者之迹熄而诗亡'也。"说得十分透彻，移来助解原文。

④孔子纯取周诗，上采殷，下取鲁，凡三百五篇：《史记·孔

子世家》:"古者诗三千余篇,及至孔子,去其重,取可施于礼义。上采契、后稷,中述殷、周之盛,至幽、厉之缺,始于衽席。故曰《关雎》之乱,以为'风'始;《鹿鸣》为'小雅'始;《文王》为'大雅'始;《清庙》为'颂'始。三百五篇,孔子皆弦歌之,以求合韶武雅颂之音。"司马迁这段话,是几千年孔子删诗的众说之据,其实孔子到底删过诗没有,久有疑说。周景王元年(前544),吴季札曾经到鲁国观乐。鲁国为吴季札所歌的《诗》,据《左传》记载,其篇帙规模、分类名目、先后次第等,已和今本《诗经》差不多。而吴季札赴鲁观乐的那一年,孔子才只有八岁,表明远在孔子之前,《诗经》久经筛选而成书了,并非孔子删定。张舜徽《汉书艺文志通释》:"孔子删《诗》之事,既未记载于《论语》,复不见称于《孟》《荀》。为此说者,昉于汉世。史迁倡之于前,诸儒和之于后,于是孔子删《诗》之说,播于士林,牢不可破矣。汉初经籍初出,传其书者,深恐不能见信于世,不得已高远其所从来,谓六经皆经孔子手订以重其书,其意固自有在也。其实,孔子平日恒言'学诗''诵诗',而未尝言'删诗'。其书三百五篇,古人称举成数,但曰三百。孔子既云'《诗》三百,一言以蔽之曰:"思无邪"';又言'诵《诗》三百'。可知三百五篇之诗,自孔子时即是此数。其书乃周代诗歌总集,编录而类次之,出于谁手,今不可知。大抵群经皆不能得编著者主名,亦不第三百篇而始然也。至于孔子删《诗》之说,昔人已多非之。孔颖达《诗谱序》疏云:'书传所引之《诗》,见在者多,亡佚者少,则孔子所录,不容十分去九,马迁言三千余篇,未可信也。'又《左氏》襄公二十九年传疏云:'季札歌《诗》,风有十五国,其名皆与《诗》同,惟其次第异耳。'则仲尼以前,篇目先具,其所删削,盖亦无多。记传引《诗》,亡逸甚少,知本先不多也。《史记·孔子世家》云……孔疏两处正《史记》之违失,皆至精当,足成定论。"可见这"孔子纯取周诗,上采殷,下取鲁,凡三百五篇"的说法,无非承袭《史记》旧说,不足凭信。上采殷,指《商颂》;下取鲁,指《鲁颂》。

⑤遭秦而全者,以其讽诵不独在竹帛故也:遭,遇也。遭秦,指遭遇到秦代焚书之祸而《诗》却能保全者,因为它常为人们口头传诵而不单单是书写在竹简缣帛上。讽诵,简单解释就是背诵。《周礼·春官·大司乐》:"以乐语教国子:兴、道、讽、诵、言、语。"郑玄注曰:"倍文曰讽,以声节之曰诵。"《周礼·春瞽》:"讽诵诗,世奠系。"注文曰:"讽诵诗,谓闇读之,不依咏也。……郑司农云,讽诵诗,主诵诗以刺君过,故《国语》曰瞍赋矇诵谓诗也。"故郑玄谓"倍文曰讽,以声节之曰诵",盖"倍"通"背","诵"通"朗"。或可说默念为讽,朗读为诵。张舜徽《汉书艺文志通释》:"《礼记·内则》:'十有三年,学乐、诵《诗》、舞勺。'可知古人在儿童时,即已诵《诗》。古之三百五篇,皆可谱为歌辞,施之弦管,犹今日之唱歌也。今日小学、中学生所唱歌辞,至老不忘。偶失其本,辄可默诵记录以为书。秦火之后,《诗》篇所以得全,亦犹是耳。"

⑥汉兴,鲁申公为《诗》训故:申公,名培,也称为申培公,西汉鲁(今山东曲阜)人,"鲁诗学"派的创始人。《史记·儒林列传》:"申公者,鲁人也。高祖过鲁,申公以弟子从师入见高祖于鲁南宫。吕太后时,申公游学长安,与刘郢同师。已而郢为楚王,令申公傅其太子戊。戊不好学,疾申公。及王郢卒,戊立为楚王,胥靡申公。申公耻之,归鲁,退居家教,终身不出门,复谢绝宾客,独王命召之乃往。弟子自远方至受业者百余人。申公独以《诗》经为训以教,无传疑,疑者则阙不传。"《汉书·儒林传》:"申公,鲁人也。少与楚元王交,俱事齐人浮丘伯受诗。汉兴,高祖过鲁,申公以弟子从师入见于鲁南宫。吕太后时,浮丘伯在长安,楚元王遣子郢与申公俱卒学。元王薨,郢嗣立为楚王,令申公傅太子戊。戊不好学,病申公。及戊立为

王，胥靡申公。申公愧之，归鲁退居家教，终身不出门。复谢宾客，狂，王命召之乃往。弟子自远方至受业者千余人。申公独以《诗》经为训故以教，亡传，疑者则阙弗传。"两者记载大同小异。训故，即训诂，解释阐述。

⑦而齐辕固、燕韩生皆为之传：辕固，西汉齐（今山东淄博）人。"齐诗学"的开创者。《史记·儒林列传》："清河王太傅辕固生者，齐人也。以治《诗》，孝景时为博士。……自是之后，齐言《诗》皆本辕固生也。诸齐人以《诗》显贵，皆固之弟子也。"燕，周朝诸侯国名，辖境相当于今河北北部及辽宁南部。韩生，即韩婴，西汉燕（今北京）人。"韩诗学"的开创者。《史记·儒林列传》："韩生者，燕人也。孝文帝时为博士，景帝时为常山王太傅。韩生推《诗》之意而为内外《传》数万言，其语颇与齐鲁间殊，然其归一也。淮南贲生受之。自是之后，而燕、赵间言《诗》者由韩生。韩生孙商为今上（武帝）博士。"可证辕固、韩婴都是《诗》的传人。

⑧或取春秋，采杂说，咸非其本义，与不得已，鲁最为近之：清王念孙《读书杂志》四之七，谓"与不得已"，"与者，如也"。也就是"如不得已"之义。张舜徽先生《汉书艺文志通释》于此有过精辟议论："此皆今文家诗学也。前已著录三家之书，兹又综括论之。考《诗》始萌芽，鲜有能通全《诗》之义者。刘歆《移太常博士书》所谓'一人不能独尽其经，或为《雅》，或为《颂》，相合而成'者是也。迨三家分立博士，始有专门之学及说《诗》之书。书多则易流于歧乱，故有采集史事，搜取杂说，以傅会经义者，如今所存《韩诗外传》之类是已。《志》所云'或取春秋'，'春秋'乃史籍之通称，此处所言，非六经中之《春秋》也。《志》又云'与不得已，鲁最为近之'。王念孙《读书杂志》云：'与者，如也。如不得已必欲求其本义，则鲁最为近之也。'王说是也。《鲁诗》《韩诗》，文帝时立博士，

《齐诗》,景帝时立。三家之学,鲁最先出,其传亦最广最盛,盖由其说经之纯有以致之。《隋书·经籍志》云:'《齐诗》,魏代已亡;《鲁诗》亡于西晋;《韩诗》虽存,无传之者。唯《毛诗郑笺》至今独立。'《韩诗》自南宋以后,其书亦亡,独存《外传》耳。盖自毛、郑之学盛行,而三家俱废。南宋学者王应麟采辑三家《诗》说之见于群书者,为《三家诗考》,是乃辑佚之始。清儒继踵,续有增辑。最后由王先谦撰成《诗三家义集疏》,极翔实,可参考。"以这段话来解释此处原文,简言之便是三家《诗》学有的取史书记载以解诗,有的博采杂说以论诗,结果都不敢说说中《诗》的本义。如果不得已非要寻求本义,那也只有《鲁诗》最接近了。

⑨毛公之学:毛公,指毛亨、毛苌。毛亨,一说是西汉鲁(今山东曲阜)人;一说是河间(今河北献县)人。相传是"毛诗学"的创始人,世称大毛公。毛苌,一作长,西汉赵(今河北邯郸)人。相传是"毛诗学"的传授者,世称小毛公。《汉书·儒林传》:"毛公,赵人也。治《诗》,为河间献王博士,授同国贯长卿,长卿授解延年。延年为阿武令,授徐敖。敖授九江陈侠,为王莽讲学大夫。由是言《毛诗》者,本之徐敖。"这段话虽未明言大毛公还是小毛公,但赵人也好,河间人也好,似都与河间献王刘德封邑较近,做河间献王的博士确有可能。

⑩自谓子夏所传:子夏(前507—?),姓卜名商,春秋晋国温(今河南温县)人。一说是卫国人。孔子的弟子,长于文学。相传《春秋》和《诗》是他传授下来的。所以传《毛诗》者,亦自谓为子夏所传。

⑪而河间献王好之,未得立:河间献王,名刘德。《史记·五宗世家》:"河间献王德,以孝景帝前二年用皇子为河间王。好儒学,被服造次必於儒者。山东诸儒多从之游。"《汉书·景十三王传》:"河间献王德以孝景前二年立,修学好古,实事求是。从

92

民得善书,必为好写与之,留其真。加金帛赐以招之。繇是四方道术之人不远千里,或有先祖旧书,多奉以奏献王者,故得书多,与汉朝等。……献王所得书皆古文先秦旧书,《周官》《尚书》《礼》《礼记》《孟子》《老子》之属,皆经传说记,七十子之徒所论。其学举六艺,立《毛氏诗》《左氏春秋》博士。修礼乐,被服儒术,造次必干儒者。山东诸儒从而游。"可见河间献王是位修学好古、嗜书如命的人。大、小毛公传、授《诗》,从地缘上说离他较近,他好之,招立为他封邑之内的博士,事属自然。姚振宗《隋书经籍志考证》引《汉书·儒林传·赞》:"平帝时,又立《左氏春秋》《毛诗》《逸礼》《古文尚书》。"又按:"《孔安国传》云,王莽时诸学皆立是也。时为平帝元始五年,亦见《平帝本纪》《王莽传》,盖至是汉朝始立《毛诗》博士也。"姚考是正确的,《汉书·艺文志》此处说"未得立",依据不足。张舜徽《汉书艺文志通释》:"《景十三王传》亦称河间献王立《毛氏诗》博士,可知其为博士之学为时甚早,适当武帝之时。特未明令褒扬,立于国学耳。毛公为荀卿弟子,其作《故训传》时,适值秦汉之际,故其书为今存古代传注中之最早而完整者,宜其为后世所重也。"

《隋志·诗类》小序

诗者,所以导达心灵,歌咏情志者也。故曰:"在心为志,发言为诗。"上古人淳俗朴,情志未惑。其后君尊于上,臣卑于下,面称为谄[①],目谏为谤[②],故诵美讥恶以讽刺之。初但歌咏而已,后之君子因被管弦,以存劝戒。夏、殷已上,诗多不存。周氏始自后稷[③],而公刘克笃前烈[④],太王肇基王迹[⑤],文王光昭前绪⑥，武王克平殷乱⑦，成王、周公化至太平⑧。诵美盛德，踵武相继⑨。幽、厉板荡，怨刺并兴⑩。其后王泽竭而诗亡，鲁太师挚次而录之。孔子删诗，上采商，下取鲁，凡三百篇。至秦，独以为讽诵，不灭。汉初，有鲁人申公受《诗》于浮丘伯⑪，作诂训，是为《鲁诗》。齐人辕固生亦传《诗》，是为《齐诗》。燕人韩婴亦传《诗》，是为《韩诗》。终于后汉，三家并立。汉初，又有毛苌善《诗》，自云子夏所传，作《诂训传》，是为《毛诗》古学，而未得立。后汉有九江谢曼卿⑫善《毛诗》，又为之训。东海卫敬仲⑬，受学于曼卿。先儒相承，谓之《毛诗序》子夏所创，毛公及敬仲又加润益⑭。郑众、贾逵、马融并作《毛诗》传，郑玄作《毛诗》笺。《齐诗》，魏代已亡；《鲁诗》亡于西晋；《韩诗》虽存，无传之者。唯《毛诗》郑笺至今独立。又有《业诗》，奉朝请业遵所注，立义多异，世所不行。

注释

①面称为谄：面称，当面称颂。谄，献媚。当面称颂叫作献媚阿谀。郑玄《诗谱序》："其时有亡载籍，亦蔑云焉。"唐孔颖达正义曰："自书契之兴，朴略尚质，面称不为谄，目谏不为谤。"待君尊于上，臣卑于下现象出现以后，则当面有意称颂便成为献媚的伎俩了。

②目谏为谤：目谏，以眼神进谏就叫作诽谤，或者说就叫作指责。

③周氏始自后稷：意谓周朝肇兴自后稷开始。《史记·周本纪》："周后稷，名弃。其母有邰氏女，曰姜原。姜原为帝喾元妃。姜原出野，见巨人迹，心忻然说，欲践之，践之而身动如孕者。居期而生子。以为不祥，弃之隘巷，马牛过者皆辟不践；徙置之林中，适会山林多人，迁之；而弃渠中冰上，飞鸟以其翼覆荐之。姜原以为神，遂收养长之。初欲弃之，因名曰弃。弃为儿时，屹如巨人之志。其游戏，好种树麻、菽，麻、菽美。及为成

人，遂好耕农，相地之宜，宜谷者稼穑焉，民皆法则之。帝尧闻之，举弃为农师，天下得其利，有功。……封弃于邰，号曰后稷，别姓姬氏。后稷之兴，在陶唐、虞、夏之际，皆有令德。"可谓周的始祖。

④公刘克笃前烈：公刘，周族的领袖，相传为后稷的曾孙。《史记·周本纪》："后稷卒，子不窋立。不窋末年，夏后氏政衰，去稷不务，不窋以失其官而奔戎狄之间。不窋卒，子鞠立。鞠卒，子公刘立。公刘虽在戎狄之间，复修后稷之业，务耕种，行地宜，自漆、沮度渭，取材用，行者有资，居者有畜积，民赖其庆。百姓怀之，多徙而保归焉。周道之兴自此始，故诗人歌乐思其德。"克，能。《书·尧典》："克明俊德，以亲九族。"克，即"能"之义。笃，实、厚。克笃，能加深加厚。前烈，前人的功业。《书·武成》："公刘克笃前烈。"传曰："能厚先人之业。"可证此话原出《尚书》。从前述《史记》谓公刘，其虽在戎狄之间，复修后稷之业，务耕种，行地宜，确能发扬光大其先人的事业，故说"公刘克笃前烈"。

⑤太王肇基王迹："太王，指古公亶父，古代周族的领袖，相传为后稷的第十二世孙，周文王的祖父。为戎、狄所逼，由豳（今陕西彬州东北）迁到岐山下的周原（今陕西岐山北），建筑城邑房屋，设置官吏，改革戎狄风俗，开垦荒地，发展农业，奠定了周兴的基业。《史记·周本纪》："古公亶父复修后稷、公刘之业，积德行义，国人皆戴之。薰育戎狄攻之，欲得财物，予之。已复攻，欲得地与民。民皆怒，欲战。古公曰：'有民立君，将以利之。今戎狄所为攻战，以吾地与民。民之在我，与其在彼，何异？民欲以我故战，杀人父子而君之，予不忍为。'乃与私属遂去豳，度漆、沮，逾梁山，止于岐下。豳人举国扶老携弱，尽复归古公于岐下。"为王的迹象已表现出来。肇，始。基，基业。肇基，始创基业。周之王天下，其王迹肇基于太王，即古公亶父。

⑥文王光昭前绪：文王，指姬昌。光昭，发扬光大。前绪，前人的事业。屈原《天问》："纂就前绪，遂成考功。"即前人事业之义。文王姬昌发扬光大了其先人的事业。《史记·周本纪》："古公有长子曰太伯，次曰虞仲。太姜生少子季历，季历娶太任，皆贤妇人，生昌，有圣瑞。古公曰：'我世当有兴者，其在昌乎？'……古公卒，季历立，是为公季。……公季卒，子昌立，是为西伯。西伯曰文王，遵后稷、公刘之业，则古公、公季之法，笃仁，敬老，慈少。礼下贤者，日中不暇食以待士，士以此多归之。……崇侯虎谮西伯于殷纣曰：'西伯积善累德，诸侯皆向之，将不利于帝。'帝纣乃囚西伯于羑里。闳夭之徒患之，乃求有莘氏美女、骊戎之文马、有熊九驷、他奇怪物，因殷嬖臣费仲而献之纣。纣大说，曰："此一物足以释西伯，况其多乎！'乃赦西伯，赐之弓矢斧钺，使西伯得征伐。……西伯盖即位五十年……后七年而崩，谥为文王。改法度，制正朔矣。追尊古公为太王，公季为王季，盖王瑞自太王兴。"证明了确实是"文王光昭前绪"，奠定了周兴的最后一块基石。

⑦武王克平殷乱：武王，姓姬名发。《史记·周本纪》："西伯崩，太子发立，是为武王。……武王即位，太公望为师，周公旦为辅，召公、毕公之徒左右王，师修文王绪业。……居二年，闻纣昏乱暴虐滋甚，杀王子比干，囚箕子。太师疵、少师彊抱其乐器而奔周。于是武王遍告诸侯曰：'殷有重罪，不可以不毕伐。'乃遵文王，遂率戎车三百乘，虎贲三千人，甲士四万五千人，以东伐纣。……帝纣闻武王来，亦发兵七十万人距武王。……纣师虽众，皆无战之心，心欲武王亟入。纣师皆倒兵以战，以开武王。武王驰之，纣兵皆崩畔纣。纣走，反入登于鹿台之上，蒙衣其珠玉，自燔于火而死。"这就是所谓的"武王克平殷乱"。克平殷乱，平定了殷朝末年混乱的政治局面。

⑧成王、周公化至太平：《史记·周本纪》："武王病……后

而崩，太子诵代立，是为成王。"成王，即姬诵，武王太子。周公，姬旦，周文王的儿子，辅助武王灭纣，建立王朝，封于鲁。《史记·周本纪》："成王少，周初定天下，周公恐诸侯畔周，公乃摄行政当国。管叔、蔡叔群弟疑周公，与武庚作乱，畔周。周公奉成王命，伐诛武庚、管叔，放蔡叔。……周公行政七年，成王长，周公反政成王，北面就群臣之位。"周代的礼乐制度，相传也都是周公制订的。所以说"成王、周公化至太平"。周公摄政不但平叛治乱，而且制礼定乐，建立典章，对民进行教化，一直达到太平盛世。

⑨踵武相继：踵，原意是脚后跟。摩肩接踵，肩碰肩，脚跟脚。后演化出追逐、跟随之意。武，足迹。屈原《离骚》："忽奔走以先后兮，及前王之踵武。"即及前王之足迹之意。此处是说周自后稷，直至成王、周公，都跟随着前人的足迹继续前进。

⑩幽、厉板荡，怨刺并兴：幽，指周幽王，名宫涅，周宣王的儿子，公元前771年遭杀逊位。他宠爱褒姒，生伯服，废申后及太子宜臼，立褒姒，以伯服为太子。申侯怒，联合犬戎攻幽王，杀之于骊山下，西周灭亡。厉，指周厉王，穆王四世孙，夷王子，名胡。强刮民财，多行暴政，国人怨恨而非议之。又派人滥杀谤者。三年，国人叛之，厉王出奔于彘。事当在公元前844年左右。板荡，《诗·大雅》中有板、荡二篇，专门讥刺周厉王无道，败坏国家。后因以"板荡"专指政局变乱，社会动荡。幽、厉板荡，是说周厉王、周幽王两度政局变乱，社会动荡。怨刺并兴，怨愤讥刺之诗同时并行发生。据《史记·周本纪》记载，早在"懿王时，王室遂衰，诗人作刺"。心中积怨，便作诗讥讽，故诗能反映民情，古圣王派人采风，以知民意，用以自警。这便是诗的最初来源之一。

⑪汉初，有鲁人申公受《诗》于浮丘伯：《汉书·儒林传》："申公，鲁人也。少与楚元王交，俱事齐人浮丘伯受《诗》。……

吕太后时，浮丘伯在长安，楚元王遣子郢与申公俱卒学。"可见浮丘伯乃齐人，当是《鲁诗》传者申公的老师，于《鲁诗》的形成有先导作用。初为荀卿的门人。

⑫谢曼卿：东汉九江（今属江西）人，善《毛诗》，为《诗》作训。

⑬卫敬仲：即卫宏，东汉东海（今山东郯城西北）人。字敬仲，一字次仲。光武帝时任议郎，后官至给事中。初从九江谢曼卿习《毛诗》，作《毛诗序》。后随大司空杜林受《古文尚书》，又为《古文尚书》作《训旨》。曾摭拾西汉杂事作《汉旧仪》四篇。今本《汉宫旧仪》二卷，系残本，清代孙星衍有校证，并辑《补遗》二卷。

⑭先儒相承，谓之《毛诗序》子夏所创，毛公及敬仲又加润益：关于谁为《毛诗》作序，历来说法不一，莫衷一是。《四库全书总目·诗序》提要云："按《诗》序之说，纷如聚讼。以为大序子夏作，小序子夏、毛公合作者，郑玄《诗谱》也；以为子夏所序《诗》即今《毛诗》序者，王肃《家语注》也；以为卫宏受学谢曼卿作《诗》序者，《汉书·儒林传》也；以为子夏所创，毛公及卫宏又加润益者，《隋书·经籍志》也；以为子夏不序《诗》者，韩愈也；以为子夏惟裁初句，以下出于毛公者，成伯玙也；以为诗人所自裁者，王安石也；以小序为国史之旧文，以大序为孔子作者，明道程子也；以首句即为孔子所题者，王得臣也；以为《毛传》初行尚未有序，其后门人互相传授，各记其师说者，曹粹中也；以为村野妄人所作，昌言排击而不顾者，则倡之者郑樵、王质，和之者朱子也。然郑樵所作《诗辨妄》一出，周孚即作《非郑樵诗辨妄》一卷，摘其四十二事攻之。质所作《诗总闻》，亦不甚行于世。朱子同时如吕祖谦、陈傅良、叶适，皆以同志之交，各持异议。黄震笃信朱学，而所作《日钞》亦申序说。马端临作《经籍考》，于他书无所考辨，惟《诗》序

一事，反复攻诘至数千言。自元明以至今日，越数百年，儒者尚各分左右祖也，岂非说经之家第一争垢之端乎？考郑玄之释《南陔》曰：'子夏序《诗》，篇义各编，遭战国至秦，而《南陔》六诗亡。毛公作传，各引其序冠之篇首，故诗虽亡，而义犹在也。'程大昌《考古编》亦曰：'今六序两语之下，明言有义无辞，知其为秦火之后见序而不见诗者所为。'朱鹤龄《毛诗通义序》，又举《宛丘》篇序首句与《毛传》异辞。其说皆足为小序首句原在毛前之明证。邱光庭《兼明书》举《郑风·出其东门》篇，谓《毛传》与序不符。曹粹中《放斋诗说》，亦举《召南·羔羊》《曹风·鸤鸠》《卫风·君子偕老》三篇，谓传意、序意不相应。序若出于毛，安得自相违戾？其说尤足为续申之语出于毛后之明证。观蔡邕，本治《鲁诗》，而所作《独断》，载《周颂》三十一篇之序，皆只有首二句，与毛序文有详略，而大旨略同。盖子夏五传至孙卿，孙卿授毛亨，毛亨授毛苌，是《毛诗》距孙卿再传。申培师浮丘伯，浮丘伯师孙卿，是《鲁诗》距孙卿亦再传。故二家之序大同小异，其为孙卿以来递相授受者可知。其所授受，只首二句，而以下出于各家之演说，亦可知也。……今参考诸说，定序首二语为毛苌以前经师所传，以下续申之辞为毛苌以下弟子所附，仍录冠诗部之首，明渊源之有自。"这段归纳、考证、结论，十分精到，《隋志》此处所说只是囫囵，而并不全错也。盖经说之可确考者，愈古则愈难。

《四库总目·诗类》小序

《诗》有四家，毛氏独传①。唐以前无异论，宋以后则众说争矣。然攻汉学者，意不尽在于经义，务胜汉儒而已；伸汉学者，意亦不尽在于经义，愤宋儒之诋汉儒而已。各挟一不相上下之心，而又济以不平之气，激而过当，亦其势然欤？夫解《春秋》者，惟《公羊》多驳，其中高子②、沈子③之说，殆转相附益，要其大义数十，传自圣门者，不能废也。《诗序》称子夏，而所引高子、孟仲子④乃战国时人，固后来挽续之明证。即成伯玙⑤等所指篇首一句，经师口授，亦未必不失其真。然去古未远，心有所受，意其真赝相半，亦近似《公羊》。全信全疑，均为偏见。今参稽众说，务协其平。苟不至程大昌之妄改旧文⑥，王柏之横删圣籍者⑦，论有可采，并录存之，以消融数百年之门户。至于鸟兽草木之名，训诂声音之学，皆事须考证，非可空谈。今所采辑，则尊汉学者居多焉。

注释

①《诗》有四家，毛氏独传：汉兴，《诗》有鲁申公之《鲁诗》，辕固之《齐诗》，燕韩婴之《韩诗》，毛亨、毛苌之《毛诗》，凡四家，故称"《诗》有四家"。然《齐诗》魏代已亡，《鲁诗》亡于西晋，《韩诗》至唐初修《隋书·经籍志》时虽存，但无传人。唯毛氏之《毛诗》流传了下来。故曰"毛氏独传"。

②高子：《春秋公羊传》闵公二年："冬，齐高子来盟。高子者何？齐大夫也。"注曰："以有高傒也。"似是高子名傒，齐国大夫。《公羊传》文公四年、昭公二十五年，《孟子·告子下》《孟子·尽心下》，《左传》襄公十年、定公元年，《礼记·檀弓上》等，都有有关高子言行的记载。可证高子乃战国时有名的政治活动家。

③沈子：《穀梁传》定公元年，记载昭公死于外地，定公即位之年无正月，原因是"昭公之终，非正终也；定公之始，非正始也。昭无正终，故定无正始，不言即位，丧在外也。……戊辰之日，然后即位。……沈子曰：'正棺乎两楹之间，然后即位也。内之大事，月即位；君之大事，其不日。何也？以年决者不以日决

也。此则其日,何也?著之也。何著焉?逾年即位,厉也。于厉之中又有义焉。'"沈子这段很有见地的话,显然是他很有地位,亦很懂政治,很顾全大局。说明他也是战国时的政治活动家。

④孟仲子:《孟子·公孙丑下》记载孟子将去拜见齐王。齐王派人转告孟子,说寡人本当去访问你,但因偶遇风寒,不敢再着凉。如果你能来朝,我可以临时接见,不知能让我见到你吗?孟子对来人说,不巧我也有病,不能到朝廷去参加早朝。可第二天,孟子却到东郭大夫家里去吊丧。公孙丑说昨天您托辞有病,今天却去吊丧,恐怕不太妥当吧。孟子说昨天有病,今天好了,怎么不可以去吊丧?齐王派人来探病,并同时派来医生。"孟仲子对曰:'昔者有王命,有采薪之忧,不能造朝。今病小愈,趋造于朝,我不识能至否乎!'使数人要于路,曰:'请必无归,而造于朝!'不得已,而之景丑氏宿焉。"赵岐注:"孟仲子,孟子之从昆弟,从学于孟子者也。"可证孟仲子与孟子同时,亦战国时人。

⑤成伯玙:"唐开元间人,生卒年里不详。通经学,撰有《毛诗指说》一卷、《毛诗断章》二卷、《礼记外传》四卷。其《毛诗指说》凡四篇,《四库全书总目》说该书:"一曰兴述,明先王陈诗观风之旨,孔子删诗正雅之由;二曰解说,先释诗义,而风雅颂次之,周南又次之,诂传序又次之,篇章又次之……三曰传授,备详齐、鲁、毛、韩四家授受世次及后儒训释源流;四曰文体,凡三百篇中句法之长短、篇章之多寡,措辞之异同,用字之体例,皆胪举而详之,颇似刘氏《文心雕龙》之体,盖说经之余论也。然定《诗序》首句为子夏所传,其下为毛苌所续,实伯玙此书发其端。则决别疑似,于说《诗》亦深有功矣。"

⑥程大昌之妄改旧文:程大昌(1123—1195),字泰之,休宁人。绍兴二十一年(1151)进士,孝宗时累官吏部尚书,出知泉、汀等州,以龙图阁学士致仕。庆元元年卒,年七十三。谥文简。大昌笃学,古今事靡不考究,撰有《易原》八卷、《禹贡论》五卷、

101

《后论》一卷、《山川地理图》二卷、《诗论》一卷、《易老通言》十卷、《雍录》十卷、《考古编》十卷、《演繁露》六卷、《北边备对》六卷、《书谱》二十卷。但他治学粗暴，妄改旧文，向受批评。《四库全书总目》提要对其《易原》则批评为"往往断以己见，出先儒之外"。并举例一一加以指斥。对其《禹贡论》则引孝宗话批评为"阜陵颇厌之，宣谕宰执云：'六经断简，阙疑可也，何必强为之说。且地理既非亲历，虽圣贤有所不知，朕殊不晓其说。'"对其《诗论》则批评为"不知大昌之意惟在求胜于汉儒，原不计经义之合否"。这些批评都是就程大昌妄改旧文而发，所以四库馆臣参稽众说，务协其平，绝不至于像程大昌那样妄改旧文。

⑦王柏之横删圣籍者：王柏（1197—1274），字会之，一字伯会，号长啸，更号鲁斋。金华人，王瀚子。少从何基学，质实坚苦，工诗善画，著述甚富。有《读易记》《书疑》《诗疑》《研几图》《鲁斋集》《可言集》等。曾主讲丽泽、上蔡二书院。咸淳十年卒，年七十八。谥文宪。其治学武断，横删圣籍。《四库全书总目·书疑》提要批评他："名出朱子，实则师心，与朱子之谨严绝异。……《尚书》一经，疑古文者自吴棫、朱子始；并今文而疑之者，自赵汝谈始；改定《洪范》自龚鼎臣始；其并全经而移易补缀之者，则自柏始。……柏作是书，乃动以脱简为辞，臆为移补。其并《舜典》于《尧典》，删除姚方兴所撰二十八字……其为师心杜撰，窜乱圣经，已不辨而可知矣。"《四库全书总目·诗类》小序谓"王柏之横删圣籍者"，即指这类的武断。

按：《汉书·艺文志》《隋书·经籍志》诗类小序，都先言诗的性质、产生的始因及对王政得失的作用，后人集而次之，因被管弦，以存劝诫。继言师承授受，注家兴衰，学术源流一目了然。唯《隋志》详述周之兴衰，似为附冗，实则是将周诗分为三段。一段是从后稷肇兴到成王、周公化至太平，那时的诗是诵美盛德，踵武相继；二段是幽、厉板荡以后，那时的诗是怨刺并兴，讥讽道衰政倾；三段则是王泽渐竭，而诗亦渐亡。仍不失辨章学术之用心。至千年以后的《四库全书总目》，则面对《诗》学发展演变的现实，则单刀直入，径论《诗》学之争，表达公允。其于《毛诗序》之说，当为高见。批评王柏等妄改旧文，横删圣籍，亦属确当。

※　　　※　　　※

《汉志·礼类》小序

《易》曰："有夫妇、父子、君臣、上下，礼义有所错。"①而帝王质文，世有损益②。而周曲为之防，事为之制③，故曰："礼经三百，威仪三千。"④及周之衰，诸侯将逾法度，恶其害己，皆灭去其籍⑤。自孔子时而不具，至秦大坏⑥。汉兴，鲁高堂生传《士礼》十七篇⑦。讫孝宣世，后仓最明⑧。戴德、戴圣、庆普皆其弟子，三家立于学官⑨。《礼古经》者，出于鲁淹中及孔氏⑩，学七十篇文相似，多三十九篇⑪。及《明堂阴阳》《王史氏》《记》⑫，所见多天子、诸侯、卿、大夫之制⑬，虽不能备，犹瘉仓等推《士礼》而致于天子之说⑭。

注释

①《易》曰："有夫妇、父子、君臣、上下，礼义有所错。"：这段话出于《易·序卦》，原文是："有天地然后有万物，有万物然后有男女，有男女然后有夫妇，有夫妇然后有父子，有父子然后有君臣，有君臣然后有上下，有上下然后礼义有所错。"颜师古《汉书》注曰："序卦之辞也。错，置也。"礼义，即礼仪。义，是"仪"的本体字。错，通措。措置之义。整句话是说有了

夫妇、父子、君臣之后,才能分出尊卑上下。有了尊卑上下之分,礼仪规制才好安排措置。

②帝王质文,世有损益:《礼记·表记》:"子曰:虞、夏之质,殷、周之文,至矣。虞、夏之文,不胜其质;殷、周之质,不胜其文。"质,指质朴、本质;文,指文饰、文采。世,代也。损,减少、简化;益,增添、增加。全句是说帝王的质朴与文饰,历代都有增有减。

③而周曲为之防,事为之制:颜师古为这句话作注曰:"委曲防闲,每事为制也。"防闲者何?防,堤也,用以制水;闲,阑也,用以制兽。引申为防备和禁阻。整句之意,是说到了周朝,为了委曲防闲,也为了防止君臣、父子等之间出现越轨无礼现象的发生,则逐事都要规定礼制。

④故曰:"礼经三百,威仪三千。":《礼记·中庸》:"礼仪三百,威仪三千。"与此意思相近。《史记·秦始皇本纪》李斯云:"五帝不相复,三代不相袭,各以治,非相反,时变异也。"时代越早越质朴,越近越文华。周代尚文之极,乃至于繁文缛节,人所惮烦。礼经,谓《礼》之大纲。威仪与礼仪概念不尽相同。礼仪,指古时礼节的主要规则,又称经礼,也就是《礼》经;威仪,指古时典礼中的动作规范及待人接物的礼节,也称为曲礼。所谓"礼经三百,威仪三千",乃喻礼仪之琐碎。此承上句,是说到了周朝,为防越轨失礼,每事定制,便出现了"礼经三百,威仪三千"的繁文缛节状况。"三百""三千",悉举成数以言其多,非实指"三百""三千"也。

⑤及周之衰,诸侯将逾法度,恶其害己,皆灭去其籍:《孟子·万章下》:"北宫锜问曰:'周室班爵禄也,如之何?'孟子曰:'其详不可得闻也,诸侯恶其害己也,而皆去其籍。然而轲也尝闻其略也。天子一位,公一位,侯一位,伯一位,子、男同一位,凡五等也。……"与此处说法差不多,可证《汉志》此说

亦有所本。其意是待到周势衰微，诸侯都打算超越法令制度，而又担心厌恶那些记录法令制度的典籍危害自己，便都把这些典籍给毁掉了。

⑥自孔子时而不具，至秦大坏：《史记·儒林列传》："《礼》固自孔子时而其经不具，及至秦焚书，书散亡益多。"与《汉志》此处所说大同而小异，亦足见《汉志》所说原有所本。其意是说《礼》类典籍到孔子所生活的时代，已极不完备，待到秦行焚书之后，情况就更糟了，大受破坏。

⑦汉兴，鲁高堂生传《士礼》十七篇：《史记·儒林列传》："《礼》固自孔子时而其经不具，及至秦焚书，书散亡益多。于今独有《士礼》，高堂生能言之。"《汉书·儒林传》亦曰："汉兴，鲁高堂生传《士礼》十七篇。"高堂生，字伯，西汉鲁（今山东曲阜）人。专治古代礼制，是当时今文礼学的最早传授者。今本《仪礼》十七篇，便出于他的传授。《士礼》，即《仪礼》。

⑧讫孝宣氏，后仓最明：后仓，一作后苍。《汉书·儒林传》："后苍，字近君，东海郯（今山东郯城）人也。事夏侯始昌。始昌通《五经》，苍亦通《诗》《礼》，为博士，至少府，授翼奉、萧望之、匡衡。"孝宣帝，刘询。全句是说至孝宣帝刘询时，最明《礼》者是后仓。

⑨戴德、戴圣、庆普皆其弟子，三家立于学官：戴德，字延君，西汉梁（今河南商丘南）人。一说是魏郡斥丘（今河北成安东南）人。是西汉今文礼学中"大戴礼学"的开创者，与兄子，也就是侄子戴圣，同受礼学于后仓。曾任信都王刘器的太傅。选集古代各种有关礼仪的论述八十五篇，为大戴《礼记》，宣帝时立为博士。戴圣，字次君，戴德的侄子，叔侄两同学礼于后仓。是西汉今文礼学中"小戴礼学"的开创者。曾任九江太守。亦选集古代各种有关礼仪的论述四十九篇，为小戴《礼记》，宣帝时立为博士。庆普，字孝公，西汉沛（今江苏沛县）人。西汉今文

礼学中"庆氏礼学"的开创者。亦曾受礼学于后仓。任东平王刘宇太傅。宣帝时立为博士。这三个人都曾学礼于后仓，故说皆其弟子。而此三家之《礼记》皆被立为博士，所以说三家立于学官。立为博士，其学就立于学官，所以博士是学术官员。起源于战国。汉为太常属官，武帝时设五经博士，宣帝时增置十二人。博士置弟子，传授本经。

⑩《礼古经》者，出于鲁淹中及孔氏：《礼古经》，即古文《礼经》。《汉书·艺文志》著录《礼古经》五十六卷。淹中，苏林注曰："里名也。"在山东曲阜。孔氏，指孔子宅壁。张舜徽《汉书艺文志通释》："此言《礼古经》之来源有二：一出于鲁淹中里，为河间献王所得；一出于孔氏，鲁恭王坏孔壁所得。故云'出于鲁淹中及孔氏'。"此释良解也。

⑪学七十篇文相似，多三十九篇：张舜徽《汉书艺文志通释》引刘敞话说："学七十篇，当作与十七篇文相似。五十六卷除十七，正多三十九也。"前边已说过"汉兴，鲁高堂生传《士礼》十七篇"。七十乃十七之倒误，可以确认。"学七十篇文相似"乃"学十七篇文相似"，学，指学术内容。文，指文学。即出于淹中及孔壁的《礼古经》，其中十七篇的内容文字，与高堂生所传十七篇《士礼》相近似，其余却又多出来三十九篇。多出这三十九篇，终汉之世没有传人，故名曰《逸礼》。汉平帝时《逸礼》虽尝立学官，但不久又废，故《逸礼》只能散见他书。

⑫及《明堂阴阳》《王史氏》《记》：《汉书·艺文志》著录《明堂阴阳》三十三篇，乃古明堂之遗事；《王史氏》二十一篇，乃七十子之后学者；《记》百三十一篇，乃七十子后学者所记也。

⑬所见多天子、诸侯、卿、大夫之制：是说在《明堂阴阳》《王史氏》《记》这些书中所见到的内容，多是记载描述天子、诸侯、卿、大夫之间的礼制的。

⑭虽不能备，犹瘉仓等推《士礼》而致于天子说：瘉，同

愈。是说上面提到的那三部书，对于古礼来说虽不能全备，但仍比后仓只用《士礼》十七篇来推说天子礼制的情况更进了一步。

《隋志·礼类》小序

　　自大道既隐，天下为家①，先王制其夫妇、父子、君臣、上下、亲疏之节。至于三代，损益不同②。周衰，诸侯僭忒，恶其害己，多被焚削③。自孔子时已不能具，至秦而顿灭。汉初，有高堂生传十七篇；又有古经出于淹中。而河间献王好古爱学，收集余烬，得而献之，合五十六篇④，并威仪之事。而又得《司马穰苴兵法》一百五十五篇及《明堂阴阳》之记，并无敢传之者⑤。唯古经十七篇，与高堂生所传不殊，而字多异。自高堂生至宣帝时，后苍最明其业，乃为《曲台记》⑥。苍授梁人戴德及德从兄子圣、沛人庆普，于是有大戴、小戴、庆氏三家并立。后汉唯曹元传庆氏，以授其子褒。然三家虽存，并微，相传不绝。汉末，郑玄传小戴之学，后以古经校之，取其于义长者作注，为郑氏学。其《丧服》一篇，子夏先传之，诸儒多为注解，今又别行⑦。而汉时有李氏得《周官》，《周官》盖周公所制官政之法，上于河间献王。独阙《冬官》一篇，献王购以千金，不得，遂取《考工记》以补其处，合成六篇，奏之。至王莽时，刘歆始置博士，以行于世⑧。河南缑氏及杜子春受业于歆，因以教授⑨。是后，马融作《周官传》，以授郑玄。玄作《周官注》。汉初，河间献王又得仲尼弟子及后学者所记一百三十一篇，献之。时亦无传之者，至刘向考校经籍，检得一百三十篇，向因第而叙之。而又得《明堂阴阳记》三十三篇、《孔子三朝记》七篇、《王史氏记》二十一篇、《乐记》二十三篇，凡五种，合二百十四篇。戴德删其烦重，合而记之，为八十五篇，谓之《大戴记》⑩。而戴圣又删大戴之书为四十六篇，谓之《小戴记》⑪。汉末，马融遂传小戴之学。融又足《月令》一篇、《明堂位》一篇、《乐记》一篇，合四十九篇⑫。而郑玄受业于融，又为之注。今《周官》六篇、《古经》十七篇、《小戴记》四十九篇，凡三种⑬。唯郑注立于国学，其余并多散亡，又无师说。

注释

①自大道既隐，天下为家：《礼记·礼运》："大道之行也，天下为公。选贤与能，讲信修睦……是谓大同。今大道既隐，天下为家。各亲其亲，各子其子……是谓小康。"显然在《礼记·礼运》篇中是将"大道之行，天下为公"与"大道既隐，天下为家"摆在相对的位置比较而言的。大道通行的时代，以天下为公有，那时是大同的社会气氛和社会境界。待到大道微隐，则以天下为自家所有，即所谓的家天下，则社会环境、道德、秩序、气氛等，都发生了天翻地覆的变化。

②先王制其夫妇、父子、君臣、上下、亲疏之节。至于三代，损益不同：自大道衰隐，天下为家以来，先王制定的关于调整夫妇、父子、君臣、上下、亲疏之间关系的礼节，在夏、商、周三代删汰与增补是很不相同的。早先《三字经》上讲"夏传子，家天下"。讲的即是从夏禹将王位传给自己的儿子，而不再让给其他的贤者，原始大同的社会阶段便宣告终结。夏、商、周三代在社会性质上虽同属奴隶制时代，但在时间跨度上还是有区别的，因而表现在对上述各种关系的礼制调节上，也不尽相同。

③周衰，诸侯僭忒，恶其害己，多被焚削：僭忒，僭，超越身份、礼制，冒用在上者的职权行事；忒，变更、差失、差错。逾越常规，心怀疑贰，就是僭忒。到周势衰微，诸侯行事便经常逾越旧制，心怀叵测，可又怕别人根据典籍记载的典章礼制指责他们，威胁他们，于是便焚烧削毁这些典籍。

④合五十六篇：前边的《汉志》小序说："汉兴，鲁高堂生传《士礼》十七篇。"《隋志》此处亦说："汉初，有高堂生传十七篇。"这十七篇属于当时今文礼学中的《士礼》。《士礼》乃《礼仪》之别名，所以张舜徽《汉书艺文志通释》乃言："二戴之学立于学官者，乃此《士礼》，非《礼记》也。"后来又有《古文礼经》出于鲁国曲阜之淹中里和孔子宅壁中，也是《士礼》，而较高堂生所传之《士礼》十七篇，多出三十九篇，两者相加，恰为五十六篇，所以此处说："合五十六篇"。而这五十六篇《士礼》均为景帝时的河间献王刘德所得，并将它献给了朝廷。

⑤而又得《司马穰苴兵法》一百五十五篇及《明堂阴阳》之记，并无敢传之者：《史记·司马穰苴传》："司马穰苴者，田完之苗裔也。齐景公时，晋伐阿、甄，而燕侵河上，齐师败绩。景公患之。晏婴乃荐田穰苴，曰：'穰苴虽田氏庶孽，然其人文能附众，武能威敌，愿君试之。'景公召穰苴，与语兵事，大说之，以为将军，将兵扞燕、晋之师。……晋军闻之，为罢去；燕师闻之，度水而解。于是追击之，遂取所亡封内故境而引兵归。……齐威王使大夫追论古者《司马兵法》而附穰苴于其中，因号曰《司马穰苴兵法》。"今其书仅存一卷，书中所言规制，多与《周礼》相出入，故班固编写《汉书·艺文志》时将《军礼司马法》百五十五篇也著录在礼类。《明堂阴阳》三十三篇也著录在礼类。河间献王刘德不但得到了上述古文《礼经》五十六篇，又得到了《司马穰苴兵法》一百五十五篇及《明堂阴阳》之记三十三篇，但并无人敢于习而传授者。

⑥后苍最明其业，乃为《曲台记》：后苍最精通《上礼》十七篇，《汉书·艺文志》已有表述。乃为《曲台记》，《汉书·儒林传》亦有记载："苍说《礼》数万言，号曰《后氏曲台记》，授沛闻人通汉子方、梁戴德延君、戴圣次君、沛庆普孝公。"曲台，服虔曰："在曲台校书著记，因以为名。"颜师古注曰："曲

台殿,在未央宫。"《汉书·邹阳传·上吴王书》:"臣闻秦倚曲台之宫。"注引应劭的话说:"始皇帝所治处也,若汉家未央宫。"汉时将曲台作为天子射宫,又立为署,置太常博士弟子,故自汉以来,有关礼制的著作常以曲台为名。《曲台记》亦缘于此。《汉书·艺文志》所著录之《曲台后仓》九篇,即指此。

⑦其《丧服》一篇,子夏先传之,诸儒多为注解,今又别行:"丧服",古代居丧时所穿的衣服。本为《仪礼》中的一篇,后析出别行,似又成为一部单书。旧时丧服制度,以亲疏分等差,有斩衰、齐衰、大功、小功、缌麻五等,也称为五服。姚振宗《隋书经籍志考证》:"《仪礼疏》曰其传内更云传者,是子夏引他书旧传以证己义。《仪礼》见在一十七篇,余不为传,独为《丧服》作传者,但《丧服》总包天子以下五服差降,六术精粗,变除之数,既繁出入,正殇交互,恐读者不能悉解其义,是以特为传解。"这是对"子夏先传之"一句的具体解释。又引《晋书·礼志》话说:"《丧服》本文省略,必待注解,事义乃彰。其传说差详,世称子夏所作。"又引王应麟《汉志考证》话说:"《丧服传》子夏所为,白虎通谓之《礼服传》。"继续为"子夏先传之"一句作进一步解释。正因为其"传说差详",故自马融起,历来儒者又多为之作注。本文加传、加注,形成了一个独立的体系,所以才别自单行。

⑧而汉时有李氏得《周官》,《周官》盖周公所制官政之法,上于河间献王。独阙《冬官》一篇,献王购以千金,不得,遂取《考工记》以补其处,合成六篇,奏之。至王莽时,刘歆始置博士,以行于世:《周官》即《周礼》。周公辅成王,建章立制,化致太平,故有一说。《周官》乃周公所制定的官政之法。到汉初,有李氏得到《周官》一书,奉给了河间献王。李氏所献《周官》中独阙《冬官》一篇。因为《周官》是以天官、地官、春官、夏官、秋官、冬官天地四时为编排体例,当中缺哪一官亦一目了

然。河间献王从李氏手中得到独缺《冬官》的《周礼》，悬千金重价购求之，结果未获，只好以《考工记》填补其缺，以充《冬官》。姚振宗《隋书经籍志考证》引马融《周官传序》曰："秦自孝公以下，用商君之法，其政酷烈，与《周官》相反，故始皇禁挟书特疾恶，欲绝灭之，搜求焚烧之独悉，是以隐藏百年。孝武帝始除挟书之律，开献书之路。既出于山岩屋壁，复入于秘府，五家之儒莫得见焉。至孝成帝，达才通人刘向、子歆校理秘书，始得列序，著于《录》《略》。然亡其《冬官》一篇，以《考工记》足之。时众儒并出，共排以为非是，唯歆独识……"又似是并非河间献王以《考工记》补《冬官》，而是刘向、刘歆父子所为。所以《隋志》此处才说："至王莽时，刘歆始置博士，以行于世。"

⑨河南缑氏及杜子春受业于歆，因以教授：杜子春（约前30—约58），东汉河南缑氏（今河南偃师南）人，曾从刘歆习《周礼》，并以《周礼》教授给郑众和贾逵。所注《周礼》多为郑玄所采用，今佚。清代马国翰《玉函山房辑佚书》中辑有《周礼杜氏注》二卷，即杜子春遗篇。《隋志》此处作"河南缑氏及杜子春"，"及"字非衍即误。缑氏乃地名，春秋时属滑国，后为周缑氏邑。《左传》昭公二十二年载子朝作乱，晋荀跞帅师军于缑氏，即指此地。故城在今河南偃师南。杜子春本缑氏人，此处谓"缑氏及杜子春"，缑氏似为人名，似与杜子春同师刘歆，这是误解。这种误解出在"及"字上，这个字当是衍文。

⑩戴德删其烦重，合而记之，为八十五篇，谓之《大戴记》：前已知晓戴德受学后苍，学的当是《士礼》即《仪礼》十七篇，而他自己却又撷拾刘向校埋中秘检得《记》一百三十篇、《明堂阴阳记》三十三篇、《孔子三朝记》七篇、《王史氏记》二十一篇、《乐记》二十三篇，凡五种二百一十四篇，在这二百一十四篇中删其烦冗，去其重复，合而记之，得为八十五篇，以成大戴《礼记》。久已残缺，今仅存三十九篇。

⑪而戴圣又删大戴之书为四十六篇，谓之《小戴记》：戴德、戴圣乃叔侄，同受学于后苍。他们两个人曾分别选集古代各种有关礼仪的论述，分别而成《大戴礼》和《小戴礼》，且都立于学官。按说两书不能只是个繁、简之分，而应在内容上不相重复却又互相补充。可《隋志》此处却说"戴圣又删大戴之书为四十六篇，谓之《小戴记》"，恐未可信。

刘向时代远在二戴之后，何以二戴反取向所经校和所得书而删其烦重，成大、小戴《礼记》呢？这种疑问，清代经学家已多证其非。此种疑问，盖由《隋书·经籍志》此处行文不清有关。《隋志》称："汉初，河间献王又得仲尼弟子及后学者所记一百三十一篇，献之。"今检《汉书·艺文志》所著录，礼类第二条便是记百三十一篇，附注"七十子后学者所记也"。这段行文毫无问题。"时亦无传之者，至刘向考校经籍，检得一百三十篇，向因第而叙之。"这段话是对前一段话的补充。补充说明当年景帝时河间献王所进献朝廷中秘的《记》，经成帝时刘向所查检，仅得一百三十篇，并且将这一百三十篇加以编次，撮其旨意，写出叙录。这一百三十篇是原来如此呢，还是后来佚失一篇呢，行文中未说，实际上承认原来就是一百三十篇。下边的行文："而又得《明堂阴阳记》三十三篇、《孔子三朝记》七篇、《王史氏记》二十一篇、《乐记》二十三篇，凡五种，合二百一十四篇。"在理解上最易产生歧义。"而又得"指谁"又得"？是河间献王"又得"，还是刘向"又得"？应该是河间献王"又得"，而不是刘向"又得"。河间献王刘德"修学好古，实事求是。从民得善书，必为好写与之，留其真。加金帛赐以招之。繇是四方道术之人不远千里，或有先祖旧书，多奉以奏献王者，故得书多，与汉朝等。……献王所得书，皆古文先秦旧书，《周官》《尚书》《礼》《礼记》《孟子》《老子》之属，皆经、传、说、记，七十子之徒所论。"《汉书·河间献王传》这段话，足以证明《隋志》所说"而又得",是指河间献王"而又得",绝非指刘向。今核其"而又得"的内容,《明堂阴阳》《王史氏记》,《汉书·艺文志》礼类著录;《乐记》二十三篇,《汉书·艺文志》类著录;《孔子三朝记》七篇,《汉书·艺文志》《论语》类著录。足见其确为古文先秦旧书。"而又得"的主人若如是解,则多年疑团立可冰释。戴德、戴圣从学后苍时,乃汉武帝时;河间献王所得这些书,乃在景帝时,后之人取前之书,删其烦重,合而记之,顺理而成章。

⑫汉末,马融遂传小戴之学。融又足《月令》一篇、《明堂位》一篇、《乐记》一篇,合四十九篇:戴圣之小戴《礼记》原只为四十六篇,马融为传小戴之学,又添补了《月令》一篇、《明堂位》一篇、《乐记》一篇,凡三篇,合为四十九篇。《月令》相传为周公所作,实为秦、汉间人抄撮《吕氏春秋》十二月纪的首章而成,收入《礼记》,题曰《月令》。东汉蔡邕撰有《明堂月令》,即马融为小戴《礼记》所补充的《月令》。明堂,《孟子·梁惠王下》:"夫明堂者,王者之堂也。"实为古代帝王宣明政教的地方,凡朝会、祭祀、庆赏、选士、养老、教学等大典,多在此举行。其后宫室渐备,另在近郊东南建明堂,以存古制。关于明堂之说,历代礼家其说不一,聚讼纷纭,汉高诱、蔡邕、晋纪瞻等皆以明堂、清庙、太庙、太室、太学、辟雍为一回事。《明堂位》盖即讨论此项问题的一篇文章。《乐记》,《汉志·乐类》著录为二十三篇,大约是战国至秦汉间儒家的作品。戴圣编纂小戴《礼记》时已亡十二篇,仅收入十一篇。此处又说马融补了一篇。

⑬今《周官》六篇、《古经》十七篇、《小戴记》四十九篇:《周官》即《周礼》,分天官、地官、春官、夏官、秋官、冬官,凡六官六篇。《古经》即《士礼》,即所谓的《仪礼》,出于曲阜淹中里和孔子宅壁,其中十七篇与高堂生所传今文《士礼》十七

篇内容近似，故又流传《古经》十七篇。《小戴记》即今传《礼记》，凡四十九篇。至此，三礼形成。

《四库总目·礼类》小序

古称"议礼如聚讼"。然《仪礼》难读，儒者罕通，不能聚讼。《礼记》辑自汉儒，某增某减，具有主名，亦无庸聚讼。所辨论求胜者，《周礼》一书而已。考《大司乐》章，先见于魏文侯时，理不容伪①；河间献王但言阙《冬官》一篇，不言简编失次，则窜乱移补者亦妄。三礼并立，一从古本，无可疑也②。郑康成注，贾公彦、孔颖达疏，于名物度数特详。宋儒攻击，仅摭其好引谶纬一失③，至其训诂则弗能逾越。盖得其节文，乃可推制作之精意，不比《孝经》《论语》可推寻文句而谈。本汉、唐之注、疏，而佐以宋儒之义，亦无可疑也。谨以类区分，定为六目：曰周礼、曰仪礼、曰礼记、曰三礼总义、曰通礼、曰杂礼书。六目之中，各以时代为先后，庶源流同异，可比而考焉。

注释

①考《大司乐》章，先见于魏文侯时，理不容伪：《周礼·春官·宗伯下》："大司乐掌成均之法，以治建国之学政，而合国之弟子焉。……以乐德教国子，中和祗，庸孝友；以乐语教国子，兴道讽，诵言语；以乐舞教国子，舞云门、大卷、大咸、大磬、大夏、大濩、大武……"可证这《大司乐》乃《周礼·春官》中的一篇，专讲大司乐的职守。魏文侯，魏桓公的儿子，战国时魏国的国君，大约于公元前445—前396年在位，与秦灵公、韩武子、赵桓子、周威王同时。先后任用魏成子、翟璜、李悝为相，吴起、乐羊、翟角为将，西门豹为邺令。以李悝为相，实行

变法，富国强兵。魏文侯四十三年，周威烈王将魏、赵、韩列为诸侯。《史记·魏世家》还说："文侯受子夏经艺。"魏文侯从子夏处所接受的经义，当有《周礼》在内，所以《四库总目》此处说："考《大司乐》章，先见于魏文侯时，理不容伪。"亦说的是《周礼》一书，先见于魏文侯时，其真伪毋庸置疑。

②三礼并立，一从古本，无可疑也：三礼，指《周礼》《仪礼》《礼记》。一从古本，指全都是从古文传本而来，毋庸怀疑。《仪礼》古文出于曲阜淹中里和孔子宅壁，其中十七篇与高堂生所传《士礼》今文十七篇义相近而文有异。今传之《仪礼》十七篇，乃古文之十七篇。古文《仪礼》多出的三十九篇，后世以《逸礼》形式流传。此一从古本也。《隋志》说："汉时有李氏得《周官》……上于河间献王。独阙《冬官》一篇……遂取《考工记》以补其处，合成六篇，奏之。"前边说过，河间献王修学好古，或有先祖旧书多奉以奏献王。可证河间献王从李氏手中所得之《周官》，亦是古本，亦当无可置疑。所传小戴《礼记》，亦戴圣摭拾《明堂阴阳》《孔子三朝记》《王史氏记》《乐记》等旧文，撮要折中而成。其中虽有马融所补《月令》《明堂位》《乐记》三篇非是古文，但其余四十六篇则皆来自古本旧文。所以《礼记》亦来自古本。《四库总目》此处说"三礼并立，一从古本，无可疑也"，不是没有根据。

③郑康成注，贾公彦、孔颖达疏，于名物度数特详。宋儒攻击，仅摭其好引谶纬一失：郑康成，即郑玄，东汉末期经学的集大成者，其经注为历代治经者所器重。贾公彦、孔颖达，都是唐朝著名的经学家，《五经正义》均出自他们之手，为历来治经者所宗本。今传之《周礼》注疏，便是汉郑玄注，唐贾公彦疏，唐陆德明音义；《仪礼》注疏，亦是汉郑玄注，唐贾公彦疏，唐陆德明释文；《礼记》注疏，亦为汉郑玄注，唐孔颖达疏，唐陆德明音义。这些注与疏，于《三礼》中的名物和典章制度阐释得特

别精详。但也有些毛病，就是他们在注疏中好引用谶纬之说，以牵强解经。谶纬：谶，指巫师或方士制造的一种隐语或预言，作为吉凶的符验或征兆，因此也称为"符命""符谶"，还有的有图有字，所以也称"图谶"；"纬"是对"经"而言的，是方士化的儒生编辑起来附会儒家经典的各种著作。谶纬起源很早，《史记》中已出现"亡秦者胡也"的谶言。京房《易》学、《齐诗》、《公羊传》中已有纬书的成分。谶纬的理论根据，是河图、洛书的传说，以及西汉董仲舒的天人感应说。主要是把自然界偶然出现的某些现象，看作是人类社会安危吉凶的征兆，再加以附会穿凿之说，使经书儒学神秘化。郑玄、贾公彦、孔颖达注疏经书，常引用这种封建迷信的谶纬之说，则被宋儒摭拾起来加以攻驳。

　　按：《三礼》在西汉均已形成，班固编写《汉书·艺文志》时，都应该能见到。可他却只著录了十三家五百五十篇，并写了一篇极简单的小序。这篇小序实际只讲了《士礼》渊源，其他二礼几乎只字未提。这给后人留下了很大的遗憾，也使后人厘清《三礼》渊源遇到了不少困难。但在十三家礼书书后却附了《议奏》三十八篇。底下脚注二字"石渠"。今检《汉志》，《书》类亦著录《议奏》四十二篇。脚注为："宣帝时石渠论。"《论语》类著录《议奏》十八篇。脚注为："石渠论。"清代钱大昭以这两类所录《议奏》下均有"石渠论"为据，推断礼类《议奏》"石渠"下当脱一"论"字。沈钦韩曾说："石渠礼仪唐时尚存。引见《通典》礼三十三、三十七、四十一、四十三、四十九、五十、五十二、五十六、五十九、六十三各类中。《诗既醉疏》《礼王制疏》亦引《石渠论》。"因此张舜徽先生按断说："汉宣帝甘露三年三月，曾诏诸儒讲五经同异于石渠阁，本《志》于《书》《礼》《春秋》《论语》皆有议奏，悉当时讨论竣事时，由大臣主其事者记其异同以上奏者也。犹今会议毕而有所谓汇报耳。《隋志》有《石渠礼论》四卷，题戴圣撰，论者谓即此议奏三十八篇，非也。考《儒林传》，戴圣尝以博士论石渠。《礼论》四卷，盖圣自抒己见或辑录众家之言以为一书，与《议奏》固异物。"这段议论很精彩，解决了《汉志》相关类中都著录《议奏》的根本原因。

《隋志》礼类共著录三礼之书凡一百三十六部，一千六百二十二卷，所著录礼书《周礼》《仪礼》《礼记》三礼具备，而且广录《丧服》别行之一篇和各种加工释解。三礼总义也初具规模，只是未行类分。其礼类小序也力求写得周详。这固然与礼学发展状况有关，但与《隋志》的编撰者博览群书，并能条分缕析而又能行诸笔端也有关。

《四库总目》的编撰者，总想标榜大清之至公，故视书论学总愿从学派争端的角度加以评断。礼类小序更是完全从历来争论处下手，将应该向人们揭示的学术问题，一言以蔽之曰："议礼如聚讼"。于是偷懒耍猾，将应该讲清的学术问题却不能条分缕析，阐释明白。并且在此简短的类序中，大谈其分为几类、各类中排序原则。实在是不太负责任的一篇类序。非从《汉志》《隋志》顺流而研习者，觉不出其好坏高低。

※　　　　※　　　　※

《汉志·乐类》小序

《易》曰："先王作乐崇德，殷荐之上帝，以享祖考。"[①]故自黄帝下至三代，乐各有名[②]。孔子曰："安上治民，莫善于礼；移风易俗，莫善于乐。"[③]二者相与并行。周衰俱坏，乐尤微眇，以音律为节，又为郑、卫所乱，故无遗法[④]。汉兴，制氏以雅乐声

117

律,世在乐官,颇能纪其铿锵鼓舞,而不能言其义⑤。六国之君,魏文侯最为好古⑥。孝文时得其乐人窦公,献其书,乃《周官·大宗伯》之《大司乐》章也⑦。武帝时,河间献王好儒,与毛生等共采《周官》及诸子言乐事者,以作《乐记》,献八佾之舞,与制氏不相远⑧。其内史丞王定传之,以授常山王禹。禹,成帝时为谒者,数言其义,献二十四卷《记》⑨。刘向校书,得《乐记》二十三篇,与禹不同,其道寖以益微⑩。

注释

①先王作乐崇德,殷荐之上帝,以享祖考:此话原出《易·豫》:"雷出地奋,豫,先王以作乐崇德,殷荐之上帝,以配祖考。"孔颖达正义曰:"雷是阳气之声,奋是震动之状……雷是鼓动,故先王法此鼓动,而作乐崇盛德业,乐以发扬盛德故也。殷荐之上帝者,用此殷盛之乐荐祭上帝也。象雷出地而向天也。以配祖考者,谓以祖考配上帝。"颜师古注此亦曰:"《豫卦》象辞也。殷,盛也。"所以这段话的通俗解释,当为先代圣王效法雷出地奋之声状而创作音乐,推崇道德,丰盛地献给上帝,祭享祖先。祖考,祖先之谓。生曰父,死曰考。

②故自黄帝下至三代,乐各有名:黄帝,传说中的历史人物,上古帝王。三代,指夏、商、周三代。即从黄帝时起,至夏、商、周三代,乐各有其名。前边引证《周礼·春官·大司乐》章,曾云:"以乐舞教国子,舞云门、大卷、大咸、大磬、大夏、大濩、大武。"郑玄为这句话作注曰:"此周所存六代之乐。黄帝曰云门、大卷;大咸、咸池,尧乐也;大磬,舜乐也;大夏,禹乐也;大濩,汤乐也;大武,武乐也。"《汉书·礼乐志》:"昔黄帝作咸池,颛顼作六茎,帝喾作五英,尧作大章,舜作招(韶),禹作夏,汤作濩,武王作武,周公作勺(酌)。"与上述郑玄注大同而小异,所谓"乐各有名",即指这里的各有其名。

③孔子曰:"安上治民,莫善于礼;移风易俗,莫善于乐。":

颜师古注曰："《孝经》载孔子之言。"意即孔子这段话出于《孝经》。今查《孝经·广要道》章，其文为："子曰：'教民亲爱，莫善于孝；教民礼顺，莫善于悌；移风易俗，莫善于乐；安上治民，莫善于礼。'"孔颖达正义曰："欲移易风俗之弊败者，莫善于听乐而正之；欲身安于上，民治于下者，莫善于行礼以帅之。"《礼记·经解》第二十六亦曰："礼之于正国也，犹衡之于轻重也，绳墨之于曲直也，规矩之于方圜也。……是故隆礼由礼，谓之有方之士；不隆礼不由礼，谓之无方之民。敬让之道也。故以奉宗庙则敬，以入朝廷则贵贱有位；以处家室则父子亲，兄弟和；以处乡里则长幼有序。孔子曰：'安上治民，莫善于礼。'此之谓也。"所以古人言及文治教化，每以礼乐并举。《汉书·礼乐志》曰："《六经》之道同归，而《礼》《乐》之用为急。……礼节民心，乐和民声，政以行之，刑以防之。礼乐政刑四达而不悖，则王道备矣。"可见古人视礼乐为重，其道理也就在这里。《汉志》此处所谓"二者相与并行"，讲的亦是礼乐相与并行。

④周衰俱坏，乐尤微眇，以音律为节，又为郑、卫所乱，故无遗法：颜师古注曰："眇，细也。言其道精微，节在音律，不可具于书。眇亦读妙。"《史记·孔子世家》："孔子之时，周室微而礼乐废，《诗》《书》缺。"此处之"周衰俱坏"，指的就是周势衰微，礼崩乐坏。而在礼崩乐坏过程中，乐由于其道精微，节在音律，不容易用文字加以表达，难于载记于书，故更易亡。故张舜徽《汉书艺文志通释》谓："师古所云'其道精微，节在音律，不可具于书'，寥寥数语，即已道出古乐所以早亡之故矣。盖六艺之中，其他皆赖有文字记载而得永传。独乐仪乐舞，重在演习；弦歌声律，尤贵口授，非可求之于书也。其师亡则其道绝，乐之不传于后，非无故矣。"此为乐废乐亡的有力论述。"又为郑、卫所乱"者，《礼记·乐记》："郑、卫之音，乱世之音也。比于慢矣。"郑，指郑国，周朝诸侯国名，位在今河南新郑一带。

卫,亦周朝的国名,位在今河北南部及河南北部一带。郑、卫两国的音乐,是乱世的音乐。乱到了什么程度,乱到了"慢"的程序。何为"慢"?《礼记·乐记》:"宫为君,商为臣,角为民,徵为事,羽为物。五者不乱,则无怗懘之音矣。宫乱则荒,其君骄;商乱则陂,其官坏;角乱则忧,其民怨;徵乱则哀,其事勤;羽乱则危,其财匮。五者皆乱,迭相陵,谓之慢。"可见这个"慢"是五音皆乱,相迭相陵,全部乱了套。《论语·卫灵公》:"颜渊问为邦。子曰:'行夏之时,乘殷之辂,服周之冕,乐则《韶》《舞》。放郑声,远佞人。郑声淫,佞人殆。'"孔颖达正义曰:"当放弃郑、卫之声,远离辨佞之人。"原因是郑国的音乐淫乱,小人奸危。总之,全句是说周室衰微,礼崩乐坏,其中音乐因其尤为精微,节在音律,不容易记载于书,更易佚亡,加之郑、卫之音淫乱风靡,所以《乐记》未留下古遗之法。

⑤汉兴,制氏以雅乐声律,世在乐官,颇能纪其铿锵鼓舞,而不能言其义:《汉书·礼乐志》:"汉兴,乐家有制氏,以雅乐声律世世在大乐官,但能纪其铿锵鼓舞,而不能言其义。"与此处表述极似。制氏,颜师古注引服虔的话说:"鲁人也,善乐事也。"雅乐,古代帝王在祭祀天地、祖先或朝贺、宴享等大典上使用的音乐。声律,音律。世在乐官,制氏家族由于懂得演奏雅乐音律,所以世代充当乐官。铿锵,敲击金石乐器发出的声音节奏。鼓舞,指鼓点舞步的节奏。全句意思是说,汉代肇兴,制氏家族因懂得雅乐音律,世代为乐官,但也只能记载其乐器声音节奏和鼓点舞步章法,仍不能诠释其内容含义。

⑥六国之君,魏文侯最为好古:六国,指战国时秦以外的齐、楚、燕、韩、赵、魏六国。在这六国的国君当中,属魏文侯最好古。魏是韩、赵、魏三家分晋之后逐渐强大并被周天子承认了的诸侯国。魏文侯名斯,公元前445—前396年在位。《春秋》闵公元年,晋献公灭魏,便将魏赐给了有功之臣毕万。按《世

本》云:"万生芒,芒生季,季生武仲州,州生庄子降,降生献子荼,荼生简子取,取生襄子多,多生桓子驹,驹生文侯斯,是毕万之后也。"《礼记·乐记》:"魏文侯问于子夏曰:'吾端冕而听古乐,则唯恐卧;听郑、卫之音,则不知倦。敢问古乐之如彼,何也?新乐之如此,何也?'"其意是说,我端正冠冕而听古乐,以示其恭,生怕听着听着卧倒睡着;而听郑、卫之音,则乐而不疲。你说古之乐为什么那样,新之乐为什么如此?这是说魏文侯最好古制,但也得端冕而听古乐,免得听着听着倒下睡着,表现出不恭。这说明古乐的生命接近了尽头。

⑦孝文时得其乐人窦公,献其书,乃《周官·大宗伯》之《大司乐》章也:孝文,指西汉文帝刘恒。乐人,善歌舞的人。窦公,颜师古注引桓谭《新论》云:"窦公年百八十岁,两目皆盲。文帝奇之,问曰何因至此,对曰:'臣年十三失明,父母哀其不及众技,教鼓琴。臣导引,无所服饵。'"《汉书艺文志通释》援引清代齐召南的话说:"窦公事见正史,必得其实。但桓谭言百八十岁,则可疑也。魏文侯在位三十八年,而卒时为周安王十五年。自安王十五年,计至秦二世三年,即已一百八十一年矣。又加高祖十二年、惠帝七年、高后八年,而孝文始即帝位,则是二百零八年也。窦公在魏文侯时已为乐工,则其年必非甚幼。至见文帝,又未必即在元年,则其寿盖二百三四十岁矣。谓之百八十岁,可乎?"这段考辨,其理凿凿。然正如张舜徽先生所言:"窦公之年,以时考之,当不止百八十岁,昔人早有辨证。学者于此等处,但知其为老寿即可,不必深究也。"这话并不错,但此处行文为"孝文时得其乐人窦公",即孝文帝时得到了魏文侯的乐人窦公,这就有了问题。因为魏文侯时的乐工怎么高寿也活不到西汉文帝时。问题出在哪儿?我意问题出在对"其"字的理解上。"其"通常作"他的"解,这谁都晓得。此处作"他的"解,即指代魏文侯的乐工,也非常通达。然此处通达,则带来了

乐工年寿之不可信，问题还是未解决。如果我们不将"其"字指代魏文侯而指代魏，则问题可能容易解决一些。魏国由于魏文侯好古，又曾端冕而听古乐，又听郑、卫之音而不知倦，这不能不为魏国立下好乐的典范和传统。魏国有了这个传统，乐工就有传人，乐书就有传本。魏国为秦所灭在公元前225年。此前魏国的乐工而到西汉文帝时年事已高，便自然可信了。所以我主张将"其"字指代魏国。魏国的盲目乐工窦某，汉文帝时献其书。而窦公所献的书，乃《周官·大宗伯·大司乐》章。《周官》即《周礼》，此书实成于战国初期。六官可分可合，于是便各取所需而传抄之。乐人但传抄《大司乐》这一章，便足以精理其事，故窦公守之勿失，最后献给了孝文帝。

⑧武帝时，河间献王好儒，与毛生等共采《周官》及诸子言乐事者，以作《乐记》，献八佾之舞，与制氏不相远：《汉书·河间献王传》："武帝时，献王来朝，献雅乐，对三雍宫及诏策所问三十余事。"与此处所说正可互相印证。毛生，有人说就是传《诗》的小毛公——毛苌。河间献王修学好古，手中又藏有古文《周官》，所以便与毛生合作搜采《周官》及诸子书中有关言乐之文，最后编撰成了《乐记》，于武帝时献于朝。佾，列也，八人为一列。天子八佾，乃八八六十四人。河间献王所献的八佾之乐舞，与鲁人制氏的乐舞相去不远。

⑨其内史丞王定传之，以授常山王禹。禹，成帝时为谒者，数言其义，献二十四卷《记》：内史，官名，西汉初，诸侯国内置内史，掌民政。丞，官名，即内史之副。王定便是河间献王的内史之副。河间献王与毛生所作《乐记》，由其内史丞王定传之，授于常山王禹。《汉志》乐类著录之《王禹记》二十篇，即王禹所传《乐记》。谒者，官名，秦置，汉因之，掌宾赞。其长官为仆射，又称大谒者。全句是说河间献王编撰之《乐记》，由其内史丞王定次第传授给常山王禹，禹在成帝时为谒者官，曾多次谈

到《乐记》的内容意义,并献上了二十四卷《乐记》。

⑩刘向校书,得《乐记》二十三篇,与禹不同,其道寖以益微:刘向受命校理中秘群书,亦在成帝时,他所得以校理的《乐记》乃为二十三篇,为《汉志》乐类第一条著录者。刘校《乐记》与王禹《乐记》不同,故王《记》越发地衰微了。寖,即寖,颜师古曰:"渐也。"

《隋志·乐类》小序

乐者,先王所以致神祇,和邦国,谐万姓,安宾客,悦远人,所从来久矣。周人存六代之乐,曰云门、咸池、大韶、大夏、大濩、大武。其后衰微崩坏,及秦而顿灭。汉初,制氏虽纪其铿锵鼓舞,而不能通其义。其后窦公、河间献王、常山王、张禹,咸献乐书①。魏、晋已后,虽加损益,去正转远,事在《声乐志》。今录其见书,以补乐章之阙。

注释

①其后窦公、河间献王、常山王、张禹,咸献乐书:前边《汉志·乐类》小序曾说河间献王刘德与毛生共采《周官》及诸子之言乐事者所编撰成的《乐记》,一边进呈皇帝,一边便由河间献王的内史丞王定传授。到成帝时,传授给了常山王禹。"禹,成帝时为谒者,数言其义,献二十四卷《记》。"可到了《隋志》此处,却说"窦公、河间献土、常山王、张禹,咸献乐书"。《汉志》说:"孝文时得其乐人窦公,献其书,乃《周官·大宗伯》之《大司乐》章也。"窦公献书是事实,但献的乃是《周礼·春官·大宗伯·大司乐》这一章。河间献王刘德所编撰的《乐记》,于"武帝时,献王来朝,献雅乐"。也是事实。常山王禹成帝时

献二十四卷《乐记》，也是事实。而独无常山王、张禹献《乐记》之记载。考常山王，终汉之世似只有四王。常山王刘章、常山殇王刘侧、常山倾王刘仪，均为东汉所封，与此无涉，毋庸赘考。唯常山宪王刘舜。乃汉初所封之常山王。查《汉书·常山宪王传》，乃称："常山宪王舜，以孝景中五年立。舜，帝少子，骄淫，数犯禁，上常宽之。三十三年薨，子勃嗣王位。……勃王数月，废，国除。"通览宪王传记，除内妃多，宠幸不均，闹得后妾不和，子嗣争立外，没有一字提到其献《乐记》之事。可证此处所说常山王献《乐记》为子虚乌有。或谓《隋志》此处断句有误，莫非是"常山王张禹"不成。查遍《二十四史》，从未有过张禹做常山王。查张禹，汉代只有二人。一为东汉末年人，与此事无涉，无须赘考。西汉还有个张禹，字子文，河内轵（今河南济源东南）人。通经学，为博士。元帝时授太子《论语》，迁光禄大夫，出为东平内史。成帝时任丞相，封为安昌侯。平生专治《论语》，兼治《易》。曾改编今文《论语》，又将《齐论》《鲁论》合为一书，称《张侯论》。《汉书》有张禹传，记其行实颇详，然亦只字未提其曾献《乐记》之事。可证张禹献《乐》之说亦是子虚乌有。推《隋志》此处之所以出如此重大错误，不是后世版本的衍文造成，便是《隋志》作者误读《汉志》，将"常山王禹"误解为"常山王"和"张禹"两个人两回事。王禹事迹无考，便将"王"字上属而成"常山王"。禹是谁呢？汉成帝老师张禹名气大，于是不经详考，便又给张禹加上了一个献《乐》的美名。大错。

《四库总目·乐类》小序

沈约称《乐经》亡于秦①。考诸古籍,惟《礼记·经解》有乐教之文②。伏生《尚书大传》引辟雍舟张四语,亦谓之乐③。然他书均不云有《乐经》(《隋志·乐经》四卷,盖王莽元始三年所立。贾公彦《考工记·磬氏疏》所称乐目,当即莽书,非古《乐经》也)。④大抵《乐》之纲目具于《礼》,其歌词具于《诗》,其铿锵鼓舞则传在伶官⑤。汉初制氏所记,盖其遗谱,非别有一经为圣人手定也。特以宣豫导和,感神人而通天地,厥用至大,厥义至精,故尊其教,得配于经⑥。而后代钟律之书,亦遂得著录于经部,不与艺术同科。顾自汉氏以来,兼陈雅俗,艳歌侧调,并立云韶,于是诸史所登,虽细至筝、琵,亦附于经末⑦。循是以往,将小说、稗官,未尝不记言记事,亦附之《书》与《春秋》乎?悖理伤教,于斯为甚⑧。今区别诸书,惟以辨律吕、明雅乐者仍列于经;其讴歌末技、弦管繁声,均退列杂艺、词曲两类中⑨,用以见大乐元音道侔天地,非郑声所得而奸也⑩。

注释

①沈约称《乐经》亡于秦:沈约(441—513),字休文,南朝吴兴武康(今浙江德清)人。历仕宋、齐、梁三朝。博通群籍,能为文。于诗主四声八病之说,要求作品区别四声,避免八病,对古体诗向律诗的转变有一定的影响。与王融、谢朓诸人之作皆注重声律,时号"永明体"。但他刻意雕饰,故其诗显浮靡。《梁书·沈约传》说他"笃志好学,昼夜不倦……遂博通群籍,能属文。……所奉之王齐文惠太子也。太子入居东宫,为步兵校

尉，管书记，直永寿省校四部图书"。由于他有过入直校理四部图书的经历，所以才有资格说出"《乐经》亡于秦"的结论。但据前边《汉书·艺文志》对《乐》的阐述，礼崩乐坏，起于周室衰微，又为郑、卫之声所乱，故无遗法。战国时魏文侯师心好古，他听古乐生怕睡着，只好端冕而坐；而听郑、卫之音，则不知倦。可证古乐早在战国时已窭微难传。沈约说亡于秦，恐就一般典籍亡于秦火而推论之，未必真有实据。

②惟《礼记·经解》有乐教之文：《孝经·广要道》引孔子言曰："教民亲爱，莫善于孝；教民礼顺，莫善于悌；移风易俗，莫善于乐；安上治民，莫善于礼。"这段话被《汉志·乐类》小序引来便成了"孔子曰：'安上治民，莫善于礼；移风易俗，莫善于乐。'"当成了教化之文。今查《礼记·经解》第二十六，其文曰："礼之于正国也，犹衡之于轻重也，绳墨之于曲直也，规矩之于方圜也……是故隆礼由礼，谓之有方之士；不隆礼不由礼，谓之无方之民。敬让之道也。故以奉宗庙则敬；以入朝廷则贵贱有位；以处家室则父子亲，兄弟和；以处乡里则长幼有序。孔子曰：'安上治民，莫善于礼。'此之谓也。"《礼记·乐记》："乐者，音之所由生也。……凡音者，生人心者也，情动于中，故形于声。声成文，谓之音，是故治世之音，安以乐，其政和；乱世之音，怨以怒，其政乖；亡国之音，哀以思，其民困。声音之道与政通矣。"又曰："是故审声以知音，审音以知乐，审乐以知政，而治道备矣。……知乐则几于礼矣，礼乐皆得，谓之有德。……乐由中出，礼自外作……揖让而治天下者，礼乐之谓也。"的确，《礼记》中确有乐教之文。

③伏生《尚书大传》引辟雍舟张四语，亦谓之乐：伏生，汉初传今文《尚书》传授者，相传为之作传。今传本所谓《尚书大传·虞夏传》中的"乐"曰："舟张辟雍，鸧鸧相从；八风回回，凤皇喈喈。"辟雍，古时国家的学宫。这几句话是周流往来的意

思。《尚书大传》说它出自《乐》，故此处谓"伏生《尚书大传》引辟雍舟张四语，亦谓之乐"。所谓"舟张四语"，即指此四句话，其出处来自《乐》，故谓之《乐》。

④《隋志·乐经》四卷……非古《乐经》也：这段文字，《四库总目·乐类》小序是以脚注的形式出现的。今查《隋志》，其乐类确实著录了《乐经》四卷，但未注作者为谁。姚振宗《隋书经籍志考证》谓此书"不著撰人"，并谓："《汉书·王莽传》，元始四年立《乐经》，益博士员，经各五人。"桓谭《新论》曰阳城子张名衡、蜀郡人王翁，时与吾俱为讲学祭酒。及寝疾，预买棺椁，多下锦绣立被，发冢。脚注：王翁者即王莽也。王充《论衡·超奇篇》阳城子长作《乐经》，极窅冥之深，非庶几之才不能成也。又《对作篇》云阳城子张作《乐经》，卓绝惊耳。全祖望《困学纪闻笺》曰《乐经》王莽所立，作《尚书大传》者岂及见之？其即河间献王所辑之雅乐，伏生为博士时尝见而引之耳。河间之《乐》存肄乐官而不御。成帝时王禹、宋晔等世传其学，能说其义，则必有其书矣。王莽时遂辑以为经。可见《四库总目·乐类》小序此处说法，是有所祖的，即《乐经》成书于王莽之时，但系辑本，绝非古乐之传者。

⑤大抵《乐》之纲目具于《礼》，其歌词具于《诗》，其铿锵鼓舞则传在伶官：《礼记》当中有《乐记》，《周礼·春官》中有《大司乐》，这都是《乐》之纲目，所以此处说"大抵《乐》之纲目具于《礼》"。当时乐之歌词盖即为诗。春秋末期吴季札到鲁国观乐，鲁国为他所演奏的乐，其歌词篇目、内容、目次、规模，据《左传》记载，已和今传《诗经》无大歧异。表明《乐》之歌词确是具于《诗》。其音之抑扬顿挫、高亢低哀、敲击节奏、舞蹈表演，至今仍是乐理知识、曲谱根底，但都是演奏者所应掌握，所以此处说"其"传在伶官。如果再进一步说得明白点，所谓纲目者，乃乐制也；歌词者，乃内容也；演奏依据者，

乃乐谱也。四库馆臣的如此理解和表述是深刻的。"汉初制氏所记，盖其遗谱，非别有一经为圣人手定也"之说，更接近事实。前边《汉志》小序亦说："汉兴，制氏以雅乐声律，世在乐官，颇能纪其铿锵鼓舞，而不能言其义。"可证制氏虽世为伶官，但只识乐谱，故其铿锵鼓舞可记可奏，而其义却不能解。

⑥特以宣豫导和，感神人而通天地，厥用至大，厥义至精，故尊其教，得配于经：这段话主要是诠解《乐》为什么类分在经部的原因。前边《汉志》小序已引用孔子的说话："安上治民，莫善于礼；移风易俗，莫善于乐。"已显现出古人重乐之由。《汉志》小序更说："先王作乐崇德，殷荐之上帝，以享祖考。"这话原出自《周易》豫卦："雷出地奋，豫。先王作乐崇德……"孔颖达解释说："雷是阳气之声，奋是震动之状……雷是鼓动，故先王法此鼓动而作乐崇盛德业，乐以发扬盛德故也。"《汉书·礼乐志》亦说："《六经》之道同归，而礼乐之用为急。礼节民心，乐和民声，政以行之，刑以防之。礼、乐、政、刑四达而不悖，则王道备矣。"将礼、乐之作用，抬到了与政、刑并重的地步。《四库总目》总结所有这些说法，得出结论，特以乐能宣教安乐，导和民声，进而能感动神人而通达天地，其用至大，其义至精，所以才推尊其教化作用，而被跻身经学经部。

⑦顾自汉氏以来，兼陈雅俗，艳歌侧调，并立云韶，于是诸史所登，虽细至筝、琶，亦附于经末：艳歌，指艳丽的歌曲。侧调，指侧音小调。并立云韶，指这种艳歌小调都与云韶并立。云韶，云指云门，韶指韶乐。云门，乃周六乐舞之一，即云门大卷。大司乐用以教公卿大夫之子弟。相传为黄帝时所制。《周礼·春官·大司乐》："大司乐掌成均之法，以治建国之学政。……以乐舞教国子，舞云门。大卷、大咸、大磬、大夏、大濩、大武。"注曰："此周所存六代之乐，黄帝曰云门大卷。"韶，相传是舜所作乐曲名。《礼记·乐记》："昔者舜作五弦之琴，以

歌南风。……韶,继也。"注曰:"舜乐名也。韶之言绍也,言舜能继绍尧之德。"《书·益稷》中说:"箫韶九成,凤凰来仪。"箫韶亦曰云韶。《论语·述而》中说:"子在齐闻韶,三月不知肉味。"这些都证明云、韶乃古之严肃大乐。然自汉代以来,雅俗兼陈,致使艳歌小调跻身云韶,于是后来的诸史艺文志所登录者,便将筝琶之曲也附于经之末尾,实属混乱。

⑧循是以往,将小说、稗官,未尝不记言记事,亦附之《书》与《春秋》乎?悖理伤教,于斯为甚:这段话是针对汉代以来将艳歌侧调并立云韶、细至筝、琶亦附经末的混乱分类状况而言的。其意是说如果遵循这样一种类分思路走下去,那么琐闻小说、稗官野史,由于它们也论言论事,是否也可以附类于《尚书》《春秋》之列呢?违背通理,有伤教化,在此最甚不过了。

⑨今区别诸书,惟以辨律吕、明雅乐者仍列于经;其讴歌末技、弦管繁声,均退列杂艺、词曲两类中:这段话仍是针对《汉志》以降将艳歌侧调并立云韶、筝琶细曲亦附经末的混乱分类现象而言的。其意是要甄别朝廷大典的黄钟大吕和庙堂祭祀的低回雅乐,入于经部;而讴歌末技及管弦俗曲,则分别列入子部艺术类和集部词曲类。

⑩用以见大乐元音道侔天地,非郑声所得奸也:之所以区别律吕雅乐与之讴歌末技、弦管繁声,旨在使道侔天地的元音大乐突出出来,入于经部;使淫迷的郑声不能混进奸侵。

按:乐类本属六艺即六经之一,但随着周室衰微、礼崩乐坏的形势发展,乐书自身也显得先天不足。它没有圣贤点化的范本流传,没有经典的理论体系,且又与礼难舍难分。所以到汉代立国以后,对乐书的钩沉,对乐制的确立也很头痛。班固写《汉书·艺文志》,反映了这种基本事实。汉朝人既看到了乐的重要,又苦无遗法，只好将河间献王与毛生等共同采辑的《周官》及诸子所成的《乐记》，以及刘向校理中秘所得的二十三卷《乐记》，收入六艺，并排在《礼》书之后。其意盖在礼、乐不分。《汉志》的这种处理，无可厚非。

《隋书·经籍志》对乐类的论述最为草率，不负责任。《隋志》成于七世纪，那时阐述乐书的来龙去脉条件较好，原因是去古尚未远也。且距两汉毕竟仅经过了四五百年，乐书演变损益，他们最易洞悉。然将乐书继续列入经部，并将《管弦记》《琴操》《琴谱》《新杂漆调弦谱》《当管七声》等亦著录于此，实在是首乱体例。使艳歌侧调、筝琶细曲、讴歌末技、弦管繁声等，都阑入经部，其悖理伤教，于斯为甚。其后诸史艺文志，奉此为张本，继续混乱。这是传统目录学中类分乐书缺乏科学处置的典型类例。谓其鱼目混珠，于斯为恰。

清代四库馆臣，于此类卓有见地。他们既将辨律吕、明雅乐的乐书继续列入经部，又剔除艳歌侧调、筝琶细曲等书远离于经，而入子部艺术类或集部词曲类。这既符合乐书的实际情况，又部居恰当，类分合理。这是传统目录学中经部类分的一次不可忽视的调整。《四库全书总目》以后的传统目录，乐书类分多仿于此。非但如此，四库馆臣在继续保留那些辨律吕、明雅乐的乐类书籍经部地位的同时，却又大胆地调整了乐类在经部中的部居位置和序列。六艺或者说是六经中，第五位排的就是乐，即《易》《书》《诗》《礼》《乐》《春秋》。可是到《四库总目》，虽然将那些辨律吕、明雅乐的典籍仍类分在了经部，但在序列上却排在了《春秋》《孝经》《五经总义》《四书》之后的第九位，其后便只有小学一类了。这种序列上的变化与安排，也反映了四库馆臣对乐类地位的思考。可见目录学中的分类，敏感地反映着编目者的思想和类分水平，也反映出编目者对群书的驾驭能力。《北京图书馆古籍善本书目》虽仍将乐类放在四书之后，但改五经总义为群经总义，却排在乐类之后，小学之前。因为群经总义包括"总义"乐书。这又是一种改进。

※　　　　※　　　　※

《汉志·春秋类》小序

古之王者，世有史官①。"君举必书"②，所以慎言行、昭法式也③。"左史记言，右史记事"，事为《春秋》，言为《尚书》，帝王靡不同之④。周室既微，载籍残缺，仲尼思存前圣之业，乃称曰："夏礼，吾能言之，杞不足征也；殷礼，吾能言之，宋不足征也。文献不足故也，足，则吾能征之矣。"⑤以鲁周公之国，礼文备物，史官有法⑥，故与左丘明观其史记，据行事，仍人道，因兴以立功，败以成罚，假日月以定历数，藉朝聘以正礼乐⑦。有所褒讳贬损，不可书见，口授弟子⑧。弟子退而异言，丘明恐弟子各安其意，以失其真，故论本事而作《传》，明夫子不以空言说经也⑨。《春秋》所贬损大人、当世君臣、有威权势力，其事实皆形于《传》，是以隐其书而不宣，所以免时难也⑩。及末世，口说流行，故有公羊、穀梁、邹、夹之《传》⑪。四家之中，《公羊》《穀梁》立于学官，《邹氏》无师，《夹氏》未有书。

注释

①史官：古时主管文书、典籍的官吏。《周礼·春官》中已有大史、小史、内史、外史、御史等名。六官所属的诸职司，也都有史官。王者则世代都有史官。

②"君举必书"：此话原出《国语·鲁语上》："君举必书；书而不法，后嗣何观？"意思是说国君若有举动一定要记录下来。举，举动、行动。必，一定。书，记载。

③所以慎言行、昭法式也：张舜徽《汉书艺文志通释》引证清王念孙的话说："式，本作戒，字之误也。言行之是者可以为法，非者可以为戒，故曰慎言行，昭法戒。《左传序正义》引此，正作戒。"昭，彰明。由于"君举必书"，所以使得为君者谨言慎行，以彰明法戒示范的作用。因为国君的一言一行，对的可以为人之法，错的可以为人之戒。此为"君举必书"的宗旨。

④"左史记言，右史记事"，事为《春秋》，言为《尚书》，帝王靡不同之：《汉书艺文志通释》引证宋王应麟话说："《玉藻》：'动则左史书之，言则右史书之。'与此不同。"《玉藻》乃《礼记》中的一篇，今检《礼记·玉藻》篇，原文为："天子玉藻，十有二旒……玄端而居，动则左史书之，言则右史书之。"孔颖达正义曰："春秋之时则特置左、右史官，故襄十四年左史谓魏庄子，昭十二年楚左史倚相。《艺文志》及《六艺论》云右史纪事，左史纪言，与此正反，于传记不合，其义非也。"这两者到底孰是孰非，张舜徽在《汉书艺文志通释》中有过一段议论："古之人君，左右有史，言行悉由注记，初未必各有专司，两不相谋也。左史记言，亦兼记事；右史记事，亦并记言。故后之称之者，错举互辞，皆无不可。《礼记·玉藻》所言，与《汉志》不合，不足怪也。所以必设二史者，资对勘，避漏误耳。当时所记之策，未必即传世之《尚书》《春秋》。《汉志》必指实为二书者，乃举例之辞，意谓如《春秋》之偏详于事，《尚书》之偏详于言也。"这段不求甚解的议论，可能更符合古之事实。将记事的内容排比编辑起来，就成了《春秋》；将记言的言论排比编辑起来，就成了《尚书》，并且对所有的帝王都一视同仁。这就是所谓的"事为《春秋》，言为《尚书》，帝王靡不同之"的诠释。其实这也只是个大概的说法，并不能当作科学的结论。因为事实上并非完全如此。

⑤周室既微，载籍残缺，仲尼思存前圣之业，乃称曰："夏

礼，吾能言之，杞不足征也；殷礼，吾能言之，宋不足征也。文献不足故也，足，则吾能征之矣。"：载籍，书籍。《史记·伯夷列传》开头便说："夫学者载籍极博，犹考信于六艺。《诗》《书》虽缺，然虞、夏之文可知也。"《后汉书·班固传》："固字孟坚。年九岁能属文诵诗赋。及长，遂博贯载籍，九流百家之言，无不穷究。"《史记·司马相如传·封禅文》："轩辕之前，遐哉邈乎，其详不可得闻也。五三六经载籍之传，维见可观也。"这当中的"载籍"，都是典籍、书籍之意。"周室既微，载籍残缺"，是说周室衰微，非但礼崩乐坏，连典籍也残缺不全了。其残缺的原因，一是因势衰而失于管理，造成已有典籍的残损。二是因势衰而失于整理，应该整理完整的书籍而残缺不全。三是因势衰而诸侯抬头，他们怕载籍所记于他们违制僭越不利而故意毁其籍。三者加在一起，就产生了伴随周室衰微而载籍也残缺不全的现象。征，证明、验证。文献，文，指记载有关典章制度的文字资料；献，指多闻并熟悉掌故的贤者。杞，古国名，公元前11世纪周室分封的诸侯国，姒姓。相传其开国的君主是夏禹的后裔东楼公。初在雍丘（今河南杞县），成公时迁往缘陵（今山东昌乐东南），文公时又迁往淳于（今山东安丘东北）。公元前445年为楚所灭。宋，古国名，公元前11世纪周公平定殷武庚反叛后，将商纣王庶兄微子启封为宋国诸侯，辖商旧都周围地区，都商丘（今河南商丘南）。春秋时，宋襄公企图称霸未成。后内部争权，逐渐衰弱，公元前286年为齐所灭。孔子这段话，原出《论语·八佾》篇，意思是说夏代的礼我能说出来，但它的后裔之国杞不能给以验证；殷朝的礼我能说出来，但它的后裔之国宋不能给以验证。其原因是文献不充足的缘故，如果充足，我就可用来验证我的说法是否正确。

⑥以鲁周公之国，礼文备物，史官有法：以，因为。鲁，古国名，公元前11世纪周分封的诸侯国，姬姓。开国君主是周公

姬旦的儿子伯禽，地域在今山东的鲁西南，都曲阜。春秋时国势衰弱，春秋后期公室为季孙氏、孟孙氏、叔孙氏三家所分。战国时成为小国，公元前256年为楚所灭。周公，指姬旦，亦称叔旦。周文王之子，周武王之弟。因其采邑在周（今陕西岐山北），故称周公。周公是文韬武略俱佳的政治家，他先助武王灭商，后辅成王摄政。他出师东征，平定管叔、蔡叔、霍叔联合武庚和东夷的叛乱；分封诸侯；营建洛邑；制礼作乐；建立典章制度；明德慎罚，于巩固和确立西周政权，有奇勋硕功。他儿子伯禽被封为鲁国之君，与其功荫有关，所以又将鲁称为周公之国。礼文备物，礼文，指礼节仪式。《汉书·礼乐志》："周监于二代，礼文尤具，事为之制，曲为之防。"这里的礼文，显然指的是礼乐仪制之文。备物，备，指具备。物，指礼器等物。全句是说鲁有礼乐制度及实行这些礼乐制度所应具备的器物。史官有法，法，准则、规范。史官记言记事亦有原则规范。全句的意思是因为鲁乃周公之子的封国，受其父影响，礼乐制度健全，行礼奏乐的器物齐备，史官秉笔有章法。

⑦故与左丘明观其史记，据行事，仍人道，因兴以立功，败以成罚，假日月以定历数，藉朝聘以正礼乐：故，所以。左丘明，春秋时鲁国人。太史。一说姓左，名丘明。一说复姓左丘，单名明。一说左氏世为左史，故以左为姓。因其世为史职，故能搜罗列国之史以传《春秋》，非如公羊、穀梁之以经生叙述传闻。据行事，依据所通行的事实行为。仍人道，仍，遵循、遵照。人道，人行之道，即指社会规范。因兴以立功，因其立功而彰兴之。败以成罚，因其败绩而惩罚之。假日月以定历数，假，凭借。历数，《庄子·寓言》："天有历数，地有人据，吾恶乎求之。"显然历数在天。古代则以为帝王的兴起与天地自然运转的数理有关，因称帝王继承的次第为"历数"。藉朝聘以正礼乐，藉，凭借。朝聘，古代诸侯定期朝见天子称为朝聘。《礼记·王

制》:"诸侯之于天子也,比年一小聘,三年一大聘,五年一朝。"其注曰:"比年,每岁也。小聘使大夫,大聘使卿,朝则君自行。"凭借朝聘之规来矫正礼乐仪制。全句是孔子思存前圣之业,杞、宋则文献不足征,唯鲁礼文备物,史官有法,所以与左丘明观其历史记载,依据所通行的事实行为,遵照人行之道的社会规范,兴立功,罚败绩,凭借日月星辰的运转历数来决定帝王的继承次第,凭借朝聘之规来端正礼乐仪制。

⑧有所褒讳贬损,不可书见,口授弟子:褒,赞扬。讳,隐避忌讳。贬,贬低、指斥。损,指出要害性的缺点。遇到有些褒扬避讳批评指斥的人和事,不可以直接书写出来,便要口述传给弟子。

⑨弟子退而异言,丘明恐弟子各安其意,以失其真,故论本事而作《传》,明夫子不以空言说经也:异言,说法不一。本事,原事。全句是说弟子听了孔子的口授之义,散退之后便说法不一。左丘明担心这些弟子各安加自己的意思而歪曲了原意,失其真,所以记论事之原委而为《春秋》作《传》,即《春秋左氏传》,以彰明孔子决不以空言说经的精神。《史记·十二诸侯年表》称:"孔子明王道,干七十余君莫能用,故西观周室,论史记旧闻,兴于鲁而次《春秋》。上记隐,下至哀之获麟,约其辞文,去其烦重,以制义法。王道备,人事浃。七十子之徒,口受其传指。为有所刺讥褒讳挹损之文辞,不可以书见也,鲁君子左丘明惧弟子人人异端,各安其意,失其真,故因孔子史记,具论其语,成《左氏春秋》。"这段话便是《汉志》所本,其文辞句意大同而小异,然这里既未说孔子作《春秋》,也未说孔子次《春秋》,盖班氏有意回避耳。

⑩《春秋》所贬损大人、当世君臣、有威权势力,其事实皆形于《传》,是以隐其书而不宣,所以免时难也:贬损,贬低并指斥缺点。大人,贵族。全句是说《春秋》中所贬损的大人,当

代君臣及有权威势力的人，其事实皆显形于《左氏传》中，因此对《春秋左氏传》只好隐藏其书而不予宣露，用以免遭秦时的灾难。

⑪及末世，口说流行，故有公羊、穀梁、邹、夹之《传》：公羊，指公羊高，公羊为复姓，高是其名。战国时齐人。曾为《春秋》作《传》，称为《春秋公羊传》或《公羊春秋》。最初以口头形式流传，汉初才成书。穀梁，指穀梁赤，复姓穀梁，名俶，字元始，一名赤。战国时鲁人。受经于子夏，后为《春秋》作《传》，称为《春秋穀梁传》或《穀梁春秋》。最初也是口头流传，汉初成书。邹氏，齐人。前边《汉书·艺文志·总叙》说："《春秋》分为五"。对这分为五，韦昭曾说："谓左氏、公羊、穀梁、邹氏、夹氏也。"全句是说，到了秦朝末年，以口头传授的形式，又有公羊、穀梁、邹氏、夹氏四家之《传》流行。今检《汉志》所著录《春秋》之《传》亦有五家：《左氏传》三十卷，左丘明，鲁太史；《公羊传》十一卷，公羊子，齐人。《穀梁传》十一卷，穀梁子，鲁人；《邹氏传》十一卷；《夹氏传》十一卷，有录无书。

《隋志·春秋类》小序

《春秋》者，鲁史策书之名[①]。昔成周微弱[②]，典章沦废。鲁以周公之故，遗制尚存。仲尼因其旧史，裁而正之。或婉而成章，以存大顺[③]；或直书其事，以示首恶。故有求名而亡、欲盖而彰，乱臣贼子于是大惧。其所褒贬，不可具书，皆口授弟子。弟子退而异说，左丘明恐失其真，乃为之《传》。遭秦灭学，口说尚存。汉初，有公羊、穀梁、邹氏、夹氏四家并行。王莽之乱，邹氏无师，夹氏亡。初，齐人胡母子都传《公羊春秋》，授东海嬴公④。嬴公授东海孟卿，孟卿授鲁人眭孟，眭孟授东海严彭祖、鲁人颜安乐，故后汉《公羊》有严氏、颜氏之学⑤，与《穀梁》三家并立。汉末，何休又作《公羊解说》。而《左氏》，汉初出于张苍之家⑥，本无传者。至文帝时，梁太傅贾谊为训诂，授赵人贯公⑦。其后刘歆典校经籍，考而正之，欲立于学，诸儒莫应。至建武中，尚书令韩歆请立，而未行⑧。时陈元最明《左传》，又上书讼之，于是乃以魏郡李封为《左氏》博士⑨。后群儒蔽固者，数廷争之。及封卒，遂罢。然诸儒传《左氏》者甚众。永平中，能为《左氏》者擢高第，为讲郎，其后贾逵、服虔并为训解⑩。至魏，遂行于世。晋时，杜预又为《经传集解》⑪。《穀梁》范宁注，《公羊》何休注，《左氏》服虔、杜预注，俱立国学。然《公羊》《穀梁》但试读文，而不能通其义。后学《三传》通讲，而《左氏》唯传服义。至隋，杜氏盛行，服义及《公羊》《穀梁》浸微，今殆无师说。

注释

①《春秋》者，鲁史策书之名：春秋，古代编年史的通称。《墨子·明鬼下》有周之春秋、燕之春秋、宋之春秋、齐之春秋等名。汉以后的史书不少也以春秋名之，如汉陆贾的《楚汉春秋》、赵晔的《吴越春秋》、北魏崔鸿的《十六国春秋》、清吴任臣的《十国春秋》等。这里的《春秋》则特指鲁史，所以说它是"鲁史策书之名"。策书，编简成策之书。正规书籍产生以后，纸作为书籍制作材料之前，很长历史时期内，以竹木简作为书籍的制作材料，而把写好书的竹木简编联成策，就称为策书。"策"通"册"。即编简成册的书。鲁国的春秋，便可称为"鲁史策书之名"。

②昔成周微弱：成周，西周的东都洛邑称为成周。《书·洛诰》："召公既相宅，周公往营成周。"可见成周之名出现很早。

最初营建成周洛邑的目的,是为了迁移殷民。后来平王迁都于此。"昔成周微弱",是说从前成周衰弱,成周当特指东周。周自平王东迁,形势急转直下,一天不如一天。《三字经》上说:"周谪东,王纲坠",即指此。

③或婉而成章,以存大顺:《左传》成公十四年:"故君子曰:'《春秋》之称,微而显,志而晦,婉而成章,尽而不污,惩恶而劝善。非圣人谁能修之?'"其注曰:"婉,曲也,谓曲屈其辞,有所辟讳,以示大顺,而成篇章。"《礼记·礼运》:"治国不以礼,犹无耜而耕也……天子以德为车,以乐为御,诸侯以礼相与,大夫以法相序,士以信相考,百姓以睦相守,天下之肥也,是谓大顺。大顺者,所以养生、送死、事鬼神之常也。"可见这里的"大顺",就是各阶层人士按各自的规矩办事,则天下大顺。《春秋》之所委婉而成章,有所避讳,目的在于维持保存天下大顺的局面。

④初,齐人胡母子都传《公羊春秋》,授东海嬴公:《汉书·儒林传》:"胡母生,字子都,齐人也。治《公羊春秋》,为景帝博士。与董仲舒同业,仲舒著书称其德。年老,归教于齐,齐之言《春秋》者宗事之,公孙弘亦颇受焉。……弟子遂之者,兰陵褚大、东平嬴公、广川段仲温、吕步舒。……唯嬴公守学不失师法,为昭帝谏大夫,授东海孟卿、鲁眭孟。"这段记载足以表明胡母子都乃是汉初传授《公羊春秋》的重要人物。由他传给了一些弟子,其中山东东平嬴公是重要的受业弟子。因为由他又传给了东海孟卿及鲁之眭孟。

⑤嬴公授东海孟卿,孟卿授鲁人眭孟,眭孟授东海严彭祖、鲁人颜安乐,故后汉《公羊》有严氏、颜氏之学:孟卿,《汉书·儒林传》:"孟卿,东海人也。事萧奋,以授后苍、鲁间丘卿。"又从嬴公受《公羊春秋》。眭孟,《汉书·眭弘传》:"眭弘,字孟,鲁国蕃人也。少时好侠,斗鸡走马,长乃变节,从嬴公受《春秋》,以明经为议郎,至符节令。"还曾推《春秋》之

意，穿凿附会地解释石自立、枯柳复生的谶意，伏诛。《汉书·儒林传》两处都说孟卿、眭孟同是嬴公的学生，《隋志》此处又说"孟卿授鲁人眭孟"，不可信。严彭祖，《汉书·儒林传》："严彭祖，字公子，东海下邳人也。与颜安乐俱事眭孟。"颜安乐，《汉书·儒林传》："颜安乐，字公孙，鲁国薛人。眭孟姊子也。家贫，为学精力，官至齐郡太守丞，后为仇家所杀。"故后汉《公羊》有严氏、颜氏之学，《隋志》此说《汉书·儒林传》中亦有反映："孟弟子百余人，唯彭祖、安乐为明，质问疑谊，各持所见。孟曰：'《春秋》之意，在二子矣。'孟死，彭祖、安乐各颛门教授，由是《公羊春秋》有严、颜之学。"前汉已有《公羊春秋》的严氏、颜氏之学，奈何说成后汉？不准确。

⑥而《左氏》，汉初出于张苍之家：《左氏》指《春秋左氏传》。张苍，《史记》《汉书》都有传。《汉书·张苍传》全抄《史记》张氏传，故当以《史记》为准。《史记·张苍传》："张丞相苍者，阳武人也。好书律历。秦时为御史，主柱下方书。有罪，亡归。及沛公略地过阳武，苍以客从攻南阳。……陈餘击走常山王张耳，耳归汉。汉乃以张苍为常山守。从淮阴侯击赵，苍得陈餘。赵地已平，汉王以苍为代相，备边寇。已而徙为赵相，相赵王耳。耳卒，相赵王敖。复徙相代王。燕王臧荼反，高祖往击之，苍以代相从攻臧荼有功，以六年中封为北平侯，食邑千二百户。迁为计相，一月，更以列侯为主计四岁。是时萧何为相国，而张苍乃自秦时为柱下史，明习天下图书计籍。苍又善用算律历，故令苍以列侯居相府，领主郡国上计者。"这段传记里一处说他"秦时为御史，主柱下方书"。一处说他"乃自秦时为柱下史，明习天下图书计籍"。意思差不多，一说主管，一说明习。对"柱下方书"，《史记》裴骃《集解》引如淳话说："方，版也，谓书事在版上者也。秦以上置柱下史，苍为御史，主其事。或曰四方文书。"《史记》司马贞《索隐》："方书者，如淳以为方板，谓

139

小事书之方也。或曰主四方文书也。姚氏以为下云'明习天下图书计籍，主郡上计'，则方为四方文书是也。"《汉书》颜师古注亦说："下云苍自秦时为柱下御史，明习天下图书计籍，则主四方文书是也。"秦时既主管四方文书，充当柱下史，《隋志》此处说《春秋左氏传》"汉初出于张苍之家"，似乎是可信的。

⑦赵人贯公：贯公事迹不详，是否为赵人贯高之后，不能断言。贾谊为《左氏春秋》作训诂之后传授给了贯公，贯公后来成了河间献王刘德的博士。《汉书·河间献王传》："其学举六艺，立《毛氏诗》《左氏春秋》博士。"这个《左氏春秋》博士，据说就是贯公。

⑧至建武中，尚书令韩歆请立，而未行：建武，东汉首帝刘秀的年号（25—56）。韩歆，《后汉书》卷二十六曰："歆字翁君，南阳人，以从攻伐有功，封扶阳侯。好直言，无隐讳，帝每不能容。尝因朝会……歆曰：'亡国之君皆有才，桀、纣亦有才。'帝大怒，以为激发。歆又证岁将饥凶，指天画地，言甚刚切，坐免归田里。帝犹不释，复遣使宣诏责之。司隶校尉鲍永固请不能得，歆及子婴竟自杀。"如此耿直刚烈的人，可能看到《左氏春秋》的优长，而呈请立于学官是完全可能的。但仍未获批准。原因盖是《左氏春秋》阐述了孔子的微言大义，寓褒贬于其中，令乱臣贼子惧。而《公羊》和《穀梁》则已谶解经义，很合董仲舒的天人说法，故久立学官，而《左氏》迟迟不得立。

⑨时陈元最明《左传》，又上书讼之，于是乃以魏郡李封为《左氏》博士：《后汉书·陈元传》："陈元字长孙，苍梧广信人也。父钦，习《左氏春秋》，事黎阳贾护，与刘歆同时而别自名家。王莽从钦受《左氏》学，以钦为厌难将军。元少传父业，为之训诂，锐精覃思，至不与乡里通。以父任为郎。建武初，元与桓谭、杜林、郑兴俱为学者所宗。时议欲立《左氏传》博士，范升奏以为《左氏》浅末，不宜立。元闻之，乃诣阙上疏曰'……

方今干戈少弭，戎事略戢，留思圣艺，眷顾儒雅，采孔子下拜之义，卒渊圣独见之旨，分明白黑，建立《左氏》，解释先圣之积结，洮汰学者之累惑，使基业垂于万世，后进无复狐疑，则天下幸甚。臣元愚鄙，尝传师言。如得以褐衣召见，俯伏庭下，诵孔氏之正道，理丘明之宿冤。若辞不合经，事不稽古，退就重诛，虽死之日，生之年也。'书奏，下其议，范升复与元辩难，凡十余上。帝卒立《左氏》学。太常选博士四人，元为第一。帝以元新忿争，乃用其次司隶从事李封，于是诸儒以《左氏》之立论议讙哗，自公卿以下，数廷争之。会封病卒，《左氏》复废。"表明陈元确是最明《左氏》，至经上书争讼，乃立李封为《左氏》博士。然争论未休，会李封病卒，又废。

⑩永平中，能为《左氏》者擢高第，为讲郎，其后贾逵、服虔并为训解：永平，东汉第二个皇帝明帝刘庄的年号。《左氏春秋》应不应该立为国学，在刘秀建武中展开了大辩论，最终是立李封为《左氏春秋》博士。虽遇李封病卒而又废立，但这场辩论毕竟赢得了不少儒者的支持，突显了《左氏春秋》的学术影响，所以到了明帝永平中，凡学《左氏春秋》者，就能擢高第，当讲郎。《后汉书·贾逵传》："贾逵字景伯，扶风平陵人也。……父徽，从刘歆受《左氏春秋》，兼习《国语》《周官》，又受《古文尚书》于涂恽，学《毛诗》于谢曼卿，作《左氏条例》二十一篇。逵悉传父业，弱冠能诵《左氏传》及《五经》本文……尤明《左氏传》《国语》，为之《解诂》五十一篇。永平中，上疏献之。……书奏，帝嘉之，赐布五百匹，衣一袭。令逵自选《公羊》严、颜诸生高才者二十人，教以《左氏》，与简、纸经、传各一通。……皆拜逵所选弟子及门生为千乘王国郎。"证实《隋志》此处所说"能为《左氏》者擢高第，为讲郎"为可信。服虔，《后汉书·儒林传》："服虔字子慎，初名重，又名祇，后改为虔，河南荥阳人也。少以清苦建志，入太学受业。有雅才，善

著文论，作《春秋左氏传解》，行之至今。又以《左传》驳何休之所驳汉事六十条。举孝廉，稍迁，中平末，拜九江太守。"

⑪晋时，杜预又为《经传集解》：《晋书·杜预传》："杜预字元凯，京兆杜陵人也。……文帝嗣位，预尚帝妹高陆公主，起家拜尚书郎，袭祖爵丰乐亭侯。……既立功之后，从容无事，乃耽思经籍，为《春秋左氏经传集解》。"此书影响深远，直至今日仍在通行，是研究《左氏春秋》不可或缺的注本。

⑫《穀梁》范宁注，《公羊》何休注，《左氏》服虔、杜预注，俱立国学：《晋书·范宁传》："宁字武子。少笃学，多所通览。……（桓）温薨之后，始解褐为余杭令。在县兴学校，养生徒，洁己修礼，志行之士莫不宗之。期年之后，风化大行。自中兴以来，崇学敦教，未有如宁者也。……初，宁以《春秋》穀梁氏未有善释，遂沈思积年，为之集解。其义精审，为世所重。"晋范宁注《穀梁春秋》，经唐杨士勋疏，进入以后的《十三经注疏》，影响至今。《后汉书·儒林传》："何休字邵公，任城樊人也。……休为人质朴讷口，而雅有心思，精研《六经》，世儒无及者。以列卿子诏拜郎中，非其好也，辞疾而去。不仕州郡。进退必以礼。太傅陈蕃辟之，与参政事。蕃败，休坐废锢，乃作《春秋公羊解诂》，覃思不窥门，十有七年。"其《春秋公羊解诂》经唐徐彦疏，进入以后的《十三经注疏》，影响至今。至此，《春秋》三传俱立于国学。

《四库总目·春秋类》小序

说经家之有门户，自《春秋》三传始，然迄能并立于世。其间诸儒之论，中唐以前则《左氏》胜；啖助、赵匡以逮北宋，则

《公羊》《穀梁》胜①。孙复、刘敞之流，名为弃传从经，所弃者特《左氏》事迹、《公羊》《穀梁》月日例耳②。其推阐讥贬，少可多否，实阴本《公羊》《穀梁》法，犹诛邓析用竹刑也③。夫删除事迹，何由知其是非？无案而断，是《春秋》为射覆矣④。圣人禁人为非，亦予人为善。经典所述，不乏褒辞，而操笔临文，乃无人不加诛绝，《春秋》岂吉网罗钳乎⑤？至于用夏时则改正朔，削尊号则贬天王，《春秋》又何僭以乱也！沿波不返，此类宏多。虽旧说流传，不能尽废，要以切实有征，平易近理者为本。其瑕瑜互见者，则别白而存之；游谈臆说，以私意乱圣经者，则存其目。盖《六经》之中，惟《易》包众理，事事可通。《春秋》具列事实，亦人人可解。一知半见，议论易生；著录之繁，二经为最，故取之不敢不慎也。

注释

①啖助、赵匡以逮北宋，则《公羊》《穀梁》胜：《新唐书·儒学下》："啖助字叔佐，赵州人，后徙关中。淹该经术。天宝末，调临海尉、丹阳主簿。秩满，屏居，甘足疏粝。善为《春秋》，考三家短长，缝绽漏阙，号《集传》，凡十年乃成。复摄其纲条，为《例统》。其言孔子修《春秋》意，以为夏政忠，忠之敝野；商人承之以敬，敬之敝鬼；周人承之以文，文之敝僿。救僿莫若忠。夫文者，忠之末也。设教于本，其敝且末；设教于末，敝将奈何？武王、周公承商之敝，不得已用之。周公没，莫知所以改，故其敝甚于二代。……古语曰：'商变夏，周变商，春秋变周。'而公羊子亦言：'乐道尧、舜之道，以拟后圣。'是知《春秋》用二帝、三王法，以夏为本，不壹守周典明矣……助爱《公》《穀》二家，以左氏解义多谬，其书乃出于孔氏门人……又《左氏传》《国语》，属缀不伦，序事乖剌，非一人所为。盖左氏集诸国史以释《春秋》，后人谓左氏，便傅著丘明，非也。助之凿意多此类。"又曰："助门人赵匡、陆质，其高弟

也。助卒，年四十七。质与其子异哀录助所为《春秋集注总例》，请匡损益，质纂会之，号《纂例》。匡者，字伯循，河东人，历洋州刺史，质所称为赵夫子者。"充分显示出助、匡之贬《左氏》而褒《公》《穀》的倾向。

而《四库全书总目·春秋集传纂例》条下提要称："唐陆淳撰。盖释其师啖助并赵匡之说也。助字叔佐，本赵州人，徙关中，官润州丹阳县主簿。匡字伯循，河东人，官洋州刺史。淳字伯冲，吴郡人，官给事中，后避宪宗讳，改名质。……按《二程遗书》、陈振孙《书录解题》及朱临作是编《后序》皆云'淳师助、匡'；《旧唐书》云'淳师匡，匡师助'；《新唐书》则云'赵匡、陆淳，皆助高弟。'……助之说《春秋》，务在考三家得失，弥缝漏阙，故其论多异先儒。如论《左传》非丘明所作；《汉书》丘明授鲁曾申，申传吴起，自起六传至贾谊等说，亦皆附会；公羊名高、穀梁名赤，未必是实。又云《春秋》之文简易，先儒各守一传，不肯相通，互相弹射，其弊滋甚。《左传》序周、晋、齐、宋、楚、郑之事独详，乃后代学者因师授衍而通之，编次年月，以为传记。又杂采各国诸卿家传及卜书、梦书、占书、纵横、小说。故序事虽多。释经殊少，犹不如《公》《穀》之于经为密。其论未免一偏，故欧阳修、晁公武诸人皆不满之……盖舍传求经，实导宋人之先路。"这就是"啖助、赵匡以逮北宋，则《公羊》《穀梁》胜"的具体诠释。

②孙复、刘敞之流，名为弃传从经，所弃者特《左氏》事迹、《公羊》《穀梁》月日例耳：孙复，《宋史·儒林传》："孙复字明复，晋州平阳人。举进士不第，退居泰山，学《春秋》，著《尊王发微》十二篇，大约本于陆淳而增新意。"《宋史·刘敞传》："刘敞字原父，临江新喻人。举庆历进士，廷试第一。编排官王尧臣，其内兄也。……长于《春秋》，为书四十卷，行于时。"《四库全书总目》著录宋孙复《春秋尊王发微》十二卷，

提要说:"复之论上祖陆淳,而下开胡安国。谓《春秋》有贬无褒,大抵以深刻为主。晁公武《读书志》载常秩之言曰:'明复为《春秋》,犹商鞅之法,弃灰于道者有刑,步过六尺者有诛。'盖笃论也。"即"上祖陆淳",则实为啖助、赵匡之余绪,乃抑《左氏》而扬《公》《穀》。《四库全书总目》著录宋刘敞《春秋权衡》十七卷、《春秋传》十五卷、《春秋意林》二卷、《春秋传说例》一卷。其《春秋传》提要曰:"其书皆节录三传事迹,断以己意。其褒贬义例,多取《公羊》《穀梁》……如《左传》'惜也越竟乃免'句,后人本疑非孔子之言,敞改为'讨贼则免',而仍以'孔子曰'冠之,殊为踳驳。……则宋代改经之弊,敞导其先。"《四库总目》此处类序批评他们"名为弃传从经,所弃者特《左氏》事迹、《公羊》《穀梁》月日例耳",为一语中的。

③其推阐讥贬,少可多否,实阴本《公羊》《穀梁》法,犹诛邓析用竹刑也:指上述啖助、赵匡、孙复、刘敞,他们研理《春秋》,其推阐讥讽贬损,肯定的少否定的多,暗地里的依据,实际上是《公羊》和《穀梁》的笔法,犹如邓析造竹刑而为竹刑所杀一样。邓析(前545—前501)春秋末年法家的先驱,《汉书·艺文志》将其归入名家。《左传》定公九年,"郑驷颛杀邓析,而用其竹刑"。注曰:"邓析,郑大夫,欲改郑所铸旧制,不受君命而私造刑法,书之于竹简,故云刑书。"孔颖达正义曰:"昭六年,子产铸刑书于鼎。今邓析别造竹刑,明是改郑所铸旧制,若用君命遣造,则是国家法制,邓析不得独专其名。知其不受君命而私造刑书,书之于竹,谓之竹刑。驷歂用其刑书则其法,可取杀之,不为作此书也。"邓析其人,不法先王,不是礼义,以非为是,以是为非,不满子产所铸刑鼎,自己又编了一部刑书,写在竹简上,称为竹刑。并以此传授门徒,从其学者不可胜数。最后为执政者驷歂所杀,但其竹刑终被采纳。这里是借喻,是说助、匡、复、敞诸人以《公》《穀》而贬《左氏》,犹

如杀邓析而用其所造竹刑来量刑。

④夫删除事迹，何由知其是非？无案而断，是《春秋》为射覆矣：继续批评孙复、刘敞等以弃传从经之名而特弃《左氏》事迹。称删除了事迹，又从何而知是非呢？没了事迹等于无案而断，这样一来《春秋》不就成了射覆吗？射覆，古代的一种游戏，即猜测覆盖之物。近乎占卜，史书所载射覆之事，多为有关术数家的传说。射，猜度。覆，覆盖之器。《汉书·东方朔传》："上尝使诸数家射覆。"颜师古注曰："于覆器之下而置诸物，令暗射之，故云射覆。"可见射覆，通俗的解释便是暗猜、瞎猜、乱猜。犹言《春秋》若抽去事迹，就成了可以瞎猜乱说的射覆游戏了。

⑤经典所述，不乏褒辞，而操笔临文，乃无人不加诛绝，《春秋》岂吉网罗钳乎：《四库全书总目·春秋尊王发微》提要说作者孙复"谓《春秋》有贬无褒，大抵以深刻为主。晁公武《读书志》载常秩之言曰'明复为《春秋》，犹商鞅之法，弃灰于道者有刑，步过六尺者有诛'，盖笃论也。而宋代诸儒，喜为苛议。顾相与推之，沿波不返，遂使孔庭笔削，变为罗织之经。夫知《春秋》者，莫如孟子，不过曰'《春秋》成，而乱臣贼子惧'耳。使二百四十二年中无人非乱臣贼子，则复之说当矣。如不尽乱臣贼子，则圣人亦必有所节取，亦何至由天王以及诸侯、大夫无一人一事不加诛绝者乎？过于深求，而反失《春秋》之本旨者，实自复始"。这段提要可作为《四库总目》此处类序的诠释。"罗织经"与"网罗钳"，当是同一个意思。《春秋》经文所述，本不乏褒辞，因为有贬必有褒，两者是事物的两面，缺一，对方也就不存在了。可是孙复者流操笔临文，乃大加诛伐，硬说《春秋》有贬无褒，那《春秋》岂不成了罗织罪名的"网罗钳"了吗？

按：《汉书·艺文志》详言"左史记言，右史记事"，事为《春秋》，言为《尚书》。意在说明各国之史，即《春秋》，都是源于史官所记之人、事。孔子又是非常重视文献的人,而鲁国恰因是周公之国,礼文备物,有文献可征,故孔子西观周室,论史记旧文,兴于鲁而次《春秋》。因书中"有所褒讳贬损",不可能全部形诸文字,只好口授弟子。弟子听后各有各的理解,因此说法产生歧义。曾参与孔子编次《春秋》的左丘明,恐弟子"各安其意,以失其真","故论本事而作《传》",即《春秋左氏传》。但由于《左传》将《春秋》所贬损之大人、当世君臣、有威权势力的事实都表达出来了,只能隐而不宣,以免时难。到秦末,因以口头形式流传,反有公羊、穀梁、邹、夹四家之传,其中《公羊》《穀梁》先立于学官。整篇文字极为简练,叙事却极为详明,《春秋》之学脉渊源亦极为清晰,不失为好的类序。

《隋书·经籍志》此类小序亦写得精彩,且言简意赅。其突出特点,在于重笔叙述了《左氏春秋》自汉初以至于隋唐行世及立于学官的曲折历程。《春秋左氏传》汉初出自张苍之家,至文帝时,梁太傅贾谊为之作训诂,传给了赵人贯公,并在河间献王刘德的封国之内立于学官。而在中央,虽有刘歆考而正之,却因诸儒不与认同,仍不能立于学官。直到东汉刘秀建武中,由于最明《左氏春秋》的陈元的多次力争,才立李封为《左氏春秋》博士,但会李封病卒,又废立。永平之后,《左氏传》流行,又有贾逵、服虔为之训解,所以到魏时才盛行于世。晋时杜预作《春秋左传经传集解》,遂使《左传》大兴,并与《公》《穀》三足鼎峙,并立学官。至隋,《公》《穀》浸微,而杜注《左传》则盛行。眉目清楚,脉络明晰,亦不失辨章学术的好类序。

《四库全书总目》则继《隋书·经籍志》之续笔,归纳其后诸儒之议论,断言"中唐以前则《左氏》胜;啖助、赵匡以迄北宋,则《公羊》《穀梁》胜"。这是洞悉经学发展而作出的科学概括。然后摆出北宋孙复、刘敞的臆说本质,不惜笔墨,但又有理有力地加以辩驳。说他们"推阐讥贬,少可多否,实阴本《公羊》《穀梁》法，犹诛邓析用竹刑也"。批评他们特弃《左氏》事迹，"何由知其是非？"批评他们使人无案而断，将《春秋》变成了射覆。批评他们指责《左氏春秋》有贬无褒，将《春秋》看成了罗织经，"网罗钳"。痛快淋漓，铿锵有力，还《左传》以应有地位。

※　　　※　　　※

《汉志·论语类》小序

《论语》者，孔子应答弟子、时人及弟子相与言而接闻于夫子之语也①。当时，弟子各有所记，夫子既卒，门人相与辑而论篹，故谓之《论语》②。汉兴，有齐、鲁之说③。传《齐论》者，昌邑中尉王吉、少府宋畸、御史大夫贡禹、尚书令五鹿充宗、胶东庸生，唯王阳名家④。传《鲁论语》者，常山都尉龚奋、长信少府夏侯胜、丞相韦贤、鲁扶卿、前将军萧望之、安昌侯张禹，皆名家⑤。张氏最后而行于世⑥。

注释

①《论语》者，孔子应答弟子、时人及弟子相与言而接闻于夫子之语也：这段话实际解释什么叫"语"。语，自言为言，与人谈论为语。《论语·乡党》："食不语，寝不言。"意思就是吃饭的时候不和别人讲话，睡觉的时候自己也不讲话。《礼记·杂记下》："三年之丧言而不语。"注曰："言，言己事也；为人说为语。"正义曰："三年之丧言而不语者，谓大夫士言而后事行者，故得言己事，不得为人语说也。"可见这个"语"字就是和别人讲话、谈论。"弟子相与言而接闻于夫子"，即孔子弟子之间相互谈论的问题，而又使孔子直接或间接听到，再向弟子们发表自己

看法而说的话。全句是说，什么是《论语》呢？《论语》者，就是孔子回答学生、时人及学生们相互谈论而又直接或间接让孔子听到孔子再行发表看法时所说的话语。分开来说，《论语》就是记录孔子回答学生、时人问题所说的话语，就是记录孔子听到学生们相互谈论问题而正面发表自己意见的话语。

②当时，弟子各有所记，夫子既卒，门人相与辑而论篹，故谓之《论语》：颜师古注曰："辑与集同，篹与撰同。"意即孔子死后，门人弟子便将当时听孔子谈论问题时所说话语的记录相互集中起来，加以论辩和编撰，于是便成了《论语》。简单地说，《论语》者，就是论次编撰孔子生前与弟子、时人所谈及的话语。张舜徽《汉书艺文志通释》则说："《汉志》推原《论语》一书得名之义，由于篹辑。盖论者，侖之借字也。于文，侖为侖，实即集合简策而比次之意。孔门弟子裒集仲尼与弟子、时人及弟子相与言之语以成此书，因即谓之《论语》。《礼记·坊记篇》已引《论语》曰'三年无改于父之道'，则《论语》之称，所起已早。"此可备一说，有助理解。

③汉兴，有齐、鲁之说：汉朝初年，有《齐论》和《鲁论》。《齐论》，现行《论语》的来源之一，相传为齐人所传，故名。《汉书·艺文志》著录"《齐》二十二篇"。《鲁论》，亦是现行《论语》的来源之一，相传系鲁人所传，故名。《汉书·艺文志》著录"《鲁》二十篇，《传》十九篇"。

④传《齐论》者，昌邑中尉王吉、少府宋畸、御史大夫贡禹、尚书令五鹿充宗、胶东庸生，唯王阳名家：昌邑，古县名，治所在今山东巨野东南。中尉，官名，秦、汉时为武职，掌治安。《汉书·王吉传》："王吉字子阳，琅邪皋虞人也。少好学明经，以郡吏举孝廉为郎，补若卢右丞，迁云阳令。举贤良，为昌邑中尉。而王好游猎，驱驰国中，动作亡节，吉上疏谏……始，吉少时学问，居长安。东家有大枣树垂吉庭中，吉妇取枣以啖

吉。吉后知之,乃去妇。东家闻而欲伐其树,邻里共止之,因固请吉令还妇。里中为之语曰:'东家有树,王阳妇去;东家枣完,去妇复还。'其厉志如此。吉与贡禹为友,世称:'王阳在位,贡公弹冠。'……初,吉兼通《五经》,能为驺氏《春秋》,以《诗》《论语》教授。"可信其确为传《齐论》者之一。少府,官名,九卿之一,掌宫廷总务,为皇帝的私府。宋畸,西汉东海(今山东郯城)人。亦名宋畴、宋翁壹。御史大夫,官名,秦汉时仅次丞相的中央最高长官,掌监察、执法,兼掌重要文书图籍。贡禹(前124—前44),字少翁。《汉书·贡禹传》:"贡禹字少翁,琅邪人也。以明经絜行著闻,征为博士,凉州刺史,病去官。复举贤良,为河南令。……元帝初即位,征禹为谏大夫。……会御史大夫陈万年卒,禹代为御史大夫,列于三公。"尚书令,官名,掌章奏文书,汉武帝以后职权渐重。五鹿充宗,五鹿,复姓,名充宗,字君孟。《汉书·朱云传》说元帝时"少府五鹿充宗贵幸,为《梁丘易》。……元帝好之,欲考其异同,令充宗与诸《易》家论。充宗乘贵辩口,诸儒莫能与抗,皆称疾不敢会。有荐云者,召入,摄齐登堂,抗首而请,音动左右。既论难,连拄五鹿君,故诸儒为之语曰:'五鹿岳岳,朱云折其角。'"可证五鹿充宗确是一位经学家。庸生,不详。"唯王阳名家",颜师古注曰:"王吉字子阳,故谓之王阳。"其实前引《汉书·王吉传》中已有"东家有树,王阳妇去";"王阳在位,贡公弹冠"等语,因知王阳即是王吉。传《齐语》者中有王吉、宋畸、贡禹、五鹿充宗、庸生诸生,唯王吉以《论语》而名家。

⑤传《鲁论》者,常山都尉龚奋、长信少府夏侯胜、丞相韦贤、鲁扶卿、前将军萧望之、安昌侯张禹,皆名家:都尉,官名,龚奋,不详。夏侯胜,《汉书·夏侯胜传》:"夏侯胜字长公。……胜少孤,好学,从始昌受《尚书》及《洪范五行传》,说灾异。后事蕑卿,又从欧阳氏问。为学精孰,所问非一师也。……

迁长信少府，赐爵关内侯……迁太子太傅，受诏撰《尚书》《论语说》。"韦贤，《汉书·韦贤传》："韦贤字长孺，鲁国邹人也。其先韦孟，家本彭城，为楚元王傅……后遂去位，徙家于邹……自孟至贤，五世。贤为人质朴少欲，笃志于学，兼通《礼》《尚书》，以《诗》教授，号称邹鲁大儒。征为博士，给事中，进授昭帝《诗》，稍迁光禄大夫詹事，至大鸿胪。……本始三年，代蔡义为丞相，封扶阳侯，食邑七百户。"鲁扶卿，张舜徽《汉书艺文志通释》："顾《论语》始出屋壁，汉初犹谓之传，至孔安国以教鲁人扶卿，始曰《论语》，王充《论衡正说篇》言之甚详，必有所受。"因知鲁扶卿，乃鲁人扶卿，当为景帝、武帝前期人。萧望之，《汉书·萧望之传》："萧望之字长倩，东海兰陵人也，徙杜陵。家世以田为业，至望之，好学，治《齐诗》，事同县后苍且十年。……又从夏侯胜问《论语》《礼服》。京师诸儒称述焉。……及宣帝寝疾，选大臣可属者……望之为前将军光禄勋。……后数月，制诏御史：'国之将兴，尊师而重傅。故前将军望之傅朕八年，道以经术，厥功茂焉。'"可知其确为前将军，并受传《论语》。张禹，《汉书·张禹传》："张禹字子文，河内轵人也，至禹父徙家莲勺。……及禹壮，至长安学，从沛郡施雠受《易》，琅邪王阳、胶东庸生问《论语》。……初元中……诏令禹授太子《论语》，由是迁光禄大夫。……河平四年代王商为丞相，封安昌侯。"上述诸人传《鲁论》，皆成名家。

⑥张氏最后而行于世：《汉书·张禹传》："初，禹为师，以上难数对己问经，为《论语章句》献之。始鲁扶卿及夏侯胜、王阳、萧望之、韦玄成皆说《论语》，篇第或异。禹先事王阳，后从庸生，采获所安，最后出而尊贵。诸儒为之语曰：'欲为《论》，念张文。'由是学者多从张氏，余家浸微。"故《汉志》此处说《论语》"张氏最后而行于世"。

《隋志·论语类》小序

《论语》者，孔子弟子所录。孔子既叙《六经》，讲于洙泗之上①，门徒三千，达者七十。其与夫子应答，及私相讲肄②，言合于道，或书之于绅③，或事之无厌④。仲尼既没，遂缉而论之，谓之《论语》。汉初，有《齐》《鲁》之说。其齐人传者，二十二篇；鲁人传者，二十篇。齐则昌邑中尉王吉、少府宗畸⑤、御史大夫贡禹、尚书令五鹿充宗、胶东庸生；鲁则常山都尉龚奋、长信少府夏侯胜、韦丞相节侯父子、鲁扶卿、前将军萧望之、安昌侯张禹，并名其学。张禹本授《鲁论》，晚讲《齐论》，后遂合而考之，删其烦惑。除去《齐论》"问王""知道"二篇，从《鲁论》二十篇为定，号《张侯论》，当世重之。周氏、包氏为之章句⑥；马融又为之训。又有《古论语》，与《古文尚书》同出⑦，章句烦省，与《鲁论》不异，唯分《子张》为二篇，故有二十一篇。孔安国为之传。汉末，郑玄以《张侯论》为本，参考《齐论》《古论》而为之注。魏司空陈群、太常王肃、博士周生烈，皆为义说。吏部尚书何晏，又为集解。是后诸儒多为之注，《齐论》遂亡。《古论》先无师说，梁、陈之时，唯郑玄、何晏立于国学，而郑氏甚微。周、齐、郑学独立。至隋，何、郑并行，郑氏盛于人间。其《孔丛》《家语》，并孔氏所传仲尼之旨⑧。《尔雅》诸书，解古今之意，并五经总义，附于此篇。

注释

①讲于洙泗之上：洙泗，洙水与泗水的合称。古时二水自今山东鲁西南泗水以东合流而西下，至鲁之曲阜以北又分为二水，洙水在北，泗水在南。而洙、泗之间，恰是孔子聚徒讲学之所。

后世便常称孔子讲学于洙泗之上。

②讲肄：肄，研习。指孔子及其弟子私下里互相讲谈研习。

③书之于绅：绅，束在腰间、一头垂下的大带。《论语·卫灵公》："子张书诸绅。"其疏文曰："以带束腰，垂其余以为饰，谓之绅。"可见绅就是丝织品的束带。古时束带长短分有等级，《礼记·玉藻》中说士带长三尺，有司二尺五寸。书之于绅，就是将孔子讲得很深刻很精辟的话书写在腰束的大带上。"子张书诸绅"，就是子张向孔子问行，孔子给他讲了很深刻的道理，他就将孔子对他说的话书写在束带上了。孔子与弟子私相讲肄，言合道者，弟子有的就把这些合道之话临时书写在束带上。

④或事之无厌：厌，闭藏。《庄子·齐物论》："其厌也如缄。"这里的"厌"即缄藏闭藏之义。事，从事、奉行。全句是有的奉行而绝无闭藏而不用。结合上文，孔子与弟子私相讲肄，言合于道者，有的书写记录在束带上，有的则遵行而绝无闭藏和打折扣。

⑤宗畴：《汉书·艺文志》作宋畴。宗畴、宋畴皆不详。

⑥周氏、包氏为之章句：周氏，不详为谁。以时代推之，盖不出东汉初期周防、周举父子。《后汉书·儒林传》："周防字伟公，汝南汝阳人也。……防年十六，仕郡小吏。世祖巡狩汝南，召掾史试经，防尤能诵读，拜为守丞。防以未冠谒去。师事徐州刺史盖豫，受《古文尚书》。经明，举孝廉，拜郎中。撰《尚书杂记》三十二篇，四十万言。太尉张禹荐补博士。"证明张禹很看重他，而张禹以明《论语》而名重当世，是否以《论语》授周防，周防又为之作章句，史未明书，不敢断言。其子周举，《后汉书》有传，说"周举字宣光，汝南汝阳人，陈留太守防之子。……举姿貌短陋，而博学洽闻，为儒者所宗，故京师为之语曰：'五经纵横周宣光。'"可证也是明经之士，是否为张《论》作章句，不敢肯定。

包氏，指包咸。《后汉书·儒林传》："包咸字子良，会稽曲阿人也。少为诸生，受业长安，师事博士右师细君，习《鲁诗》《论语》。……举孝廉，除郎中。建武中，入授皇太子《论语》，又为其章句，拜谏议大夫、侍中、右中郎将。"证明包咸确曾为《论语》作章句。

⑦又有《古论语》，与《古文尚书》同出：《古论语》，即古文《论语》。与《古文尚书》同出者，谓西汉景帝时鲁共（恭）王欲扩建宫舍而拆毁孔子宅壁，孔宅壁中出现了一批以古文字书写的经书。这批古文经书中不但有《古文尚书》，也有《古文论语》，所以说《古论语》与《古文尚书》同出。这批古文经书后来都归了孔安国，因为孔安国既是孔子十一世孙，又是汉武帝的博士，有条件有资格接受这批经籍。至于他为这批经典作传（注）与否，后世在《尚书》问题上争论了千有余年。

⑧其《孔丛》《家语》，并孔氏所传仲尼之旨：《隋志》著录《孔丛》七卷，陈胜博士孔鲋撰；《孔子家语》二十卷，王肃解。这些书都是孔氏家族传下来的孔子旨义，所以附录在《论语》类。

《四库总目·四书类》小序

《论语》《孟子》旧各为帙；《大学》《中庸》，旧《礼记》之二篇。其编为《四书》，自宋淳熙始①；其悬为令甲，则自元延祐复科举始②。古来无是名也。然二戴所录《曲礼》《檀弓》诸篇，非一人之书，迨立名曰《礼记》，《礼记》遂为一家。即王逸所录屈原、宋玉诸篇，《汉志》均谓之赋，迨立名曰《楚辞》，《楚辞》亦遂为一家。元丘葵《周礼补亡序》称"圣朝以六经取士"，则当时固以《四书》为一经③。前创后因，久则为律，是固难以一说拘矣。今从《明史·艺文志》例，别立"四书"一门④，亦所谓礼以义起也。朱彝尊《经义考》于"四书"之前，仍立《论语》《孟子》二类。黄虞稷《千顷堂书目》凡说《大学》《中庸》者，皆附于礼类，盖欲以不去饩羊，略存古义⑤。然朱子书行五百载矣，赵岐、何晏以下，古籍存者寥寥；梁武帝《义疏》以下，且散佚并尽；元明以来之所解，则皆《四书》分出者耳。《明史》并入《四书》，盖循其实。今亦不复强析其名焉。

注释

①其编为《四书》，自宋淳熙始：《论语》虽非属六艺，但因其内容皆为孔子与弟子讲谈及私下相与讲肄之言论的记录，故《汉书·艺文志》便将其列在六艺之下，《孝经》之前，已占有经书地位。《隋书·经籍志》虽将其列在了《孝经》之下，但定位却明确在经部。孟子号称亚圣，其书《孟子》发扬孔子的儒家思想，汉赵岐为之作注，北宋孙奭为之作疏，遂被列入《十三经》，亦处经书地位。《大学》《中庸》为《礼记》中的二篇，因《大学》中提出的明明德、亲民、止于至善三条纲领，以及格物、致知、诚意、正心、修身、齐家、治国、平天下八个条目；《中庸》中提出的诚者不勉而中，不思而得，从容中道，及博学之、审问之、慎思之、明辨之、笃行之的认识论和学习过程，很符合宋代理学家的思想，便被南宋理学大师朱熹将这两篇从《礼记》中抽出，并与《论语》《孟子》合编而为一书，这就是《四书》。

宋以前，《五经》久已立于学官，唐以孔颖达为首的鸿儒硕学又为《五经正义》，成为官定的经书注释本。宋时程、朱将《大学》奉为"初学入德之门"，将《中庸》奉为"孔门传授心法"，因将《大学》《中庸》《论语》《孟子》作为一种经书而加以注释，成为《四书章句集注》，使之与《五经正义》并列。《论语集注》《孟子集注》成书于南宋孝宗淳熙四年（1177），多引用二程及程门弟子的言论加以注释。《大学章句》《中庸章句》

成书于淳熙十六年（1189），其本贯穿着朱熹自己的理解、认识和思想。所以此处说"其编为《四书》，自宋淳熙始"。南宋光宗绍熙元年（1190），朱熹知漳州，首将《四书》付梓行世，《四书》之名从此确立。

②其悬为令甲，则自元延祐复科举始：令甲，《汉书·宣帝纪》地节四年（前66）九月："令甲，死者不可生，刑者不可息。"文颖注曰："萧何承秦法所作为律令，律经是也。天子诏所增损，不在律上者为令。令甲者，前帝第一令也。"如淳曰："令有先后，故有令甲、令乙、令丙。"颜师古曰："如（淳）说是也。甲、乙者，若今之第一、第二篇耳。"可证令甲，乃皇帝所下第一道令。后世令甲衍变为法令的通称。此处之"令甲"用的便是法令之义。"其悬为令甲"，就是皇帝悬令，科举考试于《四书》内出题，并用朱熹注释，则自元延祐年间恢复科举取士之法为始。

明陈邦瞻《元史纪事本末》卷八："世祖至元二十一年十一月，诏议立科举法，不果行。……继而许衡亦议学校科举之法，罢诗赋，重经学，定为新制。会和礼霍孙罢，事遂止。……仁宗皇庆二年冬十月中书省臣上言：'科举事，世祖朝屡尝命（行），成宗、武宗寻亦有旨，今不以闻，恐或有沮其事者。……今臣等所拟，将律赋省题诗小（义）皆不用，专立德行（明经）科，以此取士，庶可得人。'帝然之。十一月下诏曰：'惟我祖宗以神武定天下，世祖皇帝设官分职，征用儒雅……议科举为取士之方……爰命中书参酌古今，定其条制。其以皇庆三年八月，天下郡县举其贤者能者，充赋有司。次年二月，会试京师，中选者朕将亲策焉。科场，每三岁一次开试。……考试程式，蒙古、色目人第一场经问五条，《大学》《论语》《孟子》《中庸》内设问，用朱氏《章句集注》。……汉人、南人第一场明经、经疑二问，《大学》《论语》《孟子》《中庸》内出题，并用朱氏《章句集注》.'"足证皇帝下诏,悬为令甲,科举考试从《四书》内出题设问,并专用朱熹《四书章句集注》,的确始自元朝仁宗皇庆三年恢复科举取士制度之时。然皇庆三年即改元延祐。《四库总目》此处说"其悬为令甲,则自元延祐复科举始",千真万确。

③元丘葵《周礼补亡序》称"圣朝以六经取士",则当时固以《四书》为一经:丘葵(1244—1333),字吉甫,泉州同安人。有志朱子之学,不求人知,居海岛中,自号钓矶翁。延祐四年(1317)御史马祖常以币来征,不出,以诗明志。元统元年(1333)卒,年九十。其《周礼补亡》六卷,大约成于泰定甲子(1324),丘葵时年八十有一。其在该书序言中,曾提及"圣朝以六经取士",这六经,四库馆臣便认为指的是《四书》,所以判断元代"固以《四书》为一经"了。何以为六呢?盖《易》《书》《诗》《礼》《春秋》之外,《四书》居第六。

④今从《明史·艺文志》例,别立"四书"一门:检《明史·艺文志》,其经部凡分十类:一曰《易》类,二曰《书》类,三曰《诗》类,四曰《礼》类,五曰《乐》类,六曰《春秋》类,七曰《孝经》类,八曰诸经类,九曰《四书》类,十曰小学类。此为官修正史首次将《四书》列为经部中的一类,部居第九。清修《四库全书总目》则仿此例,亦将《四书》别立为一门,列在经部,部居第八。

⑤盖欲以不去饩羊,略存古义:饩羊,古时每月初一用以告祭祖庙的活羊。《论语·八佾》:"子贡欲去告朔之饩羊。子曰:'赐也,尔爱其羊,我爱其礼。'"农历每月初一为朔。古代秋冬之时,周天子要向各国诸侯颁发第二年的历书,诸侯接到历书后要将其藏入祖庙。每月初一,要到祖庙杀一只活羊进行祭祀,然后回朝听政。这种仪式称为"告朔",举行告朔仪式所用的羊就叫"饩羊"。鲁国君主当时既不亲去告朔,也不听政,只让有关部门到时杀一只羊,应付其事。子贡想去掉这种有名无实的形

式,连杀羊也免了。孔子却说子贡啊,尽管已经徒具形式,但还是保留为好。你爱的是羊,我珍重的是这种礼制。《四库总目》此处是说黄虞稷《千顷堂书目》凡说《大学》《中庸》,皆附在《礼》下,其义类乎告朔饩羊,虽徒具形式,却表示它合于古礼。即其两篇虽从《礼记》中析出,但仍附母体之下,略存其所从来之古义。

按:关于《论语》一书的类分与部居,《汉志》《隋志》及《四库总目》有相同之处,那就是三者都将其分到了六艺略或经部。《汉志》《隋志》称为六艺略,实则就是后来的经部。《隋志》虽仍称六艺,但已标注为经。这表明三个不同时期的编目人员,虽然时间跨度相差五百余年和一千六百余年,但视《论语》为经典则完全是一致的。然同视为儒家经书,在经部的部居上却有较大的差异。《汉志》于《易》《书》《诗》《礼》《乐》《春秋》真正的六艺之后,紧接着便部居《论语》,排在第七位。这表明《汉志》作者对孔子是非常推崇的,将他的言谈记录与前述六艺几乎同等看待,成为老七。但这样处理是不尽合理的。前边六艺,几乎每一种孔子都进行过加工,并以之教授学生。而《孝经》亦是这类性质,并且被视为"天之经,地之义,民之行"的要道,却被《汉志》作者移到《论语》之后,部居在第八位。推其原因,盖是认为《孝经》乃孔子专为曾子一人所陈述,不若《论语》为孔子与众弟子及时人所广谈。这个问题不是现在才有的,至少是《隋志》的作者就已发现了这个问题,并认为《汉志》作者班固如此处理《孝经》与《论语》的部居是欠妥的,所以到《隋志》则将二者颠倒了过来,《孝经》居前,列第七位;《论语》居后,列第八位。表面看来,只是个简单的部居颠倒,实则反映着不同时代的不同编目人员对两者的不同看法及不同的目录学思想。孝道乃儒家的重要思想,是封建社会君君臣臣、父父子子关系的重要说教理论，比起《论语》的即兴杂谈更重要。所以自《隋志》以降，《旧唐书·经籍志》《新唐书·艺文志》《宋史·艺文志》《补元史·艺文志》《明史·艺文志》，均将《孝经》列于六艺之后，居第七位。这是目录学的一个进步。至清代编修《四库全书》，最后而成《四库全书总目》，其经部的排列顺序则为《易》《书》《诗》《礼》《春秋》，将原来列于《礼》之后、《春秋》之前的《乐》类提出，后移到四书之后，小学之前。并且只保留那些辨律吕、明雅乐的乐类书籍，其余筝琶之曲、弦管琴声则入子部艺术类。这样六艺中便少了《乐》类而成五经。而在这五经的《春秋》之后，紧接着便列《孝经》，居第六位。而《论语》则列入《四书》，并被视为一个小的经书丛编而列为"五经总义"之后的第八位。这种部居位次的变化，反映编目人员对书籍内容性质的不同认识和不同的重视程度，也意味着分类的进一步科学化和目录学的进一步发展。

※　　　　※　　　　※

《汉志·孝经类》小序

《孝经》者，孔子为曾子陈孝道也①。夫孝，天之经，地之义，民之行也②。举大者言，故曰《孝经》③。汉兴，长孙氏、博士江翁、少府后仓、谏大夫翼奉、安昌侯张禹传之，各自名家④。经文皆同，唯孔氏壁中古文为异⑤。"父母生之，续莫大焉"⑥，"故亲生之膝下"，诸家说不安处，古文字、读皆异⑦。

注释

①《孝经》者，孔子为曾子陈孝道也：曾子（前505—前434），名参，字子舆。春秋末期鲁国南武城（今山东费县）人。

孔子的弟子，以孝著称。后被封建统治者尊为"宗圣"。《孝经》据说便是孔子和学生曾参陈述孝道而整理成的书，是宣扬孝道和孝治思想的儒家经典。

②夫孝，天之经，地之义，民之行也：此话原出《孝经·三才章》："子曰：'夫孝，天之经也，地之义也，民之行也。'"注曰："经，常也。利物为义。孝为百行之首，人之常德。若三辰运天而有常，五土分地而为义也。"经，常也，是说经者乃天道之所常。常，恒也。恒，永恒，不变之道。意谓孝道如天之经，永恒不变，永远这样运行。义，宜也，合理、适宜的事物称义。《易·乾卦》："利物足以合义，贞固足以干事。"土分五色，利物为义。后成"天经地义"之词，乃为理所当然，无可非议之义。人的行为很多，孝乃是百行之首。全句是说孝道乃天经地义凡人必行的永恒之道。

③举大者言，故曰《孝经》：举大者言，举孝道当中的重大道理来说，所以称为《孝经》。张舜徽《汉书艺文志通释》："论者或谓儒书称经，盖自此始。不悟此书乃取天经地义之意，与他书直称某经者，固自不同也。"其意盖孝如天经，故曰《孝经》。古之治民者，劝孝则意在教忠，故历代帝王咸重其书，亦可见《孝经》所言乃关国之大计。

④汉兴，长孙氏、博士江翁、少府后仓、谏大夫翼奉、安昌侯张禹传之，各自名家：长孙氏，长孙，复姓。《汉书·儒林传》有名长孙顺者，山东淄川人，曾受业于王吉。是否为此人，不详。江翁，又称江公。《汉书·儒林传》："瑕丘江公授《穀梁春秋》及《诗》于鲁申公，传子至孙为博士。武帝时，江公与董仲舒并。"又："博士江公世为《鲁诗》宗，至江公著《孝经说》。心疾（王）式……江翁曰：'经何以言之？'式曰：'在《曲礼》。'江翁曰：'何狗曲也！'式耻之。"因知江翁为武帝时瑕丘（今山东兖州）人，著有《孝经说》。后仓，又称后苍。《汉书·

儒林传》:"后苍字近君,东海郯人也。事夏侯始昌。始昌通《五经》,苍亦通《诗》《礼》,为博士,至少府,授翼奉、萧望之、匡衡。"翼奉,《汉书·翼奉传》:"翼奉字少君,东海下邳人也。治《齐诗》,与萧望之、匡衡同师。三人经术皆明,衡为后进,望之施之政事,而奉惇学不仕。……奉以中郎为博士、谏大夫,年老以寿终。"张禹,前已有注释,此不复注。汉兴,上述诸人都曾传授《孝经》,并各自因成一家之言而著名。

⑤经文皆同,唯孔氏壁中古文为异:《隋书·经籍志》:"遭秦焚书,(《孝经》)为河间人颜芝所藏。汉初,芝子贞出之,凡十八章。而长孙氏、博士江翁、少府后苍、谏议大夫翼奉、安昌侯张禹皆名其学。……至刘向典校经籍,以颜本比古文,除其繁惑,以十八章为定。"这即是说,今文《孝经》汉初出自颜芝家,上述诸家所传皆祖于此,均为十八章,其经文亦相同。景帝时,鲁恭王坏孔子宅,从孔氏宅壁中所出古文《孝经》,经文则与世所传今文本为异。《汉书·艺文志》著录的第一部《孝经》,下注"古孔氏一篇,二十二章"。颜师古注曰:"刘向云:'古文字也。《庶人章》分为二也;《曾子敢问章》为三;又多一章,凡二十二章。'"张舜徽《汉书艺文志通释》:"刘向所言,乃据今文十八章本校之之辞,谓古文本多于今文本四章也。本《志》下文颜注引桓谭《新论》云:'《古孝经》千八百七十二字,今异者四百余字。'可知二本在西汉末年,非特章数不同,文字亦复多异。"这就是"唯孔氏壁中古文为异"的诠释。实则即今文本《孝经》经文皆同,而与孔壁所出《古文孝经》非但篇章有异,即文字也有四百多处不同。

⑥"父母生之,续莫大焉":此话原出《孝经·圣治章》:"父母生之,续莫大焉;君亲临之,厚莫重焉。"注曰:"父母生子,传体相续,人伦之道,莫大于斯。"正义曰:"《易》称:'乾元资始,坤元资生。'又《论语》曰:'子生三年然后免于父

母之怀。'是父母生已传体相续,此为大焉。"《孟子·离娄上》:"孟子曰:'不孝有三,无后为大。舜不告而娶,为无后也。君子以为犹告也。'"注曰:"于礼有不孝者三事,谓阿意曲从,陷亲不义,一不孝也;家穷亲老,不为禄仕,二不孝也;不娶无子,绝先祖祀,三不孝也。三者之中,无后为大。"将这几种说法综合在一起,其意即是一个人为父母所生之后,继而适时婚娶,再续而生儿育女,这是很大的一件事。因为不娶未生,祖先断祀,这是最大的不孝。孟子说不孝有三种情况,但最大的不孝是断了后代香烟。与这里的"续莫大焉"完全是一个意思。

⑦ "故亲生之膝下",诸家说不安处,古文字、读皆异:"故亲生之膝下",原出《孝经·圣治章》:"故亲生之膝下,以养父母日严。"注曰:"亲,犹爱也。膝下,谓孩幼之时也。言亲爱之心生于孩幼,比及年长,渐识义方,则日加尊严,能致敬于父母也。"子女幼时依于父母膝下,故以"膝下"为幼年孩提之代称。这句话的意思是幼年孩提已知亲爱自己的父母,或者说亲爱自己的父母之情从孩提时就产生了。安处,安适、妥帖、贴切。意指诸家对"父母生之,续莫大焉""故亲生之膝下"等句义的说法均不妥帖,古文《孝经》的文字与句读与各家经文皆不同。

《隋志·孝经类》小序

夫孝者,天之经,地之义,人之行。自天子达于庶人,虽尊卑有差,及乎行孝,其义一也。先王因之以治国家,化天下,故能不严而顺,不肃而成①。斯实生灵之至德,王者之要道。孔子既叙六经,题目不同,指意差别,恐斯道离散,故作《孝经》以总会之,明其枝流虽分,本萌于孝者也。遭秦焚书,为河间人颜芝所藏。汉初，芝子贞出之，凡十八章，而长孙氏、博士江翁、少府后苍、谏议大夫翼奉、安昌侯张禹皆名其学。又有《古文孝经》，与《古文尚书》同出②。而长孙有《闺门》一章，其余经文大较相似，篇简缺解③。又有衍出三章，并前合为二十二章，孔安国为之传④。至刘向典校经籍，以颜本比古文，除其繁惑，以十八章为定。郑众、马融并为之注。又有郑氏注，相传或云郑玄，其立义与玄所注余书不同，故疑之⑤。梁代，安国及郑氏二家，并立国学，而安国之本亡于梁乱。陈及周、齐，唯传郑氏。至隋，秘书监王劭于京师访得《孔传》，送至河间刘炫。炫因序其得丧，述其议疏，讲于人间，渐闻朝廷，后遂著令，与郑氏并立。儒者喧喧，皆云炫自作之，非孔旧本，而秘府又先无其书。又云魏氏迁洛，未达华语，孝文帝命侯伏侯可悉陵以夷言译《孝经》之旨，教于国人，谓之《国语孝经》⑥。今取以附此篇之末。

注释

①先王因之以治国家，化天下，故能不严而顺，不肃而成："不严而顺，不肃而成"，这两句话是从《孝经》中套用而来。《孝经·圣治章》："圣人之教不肃而成，其政不严而治。"盖即《隋志》此处所说之所本。《孝经》此处注文曰："圣人顺群心以行爱敬，制礼则以施政教，亦不待严肃而成理也。"正义曰："此更广陈严父之由，言人伦之正性，必在蒙幼之年。教之则明，不教则昧。言亲爱之心生在其孩幼膝下之时，于是父母则教示。比及年长，渐识义方，则日加尊严，能致敬于父母，故云以养父母日严也。是以圣人因其日严而教之以敬，因其知亲而教之以爱，故圣人因之以施政教，不待严肃自然成治也。"《隋志》此处之意，是说先王因为以孝道治理国家，教化天下，故不用严加管治而臣民和顺，不用严肃处理而天下太平。

②又有《古文孝经》，与《古文尚书》同出：前边已经说过，汉景帝时鲁恭王欲扩建宫室而拆毁孔子的宅院，在孔子宅院的墙

中发现了《尚书》《礼》《论语》《孝经》等一批书。这批书都不是用汉代通行的隶书（当时称为今文）书写，而是用古文字书写的，所以称为《古文尚书》《古论语》《古文孝经》。所谓"又有《古文孝经》，与《古文尚书》同出"，就是指它们同出于孔壁中。

③而长孙有《闺门》一章，其余经文大较相似，篇简缺解：长孙，盖长孙顺，治《孝经》以名家。长孙氏传授的《孝经》多出《闺门》一章，其余十八章经文与《古文孝经》大体相同。只是多出的这一章，缺乏解释。古时无纸，书籍内容都要写在竹木简上，一章写完多数情况底下就叫作一篇。所以说"篇简缺解"。

④又衍出三章，并前合为二十二章，孔安国为之传：《汉志》颜师古注《古文孝经》谓："刘向云：'古文字也。《庶人章》分为二也；《曾子敢问章》为三；又多一章，凡二十二章。'"唐陆德明《经典释文·孝经叙录》："《孝经》古文，出于孔子壁中，别有《闺门》一章、分析十八章，总为二十二章。孔安国作传。又曰《孔安国注孝经》。"此后的《唐书·经籍志》《新唐书·艺文志》《宋史·艺文志》《崇文总目》《直斋书录解题》等目，都著录有《古文孝经》一卷，孔安国传。就是《四库全书》亦收录了《古文孝经孔氏传》一卷，并附宋本《古文孝经》一卷。其孔传《古文孝经》之来源，据《四库全书总目》提要称，乃康熙四十一年（1702）日人太宰纯音序刊本。乾隆中，汪翼仓附市舶至日本，于日本长崎获之，携回国内。其真伪，四库馆臣未置可否，独阮元作《十三经注疏》，于《孝经注疏校勘记序》中说："《孝经》有古文有今文，有郑注有孔注。孔注今不传，近出于日本国者，诞妄不可据。要之孔注即存，不过如《尚书》之伪传，决非真也。"这一疑点，远在《隋志》即已有之。"安国之本亡于梁乱。……至隋，秘书监王劭于京师访得《孔传》，送至河间刘炫。炫因序其得丧，述其议疏，讲于人间，渐闻朝廷，后遂著

令，与郑氏并立。儒者喧喧，皆云炫自作之，非孔旧本，而秘府又先无其书。"这表明，隋时所立之国学的《古文尚书》孔安国传，当时学界儒林便纷纷提出意见，疑其为刘炫所伪作。

⑤又有郑氏注，相传或云郑玄，其立义与玄所注余书不同，故疑之：关于郑玄是否注《古文孝经》，聚讼千有余年。姚振宗《隋书经籍志考证》所引聚讼材料颇全，可资考证。最后姚振宗按语称："郑氏注《孝经》，自《南齐书·陆澄传》《释文·叙录》《王制疏》《困学纪闻》，诸书皆疑郑氏非郑玄。《唐会要》载刘知幾《奏议》设十二验，请废郑立孔，其言甚辨。然皆严铁桥先生所谓偏据，非会通之谈也。其他诸说纷然，有谓此郑氏为小同者，又有谓是郑偁者。诸所记载，虽千万言不能尽，要以严氏之说为定。严氏会聚群言，悉心考订，最为详审。"严氏，即严可均铁桥。其《铁桥漫稿·孝经郑氏注叙》曰："郑氏注《孝经》，始见晋《中经簿》。嘉庆初，我乡郑氏于海舶得日本所刊魏徵《群书治要》，其中有《孝经》十七章，则郑氏注也。兼得彼国所刊郑氏注专行本，与《治要》同。《治要》于经注有删节，又无《丧亲章》，非全本。"表明姚振宗是认为《孝经》有郑玄注的。然阮元编《十三经注疏》，于《孝经注疏校勘记序》则说："近日本国又撰一本，流入中国，此伪中之伪，尤不可据者。"可见这个争论至晚清仍无定论。姚振宗却批驳阮氏之说，说他"不知其本即魏郑公《群书治要》所载，犹是唐初相传魏晋六朝以来之旧笈，与陆氏《释文》所用之本同时不相上下，最可凭信，亦唯严氏能别白而出之，故余以为严氏之说不易之论也"。然姚氏忽略了一个大前提，即《隋书》及《隋书·经籍志》究竟出自谁手。《四库全书总目·隋书》提要称："唐魏徵等奉敕撰。……据刘知幾《史通》所载，撰纪、传者为颜师古、孔颖达；撰志者为于志宁、李淳风、韦安仁、李延寿、令狐德棻。案宋刻《隋书》之后有天圣中校正旧跋，称同修纪、传者尚有许敬宗，同修志者

尚有敬播。至每卷分题，旧本十志内，惟《经籍志》题侍中郑国公魏徵撰。"如此说可信，则《隋书·经籍志》恰是魏徵所撰。魏徵既在《隋志·孝经》类序中说："又有郑氏注，相传或云郑玄，其立义与玄所注余书不同，故疑之。"又怎么会跑到自著《群书治要》中说确为郑玄注呢？故《孝经》是否曾有过郑玄注，仍只能存疑。

⑥又云魏氏迁洛，未达华语，孝文帝命侯伏侯可悉陵以夷言译《孝经》之旨，教于国人，谓之《国语孝经》：魏孝文帝，即拓跋宏，亦即元宏（467—499）。五岁即位，太皇太后冯氏当国秉政。太和十四年（490）亲政。冯太后临朝时便改革吏治，孝文帝亲政后进一步推动改革。太和十七年（493），将首都从平城（今山西大同东北）迁往洛阳。并改鲜卑姓氏为汉姓，改变鲜卑风俗、服制、语言，奖励鲜卑族与汉族通婚等。所谓"魏氏迁洛"即指此。命侯伏侯可悉陵以夷言译《孝经》称为《国语孝经》亦在此时。

《四库总目·孝经类》小序

蔡邕《明堂论》引魏文侯《孝经传》①，《吕览·审微篇》亦引《孝经·诸侯章》，则其来古矣②。然授受无绪，故陈骙、汪应辰皆疑其伪③。今观其文，去二戴所录为近④，要为七十子徒之遗书，使河间献王采入一百三十一篇中，则亦《礼记》之一篇⑤，与《儒行》《缁衣》转从其类⑥。惟其各出别行，称孔子所作⑦。传录者又分章标目，自名一经。后儒遂以不类《系辞》《论语》绳之，亦有由矣⑧。中间孔、郑两本互相胜负，始以开元《御注》用今文，遵制者从郑；后以朱子《刊误》用古文，讲学者又转而从孔⑨。要其文句小异，义理不殊，当以黄震之言为定论（语见《黄氏日钞》）⑩。故今之所录，惟取其词达理明，有裨来学，不复以今文、古文区分门户，徒酿水火之争。盖注经者明道之事，非分朋角胜之事也。

注释

①蔡邕《明堂论》引魏文侯《孝经传》：蔡邕（132—192），字伯喈，陈留圉（今河南杞县西南）人。东汉著名的文学家和书法家。灵帝时为议郎，因上书论朝政阙失，遭诬陷而被流放朔方。遇赦后畏宦官陷害，亡命江湖十余年。董卓专政，被迫为侍御史，官左中郎将，人称蔡中郎。董卓被诛后，邕被王允所捕，死于狱中。邕通经史、音律、天文，善辞章，工书法。著名的"熹平石经"部分文字就是他写的。《后汉书》有蔡邕传记。《明堂论》盖即蔡邕作品之一。清王谟辑《汉魏遗书钞》、黄奭辑《黄氏逸书考》《汉学堂经解》，均收有蔡邕《明堂月令论》一卷，盖即《明堂论》当中的一部分。国家图书馆善本书目经部礼类，有清陆尧春辑，嘉庆三年陆氏小蓬山馆刻本的《蔡氏明堂月令章句》一卷、《明堂月令论》一卷、《月令问答》一卷，盖为蔡氏《明堂论》辑佚最丰富之本。这里重点无须过多解释《明堂论》，在于《明堂论》里引证了魏文侯的《孝经传》。魏文侯（？—前396），名斯，魏桓子之子，战国时魏国的创建者，公元前445—前396年秉国在位。曾任用李悝为相、吴起为将、西门豹为邺令，进行改革，奖励耕战，兴修水利，使魏成为当时的强国。魏文侯还是当时诸侯中最好古喜文的人，《史记·魏世家》说："文侯受子夏经艺，客段干木，过其闾，未尝不轼也。秦尝欲伐魏，或曰：'魏君贤人是礼，国人称仁，上下和合，未可图也。'文侯由此得誉于诸侯。"蔡邕《明堂论》曾引证魏文侯的《孝经传》，可见《孝经》久已成书，魏文侯且为其作传注。

②《吕览·审微篇》亦引《孝经·诸侯章》，则其来古矣：

《吕览》就是《吕氏春秋》，或者说《吕氏春秋》亦称《吕览》。是战国末年秦相吕不韦与其门客共同编撰的一部杂家著作，凡二十六卷，分六论、八览、十二纪，共一百六十篇。内容儒、道为主，兼及名、法、墨、农、阴阳诸家之言，为秦统一中国、治理国家提供了思想武器。《审微》是《吕览》当中的一篇。这篇中亦引证了《孝经》中的《诸侯章》。《诸侯章》在《孝经》十八章中，仅次于《开宗明义章》第一，《天子章》第二，而列为第三。四库馆臣以《明堂论》《吕览》引证魏文侯《孝经传》和《孝经·诸侯章》，目的在于说明《孝经》之成书其来久矣。但魏文侯也罢，吕不韦也罢，他们还都晚于孔子，故以此否定不了孔子作《孝经》的事实。

③然授受无绪，故陈骙、汪应辰皆疑其伪：陈骙（1128—1203），字叔进，或作叔晋，临海人。南宋绍兴二十四年试春官第一，举进士，历知赣、秀、太平、袁四州。光宗时为吏部侍郎，应诏疏三十余条，皆切时弊。宁宗继位，知枢密院事，兼参知政事。以忤韩侂胄，提举洞霄宫。嘉泰三年卒，年七十六，谥文简。有《南宋馆阁录》十卷、《文则》二卷、《宋会要》不分卷等传世。汪应辰（1118—1176），初名洋，字圣锡，信州玉山人。南宋绍兴五年进士第一，初为秘书省正字。时秦桧主和议，应辰上疏力言因循无备、上下相蒙之可畏，忤桧意，出判建州。桧死，始还朝，累官吏部尚书。应辰少从吕本中、胡安国游，精于义理。淳熙三年卒，年五十九，谥文定，学者称玉山先生。有《文定集》五十卷。由于《孝经》在授受承传上不如其他经书门脉清楚，故陈骙、汪应辰怀疑其为伪书。

④今观其文，去二戴所录为近：二戴，当指西汉时的戴德、戴圣叔侄二人。戴德字延君，梁（今河南商丘南）人，《成安县志》又说他是魏郡斥丘（今河北成安东南）人。任信都王刘器的太傅。曾与兄子戴圣同学《礼》于后苍。后戴德选集古代各种有

关礼仪的论述文章八十五篇，编成《礼记》，人称《大戴礼记》或简称《大戴记》《太傅礼》，宣帝时立为博士。戴圣字次君，与叔父戴德同学《礼》于后苍，曾任九江太守。亦选集古代各种有关礼仪的论述文章四十九篇，编成《礼记》，人称《小戴礼记》或简称《小戴记》。宣帝时立为博士。曾参加石渠阁讨论，评定《五经》异同。"今观其文，去二戴所录为近"，是说现在览阅《孝经》的文字内容，与戴德、德圣所选录的有关礼仪论述的文章比较相近。

⑤要为七十子徒之遗书，使河间献王采入一百三十一篇中，则亦《礼记》之一篇：此话原出《隋志·礼类》小序，原话为："汉初，河间献王又得仲尼弟子及后学者所记一百三十一篇献之，时亦无传之者。至刘向考校经籍，检得一百三十篇，向因第而叙之。"四库馆臣将此话移来，用以说明《孝经》不过亦是七十子之遗书，被河间献王采入一百三十一篇《礼》书中的一篇，因此判断《孝经》亦是《礼记》中的一篇。

⑥与《儒行》《缁衣》转从其类：《儒行》和《缁衣》都是《礼记》中的篇名。《缁衣》是第三十三篇，《儒行》是第四十一篇。承上句，是说《孝经》与《儒行》《缁衣》相似，乃《礼记》中之一篇，只不过每篇所讲内容比较集中，故转从其类。

⑦惟其各出别行，称孔子所作：只是因为它们别出《礼记》而单行，才说成是孔子所撰著。《缁衣》久已别出，明黄道周就有《缁衣集传》六卷行世，并被收录到《锲黄先生进览书四种》《石斋先生经传九种》《四库全书》中。黄道周还撰有《儒行集传》四卷，收入《锲黄先生进览书四种》《石斋先生经传九种》《四库全书》中。四库馆臣推测《孝经》与此情况类同，是从《礼记》中别出之一篇，故称为孔子所作。

⑧后儒遂以不类《系辞》《论语》绳之，亦有由也：《系辞》是《十翼》的两篇。《汉志·易类》小序："文王以诸侯顺命而

行道，天人之占可得而效，于是重《易》六爻，作上、下篇。孔氏为之《彖》《象》《系辞》《文言》《序卦》之属十篇。"分明是说孔子为《易》作《十翼》，即《易传》。而《系辞》乃《十翼》的上、下两篇，所以《系辞》乃孔子所自撰，反映了他的主要思想。《论语》则是孔子与弟子及时人的谈话记录，非但是孔子自己的作品，更比较真实地反映了孔子的思想。而《孝经》无过是《礼记》中的一篇，因各出别行，传录者又分章标目，自名一经，称为孔子所作。这两者之间是有本质区别的，故后儒不以《孝经》如《系辞》《论语》同等看待，这是有其缘由的。

⑨中间孔、郑两本互相胜负，始以开元《御注》用今文，遵制者从郑；后以朱子《刊误》用古文，讲学者又转而从孔：《隋志·孝经类》小序称："又有《古文孝经》，与《古文尚书》同出。……孔安国为之传。……又有郑氏注，相传或云郑玄，其立义与玄所注余书不同，故疑之。梁代，安国及郑氏二家，并立国学，而安国之本亡于梁乱。陈及周、齐，唯传郑氏。至隋，秘书监王劭于京师访得《孔传》，送至河间刘炫。炫因序其得丧，述其议疏，讲于人间，渐闻朝廷，后遂著令，与郑氏并立。儒者喧喧，皆云炫自作之，非孔旧本，而秘府又先无其书。"这段文字说明，早在隋及隋以前，《古文孝经》孔安国传和郑玄注就互有胜负兴衰。至唐玄宗李隆基御注《孝经》采用今文本为底本，则遵循古制者便遵从郑玄之学说，也就是郑玄所注《古文孝经》。南宋朱熹于孝宗淳熙十三年（1186），也就是他五十七岁那年，完成了《孝经刊误》一卷。朱氏作《孝经刊误》，采用《古文孝经》传本，分为经一章，传十四章，删汰旧文二百二十三字。并在《后记》中说："熹旧见衡山胡侍郎《论语说》，疑《孝经》引《诗》，非经本文，初甚骇焉。徐而察之，始悟胡公之言为信。而《孝经》之可疑者不但此也。"这便是朱熹作《孝经刊误》的起因。而因为朱子作《刊误》采用的是《古文孝经》传本，于是

讲学之人又转而遵从孔安国传注。

⑩要其文句小异，义理不殊，当以黄震之言为定论：黄震（1213—1280），字东发，浙江慈溪（今属浙江）人，学者称于越先生。宝祐进士。曾任史馆检阅、提点刑狱司等官。入元后不仕，饿死于宝幢山。门人私谥文洁先生。学宗程朱，但对道学也有很多不满和修正。其学问成就主要反映在他的《黄氏日钞》中。《四库全书总目·黄氏日钞》提要说他："解说经义，或引诸家以翼朱子，或舍朱子而取诸家，亦不坚持门户之见。"此即四库馆臣以黄震之言作为对《孝经》诸说取舍标准的道理。

按：《汉志·孝经类》小序，文字最为精练。首点《孝经》实质，只谓"《孝经》者，孔子为曾子陈孝道也"。一语破的，非但说明了《孝经》的由来，亦撮出了《孝经》的宏旨。接着继续说明孝道定位，乃"天之经，地之义，民之行也"。于这当中"举大者言，故曰《孝经》"。以下虽也讲了以《孝经》名家的汉代诸人，但授受承传却只字未提，给后世门户分争留下了缺口。只谈孔氏壁中所出《古文孝经》文字有异，但闭口未谈孔安国是否为《古文孝经》作传。总之，《汉志》道《孝经》来源，撮《孝经》宏旨有功；未谈授受承传，未讲孔安国是否为《古文孝经》作传，则是万世缺憾。而在分类部居上将《孝经》列在《论语》之后，恐有深意。后儒不以《系辞》《论语》绳《孝经》，良有由也，意有一也。

《隋志·孝经类》小序，大概想补《汉志》过简之缺，在阐释《孝经》宗旨、成书过程上着笔不少，使人读来平实顺畅。因孝乃是"生灵之至德，王者之要道"，故孔子在叙六经之后，又作了《孝经》，以总会之。"遭秦焚书，为河间人颜芝所藏。汉初，芝子贞出之，凡十八章。"这比《汉志》记述进了一步。《古文孝经》之所出，孔安国为二十二章经作传，郑玄作注，儒者之疑，隋后孔传之伪，一一道来，脉络清楚，为历来研究《孝经》者所必读。且大胆调整《论语》与《孝经》的类分部居，将《孝经》列在《论语》之前、六经之后，居第七位。推其原因，盖与《隋志》之编撰者对孝的认识有关。他们认为"自天子达于庶人，虽尊卑有差，及乎行孝，其义一也。先王因之以治国家，化天下，故能不严而顺，不肃而成。斯实生灵之至德，王者之要道"。孔子虽叙六经，题目不同，指意有别，作《孝经》以总会之，"明其枝流虽分，本萌于孝者也"。他们把六经看成了《孝经》的支流，故六经之后当以《孝经》总会之，所以将其部居在第七位。此例一开，后世随之，遂成体例。

《四库总目》是《四库全书》的选书目录，其意在阐明去取原则。故每篇小序都要阐明授受源流、师承学派、门户分争，然后或以前贤公论，或以己出至公权衡，定去取，明是非，示兼收，显公允。此篇小序亦不出此窠臼。先说其来古矣，再抓住其授受无绪，利用宋人之口疑其为伪。而后自己表明态度，认为《孝经》无过是《礼记》中的一篇。因其逸出别行，传录者又分章标目，自名一经，号称孔子所作。又孔传郑注互有胜负，只能取其词达理明，有裨来学者。这样的小序固需高屋见瓴，但亦不免时时吹捧皇清之至公。

※　　　　※　　　　※

《汉志·小学类》小序

《易》曰："上古结绳以治，后世圣人易之以书契，百官以治，万民以察，盖取诸夬。"[①]"夬，扬于王庭"，言其宣扬于王者朝廷，其用最大也[②]。古者"八岁入小学"，故《周官》"保氏掌养国子",教之六书③。谓象形、象事、象意、象声、转注、假借,造字之本也④。汉兴,萧何草律,亦著其法,曰:"太史试学童,能讽书九千字以上,乃得为史⑤。又以六体试之,课最者以为尚书、御史、史书令史⑥。吏民上书,字或不正,辄举劾。"⑦六体者,古文、奇字、篆书、隶书、缪篆、虫书。皆所以通知古今文字、摹印章、书幡信也⑧。古制,书必同文,不知则阙,问诸故老。至于衰世,是非无正,人用其私,故孔子曰:"吾犹及史之阙文也,今亡矣夫!"盖伤其浸不正⑨。《史籀篇》者,周时史官教学童书也,与孔氏壁中古文异体⑩。《苍颉》七章者,秦丞相李斯所作也⑪;《爰历》六章者,车府令赵高所作也⑫;《博学》七章者,太史令胡母敬所作也⑬。文字多取《史籀篇》,而篆体复颇异,所谓秦篆者也⑭。是时始造隶书矣,起于官狱多事,苟趋省易,施之于徒隶也⑮。汉兴,闾里书师合《苍颉》《爰历》《博学》三篇,断六十字以为一章,凡五十五章,并为《苍颉篇》⑯。武帝时,司马相如作《凡将篇》,无复字⑰。元帝时,黄门令史游作《急就篇》⑱;成帝时,将作大匠李长作《元尚篇》,皆《苍颉》中正字也⑲。《凡将》则颇有出矣⑳。至元始中,征天下通小学者以百数,各令记字于庭中。扬雄取其有用者,以作《训纂篇》,顺续《苍颉》,又易《苍颉》中重复之字,凡八十九章㉑。臣复续扬雄作十三章,凡一百二章,无复字㉒。六艺群书所载,略备矣㉓。《苍颉》多古字,俗师失其读,宣帝时征齐人能正读者,张敞从受之,传至外孙之子杜林,为作《训》《故》,并列焉㉔。

注释

①《易》曰:"上古结绳以治,后世圣人易之以书契,百官以治,万民以察,盖取诸夬。":这段话原出《易·系辞》下:"上古结绳而治,后世圣人易之以书契,百官以治,万民以察,盖取诸夬。"意思是说上古以结绳记事的办法来治理天下。正义

曰："结绳者，郑康成注云：'事大大结其绳，事小小结其绳。'义或然也。"云南历史博物馆收藏一条傈僳族用过的结绳。这条结绳是一条借据结绳，上面系有很多结，每借一斗谷米就打一结，每还一斗就打开一结。也有记事结绳，大结表示大事，小结表示小事。这些绳结，既是证据，又佐记忆，双方或大家共同凭信，共同遵守，这就是治理和管理，所以说"上古结绳以治"。书契，犹言文字。《古文尚书》伪孔序："古者伏羲氏之王天下也，始画八卦，造书契，以代结绳之政，由是文籍生焉。"这里的造书契，指的就是造文字。郑玄《易·系辞》注云："书契，以书书木边言其事。刻其侧为契，各持其一，后以相考合，谓之书契也。"释文曰："书者，文字；契者，刻木而书其侧。""后世圣人易之以书契"，即后世圣人以文字替代了上古的结绳。这个圣人是谁？按照《尚书》伪孔序的说法，这个后世圣人就是伏羲。他始画八卦，造书契，以代结绳之政。由于有了文字，百官有了管理政务的规范，人民百姓也由此而更加明白道理。盖取诸夬，夬，指夬卦。夬，决也。正义曰："造立书契，所以决断万事，故取诸夬也。"夬卦属乾下兑上，乃阴阳消息之卦，带有总决之义。书契用以决断万事，大概是取之于夬卦所含内容。

②"夬，扬于王庭"，言其宣扬于王者朝廷，其用最大也：《易·夬卦》："夬，扬于王庭。"正义曰："夬，决也。此阴阳消息之卦也。阳长至五，五阳共决一阴，故名为夬也。扬于王庭者，明行决断之法。……王庭是百官所在之处，以君子决小人，故可以显然发扬决断之事于王者之庭，示公正而无私隐也，故曰扬于王庭也。"这段话继续说明文字的用途之大。

③古者"八岁入小学"，故《周官》"保氏掌养国子"，教之六书：周代的贵族子弟八岁入小学，十五岁入大学。《大戴礼记·保傅篇》："及太子少长，知妃色，则入于小学。"注曰："古者太子八岁入小学，十五岁入太学也。"还说："古者年八岁而出

就外舍，学小艺焉，履小节焉。"这就是《汉志》此处说"古者八岁入小学"的依据。"《周官》'保氏掌养国子'"，《周礼·地官司徒·保氏》："保氏掌谏王恶，而养国子以道，乃教之六艺。"保氏，古代职掌教育贵族子弟的官员。国子，指的也是可以入国学的贵族子弟。"教之六书"，《大戴礼记·保傅篇》："古者年八岁而出就外舍，学小艺焉。"《汉书·食货志》："八岁入小学，学六甲五方书计之事。"这里说"教之六书"，盖是从八岁入学之后，不同时期有不同的教授内容。教之六书，就是最初教其识字写字。

④谓象形、象事、象意、象声、转注、假借，造字之本也：《汉志》颜师古注曰："象形，谓画成其物，随体诘屈，日、月是也。象事，即指事也，谓视而可识，察而见意，上、下是也。象意，即会意也，谓比类合谊，以见指㧑，武、信是也。象声，即形声，谓以事为名，取譬相成，江、河是也。转注，谓建类一首，同意相受，考、老是也。假借，谓本无其字，依声托事，令、长是也。文字之义，总归六书，故曰立字之本也。"张舜徽《汉书艺文志通释》于此有一段按语，评说颜师古此注："实本许慎《说文解字叙》以为之说。考汉人称举六书，实有三家，名称次第，皆不全同。本《志》所言，乃班氏之说也。其次如郑众《周礼保氏注》则以象形、会意、转注、处事、假借、谐声为六书；许慎《说文解字叙》则以指事、象形、形声、会意、转注、假借为六书。扬搉而言，则名称以许慎所举为善，次第以班固所列为优。兼取其长，应为象形、指事、会意、形声、转注、假借。约定俗成，相沿已旧矣。顾六书之名，乃后贤从字群中所抽出之六种条例，而非古人先定此例而后造字也。循斯六者以分析古代文字，则隐栝而有条例，可以推知造字原意。但不可视六书为天造地设，目为造字前即已有之耳。"这段话很精彩，六书乃后人归纳群字而总结出来的六条造字规律，并非事先有什么圣贤先予设定，而后依此造字，故说这条乃"造字之本"，并不确切。

⑤汉兴，萧何草律，亦著其法，曰："太史试学童，能讽书九千字以上，乃得为史。"：萧何（？—前193），汉沛（今江苏丰县）人，曾为沛吏，佐刘邦建汉王朝。刘邦入咸阳，何收秦律令图籍，得以掌握全国山川险要、郡县户口、社会情况。刘邦为汉王，何为丞相。楚汉战争中，何留守关中，补给兵饷。天下既定，论功第一，封酂侯。汉之律令典制，多出其手，故世称萧何定律。所谓"草律"，即草拟、起草了法律。"亦著其法"，著，昭明，彰明，明确，明文规定。其意是说汉兴之后，萧何起草的法律条文里亦明文规定曰："太史试学童，能讽书九千字以上，乃得为史。"讽，郑玄《周礼·春官宗伯·大司乐》注："倍文曰讽。"倍通背，讽书即是背书。《汉书艺文志通释》引顾实的话说："倍文曰讽，犹今言背诵默写也。""乃得为史"，才能充任史官。全句是说汉兴萧何起草的律令里，明文规定太史测试学童，能够读书背诵九千字以上者，才能成为史官。

⑥又以六体试之，课最者以为尚书、御史、史书令史：《汉书艺文志通释》引证顾实的话说："六体者，八体之讹也。《说文叙》作八体，不误。"八体，即八种字体：大篆、小篆、刻符、虫书、摹印、署书、殳书、隶书。六体也好，八体也好，就是又以书体测试学童。课最，即功课最拔尖、考试成绩最好的就可以做尚书、御史、史书令史。史书令史，《汉书艺文志通释》引证顾实的解释为："令，巧善也。史书令史者，巧善于史书之吏员也。史书者，隶书也。"通俗地说，也就是善于写隶书的吏员。

⑦吏民上书，字或不正，辄举劾：吏，通指官吏。民，指黎民百姓。官吏和黎民百姓上书给国王君主，其字如果写得不正规不规范，这些尚书、御史、史书令史就可以检举而弹劾之。

⑧六体者，古文、奇字、篆书、隶书、缪篆、虫书。皆所以通知古今文字、摹印章、书幡信也：颜师古《汉书》注云："古文，谓孔子壁中书；奇字，即古文而异者也；篆书，谓小篆，盖

秦始皇使程邈所作也；隶书，亦程邈所献，主于徒隶，从简易也；缪篆，谓其文屈曲缠绕，所以摹印章也；虫书，谓为虫鸟之形，所以书幡信也。"《汉书艺文志通释》引证姚明煇的话说："许氏《说文叙》以此六体为亡新时立，而谓律所试为秦之八体。与此不符，未知何故？第汉初古文未出，不能无疑于班也。"张舜徽先生紧接着加以按断，谓："以此段文理观之，上文方叙汉兴试学童事，不应忽插入新莽时之六体。六体之兴，上距萧何草律之时，已二百年，非可连类而及。上文言汉初'又以八体试之'，书经传写，误'八'为'六'甚早。后之读《汉志》者，因记'六体者'云云三十一字于下，初为附注之辞，后乃录入正文。今审定三十一字，乃后人所窜入，非班书所原有也。去此三十一字，则上下相承，文从字顺矣。上文既言汉世正书之严，下复推说古人阙文之义，文理一贯，不必有疑于班也。"这段话颇有道理，今以上文"吏民上书，字或不正，辄举劾"，直与"古制，书必同文，不知则阙……"相接，非常自然顺畅。缪篆，古时摹刻印章的一种篆书。幡信，古时以幡传递信息。幡，旗帜。幡信，以幡传命，犹符节之类。

⑨至于衰世，是非无正，人用其私，故孔子曰："吾犹及史之阙文也，今亡矣夫！"盖伤其寖不正：古制，书写的文字一定要相同，不知道的字就空着，向老年人请教。待到周室衰微，文字使用正确与否没有了判断是非的凭证，人们逞其私意随便乱写，所以孔子说："吾犹及史之阙文也，今亡矣夫！"孔子这两句话见于《论语·卫灵公》，原话是子曰："吾犹及史之阙文也。有马者借人乘之，今亡矣夫！"这两句话不易理解。前一句孔子是说我还看到过史书上的阙文，今天已经见不到这类阙文存疑之书了。中间插了一句"有马者借人乘之"，令人联系不起来，十分费解。《汉书艺文志通释》对此有过一段按语："孔子生于周末，已叹不复能睹史之阙文，盖病其时字无定体，任人改作。及分为

177

七国，举凡田亩车轨、法令衣冠、语言文字，各行其旧，无一合者。而文字异形，尤足障碍文化之交流，阻滞全国之统一。故秦初兼天下，丞相李斯乃奏同之，罢其不与秦文合者。使字形咸有定体，所以救时弊也。"这段话有助理解上述文字。孔子之所以讲上述那样的话，大概是对这种文字的越来越不正规感到伤心。

⑩《史籀篇》者，周时史官教学童书也，与孔氏壁中古文异体：《史籀篇》，相传为周时教学童识字的课本。原有十五篇，东汉初年亡佚六篇，仅存九篇。《汉书·艺文志》著录为十五篇，称"周宣王太史作大篆十五篇，建武时亡六篇矣"。许慎《说文解字叙》才说周宣王时太史籀所撰。王国维考证认为《史籀篇》乃用首句为篇名，实非人名。《史籀篇》的文字形体，与汉景帝时鲁恭王坏孔子宅而从孔子宅壁中所得书籍中的古文字，其形体也不同。

⑪《苍颉》七章者，秦丞相李斯所作也：苍颉亦作仓颉。许慎《说文解字叙》："秦始皇帝初兼天下，丞相李斯乃奏同之，罢其不与秦文合者。斯作《仓颉篇》。"《汉书·艺文志》著录《苍颉》一篇。上之七章，秦丞相李斯作。

⑫《爰历》六章者，车府令赵高所作也：《汉书·艺文志》著录《苍颉》篇之下说："《爰历》六章，车府令赵高作。"车府令，官名。秦有中车府令，掌乘舆路车，秦始皇时赵高曾任此职。赵高（？—前207），赵国人，秦宦官。他作字书《爰历》六章。

⑬《博学》七章者，太史令胡母敬所作也：《汉书·艺文志》著录《苍颉》篇之下说："《博学》七章，太史令胡母敬作。"胡母，复姓，名敬，秦人。

⑭文字多取《史籀篇》，而篆体复颇异，所谓秦篆者也：《苍颉》《爰历》《博学》这些字书的文字，多取自《史籀篇》，而且也都是篆字，但篆体却很不一样，这就是所谓的秦篆。

⑮是时始造隶书矣，起于官狱多事，苟趋省易，施之于徒隶

也：是时，指秦时。开始创造隶书，其起因是秦法苛密，狱讼繁多，犯徒配转，公文频移，仍用篆字书写，实为烦琐，故就篆字笔画删繁就简，字体由圆变方，造出了隶体字，让犯人和工役使用。徒隶，服劳役的罪犯和服贱役的下人。《管子·轻重乙》："今发徒隶而作之，则逃亡而不守。"《汉书·司马迁报任安书》："见狱吏则头枪地，视徒隶则心惕息。"这里的"徒隶"都指的是罪犯。"苟趋省易"，苟，不太郑重、草率。趋，追赶、追求。省易，省事简易。

⑯汉兴，闾里书师合《苍颉》《爰历》《博学》三篇，断六十字以为一章，凡五十五章，并为《苍颉篇》：闾里，乡里，泛指民间。书师，教书的老师、先生。汉朝兴起之后，民间教书的老师汇集《苍颉》《爰历》《博学》三书的文字，去其重复，定每六十字为一章，共五十五章，统一称为《苍颉篇》。

⑰武帝时，司马相如作《凡将篇》，无复字：《凡将篇》亦是字书，汉武帝时司马相如所撰。《说文解字》常引其说。《汉书·艺文志》著录《凡将》一篇，司马相如作。《隋书·经籍志》《新唐书·艺文志》各著录为一卷。宋以后失传。清任大椿的《小学钩沉》、马国翰的《玉函山房辑佚书》中有辑本。司马相如所作的《凡将篇》中没有重复的字。

⑱元帝时，黄门令史游作《急就篇》：黄门令，内廷官吏名。《通典》二一职官三侍中谓："凡禁门黄闼，故号黄门。后为官署名。汉时有黄门官，给事于黄门之内。东汉给事内庭的黄门令、中黄门诸官，皆以宦者充任，故宦者也称为黄门。元帝时，史游以黄门令身份作了字书《急就篇》。《急就篇》也称《急就章》，是蒙童的识字课本。今本分为三十四章，凡二千一百四十四字（末一百二十八字为后人所加），按姓名、衣服、饮食、器用等分类，成三言、四言、七言韵语。首句有"急就"二字，因以名篇。一说如遇难字，缓急可就而求焉，故名急就。其性质类乎后

世村塾蒙童所读的《五言杂字》《六言杂字》。

⑲成帝时,将作大匠李长作《元尚篇》,皆《苍颉》中正字也:《汉书·艺文志》著录:"《元尚》一篇,成帝时将作大匠李长作。"将作大匠,官名,职掌宫室、宗庙、陵寝等土木营建。李长,无考。他所作的《元尚篇》,其收字全是《苍颉篇》中的本字,也称正字。

⑳《凡将》则颇有出矣:出,离得太远,出入太大。司马相如所作的《凡将》篇,相对于李长所作的《元尚篇》来说,则离《苍颉》正字就太远了。

㉑至元始中,征天下通小学者以百数,各令记字于庭中。扬雄取其有用者,以作《训纂篇》,顺续《苍颉》,又易《苍颉》中重复之字,凡八十九章:到汉平帝元始年间,征召全国百余名通晓文字学的人,让他们每个人都在内庭记写下所通晓的文字。扬雄从这些字中取出有用的文字,编成《训纂篇》。《训纂篇》一方面依顺序续编《苍颉》,一方面又改易《苍颉》中重复的文字,最终形成八十九章。《汉书艺文志通释》引证姚明煇的话说:"《苍颉》先时为五十五章,扬雄续易为八十九章,增多三十四章也。以《苍颉》章六十字例之,当为二千四十字。合《苍颉》三千三百字,为五千三百四十字。故许氏《说文叙》曰:'黄门侍郎扬雄,采以作《训纂篇》,凡五千三百四十字也。'许盖不数孟坚之十三章。"

㉒臣复续扬雄作十三章,凡一百二章,无复字:臣,写《汉书·艺文志》的班固之自称。他说自己继续扬雄《训纂篇》之八十九章,又续作十三章,合起来一共一百二章。仍从《苍颉》每章六十字例之,则又多出七百八十字,合共六千一百二十字,当中无重复之字。《汉书艺文志通释》有一段按语,说得确切公正,引述如次:"以班固所续十三章、七百八十字益之,实得一百二章、六千一百二十字。以视许氏《说文解字》所收九千三百五十

180

三文，仅及三分之二耳。然无周、秦、西汉诸家纂录于前，则许氏亦莫由稽撰于后。前人搜罗累积之功，信不可没。"

㉓六艺群书所载，略备矣：六艺，指《易》《书》《诗》《礼》《乐》《春秋》。此话应承前意，是说文字之书经过前人一系列的增损校正，较之六艺群书所载的内容文字，已大体完备。

㉔《苍颉》多古字，俗师失其读，宣帝时征齐人能正读者，张敞从受之，传至外孙之子杜林，为作《训》《故》，并列焉：《汉书艺文志通释》引证姚明辉的话加以诠释，比较贴切，今引述如次："宣帝在平帝前，《苍颉》，指五十五章也。读，兼音义而言。征能是正《苍颉》读者，齐人，失其名也。张敞从此人学，数传至其外孙之子杜林，为《苍颉》作训故，孟坚乃与《训纂》并列于目录也。"读，非句读，而应是俗师不能正确读音解义，原因是《苍颉》多古字。张敞，字子高，西汉平阳（今山西临汾西南）人。杜林，字伯山，东汉茂陵（今陕西兴平）人，经学家、文字学家。《训》指杜林《苍颉训纂》，《故》指杜林《苍颉故》。

《隋志·小学类》小序

孔子曰："必也正名乎？"名，谓书字。"名不正则言不顺，言不顺则事不成。"①说者以为书之所起，起自黄帝苍颉②。比类象形谓之文，形声相益谓之字，著于竹帛谓之书。故有象形、谐声、会意、转注、假借、处事六义之别。古者童子示而不诳，六年教之数与方名③。十岁入小学，学书计④。二十而冠，始习先王之道，故能成其德而任事。然自苍颉讫于汉初，书经五变：一曰古文，即苍颉所作；二曰大篆，周宣王时史籀所作；三曰小篆，秦时李斯所作；四曰隶书，程邈所作；五曰草书，汉初作。秦世既废古文，始用八体，有大篆、小篆、刻符、摹印、虫书、署书、殳书、隶书。汉时以六体教学童，有古文、奇字、篆书、隶书、缪篆、虫鸟，并藁书、楷书、悬针、垂露、飞白等二十余种之势⑤，皆出于上六书，因事生变也。魏世又有八分书⑥。其字义训读，有《史籀篇》《苍颉篇》《三苍》《埤苍》《广苍》等诸篇章，训诂、《说文》、《字林》、音义、声韵、体势等诸书。自后汉佛法行于中国，又得西域胡书，能以十四字贯一切音，文省而义广，谓之婆罗门书。与八体六文之义殊别。今取以附体势之下。又后魏初定中原，军容号令皆以夷语。后染华俗，多不能通，故录其本言，相传教习，谓之"国语"。今取以附音韵之末。又后汉镌刻七经，著于石碑，皆蔡邕所书⑦。魏正始中，又立三字石经，相承以为七经正字⑧。后魏之末，齐神武执政，自洛阳徙于邺都，行至河阳，值岸崩，遂没于水。其得至邺者，不盈太半⑨。至隋开皇六年，又自邺京载入长安，置于秘书内省，议欲补缉，立于国学。寻属隋乱，事遂寝废，营造之司因用为柱础。贞观初，秘书监臣魏徵，始收聚之，十不存一。其相承传拓之本，犹在秘府⑩。并秦帝刻石，附于此篇，以备小学。

注释

①孔子曰："必也正名乎？"名，谓书字。"名不正则言不顺，言不顺则事不成。"：这段话原出《论语·子路》："子路曰：'卫君待子而为政，子将奚先？'子曰：'必也正名乎！'子路曰：'有是哉！子之迂也，奚其正？'子曰：'野哉由也，君子于其所不知，盖阙如也。名不正则言不顺，言不顺则事不成，事不成则礼乐不兴……'"子路对孔子说卫君等待您去为政，您先干什么事情呢？孔子回答说一定是先矫正名分吧。因为名分不正，说话就不顺，说话不顺，事情就办不成。可见"名"在这里当作"名分"解。可《隋志》在"必也正名乎？"句下立刻诠释"名，谓

书字"。其实未必确当。"名"有文字之义，《礼记·聘礼》："百名以上书于策，不及百名书于方。"这里的"名"就当文字讲。意谓百字以下的文章写于方版，百字以上的文章方版上写不下，就只好写在简策上。"名，谓书字"，说的就是"名"乃书字之谓，与后边的"名不正则言不顺，言不顺则事不成"没有意义上的直接关系。《隋志》在小学类序中赘引孔子这段话，颇有拉大旗做虎皮、故弄玄虚之嫌。

②说者以为书之所起，起自黄帝苍颉：说，论也。论说文字起源的人，说是起自黄帝时的苍颉，即所谓苍颉造字。苍颉亦作仓颉，《史记》据《世本》，说他是黄帝时的史官。《荀子·解蔽篇》《韩非子·五蠹篇》《吕氏春秋·君守篇》都有关于苍颉造字的论述。唯《荀子·解蔽篇》说得较符合事实："古之好书者众矣，而苍颉独传者壹也。"文字最初应是多人创造的，古来喜好研究文字的人很多，而苍颉之字所以独能流传下来，在于他整理划一了文字。直到后汉，凡在文字学上有贡献有影响有名声的人，也都是整理划一文字者，故荀子所说符合事实。

③古者童子示而不诳，六年教之数与方名：示，显现，表示。诳，欺骗，迷惑。古时童子愿意表示己见而绝不欺骗别人。"六年教之数与方名"，此话原出《礼记·内则》："六年教之数与方名，七年男女不同席、不同食，八年出入户及即席饮食，必后长者……十年出就外傅。"数，指数算。方名，东西南北四方的名称。古时东西南北还有一些其他的名称，所以称为方名。

④十岁入小学，学书计：书计，书指文字，计指筹算。《礼记·内则》："十年出就外傅，居宿于外，学书计。"十岁就要到外面从师，寄宿于外，学习文字和筹算。

⑤并藁书、楷书、悬针、垂露、飞白等二十余种之势：藁书，书体名，其形不详。楷书，书体名称。它是为纠正草书的漫无标准和减省汉隶的波磔而形成。形体方正，笔画平直，可做楷

模,故名。始于汉末,盛行于魏晋南北朝,至今通行。悬针,也称悬针篆,书体中的一种。后汉章帝时曹喜用此体题五经篇目。《初学记》二十一王愔《文字志》:"悬针,小篆体也。字必垂画细末,细末纤直如悬针,故谓悬针。"垂露,书体名。相传汉曹喜工篆隶,善悬针、垂露之法。《初学记》二一王愔《文字志》:"垂露书,如悬针而势不遒劲,阿那若浓露之垂,故谓之垂露。"飞白,书体名。笔画露白,似枯笔所写。相传后汉蔡邕创飞白之体。汉灵帝熹平时,诏蔡邕作《圣皇篇》成,诣鸿都门,时方修饰,见役人以垩帚成字,甚悦,归而作飞白书。这段话是承前说,"汉时以六体教学童,有古文、奇字、篆书、隶书、缪篆、虫鸟,并藁书、楷书、悬针、垂露、飞白等二十余种之势"。言当时流行的书体很多。

⑥魏世又有八分书:八分,书体名,又称分书。字体似隶而势多波磔。相传为秦时上谷人王次仲所造。关于八分书的解释历来有异:一种解释认为这种字体二分似隶八分似篆,故称八分;一种说法认为似汉隶的波磔向左右分开,像八字分背,故称八分;一种说法认为是不定名,汉隶为小篆的八分,小篆为大篆的八分,今隶为汉隶的八分。"魏世又有八分",盖魏又行八分。

⑦又后汉镌刻七经,著于石碑,皆蔡邕所书:此段话指的是熹平石经。《后汉书·蔡邕传》:"邕以经籍去圣久远,文字多谬,俗儒穿凿,疑误后学,熹平四年,乃与五官中郎将堂溪典、光禄大夫杨赐、谏议大夫马日䃅、议郎张驯、韩说、太史令单飏等,奏求正定《六经》文字。灵帝许之。邕乃自书册于碑,使工镌刻,立于太学门外。于是后儒晚学,咸取正焉。及碑始立,其观视及摹写者,车乘日千余两,填塞街陌。"由于它完成于汉代,所以也称"汉石经"。由于它是用汉代通行的隶书一体写成,所以也称"一字石经"。"熹平石经"在申奏时是正定六经,实际镌刻的是《鲁诗》《尚书》《周易》《春秋》《公羊传》《仪礼》《论

语》七经。此为中国历史上最早的官定儒家经本。

⑧魏正始中，又立三字石经，相承以为七经正字："三字石经"亦称"三体石经"。关于"三体石经"，有两种说法：一种说是东汉熹平四年，灵帝诏令正定"五经"文字，命议郎蔡邕以隶体书丹于碑，刻石立太学门外。因用古文、篆、隶三种字体参校，故称"三体石经"。这种解释的原始根据是《后汉书·儒林传序》："熹平四年，灵帝乃诏诸儒正定"五经"，刊于石碑，为古文、篆、隶三体书法以相参检，树之学门，使天下咸取则焉。"这里显然是以三体书法对"五经"进行相互参校，并不是以三体书法书写"五经"，而后刊刻于石，故称"熹平石经"为"三体石经"是极大的误解。真正的"三体石经"刻于魏正始间，故又称"魏石经"和"正始石经"。"三体石经"立于魏正始二年（241），刻有《尚书》《春秋》和未刊完的《左传》。究竟刻了多少块石碑，诸书记载不一。今人马衡依其残石行款排比，推定应得二十七石。经文皆用古文、小篆和汉隶三种字体书写，所以称"三体石经""三字石经"。"熹平石经""三体石经"相继刻成，其文字所宗以"熹平石经"所刻七经为正字。关于"三体石经"是谁书丹上石的，有一种说法是邯郸淳。邯郸淳的行实很难稽考。《三国志·魏书·王卫二刘傅传》中附记："自颍川邯郸淳、繁钦、陈留路粹、沛国丁仪、丁廙、弘农杨修、河内荀纬等，亦有文采。"注文引《魏略》说："淳一名竺，字子叔。博学有才章，又善《苍》、《雅》、虫、篆、许氏《字指》。初平时，从三辅客荆州。荆州内附，太祖素闻其名，召与相见，甚敬异之。时五官将博延英儒，亦宿闻淳名，因启淳欲使在文学官属中。会临菑侯植亦求淳，太祖遣淳诣植……及黄初初，以淳为博士给事中。淳作《投壶赋》千余言奏之，文帝以为工，赐帛千匹。"由此可知邯郸淳善文学，懂文字，工书法，谓"三体石经"为其书丹上石，确有可能。

⑨后魏之末，齐神武执政，自洛阳徙于邺都，行至河阳，值岸崩，遂没于水。其得至邺者，不盈太半：齐神武，指北齐高欢。高欢（496—547），东魏渤海蓨（今河北景县）人，一名贺六浑。世居怀朔镇（今内蒙古固阳西南），是鲜卑化的汉人。曾参加杜洛周军，继归葛荣，后叛降尔朱荣。荣死，依靠武力，联络山东士族，掌魏兵权，称大丞相。后孝武帝被迫西奔长安，他另立孝静帝，从此后魏分裂为东、西魏，欢则执东魏政长达十六年。欢死后，其子高洋代魏称帝，号为北齐，追尊欢为北齐神武帝。详见《北齐书·神武纪》。所谓"后魏之末，齐神武执政"即指高欢擅权这十六年。在这过程中，"三体石经"由洛阳迁移到邺都。邺在河南省北部，今属安阳。齐桓公始在此筑城，战国时魏文侯在此置县并建都于此。建安十八年（213）曹操为魏公，定都于此。曹丕称帝代汉，定都洛阳。十六国时的后赵、前燕，北朝的东魏、北齐亦定都于此。东魏的真正掌政者高欢，正是因为东魏都于邺地，所以才将"三体石经"从洛阳迁到邺都。"行至河阳，值岸崩，遂没于水"，河阳在今河南孟州市西，为洛阳外围重镇。"三体石经"刚出洛阳，运至河阳，遇到崩岸，沉入水中。真正运至邺都者，不到一半。"三体石经"若真是二十七石，则当年所剩最多不过十三石了。

⑩其相承传拓之本，犹在秘府：隋开皇间，又将"三体石经"从邺都迁至长安，放在秘书省，打算补刻，不久又乱，补刻遂止，原石也被营造之司当了柱础。到唐代贞观初年，已十不存一。然"相承传拓之本，犹在秘府"。就是说，其原石虽已十不存一，但它们的传拓本却全文保存在秘府。这句话历来被用来推考中国石刻传拓技术应该发明在高欢由洛徙邺之前，也就是公元6世纪的前半叶以前。后魏孝武帝被迫西奔长安，高欢拥立孝静帝称东魏在公元534年，高欢下世在547年，徙运"三体石经"应在534至547这十三年中。其传拓当在这十三年之前。表明中

国拓碑技术至晚在6世纪上半叶就已出现。况且这里所说的是"相承传拓之本",相承者,相继也,即前后传拓之义。若真是这样,则传拓技术出现还要早。

《四库总目·小学类》小序

古小学所教,不过六书之类,故《汉志》以《弟子职》附《孝经》①,而《史籀》等十家四十五篇列为小学。《隋志》增以金石刻文,《唐志》增以书法、书品,已非初旨。自朱子作《小学》以配《大学》,赵希弁《读书附志》遂以《弟子职》之类并入小学,又以《蒙求》之类相参并列,而小学亦多歧矣②。考订源流,惟《汉志》根据经义,要为近古。今以论幼仪者别入儒家,以论笔法者别入杂艺,以《蒙求》之属列故事,以便记诵者别入类书③。惟以《尔雅》以下编为训诂,《说文》以下编为字书,《广韵》以下编为韵书,庶体例谨严,不失古义④。其有兼举两家者,则各以所重为主(如李焘《说文五音韵谱》实字书,袁子让《字学玄玄》实论等韵之类),悉条其得失,具于本篇。

注释

①故《汉志》以《弟子职》附《孝经》:"古代小学所教,不过是六书之类"。即古代小学教授的内容,主要是六书之类的文字学,也就是以识字为主,识字过程中亦穿插一些道德礼义的教育。《弟子职》就是这类的书。传世的《弟子职》是《管子》中的一篇,分学则、备作、受业、对客、馔馈、乃食、洒扫、执烛、退习等仪节。清洪亮吉《笺释序》、庄述祖《集解序》都以《弟子职》为古塾师相传教弟子之法。郭沫若认为是齐稷下学宫的学则,故收入《管子》书中。注《汉书》的颜师古则引汉应劭

的话说："管仲所作，在《管子》书。"清人章学诚则说："《弟子职》必非管子所撰。或古人流传成法，辑《管子》者采入其书。前人著作，此类甚多。"张舜徽《汉书艺文志通释》谓："《弟子职》记古代弟子事师之仪节，受业之次序，实《曲礼》《少仪》之支流余裔，与《管子》他篇致详于治国之法制道述者，尤不类。盖初本单篇别行，后乃被人录附《管子》书耳。"这样性质的一本书，班固作《汉书·艺文志》时将其类归于《孝经》之属，并未分入小学。而只将《史籀》等十家四十五篇列入小学。这就净化了小学类的内容，使其成为字书、训诂之书的类目，与后世小学类类含文字、音韵、训诂接近。或者说《汉志》小学类之设之涵，为后世科学界定小学类之内涵奠定了基础。

②自朱子作《小学》以配《大学》，赵希弁《读书附志》遂以《弟子职》之类并入小学，又以《蒙求》之类相参并列，而小学亦多歧矣：《四库全书总目·小学集注》提要谓："朱子是书，成于淳熙丁未三月。凡内篇四：曰立教、曰明伦、曰敬身、曰稽古；外篇二：曰嘉言、曰善行……此书意取启蒙，本无深奥。又杂取文集子史，不尽圣言。注释者推衍支离，务为高论，反以晦其本旨。……是书自陈氏《书录解题》即列之经部小学类。考《汉书·艺文志》以《弟子职》附《孝经》，而小学家之所列始于《史籀》，终于杜林，皆训诂文字之书。今案以幼仪附之《孝经》，终为不类；而入之小学，则于古无征。"表明了四库馆臣的类分态度。赵希弁，袁州人，宋宗室，江西漕贡进士，秘书省校勘。以辈行推之，盖为太祖九世孙。南阳井宪孟为四川转运使，家多藏书，后悉数赠给了晁公武。公武乃躬自雠校，疏其大略，编为《郡斋读书志》四卷。赵希弁以衢州本《读书志》增加书目甚多，乃公武晚年续裒之书，而非所得井氏之旧，因摘而别出，编成《后志》二卷。又以袁州本、衢州本之异同，别为《考异》一卷，附之编末。淳祐己酉（1249），鄱阳黎安朝守袁州，因令

希弁即其家所藏书目参校，删其重复，摭所未有，益为《附志》一卷。"自朱子作《小学》以配《大学》，赵希弁《读书附志》遂以《弟子职》之类并入小学。"说的就是赵希弁作《读书附志》时，将《弟子职》之类的幼仪之书阑入了小学类。《蒙求》三卷，唐李瀚撰。取经传故事，编为四言韵语，取《易·蒙》"童蒙求我"之义，谓之《蒙求》，以教学童。现存《蒙求》共二千四百八十四字。后仿其体写书者甚多。"又以《蒙求》之类相参并列，而小学亦多歧矣。"指的就是赵希弁不但将《弟子职》并入小学，将《蒙求》之类也一并列入，使小学类的内涵出现很多歧义。

③今以论幼仪者别入儒家，以论笔法者别入杂艺，以《蒙求》之属列故事，以便记诵者别入类书：四库馆臣在批判以前小学类分类混乱之后，提出了自己的类分思想。将《弟子职》《小学》《童蒙训》等分入子部儒家；将书画及书品画品等分入子部艺术；将《小学绀珠》《纯正蒙求》等分入子部类书。姑且不说这种类分是否得当，单就所剩，则小学类显得确切、整齐多了。

④惟以《尔雅》以下编为训诂，《说文》以下编为字书，《广韵》以下编为韵书：《四库全书总目》的小学类只有训诂、文字、音韵三小类。文字，总由形、音、义三者组成。阐释文字形、音、义而形成的著作，均属文字学，故同归小学类。其下又按文字学、训诂学、音韵学类分各书。这是分类学上的一大进步。

按：《汉志·小学》类序，从文字起源谈起，谈得很费劲。自"汉兴，萧何草律，亦著其法"，至孔子曰："吾犹及史之阙文也，今亡矣夫！盖伤其寖不正。"这一大段文字均可不写，使"教之六书。谓象形、象事、象意、象声、转注、假借，造字之本也"。直接与"《史籀篇》者"以下文字相接，就会显得文义畅达，干净利落。现在这种写法显得旁生枝节，反映出《汉志》作者到底要将什么书放入此类，思想上还在摇摆。

189

《隋志·小学》类序，开头引用孔子"必也正名乎？"一段话，莫名其妙。孔子这段话原为解答从政之后先干什么事情的，与文字学本无干系。去掉这段话，劈头就说："说者以为书之所起，起自黄帝苍颉。"有什么不可以？"又后汉镌刻七经"，一直到"并秦帝刻石，附于此篇，以备小学"，讲了一大段"熹平石经""正始石经"之刻、之运、之拓，这又与文字学有何干系？实际反映了《隋志》作者对金石文字的类分尚不知确切的归属，只好附于小学。

唯《四库总目》作者登高望远，严格界定小学类内涵，使小学乃文字学之别名的定义突出、明确。文字学包含文字、音韵、训诂，这都是文字自身所固有的内容。形、音、义三者齐备，才能够成文字。所以四库馆臣严守这三个方面而部居立类，其余《弟子职》《小学》等幼仪之书，移入子部儒家；书画及品评之作，移入子部艺术；《小学绀珠》《纯正蒙求》归入子部类书；金石文字归入史部目录。金石单立一类，势之必然，归于目录虽不无道理，但还未到本源。

※　　　　　※　　　　　※

《隋志·异说类》小序

《易》曰："河出图，洛出书。"①然则圣人之受命也，必因积德累业，丰功厚利，诚著天地，泽被生人，万物之所归往，神明之所福飨，则有天命之应②。盖龟龙衔负，出于河、洛，以纪易代之征，其理幽昧，究极神道③。先王恐其惑人，秘而不传。说者又云，孔子既叙六经，以明天人之道，知后世不能稽同其意，故别立纬及谶，以遗来世④。其书出于前汉，有《河图》九篇，

《洛书》六篇，云自黄帝至周文王所受本文。又别有十三篇，云自初起至于孔子，九圣之所增演，以广其意⑤。又有《七经纬》三十六篇，并云孔子所作⑥，并前合为八十一篇。而又有《尚书中候》《洛罪级》《五行传》《诗推度灾》《汜历枢》《含神务》《孝经勾命决》《援神契》《杂谶》等书。汉代有郗氏、袁氏说。汉末，郎中郗萌，集图纬谶杂占为五十篇，谓之《春秋灾异》。宋均、郑玄并为谶律之注⑦。然其文辞浅俗，颠倒舛谬，不类圣人之旨。相传疑世人造为之后，或者又加点窜，非其实录。起王莽好符命，光武以图谶兴，遂盛行于世。汉时，又诏东平王苍，正五经章句，皆命从谶。俗儒趋时，益为其学，篇卷第目，转加增广。言五经者，皆凭谶为说。唯孔安国、毛公、王璜、贾逵之徒独非之⑧，相承以为妖妄，乱中庸之典。故因汉鲁恭王、河间献王所得古文，参而考之，以成其义，谓之古学。当世之儒又非毁之，竟不得行。魏代王肃推引古学，以难其义，王弼、杜预，从而明之，自是古学稍立。至宋大明中，始禁图谶，梁天监已后，又重其制⑨。及高祖受禅，禁之逾切。炀帝即位，乃发使四出，搜天下书籍与谶纬相涉者，皆焚之。为吏所纠者至死。自是无复其学，秘府之内亦多散亡。今录其见存，列于六经之下，以备异说。

注释

①"河出图，洛出书。"：此话前边已注释过，此处再次引用，其义有别。《易·系辞上》："河出图，洛出书，圣人则之。"正义引郑玄注曰："如郑康成之义，则《春秋纬》云：'河以通乾，出天苞；洛以流坤，吐地符。河龙图发，洛龟书感。河图有九篇，洛书有六篇。'孔安国以为河图则八卦是也，洛书则九畴是也。"这就是《春秋纬》对河图、洛书的迷信解释。其实只是神话传说，却硬说成实有其事，实有其书，一片谶言纬语。

②然则圣人之受命也，必因积德累业，丰功厚利，诚著天

地，泽被生人，万物之所归往，神明之所福飨，则有天命之应：前引《易》曰"河出图，洛出书"，是说龙马献图，神龟献书，是天命所归，助圣人以治世。但是圣人若能承天受命，一定要久积仁德，屡建功业，丰功伟绩，厚利人群，诚信昭明天地，德泽广被生人，万物向归，神明赐飨，然后才有天命之应。这固是谶语惑说，但也教育大人物要想奉天承命，必得积德累业，诚昭天地，泽被生人。

③盖龟龙衔负，出于河、洛，以纪易代之征，其理幽昧，究极神道："龟龙衔负，出于河、洛"，仍指龙马负图出于河，神龟负书出于洛。这种现象的出现，是时代发生变易的表征。"其理幽昧"，其理幽深渺昧，昏暗不明。"究极神道"，究，极也，推寻也。神道，神妙莫测的造化自然。《易·观》："观天之神道，而四时不忒，圣人以神道设教，而天下服矣。"疏称："神道者，微妙无方，理不可知，目不可见，不知所以然而然，谓之神道。"归纳起来，"河出图，洛出书"，是时代变易的表征，其道理幽深渺昧，推寻奥妙乃为神道。

④说者又云，孔子既叙六经，以明天人之道，知后世不能稽同其意，故别立纬及谶，以遗来世：又有一种说法，说是孔子既然已经传叙了六经，阐明了天与人之间关系的道理，可是又能推知后世之人不能稽同其意，故别立纬书与谶解，以传给来世。稽，相合、一致。不能稽同，不能相合、一致。孔子虽已叙六经，阐明天人之道，又知后世不能与他之意完全一致，所以别立纬与谶。纬，指纬书，汉朝人伪托为孔子所作，有《易纬》《书纬》《诗纬》《礼纬》《乐纬》《春秋纬》《孝经纬》七种。其书，以儒家经义附会人事吉凶祸福，预言治乱兴衰，多是怪诞之谈。与方士所传谶语结合，故称谶纬。谶，指预言吉凶得失的文字或图记。《史记·赵世家》："公孙支书而藏之，秦谶于是出矣。"《后汉书·谢夷吾传》："时博士渤海郭凤亦好图谶，善说灾异，

吉凶占应。先自知死期，预令弟子市棺敛具，至其日而终。"说孔子别立纬书与谶书以传给来世，纯粹是汉人的伪托，有辱孔子。

⑤又别有十三篇，云自初起至于孔子，九圣之所增演，以广其意：前汉所出《河图》九篇、《洛书》六篇，说是黄帝至周文王所传授的本文。又另有十三篇，说是从造化之初至于孔子，为九圣所增演之文，旨在推广《河图》《洛书》之意。九圣，指伏羲、神农、黄帝、尧、舜、禹、文王、周公、孔子。晋葛洪《抱朴子·释滞》："九圣共成《易经》，足以弥纶阴阳。"唐孔颖达《周易正义序》："业资九圣，时历三古。"这里的九圣均指上述九人。

⑥又有《七经纬》三十六篇，并云孔子所作：七经纬，指《易纬》《书纬》《诗纬》《礼纬》《乐纬》《春秋纬》《孝经纬》，汉朝人都推说是孔子所作，实是伪托，以重圣人以欺世。

⑦宋均、郑玄并为谶律之注：宋均，《后汉书》有传，称："宋均字叔庠，南阳安众人也。父伯，建武初为五官中郎将。均以父任为郎，时年十五。好经书，每休沐日，辄受业博士，通《诗》《礼》，善论难。至二十余，调补辰阳长。其俗少学者而信巫鬼，均为立学校，禁绝淫祀，人皆安之。……迁九江太守……浚遒县有唐、后二山，民共祠之，众巫遂取百姓男女以为公妪，岁岁改易，既而不敢嫁娶，前后守令莫敢禁。均乃下书曰：'自今以后，为山娶者皆娶巫家，勿扰良民。'于是遂绝。永平元年，迁东海相……"郑玄，前已注释。这样两位正直不信邪的经学家，居然为经纬作注，不可思议。

⑧唯孔安国、毛公、王璜、贾逵之徒独非之：孔安国、毛公前已注释。王璜，字平中，汉琅邪人，受《易》于费直，受《毛诗》于徐傲，又传《古文尚书》，是典型的经学家。贾逵（30—101），字景伯，东汉扶风平陵人，贾谊九世孙。弱冠能诵《左传》及《五经》，以大夏侯《尚书》教授，兼通五家《穀梁》。

诸儒称颂之曰"问事不休贾长头"。永平中，献《左氏传解诂》三十篇、《国语解诂》二十一篇，明帝重其书，写藏秘馆。章帝时，令贾逵自选《公羊》严彭祖、颜安乐诸生高才者二十人，教以《左氏》，迁为卫士令。和帝时，官至侍中，并以老病归。著有《经传义诂》及《论难》百余万言。

⑨至宋大明中，始禁图谶，梁天监已后，又重其制：大明，南朝刘宋孝武帝刘骏年号（457—464），行用八年，孝武帝曾下令禁止图谶纬书流行。《南史·阮孝绪传》："梁武帝禁畜谶纬，孝绪兼有其书，或劝藏之。答曰：'昔刘德重《淮南秘要》，适为更生之祸，杜琼所谓不如不知此言美矣。'客有求之，答曰：'己所不欲，岂可嫁祸于人！'乃焚之。"这就是"梁天监已后，又重其制"的具体体现。

按："异说"为类，前所未有。《隋志》作者不过是尊重事实，有其书，设其类。这是符合目录学原则的。然谶纬之学，乃流行于汉代的迷信之学。谶，是巫师或方士制造的一种隐语或预言，作为吉凶的征兆或符验，所以亦名"符谶"或"符命"。有的有字有图，所以也名"图谶"。"纬"乃对"经"而言，是方士化的儒生编辑起来附会儒家经典的各种著作。谶纬起源很早，据《史记》记载，秦始皇时已出现"亡秦者，胡也"等谶言。汉初，京房《易》学、《齐诗》、《公羊传》等书中，已有后世纬书的成分。谶纬之说，大体以古代河图、洛书的神话传说和董仲舒的天人感应说为理论根据，将自然界的某些偶然现象神秘化，看作是人类社会安危祸福的决定原因，为封建统治说教。西汉后期盛行。王莽好符命，光武刘秀则以图谶号召群雄，大造舆论，中兴汉室，所以东汉时图谶达到极盛。东汉章帝时，尝召集博士儒徒于白虎观讨论五经异同，最后写成《白虎通义》，进一步将谶纬和今文经学结合在一起，使儒学神学化。然自南朝刘宋孝武帝始禁谶纬以来,迭经梁代继禁,直至隋炀帝发使四出,搜天下书籍与谶纬相涉者,皆焚之,自是无复其学。《隋志》对此学在经部首开其类,无可厚非。然以"异说"名类,似有不妥,故姚振宗《隋书经籍志考证》则批评说:"然异说名篇,不若《七录》'谶纬'二字之明显该括,故唐以来多不承用。《唐六典》注曰'图谶'、唐《经籍志》曰'经纬'、《艺文志》曰'谶纬',惟日本书目遵用其例,谓之'异说家'。自宋悬禁令以迄于隋,仅存十三部。"今《隋书·经籍志》所著录之《河图》二十卷、《河图龙文》一卷、《易纬》八卷、《尚书纬》三卷、《尚书中候》五卷、《诗纬》十八卷、《礼纬》三卷、《礼记默房》二卷、《乐纬》三卷、《春秋灾异》十五卷、《孝经勾命决》六卷、《孝经援神契》七卷、《孝经内事》一卷,正好十三部,凡九十二卷。通计亡书,合三十二部,二百三十二卷。唐以后,这类书几乎禁绝,故各家目录亦不再单设其类。偶有辑佚之作,不成气候,常附各经之尾,以供参考。

※　　　　※　　　　※

《四库总目·五经总义类》小序

汉代经师如韩婴治《诗》兼治《易》者,其训诂皆各自为书[1]。宣帝时始有石渠《五经杂义》十八篇,《汉志》无类可隶,遂杂置之《孝经》中[2]。《隋志》录许慎《五经异义》以下诸家,亦附《论语》之末[3]。《旧唐书·志》始别名"经解",诸家著录因之,然不见兼括诸经之义。朱彝尊作《经义考》,别目曰"群经",盖觉其未安而采刘勰"正纬"之语以改之,然又不见为训诂之文。徐乾学刻《九经解》[4],顾湄兼采总集、经解之义,名曰

"总经解"⑤，何焯复斥其不通（语见沈廷芳所刻何焯点校经解目录中）。盖正名若是之难也。考《隋志》，于统说诸经者虽不别为部分，然《论语》类末称"《孔丛》《家语》《尔雅》诸书并五经总义，附于此篇"，则固称"五经总义"矣⑥。今准以立名，庶犹近古。《论语》《孝经》《孟子》虽自为书，实均五经之流别，亦足以统该之矣。其校正文字及传经诸图，并约略附焉，从其类也。

注释

①汉代经师如韩婴治《诗》兼治《易》者，其训诂皆各自为书：《汉书·儒林传》："韩婴，燕人也。孝文时为博士，景帝时至常山太傅。婴推诗人之意，而作《内外传》数万言，其语颇与齐、鲁间殊，然归一也。淮南贲生受之。燕、赵间言《诗》者由韩生。韩生亦以《易》授人，推《易》意而为之《传》。燕、赵间好《诗》，故其《易》微，唯韩氏自传之。武帝时，婴尝与董仲舒论于上前，其人精悍，处事分明，仲舒不能难也。"这就是此处所谓"韩婴治《诗》兼治《易》，其训诂皆各自为书"的具体含义。

②宣帝时始有石渠《五经杂义》十八篇，《汉志》无类可隶，遂杂置之《孝经》中：《汉书·儒林传·施雠》："施雠字长卿，沛人也。……从田王孙受《易》……诏拜雠为博士。甘露中（前53—前50）与五经诸儒杂论同异于石渠阁。"石渠阁，颜师古注曰："《三辅故事》云：'石渠阁在未央殿北，以藏秘书也。'"相传为汉初萧何所造，以藏入关所得秦之图籍。阁下砻石为渠以导水，因名石渠阁。西汉宣帝甘露三年（前51）曾在此阁与施雠、韦玄成、梁丘贺等诸儒讨论《五经》异同，最后整理成《五经杂义》一书。班固修《汉书·艺文志》时于此书无类可归，故附在《孝经》类中。今检《汉志》《孝经》类，果然著录有《五经杂义》十八篇，下注"石渠论"字样。

③《隋志》录许慎《五经异义》以下诸家，亦附《论语》之末：今检《隋书·经籍志》，其于《论语》类后自许慎《五经异义》以下，著录《五经然否论》《五经拘沈》《五经大义》《五经通义》《五经要义》《六经通数》《七经义纲》等凡二十八家，非但总义五经，亦通议六经七经。不仅如此，《隋志》作者还将《尔雅》《广雅》《方言》《释名》《五经音》《五经正名》《白虎通》等总训总诂总释各经的典籍，也视为五经总义性质的书，一并附在《论语》之末。可见《隋志》作者还未将上述诸书概括为训诂而入小学类，故其小学类所著录诸书只是文字和声韵类的典籍，尚未形成文字、音韵、训诂的类分格局。

④徐乾学刻《九经解》：徐乾学（1631—1694），字原一，号健庵，江苏昆山人。顾炎武的外甥。康熙九年（1670）进士，官至刑部尚书。以文学为康熙帝所信用。曾充《明史》总裁官，兼总纂《大清一统志》《清会典》《古文渊鉴》等书。自著《读礼通考》《憺园集》等。家富藏书，藏书处曰传是楼。曾帮纳兰成德通解九经，并用自家藏书为底本刊印《通志堂经解》。《通志堂经解》亦名《九经解》，故此处说徐乾学刻《九经解》。

⑤顾湄兼采总集、经解之义，名曰"总经解"：顾湄，字伊人，清江苏太仓人。生父本惠安令程新，新与顾梦麟友善，而梦麟无嗣，故将湄过继给他，遂称顾湄。湄是陈瑚的高足弟子。无心进取，专力诗古文，与黄与坚等称"娄东十子"，有《水乡集》。还纂修过《虎丘山志》十卷首一卷，中国国家图书馆藏有此志的清康熙张氏怀嵩堂刻本。此处所言"顾湄兼采总集、经解之义，名口'总经解'"，说的就是这位顾湄，他兼采有别集、有总集及经解之名，提出了"总经解"的类目名称，结果被行家里手何焯指斥为不通目录之学。

⑥考《隋志》，于统说诸经者虽不别为部分，然《论语》类末称"《孔丛》《家语》《尔雅》诸书并五经总义，附于此篇"，

则固称"五经总义"矣：今检《隋志·论语类》小序，确谓："其《孔丛》《家语》，并孔氏所传仲尼之旨。《尔雅》诸书，解古今之意，并五经总义，附于此篇。"《四库总目》说这段话的意思是，于统说诸经之义的典籍《隋志》虽未另立门类，但在《论语》类序中却首次提出了"五经总义"的称谓，所以《四库总目》便据以立名，于《孝经》类之后、《四书》类之前，增设了"五经总义"类，并写下了上述"五经总义"类序。

按："五经总义"，西汉宣帝甘露三年（前51）以前无此概念，即或有兼治二、三经者，其训传亦各自为书，而无综义。自甘露三年宣帝在石渠阁与诸儒讨论《五经》异同，并于事后整理成《五经杂义》十八篇，始有五经综义之书。然历来治经者，多以一经为专，综治诸经者极少，故诸经总义之书亦产生极少。目录之学历来因书设类，有其书立其类，无其书却其类，其书少附于近类。班固修《汉志》时，这类书极少，无以立类，故将《五经杂义》十八篇附于《孝经》类末，虽属不伦不类，但部居仍在七经之后，未尝没有一点总义的意味。《隋志》提出了"五经总义"的称谓，时亦有了不少这类的书，但它仍仿《汉志》，不另设门类，而附于《论语》类末。《论语》《孝经》两类在《汉志》《隋志》中的部居是不同的。《汉志》部居是《易》《书》《诗》《礼》《春秋》《论语》《孝经》，《论语》居第六位。《隋志》部居是《易》《书》《诗》《礼》《春秋》《孝经》《论语》，《论语》居第七位。《汉志》将《五经杂义》附于《孝经》之末，是在七经之末；而《隋志》将五经总义之书附于《论语》之末，亦在七经之末。两者部居的位置都带有总括群经之意。

《旧唐书·经籍志》始为五经总义之书立类，类名"经解"，其后诸家著录因之。但"经解"一名实不确切，所有为经书训传释解之书，都可以称为"经解"，跟诸经总义在本质上和概念上并不完全相同。《明史·艺文志》叫"诸经",理念不清。朱彝尊作《经义考》,首题"群经",自己又觉得不合适而改之。徐乾学刻《通志堂经解》,立类名曰"总经解",被何义门斥为不通。四库馆臣则析《论语》《孟子》入《四书》,《孔丛》《孔子家语》等入子部儒家,《尔雅》等训释经书之书入经部小学训诂,唯总义诸经之书则入五经总义。前边说过《四库总目》乃《四库全书》的收书目录,著录有限,故称"五经总义"尚可说得过去。《四库总目》以后,特别是20世纪的诸家古籍目录,则几乎均舍"五经总义"的类目名称,而从实际出发,名之曰"群经总义",朱彝尊用而弃改的"群经"一词终被采用,但加上了"总义"二字,以为类目名称。

※　　　※　　　※

《隋志·史部》总序

凡史之所记,八百一十七部,一万三千二百六十四卷。通计亡书,合八百七十四部,一万六千五百五十八卷①。

夫史官者,必求博闻强识、疏通知远之士,使居其位,百官众职咸所贰焉②。是故前言往行,无不识也;天文地理,无不察也;人事之纪,无不达也。内掌八柄,以诏王治;外执六典,以逆官政③。书美以彰善,记恶以垂戒,范围神化,昭明令德,穷圣人之至赜,详一代之亹亹④。自史官废绝久矣,汉氏颇循其旧,班、马因之。魏、晋已来,其道逾替。南、董之位,以禄贵游;政、骏之司,罕因才授⑤。故梁世谚曰:"上车不落则著作,体中何如则秘书。"⑥于是尸素之俦,盱衡延阁之上;立言之士,挥翰蓬茨之下⑦。一代之记,至数十家,传说不同,闻见舛驳,理失中庸，辞乖体要⑧。致令允恭之德，有阙于《典》《坟》⑨；忠肃之才，不传于简策。斯所以为蔽也。班固以《史记》附《春秋》，今开其事类，凡十三种，别为史部。

注释

①凡史之所记，八百一十七部，一万三千二百六十四卷。通计亡书，合八百七十四部，一万六千五百五十八卷：《隋志·史部》实录之书为八百一十七部，一万三千二百六十四卷。亡佚之书，只著录其目而无实籍存世者，凡五十七部，三千二百九十四卷。将实录与录佚通计合算，便是八百七十四部，一万六千五百五十八卷。

②夫史官者，必求博闻强识、疏通知远之士，使居其位，百官众职咸所贰焉：博闻强识，原出《礼记·曲礼上》："博闻强识而让。"也作"博闻强志"。其意为见闻广博，强于记忆。识、志，均是"记"的意思。疏通知远，原出《礼记·经解》："孔子曰：'入其国，其教可知也。其为人也，温柔敦厚，《诗》教也；疏通知远，《书》教也；广博易良，《乐》教也；絜静精微，《易》教也；恭俭庄敬，《礼》教也；属辞比事，《春秋》教也。"孔颖达正义曰："疏通知远《书》教也者，《书》录帝王言诰，举其大纲，事非繁密，是疏通；上知帝皇之世，是知远也。"百官众职咸所贰焉，百官，指各种官。众职，指百官的众多职掌职责。咸，均、都。贰，兼任、担当。整句是说，做史官的人，一定要寻求那些博闻强记、识大事知远闻的人，使这样的人适居其位，则百官的众多职掌他们都可兼负起来。

③内掌八柄，以诏王治；外执六典，以逆官政：八柄，原出《周礼·天官·太宰》："太宰之职……以八柄诏王驭群臣：一曰爵，以驭其贵；二曰禄，以驭其富；三曰予，以驭其幸；四曰置，以驭其行；五曰生，以驭其福；六曰夺，以驭其贫；七曰废，以驭其罪；八曰诛，以驭其过。"内掌八柄，即指对内职掌

爵、禄、予、置、生、夺、废、诛八方面的职责，以推君王治道。外执六典，六典，亦原出《周礼·天官·太宰》："太宰之职，掌建邦之六典，以佐王治邦国。一曰治典，以经邦国，以治官府，以纪万民；二曰教典，以安邦国，以教官府，以扰万民；三曰礼典，以和邦国，以统百官，以谐万民；四曰政典，以平邦国，以正百官，以均万民；五曰刑典，以诘邦国，以刑百官，以纠万民；六曰事典，以富邦国，以任百官，以生万民。"外执六典，即指对外职掌治典、教典、礼典、政典、刑典、事典等六典，以逆官政。逆，谓上书。《周礼·天官·宰夫》："诸臣之复，万民之逆。"注曰："自下而上曰逆。逆，谓上书。"对外掌六典，还负责上书反映情况。

④范围神化，昭明令德，穷圣人之至颐，详一代之亹亹：范围，《易·系辞上》："范围天地之化而不过。"《集解》引《九家易》说："范者法也，围者周也。言乾坤消息，法周天地，而不过于十二辰也。"意谓以天地为范，而理德周备。神化，天地之化，此处指帝王之神化。令德，美德。《书·君陈》："君陈，惟尔令德孝恭。"至颐，颐亦作赜，幽深之极。《易·系辞上》："圣人有见天下之至赜，而拟诸其形容，象其物宜。"《后汉书·崔骃传·达旨》："穷至赜于幽微，测潜隐之无源。"整句是说好的史官能书美扬善记恶垂戒，能使神化广泽天地，理德周备，能使圣人美德彰明，无微不至。亹同亹，音 wěi 微，勤勉貌。《汉书·王莽传上》："自公受策，以至于今，亹亹翼翼，日新其德。"引申为美盛貌，韩愈《感春》诗之一："亹亹新叶大，珑珑晚花乾。"详，备说。好史官还能备说一代之美盛。

⑤南、董之位，以禄贵游；政、骏之司，罕因才授：南，指春秋时齐史官南史。《左传》襄公二十五年："太史书曰：'崔杼弑其君。'崔子杀之。其弟嗣书而死者二人；其弟又书，乃舍之。南史氏闻太史尽死，执简以往，闻既书矣，乃还。"可见是位秉

笔直书的良史。董，指春秋时晋史官董狐。晋灵公无道，赵盾屡谏，灵公乃欲杀盾，盾出奔，盾族人赵穿因而杀灵公。盾还晋，董狐遗其书曰："赵盾弑其君。"以示于朝。孔子曾称其为良史。《左传》宣公二年载其事。于是南、董便成了后世公认的直书不讳的良史。整句是说魏、晋以来世道陵替，像南史、董狐的良史之位，则由禄厚位高之人所游侵；像刘向、刘歆所供职的机构，选用贤良的职司，却很少因才高而授受。

⑥故梁世谚曰："上车不落则著作，体中何如则秘书。"：此谚原载在北齐颜之推的《颜氏家训》中，《颜氏家训·劝学》中说："梁朝全盛之时，贵游子弟多无学术，至于谚语云：'上车不落则著作，体中何如则秘书。'"此谚之大意，是指南朝梁贵族子弟不学无术，但因出身高贵，却身居要职高位。后世以此用于著作郎及郎官之典。

⑦于是尸素之俦，盱衡延阁之上；立言之士，挥翰蓬茨之下：尸素，尸位素餐之简称。俦，同辈、伴侣。尸位素餐之辈。盱衡，盱，张目；衡，扬眉。扬眉举目。延阁，西汉宫廷的藏书之处。刘歆《七略》："外则有太常、太史、博士之藏，内则有延阁、广内、秘室之府。"这里泛指文化机构。说的尸位素餐之人，却能扬眉举目于馆阁之上。立言，创立学说。挥翰，犹挥毫。蓬，蓬蒿。茨，以茅草、芦苇盖的屋顶。是讲创立学说的人，却挥毫运笔在蓬草房中。仍承上句，继续描述尸位素餐、毫无作为的人，则扬眉举目于高位；创言立说、有真才实学的人，却蜗居蓬草房中，挥毫疾书。

⑧理失中庸，辞乖体要：中庸，中，正；庸，不变。中庸，不变之正。乖，背离。体要，体例纲要。是说一代之记至数十家，理失中庸，辞乖体例纲要。

⑨《典》《坟》：指《三坟》《五典》。

《四库总目·史部》总序

　　史之为道，撰述欲其简，考证则欲其详。莫简于《春秋》，莫详于《左传》。鲁史所录，具载一事之始末。圣人观其始末，得其是非，而后能定以一字之褒贬，此作史之资考证也。丘明录以为传，后人观其始末，得其是非，而后能知一字之所以褒贬，此读史之资考证也。苟无事迹，虽圣人不能作《春秋》；苟不知其事迹，虽以圣人读《春秋》，不知所以褒贬。儒者好为大言，动曰舍传以求经，此其说必不通。其或通者，则必私求诸传，诈称舍传云尔。司马光《通鉴》，世称绝作，不知其先为长编，后为考异。高似孙《纬略》，载其《与宋敏求书》称："到洛八年，始了晋、宋、齐、梁、陈、隋六代。唐文字尤多，依年月编次为草卷，以四丈为一卷，计不减六七百卷。"又称："光作《通鉴》，一事用三四出处纂成，用杂史诸书凡二百二十二家。"李焘《巽岩集》亦称"张新甫见洛阳有《资治通鉴》草稿盈两屋。"（按焘集今已佚，此据马端临《文献通考》述其父廷鸾之言。）今观其书，如淖方成"祸水"之语，则采及《飞燕外传》[①]；张象"冰山"之语，则采及《开元天宝遗事》[②]，并小说亦不遗之。然则古来著录，于正史之外，兼收博采，列目分编，其必有故矣。今总括群书，分为十五类：首曰正史，大纲也；次曰编年；曰别史；曰杂史；曰诏令奏议；曰传记；曰史钞；曰载记，皆参考纪传者也。曰时令；曰地理；曰职官；曰政书；曰目录，皆参考诸志者也。曰史评，参考论赞者也。旧有谱牒一门，然自唐以后，谱学殆绝。玉牒既不颁于外，家乘亦不上于官，徒存虚目，故从删焉。考私家记载，惟宋、明两代为多。盖宋、明人皆好议论，议论异则门户分，门户分则朋党立，朋党立则恩怨结。恩怨既结，得志则排挤于朝廷，不得志则以笔墨相报复。其中是非颠倒，颇亦荧听。然虽有疑狱，合众证而质之，必得其情；虽有虚词，参众说而核之，亦必得其情，张师棣《南迁录》之妄，邻国之事无质也。赵与时《宾退录》证以金国官制而知之[3]。《碧云騢》一书诬谤文彦博、范仲淹诸人，晁公武以为真出梅尧臣，王铚以为出自魏泰，邵博又证其真出尧臣，可谓聚讼。李焘辛参互而辨定之，至今遂无异说[4]。此亦考证欲详之一验。然则史部诸书，自鄙倍冗杂、灼然无可采录外，其有裨于正史者，固均宜择而存之矣。

注释

①如淖方成"祸水"之语，则采及《飞燕外传》：今检《资治通鉴》卷三十一汉成帝阳朔三年（前22）："其后，上微行过阳阿主家，悦歌舞者赵飞燕，召入宫，大幸；有女弟，复召入，姿性尤酝粹，左右见之皆啧啧嗟赏。有宣帝时披香博士淖方成在帝后，唾曰：'此祸水也，灭火必矣。'"阳阿主家，即阳阿公主家。阳阿公主即敬武公主，为张临妻，生子张放。张放为侍中、中郎将，又娶成帝许皇后之妹为妻，亲上套亲，所以成帝才可以微服私行而到其家。在阳阿公主家，又看上了人家歌舞女子赵飞燕及她的妹妹，姐妹俩先后均被召入后宫，大受宠幸。尤其是赵飞燕的妹妹，更加美貌，毫无瑕疵，成帝左右的人看见无不啧啧赞赏，唯有一位宣帝时的披香博士淖方成则说"此祸水也，灭火必矣"。所谓"灭火必矣"，按照五行家的说法，汉以火德王天下，故"灭火必矣"，也就是灭汉必矣。而这段故事，实则出自《飞燕外传》，为司马光所采及，写入《资治通鉴》。

②张彖"冰山"之语，则采及《开元天宝遗事》：《资治通鉴》卷二百一十六唐玄宗天宝十一年（752）："或劝陕郡进士张彖谒国忠，曰：'见之，富贵立可图。'彖曰：'君辈倚杨右相如

泰山，吾以为冰山耳！若皎日既出，君辈得无失所恃乎！'遂隐居嵩山。"《通鉴》这段记载，实际是采及了五代后周王仁裕撰写的《开元天宝遗事》。《开元天宝遗事》谓："人有劝象，令修谒国忠，可图显荣。象曰：'尔辈以谓杨公之势，倚靠如太山；以吾所见，乃冰山也。或皎日大明之际，则此山当误人尔。'后果如其言。"

③张师棣《南迁录》之妄，邻国之事无质也。赵与时《宾退录》证以金国官制而知之：《南迁录》，《四库全书总目·存目·杂史类》有著录，称："旧题金通直郎秘书省著作郎骑都尉张师颜撰。纪金爱王大辨叛据五国城，及元兵围燕，贞祐迁都汴京之事。按《金史》，世宗太子允恭生章宗，而夔王允升最幼。今此书乃作长子允升、次允猷、次允植。允升、允猷以谋害允植被诛，而允植子得立为章宗。世次俱不合。又称章宗被弑，磁王允明立为昭王。磁王又被弑，立潍王允文为德宗。德宗殂，乃立淄王允德为宣宗。与史较，多一代，尤不可信。至《金史》郑王允蹈诛死绝后，不闻有爱王大辨其人。所称天统、兴庆等号，《金史》亦无此纪年。舛错谬妄，不可胜举，故赵与时《宾退录》、陈振孙《书录解题》皆断其伪。"《四库全书总目·宾退录》提要亦称："至于考证经史，辨析典故，则精核者十之六七，可为《梦溪笔谈》及《容斋随笔》之续。"意思是说《南迁录》纪载的人事谬妄，邻国之事都经不起质考。这里的"邻国"，当指南宋的邻国金。而赵与时的《宾退录》则以金国官制加以考证而使人明确知道其人其事。

④《碧云騢》一书诬谤文彦博、范仲淹诸人，晁公武以为真出梅尧臣，王铚以为出自魏泰，邵博又证其真出尧臣，可谓聚讼。李焘卒参互而辨定之，至今遂无异说：《碧云騢》是一部小说的书名，《百川学海》戊集、《顾氏文房小说》、《说郛》、《五朝小说》中《宋人百家小说·偏录家》、《丛书集成》初编文学

类等丛书中都收有该书。騕，本是马名，亦作霞，宋人折德扆得骏马，口旁有碧纹如云霞，因美其名曰碧云霞，进于太宗。宋魏泰托名梅尧臣，撰成小说，名曰《碧云騕》，历诋朝士文彦博、范仲淹诸人。大意是说，厩马以其色碧如云霞，故称。然马有旋毛，虽贵而不能掩其旋毛之丑。魏泰，字道辅，襄阳人。尝于试院中因上请忿争，欧主文几死，坐是不得取。为人无行而有口才，工文章，尤能谈朝野可喜事。宋徽宗崇宁、大观（1102—1107）间章惇为相，欲荐而官之，不就。此段大意是说像《碧云騕》一书的作者，便众说纷纭，最后李焘还是能够参互众说，终其聚讼，得出正确结论。

按：《汉书·艺文志》无史略，也就是未为史书立类。推其原因，大概有二：一是当时史书不多，不足以设类；二是《春秋》以及围绕《春秋》形成的几《传》，虽纯是史书，但被列入经部，其余史书难以处理，故将左丘明《国语》二十一篇、刘向《新国语》五十四篇，《世本》十五篇、《战国策》三十三篇、《奏事》二十篇，陆贾《楚汉春秋》九篇、司马迁《太史公》百三十篇、冯商所续《太史公》七篇，《太古以来纪年》二篇、《汉著记》百九十卷、《汉大年纪》五篇等，附在了《春秋》经的后边。论内容性质，当属同类。但由于《春秋》已列入六艺，进入了经部，再将史书附其骥尾，未免不伦不类。

《隋书·经籍志》之作，上距《汉志》已过五六百年，史书之作蔚为大观，光《隋志》所收就有八百一十七部，一万三千二百六十四卷。加上有录无书的所谓"亡书"，合计为八百七十四部，一万六千五百五十八卷。较之《汉志》所附录，多了八百六十三部。可见史书发展之快。明胡应麟《少室山房笔丛·经籍会通二》谓："夏商以前，经即史也，《尚书》《春秋》是已。至汉而人不任经矣，于是乎作史。继之魏晋，其业浸微，而其书浸盛，史遂析而别于经。"正说的是史书之所以析出分类列部的原因。当然其书既多，就不能以一个"史部"而概括之，还必须向下位类细分。今检《隋志》，史部之下又分为正史、古史、杂史、霸史、起居注、旧事、职官、仪注、刑法、杂传、地理、谱系、簿录等类，以便部居各类内容相关的典籍。较之《汉志》不但增设了史部，而且类分变细，科学性更强。

《四库全书总目》继承《隋志》以来的优良传统，但又要从实际出发，因书设类，细化分类级次，使分类进一步科学化。今检《四库总目》，其于史部之下又设正史；编年；纪事本末；别史；杂史；诏令奏议，其下又分设诏令、奏议；传记，其下又设圣贤、名人、总录、杂录；史钞；载记；时令；地理，其下又设总志、都会郡县、河渠、边防、山川、古迹、杂记、游记、外纪；职官，其下又设官制、官箴；政书，其下又设通制、典礼、邦计、军政、法令、考工；目录，其下又设经籍、金石；史评等类。类分更加细密，更加准确地揭示典籍内容，给人以标引和津梁，由于《汉志》未设史略，故此下释评者只有《隋志》和《四库总目》史部各类的小序。

※　　　※　　　　※

《隋志·正史类》小序

古者天子、诸侯，必有国史，以纪言行。后世多务，其道弥繁[①]。夏、殷已上，左史记言，右史记事；周则太史、小史、内史、外史、御史分掌其事；而诸侯之国，亦置史官。又《春秋》《国语》引周志、郑书之说，推寻事迹，似当时记事，各有职司，后又合而撰之，总成书记。其后陵夷衰乱，史官放绝[②]，秦灭先王之典，遗制莫存。至汉武帝时，始置太史公，命司马谈为之，以掌其职。时天下计书，皆先上太史，副上丞相，遗文古事，靡不毕臻。谈乃据《左氏》《国语》《世本》《战国策》《楚汉春秋》，接其后事，成一家之言。谈卒，其子迁又为太史令，嗣成其志。上自黄帝，讫于炎汉[3]，合十二本纪、十表、八书、三十世家、七十列传，谓之《史记》。迁卒以后，好事者亦颇著述，然多鄙浅，不足相继。至后汉扶风班彪，缀后传数十篇，并讥正前失[4]。彪卒，明帝命其子固，续成其志。以为唐、虞、三代，世有典籍，史迁所记，乃以汉氏继于百王之末，非其义也。故断自高祖，终于孝平、王莽之诛，为十二纪、八表、十志、六十九传，潜心积思二十余年。建初中，始奏"表"及"纪传"，其"十志"竟不能就。固卒后，始命曹大家[5]续成之。先是，明帝召固为兰台令史，与诸先辈陈宗、尹敏、孟冀等，共成《光武本纪》。擢固为郎，典校秘书。固撰后汉事，作列传、载记二十八篇。其后刘珍、刘毅、刘陶、伏无忌等，相次著述东观，谓之《汉纪》。及三国鼎峙，魏氏及吴并有史官。晋时，巴西陈寿删集三国之事，唯魏帝为纪，其功臣及吴、蜀之主，并皆为传，仍各依其国，部类相从，谓之《三国志》。寿卒后，梁州大中正范颖表奏其事，帝诏河南尹、洛阳令，就寿家写之。自是世有著述，皆拟班、马，以为正史，作者尤广。一代之史，至数十家。唯《史记》《汉书》师法相传，并有解释。《三国志》及范晔《后汉》，虽有音注，既近世之作，并读之可知。梁时，明《汉书》有刘显、韦棱；陈时有姚察；隋代有包恺、萧该，并为名家。《史记》传者甚微。今依其世代，聚而编之，以备正史。

注释

①后世多务，其道弥繁：多务，指事务繁多。《南史·梁纪中·武帝下》："（帝）少而笃学，能事毕竟。虽万机多务，犹卷不辍手，然竹侧光，常至戊夜。"弥繁，更加繁多。全句是说后

世事务繁夥，史官记载也就更加繁多。

②其后陵夷衰乱，史官放绝：陵夷，衰落。《史记·高祖功臣侯者年表序》："始未尝不欲固其根本，而枝叶稍陵夷衰微也。"《汉书·成帝纪·鸿嘉二年诏》："帝王之道日以陵夷。"放绝，废弃。《史记·太史公自序》："自获麟以来，四百余岁，而诸侯相兼，史记放绝。"放绝，即废弃之义。

③炎汉：也称为"炎刘"，都指的是汉代。按阴阳五行，汉代以火德王天下，故称炎汉。《三国志·陈思王传》记载陈思王上疏曰："笃生我皇，奕世载聪……受禅炎汉，临君万邦。"可见久有此称。

④讥正前失：讥正，纠正。《后汉书·班彪传》："彪乃继采前史遗事，傍贯异闻，作后传数十篇，因斟酌前史而讥正得失。"这里的讥正，即纠正之义。

⑤曹大家：即班昭。家，读音作"姑"。班昭字惠班，一名姬。班彪之女，班固、班超之妹。嫁曹世叔，早寡。班固撰《汉书》，八表及天文志未成而卒，和帝命昭就东观藏书阁续成之。在此过程中，屡受召入宫，为皇后及诸贵人讲授经书女德，号曰"曹大家"。

《四库总目·正史类》小序

正史之名，见于《隋志》[①]，至宋而定著十有七。明刊监板，合宋、辽、金、元四史为二十有一。皇上钦定《明史》，又诏增《旧唐书》，为二十有三。近搜罗四库，薛居正《旧五代史》得裒集成编，钦禀睿裁，与欧阳修书并列，共为二十有四[②]。今并从官本校录，凡未经宸断者，则悉不滥登。盖正史体尊，义与经配，非悬诸令典[③]，莫敢私增，所由与稗官野记异也。其他训释音义者，如《史记索隐》之类；掇拾遗阙者，如《补后汉书年表》之类；辨正异同者，如《新唐书纠谬》之类；校正字句者，如《两汉刊误补遗》之类，若别为编次，寻检为繁，即各附本书，用资参证。至宋、辽、金、元四史译语，旧皆舛谬，今悉改正，以存其真。其子部、集部，亦均视此。以考校厘订自正史始，谨发其凡于此。

注释

①正史之名，见于《隋志》：此说确有根据。《隋志·正史类》小序称自陈寿撰《三国志》，"自是世有著述，皆拟班、马，以为正史，作者尤广"。此可谓在目录学中第一次出现"正史"之名。度其含义，盖《史记》《汉书》《后汉书》《三国志》，虽均为个人撰史，但均系受命而行，以尽职守，也就是均为皇帝及其中央政府所正式承认的史书。而在体例上也都取纪传体，分为纪、传、表、志、书等内容。所以《隋志》才说："自是世有著述，皆拟班、马，以为正史。"

②近搜罗四库，薛居正《旧五代史》得裒集成编，钦禀睿裁，与欧阳修书并列，共为二十有四：近搜罗四库，薛居正《旧五代史》得裒集成编，是指清乾隆时编纂《四库全书》过程中从《永乐大典》里辑佚出薛居正《旧五代史》之事。由于《旧五代史》的辑成并收入《四库全书》，乾隆皇帝在高兴之余还写了一首《题旧五代史八韵》，诗句为：

> 上承唐室下开宋，五代兴衰纪欲详。
> 旧史原监薛居正，新书重撰吉欧阳。
> 泰和独用滋侵佚，永乐分收究未彰。
> 四库搜罗今制创，群儒排纂故编偿。
> 残缣断简研摩细，合璧联珠体裁良。
> 遂使已湮得再现，果然绍远藉搜旁。
> 两存例可援刘昫，专据事曾传马光。

序以行之诗代序,惕怀殷监念尤长。

乾隆这首诗写于己未仲秋上浣,也就是乾隆四十年(1775)的八月上旬。乾隆皇帝为什么要在这个时候写这首诗?话还得从头说起。自乾隆三十七年(1772)下诏搜访天下遗书,翌年便开馆编修《四库全书》。《四库全书》的选书范围除内府旧藏外,便是各省公私进呈书和从《永乐大典》中的辑佚书。乾隆四十年(1775)的旧历七月初三日,馆臣们将从《永乐大典》中辑出的《旧五代史》排纂编次成书,以总裁永瑢、舒赫德、于敏中等名义进呈御览,并在进书表中说:"搜散佚于七百余年,广体裁于二十三史。著名山之录,允宜传播于人间;储乙夜之观,冀禀折衷于睿鉴。惟渐疏陋,伏候指挥。"书进呈后一个月,乾隆皇帝御览之余写下了上述那首长韵。但永瑢等在进书表中请求指挥,定夺对此书的安置。所以乾隆皇帝明确表态:"两存例可援刘昫。"说的是新辑佚出来的《旧五代史》,与欧阳修所撰的《新五代史》,两者均可视为正史而并存。其式可援引刘昫所撰《旧唐书》与欧阳修、宋祁等所撰《新唐书》并存为正史之例。《旧五代史》本为五代末北宋初薛居正所撰,始修于开宝五年(972),翌年书成。到景祐三年(1036)欧阳修着手撰写《新五代史》(原称《五代史记》),经过十八年,即皇祐五年(1053)基本完成。至1072年欧阳修下世后,书得以进呈,并由国子监镂版颁行。《新五代史》版行后,用者日众,《旧五代史》则用者日少。特别是金章宗完颜璟泰和七年(1207)"十一月癸酉,诏新定学令内削去薛居正《五代史》,止用欧阳修新撰(《金史·章宗木纪四》)"之后,《旧五代史》便由于少用而逐渐散佚。其原因盖是欧《史》仅为薛《史》规制的一半,但《旧五代史》所缺少的一些材料,《新五代史》却多有补充。如王景仁、郭重韬、安重海、李茂贞、孔谦、王彦章、段凝、赵在礼、范延光、卢文纪、马胤孙、崔颐、吕琦、杨渥等传记,《新五代史》都或多或少地补充了一些事实,有些还插入了一些生动的情节,这就有胜于《旧五代史》了,所以自欧阳修《新五代史》行世后,《旧五代史》便逐渐沉埋无闻。直至四库馆臣重辑排纂成书,才得重见天日,并钦禀圣裁,跻身正史,使正史有了二十四部,由此才有了"二十四史"之名。

③令典:国家的宪章法令。《左传·宣公十二年》:"荐敖为宰,择楚国之令典。"敖,指孙叔敖。正义曰:"《周礼》六卿太宰为长,遂以宰为上卿之号。楚臣令尹为长,故从他国论之,谓令尹为宰。楚国仍别有太宰之官,但位任卑耳。"《三国志·魏文帝纪·黄初五年》:"自今其敢设非祀之祭,巫祝之言,皆以执左道论,著于令典。"这两处"令典",均指国家宪章法规。四库馆臣认为正史体尊,义与经配,不经国家宪章允许,不敢私增内容。

按:《隋志·正史类》小序,其主线仍是辨章学术,考镜源流。然史与经不同,经学绵亘几千年,其师承家法几乎都能有迹可循。史则不同,除《史记》是真正的通代外,其余几乎都是断代。在内容上没有太多的联系,难以辨章学术,考镜源流。只是在史法、史笔、史体上后者借鉴前者,有一脉相承之迹,故《隋志》说:"自是世有著述,皆拟班、马,以为正史。"司马迁《史记》创纪传体通代史,班固学司马迁纪传体而创断代史,似为正当之史,正道之史,后世仿效,赓续不断,演变为后世修前代之史的惯例。至《四库全书总目》,除谈二十四史的形成过程外,非常严肃地说出了几句话:"正史体尊,义与经配,非悬诸令典,莫敢私增。"这就深化了《隋志》正史的概念,变成了体裁尊贵,义与经配的含义。其真谛到底是什么,从其另设有"载记"类的对比中可以知道,其正史的概念乃为历代奉诏编修的全国正式朝代政权的纪传体史书,简而言之,便是正统朝代和政权的官修纪传体史。这一界定,将史部列于经部之后的定位固定了下来。将正史排在史部诸书之首的目录学思想也体现了出来。对《四库总目》如此处理正史，目录思想上的问题倒无须过多地讨论，单从其如此处理可以集中反映某一学科某一类史籍来说，的确是有好处的。到乾隆时形成了二十四史，这是不争的事实。研究、注释二十四史的加工作品亦能随之而集中，也是不争的事实。这两条很符合目录学中客观类分的原则和客观著录的准则。

可是《四库总目》以后，特别是1949年以后，凡编制古籍目录，几乎都变成了按史体类分，即纪传体、编年体、纪事本末体。如此类分不是不行，但在纪传体这儿出了问题：一是纪传体中尚有通代、断代之分，这样一来，《史记》《南史》《北史》《旧五代史》《新五代史》就分到了一起，然后才能是《汉书》以下的断代史，自身就割裂了。二是纪传体史书何止二十四史？历来私人撰述的通代、断代纪传体史书数不胜数。对这部分史籍无论从内容上分还是依作者时代排，均须与二十四史混排才能确定各自的相应位置。这样一来，非但二十四史无法集中，其他纪传体通代、断代史，也无法集中。形成你中有我，我中有你，眉毛胡子一把抓的局面。这一点，目录的编纂者和目录的使用者，似乎都有过切身的不便体会。

且正史一立，作为辅助补充正史的别出之史，即别史，也必然随之而列类。凡别史必须具备两个条件：一是其内容必须是通代史或断代史；二是其体裁必须是纪传体。这类别出之史往往为私人纂修，其取材、断事、评人，常有独到之处。尤其是史料方面，常有胜于正史之处。有鉴于此，《四库全书总目》又立有别史。只是其部居又远离正史，令人披检不便。

与正史相对应，本质上与正式全国政权史相对应，又有若干记述地方割据政权史的史籍必要单独列类，否则又要混到纪传体史书当中去，扰乱视听，难以寻检。为了单独处理这部分史籍，《隋书·经籍志》特列了"霸史"一类，《四库全书总目》特列了"载记"一类。虽然类目名称未必尽当,但这种类归不能不说是目录学上的创举,实有利于寻检,也更符合历史的真实情况和史书的真实情况。

正史之设肇于《隋志》,与正史配套而又突出正史,辅以别史、载记,使历来各类政权史依类相从,各有所归,分类学上是个成功,便于寻检方面也是个典范。1994年以来民间立项,国家推动,组织力量编纂的《续修四库全书》,其史部分类便采取了正史、别史之例,并使别史紧跟正史之后。但未列"载记",也许仍是个缺憾。

※　　　※　　　※

《隋志·古史类》小序

自史官放绝,作者相承,皆以班、马为准。起汉献帝,雅好典籍,以班固《汉书》文繁难省,命颍川荀悦作《春秋左传》之体,为《汉纪》三十篇。言约而事详,辩论多美,大行于世[①]。至晋太康元年,汲郡人发魏襄王冢,得古竹简书,字皆科斗[②]。发冢者不以为意,往往散乱。帝命中书监荀勖、令和峤,撰次为十五部,八十七卷[③]。多杂碎怪妄,不可训知,唯《周易》《纪年》最为分了。其《周易》上下篇,与今正同。《纪年》皆用夏正建寅之月为岁首[④],起自夏、殷、周三代王事,无诸侯国别。唯特记晋国,起自殇叔,次文侯、昭侯,以至曲沃庄伯。尽晋国灭。独记魏事,下至魏哀王,谓之"今王"。盖魏国之史记也[⑤]。其著书皆编年相次,文意大似《春秋经》。诸所记事,多与《春秋左氏》扶同[⑥]。学者因之,以为《春秋》则古史记之正法,有所著述,多依《春秋》之体。今依其世代,编而叙之,以见作者之别，谓之古史。

注释

①起汉献帝，雅好典籍，以班固《汉书》文繁难省，命颍川荀悦作《春秋左传》之体，为《汉纪》三十篇。言约而事详，辩论多美，大行于世：汉献帝刘协，是东汉的末代皇帝。《后汉书·荀悦传》称刘协"帝好典籍，常以班固《汉书》文繁难省，乃令悦依《左氏传》体以为《汉纪》三十篇，诏尚书给笔札。辞约事详，论辨多美"。此为《隋志》此说之原始根据。荀悦，字仲豫，颍川人。荀俭之子，荀淑之孙，荀卿之十三世孙。《后汉书·荀悦传》说"悦年十二，能说《春秋》。家贫无书，每之人间，所见篇牍，一览多能诵记。性沉静，美姿容，尤好著述。……献帝颇好文学，悦与彧及少府孔融侍讲禁中，旦夕谈论，累迁秘书监、侍中"。他谙悉《春秋左氏传》，好著述，又侍讲禁中，做秘书监官员。有学识条件，又职责所系，所以受命以《春秋左氏传》体裁编写《汉纪》三十篇。《四库全书总目·汉纪》提要谓："张璠《汉纪》亦称其'因事以明臧否，致有典要，大行于世'。唐刘知幾《史通》'六家篇'，以悦书为《左传》家之首。其'二体篇'又称其'历代宝之，有逾本传'。班、荀二体，角力争先。其推之甚至。故唐人试士，以悦《纪》与《史》《汉》为一科。"此盖为《隋志》说其"言约而事详，辩论多美，大行于世"的理由。

②晋太康元年，汲郡人发魏襄王冢，得古竹简书，字皆科斗：《晋书·束皙传》称："初，太康二年，汲郡人不准盗发魏襄王墓，或言安釐王冢，得竹书数十车。其《纪年》十三篇，记夏以来至周幽王为犬戎所灭，以事接之，三家分，仍述魏事，至安釐王之二十年。盖魏国之史书，大略与《春秋》皆多相应。……其《易经》二篇，与《周易》上下经同。……《国语》三篇，言楚晋事。《名》三篇，似《礼记》，又似《尔雅》《论语》。《师春》一篇，书《左传》诸卜筮，'师春'似是造书者姓名也。《琐语》

十一篇，诸国卜梦妖怪相书也。《梁丘藏》一篇，先叙魏之世数，次言丘藏金玉事。《缴书》二篇，论弋射法。《生封》一篇，帝王所封。《大历》二篇，邹子谈天类也。《穆天子传》五篇，言周穆王游行四海，见帝台、西王母。《图诗》一篇，画赞之属也。又杂书十九篇……大凡七十五篇，七篇简书折坏，不识名题。……漆书，皆科斗字。初，发冢者烧策照取宝物，及官收之，多烬简断札。文既残缺，不复诠次。武帝以其书付秘书，校缀次第，寻考指归，而以今文写之。"此即晋太康元年汲郡人不准等盗发魏襄王墓所得竹简策书的简单情况。太康，乃西晋武帝司马炎所用的第三个年号，也是最后一个年号。汲郡，西晋武帝泰始二年（266）置，寻废。地在今河南汲县。魏襄王，惠王子。魏惠王"三十六年，复与齐王会甄。是岁，惠王卒，子襄王立"（《史记·魏世家》）。《世本》谓襄王名嗣。科斗，即古文字，形似蝌蚪，故称蝌蚪文。

③帝命中书监荀勖、令和峤，撰次为十五部，八十七卷：《晋书·荀勖传》载："荀勖字公曾，颍川颍阴人。汉司空爽曾孙也。祖棐，射声校尉。父肸，早亡。勖依于舅氏。……年十余岁能属文……即长，遂博学，达于从政。……俄领秘书监，与中书令张华依刘向《别录》，整理记籍。……及得汲郡冢中古文竹书，诏勖撰次之，以为《中经》，列在秘书。"《晋书·和峤传》载："和峤字长舆，汝南西平人也。祖洽，魏尚书令。父逌，魏吏部尚书。峤少有风格，慕舅夏侯玄之为人，厚自崇重。有盛名于世，朝野许其能整风俗，理人伦。袭父爵上蔡伯，起家太子舍人。累迁颍川太守。……称于武帝，入为给事黄门侍郎，迁中书令，帝深器遇之。旧监、令共车入朝，时荀勖为监，峤鄙勖为人，以意气加之，每同乘，高抗专车而坐。乃使监、令异车，自峤始也。"晋武帝命中书监荀勖、中书令和峤共同整理汲郡魏襄王墓所出竹书，一共整理出十五部，凡八十七卷。

④《纪年》皆用夏正建寅之月为岁首：《纪年》，《竹书纪年》，夏正，农历正月的省称。夏以正月为岁首。《史记·历书》称："夏正以正月，殷正以十二月，周正以十一月。盖三王之正若循环，穷则反本。天下有道，则不失纪序；无道，则正朔不行于诸侯。"建寅，以寅月为岁首，称建寅。寅月，即农历的正月。中国古代依北斗星之斗柄在一年中的移动位置，分为十二辰，称为斗建。建子为十一月，建丑为十二月，建寅为正月，建卯为二月，余可类推。全句是说从魏襄王墓出土的《竹书纪年》，皆以夏代建寅为正月，即以建寅之月为每年之开始。即其编年纪事的年月依据用的都是夏历，即农历。

⑤独记魏事，下至魏哀王，谓之"今王"。盖魏国之史记也：《竹书纪年》之记事，起于夏、商、周三代之王事，不列诸侯国别。唯特记晋国，起自殇叔，次文侯、昭侯，以至曲沃庄伯。推其原因，《竹书纪年》乃魏国之编年史，而魏乃晋之侍臣，封于魏地。其后参与韩、赵、魏三家分晋，乃成诸侯国。《史记·魏世家》谓："魏之先，毕公高之后也。毕公高与周同姓。武王之伐纣，而高封于毕，于是为毕姓。其后绝封，为庶人，或在中国，或在夷狄。其苗裔曰毕万，事晋献公。献公之十六年，赵夙为御，毕万为右，以伐霍、耿、魏，灭之。以耿封赵夙，以魏封毕万，为大夫。……毕万封十一年，晋献公卒，四子争更立，晋乱。而毕万之世弥大，从其国名为魏氏。生武子。魏武子以魏诸子事晋公子重耳。……重耳立为晋文公，而令魏武子袭魏氏之后封，列为大夫，治于魏。生悼子。魏悼子徙治霍，生魏绛。魏绛事晋悼公。……魏绛卒，谥为昭子。生魏嬴。嬴生魏献子。献子事晋昭公。……晋顷公之十二年，韩宣子老，魏献子为国政。……魏献子生魏侈。……魏侈之孙曰魏桓子……桓子之孙曰文侯都（《世本》作斯）。……二十二年，魏、赵、韩列为诸侯。……文侯受子夏经艺，客段干木……任西门豹守邺，而河内

称治。……文侯卒,子击立,是为武侯。……十一年,与韩、赵三分晋地,灭其后。……武侯卒,子䓨立,是为惠王。……惠王卒,子襄王立。……襄王卒,子哀王立。……哀王卒,子昭王立。……昭王卒,子安釐王立。……"可见魏与晋有难以划分的关系,特别是魏文侯被列为诸侯国以前,晋、魏是君臣关系,魏写自己的历史,前边一大段必须将自己置于晋之下或晋之中,所以《隋志》此处谓《竹书纪年》"唯特记晋国,起自殇叔,次文侯、昭侯,以至曲沃庄伯。尽晋国灭"。独记魏事,下至哀王,谓之"今王",盖《竹书纪年》编写于魏哀王时期,因为书中称哀王为"今王"。后世写书,遇当今皇帝,亦常以"今上御名"代之。上述可知,魏襄王乃惠王子,哀王乃襄王子,《竹书纪年》中已写至哀王时事,并称哀王为"今王",已证明其编写时间当在哀王之世。哀王之世才写的书,怎么会归葬在其父襄王的坟墓中?所以晋时汲郡人盗发的未必是魏襄王墓,说是魏安釐王墓未必不可信。

⑥其著书皆编年相次,文意大似《春秋经》。诸所记事,多与《春秋左氏》扶同:是说《竹书纪年》的著书体例以编年相次第,而内容文意则大体上与《春秋经》相同。所记诸事,则多与《春秋左氏传》扶同。所谓扶同,即符合或附和之意。《魏书·济南王匡传》:"于时议者多云芳是,唯黄门侍郎孙惠蔚与崇扶同。"唐杜牧《上李司徒相公论用兵书》:"刘悟卒,从谏求继,与扶同者只郓州随来中军二千耳。"这两处的"扶同",均系"符合""相同"之义。《竹书纪年》诸所记事,多与《春秋左氏传》符合相同。这是因为春秋、战国时的各诸侯国,都处在周王朝的同一时空里,人物、事件彼此关联。各国写自己的历史,均只不过以本国国君之纪年为经,而在同一年里要横向涉及各国相关的人与事。《春秋左氏传》如此,其他各国史书亦多与之扶同。

《隋志·起居注类》小序

起居注者，录记人君言行动止之事①。《春秋传》曰："君举必书，书而不法，后嗣何观？"②《周官》内史掌王之命，遂书其副而藏之，是其职也③。汉武帝有《禁中起居注》，后汉明德马后撰《明帝起居注》，然则汉时起居似在宫中，为女史之职。然皆零落，不可复知。今之存者，有汉献帝及晋已来《起居注》，皆近侍之臣所录。晋时又得汲冢书，有《穆天子传》，体制与今起居正同，盖周时内史所记王命之副也④。近代已来，别有其职，事在《百官志》。今依其先后，编而次之。其伪国起居，唯《南燕》一卷，不可别出，附之于此。

注释

①起居注者，录记人君言行动止之事：起居注，一指职官，一指著作。周时左、右史掌撰人君起居注；汉时宫中女史掌撰人君起居注；晋时则由著作郎掌撰；北魏始置起居令史，并别置修起居注二人；隋时于内史内置起居舍人二员；唐宋时于门下省置起居郎，于中书省置起居舍人；明洪武九年（1376）定设起居注二人，至万历时又命改由翰林院兼摄；清康熙时设日讲起居注官，属翰林院，在词臣中择品才兼优者充之。指专书著作时，则是指中国帝王的言行录。唐以前的起居注均已散佚，唐宋记注最详，为修史的重要根据。元明以降，制度犹存，但记载渐趋简单，资料价值远不如前。此处言"起居注者，录记人君言行动止之事"，则指后者之义，即起居注乃记录人君日常起居言行举止的专著。

②《春秋传》曰："君举必书，书而不法，后嗣何观：这几句话原出《春秋左氏传·庄公二十三年》："《传》二十三年夏，

公如齐观社，非礼也。……诸侯有王，王有巡守，以大习之，非是君不举矣。君举必书，书而不法，后嗣何观?"这段话是曹刿针对庄公要去齐国观社而发表的一段议论。曹刿认为，公如齐观社不符合礼制规则。正义曰："夫礼者，所以整理天下之民……诸侯会聚所谋，皆是尊王室，修臣礼，故会以训上下之则。"诸侯有从王事的举动，王也有巡视天下的举动，只有在这两种情况下才有朝会之举。不是君不举，君举必记书于策，书而符合礼法，否则后人如何观法先贤呢!

③《周官》内史掌王之命，遂书其副而藏之，是其职也：此话原出《周礼·春官·内史》："内史掌书王命，遂二之；外史掌书外令，掌四方之志。"唐贾公彦《周礼疏》曰："谓王有诏敕颁之事，则当副写一通藏之，以待勘校也。"《周官》即《周礼》，该书中记载内史的职责，乃记录和起草王之诏命，并在写好之后再抄写一个副份收藏起来，以备勘校之用。《隋志》引证此话，盖意在说明像起居注这类的事，在周时则由内史掌管。

④晋时又得汲冢书，有《穆天子传》，体制与今起居正同，盖周时内史所记王命之副也：按前引《晋书·束晳传》谓："太康二年，汲郡人不准盗发魏襄王墓，或言安釐王冢，得竹书数十车……《穆天子传》五篇，言周穆王游行四海，见帝台、西王母。"《穆天子传》晋时出土于汲郡魏襄王墓，六卷，凡八千五百一十四字，其文字皆蝌蚪古文，故武帝命荀勖、和峤以隶字写定。其体例则编年记月，以叙述周穆王西游之事，体裁近乎起居注，故《隋志》说它"体制与今起居正同，盖周时内史所记王命之副也"。说与起居注体例相同尚可，说是"周时内史所记王命之副"，则要看怎么理解。前已引述唐贾公彦疏文，"谓王有诏敕颁之事，则当副写一通藏之，以待勘校也"。内史既掌书王命，另抄一份副本收藏，以备勘验，乃职责所系。如果这类副本依年按月编辑起来就成了《穆天子传》，则可以说是"周内史所记王

命之副"。然通观《穆天子传》内容，乃多夸言寡实，似为小说家者流，绝非史家之信笔。因而这个"副"亦可理解为周内史所记王命之副产品。是不是这种解释，不敢妄断。

《四库总目·编年类》小序

司马迁改编年为纪传，荀悦又改纪传为编年[①]。刘知幾深通史法，而《史通》分叙六家，统归二体，则编年、纪传均正史也[②]。其不列为正史者，以班、马旧裁，历朝继作；编年一体，或有或无，不能使时代相续，故姑置焉，无他义也。今搜罗遗帙，次于正史，俾得相辅而行。《隋志》史部有起居注一门，著录四十四部[③]。《旧唐书》载二十九部，并实录为四十一部。《新唐书》载二十九部。存于今者，《穆天子传》六卷、温大雅《大唐创业起居注》三卷而已[④]。《穆天子传》虽编次年月，类小说传记，不可以为信史[⑤]。实惟存温大雅一书，不能自为门目。稽其体例，亦属编年，今并合为一，犹《旧唐书》以实录附起居注之意也。

注释

①司马迁改编年为纪传，荀悦又改纪传为编年：司马迁以前的史书，多为编年之体，即依年按月地排纂人、事，如赫赫有名的《春秋》及《春秋左氏传》等，便是典型的编年体鲁国史。作为载人记事的史书讲，人物的言行举止，事件的发生、发展与结果，总得发生在一定的时空里。以年月日为线索，将在同一时间里不同空间发生的相关事件，横串竖连记载在一起，令人一目了然。此为编年体史书的优长。然人的一生几十年，人君在位也有长达几十年者，几十年中所参与的事件，绝不是一件两件，时间

221

也绝不只涉及一年两年。同样，有的事件也绵延多年。依编年的写法，一个人可能在若干年次里出现，一件事也可能需要在若干年份里重复记载，既不能集中反映一个人，也不能集中反映一件事。有鉴于此，司马迁经过充分考虑，决定创新体裁。他的《史记》一改编年系事之例，变成以人为本，为人君立纪，为名门立世家，为名人立传，为诸侯立年表，为地理、河渠、食货立志，为天文、律历立书，创出了集中写人写事的纪传体史书体裁，从此影响了中国两千年正史的编写体例。此"司马迁改编年为纪传"之谓也。紧随司马迁之后，班固以此体写西汉一代的断代史，影响所及亦有一千九百年。至东汉末帝汉献帝刘协"好典籍，常以班固《汉书》文繁难省，乃令悦依《左氏传》体以为《汉纪》三十篇，诏尚书给笔札。辞约事详，论辨多美。"（《后汉书·荀悦传》）所谓依《左氏传》体，就是依照《春秋左氏传》的编年体裁重写西汉史，以成《汉记》三十篇。虽自汉经唐至宋，屡受褒赞，然至清初顾炎武《日知录》，乃说其除宣帝赐陈遂玺书一条，以及元康三年封海昏侯诏一条，能改正《汉书》三四字外，其余则叙事索然无味，间或首尾不备。此"荀悦又改纪传为编年"之谓也。

②刘知幾深通史法，而《史通》分叙六家，统归二体，则编年、纪传均正史也：刘知幾（661—721），字子玄，唐彭城（今江苏徐州）人。永隆进士，武后时历任著作左郎、左史等职，兼修国史。中宗李显时参与编修《则天皇后实录》。玄宗时官至左散骑常侍，后会其子贶为太乐令，抵罪，他请于执政，玄宗怒，贬安州别驾。生平专攻史学，通览各史，能分析其利弊得失，且领国史三十年，对史家、史法、史笔、史裁都有独到的见解。他认为史家要具备史才、史学、史识三长，而尤重史识。对著史强调直笔，提倡"不掩恶""不属善""爱而知其丑，憎而知其善"。是非分明，笔法信实。是我国历史上著名的史学家。其史学著作《史通》成书于中宗景龙四年（710），凡内篇十卷三十九

篇，外篇十卷十三篇。内篇皆论史家体例，辨别是非；外篇述史籍源流及杂评古人得失。开卷便是六家篇，通叙六家，而综其史体不过编年、纪传两种体裁。所以《四库总目》此处说："刘知幾深通史法，而《史通》分叙六家，统归二体。"而先秦的编年体史书也好，两汉及其以后的编年体史书也好，本来与纪传体史书无二，都是正史。然纪传体史书一经司马迁创作行世，此后历代相沿，绵亘二千余年，赓续未断。而编年体史书由于纪传体的挑战与冲击，则时断时续，未能形成史链，反而失去正史地位。故《四库总目》在此篇类序中说："今搜罗遗帙，次于正史，俾得相辅而行。"也就是《四库总目》在史部的类序部居上，正史之后，紧接着列的便是编年类。其寓意是编年体史书虽未被列为正史，但却仅次其后，以使两者相辅而行。其目录家的良苦用心，可见一斑。

③《隋志》史部有起居注一门，著录四十四部：《隋书·经籍志》史部正史、古史、杂史、霸史之后，设立了"起居注"一类，前边已将其类序录释。今检《隋志》，确实著录了《穆天子传》《汉献帝起居注》《晋泰始起居注》《晋咸宁起居注》《流别起居注》《宋永初起居注》《齐永明起居注》《梁大同起居注》《后魏起居注》《陈永定起居注》《后周太祖号令》《隋开皇起居注》《南燕起居注》等四十二部，实非四十四部。又记起居注亡书十二部。通计五十四部。姚振宗《隋书经籍志考证》称："按《七录》叙目第二，曰记传录，即史部也。所载无正史、古史、杂史、起居注四类，唯有国史部二百一十六种、注历部五十九种，知本志（指《隋书·经籍志》）于此四类皆从隋代见存书目之例，乃取《七录》此两部所有附注于其间也。"也就是说，正史、古史、杂史、起居注四类为《七录》所无，乃《隋志》作者们从隋代见存书及原书目所有而实际已亡的现实出发创立的门类。这四类当中除"古史"之设不甚科学外，其余正史、杂史、

起居注之设，都是有现实根据的，也是很有思想的，对后世影响也是很深远的。《隋志》之后，《旧唐书·经籍志》亦沿其例，著录起居注类"图籍"二十九部，加上附录的实录，总共四十一部。《新唐书·艺文志》亦沿其例，著录起居注类图籍三十九部。《四库总目》说二十九部，误。

④存于今者，《穆天子传》六卷、温大雅《大唐创业起居注》三卷而已：尽管《隋志》创设了起居注一类，并著录当时尚有流传的起居注类图籍四十二部，新、旧《唐书》亦沿其例，各有著录。然彼时所著录之书迄今仍有存于世者，唯有《穆天子传》六卷和温大雅所撰《大唐创业起居注》三卷。温大雅（约572—约628），隋末唐初人。《新唐书·温大雅传》："温大雅字彦弘，并州祁人。……高祖镇太原，厚礼之。兵兴，引为大将军府记室参军，主文檄。帝受禅，与窦威、陈叔达讨定仪典，迁黄门侍郎……进工部侍郎、陕东道大行台尚书。隐太子图乱，秦王表大雅镇洛阳须变，数陈秘画多所嘉纳。王即位，转礼部，封黎国公。"与李唐王朝初帝、二帝关系如此密切的温大雅，实在是有条件撰写《大唐创业起居注》。清代将其收入《四库全书》，今国家图书馆亦藏有此书的抄本。

⑤《穆天子传》虽编次年月，类小说传记，不可以为信史：《穆天子传》出于汲郡魏襄王墓之竹书，虽编辑体例依年按月，但所记之事却怪诞无稽，绝非可征可信之史，更近小说家者言，四库馆臣抓住这一内容实质，将其从"起居注"类中析出，移入子部"小说家"类。这样传世的两种起居注类图籍就只剩下了温大雅的《大唐创业起居注》一种。一种书，四库馆臣认为不能分门立类，故考其体例不过仍是循年按月系日，不出编年体史书之实质，故将其合并在编年类史书中，用《旧唐书》以实录附起居注之旧意。这样，《隋书·经籍志》的古史、起居注两类，到《四库全书总目》，便合而成为"编年类"了。

按:《隋志·古史类》所录诸书,不过为《纪年》十二卷、《汉纪》三十卷、袁彦伯《后汉纪》三十卷、张璠《后汉纪》三十卷、《献帝春秋》十卷、《魏氏春秋》二十卷、《魏纪》十二卷、《汉魏春秋》九卷、《晋纪》四卷、《晋纪》二十三卷、《晋纪》十卷、《汉晋阳秋》四十七卷……凡三十四部,六百六十六卷。这批书大部分是编年体史书,记载亦多为汉以后历朝之事,称为古史,实未为当,几乎等于未行类分。而在"古史类"的小序中还无病呻吟,侈谈《汉纪》成因和《竹书纪年》出土经过、记载内容、纪年方式等。根本不像是目录学中类序的惯常写法,有失目录学水准。所以至《四库全书总目》,全然扬弃此类,而特立编年一类,是完全正确的。因书设类,无书不分,向是目录学家坚持的原则。起居注虽可设类,但传至清代仅存温大雅《大唐创业起居注》一种,无以为类,故四库馆臣通权达变,抓住其古史、起居注类均属编年的本质,特设编年,以统摄《隋志》古史、起居注两类,其类归更为确当。

※　　　※　　　※

《隋志·杂史类》小序

自秦拨去古文,篇籍遗散。汉初,得《战国策》,盖战国游士记其策谋[①]。其后陆贾作《楚汉春秋》,以述诛锄秦、项之事[②]。又有《越绝》,相承以为子贡所作[③]。后汉赵晔,又为《吴越春秋》[④]。其属辞比事[⑤],皆不与《春秋》《史记》《汉书》相似,盖率尔而作[⑥],非史策之正也。灵、献之世,天下大乱,史官失其常守。博达之士,愍其废绝,各记闻见,以备遗亡。是后,群才景慕,作者甚众。又自后汉已来,学者多钞撮旧史,自为一书，或起自人皇，或断之近代，亦各其志，而体制不经。又有委巷之说⑦，迂怪妄诞，真虚莫测。然其大抵皆帝王之事，通人君子，必博采广览，以酌其要，故备而存之，谓之杂史⑧。

注释

①汉初，得《战国策》，盖战国游士记其策谋：《汉书·艺文志》虽无史略，但于"六艺略"《春秋》之后附载了一些史书，其中就有《战国策》。张舜徽作《汉书艺文志通释》，于《战国策》款目下有一段按语，按称："此乃周末游说之士言论总集。西汉末年刘向校书时，为之理董编次。其所撰叙录有云：'中书本号，或曰《国策》，或曰《短长》，或曰《事语》，或曰《长书》，或曰《修书》。臣向以为战国时游士辅所用之国，为之策谋，宜为《战国策》。其事继春秋以后，讫楚汉之起，二百四十五年间之事。'可知此书初无定名，即《战国策》三字，亦为刘向所定。全书计有西周一篇，东周一篇，秦五篇，齐六篇，楚、赵、魏各四篇，韩、燕各三篇，宋、卫合为一篇，中山一篇，共三十三篇。体裁与《国语》相似，故世人多取两书并称。惟游说之士，其术多方。史称主父偃学长短纵横术，又称蒯通长于论战国时说士权变，则在汉初犹有人传习其道者，自不失为专门之学，曾盛行于一时。"这段按语，可以作为《隋志》此说的最好诠释，但也暴露出《隋志》此说的含混与笼统。20世纪70年代湖南长沙马王堆出土的西汉帛书中，有《战国纵横家书》，与《战国策》内容相近，又对《隋志》此说作了注脚。即西汉时确实曾有《战国策》类似的书流传，然无定名，至成帝时刘向受命校理中秘，才定名为《战国策》。

②其后陆贾作《楚汉春秋》，以述诛锄秦、项之事：陆贾，《史记》《汉书》均有传。《史记·陆贾传》："陆贾者，楚人也。以客从高祖定天下，名为有口辩士，居左右，常使诸侯。及高祖时，中国初定，尉他平南越，因王之。高祖使陆贾赐尉他印为南越王。……陆生卒拜尉他为南越王，令称臣奉汉约。归报，高祖

大悦，拜贾为太中大夫。……陆生曰：'居马上得之，宁可以马上治之乎？'……高帝不怿而有惭色，乃谓陆生曰：'试为我著秦所以失天下，吾所以得之者何，及古成败之国。'陆生乃粗述存亡之征，凡著十二篇。每奏一篇，高帝未尝不称善，左右呼万岁，号其书曰'新语'。"足见陆贾乃汉初的政论家，又颇有文采。《后汉书·班彪传》谓："汉兴定天下，太中大夫陆贾记录时功，作《楚汉春秋》九篇。"《汉书·司马迁传赞》曰："司马迁据《左氏》《国语》，采《世本》《战国策》，述《楚汉春秋》，接其后事，讫于天汉。"述《楚汉春秋》者，乃循用陆贾所记而叙述其事之意。《隋志》此说，乃谓继《战国策》之后，陆贾又作《楚汉春秋》，以记述汉王刘邦逐次消灭秦王朝及楚王项羽之事。实为汉定鼎之前的秦汉、楚汉之间的斗争史。

③又有《越绝》，相承以为子贡所作：《越绝》又称《越绝书》，无撰人姓名，相承为子贡所作，乃是一种传说，绝非事实。《四库全书总目·越绝书》提要称："书中《吴地传》称'勾践徙琅琊，到建武二十八年，凡五百六十七年'，则后汉初人也。"按建武乃东汉首帝刘秀的年号，二十八年壬子，为公元52年。书中既提到从越王勾践徙琅琊，到建武二十八年，凡五百六十七年，则该书作者写该书时当在这一年，或稍晚一点。因推知《越绝书》之作者必是东汉初年人。《汉书·艺文志》《春秋》类后附之史书中无此书，亦可证明《越绝》一书绝非子贡所为，若为，乃为古史，《汉志》不该不录。那么作者到底是谁呢？《四库总目》该书提要继称："书末叙外传记以廋词隐其姓名。其云'以去为姓，得衣乃成'，是'袁'字也。'厥名有米，覆之以庚'，是'康'字也。'禹来东征，死葬其疆'，是会稽人也。又云'文词属定，自于邦贤；以口为姓，承之以天'，是'吴'字也。'楚相屈原，与之同名'，是'平'字也。然则此书为会稽袁康所作，同郡吴平所定也。"四库馆臣所考，颇有道理，可供参

227

考。《四库总目》提要继续说："其文纵横曼衍，与《吴越春秋》相类。"

④后汉赵晔，又为《吴越春秋》：《后汉书·儒林传·赵晔传》："赵晔字长君，会稽山阴人也。少尝为县吏，奉檄迎督邮，晔耻于厮役，遂弃车马去。……晔著《吴越春秋》《诗细历神渊》。蔡邕至会稽，读《诗细》而叹息，以为长于《论衡》。邕还京师，传之，学者咸诵习焉。"因知《隋志》此说确有史据。该书原十二卷，今存十卷，叙吴自太伯至夫差、越自无余至勾践时史事。《四库全书》所收此书为元大德十年（1306）刻本，中国国家图书馆所藏元大德十年绍兴路儒学刻本，即《四库》所收本。

⑤属辞比事：此语原出《礼·经解》："温柔敦厚，《诗》教也，疏通知远，《书》教也……属辞比事，《春秋》教也。……属辞比事而不乱，则深于《春秋》者也。"清人孙希旦《集解》谓属辞，连属其辞，以月系年，以日系月，以事系日；比事，比次列国之事而书之。实际便是连缀文辞，排列史事。后演变为撰文记事之意。

⑥率尔而作：率尔，原出《论语·先进篇》："子路率尔而对曰：'千乘之国，摄乎大国之间，加之以师旅，因之以饥馑，由也为之，比及三年，可使有勇且知方也。'"这里的"率尔"显然是匆忙之义。后世又有"率尔操觚"之说，就是不经意，轻率下笔的意思。《隋志》此处谓《楚汉春秋》《越绝》《吴越春秋》，皆轻率之作，并非史书之正也。

⑦委巷之说：委巷，《礼记·檀弓上》："小功不为位也者，是委巷之礼也。"意指民间的俗礼。委巷，本指僻陋曲折的小巷，后演变为泛指民间。委巷之说，也就是民间传说。

⑧杂史：凡仅记一事之始末，非一代之全编；或仅述一时之见闻，成一家之私纪的非正统史家的著述，均可视为杂史。杂史之列类始于《隋志》，此后历代相沿，几乎所有目录之作都有

"杂史"一类。

《四库总目·杂史类》小序

杂史之目，肇于《隋书》。盖载籍既繁，难于条析，义取乎兼包众体，宏括殊名①。故《王嘉拾遗记》《汲冢璅语》得与《魏尚书》《梁实录》并列不为嫌也②。然既系史名，事殊小说，著书有体，焉可无分。今仍用旧文，立此一类。凡所著录，则务示别裁③。大抵取其事系庙堂，语关军国。或但具一事之始末，非一代之全编；或但述一时之见闻，只一家之私记，要期遗闻旧事，足以存掌故，资考证，备读史者之参稽云尔。若夫语神怪，供诙啁，里巷琐言，稗官所述，则别有杂家、小说家存焉。

注释

①盖载籍既繁，难于条折，义取乎兼包众体，宏括殊名：这几句话是说《隋书·经籍志》之所以立"杂史"一类，原因是到唐初编撰《隋书·经籍志》时，传世的书籍已较先秦两汉多多了，而且种类上也更加丰富。书籍一多，便难以条分缕析，类分确当，故以一"杂"字概括之，目的在于使其目下兼容并包各类体裁、囊括各类不同名目而实亦史书的典籍。

②故《王嘉拾遗记》《汲冢璅语》得与《魏尚书》《梁实录》并列不为嫌也：由于《隋志》设"杂史"一类意在"兼包众体，宏括殊名"，所以像《王嘉拾遗记》《汲冢璅语》这类近乎怪诞荒唐的史籍，竟然也与《魏尚书》《梁实录》这类比较正规的史书类分在一起，并且不嫌其庞杂不经。考《王嘉拾遗记》，在《隋志·杂史类》著录为《王子年拾遗记》，乃萧绮所撰。王嘉，字子年，十六国时陇西安阳人。貌丑陋，语滑稽，喜谈神仙怪

异。清虚服气，不与世人交，与高僧道安过从。隐居终南山，弟子数百人。苻坚累征不起。传说他言未来之事皆验。后为姚苌所杀。《汲冢璅语》原出汲郡魏襄王墓之竹书，《隋志》著录为《古文琐语》四卷，脚注"汲冢书"。《隋志》著录孔衍撰《魏尚书》八卷、周兴嗣撰《梁皇帝实录》武帝三卷及谢吴撰《梁皇帝实录》元帝五卷。如此正规的史籍，却与《王子年拾遗记》《古文琐语》同分在"杂史"类中，这就是《隋志》创设"杂史"类的用意。

③今仍用旧文，立此一类。凡所著录，则务示别裁：这几句话是说《四库全书总目》仍沿用《隋书·经籍志》旧例，于史部仍立"杂史"一类。但这一类目下所著录的图籍，则务示别裁。务示，务必显示。别裁，分别裁定，以决取舍。也就是《四库总目》史部杂史类所著录的史籍，是经过严格分辨裁定才决定去取的，绝不像《隋志》那样鱼龙混杂、良莠不分的。

按：《隋志》和《四库总目》都在史部设有杂史类。然《隋志》设立"杂史"类之因，是因为在当时出现了像《战国策》《楚汉春秋》《越绝书》《吴越春秋》这类率尔而成、非史策之正的历史著作；东汉灵帝、献帝之世，天下大乱，史官失其常守，博达之士又恐记载废绝，于是各记所闻，以备遗亡，此后群才竞效，作者甚众，作品日杂；后汉以降，学者又喜抄撮旧史，自为一书，或起自人皇，或断之近代，虽各寓其志，但体制不经；更有委巷之说、迂怪妄诞、真伪莫测的稗乘野史。面对这些难以类分的史书，《隋志》创立了"杂史"一目，意图将其一网收尽。所以四库馆臣说它是"义取乎兼包众体，宏括殊名"。所以《隋志》所录真的良莠不分、鱼龙混杂，致使《王子年拾遗记》之类竟与《梁皇帝实录》为伍。真是一个"杂"。

《四库总目》之编纂，距《隋志》有一千余年，这中间所产生的史籍汗牛充栋，花样翻新，如何类归，更为棘手。然四库馆臣面对浩瀚的史籍，却能冷静思考，抓住内容实质，分别裁定，指归其类。故虽仍用"杂史"之目，却务示别裁。在繁富的史籍中，只取其事系庙堂，语关军国；或虽非一代之全编，却具一事之始末；或虽是一家之私记，却能述一时之见闻。总的是选取那些有掌故、资考证、备参稽的史籍入杂史。至于那些语神怪，供诙啁之里巷琐言，稗官所述，则归入子部杂家、小说家两类。这种类分水平显然比《隋志》要高。而高就高在凡《四库》所录杂史类史籍，虽非正史，但仍可征用，足能显现出其存掌故、资考证、备参稽的特征和价值。《王子年拾遗记》《古文琐语》之类语涉神怪、委巷曲说及稗官野述，决不再在"杂史"中出现。因为这些书本质上就不是史书。足见对典籍类分的是否恰当，关键在对典籍自身内容本质的认识。

※　　　　※　　　　※

《隋志·霸史类》小序

《传》曰："不有君子，其能国乎？"[①]自晋永嘉之乱[②]，皇纲失驭，九州君长据有中原者甚众。或推奉正朔，或假名窃号。然其君臣忠义之节，经国字民之务，盖亦勤矣[③]。而当时臣子，亦各记录。后魏克平诸国，据有嵩、华，始命司徒崔浩博采旧闻，缀述国史[④]。诸国记注，尽集秘阁。尔朱之乱，并皆散亡[⑤]。今举其见在，谓之霸史[⑥]。

注释

[①]《传》曰："不有君子，其能国乎？"：此语原出《春秋左氏传》鲁文公十二年："襄仲曰：'不有君子，其能国乎？国无陋矣，

厚贿之。'"襄仲，春秋时鲁庄公之子，一名公子遂、仲遂，卒后谥襄，故称襄仲。僖公、文公时为卿，掌国政。文公长妃哀姜生子恶及视，次妃敬嬴有宠，生子俀。俀私事襄仲。文公卒，杀太子恶及公子视，拥立庶子俀，为宣公。宣公八年，襄仲卒齐之垂。这样一个人，说出"不有君子，其能国乎"的话，实在难符。《隋志》引证此话，是为了说明有君子才能成其国家，国家才该有正史。除此，便不能成为国家，也就不该有正史。如有，也只能视为霸史。

②永嘉之乱：西晋惠帝司马衷在位期间（290—306）八王相继作乱，搞得政治腐败，经济萧条，军事混乱，国防空虚。永兴元年（304），匈奴贵族刘渊乘机于离石（今属山西）起兵，自立国号为"汉"，年号"元熙"。到晋怀帝司马炽永嘉四年（310），刘渊死去，其子刘聪继立为国。翌年（311）刘聪派遣石勒领兵进犯中原，于苦县宁平城（今河南鹿邑西南）歼灭晋军十余万人，并俘杀了太尉王衍。同年，刘聪又派刘曜率兵攻破洛阳，俘虏了晋怀帝，并且纵兵烧杀抢掠，滥杀王公士民三万余人，促使西晋于五年后的建兴四年（316）灭亡。此事由于发生在永嘉年间，故史称"永嘉之乱"。由于永嘉之乱的性质是少数民族的贵族刘渊、刘聪父子相继立国建号，并用武力进犯中原，滥杀无辜，违背了封建社会的正统原则，所以《隋志》说："自永嘉之乱，皇纲失驭，九州君长据有中原者甚众。"也就是说，自永嘉之乱以后，皇纲坠地，对全国失去了控制，导致东晋偏安，北方五胡乱华，十六国相继出现。直到隋朝统一，二百七十年间，中国社会形成了割据分裂的局面。

③然其君臣忠义之节，经国字民之务，盖亦勤矣：这几句话是说那些割据僭号之国，其君臣之间也很讲忠义之节及经国字民的职责。经国，即经营治理国家。《国语·周语下》："将民之与处而离之，将灾是备御而召之，则何以经国？"三国曹丕《典论·论文》："盖文章经国之大业，不朽之盛事。"这两处的经国，

都是治理国家之意。字民，抚养人民。《逸周书·本典》："字民之道，礼乐所生。"后世也有"字人"之说，也是抚治人民百姓的意思。《后汉书·吴延史卢赵传赞》："吴翁温爱，义干刚烈。延史字人，风和恩结。"《隋书·刑法志》："始乎勤善，终乎禁暴，以此字人，必兼刑罚。"《资治通鉴·唐代宗大历十二年》："县令，字人之官。"这些"字人"的用法，均与"字民"无异。

④后魏克平诸国，据有嵩、华，始命司徒崔浩博采旧闻，缀述国史：后魏，也称北魏，南北朝时期北朝的朝代之一。始自东晋孝武帝太元十一年（386），结束在南朝梁中大通六年（534），历时将近一百五十年。东晋孝武帝司马曜太元十一年（386），鲜卑族拓跋珪自立为代王，同年称帝，改国号为魏，建元为登国元年，都平城（今山西大同）。史称北魏或后魏，以区别于三国之魏。至永明十一年（493），后魏孝文帝拓跋宏迁都洛阳，改姓元，史或称元魏。后分裂为东魏和西魏，分别为北齐高洋、北周宇文觉所废，后魏结束。嵩、华，中岳嵩山和西岳华山，合称为嵩华。是指后魏所拥有的地域华北与中原。崔浩，字伯渊，小名桃简。《魏书》《北史》有传。后魏太宗拓跋嗣时初拜博士祭酒，累官至司徒，仕魏三世，军国大计，多所参赞。他工书，博通经史，长天文历算。曾作《国书》三十卷，即《隋志》此处所说的"始命司徒崔浩博采旧文，缀述国史"。然崔浩私欲膨胀，以崔姓本北方大族，想通过辨别士族门第恢复五等封爵，发展士族势力，因与后魏鲜卑贵族产生矛盾。太武帝拓跋焘太平真君十一年（450），浩反以监修国史暴露"国恶"的罪名被杀并株连九族。

⑤尔朱之乱，并皆散亡："尔朱之乱"前已注释过。尔朱，复姓。尔朱之乱，指尔朱荣之作乱。尔朱荣字天宝，北朝秀容（今山西朔州北）人。北魏时尝为秀容部落的首领，至北魏孝明帝时为直寝、游击将军。北魏末曾组织武装镇压农民起义，并招纳侯景、高欢等部，兵势渐盛。北魏孝明帝武泰元年（528），尔

朱荣率兵攻入北魏首都洛阳，执杀太后、少帝及百官两千余人，立孝庄帝，自任都督中外诸军事、大将军兼尚书令，专断朝政，食邑累增至二十万户。后为孝庄帝所杀。本来记述诸国历史的典籍，均集藏在秘阁，但经过尔朱荣作乱，攻入首都洛阳，结果是秘阁所藏之各国记注，并皆散亡。

⑥今举其见在，谓之霸史：《隋志》谓晋自永嘉之乱，九州君长据有中原者甚众。当时臣子，亦各记录。后魏亦令司徒崔浩缀述国史，故各国记注尽集秘阁。然经尔朱之乱，这些史籍并皆散亡。所以《隋志》只能举其现存，叫作霸史。何谓霸史？指以记述用霸道手段获取政权并建邦立号国度的历史。何谓霸道？霸道与王道相对，王道，指以仁、义治天下之道。《尚书·洪范》："无偏无党，王道荡荡；无党无偏，王道平平；无反无侧，王道正直。"正是儒家所倡导的王道。霸道，指凭借武力非法夺取政权并建国立号之道；或指国君以权势、刑罚、武力进行统治之道。尽观《隋志》"霸史"类所录之书，盖不出这两种类型。如《赵书》十卷，乃记石勒事；《华阳国志》十二卷，乃记述古代巴蜀地区历史、地理、风俗及公孙述、刘焉、刘备、李特等事迹；《南燕书》五卷，乃记慕容德事，凡此种种，一共二十七部。细玩其味，《隋志》"霸史"的概念，盖指记述正统王朝以外之割据势力、地方政权历史的典籍。这是首创的一个类目。

《四库总目·载记类》小序

五马南浮①，中原云扰②，偏方割据，各设史官，其事迹亦不容泯灭，故阮孝绪作《七录》，"伪史"立焉③。《隋志》改称"霸史"，《文献通考》则兼用二名。然年祀绵邈，文籍散佚，当时僭撰,久已无存;存于今者,大抵后人追记而已。曰"霸"、曰"伪",皆非其实也。案《后汉书·班固传》称撰平林、新市、公孙述事为"载记"④;《史通》亦称平林、下江诸人《东观》列为"载记"⑤;又《晋书》附叙十六国,亦云"载记",是实立乎中朝以叙述列国之名⑥。今采录《吴越春秋》以下述偏方僭乱遗迹者,准《东观汉记》《晋书》之例,总题曰"载记",于义为允。惟《越史略》一书,为其国所自作,僭号纪年,真为伪史。然方外私记,不过附存,以声罪示诛,足昭名分,固无庸为此数卷别区门目焉。

注释

①五马南浮:西晋怀帝司马炽永嘉五年(311)后汉刘聪派石勒领兵进犯中原,于河南苦县宁平城歼灭晋军十余万人,并俘杀了太尉王衍。同年,刘聪又派刘曜率兵攻破洛阳,俘虏了晋怀帝,并且纵兵烧杀抢掠,滥杀王公士民三万余人。在这场战乱中,琅邪王司马睿、彭城王司马绎、西阳王司马羕、汝南王司马祐、南顿王司马宗等五王,仓皇南逃,浮渡长江,最后在建业(今南京)由琅邪王司马睿建立了东晋王朝。五王都姓司马氏,故称"五马"。南浮,指五王浮渡长江。《晋书·元帝纪》:"太安之际,童谣云:'五马浮渡江,一马化为龙。'……是岁,王室沦覆,帝与西阳、汝南、南顿、彭城五王获济,而帝竟登大位焉。"此为"五马南浮"掌故所出之原典。

②中原云扰:云扰,形容纷乱如云。《汉书·叙传上》:"时隗嚣据垄拥众,招辑英俊,而公孙述称帝于蜀、汉,天下云扰,大者连州郡,小者据县邑。"颜师古注曰:云扰,"言盗贼扰乱,如云而起"。《四库总目》此处所说,是指西晋怀帝时发生永嘉之乱,弄得五马南浮,中原纷乱如云。

③故阮孝绪作《七录》,"伪史"立焉:阮孝绪(479—536),字士宗,南朝梁陈留尉氏人。年十三,博通《五经》。隐居不仕,

为任昉所钦重。梁武帝普通四年（523），广集宋、齐以来图籍，编撰《七录》。《七录》分图籍为经、史、子、集、方伎、佛、道七类，其中史类便立了"伪史"一目，专收记述偏方割据政权人事的史籍。故《四库总目》说"阮孝绪作《七录》，'伪史'立焉"。

④案《后汉书·班固传》称撰平林、新市、公孙述事为"载记"：《后汉书·班固传》称固"迁为郎，典校秘书。固又撰功臣、平林、新市、公孙述事，作列传、载记二十八篇，奏之"。班固作《汉书》，乃继承其父班彪的未竟之功，后因有人上书告其私改国史，下京兆狱。幸赖其弟班超诣阙陈述，帝乃免固罪，复令其完成前所著书。因此，班固才有条件又撰写了功臣列传和平林、新市、公孙述载记。平林，古地、县名，在今湖北随州市东北。王莽地皇三年（22），平林人陈牧、廖湛等在此揭竿而起，领导农民起义，号称"平林兵"。新市，古地名，战国时楚地，在今湖北京山东北。王莽末年，新市人王匡等在此领导农民起义，所部称为"新市兵"。公孙述，《后汉书》有传，称"公孙述字子阳，扶风茂陵人也。哀帝时，以父任为郎。……后，太守以其能，使兼摄五县，政事修理，奸盗不发。……王莽天凤中，为导江卒正，居临邛，复有能名。……建武元年（25）四月，遂自立为天子，号'成家'。色尚白。建元曰'龙兴'元年"。班固写平林、新市、公孙述等历史，称为"载记"，不称"伪史"或"霸史"。

⑤《史通》亦称平林、下江诸人《东观》列为"载记"：《史通》是刘知幾的史学专著，该书中也说到王莽地皇三年平林人陈牧、廖湛等领导农民起义；下江，指湖北省江陵县以下的长江下游地段。《汉书·王莽传》："是时南郡张霸、江夏羊牧、王匡等起云杜绿林，号曰'下江兵'。"这两个历史事件中的人事记载，《东观汉记》也列入了"载记"类。《东观汉记》，东汉官修的纪传体本朝史。明帝时创修，至灵帝熹平中成书，凡一百四十

三卷。班固、刘珍、李尤、崔寔、卢植、马日䃅、蔡邕等都先后参与纂修。南朝刘宋范晔所撰《后汉书》行世后，《东观汉记》日渐废佚。今本二十四卷，为清人从《永乐大典》等书中辑出，分帝纪三卷、年表一卷、志一卷、列传十七卷，载记和佚文各一卷。足见《东观汉记》确有"载记"一门，专记偏方起兵的霸权事迹。

⑥又《晋书》附叙十六国，亦云"载记"，是实立乎中朝以叙述列国之名：《晋书》用三十卷的篇幅开列"载记"，特记述匈奴人刘元海、刘聪、刘曜、石勒、石季龙、慕容廆、慕容㒞、慕容儁、慕容暐、苻洪、苻健、苻生、苻坚、苻丕、苻登、姚弋仲、姚襄、姚苌……沮渠蒙逊、赫连勃勃等起兵僭犯、割据偏方政权的事迹。从《后汉书·班固传》，到《东观汉记》《晋书》，均以"载记"之名，归记偏方割据武装政权的事迹，这才真正是站在正统的中央朝廷之上而客观叙述列国事迹的大度作法。所以《四库总目》便依据《东观汉记》《晋书》的先例，特设"载记"一目，以扬弃"伪史""霸史"之称。

按：目录之学贯穿着目录家的思想，而思想则来源于对事物的认识和对理论的领会与理解。阮孝绪乃南朝梁人，生活的时代便是分崩离析的时代。此时皇纲久已失驭，正统的尊严已被践踏殆尽。人们的心理盖是越无地位越想摆谱，越无尊严越想受人尊敬，所以表现出来的态度便是十分敏感。反映在目录编制和图书类分上，也有这种痕迹。阮孝绪创立"伪史"之目，不能说没有这种嫌疑。《隋志》的编撰者，大概觉得称其为"伪"有点过分，故改称"霸史"。霸道与王道相对，用兵动武夺取部分政权，甚至僭号称帝，历来被正统王朝斥为霸道。可是由一个正统王朝转换为另一个正统王朝，又何尝没有动武呢？可见动武不动武并不是王道与霸道的唯一检验标准。关键还是目录家的思想高度，

《四库总目》修撰时正值乾隆盛世，可谓清平世界，朗朗乾坤。编纂者们回头再看那些称"伪"称"霸"的史籍，一是时间久远，政治色彩久已淡薄；二是其书多已散佚，后人追记已非原来立场；三是国势强大，立乎中朝正如登泰山而小天下，所以扬弃"伪""霸"之称，而采用《后汉书》《东观汉记》《晋书》的中性之称，仍曰"载记"，妙哉！其后的目录，特别是1949年以后编制的古籍目录，索兴连"载记"一类也扬弃，而是视其书之体裁，或入纪传，或入编年，或入杂史。这固然也是一种做法，但总不如《四库总目》那样另一类归，更便于检览。

※　　　　※　　　　※

《隋志·旧事类》小序

古者朝廷之政，发号施令，百司奉之，藏于官府，各修其职，守而弗忘。《春秋传》曰"吾视诸故府"，则其事也。《周官》，御史掌治朝之法，太史掌万民之约契与质剂①，以逆邦国之治②。然则百司庶府，各藏其事，太史之职，又总而掌之。汉时，萧何定律令，张苍制章程，叔孙通定仪法，条流派别，制度渐广。晋初，甲令③已下，至九百余卷，晋武帝命车骑将军贾充博引群儒，删采其要，增律十篇④。其余不足经远者为法令⑤，施行制度者为令⑥，品式章程者为故事⑦，各还其官府。搢绅之士⑧，撰而录之，遂成篇卷，然亦随代遗失。今据其见存，谓之旧事篇。

注释

①质剂：《周礼·地官下·司市》："质剂结信而止讼。"贾公彦疏曰："质剂，券书。恐民失信有所违负，故为券书结之，使

有信也。"《周礼·地官·质人》："凡卖儥者质剂焉。大市以质，小市以剂。"郑玄注曰："大市，人民马牛之属，用长券；小市，兵器珍异之物，用短券。"可见"质剂"是一种结信之物，用作市互交换时的凭据。

②以逆邦国之治：《周礼·天官·宰夫》："诸臣之复，万民之逆。"郑玄注曰："自下而上曰逆。逆，谓上书。"《周礼·夏官·太仆》："掌诸侯之复逆。"亦同前义。《隋志》此处是复述《周礼》中所讲到的御史、太史的职责，特别是太史，既掌万民之约契与质剂，当然就是要用一些结信之法来规范人际交往，平衡人际关系，将人民群众中反映出来的一些真实情况拟书报告上来，以便采取措施，保证国家的太平。

③甲令：指朝廷所颁发的第一道法令或重要法令。《汉书·韩信彭越等传赞》："唯吴芮之起，不失正道，故能传号五世，以无嗣绝。庆流支庶，有以矣夫，著于甲令而称忠也。"颜师古注曰："甲者，令篇之次也。"意即"甲"是"令"篇的次第。《宋书·庐江王祎传》："朕应天命，光宅四海，……永垂画一，著于甲令。"即即位登极之后第一道诏令，著之于甲令之意。《易·蛊》："先甲三日，后甲三日。"唐孔颖达疏曰："甲者，创制之令者，甲为十日之首，创造之令，为在后诸令之首，故以创造之令谓之甲。故汉时谓令之重者，谓之甲令，则此义也。"

④增律十篇：律，法纪，法令，规则。《易·师》："师出以律，否臧凶。"唐孔颖达疏曰："律，法也。"《汉书·刑法志》："于是相国萧何攈摭秦法，取其宜于时者，作律九章。"这里的"律"，即法律之义，所以孔颖达释律为法也。

⑤法令：法律，命令，政令。《商君书·定分》："法令者，民之命也，为治之本也，所以备民也。"《老子》："法令滋彰，盗贼多有。"但"法令"与"法律"还是有区别的，法令，带有即时发布的政令之意。《鹖冠子·度万》："法令者，四时之正也。"

即指古时按季节制定发布的政令。临时发布的政令,乃至皇帝随时宣示的敕令,都未必能成为法律条文,它只能是重申哪项律条,或补充法律的不足。古时将这种东西称为敕令条格。

⑥令:法令。《史记·杜周传》:"前主所是著为律,后主所是疏为令。"《太平御览》卷六三八引杜预《律序》:"律以正罪名,令以存事制。"《隋志》所谓"施行制度者为令",可见规定的事物制度,就是"令"。

⑦故事:指先例或旧日的典章制度。《汉书·楚元王传·附刘向》:"是时,宣帝循武帝故事,招名儒俊材置左右。"又《汉书·苏武传》亦说:"卫将军张安世荐武明习故事,奉使不辱命。"这两处的"故事",都是先例或旧日典章制度之意。由此可见,晋初甲令以下的有关法律法令多至九百余卷,晋武帝觉得过于冗杂,故命车骑将军贾充广揽群儒,就九百余卷东西中删其冗杂,采其精要,增加了十篇法律内容。而对于那些不足以恒久可用的内容称为"法令",仅存事制者称为"令",品式规程条例者为"故事",并各归其所掌之官府。

⑧搢绅之士:搢绅,搢笏于绅的意思。搢,插也。笏,笏板也。古时朝会,自天子至士皆手执笏板,有事则书于上,以备遗忘。绅,丝织品的大带子。古者士大夫以带束腰,垂其余以为饰,谓之绅。搢绅之士,即能插笏板于带间的人士。这样的人士便是指士大夫了。

按:《隋志》开列"旧事"类之后,《旧唐书·经籍志》虽亦开有"故事"类,实际著录则与"起居注"类及"实录"相连属,下且相连"职官"类书籍。《新唐书·艺文志》单列有"故事"类,收录十七家四十三部,凡四百九十六卷。《宋史·艺文志》亦开列"故事"类,著录图籍一百九十八部,二千九十四卷。将《隋书·经籍志》《旧唐书·经籍志》《新唐书·艺文志》

《宋史·艺文志》四志放在一起加以研究，就会发现它们虽然都设有"故事"类，但对"故事"的理解却不完全相同，因而著录的图籍也不完全相同。到《四库总目》，则完全扬弃了这种类目，将所存这类之书分入了能反映其内容本质的相关类目。例如《隋志·旧事类》著录的第一部书《汉武帝故事》分入了子部小说家异闻之属；将《隋志》著录的第二部"旧事"类图籍《西京杂记》分入了子部小说家杂事之属。这种做法虽然未尽妥当，但主要还是抓住了原书的内容性质。

所谓"故事""旧事"，是指先例或旧日的典章制度。用这样一种含义来命名类目，本无可无不可。问题是立目之后要在其目下类分并著录相应的典籍，这就会出现两方面的问题：一是类分不准，二是类涵不确。类分不准，未必均缘类目是否恰当，有著录编目人员的分类水平问题。但类涵不确，那就不是分类人员的水平问题，而是类目自身的问题。如《汉武帝故事》，所言多与《史记》《汉书》相出入，而又杂以妖妄之语。这样的书怎么能作为旧日的典章制度来看待呢？又怎么能以"故事""旧事"的含义去覆盖它呢？不知《隋志》作者当时是怎么考虑的。《西京杂记》亦多为小说家言，难符先例或旧日典章制度的概念。《隋志》此类所录其他书，大部分已经失传。《桓玄伪事》也入此类，更显不伦不类。可见图书分类是一件很不容易的事情。它要求分类人员要吃透两头：一头是书籍内容特质要吃透，一头是对类目含义要吃透。唯有两头都吃透了，才能确切类分图书，名实相符。故旧事、故事的类目名称，到宋陈振孙的《直斋书录解题》才以"典故"之名以代之，但仍不甚确切。直到《四库总目》，则采钱溥《秘阁书目》"政书"一目以为类，才使有涉"国政朝章、六官所职"之书有名实相符的类归。

※　　　　※　　　　※

《隋志·职官类》小序

古之仕者，名书于所臣之策①。各有分职，以相统治。《周官》，冢宰掌建邦之六典，而御史数凡从正者②。然则冢宰总六卿之属，以治其政，御史掌其在位名数，先后之次焉。今《汉书·百官表》列众职之事，记在位之次，盖亦古之制也。汉末，王隆、应劭等，以《百官表》不具，乃作《汉官解诂》《汉官仪》等书③。是后相因，正史表志，无复百僚在官之名矣。搢绅之徒，或取官曹名品之书，撰而录之，别行于世。宋、齐已后，其书益繁，而篇卷零叠，易为亡散；又多琐细，不足可纪，故删。其见存可观者，编为职官篇。

注释

①古之仕者，名书于所臣之策：是说古时之当官者，其名均书写在简策上。策，众简相连之谓也。策亦作册，即编简成册之义。古时人们当什么官，他的名字就会被书写在他所当之官的花名册上。

②《周官》，冢宰掌建邦之六典，而御史数凡从正者：《周官》即《周礼》。《周礼·天官·冢宰》："惟王建国，辨方正位，体国经野，设官分职，以为民极，乃立天官冢宰，使帅其属，而掌邦治，以佐王均邦国。"《周礼·天官·大宰》又云："大宰之职，掌建邦之六典，以佐王治邦国。一曰治典，以经邦国，以治官府，以纪万民；二曰教典，以安邦国，以教官府，以扰万民；三曰礼典，以和邦国，以统百官，以谐万民；四曰政典，以平邦国，以正百官，以均万民；五曰刑典，以诘邦国，以刑百官，以纠万民；六曰事典，以富邦国，以任百官，以生万民。"此即

《周礼》"冢宰掌建邦之六典"的具体内容。《周礼·春官·御史》："御史掌邦国都鄙及万民之治令,以赞冢宰。掌赞书、凡数从政者。"掌赞书,郑玄注曰:"王有命,当以书致之,则赞为辞。"意即君王若有诏书敕命向下、外宣布,御史则赞王为此书。御史除掌赞书之外,还掌"凡数从政者",这是什么意思呢?郑玄注曰:"自公卿以下至胥徒凡数及其见在空缺者。"唐贾公彦疏曰:"释曰自公卿已下至胥徒在王朝者皆是凡数,又是从政之人,故云凡数从政者也。"可见这"凡数"乃指在朝的大小官吏的总数。胥徒,即是古代宫中的小吏。因此我们可以概括地说,御史之责,在掌管王命诏书的赞画起草和在朝从政的大小官吏人数,似是既当秘书,又管朝中的人事干部。《隋志》掐头去尾,断章取义,说《周官》中讲"冢宰掌建邦之六典,而御史数凡从正者"。这话中不但误"政"为"正",就整句而言,谁也无法读懂。其实无非是想说明古时冢宰总领百官,而御史则具体掌管朝官在职人数罢了。

③汉末,王隆、应劭等,以《百官表》不具,乃作《汉官解诂》《汉官仪》等书:《后汉书·文苑传》:"王隆字文山,冯翊云阳人也。王莽时,以父任为郎,后避难河西,为窦融左护军。建武中,为新汲令。能文章,所著诗、赋、铭、书凡二十六篇。"《隋志》史部职官类著录《汉官解诂》三篇,题为"汉新汲令王隆撰,胡广注"即此王隆。但他不是东汉末人,而是西汉末东汉初人。《隋志》将其与应劭通贯为"汉末",不确。姚振宗《隋书经籍志考证》:"《续汉书百官志序》:'故新汲令王隆作小学《汉官篇》。'刘昭曰:'按胡广注,隆此篇曰顾见新汲令王文山小学为《汉官篇》,略道公卿内外之职,旁及四夷博物,条畅多所发明,足以知旧制仪品。盖法有成易,而道有因革,是聊集所宜,为作诂解。各随其下,缀续后事,令世施行,庶明厥旨,增助来哲多闻之览焉。'"又"《续汉志补注》引广注述此书始末极详。王隆《汉官篇》仿《凡将》《急就》四字一句,故在小学

中"。今传世之《汉官解诂》一卷,一为清孙星衍辑本,收在《平津馆丛书》《后知不足斋丛书》《知服斋丛书》《四部备要》等丛书中。一为清黄奭辑本,收在《汉学堂丛书》《黄氏逸书考》等丛书中。应劭字仲远,东汉汝南南顿人。灵帝时举孝廉,辟车骑将军何苗掾,拜泰山太守。曾参与镇压黄巾军。后投袁绍,任军谋校尉。卒于邺。献帝迁都许昌,旧日典章湮没,书记罕存,应劭乃缀集所闻,著《汉官仪》。《后汉书·应劭传》建安"二年,诏拜劭为袁绍军谋校尉。时始迁都于许,旧章堙没,书记罕存。劭慨然叹息,乃缀集所闻,著《汉官礼仪故事》。凡朝廷制度,百官典式,多劭所立",即指此。今传世的《汉官仪》有三个辑佚本:一是孙星衍辑本《汉官仪》二卷,收入《平津馆丛书》《后知不足斋丛书》《知服斋丛书》《丛书集成》《四部备要》等丛书;二是黄奭辑本《汉官仪》一卷,收入《汉学堂丛书》《黄氏逸书考》等丛书;三是王仁俊辑本《汉官仪佚文》一卷,收入《经籍佚文》。

《四库总目·职官类》小序

前代官制,史多著录,然其书恒不传。《南唐书·徐锴传》称后主得《齐职制》,其书罕觏,惟锴知之,今亦无举其名者。世所称述,《周官》以外惟《唐六典》最古耳。盖建官为百度之纲①,其品名职掌,史志必撮举大凡,足备参考。故本书繁重,反为人所倦观。且惟议政庙堂,乃稽旧典。其间如元丰变法,事不数逢②。故著述之家或通是学而无所用,习者少则传者亦稀焉。今所采录,大抵唐宋以来一曹一司之旧事与儆戒训诰之词。今厘为官制、官箴二子目,亦足以稽考掌故,激劝官方。明人所著,率类州县志书，则等之自郐矣③。

注释

①盖建官为百度之纲：百度，指各种制度。《北史·苏绰传·论》："周文提剑而起，百度草创。施约法之制于竞逐之辰，修太平之礼于鼎峙之日，终能斫雕为朴，变奢从简，风化既被，而下肃上尊，疆场屡动，而内安外附。斯盖苏绰之力也。"这里的"百度"即指各种制度。《四库总目》此处之意，乃谓建官之职是各种制度草创中的纲领性的措施。特别是新朝刚立，百废待举，千头万绪，建官设职，乃是正常运行的首要任务。

②其间如元丰变法，事不数逢：所谓变法，指的是北宋神宗元丰年间（1078—1085）对官制的改革。《宋史·职官志序》："宋承唐制，抑又甚焉。三师、三公不常置，宰相不专任三省长官。尚书、门下并列于外，又别置中书禁中，是为政事堂，与枢密对掌大政。天下财赋，内庭诸司，中外管库，悉隶三司。中书省但掌册文、覆奏、考帐；门下省主乘舆八宝，朝会板位，流外考较，诸司附奏挟名而已。台、省、寺、监，官无定员，无专职，悉皆出入分莅庶务。故三省、六曹、二十四司，类以他官主判，虽有正官，非别敕不治本司事，事之所寄，十亡二三。故中书令、侍中、尚书令不预朝政，侍郎、给事不领省职，谏议无言责，起居不记注；中书常阙舍人，门下罕除常侍、司谏、正言非特旨供职，亦不任谏诤。至于仆射、尚书、丞、郎、员外，居其官不知其职者，十常八九。……故自真宗、仁宗以来，议者多以正名为请。咸平中，杨亿首言：'文昌会府，有名无实，宜复其旧。'既而言者相继，乞复二十四司之制。至和中，吴育亦言：'尚书省天下之大有司，而废为闲所，当渐复之。'然朝论异同，未遑厘正。神宗即位，慨然欲更其制。熙宁末，始命馆阁校《唐六典》。元丰三年，以摹本赐群臣，乃置局中书，命翰林学士张璪等详定。八月，下诏肇新官制，省、台、寺、监领空名者一切

罢去，而易之以阶。九月，详定所上《寄禄格》。会明堂礼成，近臣迁秩即用新制，而省、台、寺、监之官，各还所职矣。五年，省、台、寺、监法成。六年，尚书新省成，帝亲临幸，召六曹长贰以下，询以职事，因诫敕焉。"这就是所谓的元丰变法改制的历史事件。其变法的动因，完全是自唐以来在职官制度中的积弊所致。历史上一共也没有这么几回，所以《四库总目》在此说"其间如元丰变法，事不数逢"。

③明人所著，率类州县志书，则等之自郐矣：明朝人关于职官方面的著作，大都与州县方志相类，则等之自郐矣。自郐，指自郐以下之意。郐，西周时的侯国，故地在今河南郑州市南。相传为祝融之后，为郑武公所灭。《春秋左氏传·襄公二十九年》记载吴季札到鲁国观乐，鲁"使工为之歌《周南》《召南》，曰美哉。……为之歌《邶》《鄘》《卫》，曰美哉渊乎！忧而不困者也。……为之歌陈，曰国无主，其能久乎？自郐以下，无讥焉。"杜预注曰："郐第十三，曹第十四。言季子闻此二国歌，不复讥论之，以其微也。"孔颖达疏曰："郐是小国，《世本》无其号，谥不知其君，何所名也？郑玄以为周王夷、厉之时，郐公不务政事，而好衣服，大夫作《羔裘》之诗以刺之，凡四篇，皆郐风也。其后郑武公灭其国而处之。"吴季札观乐过程中，鲁亦为之歌郐，吴季札却自郐以下不再发表讥论之词，原因是自郐国以下，国家太小，无足与大国相提并论。后因以"郐下"指相形见绌，不在话下。《四库总目》此处用来指斥明人职官之书，率类州县方志，较之前人同类著作，则如同"自郐"以下的歌诗，无足论列，无足挂齿。

按：自《汉书》列百官公卿表，《晋书》《旧唐书》《旧五代史》《宋史》《明史》皆列职官志，讲述一代列官封爵之原则和概况。可见历代都很重视职官建置。其实早在周朝，官制已备矣。天官冢宰、地官司徒、春官宗伯、夏官司马、秋官司寇、冬官司空，是为六卿。六卿之下各有徒属职分，用于百事。然自周衰，官失而百职乱，战国并争，各有变异。秦兼天下，建皇帝之号，立百官之职。汉因循而不革，以明简易，随时宜也。周官秦制汉列百官公卿，历史上这种重视职官，乃至独立成书或为史书之必单列的一部分，足以启发目录的编制者们为之单独设类。《隋志》这么做了，也就为后世的目录编制树起了典范。然纵览《隋志·职官类》所著录诸书，无非是官仪、官阶、官品、官簿、官名等属于职官制度类的图书，尚未涉及做官原则、为官准则等方面的内容。而《四库全书》所录，乃唐宋以来一曹一司之旧事及儆戒训告之词，故在职官类下又辟为官制、官箴两小类，这就将实际流传的职官类图书类分清楚了。《四库》所收《唐六典》《翰林志》《麟台故事》《翰苑群书》《玉堂杂记》《秘书监志》《礼部志稿》等，绝对都是讲职官制度的。而《州县提纲》《官箴》《百官箴》《昼帘绪论》《三事忠告》等，又绝对都是讲为官准则的。官箴一词出于《左传·襄公四年》，箴，劝告之意。原指百官对帝王的劝告，后演变为对官吏的劝告。四库馆臣在类目设置上虽多承《隋志》，但于类目概念的理解和实际类分群书上，却远远高于《隋志》作者。

※　　　　※　　　　※

《隋志·仪注类》小序

仪注之兴，其所由来久矣[1]。自君臣父子，六亲九族，各有上下亲疏之别[2]。养生送死，吊恤贺庆，则有进止威仪之数。唐、虞已上，分之为三，在周因而为五[3]。《周官》，宗伯所掌吉、凶、

247

宾、军、嘉，以佐王安邦国，亲万民④，而太史执书以协事之类是也。是时典章皆具，可履而行。周衰，诸侯削除其籍⑤。至秦，又焚而去之。汉兴，叔孙通定朝仪。武帝时始祀汾阴后土，成帝时初定南北之郊，节文渐具⑥。后汉又使曹褒定汉仪⑦，是后相承，世有制作。然犹以旧章残缺，各遵所见，彼此纷争，盈篇满牍。而后世多故，事在变通。或一时之制，非长久之道。载笔之士，删其大纲，编于史志。而或伤于浅近，或失于未达，不能尽其旨要。遗文余事，亦多散亡。今聚其见存，以为仪注篇。

注释

①仪注之兴，其所由来久矣：仪注，指礼仪制度。《宋书·徐爰传》："时世祖将即大位，军府造次，不晓朝章。爰素谙其事，既至，莫不喜说，以兼太常丞，撰立仪注。"《南史·陈郡阳王伯山传》："武帝时，天下草创，诸王受封，仪注多阙。"《南史·孔奂传》："奂博物强识，甄明故实，问无不知，仪注体式，笺书表翰，皆出于奂。"这三处的"仪注"都是礼仪制度之意。在中国，国家讲究礼仪制度，历史是很久远的，故《隋志》此处说："仪注之兴，其所由来久矣。"

②自君臣父子，六亲九族，各有上下亲疏之别：六亲，历来说法不一。《左传·昭公二十五年》认为六亲指父子、兄弟、姑姊、甥舅、婚媾、姻亚；王弼注《易·家人》认为六亲指父子、兄弟、夫妇；《汉书·贾谊传》注引应劭说，认为六亲指父母、兄弟、妻子；《贾谊新书·六术》认为六亲指父子、兄弟、从父兄弟、从祖兄弟、从曾祖兄弟、同族兄弟；《史记·管晏列传》张守节正义认为六亲指外祖父母、父母、姊妹、妻兄弟之子、从母之子、女之子。九族，原出于《书·尧典》："克明俊德，以亲九族。九族既睦，平章百姓。"马融、郑玄注曰："上自高祖，下至玄孙，凡九族。"其意是以自己为本位，上推至四世高祖，下

推至四世玄孙,加上自己,是为九族。这是古文经学家的说法。夏侯阳等今文《尚书》家则认为是异姓亲族,即父族四,母族三,妻族二。这里我们无须过分追究到底什么是六亲,什么是九族。总的是讲自君臣父子,乃至六亲九族,其彼此之间自有尊卑长上远近亲疏之别。而这种区别,便由礼仪制度来确定,来区分。或者反过来说,区分君臣父子、六亲九族之间尊卑长上、远近亲疏的尺度和规定,便是仪注,或者说是礼仪制度。

③唐、虞以上,分之为三,在周因而为五:唐尧虞舜以上,礼仪制度盖分为三个主要的方面,即祭天、地、宗庙之礼。《书·舜典》:"咨四岳,有能典朕三礼。"传曰:"天、地、人之礼。"在周则有五礼,即吉、凶、宾、军、嘉。

④《周官》,宗伯所掌吉、凶、宾、军、嘉,以佐王安邦国,亲万民,而太史执书以协事之类是也:《尚书·周官》:"宗伯掌邦礼,治神人,和上下。"孔氏传曰:"春官卿宗庙官长主国礼,治天地神祇人鬼之事,及国之吉、凶、宾、军、嘉五礼,以和上下尊卑等列。"孔颖达正义曰宗伯之职"掌建邦之天、神、人、鬼、地祇之礼,又主吉、凶、宾、军、嘉之五礼。吉礼之别十有二,凶礼之别有五,宾礼之别有八,军礼之别有五,嘉礼之别有六。总有三十六礼,皆在宗伯所掌之文"。《周礼·春官·宗伯》:"大宗伯之职,掌建邦之天神人鬼地示之礼,以佐王建保邦国。"郑玄注曰:"立天神地祇人鬼之礼者,谓祀之、祭之、享之礼,吉礼是也。保,安也。所以佐王立安邦国者,主谓凶礼、宾礼、军礼、嘉礼也。"所有这些都能证明《隋志》此处所说《周官》"宗伯所掌吉、凶、宾、军、嘉,以佐王安邦国,亲万民",是有根据的。《尚书·顾命》:"太史秉书,由宾阶陓,御王册命。"孔颖达正义曰:"太保、太史、太宗,皆执事之人。……太史之职掌册书。"《隋志》此处说"太史执书以协事之类是也",是说宗伯掌吉、凶、宾、军、嘉五礼;太史持册书,传顾命,布设位

次，都是协助君王办事之类的官。

⑤是时典章皆具，可履而行。周衰，诸侯削除其籍：是说周时典章制度大体都已具备，可以遵循这些礼仪制度而行事。待到周势衰微，诸侯便乘势去其籍。关于诸侯削除其籍，前边我们已经注释过。因为周兴之时形成并记载在典籍中的礼仪制度，对诸侯有很多制约。特别是对他们的僭越行为，是一把无形的悬剑。他们内心是不愿意受这些约束的，因而当周势衰微，无力控制他们时，他们就乘虚削毁这类典籍。

⑥武帝时始祀汾阴后土，成帝时初定南北之郊，节文渐具：《史记·孝武本纪》："其明年冬，天子郊雍，议曰：'今上帝朕亲郊，而后土毋祀，则礼不答也。'有司与太史公、祠官宽舒等议：'天地牲角茧栗。今陛下亲祀后土，后土宜于泽中圜丘为五坛……'于是天子遂东，始立后土祠汾阴脽上，如宽舒等议。"立后土祠于汾阴脽上，刘宋裴骃集解引徐广话说："元鼎四年时也。"即是说汉武帝祀汾阴后土，当在元鼎四年（前113）。前此，汉武帝曾在汾阴之地得宝鼎，故改元元鼎。四年后，汉武帝接受宽舒等建议，在汾阴始祀后土。汾阴，战国时魏邑，汉置县，属河东郡，以在汾水之南而得名。裴骃集解引如淳话说："汾阴县在脽之上，后土祠在县西。汾在脽之北，西流与河合也。"这就是《隋志》所说"武帝时始祀汾阴后土"的具体含义。

《汉书·成帝纪》建始元年（前32）"十二月，作长安南北郊，罢甘泉、汾阴祠。……二年春正月，罢雍五畤。辛巳，上始郊祀长安南郊。诏曰：'乃者徙泰畤、后土于南郊、北郊，朕亲饬躬，郊祀上帝。'"即是说西汉孝成皇帝于建始元年十二月，废止了甘泉和汾阴的祭祀，二年春正月便下诏徙泰畤、后土于长安南郊、北郊，成帝躬自郊祀上帝。此即《隋志》"成帝时初定南北之郊"的具体含义。"节文渐具"，是说汉代自叔孙通定朝仪，经武帝至成帝，各种礼仪制度的文字规定又逐渐齐备了。

⑦后汉又使曹褒定汉仪:《后汉书·曹褒传》:"曹褒字叔通,鲁国薛人也。……褒少笃志,有大度,结发传(其父)充业,博雅疏通,尤好礼事。常感朝廷制度未备,慕叔孙通为汉礼仪,昼夜研精,沉吟专思,寝则怀抱笔札,行则诵习文书,当其念至,忘所之适。……章和元年正月,乃召褒诣嘉德门,令小黄门持班固所上叔孙通《汉仪》十二篇,敕褒曰:'此制散略,多不合经,今宜依礼条正,使可施行。于南宫、东观尽心集作。'褒既受命,乃次序礼事,依准旧典,杂以《五经》谶记之文,撰次天子至庶人冠婚吉凶终始制度,以为百五十篇,写以二尺四寸简。其年十二月奏上。"此为《隋志》所说"后汉又使曹褒定汉仪"的具体内容。

按:《隋志》之后,《旧唐书·经籍志》史部亦设有仪注类,收书八十四部。《新唐书·艺文志》史部亦设有仪注类,收书六十一家,一百部。《宋史·艺文志》史部亦设有仪注类,收书一百七十一部。《明史·艺文志》史部亦设有仪注类,收书五十七部。可见这是四部分类法中史部的一个老类目,但在概念理解和类分图书上也不完全相同。《隋志》仪注类尽管也收有《徐爰家仪》《文仪》《书仪》《言语仪》《妇人书仪》《僧家书仪》之类的非关国家典礼的礼仪之书,但仍未喧宾夺主。其所著录之书,如《汉旧仪》《晋新定仪注》《封禅仪》《宋仪注》《梁吉礼仪注》《梁宾礼仪注》《皇典》等,都是有关国家庆典、祀典的礼仪制度。新、旧《唐书》仪注类所收之书颇为严整。《宋史·艺文志》仪注类所收之书,除《南剑乡饮酒仪》《乡饮规约》《打球仪》《司马光家范》等显得杂一点外,其余所录诸书,大都事关国家庆典、祀典,也是很严整的。《明史·艺文志》一改其前经籍志、艺文志记一代藏书之盛的旧例,而为记一代著述之盛,故其仪注类所录诸书均为本朝撰著。如《集礼》《孝慈录》《行移繁减体式》《礼制集要》《皇明典礼》《朝仪》等,都是明朝人的著作。史志目录单设这么一类,有利于类分和囊括这类的书,更有利于读书人的检索。目录学的准则是因书设类,依类分书,便人检索。有这么一类书,设这么一个类,正确类分相关这一类的典籍,不但符合目录学原则,也更便于寻类查检,何乐而不为?然至《四库全书总目》则硬是不为,而是特立"政书"一类,下分通制、典礼、邦计、军政、法令、考工五属。而传统的"仪注"类典籍,在此则归入了"典礼"之属。其理由是"仪注条格,旧皆别出,然均为成宪,义可同归。惟我皇上制作日新,垂谟册府,业已恭登新笈,未可仍袭旧名。……按六官之政,始于冢宰。兹职官已各自为类,故不复及。六官之序,司徒先于宗伯,今以春官所掌,帝制朝章悉在焉,取以托始,尊王之义也。"(《四库全书总目·政书类》小序及"典礼"类后序)四库馆臣的分类理念,应该说没有大的毛病,但以"典礼"名其目,则收书只能是关乎帝制朝章的典籍,其余此类书籍则不能跻身于此。如《汉官旧仪》《大唐开元礼》《谥法》《政和五礼新仪》《大金集礼》《庙学典礼》《明集礼》等,都是关乎帝制朝章的重要典籍。《四库全书总目》是《四库全书》的选书目录,如此类归似无不可。如果是编制古籍总目录,则以"典礼"概括之,便不能囊括此类的全部典籍。故近世编辑古籍书目者又常在这儿细分,分为通礼、典礼、家礼、杂礼等。我意可以折中之,保留"政书"的上位类,下设通制、仪注、邦计、军政、法令、考工。"仪注"之下取暗分明不分之法,将典礼、家礼、书仪、杂礼之书依次著录在"仪注"之下。这样既不扔掉有效的传统类目,又不泥沙俱下,鱼目混珠。使人在"仪注"之下,能看到古今这类的全部典籍。相反,如果仅以"典礼"立目,则只能类归帝制朝章的典籍,会造成挂一漏万的后果。

《隋志·刑法类》小序

刑法者，先王所以惩罪恶，齐不轨者也。《书》述唐、虞之世，五刑有服[1]。而夏后世正刑有五，科条三千。《周官》，司寇掌三典以刑邦国[2]；司刑掌五刑之法，丽万民之罪[3]；太史又以典法逆于邦国[4]；内史执国法以考政事[5]。《春秋传》曰："在九刑不忘。"[6]然则刑书之作久矣。盖藏于官府，惧人之知争端而轻于犯。及其末也，肆情越法，刑罚僭滥。至秦，重之以苛虐，先王之正刑灭矣。汉初，萧何定律九章，其后渐更增益，令甲已下，盈溢架藏。晋初，贾充、杜预删而定之[7]。有律，有令，有故事。梁时，又取故事之宜于时者为《梁科》。后齐武帝时，又于麟趾殿删正刑典，谓之《麟趾格》。后周太祖，又命苏绰撰《大统式》。隋则律令格式并行。自律已下，世有改作，事在《刑法志》。《汉律》久亡，故事驳议，又多零失。今录其见存可观者，编为刑法篇。

注释

①《书》述唐、虞之世，五刑有服：《书·舜典》："帝曰：'皋陶，蛮夷猾夏，寇贼奸宄，汝作士。五刑有服，五服三就。'"传曰："士，理官也。五刑，墨、劓、剕、宫、大辟。服，从也。言得轻重之中正。……既从五刑，谓服罪也。"孔颖达正义曰："帝呼皋陶曰：'往者蛮夷戎狄猾乱华夏，又有强寇劫贼外奸内宄者，为害甚大，汝作士官，治之皆能审得其情，致之五刑之罪。受罪者皆有服从之心。'言轻重得中，悉无怨恨也。"可见这"五刑有服"，是指实施五种刑法，都能使犯者罪有应得，心服口服。

②《周官》，司寇掌三典以刑邦国：《周官》即《周礼》。三

典,指轻、中、重三等刑法。《周礼·秋官·大司寇》:"大司寇之职,掌建邦之三典,以佐王刑邦国,诘四方。一曰刑新国,用轻典;二曰刑平国,用中典;三曰刑乱国,用重典。"此即《隋志》所说"《周官》,司寇掌三典以刑邦国"的原始出处。

③司刑掌五刑之法,丽万民之罪:《周礼·秋官·司刑》:"司刑掌五刑之法,以丽万民之罪。墨罪五百,劓罪五百,宫罪五百,刖罪五百,杀罪五百。"即掌墨、劓、宫、刖、杀五等刑法,以丽万民之罪。丽,系也,治也。用五刑来治万民之罪。每刑可分别五百种情况,合计二千五百,均可分别治罪。

④太史又以典法逆于邦国:《周礼·春官·大史》:"大史掌建邦之六典,以逆邦国之治;掌法以逆官府之治;掌则以逆都鄙之治。"郑玄注曰:"典,则,亦法也。逆,迎也。六典、八法、八则,冢宰所建,以治百官。大史又建焉,以为王迎受其治也。"此即《隋志》"太史又以典法逆于邦国"的原始出处。

⑤内史执国法以考政事:《周礼·春官·内史》:"内史掌王之八枋之法,以诏王治。一曰爵,二曰禄,三曰废,四曰置,五曰杀,六曰生,七曰予,八曰夺。执国法及国令之贰,以考政事,以逆会计。"郑玄注曰:"大宰既以诏王,内史又居中贰之。……国法,六典、八法、八则。"贾公彦疏曰:"以内史掌爵禄杀生之事,故执国法及国令之贰者。国法,大宰掌其正。国令,谓若凡国之政令,故亦掌其贰。国即句考其政事及会计,以知得失善恶而诛赏也。"此即《隋志》"内史执国法以考政事"的原始出处及主要内容。

⑥《春秋传》曰:"在九刑不忘。":《春秋左氏传·文公十八年》:"先君周公……作《誓命》曰:'毁则为贼,掩贼为藏,窃贿为盗,盗器为奸。主藏之名,赖奸之用,为大凶德。有常无赦,在九刑不忘。'"孔颖达正义曰:"此非《周礼》之文,亦无《誓命》之书,在后作《九刑》者记其《誓命》之言,著于《九

刑》之书耳。……主为藏匿罪人之名，恃赖奸人所盗之用，为极大之凶德。有常刑无赦其事，在《九刑》之书不遗忘也。"谓凶德之人，《九刑》不忘其罪。

⑦晋初，贾充、杜预删而定之：《晋书·贾充传》："贾充字公闾，平阳襄陵人也。父逵，魏豫州刺史、阳里亭侯。……充少孤，居丧以孝闻。袭父爵为侯。拜尚书郎，典定科令，兼度支考课。……（武）帝袭王位，拜充晋国卫将军、仪同三司、给事中，改封临颍侯。……充所定新律，既班于天下，百姓便之。诏曰：'汉氏以来，法令严峻。故自元成之世，及建安、嘉平之间，咸欲辩章旧典，删革刑书。述作体大，历年无成。先帝愍元元之命陷于密网，亲发德音，厘正名实。车骑将军贾充，奖明圣意，谘询善道。太傅郑冲，又与司空荀顗、中书监荀勖、中军将军羊祜、中护军王业及廷尉杜友、守河南尹杜预、散骑侍郎裴楷、颍川太守周雄、齐相郭颀、骑都尉成公绥荀煇、尚书郎柳轨等，典正其事。朕每鉴其用心，常慨然嘉之。今法律既成，始班天下，刑宽禁简，足以克当先旨。昔萧何以定律受封，叔孙通以制仪为奉常，赐金五百斤，弟子皆为郎。'"此为《隋志》所说"晋初，贾充、杜预删而定之"的历史根据。

《四库总目·政书类》小序

志艺文者，有故事一类。其间祖宗创法，奕叶慎守，是为一朝之故事①。后鉴前师，与时损益者，是为前代之故事。史家著录，大抵前代事也。《隋志》载《汉武故事》，滥及稗官②。《唐志》载《魏文贞故事》，横牵家传③。徇名误列，义例殊乖④。今总核遗文，惟以国政朝章、六官所职者，入于斯类，以符《周官》故府之遗⑤。至仪注、条格，旧皆别出，然均为成宪，义可同归。惟我皇上制作日新，垂谟册府，业已恭登新笈，未可仍袭旧名。考钱溥《秘阁书目》有政书一类，谨据以标目，见综括古今之义焉。

注释

①其间祖宗创法，奕叶慎守，是为一朝之故事：前边说过，这里的"故事"系先例、旧时典章制度的意思。祖宗创法，祖宗创立的法度，或者说是祖宗创立的典章制度。奕叶慎守，奕叶，同奕世，即累世之义。《国语·周语》："奕世载德，不忝前人。"《后汉书·杨震传》附杨秉上疏："臣奕世受恩，得备纳言。"这里的奕世，均为累世之义。三国曹植《曹子建集》九《王仲宣诔》："伊君显考，奕叶佐时。"说的是王仲宣先人，累世辅佐时政。《四库总目》此处所说是为了区分故事。祖宗创立的法度，后辈一代一代地坚守奉行，这是一朝的故事。

②《隋志》载《汉武故事》，滥及稗官：《隋志·旧事类》著录《汉武帝故事》二卷，此即《四库总目》所说"《隋志》载《汉武故事》"之依据。《四库全书总目》小说家类著录《汉武故事》一卷，其提要称："旧本题汉班固撰，然史不云固有此书。《隋志》著录传记类中，亦不云固作。晁公武《读书志》引张柬之《洞冥记跋》，谓出于王俭。唐初去齐、梁未远，当有所考也。所言亦多与《史记》《汉书》相出入，而杂以妖妄之语。然如《艺文类聚》《三辅黄图》《太平御览》诸书所引甲帐珠帘、王母青雀、茂陵玉碗诸事称出《汉武故事》者，乃皆无之。又李善注《文选·西征赋》二条，其一为柏谷亭事，此本亦无之。其一为卫子夫事，此本虽有之，而文反略于善注。"这里四库馆臣虽未直接批评《隋志》在旧事类著录《汉武故事》为荒谬，但四库馆臣在著录《汉武故事》时，却将其从《隋志》史部旧事类移到了子部小说家类，这便表明了四库馆臣的态度，即他们认为《汉武故事》语

涉妖妄，滥涉稗官，实为小说家者流，决非旧时的典章制度。

③《唐志》载《魏文贞故事》，横牵家传：检《新唐书·艺文志》，其故事类著录有张大业《魏文贞故事》八卷。张大业，生卒年里不详，曾录魏徵事迹，编为《魏文贞故事》八卷。《新唐书·艺文志》著录此书时，将其置于刘祎之《文贞公故事》后，王方庆《文贞公事录》前，因知其当为玄宗前后时人。书已久佚，《资治通鉴考异》引有逸文。文贞乃魏徵谥号，由于其在唐初政治、文化建设中建树颇多，故成为当朝与后世关注的人物，《魏文贞故事》即其之一例。《新唐书·艺文志》将其归在"故事"类，当是讲述国政朝章的政书类书籍，然其中却又夹杂着不少传记性内容，所以《四库总目》说"《唐志》载《魏文贞故事》，横牵家传"。

④循名误列，义例殊乖：指《隋志》《新唐书·艺文志》，据《汉武故事》《魏文贞故事》之名，而将它们分到反映先例和旧时典章制度的"故事"类，是循名误列。义例，即体例。殊乖，特别的乖戾，特别的不一致。

⑤以符《周官》故府之遗：《四库总目》在批评了《隋志》《唐志》于故事之书循名误列，义例殊乖之后，自己则总核遗文，唯以国政朝章、六官所职之书入于此类。并据钱溥《秘阁书目》"政书"类名予以标目，以符《周官》故府之遗。故府，旧府。《春秋左氏传·定公元年》："子姑受功归，吾视诸故府。"注曰："求故事。"可见"故府"乃收藏典章制度的地方。所以《四库总目》将反映国政朝章、六官所职的典籍归于政书一类，认为是符合《周官》故府之遗制的。

按：《四库总目》政书类，涵盖了《隋书·经籍志》的"旧事""仪注""刑法"三类，并另设了"邦计""军政""考工"三类。对每类设置都有个简单说明，以示设类宗旨。其中如"通制"类之后案谓:"纂述掌故,门目多端,其间以一代之书而兼六职之全者,不可分属,今总而汇之,谓之通制。"故自《通典》,直至历朝会要皆隶焉。历代典制,一代六官之职全聚于此。"典礼"类后案谓:"六官之政,始于冢宰。兹职官已各自为类,故不复及。六官之序,司徒先于宗伯,今以春官所掌,帝制朝章悉在焉,取以托始,尊王之义也。"意谓六官之政始于天官冢宰,然自《隋志》以降,职官已单列为类,故在"典礼"类不应再次列类。而在《四库总目》典礼类所涵盖之书,乃春官所掌,故全是关乎礼仪制度的典籍。《隋志》设有"旧事""仪注"类,极类《四库总目》之"通制""典礼"两类,但又不完全相同。《隋志》史部刑法类,到《四库总目》则进了史部政书类,成为法令之属。四库馆臣亦有后案以示看法:"按法令与法家,其事相近而实不同。法家者,私议其理;法令者,官著为令者也。刑为盛世所不能废,而亦盛世所不尚。兹所录者,略存梗概而已,不求备也。"其实这种看法早自《汉志》《隋志》已经存在,只不过说得没这么明确。

《四库总目》除通制、典礼、法令三类之外,还在"政书"类之下又设了"邦计""军政""考工"三属。"邦计"类后案谓:"古者司徒兼教养,后世则唯司钱谷。以度支所掌条目浩繁,然大抵邦计类也,故今统以'邦计'为目,不复一一区别。"在类目设置上这是个创新。度支,官名,掌管全国财赋的统计和支调,故名度支。汉时有计相,掌管财政。三国魏文帝时设有度支尚书寺。晋及南北朝均设度支尚书,领度支、金部、仓部、起部四曹。隋初,仍设度支尚书,开皇三年改为民部。唐避太宗李世民名讳,改民部为户部,下设有度支郎中。宋有户部使、度支使及盐铁使,总领国内财赋,称三司。元、明不设三司,但事权仍归户部。清末改户部为度支部。可见度支、户部所掌之全国钱谷、财赋、茶、盐、酒榷、各种税收,都是关乎国计民生的实事、大事，反映这类事情的典籍，以"邦计"概括之，再确切不过了。故自《四库总目》以后，凡涉中国古籍目录，几乎都有这一类，并在其下位还在细分。

《四库总目》政书类下之"军政"一属，也带有首创性。其后序称："军伍战陈之事，多备于子部兵家中。此所录者皆养兵之制，非用兵之制也，故所取不过数家。"考《四库全书》所收之宋陈傅良《历代兵制》、宋钱文子《补汉兵志》、明杨时乔《马政纪》、清雍正皇帝敕撰之《八旗通志》等书，确均为谈养兵之制而非用兵之法，构成国家政治制度之一。陈傅良《历代兵制》八卷，上溯成周乡遂之法，下及春秋、秦汉、唐以来历代兵制之得失。于宋代言之尤详，论太祖躬定军制，亲卫殿禁、戍守、更迭、京师府畿、内外相维、发兵转饷、捕盗之事，皆能撮举其大旨。确是只谈养兵，而非涉用兵。而《汉志》《隋志》，则养兵用兵便都入兵书略和子部兵家了。

《四库总目》"考工"之属，亦是"政书"下位类之一。其所收书仅《营造法式》《武英殿聚珍版程式》两部，亦无此类后案。但观其收书，则为国家建筑、制作方面的制度。《四库总目》政书类之设，自有创意，并符合其所收之书。然这一创意，也打破了目录学的类分传统。使传统目录学在分类上有发展、有深化，但也有割裂。

※　　　　※　　　　※

《隋志·杂传类》小序

古之史官，必广其所记，非独人君之举。《周官》，外史掌四方之志，则诸侯史记兼而有之。《春秋传》曰："虢仲、虢叔，王季之穆,勋在王室,藏于盟府。"① 臧纥之叛,季孙命太史召掌恶臣而盟之②。《周官》,司寇凡大盟约,莅其盟书,登于天府。太史、内史、司会,六官皆受其贰而藏之。是则王者诛赏,具录其事,昭告神明,百官史臣皆藏其书。故自公卿诸侯,至于群士,善恶之迹,毕集史职。而又闾胥之政,凡聚众庶,书其敬敏任恤者;族师每月书其孝悌睦姻有学者;党正岁书其德行道艺者,而入之于乡大夫;乡大夫三年大比,考其德行道艺,举其贤者能者而献其书。王再拜受之,登于天府。内史贰之③。是以穷居侧陋之士,言行必达,皆有史传。自史官旷绝,其道废坏。汉初,始有丹书之约,白马之盟④。武帝从董仲舒之言,始举贤良文学。天下计书,先上太史,善恶之事,靡不毕集。司马迁、班固撰而成之,股肱辅弼之臣,扶义俶傥之士⑤,皆有记录。而操行高洁,不涉于世者,《史记》独传夷、齐,《汉书》但述杨王孙之俦⑥,其余皆略而不说。又汉时,阮仓作《列仙图》;刘向典校经籍,始作《列仙》《列士》《列女》之传,皆因其志尚,率尔而作,不在正史。后汉光武,始诏南阳撰作风俗,故沛、三辅有耆旧节士之序,鲁、庐江有名德先贤之赞。郡国之书,由是而作⑦。魏文帝又作《列异》,以序鬼物奇怪之事;嵇康作《高士传》,以叙圣贤之风。因其事类,相继而作者甚众,名目转广,而又杂以虚诞怪妄之说。推其本源,盖亦史官之末事也。载笔之士,删采其要焉。鲁、沛、三辅,序赞并亡,后之作者,亦多零失。今取其见存,部而类之,谓之杂传。

注释

①《春秋传》曰:"虢仲、虢叔,王季之穆,勋在王室,藏于盟府。":这段话原出《春秋左氏传·僖公五年》:"公曰:'晋,吾宗也,岂害我哉!'(宫之奇)对曰:'大伯、虞仲,大王之昭也,大伯不从,是以不嗣。虢仲、虢叔,王季之穆也,为文王卿士,勋在王室,藏于盟府。将虢是灭,何爱于虞?'"虢是

周分封的诸侯国，姬姓。西虢（今陕西宝鸡），是周文王的弟弟虢仲的封地。平王东迁之后，西虢徙于上阳，又称为南虢，春秋时为晋所灭。东虢（今河南荥阳），是周文王弟弟虢叔的封地，后为郑国所灭。王季，周太王古公亶父的末子，文王的父亲，名季历。其兄太伯、虞仲知古公欲立季历以传位文王，遂逃往荆蛮。古公卒，季历立为公。季历卒，文王即位。其后文王子武王灭商，追尊古公为太王，公季为王季。"虢仲、虢叔，王季之穆也"，对应的是"太伯、虞仲、大王之昭也"。昭与穆，都是古宗庙内神位排列的次序。始祖位居中，以下父子递为昭、穆，左为昭，右为穆。虢仲、虢叔，都是王季的儿子，文王的弟弟，对于古公亶父来说，王季为昭，文王及虢仲、虢叔则都是穆位，故《隋志》此处说"虢仲、虢叔，王季之穆"。孔颖达《春秋左传正义》曰："《周礼》司盟掌盟藏之法，会同则掌其盟约之载，既盟则贰之。郑玄云贰之者，写副当以授六官，唯言会同之盟，不掌勋功之事。而得有二虢之勋藏在盟府者，凡诸侯初受封爵，必有盟誓之言……当藏于司盟之府。"总之这句话是说虢仲、虢叔是王季的儿子，文王的弟弟，他们受封为虢国之君，其勋固在王室，然其受封时之盟誓载辞却藏在了盟府。

②臧纥之叛，季孙命太史召掌恶臣而盟之：《左传·襄公二十三年》："初，臧宣叔娶于铸，生贾及为而死。继室以其侄，穆姜之姨子也，生纥。长于公宫，姜氏爱之，故立之。臧贾、臧为出在铸。臧武仲自邾始告臧贾，且致大蔡焉。曰：'纥不佞，失守宗祧，敢告不吊。纥之罪不及不祀。子以大蔡纳请，其可。'……臧孙如防，使来告曰：'纥非能害也，知不足也，非敢私请。苟守先祀，无废二勋，敢不辟邑。'乃立臧为。臧纥致防而奔齐。……季孙召外史掌恶臣，而问盟首焉。"可证臧纥乃臧宣叔之子，庶出，由于姜氏爱之，乃立为世子，其异母兄臧贾、臧为出奔在铸。臧武仲自邾来告贾，说了许多臧纥的坏话，又立了臧为。臧

纥出奔于齐。此即《隋志》所谓"臧纥之叛"。季孙氏因而召外史之掌恶臣之事者而问盟首焉。杜预注曰:"恶臣,谓奔亡者。盟首,载书之章首。"孔颖达《春秋左传正义》曰:"《周礼》外史掌书外令,掌四方之志。今季孙召外史,盖鲁亦立此官也。"盖古时因有罪而出奔他国,要向该国陈述罪恶,盟之于大夫,以示鉴戒。臧纥出奔于齐,没有盟书载辞,故季孙召掌恶臣之外史向其问盟书之事。

③而又闾胥之政,凡聚众庶,书其敬敏任恤者;族师每月书其孝悌睦姻有学者;党正岁书其德行道艺者,而入之于乡大夫;乡大夫三年大比,考其德行道艺,举其贤者能者而献其书。王再拜受之,登于天府。内史贰之:这段话源于《周礼·地官》,层次顺序有所颠倒,文字内容有所简化。现依此层次,逐一引出原文,并稍加训释。

"闾胥各掌其闾之征令,以岁时各数其闾之众寡,辨其施舍。凡春秋之祭祀、役政、丧纪之数,聚众庶。既比则读法,书其敬敏任恤者。"古时以五家为一比,五比为一闾,因知一闾为二十五家。闾胥的职责,就是掌握各自主管之闾的征令。征令为何?征令内容包括每岁要按春、夏、秋、冬四时,各数其所辖之闾的户口多少;分辨国内七尺及六十、国之四野六尺及六十有五者,皆征之以外之人,施舍他们不再服徭役;州长、党正、族师的春秋祭祀、役政,以及王家的丧纪,闾胥都得为他们召集群众,以供驱使。既然将人们聚集密列在一起,就要向他们宣读法令法规,使他们知晓而不忘。族师以上之官,地位尊显,读法则有时节。闾胥官卑位低,最接近百姓,读法则无时节,凡是聚众之时都进行宣讲。而且还要将群众中孝敬、勤敏、体恤他人的事迹,写成书面材料。

《周礼·地官》:"族师各掌其族之戒令政事,月吉,则属民而读邦法,书其孝悌睦姻有学者。"古时五家为一比,五比为一间，四闾为一族，也就是百家为一族。族师，即一族的长官。其职责是各掌其族之戒令政事。戒令，指禁戒之令；政事，郑玄注曰："邦政之事。"何谓邦政之事？唐贾公彦疏曰："谓国之征役皆是也。"月吉，每月朔日，即每月初一。即族师于月吉之日亦聚众庶，宣讲国法。"书其孝悌睦姻有学者"，《周礼·地官·大司徒》："二曰六行：孝、友、睦、姻、任、恤。"此为封建社会宗法制度下的六种道德标准。有学，指掌握了六艺之学的人。即族师还要为本族之内有孝、友、睦、姻、任、恤六种道德和掌握六艺之学的人整理书面材料。

《周礼·地官》："党正各掌其党之政令教治，及四时之孟月吉日则属民而读邦法，以纠戒之。……正岁，属民读法而书其德行道艺，以岁时莅校比。"郑玄注曰："五百家为党。"唐贾公彦疏曰："先郑知五百家为党者，以其五家为比，五比为闾，四闾为族，五族为党，故知也。"贾公彦又曰："一乡有二十五党，故各掌其党之政令及十二教与治职文书。"又曰："党正以一党之内有族师以下诸官等，故岁终则会计一党政治功状，则帅其族师以下之吏，致其所掌之事于州长，州长又致与乡大夫，乡大夫致与大司徒，而行赏罚也。"可证《隋志》所谓"党正岁书其德行道艺者，而入之于乡大夫"的说法，是过于简括了，简括得隔过州长一层，而直接向乡大夫述职。这实在令人难以读懂。

《周礼·地官》："乡大夫之职，各掌其乡之政教禁令。正月之吉，受教法于司徒，退而颁之于其乡吏，使各以教其所治，以考其德行，察其道艺。……三年则大比，考其德行道艺，而兴贤者能者。"其意是说乡大夫从司徒那里接受教法之后，向乡吏颁布，使各施教于治域之内，每三年对乡吏进行一次考核，选择贤能。这就是所谓的"三年则大比"。"考其德行道艺"，贾公彦疏曰："德行，谓六德六行；道艺，谓六艺。""举其贤者能者而献其书"原出处为"兴贤者能者"，郑玄注曰："贤者，有德行者；

能者，有道艺者。……兴贤者，谓若今举孝廉；兴能者，谓若今举茂才。"其意即是推举贤人能人，而且要整理成书面的推荐材料呈献王者。

《周礼·地官·乡大夫》："厥明，乡老及乡大夫群吏，献贤能之书于王，王再拜受之，登于天府，内史贰之。"贾公彦疏曰："厥明者，谓今日行乡饮酒之礼也，至其明日表奏于王。"即乡大夫关于推举贤者能者的书面材料，于行乡饮酒之礼的第二天呈献给王，王拜而接受之后，便将这些材料上于天府。天府为何？郑玄谓"天府，掌祖庙之宝藏者"。贾公彦疏曰："宝藏者，是春官；天府，职文也。引之者欲见天府掌宝物，贤能之书亦是宝物，故藏于天府云。"可证天府实则为祖庙中收藏宝物的房间。"内史贰之"，郑玄注曰："内史副写其书者，当诏王爵禄之时。"贾公彦疏曰："内史副写其书者。贰，副也。内史副写一通文书，拟授爵禄。按内史职有策命诸侯群臣之事，故使内史贰之。"简单地说，乡大夫献给王者的举贤荐能材料，内史再抄写一个第二份，或称为副本，以备王者拟授爵禄时使用。

④汉初，始有丹书之约，白马之盟：丹书，指帝王发给功臣的一种证件。《汉书·高帝纪下》说汉高祖"又与功臣剖符作誓，丹书铁契，金匮石室，藏之宗庙"。《汉书·高惠高后文功臣表》："申以丹书之信，重以白马之盟。"白马，指白色的马。古代宰马歃血，用以盟誓或祭河。《战国策·魏》："刑白马以盟于洹水之上，以相坚也。"《史记·吕太后纪》："王陵曰：'高帝刑白马，盟曰：非刘氏而王，天下共击之。'"此即"丹书之约，白马之盟"之谓。

⑤扶义俶傥之士：扶义，即仗义，也作杖义。即依仗义。《史记·太史公自序》："秦既暴虐，楚人发难，项氏遂乱，汉乃扶义征伐。"《汉书·高帝纪上》："不如更遣长者扶义而西。"颜师古注曰："扶，助也，以义自助也。扶字或作杖，杖亦倚任之

意。"俶傥，卓异不凡。《汉书·司马迁传·报任安书》："古者富贵而名摩灭，不可胜记，唯俶傥非常之人称也。"

⑥《史记》独传夷、齐，《汉书》但述杨王孙之俦：夷、齐，指伯夷、叔齐。他们是商孤竹君的两个儿子，是兄弟俩。传说其父曾有遗命，死后立次子叔齐为继承人。但孤竹君死后，叔齐却让位给他的哥哥伯夷，伯夷不受，叔齐也不肯继位，先后都逃到周国。到周武王伐纣时，两人曾叩马谏阻。待到武王伐纣成功，建立了周王朝，他们又耻不食周粟，逃到首阳山，采薇而食，最后饿死在山里。杨王孙，《汉书》有传，谓："杨王孙者，孝武时人也。学黄老之术，家业千金，厚自奉养生，亡所不致。及病且终，先令其子曰：'吾欲裸葬，以反吾真，必亡易吾意。死则为布囊盛尸，入地七尺，既下，从足引脱其囊，以身亲土。'"杨王孙有《裸葬书》，反对厚葬，指出人死不为鬼，其尸抉然独处而无知。这在当时是难能可贵的思想。这些人都以高节而闻名，所以《隋志》说"操行高洁，不涉于世者，《史记》独传夷、齐，《汉书》但述杨王孙之俦"。

⑦后汉光武，始诏南阳撰作风俗，故沛、三辅有耆旧节士之序，鲁、庐江有名德先贤之赞。郡国之书，由是而作：这段话是接续前边所说的又一层意思。前边从闾胥、族师、党正、乡大夫的荐贤举能所整理的一闾一族一党一乡中贤者能者的书面材料，至阮仓、刘向所撰写的全国性的列仙、列女、列士之传记，而自东汉首帝光武帝刘秀诏南阳撰写南阳地区的风俗开始，沛、三辅、鲁、庐江相继也有耆旧节士和名德先贤的传记之作，于是反映郡国贤能节士的传记之书便由此而产生了。这里的南阳、沛、三辅、鲁、庐江，都是东汉的郡国之名。《后汉书·郡国志四》："南阳郡，秦置，洛阳南七百里。三十七城，户五十二万八千五百五十一，口二百四十三万九千六百一十八。"《后汉书·郡国志二》："沛国，秦泗郡，高帝改。洛阳东南千二百里。二十一城，

265

户二十万四百九十五,口二十五万一千三百九十三。"三辅,指西汉治理京畿地区的三个职官。西汉建都长安,京畿官统称内史。景帝时分置左右内史及都尉,即有三辅的名称。汉武帝太初元年,改右内史为京兆尹,治长安以东;左内史为左冯翊,治长安以北;都尉为右扶风,治渭城以西。《后汉书·郡国志一》:"京兆尹,秦内史,武帝改。其四县,建武十五年属。洛阳西九百五十里。十城,户五万三千二百九十九,口二十八万五千五百七十四。"又载:"左冯翊,秦属内史,武帝分,改名。洛阳西六百八十八里。十三城,户三万七千九十,口十四万五千一百九十五。"又载:"右扶风,秦属内史,武帝分,改名。十五城,户万七千三百五十二,口九万三千九十一。"这三个职官所管辖的地区就称为三辅。《后汉书·郡国志二》:"鲁国,秦薛郡,高后改。本属徐州,光武改属豫州。六城,户七万八千四百四十七,口四十一万一千五百九十。"《后汉书·郡国志四》:"庐江郡,文帝分淮南置。建武十年省六安国,以其县属。洛阳东一千七百里。十四城,户十万一千三百九十二,口四十二万四千六百八十三。"上述南阳、沛、三辅、鲁、庐江,都是东汉时的郡国。属于各该郡国的耆旧节士、名德先贤也都写有传记。这类的书,后世分类就分到郡邑或称地方。《隋志》此类所录如《三辅决录》《鲁国先贤传》《庐江七贤传》等,即这类性质。

《四库总目·传记类》小序

纪事始者,称传记始黄帝,此道家野言也。究厥本源,则《晏子春秋》是即家传,《孔子三朝记》其记之权舆乎?裴松之注《三国志》、刘孝标注《世说新语》,所引至繁,盖魏、晋以来,作者弥夥。诸家著录，体例相同，其参错混淆，亦如一轨①。今略为区别：一曰圣贤，如孔、孟《年谱》之类；二曰名人，如《魏郑公谏录》之类；三曰总录，如《列女传》之类；四曰杂录，如《骖鸾录》之类。其杜大圭《碑传琬琰集》、苏天爵《名臣事略》诸书，虽无传记之名，亦各核其实，依类编入。至安禄山、黄巢、刘豫诸书，既不能遽削其名，亦未可薰莸同器②，则从叛臣附载史末之例，自为一类，谓之曰别录。

注释

①诸家著录，体例相同，其参错混淆，亦如一轨：这段话当指《隋书·经籍志》设立"杂传"类目以来，《旧唐书·经籍志》《新唐书·艺文志》都设有"杂传"类，《宋史·艺文志》设有"传记"类，《明史·艺文志》亦设有"传记"类。这些史志目录，就在史部设"杂传"或"传记"类目而言，可以说其体例是相同的。然在"杂传"或"传记"类目之下便不再细分了，圣贤名流、祥瑞灵异、道学搜神、志怪列仙、高僧清虚、太极养性，等等，都混录在一起，弄得鱼龙混杂，高下不分。所以《四库总目》此处批评说："诸家著录，体例相同，其参错混淆，亦如一轨。"意谓其著录得参差错乱和彼此混淆，也如出一辙。因而《四库总目》则在"传记"类下又开设了"圣贤""名人""总录""杂录""别录"五属，试图解决史志目录此类历来的参乱混淆。

②薰莸同器：薰，香草；莸，臭草。《左传·僖公四年》："一薰一莸，十年尚犹有臭。"杜预注曰："薰，香草；莸，臭草。十年有臭，言善易消，恶难除。"后世常用来比喻善人同恶人不可共处。《孔子家语·致思》说："薰莸不同器而藏，尧桀不共国而治，以其类异也。"《四库总目》此处所说关于安禄山、黄巢、刘豫的传记之书，既不能断然削毁，亦不能与圣贤、名人等并列，故设"别录"以示另眼看待。

按：《隋志·杂传》类序，仍不失中国古典目录的辨章学术，考镜源流。它从史官广其所记谈起，涉及到《周官》内史、外史、太史、司寇、司会之职，使公卿诸侯群士善恶之迹，毕集史职。此为在上者传记产生的发端。又谈到闾胥、族师、党正、乡大夫之职，使得穷居则陋之士，言行必达，皆有史传。汉初，有丹书之约，白马之盟。且天下计书，先上太史，故善恶之事，靡不毕集，故班、马撰而成之。汉时又有列仙、列女、列士之作。东汉光武之后又有郡国耆旧节士、名德先贤之传。如此简单地回顾，传记产生、发展、演变的轨迹十分清楚地勾勒了出来。但传记所撰写的主人十分庞杂，不分尊卑上下、贤能愚钝、列仙怪诞，都杂糅在一个类目之下，却也不太合适。这说明当时类分的能力和体例，只达到这个水平。再往前探索，下一级类目，尚不是那个时代所能完成的。至《四库全书总目》，时过一千二百年，书籍生产日益昌盛，学科分岭日益清晰，人们的类分思想日益深化，故《四库总目》在"传记"类下又下了一级类目，分为圣贤、名人、总录、杂录、别录五属。

"圣贤"类收录《孔子编年》《东家杂记》两种书，并在后案中说："以上所录，皆圣迹也。以存目之中有诸贤之叙录，名统于一，故总标目曰圣贤。"所谓"以存目之中有诸贤之叙录"，当指《四库总目·传记类》存目中著录了《孔子世家补》《孔氏实录》《孔子论语年谱》《孟子年谱》《孔颜孟三氏志》《夷齐录》《孔圣全书》《圣贤图赞》等一大批关乎名贤的传记著作，故尽管正编中只收两种书，却仍以"圣贤"标目。这不能说不是一种分法，但这种分法绝非学科的类分，而是崇尚圣贤的目录学思想的表现。实际上十分难以操作。

"名人"类收录《晏子春秋》《魏郑公谏录》《李相国论事集》《杜工部年谱》《绍陶录》《金陀稡编》《诸葛忠武书》等十三部书。其列类理由反映在后序中："此门所录，大抵名世之英与文章道德之士也。不曰名臣而曰名人者，其中或苦节卓行，而山林终老；或风流文采，而功业无闻，概曰名臣，殊乖其实。统以有闻于后之称，庶为兼括之通词尔。"这种类分也是一种构想，但细辨起来，这个名人的标准实难掌握。

"总录"类收录《古列女传》《高士传》《卓异记》《春秋列国诸臣传》《廉吏传》《绍兴十八年同年小录》《伊洛渊源录》《名臣言行录》《唐才子传》《元朝名臣事略》《浦阳人物记》《殿阁词林记》《东林列传》《中州人物考》《儒林宗派》《闽中理学渊源考》等三十六部书。其后序称："合众人之事为一书，亦传类也。其源出《史记》之《儒林》《游侠》《循吏》《货殖》《刺客》诸传。其别自为一书，则成于刘向之《列女传》。《册府元龟》有'总录'之目，今取以名之。"这段议论，从分类思想上说没什么毛病，但是否称为"总录"，尚值得研究。且有"总录"就应考虑其相对的一面，即"个人"或"别传"，否则"总录"就只好单腿独立了。

"杂录"类收录《孙威敏征南录》《骖鸾录》《吴船录》《入蜀记》《西使记》《保越录》《扈从西巡录》等九部书。其后序称："传记者，总名也。类而别之，则叙一人之始末者，为传之属；叙一事之始末者，为记之属。以上所录，皆叙事之文，其类不一，故曰杂焉。"这种类分较有问题，只记杂事而不涉人之传记者，有的应进杂史，有的应进地理杂记，有的应进子部杂家杂记，在此的只能是杂传。

"别录"类在《四库全书》中均属存目，如《安禄山事迹》《张邦昌事略》《伪豫传》《徐海本末》《汪直传》《刘豫事迹》等，都在存目中。其后序称："以上皆逆乱之人，自为一传者，命曰别录，示不与诸传比也。其割据僭窃之雄，别附'载记'；征讨削平之事，别入'杂史'，均不与此同科。"这段议论带有浓重的政治色彩，立场坚定，是非分明。然如此类分图书，实际并不容易处理。逆乱之人,自为一传者,入此"别录";割据僭窃之雄,则别入"载记",实难掌握。吾意可以有两种调度方式:一种方式仍留在传记类,但不另设属,将其分散在各相关属中去。另一种方式是将这类书归入史部"载记"类,并在"载记"类下另开两属,一属曰割据政权史,一曰割据人物传。或者叫其他什么名目也可以。这样就能使偏方割据、犯上作乱的人、事记载类归在一起,方便检索。这样也许有人会说是将史与传混淆在一起了,其实不然。请看医家和释家的人物传记,不是都各在其类而未入史部"传记"类吗?当然也可以不这样做,仍放在此类,改属名曰"僭乱人物传"。

总之,《四库全书总目》改《隋书·经籍志》以来"杂传"为"传记",并在其下另设圣贤、名人、总录、杂录、别录之属,使传记类书籍之类分部居更有条理,并对后世此类的更加合理调整奠定了基础。《北京图书馆古籍善本书目》史部"传记"类下分为总录、个人、年谱、日记、科举、职官录、家传、谱牒八属;《中国古籍善本书目》史部"传记"类下则分为总录、别传、年谱、日记、家传、宗谱、杂录、贡举、职官录九属,较之《四库》类分更趋合理。如果再改,还可仿"总集""别集"之称,改"传记"类"总录"为"总传"更好。《四库》"总录"所收之书,乃集多人传记为一书者,叫"总传"更名符其实。当代图书分类原则为先总后分,将"总传"摆在"传记"类之首,更符合分类原则。"总传"之后接着就是"别传",此处的"别传"绝非《四库》之"别录",乃是相对于"总传"而言的个人传记,称为"别传"似更明确。《北京图书馆古籍善本书目》称为"个人",除了直白一点外,其意无误。只是不如"别传"与"总传"对应性更强。"科举""贡举"从名目上看有些让人不明白,实则是科举考试的登科录、乡试录、同年小录等。不如直白一点,就叫"科举名录"。这样,史部"传记"类下可调整为总传、别传、科举名录、职官名录、家传、宗谱、年谱、日记、杂传。这就摆脱了四库馆臣的思想桎梏，使图书分类更趋合理。

※　　　　※　　　　※

《隋志·地理类》小序

昔者先王之化民也，以五方土地，风气所生，刚柔轻重，饮食衣服，各有其性，不可迁变，是故疆理天下，物其土宜，知其利害，达其志而通其欲，齐其政而修其教。故曰广谷大川异制，人居其间异俗①。《书》录禹别九州，定其山川，分其圻界，条其物产，辨其贡赋，斯之谓也②。周则夏官司险，掌建九州之图，周知山林川泽之阻，达其道路③。地官诵训，掌方志以诏观事，以知地俗④。春官保章，以星土辨九州之地，所封之域，以观祆祥⑤。夏官职方，掌天下之图地，辨四夷八蛮九貉五戎六狄之人，与其财用九谷六畜之数，周知利害，辨九州之国，使同其贯⑥。司徒掌邦之土地之图，与其人民之教，以佐王扰邦国，周知九州之域，广轮之数，辨其山林川泽丘陵坟衍原隰之名物，及土会之法⑦。然则其事分在众职，而冢宰掌建邦之六典，实总其事。太史以典逆冢宰之治，其书盖亦总为史官之职。汉初，萧何得秦图书，故知天下要害。后又得《山海经》，相传以为夏禹所记。武帝时，计书既上太史，郡国地志，固亦在焉。而史迁所记，但述河渠而已。其后，刘向略言地域，丞相张禹使属朱贡条记风俗，班固因之作《地理志》。其州国郡县山川夷险时俗之异，经星之分，风气所生，区域之广，户口之数，各有攸叙，与古《禹贡》《周官》所记相埒。是后载笔之士，管窥末学，不能及远，但记州郡之名而已。晋世，挚虞依《禹贡》《周官》，作《畿服经》，其州郡及县分野封略事业，国邑山陵水泉，乡亭城道里土田，民物风俗，先贤旧好，靡不具悉，凡一百七十卷，今亡。而学者因其经历，并有记载，然不能成一家之体。齐时，陆澄聚一百六十家之说，依其前后远近，编而为部，谓之《地理书》。任昉又增陆澄之书八十四家，谓之《地记》。陈时，顾野王抄撰众家之言，作《舆地志》。隋大业中，普诏天下诸郡，条其风俗物产地图，上于尚书，故隋代有《诸郡物产土俗记》一百五十一卷，《区宇图志》一百二十九卷，《诸州图经集》一百卷。其余记注甚众。今任、陆二家所记之内而又别行者，各录在其书之上，自余次之于下，以备地理之记焉。

注释

①昔者先王之化民也，以五方土地，风气所生，刚柔轻重，饮食衣服，各有其性，不可迁变，是故疆理天下，物其土宜，知其利害，达其志而通其欲，齐其政而修其教。故曰广谷大川异制，人居其间异俗：这段话当是综合概括《礼记·王制》中的一段话而来。《礼记·王制》："凡居民材，必因天地寒暖燥湿。广谷大川异制，民生其间者异俗。刚柔轻重迟速异齐，五味异和，器械异制，衣服异宜。修其教不易其俗，齐其政不易其宜。中国戎夷，五方之民，皆有性也，不可推移。……五方之民，言语不通，嗜欲不同，达其志，通其欲。"五方，指东西南北中。五方土地，指东西南北中的山川土地。五方之民，指东西南北中的居民。唐孔颖达《礼记正义》曰："凡居民材，必因天地寒暖燥湿者，材，谓气性材艺，言五方之人，其能各殊，五者居处，各须顺其性气材艺，使堪其地气。故卢植云：'能寒者使居寒，能暑者使居暑。'即其义也。……性，谓禀性自然，故《孝经说》云：'性者生之质，若木性则仁，金性则义，火性则礼，水性则信，土性则知。'《中庸》云：'天命之谓性。'是赋命自然。情者，既有识知，心有好恶，当逐物而迁，故有喜怒哀乐好恶……今经

有刚柔轻重迟速六事……细别则有六大，总惟二，刚轻速，总是急也；柔重迟，总是缓也。此大略而言人性不同，亦有柔而躁者，刚而迟者，故《尚书》云皋陶行有九德是也。……俗，谓民之风俗；宜，谓土地器物所宜；教，谓礼义教化；政，谓政令施为，言修此教化之时当随其风俗，故云不易其俗。齐其政者，谓齐其政令之事当逐物之所宜，故云不易其宜。……达其志通其欲者，谓帝王立此传语之人，晓达五方之志，通传五方之欲，使相领解。"总之，《隋志》这段话是说昔日古圣贤王之教化人民，因为懂得居住在东西南北中五方土地上的人民，由于各地风俗不同，人们的饮食衣着、脾气秉性也很不同，而且不可改变。所以在封疆划土、条理天下的时候，便知其利与害，因地制宜，并使人晓达五方之志，通传五方之欲，使彼此之间相互通晓理解。施行教化和统一政令时，也尊重当地的民俗物宜。

②《书》录禹别九州，定其山川，分其圻界，条其物产，辨其贡赋，斯之谓也：《书》，指《尚书》。《尚书·禹贡》："禹别九州，随山浚川，任土作贡。"孔安国（伪）传曰："分其圻界。九州，《周公职录》云：'黄帝受命风后受图割地，布九州。'《鄹子》云：'中国为赤县，内有九州。'"孔颖达正义曰："禹分别九州之界，随其所至之山，刊除其木，深大其川，使得注海。水害既除，地复本性，任其土地所有，定其贡赋之差。史录其事，以为《禹贡》之篇。"此即《隋志》此处所说之原始出处。

③周则夏官司险，掌建九州之图，周知山林川泽之阻，达其道路：《周礼·夏官》："司险掌九州之图，以周知其山林川泽之阻，而达其道路。"郑玄注曰："周，犹遍也。达道路者，山林之阻则开凿之，川泽之阻则桥梁之。"贾公彦疏曰："释曰序官注，国曰固，野曰险，是掌固掌在国城郭，则司险掌畿外阻固，故云司险也。"其意是说《周礼·夏官》中的司险之官，职掌九州之图，以便周知其山林川泽之险阻，而通其道路。有点类乎工程兵

和舟桥旅，逢山开路，遇水叠桥，保证发兵道路的通达。

④地官诵训，掌方志以诏观事，以知地俗：《周礼·地官》："诵训掌道方志，以诏观事。掌道方慝，以诏辟忌，以知地俗。"郑玄注曰："说四方所识久远之事，以告王观博古所识。"贾公彦疏曰："掌道方志者，志，即今之识也，谓道四方所记，识久远之事，以告王也。以诏观事者，谓告王观博古之事也。……诵训又掌说四方言语所恶之事以诏告，令王避其忌恶。所以然者，使王博知地俗言语之事。"其意是说诵训之官掌说四方久远之事，使王知地俗，识久远，以施治略。

⑤春官保章，以星土辨九州之地，所封之域，以观祅祥：《周礼·春官》："保章氏掌天星，以志星辰日月之变动，以观天下之迁，辨其吉凶。以星土辨九州之地所封封域，皆有分星，以观祅祥。"贾公彦疏曰："此官掌日月星辰变动，与常不同，以见吉凶之事。……此经所论北斗及二十八宿所主九州及诸国封域之祅祥所在之事，故云以星土也。云辨九州之地者，据北斗而言；云所封封域者，据二十八星而说；云皆有分星者，总解九州及诸国也；云以观祅祥者，据星见征，应所在以观祅祥之事也。"祅，地面的反常变异现象。天反时为灾，地反物为祅。祅祥，即灾祥。总的是说，保章之官掌管日月星辰等天象变化，以及这些变化所反映出的星野之地，以便观察吉凶灾祥。

⑥夏官职方，掌天下之图地，辨四夷八蛮九貉五戎六狄之人，与其财用九谷六畜之数，周知利害，辨九州之国，使同其贯：这段话源出《周礼·夏官》："职方氏掌天下之图，以掌天下之地，辨其邦国、都、鄙、四夷、八蛮、七闽、九貉、五戎、六狄之人民，与其财用九谷、六畜之数要，周知其利害，乃辨九州之国，使同贯利。"郑玄注曰："天下之图，如今司空舆地图也。……东方曰夷，南方曰蛮，西方曰戎，北方曰貉、狄。玄谓闽，蛮之别也。《国语》曰：'闽，芊蛮矣。'四八七九五

六,周之所服国数也。"贾公彦疏曰:"释曰大司徒云掌建邦之土地之图,注云地之图,若今司空郡国舆地图。……职方主九州之事,故须分辨九州之国。贯,事也,使同其事利,不失其所也。"其意是说夏官职方氏,掌管天下地图与四方职贡,故须分辨九州之国及邦国、都城、边邑,乃至四夷、八蛮、七闽、九貉、五戎、六狄之地,以及他们的财用、九谷、六畜数量,使他们依旧贯赋贡。

⑦司徒掌邦之土地之图,与其人民之教,以佐王扰邦国,周知九州之域,广轮之数,辨其山林川泽丘陵坟衍原隰之名物,及土会之法:《周礼·地官》:"大司徒之职,掌建邦之土地之图,与其人民之数,以佐王安抚邦国。以天下土地之图,周知九州之地域广轮之数,辨其山林川泽丘陵坟衍原隰之名物。……以土会之法,辨五地之物生。"郑玄注曰:"土地之图,若今司空郡国舆地图。"贾公彦疏曰:"司徒既欲佐王安抚邦国,故先须知土地之图、人民之数。"扰,安抚也。郑玄注又曰:"九州,扬、荆、豫、青、兖、雍、幽、冀、并也。轮,从也。积石曰山,竹木曰林,注渎曰川,水钟曰泽,土高曰丘,大阜曰陵,水崖曰坟,下平曰衍,高平曰原,下湿曰隰。名物者,十等之名与所生之物。"贾公彦疏曰:"此经云土地图,据十等土地而说也,故云周知九州之地域广轮之数。马融云东西为广,南北为轮。按王制,南北两近一遥,东西两遥一近,是南北长,东西短,谓知此数也。又辨其山林川泽以下十等形状名号及所出之物也。"可见这段话的意思是,司徒的职责在辅佐君王安抚天下,故必须得知道土地之图及人民之数。并借夫卜土地之图,尽知九州地域长宽远近之数。并分辨山林川泽等十种地形以及它们分别所产的名物。"以土会之法,辨五地之物生。"郑玄注曰:"会,计也,以土地计贡税之法,因别此五者也。"贾公彦疏曰:"释曰云会计也,以土地计会所出贡税之法,贡税出于五地,故须说五地所生不同也,故

云以土会之法也。"五地者，一曰山林，二曰川泽，三曰丘陵，四曰坟衍，五曰原隰。因以土地来计算贡税，所以还须辨别五地所各宜生之动植物。

《四库总目·地理类》小序

古之地志，载方域、山川、风俗、物产而已，其书今不可见。然《禹贡》《周礼·职方氏》，其大较矣①。《元和郡县志》颇涉古迹，盖用《山海经》例②。《太平寰宇记》增以人物，又偶及艺文，于是为州县志书之滥觞③。元明以后，体例相沿。列传侔乎家牒，艺文溢于总集，末大于本，而舆图反若附录。其间假借夸饰以侈风土者，抑又甚焉。王士祯称《汉中府志》载木牛流马法，《武功县志》载织锦璇玑图，此文士爱博之谈，非古法也。然踵事增华，势难遽返。今惟去泰去甚，择尤雅者录之④。凡芜滥之编，皆斥而存目。其编类，首宫殿疏，尊宸居也；次总志，大一统也；次都会郡县，辨方域也；次河防、次边防，崇实用也；次山川、次古迹、次杂记、次游记，备考核也；次外纪，广见闻也。若夫《山海经》《十洲记》之属，体杂小说，则各从其本类，兹不录焉。

注释

①然《禹贡》《周礼·职方氏》，其大较也：《禹贡》乃《尚书·夏书》的篇名。篇中将当时中国划分为九州，并记述各州的山川、交通、物产状况以及贡赋的等级，保存了我国古代重要的地理资料，可谓我国地志之书的滥觞。其成书时代说法不一。《尚书·禹贡篇》称："禹别九州，随山浚川，任土作贡。"孔颖达《尚书正义》曰："禹分别九州之界，随其所至之山，刊除其

木，深大其川，使得注海。水害既除，地复本性，任其土地所有，定其贡赋之差。史录其事，以为《禹贡》之篇。"是则为大禹做了别九州，浚山川，依土地所宜，定贡赋之差的原创之事，后世史官史书纪录了其事，便形成了《尚书》中的《禹贡》之篇。然则这后世到底后到什么时候，一般都认为在周秦之际。

职方氏，本是一种官，掌天下地图，主四方职贡。前边曾引《周礼·夏官·职方氏》："职方氏掌天下之图，以掌天下之地，辨其邦国、都、鄙、四夷、八蛮、七闽、九貉、五戎、六狄之人民，与其财用九谷、六畜之数要，周知其利害，乃辨九州之国，使同贯利。"可知职方氏乃掌地图，辨地域，知地利，定贡赋的官员。《尚书》伪孔序称："八卦之说谓之《八索》，求其义也。九州之志谓之《九丘》，丘，聚也。言九州所有，土地所生，风气所宜，皆聚此书也。……先君孔子，生于周末，睹史籍之烦文，惧览之者不一，遂乃定礼乐，明旧章，删《诗》为三百篇，约史记而修《春秋》，赞《易》道以黜《八索》，述《职方》以除《九丘》。"孔颖达正义曰："《职方》即《周礼》也，上已云定礼乐，即职方在其内，别云述之，以为除《九丘》举其类者以言之，则云述者，以定而不改，即是遵述，更有书以述之。"表明孔子似亦有《职方》之作。大较，大略、大概。《史记·货殖传》："夫山西饶材、竹、谷、纑、旄、玉石……铜、铁，则千里往往山出棋置，此其大较也。"《颜氏家训·文章》："凡此诸人，皆其翘秀者，不能悉记，大较如此。"此两处之大较，皆大略、大概之意。《四库总目》此处所说，乃是承继前边的话："古之地志，载方域、山川、风俗、物产而已，其书今不可见。"然则，《禹贡》《周礼·职方氏》所记，乃古地志之大略也。

②《元和郡县志》颇涉古迹，盖用《山海经》例：《元和郡县志》乃现存最古老的全国总志，唐李吉甫撰，成书于唐宪宗元和八年（813），故名《元和郡县志》。所记起京兆府，终陇右道，

凡四十七镇，成四十卷。各卷所记颇涉古迹传说，体例很像《山海经》。《山海经》，《汉书·艺文志》入"数术略"形法类，《四库总目》入子部小说家类，其后则多入集部小说类。大约成书于战国，秦汉时又有所增益。书中记述各地山川、道里、部族、物产、祭祀、医巫、原始风俗，往往掺杂怪异，保存了很多远古的神话传说和史地资料。

③《太平寰宇记》增以人物，又偶及艺文，于是为州县志书之滥觞：《太平寰宇记》乃北宋的地理总志，乐史所撰。北宋太平兴国年间，乐史以五代割据郡县，地名多有改变，至是全国统一，故取山经地志，考正讹谬，纂成此书。该书采摭繁富，撷取赅博。于列朝人物一一并登，至于题咏古迹，亦皆并录，后来方志必列人物、艺文者，其体皆始于此。故四库馆臣说它"增以人物，又偶及艺文，于是为州县志书之滥觞"。

④今惟去泰去甚，择尤雅者录之：去泰去甚，即去其过甚。《老子》："是以圣人去甚、去奢、去泰。"此处是说后世地志之书假借夸饰，以奢风土，踵事增华，抑又甚焉。故只好去其过甚，选择尤雅者收录之。

按：地理，本为山川土地的环境形势。《易·系辞上》："仰以观于天文，俯以察于地理。"孔颖达疏称："地有山川原隰，各有条理，故称理也。"可见这地理，最初的概念乃是地之条理，后来演变成研究地球表面现象及行政区划的科学。《隋志》地理类序称："《书》录禹别九州，定其山川，分其圻界，条其物产，辨其贡赋。"禹可谓最早的地理学家，此后所形成的《禹贡》，可谓最早的地理专著。周则夏官司险，掌建九州之图，周知山林川泽之阻，达其道路。地官诵训，掌方志以诏观事，以知地俗。春官保章，则以星土辨九州之地及其所封之域，以观祆祥。夏官职方氏，则掌天下之地图，分别四夷八蛮九貉五戎六狄之人，及其财用、农、牧之数，以便同纳贡赋。司徒则掌国家土地之图及人民之数，佐王安抚邦国。并周知九州之地域的宽长四至，分辨山林川泽丘陵坟衍原隰各种地势上所产之名物，以土地田垄计算之法，定其贡赋。可见这司险、诵训、保章、职方、司徒之官，都跟九州地理有关。有的通其道路，有的知其风俗，有的以星辰变化辨九州所封之域的吉凶，有的分别四夷八蛮等少数民族地区的人数及财用、农、牧状况，有的管理国家土地及人口之数和各种地势上所产之名物，以计算贡赋。正是这些官员的职务记载，形成了最初的地理篇章。后又得《山海经》，相传以为夏禹所记。其后史迁河渠、班固地理，其州国郡县山川夷险时俗之异，经星之分，风气所生，区域之广，户口之数，各有攸叙。晋代挚虞，齐时陆澄、任昉，陈时顾野王以及隋代官方，各有专著，地理之学蔚然成风。短短一篇类序，将地理之学的渊源脉络和盘托出。目录之学的辨章学术，考镜源流功能，在此又一次得到充分的体现。

《四库总目》地理类序，面对古地理书的失传，仅用两句话概括其源。一句是"古之地志，载方域、山川、风俗、物产而已，其书今不可见"。另一句是"然《禹贡》《周礼·职方氏》，其大较也"。这完全是探源的概括。紧接着便谈唐《元和郡县志》之涉古迹而用《山海经》例，《太平寰宇记》增以人物、艺文而开后世志书之先河，亦可谓辨章学术，考镜源流。至于地理类下再分子目，更不失为创新。首宫殿疏，意在尊敬宸居。且其后案称："《太平御览》引有汉宫殿疏，刘知幾《史通》所引有晋宫阙名，皆自为纪载，不与地志相杂。今别立子目，冠于地理之首。"名胜古迹，可谓人文地理。这种认识，似乎在二百多年前的四库馆臣那里已经具备了。次总志，表示大一统的江山，威德遐宣，响从影附，以昭大同之盛轨。次都会郡县，辨方域也。次河防、次边防，崇实用也。次山川、次古迹、次杂记、次游记，备考核也。次外纪，广见闻也。类序中虽如此列类，如此表述，实则类表为总志、都会郡县、河渠、边防、山川、古迹、杂记、游记、外纪，凡九属。宫殿之书只是列在了前边，实际并未列类标目。这一类分，至今仍基本沿用，但也作了一些调整，令其更趋合理。大体为总志、方志、专志、水利、山水、古边防、古迹、杂记、游记、外纪。方志下再分为郡县志和通志。专志则专收记载古迹、宫殿、寺观、祠庙、陵墓、园林、书院等方面的书。除水患兴水利乃中华民族的优良传统，光治河的书就历来都有，其余治淮、治海、治塘、围堰等书，更屡见不鲜。将这类书混入河渠或山水都不合适。河渠者，只是记河记渠；山水者，只是游山玩水，记山记水，与除水患兴水利不能同日而语，故《北京图书馆古籍善本书目》与山川志并列，单设了水利志。杂志之属很重要，否则《帝京景物略》《天府广记》《春明梦余录》《日下旧文考》《满洲源流考》《盛京景物辑要》《金辽备考》《中吴纪闻》《柳边纪略》等书，在地理类中便无属可归。古边防，历来的目录几乎都只名"边防"。古人之边不都指边疆、边界，还含有边塞之义。且其边多与神州内部的少数民族有关，谈不上国与国之间的真正边防。如《北边备对》《江东地利论》《东南防守利便》《九边考》《海防图论》《万里海防图说》《江防图考》《两浙海防类考》《筹海图编》《蛮司合志》《江防总论》《秦边纪略》等，哪一个是现代意义的边防呢？没有。有鉴于此，为了避免这个敏感的问题，20世纪70年代我曾建议改"边防"为"古边防"，防止别有用心的人钻空子。后来又考虑完全可以扬弃这个类目名称，改称"古防务"，其下再分海防、陆防，似乎更好。因此，如果让我来调整地理类下的类目，我认为以总志、方志、专志、杂志、水利志、山川志、游记、古防务、外纪的设置与排序更好，也是九属。方志下再分郡县志、通志；专志下分古迹、宫殿、寺观、祠庙、陵墓、园林、书院；水利志下暗分除水患、兴水利；山川志下分山志、水志；古防务下分海防、陆防。当然还有地图的部居问题，我认为可作三种考虑：一种是如普通的古籍目录，专门地图不予收录；一种是在地理类下单列一目，可名为"舆图"，其下再分为坤舆图、全国图、郡县图、山图、水图、道里图、园林图、建筑宫殿图、陵寝图等；三则是各附其类，即将各类性质的地图在地理类下各入其类，附于类末。这三种办法中，我比较倾向第二种，即在地理类下单列目，使地理类下形成十属，类表严整。

※　　　　※　　　　※

《隋志·谱系类》小序

氏姓之书，其所由来远矣[1]。《书》称："别生分类。"[2]《传》曰："天子建德，因生以赐姓。"[3]周家小史定系世，辨昭穆，则亦史之职也[4]。秦兼天下，划除旧迹，公侯子孙失其本系[5]。汉初，得《世本》，叙黄帝已来祖世所出[6]。而汉又有《帝王年谱》，后汉有《邓氏官谱》。晋世，挚虞作《族姓昭穆记》十卷，齐、梁之间，其书转广。后魏迁洛，有八氏十姓，咸出帝族[7]。又有三十六族，则诸国之从魏者；九十二姓，世为部落大人者，并为河南洛阳人。其中国士人，则第其门阀，有四海大姓、郡姓、州姓、县姓[8]。及周太祖入关，诸姓子孙有功者，并令为其宗长，仍撰谱录，纪其所承[9]。义以关内诸州为其本望[10]。其《邓氏官谱》及《族姓昭穆记》，晋乱已亡。自余亦多遗失。今录其见存者，以为谱系篇。

注释

①氏姓之书，其所由来远矣：氏是表明古代宗族的称号。上

古时代，氏是姓的分支，用以区分子孙之所自出。定氏的原则不一，有以郡邑为氏的，有以官为氏的，有以祖父的字或谥号为氏的，故只有贵族有氏，平民则无之。班固《白虎通·姓名》："所以有氏者何？所以贵功德，贱伎力。或氏其官，或氏其事。……或氏王父字者何？所以别诸侯之后，为兴灭国继绝世也。"其意是说为什么有氏呢？氏是用来表示功德的，所以或以其官为氏，或以其功劳事业为氏。为什么要以王以父的字号为氏呢？这是为了区别谁是哪个诸侯显贵的后人，以便复兴已灭之国，继续断绝之世系。姓，则是表明家族系统的称号。古代社会从母姓，故"姓"字从"女"从"生"。古姓如姒、如姬、如姜、如嬴，皆从"女"可证。古代男子称氏，女子称姓。氏表示贵贱的身份，姓用以别婚姻，故有同姓、异姓、庶姓之别。氏同姓不同者，婚姻可通；姓同氏不同者，婚姻不可通。秦汉以后姓、氏合而为一。《隋志》此处所说，乃谓关于氏族谱系之书，由来是很久远的。

②《书》称："别生分类。"：《尚书·舜典》后附亡书序曰："帝厘下土，方设居方，别生分类。"伪孔传曰："言舜理四方诸侯，各设其官，居其方……生，姓也。别其姓族，分其类，使相从。"孔颖达正义曰："帝舜治理下土诸侯之事，为各于其方置设其官，居其所在之方而统治之。又为民别其姓族之生，分别异类，各使相从。"下土，乃帝舜对天子之言。即天子赐予了下方之土，令舜为诸侯设其官，居其方，并别其所生姓之族，分其所从之类系。此即"别生分类"之初义。

③《传》曰："天子建德，因生以赐姓。"：此话出《左传·隐公八年》："公问族于众仲，众仲对曰：'天子建德，因生以赐姓，胙之土而命之氏。'"孔颖达正义曰："《陈世家》云：'陈胡公满者，虞帝舜之后也。昔舜为庶人时居于妫汭，故陈为妫姓也。'按《世本》，帝舜，姚姓。哀元年《传》称'虞思妻少康以二姚'，是自舜以下犹姓姚也。昭八年《传》曰'及胡公不淫，

282

故周赐之姓',是胡公始姓妫耳。《史记》以为胡公之前已姓妫,非也。"正义又曰:"胙,训报也。有德之人必有美报。报之以土,谓封之以国,名以为之氏。诸侯之氏则国名是也。"简单说就是……国,名以为……天子以有德者立为诸侯,因其所由生者之姓为姓,因其所受封之国为氏。

④周家小史定系世,辨昭穆,则亦史之职也:此话出《周礼·春官·小史》:"小史掌邦国之志,奠系世,辨昭穆。若有事,则诏王之忌讳。"郑玄注曰:"志,谓记也。《春秋传》所谓《周志》,《国语》所谓《郑书》之属是也。"贾公彦疏曰:"奠系世者,谓定帝系世本云。辨昭穆者,帝系世本之中皆自有昭穆亲疏,故须辨之云。若有事者,谓在庙中有祈祭之事云。则诏王之忌讳者,谓小史告王以先王之忌讳也。"昭穆,前边已解释过,即在古代宗法制度下,宗庙或墓地中灵位辈次的排列次序。始祖居中,二世、四世、六世,位于始祖的左方,称为昭;三世、五世、七世,位于始祖的右方,称为穆。以此来分别宗族内部长幼、亲疏和远近。可见这小史职责乃记事、定帝王世系,分别昭穆,庙中祈祭时还得负责告诉主祭者其先王的讳名。《隋志》此处所说,在于阐述周时乃由小史来定帝王的世系。

⑤秦兼天下,划除旧迹,公侯子孙失其本系:秦并六国,统一天下,非但焚书坑儒,还划除了不少旧的遗迹。划,铲也。使得旧有的公侯子孙找不到自己的世系家谱了。本系,本宗族的世系。

⑥汉初,得《世本》,叙黄帝已来祖世所出:《世本》是谱系类的典籍,大约是战国时的史官所作,后又有人将其续补至汉。《汉书·艺文志》的"六艺略"中著录此书十五篇,司马迁《史记》也提到此书。证明汉初确有此书流传。其书的内容是记黄帝以来直至春秋列国诸侯大夫的氏姓、世系、居邑、制作等。唐时此书已有残缺,至宋则全部亡佚。至清代则先后有钱大昭、王

谟、孙冯翼、洪饴孙、陈其荣、秦嘉谟、张澍、雷学淇、茆泮林、王梓材等辑本行世。1957年商务印书馆将其汇印为《世本八种》，其中以雷、茆两种辑本较好。

⑦后魏迁洛，有八氏十姓，咸出帝族：后魏又称北魏。公元4世纪初，鲜卑族的拓跋部在今山西北部和内蒙古一带建立代国，后为前秦苻坚所灭。淝水之战以后，拓跋珪于公元386年又重建代国，称王，旋改国号为魏，史称北魏、后魏、拓跋魏。公元398年，定都平城（今山西大同），正式称帝。并且先后吞并了后燕、北燕、夏、北凉，公元439年统一了北方，形成了与南朝对峙的北方王朝。公元493年北魏孝文帝拓跋宏迁都洛阳，改姓元，所以历史上又称为元魏。这时疆域则奄有北起蒙古高原，西至新疆东部，东北至辽西，南境扩至秦岭、淮河的辽阔幅员。公元534年分裂为东魏和西魏，至西魏于557年为北周所灭，共历十七帝，一百七十一年。所以有八氏十姓都出于帝族。还有从魏的三十六族，还有九十二姓的部落贵族，却都是河南洛阳人。

⑧其中国士人，则第其门阀，有四海大姓、郡姓、州姓、县姓：中国士人，指中原士人，则依照门阀次第而别为四海皆有的大姓，或郡姓、州姓、县姓。《新唐书·柳冲传》："魏孝文帝迁洛，以中国士人差第阀阅为之制。凡三世有三公者曰膏梁，有令仆者曰华腴，尚书、领、护而上者为甲姓，九卿若方伯者为乙姓，散骑常侍、大中大夫者为丙姓，吏部正员郎为丁姓。凡得入者，谓之四姓。"描述的正是《隋志》所说的意思。

⑨及周太祖入关，诸姓子孙有功者，并令其为宗长，仍撰谱录，纪其所系：周太祖，指北朝之北周太祖。北周太祖，指宇文泰（505或507—556）。宇文泰，字黑獭，代郡武川人。仕北魏，为关西大都督。北魏孝武帝元修为高欢所逼，从洛阳西奔长安，投依于宇文泰，史称西魏。进泰为丞相，掌军国大权。不久泰杀孝武帝，立南阳王元宝炬为帝，是为文帝。同年又废文帝，立太

子元廓为恭帝，自任太师，总揽朝政。后其子宇文觉索性自称天王，废了西魏，建号北周。追尊泰为北周的太祖文皇帝。《隋志》所谓"及周太祖入关"，指的就是宇文泰西入潼关，长期据守关中，表面拥立西魏，实则独揽军政大权，地位显赫，为其子建立北周王朝扫清了道路。因此对其立周的诸姓子孙中有功者，并令他们作为一宗之长，撰写谱系，纪录他们各自的传承关系。

⑩又以关内诸州为其本望：望，即门族，郡望。门，即门阀氏族。郡望，即州郡中显贵的氏姓。南北朝时，氏族按郡望权势分为甲、乙、丙、丁四等贵族。北魏孝文帝迁都洛阳以后，按士人等级的高下，立为郡姓。这郡姓就成为其后世的郡望。《隋志》此处是说北周自太祖入关，最终以成帝业，故对诸姓子孙有功者，皆令其为宗长，编撰谱录，纪其系承，并且以关内各州郡为其本来的郡望。

按：《隋志·谱系类》小序，同其他类小序一样，仍是尽可能地辨章学术，考镜源流。《书》称"别生分类"。《左传》说"天子建德，因生以赐姓"。周则由小史定系世，辨昭穆。可证氏姓谱系之书其所由来远矣。秦则焚书，公侯子孙失其本系。汉初得《世本》，因知黄帝以来祖世之所出，故两汉又续有《帝王年谱》《邓氏官谱》。至晋，挚虞作《族姓昭穆》。后魏迁洛，族姓之分更为隆重。周太祖宇文泰入关，诸姓子孙凡有功者皆为宗长，编撰谱系，并以关内诸州为郡望。此不啻为一篇简短的氏姓谱系发展史。然其所著录之《竹谱》《钱谱》《钱图》，似非氏姓谱系之书。若是谱牒、谱录相混淆，见谱即一家，则就大错而特错了。

自《隋志》设"谱系"之后，《旧唐书·经籍志》设有"杂谱牒"类，《新唐书·艺文志》设"谱牒"类，《宋史·艺文志》亦设"谱牒"类，《明史·艺文志》亦设"谱牒"类。此为史志目录之体例。其余官修目录、私撰目录，亦绝大多数都有此类。唯《四库总目》不设此类，推其原因，盖有如下几个方面：一是谱牒之书，记的都是帝王将相、门阀显贵、地方望族的氏姓或宗族世系。特别是到了魏晋南北朝时期，社会风气特重门第，选举必稽谱牒，看其出身世系，决定弃取，故此期谱牒之学特别发展，如东晋的贾弼之、南齐的贾渊、梁的王僧孺等，均以编撰谱牒见长。《南齐书·贾渊传》说："先是，谱学未有名家，渊祖弼之广集百氏谱记，专心治业。"此后谱学才发展起来。唐五代以后，门阀制度衰落，谱学亦衰。四库馆臣深知这一点，所以不收此类书入《四库全书》，亦不设此类目。二是虽然门阀制度改变了，但写谱续谱的传统习惯并未因此而终结，而是由官修、学者撰修，转化成了一家一族一宗撰修，直至今日，这种续家谱的习俗还在延续着。但其内容性质大有变化。那就是自家撰写自家、自族、自宗的家谱、族谱、宗谱，溢美之词便随处可见了，因而使这类东西变得不可信了，当然也就难以成学了。四库馆臣大概正是看到了这一点，所以采取断然措施，不设其类，不收其书。三是《四库总目》只是个选书目录，不选哪类书，当然也就无须设哪种类。但《四库全书》对此类书又不是全然不收，有一些个别本属此类的书，如《元和姓纂》《古今姓氏书辨证》《帝王经世图谱》《名贤氏族言行类稿》等，《四库全书》收了，可是却放到了类书中，而不作谱牒之书看。《四库总目》以后的各类古籍目录，包括《中国古籍善本书目》《北京图书馆古籍善本书目》都设有此类。原因是有书就得设类。

※　　　　　※　　　　　※

《隋志·簿录类》小序

古者史官既司典籍,盖有目录以为纲纪。体制堙灭,不可复知。孔子删书,别为之序,各陈作者所由,韩、毛二《诗》,亦皆相类。汉时刘向《别录》①、刘歆《七略》②,剖析条流,各有其部,推寻事迹,疑则古之制也。自是之后,不能辨其流别,但记书名而已。博览之士,疾其浑漫,故王俭作《七志》③,阮孝绪作《七录》④,并皆别行。大体虽准向、歆,而远不逮矣。其先代目录,亦多散亡。今总其见存,编为簿录篇。

注释

①刘向《别录》:汉成帝刘骜建始(前32—前29)中,诏光禄大夫刘向校理经传、诸子、诗赋,步兵校尉任宏校理兵书,太史令尹咸校理术数,侍医李柱国校理方技。每一书校毕,都交给刘向,由刘向加以编次,并撮其旨意,写出提要,进奏皇帝。其体例类似后世的书录解题,刘向则称为《别录》。《隋书·经籍志》著录称为《七略别录》二十卷,刘向撰。原书已失传,清洪颐煊、马国翰各有辑本。

②刘歆《七略》:汉成帝时刘向受命校理中秘之书,每一书已,向辄条其篇目,撮其旨意,录而奏之,而成《别录》。会向卒,其业未竟,哀帝刘欣复使向子侍中奉车都尉刘歆完成其父开始的未竟事业。歆于是总群书而奏其《七略》,故有辑略、有六艺略、有诸子略、有诗赋略、有兵书略、有术数略、有方技略。此为我国最早的图书分类目录。《隋书·经籍志》著录《七略》七卷,刘歆撰,已佚。《汉书·艺文志》依其分类,故从《汉志》中可略知其梗概。清末马国翰、姚振宗各有辑本。

③王俭作《七志》：南朝刘宋王俭依刘向《别录》之体编制的目录。其体例是将群书分为经籍、诸子、文翰、军事、阴阳、术艺、图谱七类，每类录书若干，故称《七志》。另附道、佛两类。《宋书·后废帝纪》谓此书有十三卷，《南齐书·王俭传》谓此书有四十卷，《隋书·经籍志》则著录《今书七志》七十卷，王俭撰。今佚。

④阮孝绪作《七录》：《七录》是继《七略》《七志》之后的七分法的又一部图书分类目录，南朝梁阮孝绪撰。全书分为内、外篇，内篇包括经典录、记传录、子兵录、文集录、技术录；外篇包括佛录、道录。共七类，故称《七录》。《广弘明集》三阮孝绪《七录序》谓《七录目录》分五十五部，收书六千二百八十八种，四万四千五百二十六卷。《隋书·经籍志》著录《七录》十二卷，阮孝绪撰。今已失传。《隋志·簿录》，其意即是图书目录，也就是记载在簿籍之上的书录之义。

《四库总目·目录类》小序

郑玄有《三礼目录》一卷，此名所昉也①。其有解题，胡应麟《经义会通》谓始于唐之李肇②。案《汉书》录《七略》书名，不过一卷，而刘氏《七略别录》至二十卷，此非有解题而何③？《隋志》曰："刘向《别录》、刘歆《七略》，剖析条流，各有其序，推寻事迹。自是以后，不能辨其流别，但记书名而已。"其文甚明，应麟误也。今所传者，以《崇文总目》为古④。晁公武、赵希弁、陈振孙，并准为撰述之式。唯郑樵作《通志·艺文略》，始无所诠释，并建议废《崇文总目》之解题⑤。而尤袤《遂初堂书目》因之。自是以后，遂两体并行⑥。今亦兼收，以资考核。金石之文，隋、唐《志》附小学，《宋志》乃附目录。今用《宋志》之例，并列此门，别为子目，不使与经籍相淆焉⑦。

注释

①郑玄有《三礼目录》一卷，此名所昉也：东汉郑玄注释诸经，于《三礼》传注之后曾有《三礼目录》一卷，后世目录学家及目录学史研究者均认为它是"目录"有名之昉也。昉，本意为天方明，即一天之开始，故后世引申为"开始"。但郑氏《三礼目录》久已失传，清章学诚《文史通义·校雠通义·补郑第六》谓："郑樵论书，有名亡实不亡，其见甚卓。然亦有发言太易者，如云：'郑玄《三礼目录》虽亡，可取诸《三礼》。'则今按以《三礼正义》，其援引郑氏《目录》多与刘向篇次不同，是当日必有说矣，而今不得见也，岂可曰取之《三礼》乎？"郑樵此话出于其《通志·校雠略·书有名亡实不亡论》。其文曰："书有亡者，有虽亡而不亡者，有不可以不求者，有不可求者。《文言略例》虽亡，而《周易》具在；汉、魏、吴、晋《鼓吹曲》虽亡，而《乐府》具在；《三礼目录》虽亡，可取诸《三礼》。"章学诚认为他有些话说得太轻易。叶瑛《文史通义校注》于此有注，谓："按孔颖达《礼记正义》于每篇之下，引郑康成《目录》皆有'此于《别录》属某某'一语。是刘向本有分类，而郑引之也。如《曲礼》上下第一第二，引郑《目录》云：'名曰《曲礼》者，以其篇记五礼之事。此于《别录》属制度。'《檀弓》上下第三第四，引郑《目录》云：'名曰《檀弓》者，以其记人善于礼，故著姓名以显之。此于《别录》属通论。'是郑《目录》与刘向篇次不同。"（见中华书局 1985 年 5 月出版之叶瑛《文史通义校注》中《补郑第六》注二）可证确曾有过郑玄的《三礼目录》，《四库总目》此说为不诬。

②其有解题，胡应麟《经义会通》谓始于唐之李肇：胡应麟（1551—1602），字元瑞，号少室山人，后更号石羊生。兰溪人。

幼能诗。举万历四年（1576）乡荐，此后久不中第，便筑室山中，购书四万余卷，记诵博洽，多所撰著，如《少室山房类稿》《少室山房笔丛》《诗薮》等。其《经义会通》乃名《经籍会通》，系《少室山房笔丛》中的一种，专论古来藏书存亡聚散之迹。胡应麟便在《经籍会通》中说是书目著录群书有解题，始于唐朝的李肇。李肇，生卒年里不详。唐德宗贞元（785—805）后期任过华州参军。元和二至五年（807—810）曾为江西观察从事，七年（812）任协律郎，十三年（818）以监察御史充翰林学士，十四年（819）加右补缺，十五年（820）加司勋员外郎，出翰院。长庆元年（821）坐史馆饮酒贬澧州刺史。长庆（821—824）中又历任著作郎、左司郎中，撰《国史补》。大和（827—835）初迁中书舍人，三年（829）又坐事贬为将作少监。大约卒于开成元年（836）以前，是9世纪前半叶的人物。他还著有《翰林志》和《经史释题》。胡应麟说目录中书有解题始于唐代李肇，所据盖援于其有这部《经史释题》。

③案《汉书》录《七略》书名，不过一卷，而刘氏《七略别录》至二十卷，此非有解题而何：《汉书》录《七略》书，不过一卷，指《汉书·艺文志》分类著录之书，抄录的就是刘歆的《七略》，但是只抄录书名，故只有一卷。而刘氏《七略别录》至二十卷，其说指的是《隋书·经籍志》著录的《七略别录》，就是二十卷，为刘向撰。另著录《七略》七卷，则为刘歆撰。这就是说刘向《七略别录》多至二十卷，刘歆《七略》也有七卷，要是没有每书的解题，怎么可能有这么多卷呢？所以《四库全书总目》说"此非有解题而何"？《汉书·艺文志》总序曰："至成帝时……诏光禄大夫刘向校经传、诸子、诗赋，步兵校尉任宏校兵书，太史令尹咸校数术，侍医李柱国校方技。每一书已，向辄条其篇目，撮其指意，录而奏之。"这就是说刘向不但自己负责校理经传、诸子、诗赋类典籍，还负责对任宏、尹咸、李柱国校理

完的每一书的进一步整理。"每一书已",就是每一书校理完成,刘向还要条理调整其篇目次第,摄取它的内容要旨,然后连同本书,抄录而奏进之。阮孝绪《七录序》曰:"昔刘向校书,辄为一录,论其指归,辨其讹谬,随竟奏上,皆载在本书。时又别集众录,谓之《别录》,即今之《别录》是也。"《隋书·经籍志》亦曰:"每一书就,向辄撰为一录,论其指归,辨其讹谬,叙而奏之。"这个一录,便是一篇介绍文字,也就是一篇解题或提要。将这些《录》连同各该书名依类汇编在一起,便成了带提要的目录,跟《四库全书总目》完全一样。这些事实证明,胡应麟说书目之有解题始于唐朝李肇,是没有根据的。真正开始则是创自刘向《七略别录》。

④今所传者,以《崇文总目》为古:除《汉书·艺文志》《隋书·经籍志》《旧唐书·经籍志》《新唐书·艺文志》等史志目录外,单行的目录著作如《别录》《七略》《三礼目录》《七志》《七录》等均已失传,所以四库馆臣说"今所传者,以《崇文总目》为古"。宋初,以昭文馆、史馆、集贤院三馆为藏书之所。太平兴国三年(978),又于左升龙门东北建崇文院,称为三馆新修书院。端拱元年(988),又诏分三馆所藏之书万余卷,别为书库,谓之秘阁,以贮禁中之籍,与三馆合称四馆。景祐元年(1034)闰六月,以三馆及秘阁所藏或谬滥不全,命翰林学士张观、知制诰李淑、宋祁等看详,定其存废,讹谬者删去,差漏者补写。又诏翰林学士王尧臣、史馆检讨王洙、馆阁校勘欧阳修等校正条目,讨论撰次,定著三万六百六十九卷,分类编目,总成六十六卷。庆历元年(1041)十二月奏进,赐名曰"崇文总目"。原书于每书款目之下皆有论说,也就是解题或提要。故晁公武作《郡斋读书志》、赵希弁作《郡斋读书附志》、陈振孙作《直斋书录解题》,均以之作为撰述程式。

⑤唯郑樵作《通志·艺文略》,始无所诠释,并建议废《崇

文总目》之解题：郑樵（1104—1160），字渔仲，居夹漈山，学者称其为夹漈先生。南宋福建莆田人。官至枢密院编修。好搜奇访古，游历名山大川。遇藏书家，必借留读尽而去。博学多识，长于考证之学。著有《通志》二百卷，好标新立异。其《通志·艺文略》所著录之书，开始没有解题诠释之文，并提出废弃《崇文总目》之解题。

⑥而尤袤《遂初堂书目》因之。自是以后，遂两体并行：尤袤（1127—1194），字延之，号遂初居士，卒谥文简。宋无锡人。绍兴十八年（1148）进士，官至礼部尚书。诗与杨万里、范成大、陆游齐名，有南宋四大家之称。其家藏书甚富，陈振孙《直斋书录解题》称其藏书为近世之冠。故有编制《遂初堂书目》之基础。其目分经部为九门，史部为十八门，子部为十二门，集部为五门。该目便只录书名、作者，而无解题，似受郑樵编目理论的影响，故《四库总目》说他因袭了郑樵。自此之后，目录之编制形成了两种体例，一种是各书带有解题的所谓提要目录；一种是只录书名、卷数、作者、版本的所谓简明目录。然《遂初堂书目》始在一书之下登载数种版本，乃为创格。并于子部设置了"谱录"一门，以收《香谱》《石谱》《蟹录》之无类可附者。《四库总目》称他这一举措"为例最善"。

⑦金石之文，隋、唐《志》附小学，《宋志》乃附目录。今用《宋志》之例，并列此门，别为子目，不使与经籍相混淆焉："金石之文，隋、唐《志》附小学"，是指金石文字的拓本，在《隋书·经籍志》《旧唐书·经籍志》《新唐书·艺文志》中附录在经部"小学"类。今检《隋志》所附者，为一字石经，即汉《熹平石经》的《周易》《尚书》《鲁诗》《仪礼》《春秋》《公羊传》《论语》《典论》；三字石经，即魏《正始石经》的《尚书》《春秋》等书的拓本。《旧唐书·经籍志》所附者，为今字石经，亦即汉《熹平石经》的《周易》《尚书》《毛诗》《仪礼》《左

传》《公羊传》《论语》；三字石经，即魏《正始石经》的《尚书》《左传》等书的拓本。《新唐书·艺文志》所附者，几同于《旧唐志》。一看这些内容，便知其所以要附在经部小学类，一是这些刻石拓本，均系经书，故要附在经部；二是《熹平石经》为蔡邕书丹的隶书石经，《正始石经》乃为篆、隶、楷三体石经，带有文字学上的意味。出于这两方面考虑，将其附在经部"小学类"，也是可以理解的理念。但就其本质而言，这些书都是正经的经书，只不过是石经拓本而不是写本或后世的印本罢了。故后世目录再不把石经视为石刻文字，而是视为另一种传本各入经书其类。《宋史·艺文志》史部目录类所录，乃为欧阳修《集古录》、崔君授京兆尹《金石录》、刘泾成都府《古石刻总目》、赵明诚《金石录》《诸道石录》等，这些书的内容意义首先是一方一地或九州全国都有什么刻石的登录，其次才是石刻文录，因而具有目录的含义，放在目录类中无可非议。故四库馆臣沿用《宋志》之例，在目录类下另设了"金石"一门，以为目录类的子目，是可以理解的。

按：中国文化传统中的目录之学，其所由来久矣，目录之作亦赓续未断也。将目录之书在史志中列为一类加以著录，盖昉于《隋书·经籍志》。《隋志》认为目录起源盖缘于史官司籍，没有目录便无以为纲纪。至孔子删书，对每篇文章、每首诗歌亦别为之序，以陈作者所由，亦类书之解题。若将这些小序集中而加排篡，亦不啻为提要目录。汉刘向、刘歆校理中秘，正式形成了目录，此后目录之学目录之作继长增高，蔚为大观。有史志目录，有公藏目录，有私藏目录，有郡邑目录，有经眼目录，有专题目录。体例上有简明目录，有提要目录，有版本目录，有品种目录。凡此种种，都使目录编制者不能登泰山而小之。《四库总目》虽只是个选书目录，但亦单列目录类，并在其下位又单开经籍和

293

金石两门,以为子目,当是有识之举。然仿《宋志》之例,将金石附入目录,不管怎么说也有不当之处。金石之学,在宋以前还是潺潺流水,两宋以后领域不断拓展,蔚为大观。《四库全书》收书有限,放在目录之下,尚可勉强,若是编辑大型古籍目录,还将金石类书籍附于目录,那就难容其大了。故后世目录于金石之书做了两件事:一是把石经之拓本、刻本从金石文字中析出,于经书中各归其类,这是非常科学的类归思想。二是将金石类书籍从目录类中析出,与目录类、正史类、编年类等平行,单设金石类,成为二级类,这也是非常科学非常实际的类归思想。金石类的下位:《中国古籍善本书目》又设有总类、金类、石类、玉类、陶类、钱币、玺印;《中国丛书综录》则于金石类下又下两级,使史部金石类成为四级类表。具体为金石类下先设总志之属、金之属、钱币之属、玺印之属、石之属、玉之属、甲骨之属、匋之属、竹木之属、郡邑之属。总志之下再设目录、图像、文字、通考、题跋、杂著;金之属下所设与总志同;钱币之属下设图像、文字、杂著;玺印之属下设目录、文字、通考、杂著;石之属下设目录、图像、文字、通考、题跋、义例、字书、杂著;玉之属下设目录、图像、通考、题跋、杂著;甲骨之属下设图像、文字、通考、义例、字书;匋之属下设图像、文字;郡邑之属下设目录、图像、文字、题跋、杂著。《北京图书馆古籍善本书目》亦将金石类从目录类中析出,设立二级类目,其下又设总类、金类、石类、陶类、钱币、玺印。这其中有无不当,姑置勿论,单说将金石从目录类中析出升位,而在其下又加细分,这本身就是类分进一步细密的表现,也是金石之学发展的必然结果。因书设类,是目录学的永恒原则。

※　　　　※　　　　※

《四库总目·诏令奏议类》小序

记言记动，二史分司。起居注，右史事也；左氏所录蔑闻焉①。王言所敷，惟诏令耳。《唐志·史部》初立此门②，黄虞稷《千顷堂书目》则移制诰于集部，次于别集③。夫涣号明堂④，义无虚发，治乱得失，于是可稽。此政事之枢机，非仅文章类也。抑居词赋，于理为亵。《尚书》誓诰，经有明征，今仍载史部，从古义也。《文献通考》始以奏议自为一门，亦居集末。考《汉志》，载奏事十八篇，列《战国策》《史记》之间，附《春秋》末，则论事之文当归史部，其证昭然⑤。今亦并改隶，俾易与纪传互考焉。

注释

①记言记动，二史分司。起居注，右史事也；左氏所录蔑闻焉：记言记动，即记言记行；二史分司，指记言记行由二史分别职司。二史，指左史、右史或大史、内史。周代史官分左史、右史，左史记行动，右史记言论。《周礼·春官》有大史、内史，大史即左史，内史即右史。《汉志·春秋类》小序曰："古之王者，世有史官。'君举必书'，所以慎言行、昭法式也。'左史记言，右史记事'，事为《春秋》，言为《尚书》，帝王靡不同之。"左、右史的职责分工，说法虽不相同，但两史有分工则是一致的。所以《四库总目》说"记言记动，二史分司"。君王起居，属行属动，故《四库总目》说它为"右史事也"。至于左史所录君王之言则未闻焉。

②《唐志·史部》初立此门：检《旧唐书·经籍志》史部，只有正史、编年、伪史、杂史、起居注、故事、职官、杂传、仪

注、刑法、目录、谱牒、地理，凡十三类；《新唐书·艺文志》史部亦只设正史、编年、伪史、杂史、起居注、故事、职官、杂传记、仪注、刑法、目录、谱牒、地理十三类，与《旧唐书》完全相同，并无诏令奏议之设。《旧唐书·经籍志》只在起居注类中间著录《晋书杂诏书》一百卷、《晋书杂诏书》又二十八卷、《晋杂诏书》六十六卷、《晋杂诏书黄素制》五卷、《晋定品制》一卷、《晋太元副诏》二十一卷、《晋崇安元兴大亨副诏》八卷、《晋义熙诏》二十二卷；《新唐书·艺文志》则是在起居注类后首先一款著录了《旧唐志》这十一部三百五卷，紧接着又著录了《宋永初诏》六卷、《宋元嘉诏》二十一卷、宋斡《诏集区别》二十七卷、温彦博《古今诏集》三十卷、李义府《古今诏集》一百卷、薛克构《圣朝诏集》三十卷、《唐德音录》三十卷、《太平内制》五卷、《明皇制诏录》十卷、《元和制集》十卷等。《四库总目》说"《唐志·史部》初立此门"，这话是不确切的。应该说《唐志》，不管是新、旧《唐志》，均只在起居注类当中或末尾，著录了一些汇集诏令的书，而并未设门立类。

③黄虞稷《千顷堂书目》则移制诰于集部，次于别集：黄虞稷《千顷堂书目》将诏令移到集部，次于别集，这倒是个事实。但其形式是在别集之后另起一卷，类名"制诰类"而后再另立一类"表奏类"。本质上并不属于别集，而是附在集部之后。然将诏令汇集之书放在集部的始创者，并非是黄虞稷的《千顷堂书目》，而是《隋书·经籍志》。检《隋书·经籍志》，其在集部的末尾著录的就是诏令，如《诏集区分》《魏朝杂诏》《录魏吴二志诏》《晋咸康诏》《晋义熙诏》《宋永初杂诏》《宋孝建诏》《宋元嘉副诏》《齐中兴诏》《后魏诏集》《后周杂诏》《陈天嘉诏草》《皇朝诏集》等，都是明白无误的诏令之书。不光如此，还著录有虞和的《上法书表》、梁邵陵王的《梁中表》。并在《梁中表》著录梁有《汉名臣奏》三十卷；《魏名臣奏》三十卷，陈

寿撰；《魏杂事》七卷、《晋诸公奏》十一卷、《杂表奏驳》三十五卷、《汉司马匡衡大司马王凤奏》五卷、《刘隗奏》五卷、《孔群奏》二十二卷、《晋金紫光禄大夫周闵奏事》四卷、《晋中丞刘邵奏事》六卷、《中丞司马无忌奏事》十三卷、《中丞虞谷奏事》六卷、《中丞高崧奏事》五卷等表奏之书。这是把诏令、奏议集中著录在一个单元里的滥觞，只是尚未单列类名罢了。《四库总目》说《千顷堂书目》移制诰于集部，不确。

④夫涣号明堂：涣号，涣汗其号。《易·涣》："九五，涣汗其大号。"疏曰："九五处尊履正，在号令之中，能号令以散险厄者也。"《汉书·楚元王传·附刘向》："涣汗其大号。"颜师古注曰："言王者大发号令，如汗之出也。"明堂，古代帝王宣明政教的地方。

⑤考《汉志》，载奏事十八篇，列《战国策》《史记》之间，附《春秋》之末，则论事之文当归史部，其证昭然：《四库总目》这个说法并不错，但不确。检《汉书·艺文志》，其在六艺《春秋》类后，于《战国策》后，《楚汉春秋》《太史公百三十篇》前，著录有《奏事》二十篇，并附注"秦时大臣奏事及刻石名山文也"。四库馆臣以此作为"奏议"类归于史部的明证，而并不如《文献通考》立"奏议"之类于集部。其实《汉志》著录议奏之书远非《奏事》一种。其《书类》著录《议奏》四十二篇，乃宣帝时在石渠阁与韦玄成、梁丘贺等讨论经学之后形成的议论奏事方面的书籍。《三礼》类之后又著录《议奏》三十八篇，也是石渠阁讨论之后形成的关于礼制方面奏事性质的书籍。《春秋》类后亦著录《议奏》三十九篇，亦当是在石渠阁讨论《春秋》之后形成的奏事性质的书籍。《论语》类后亦著录《议奏》十八篇，也是石渠论后形成的奏事性质的书籍。这类书与大臣奏事有区别，但亦无非是一奏政事，一奏经学，内容有异，形式则同。故奏议之著录远起《汉志》，奏议之设类则当始于《文献通考》。至

《四库全书总目》,则合诏令、奏议为一类,始创"诏令奏议"为一类,下面再分诏令和奏议。

按:将诏令、奏议合在一起,立为一类,此为《四库全书总目》在分类上的创举。当然,诏书之著录古已有之,但都附在其他类中间或末尾。《汉书·艺文志》附在《春秋》类后,从属经部。《隋书·经籍志》则录在集部总集卷尾。《旧唐书·经籍志》则杂录在史部起居注类中间。《新唐书·艺文志》则附录在史部起居注类末尾。《千顷堂书目》则在集部别集之后另设了"制诰类"和"表奏类"。这些对四库馆臣的分类思想都有一定的影响,但真有见地的还是四库馆臣。他们认为王言所敷,惟诏令耳。王者涣号明堂,义无虚发,治乱得失,于此可稽,乃政事之枢机,非一般文章可比,抑居词赋,于理为亵,故载史部,从古义也。此立诏令于史部的正面理由。至于奏议,《文献通考》在集部立了"奏议"一门,而四库馆臣则远考《汉志》,则奏事之书部居在《春秋》末所附的史书中间,故将奏议之书亦归史部,其证昭然。在分别讲明这些理由之后,四库馆臣毅然在史部创立"诏令奏议"类,使王皇下达之诏令与人臣上呈之奏议紧密结合起来,成为一个上下契合的整体,使政事之枢机作用在这里表现得淋漓尽致。并且将这一类部居在史部正史、编年、纪事本末、别史、杂史之后,传记、史钞、载记、时令、地理、职官、政书、目录、史评之前。其位置之显赫,仅次于正规史书。这一类分可谓看透了书之本质,切中了目录学类分原则,堪称后世楷模风范。

※　　　※　　　※

《四库总目·史钞类》小序

帝魁①以后书，凡三千二百四十篇，孔子删取百篇②，此史钞之祖也。《宋志》始自立门③，然《隋志·杂史类》中有《史要》十卷，注"汉桂阳太守卫飒撰，约《史记》要言，以类相从"。又有《三史略》二十卷，吴太子太傅张温撰④。嗣后专钞一史者，有葛洪《汉书钞》三十卷、张缅《晋书钞》三十卷。合钞众史者，有阮孝绪《正史削繁》九十四卷⑤。则其来已古矣。沿及宋代，又增四例：《通鉴总类》之类，则离析而编纂之；《十七史详节》之类，则简汰而删削之；《史汉精语》之类，则采摭文句而存之；《两汉博闻》之类，则割裂词藻而次之⑥。迨乎明季，弥衍余风。趋简易，利剽窃，史学荒矣。要其含咀英华，删除冗赘，即韩愈所称记事提要之义，不以末流芜滥责及本始也。博取约存，亦资循览。若倪思《班马异同》惟品文字，娄机《班马字类》惟明音训，及《三国志文类》总汇文章者，则各从本类，不列此门⑦。

注释

①帝魁：神农之名。《文选·张衡·东京赋》："昔常恨《三坟》《五典》既泯，仰不睹炎帝帝魁之美。"注曰："炎帝，神农之后也。帝魁，神农名，并古之君号也。"可见这帝魁，既专指神农名，也是古之君号的总称。

②帝魁以后书，凡三千二百四十篇，孔子删取百篇：《尚书·伪孔序》孔颖达正义云："郑作《书论》，依《尚书纬》云：'孔子求书，得黄帝玄孙帝魁之书，迄于秦穆公，凡三千二百四十篇，断远取近，定可以为世法者，百二十篇。以百二篇为《尚

书》,十八篇为《中侯》。'"此盖为《四库总目》此处所说之原始根据。其实《尚书·伪孔序》亦谓:"先君孔子,生于周末,睹史籍之烦文,惧览之者不一,遂乃定礼乐,明旧章,删诗为《三百篇》,约史记而修《春秋》,赞《易》道以黜《八索》,述职方以除《九丘》,讨论《坟》《典》,断自唐虞以下迄于周。芟夷烦乱,翦截浮辞,举其宏纲,撮其机要,足以垂世立教,典、谟、训、诰、誓、命之文,凡百篇。"一处说"百二篇为《尚书》",一处说"典、谟、训、诰、誓、命之文,凡百篇"。大同而小异。然一出自《尚书纬》,一出自《尚书·伪孔序》,只能算是一种传说,不能当真。然孔子整理古籍,垂世立教,则又是可信的。四库馆臣之所以要引用纬书之说,盖意在说明"史钞"之祖,乃孔子耳。似在考镜"史钞"之源流。

③《宋志》始自立门:《宋志》指《宋史·艺文志》。《宋史·艺文志》于史部别史类后平行设了"史钞"类,收录《马史精略》《两史类要》《三史菁英》《三国采要》《晋略》《晋春秋略》《六朝采要》《唐史论断》《唐鉴》《读史管见》《五代史略》等七十四部史钞之书,可谓因书而立类,符合目录学原则。

④然《隋志》杂史类中,有《史要》十卷,注"汉桂阳太守卫飒撰,约《史记》要言,以类相从"。又有《三史略》二十卷,吴太子太傅张温撰:这段话的用意,是要借此说明早在《宋志》以前,已有史志著录史钞性质的书。如《隋书·经籍志》杂史类就著录有《史要》十卷,还有《三史略》二十卷,其实为二十九卷。《四库总目》这里不但抄撮有误,举例亦不甚有力。《隋志·杂史类》著录的史钞性质的书,不仅上述两书,还有更明显的,如张莹的《史记正传》,张缅的《后汉略》,亦为史钞性质的书。

⑤嗣后专钞一史者,有葛洪《汉书钞》三十卷、张缅《晋书钞》三十卷。合钞众史者,有阮孝绪《正史削繁》九十四卷:这几种书亦著录在《隋志》杂史类,与上述《史要》和《三史略》

同在一书一类，四库馆臣分开引述，故弄玄虚。难道《史要》不是专抄《史记》一史吗？难道《三史略》不是合抄众史吗？其实《四库总目》这段话的意思是要表明《宋史·艺文志》虽然始立了"史钞"一门，但早在它以前的《隋书·经籍志》，已于杂史类著录史钞性的书了。四库馆臣却硬要拆开来说，故弄"辨章学术，考镜源流"的玄虚，显示自己有学问。

⑥沿及宋代，又增四例：《通鉴总类》之类，则离析而编纂之；《十七史详节》之类，则简汰而刊削之；《史汉精语》之类，则采摭文句而存之；《两汉博闻》之类，则割裂词藻而次之：史钞之习到了宋代又出现了四种新的类型。一是像《通鉴总类》这种类型。《通鉴总类》乃南宋初期德清沈枢编纂，其法是取司马光《资治通鉴》的事迹，仿《册府元龟》的体例，分二百七十一门，每门各以事标题。即将《通鉴》事迹摘出，各以本身性质分类标题，然后再总汇而编之，故《四库总目》说它是"离析而编纂之"。《十七史详节》乃南宋吕祖谦编纂，盖其读史时删节以备检用之书，凡《史记》二十卷、《西汉书》三十卷、《东汉书》三十卷、《三国志》二十卷、《晋书》三十卷、《南史》二十五卷、《北史》二十八卷、《隋书》二十卷、《唐书》六十卷、《五代史》十卷，凡二百七十三卷。所录大抵是随时节抄，并非都是精要，故《四库总目》说它是对前史"简汰而刊削之"。《史汉精语》疑为《南朝史精语》，乃宋洪迈编纂，自经子至《前汉》，皆曰《法语》；自《后汉》至《唐书》，皆曰《精语》。其去取多不可解，盖南宋最重词科，士大夫多节录古书，以备遣词造句之用，故《四库总目》说它是"采摭文句而存之"。《两汉博闻》乃北宋杨侃所编，实则是摘录前后《汉书》，不依篇第，不分门类，只择其字句、故事列为标目，而节取颜师古及章怀太子前后《汉书》注列于标目内容之下，故《四库总目》说它是"割裂词藻而次之"。

⑦若倪思《班马异同》惟品文字，娄机《班马字类》惟明音

训，及《三国志文类》总汇文章者，则各从本类，不列此门：《班马异同》三十五卷，旧本或题宋倪思撰，或题刘辰翁撰。其大旨以班固《汉书》多因《史记》之旧而增损其文，乃考其字句异同，以明得失。其体例以《史记》本文书为大字，凡《史记》无而《汉书》所加者，则以小字书之；《史记》有而《汉书》所删者，则以墨笔勒字旁；或《汉书》移其先后者，则注曰《汉书》上连某文，下连某文；或《汉书》移入别篇者，则注曰《汉书》见某传。二书互勘，长短较然，于史学颇为有功。因其内容纯属正史比勘，故《四库总目》仍入正史类。《班马字类》五卷，宋娄机撰。其书采《史记》《汉书》所载古字、僻字，以四声部分编次。虽与《文选双字》《两汉博闻》《汉隽》诸书近同，但考证训诂、辨别音声及假借通用诸字则胪列特详，大有裨于小学，故《四库总目》将其列入经部小学类。《三国文类》，虽不知编者姓氏，然其书分为二十三门，曰诏书、曰教令、曰表奏、曰书疏、曰谏诤、曰戒责、曰荐称、曰劝说、曰对问、曰议、曰论、曰书、曰笺、曰评、曰檄、曰盟、曰序、曰祝文、曰祭文、曰诔、曰诗、曰赋、曰传。所采上涉汉末，下及晋初。实为文章总集，故《四库总目》将其列入集部总集类中。此即"各从本类，不列此门"的具体理由。也就是这些书各入其类，而不入"史钞"类。

按：史钞之书起源早，史钞立类已至宋。早有史钞之书，但为数不多，无须立类，故《隋志》入杂史。《旧唐书·经籍志》亦在史部杂史类著录了《三史要略》《史要》《史汉要集》《后汉书略》《晋书钞》等几种史钞类的书。《新唐书·艺文志》亦在史部杂史类著录了《史记要传》《史记正传》《史记钞》《汉书钞》《后汉书钞》《后汉书略》《晋书钞》等几种史钞类的书。这可以说是史钞立类的酝酿阶段，至《宋史·艺文志》编辑时，这类书愈来愈多，蔚为大观，故《宋志》史创一类，将所有史钞之书从杂史中移出，加上新作，单列了"史钞"一门。此后相沿成例，为各家书目所共有。然娄机《班马字类》入经部小学类，则《宋志》已然，并非始自《四库总目》。沈枢《通鉴总类》，《宋志》则入"编年"类。足见一个类目的确立要有过程，一个书究竟应该入哪一类，常常也需要有个过程。四库馆臣在这方面的态度是灵活的、实事求是的，因而也是科学的。

※　　　　※　　　　※

《四库总目·时令类》小序

《尧典》首授时[①]；舜初受命，亦先齐七政[②]。后世推步测算，重为专门，已别著录[③]。其本天道之宜以立人事之节者，则有时令诸书[④]。孔子考献征文，以《小正》为尚存夏道[⑤]。然则先王之政，兹其大纲欤！后世承流，递有撰述，大抵农家日用、间阎风俗为多，与《礼经》所载小异。然民事即王政也，浅识者歧视之耳。至于选词章，隶故实，夸多斗靡[⑥]，浸失厥初，则踵事增华，其来有渐，不独时令一家为然。汰除鄙倍[⑦]，采摘典要，亦未始非《豳风》《月令》之遗矣[⑧]。

注释

①《尧典》首授时：《尧典》乃《尚书》中的首篇。这篇中说尧"允恭克让，光被四表，格于上下。克明俊德，以亲九族。九族既睦，平章百姓。百姓昭明，协和万邦，黎民于变时雍。乃命羲、和钦若昊天，历象日月星辰，敬授人时"。注曰："重黎之后，羲氏、和氏世掌天地四时之官，故尧命之使敬顺昊天。昊天，言元气广大，星四方，中星辰，日月所会，历象其分节，敬

记天时以授人也。"此为《四库总目》所说"《尧典》首授时"之原始出处。后世国家每年颁行历书,仍是授时之意。中国是农业古国,天授人时,使人懂得不误农时,春种秋收,依时按节。

②舜初受命,亦先齐七政:《尚书·舜典》:"正月上日,受终于文祖。在璇玑玉衡,以齐七政。"是说正月初一,舜继尧位。而一继尧位,便"在璇玑玉衡,以齐七政"。注曰:"在,察也。璇,美玉;玑,衡玉者,正天文之器可运转者。七政,日、月、五星,各异政。舜察天文,齐七政,以审己当天心与否。"其实璇玑玉衡,乃是以玉为装饰的天体观测仪器,即浑仪的前身。《说文解字》:"璇,美玉也。玉是大名,璇是玉之别称。玑衡俱以玉饰。……玑衡者,玑为转运,衡为横箫,运玑使动于下,以衡望之,是王者正天文之器。"七政,指日、月、金星、木星、水星、火星、土星。齐,整治、划一。全句是说舜初受命继位,便借用璇玑玉衡,以观天象,而整治授时之政。

③后世推步测算,重为专门,已别著录:推步,推算天文历法的学问。《后汉书·冯绲传》:"绲弟允……善推步之术。"李贤注曰:"推步,谓究日月五星之度,昏旦节气之差。"后世推步,成了天文历算的代名词,单独成了一门,别行著录在子部天文历法类。

④其本天道之宜以立人事之节者,则有时令诸书:根据天道运行的规律,建立人事的节气,于是有时令诸书。时令者,按季节制定的政令。古人纪十二月之政,称月令,即时令之意。《后汉书·明帝纪》:"班时令,敕群后。"李贤注曰:"时令谓月令也,四时各有令。"宋以前有关时令之书,皆入子部农家。然诸书所载,上自国家典制,下至民间风俗,不专限于农业,故自《中兴馆阁书目》起,于史部别立"时令"一类,以示重视。《四库全书总目》沿袭《中兴馆阁书目》之例,于史部单列"时令"一类,以部居时令诸书。

⑤孔子考献征文,以《小正》为尚存夏道:《小正》当指《夏小正》,原为《大戴礼记》中的第四十七篇,戴氏为之作"传"。成书时代众说不一,但绝不晚于先秦。其内容是根据天象和物候定季节和月份;按夏历十二月的顺序记述每月的星象、气象、物候和应该进行的政事、农事;星象分别记载旦中星、昏中星以及恒星的现状;北斗斗柄指向与时令的关系;银河位置及太阳在星空中所处的位置等。孔子征于文献,认为此书尚存夏代的一些事迹。虽然有所残缺,但它在天文、历法、农学等方面都有珍贵的价值。

⑥夸多斗靡:指自炫其学识多、词藻美。韩愈《昌黎集·送陈秀才彤序》:"读书以为学,缵言以为文,非以夸多而斗靡也。"

⑦汰除鄙倍:淘汰删除鄙陋背理之文。倍通背,鄙背,即指粗俗背理。原出《论语·泰伯篇》:"君子所贵乎道者三:动容貌,斯远暴慢矣;正颜色,斯近信矣;出辞气,斯远鄙倍矣。"出辞气,言谈话语,遣辞造句,要远浅陋粗俗的背理之说。

⑧亦未始非《豳风》《月令》之遗矣:《豳风》,《诗经·国风》之一,共七篇二十七章,皆为西周时代之诗。《豳风》,特别是《诗·豳风·七月》,则与农事息息相关。《周礼·春官·籥章》:"凡国祈年于田祖,龡《豳雅》,击土鼓,以乐田畯。"其中《豳雅》便为《诗·豳风·七月》篇。《七月》中又有"于耜举趾,馌彼南亩"之事。又有"获稻作酒,跻彼公堂,称彼兕觥,万寿无疆"之事。所有这些都与农事有关。农事特别注重时令节气。《月令》乃《礼记》中的篇名,相传为周公所作,实为秦汉间抄合《吕氏春秋》十二月纪的首章,收入《礼记》,题曰"月令"。内容为记述每年农历十二个月的时令、行政及相关事物。较《夏小正》更丰富。由于《诗经·豳风》及《月令》都跟时令、农政有关,故《四库总目》说"汰除鄙倍,采摘典要",亦未尝不是《豳风》和《月令》的流风余韵。

按：宋以前有关时令之书，皆入子部农家，不单列类。《隋书·经籍志》便将后汉崔寔之《四民月令》列在了子部农家类。《旧唐书·经籍志》同《隋书·经籍志》，亦将《四民月令》列在子部农家类。《新唐书·艺文志》著录农家书加多，然《四民月令》《荆楚岁时记》《四时录》《四时记》《乘舆月令》《月令图》《秦中岁时记》《保生月录》《四时纂要》《岁华纪丽》诸时令书，均在其中，数量上比农书还多。《宋史·艺文志》著录农家类图书更多，但《注解月令》《岁华纪丽》《岁时广记》《国朝时令集解》《岁时杂咏》《时镜新书》《备阅注时令》《岁中记》《十二月纂要》《保生月录》《四时录》《时志别录》《夏时考异》《节序故事》《授时要录》《齐人月令》《荆楚岁时记》《辇下岁时记》等时令之书，亦在其间。这些书之内容上自国家典制，下至民间风俗，不专限于农事，隶于农家，实有不妥。故自《中兴馆阁书目》便一改前辙，于史部别立"时令类"，以凸显时令之书的丰富内容。如《四民月令》，四民者，谓士、农、工、商。《尚书·周官》："司空掌邦土，居四民，时地利。"《穀梁传·成公元年》："古者有四民：有士民，有商民，有农民，有工民。"《汉书·食货志上》："士农工商，四民有业：学以居位曰士，辟土殖穀曰农，作巧成器曰工，通财鬻货曰商。"针对四民生产活动或经营活动而写的《月令》，放在农家，明显不妥。《中兴馆阁书目》七十卷，乃南宋陈骙等奉敕编纂。初，宋移都临安，建秘省搜访遗书，秘府藏书渐富。孝宗淳熙间，令秘书监陈骙等仿《崇文总目》之例编制新目。淳熙五年（1178）新目成之，名曰"中兴馆阁书目"。较《崇文总目》多一万三千八百一十七卷。正是这部书目，首先于史部创立了"时令类"，此后书目多仿此例，直至今日，仍然如此。史部之书，古多为史官所为。而史官于王者贤者的前言往行，无不识也；天文地理，无不察也；人事之纪，无不达也。可谓内掌八柄，以诏王治；外执六典，以逆官政。出自这些人之手的时令，多跟政事有关，跟农政有关。与后世农家杂记实不相类。四库馆臣在类分图书上能博采众长，择善而从，见识可嘉。

※　　　※　　　※

《四库总目·史评类》小序

《春秋》笔削，议而不辨，其后三《传》异词①。《史记》自为序赞，以著本旨，而先黄老，后六经，退处士，进奸雄，班固复异议焉②。此史论所以繁也。其中考辨史体，如刘知幾、倪思诸书，非博览精思不能成帙，故作者差稀。至于品骘旧闻③，抨弹往迹，则才繙史略④，即可成文。此是非彼，互滋簧鼓，故其书动至汗牛。又文士立言，务求相胜，或至凿空生义，僻谬不情。如胡寅《读史管见》讥晋元帝不复牛姓者，更往往而有。故瑕类丛生，亦惟此一类为甚。我皇上综括古今，折衷众论，钦定《评鉴阐要》及《全韵诗》，昭示来兹，日月著明，爝火可息⑤。百家谰语，原可无存，以古来著录，旧有此门，择其笃实近理者，酌录数家，用备体裁云尔。

注释

①《春秋》笔削，议而不辨，其后三《传》异词：古无纸，写书撰义要将文字书写在竹简木札上，遇有讹误，则用刀削去并用笔改正之，故后世称修改文字为笔削。《史记·孔子世家》："孔子在位听讼，文辞有可与人共者，弗独有也。至于为《春秋》，笔则笔，削则削，子夏之徒不能赞一辞。"即是说孔子修《春秋》该笔则笔，该削则削，微言大义，褒贬寓焉。议论了却

不明辨，致使后来的三《传》解释说法不一。"三《传》"指《春秋左氏传》《春秋公羊传》《春秋穀梁传》。

②《史记》自为序赞，以著本旨，而先黄老，后六经，退处士，进奸雄，班固复异议焉：司马迁写《史记》则改变了孔子修《春秋》的做法，每篇后都有"太史公曰"一段序赞，以揭示其立一家写一传的本旨。如《孔子世家》后，太史公曰："……天下君王至于贤人众矣，当时则荣，没则已焉。孔子布衣，传十余世，学者宗之。自天子王侯，中国言《六艺》者，折中于夫子，可谓至圣矣。"其抑君王，扬孔圣之本旨，昭然可见，用不着后人再去揣度。西汉初年，经过连年战争，民生凋敝，生产破坏，急需与民休息，尽快恢复社会生产。原有的黄老清静无为而治的学说与当时的国策正相吻合，所以汉初一段很是时兴了一阵黄老之学。《史记》先黄老，正是那一段社会现实的反映。至西汉武帝"罢黜百家，独尊儒术"之后，社会思想和基本国策才发生变化。班固批评《史记》"先黄老，后六经"，是不太实事求是的。至于"退处士，进奸雄"的非议，就更带有正统桎梏下的偏见。《史记》敢为陈涉立世家，为刺客、滑稽立列传，这是可敬的胆略和非凡的见识。班固异议，只能表明他的狭隘。

③品骘旧闻：品骘，犹评定也，即品评拙劣高低。明胡应麟《少室山房笔丛·九流绪论引》："第诸家外，古今文人学士单词片藻，品骘尚繁，并欲类从，虑多遗漏，或贻消于大方。"这里的品骘，即品评论定之意。品骘旧闻，即品评旧日的传闻。

④才繙史略：才，仅仅；繙，乱取。是说评定旧闻，抨击弹劾以往的事迹，则仅仅乱取史略即可成文。

⑤爟火可息：爟火，炬火也，即火炬。《庄子·逍遥游》："日月出矣，而爟火不息。其光也，不亦难乎？"是说史评之书，此是非彼，互滋簧鼓，多至汗牛，故瑕类丛生，僻谬不情。而自《御制评鉴阐要》者出，有如日月著明，爟火可息。《评鉴阐要》

乃四库馆臣刘统勋等恭纂《通鉴辑览》过程中逐卷进呈，乾隆皇帝御览加批；其间也有敕馆臣撰拟评论并贴签同进者，仍有乾隆皇帝改定睿裁意见。最后将这些御批钦改文字加以编纂，便成了《评鉴阐要》。纪晓岚等诸纂官极尽吹捧之能事，宁说此书一出，有如日月之明，而历来争辩之爝火可息矣。

按："史评"在史部之列目，创自宋晁公武《郡斋读书志》，收录自《史通》至《唐史评》各书。此后沿袭成例，直至当今各家所编之古籍书目。"史评类"图书的内容，无非是评史籍、史法、史笔、史学、史事、史人诸方面，对于后世知人论事，品评史笔、史法，甄别史籍优劣，还是较有用处的。它在史部应当排在相应位置。现在所谓的史学史研究，需要这当中的不少书。《四库全书总目》将其放在史部的最末尾，这既未认识到其特殊的史学价值，也不符合学术发展的逻辑。《中国丛书综录》史部列正史、别史、编年、纪事本末、杂史、史表、史钞之后，紧接着就列史评，这比较符合逻辑，可谓前边都是史籍，也只有有了史籍，才能有史评。与其后边的传记、政书、时令、地理、目录、金石各类分开，这是很好的构想，实获我心。四库馆臣由于看不起这类书，故将其殿后，实为感情用事，不可取。当然史评类确实有一些扯烂污的书，编《四库全书》时可以不收。但编书目不同，编书目不能先择优劣而后再编书目。编读书推荐目录可以，编藏书目录、联合目录不行。编这些书目必须收全，若有提要可以在其中去褒贬。

※　　　　※　　　　※

《汉志·诸子略》总序

凡诸子百八十九家,四千三百二十四篇。

诸子十家,其可观者九家而已①。皆起于王道既微,诸侯力政②,时君世主,好恶殊方③,是以九家之术蜂出并作,各引一端,崇其所善,以此驰说,取合诸侯④。其言虽殊,辟犹水火,相灭亦相生也;仁之与义,敬之与和,相反而皆相成也⑤。《易》曰:"天下同归而殊涂,一致而百虑。"⑥今异家者各推所长,穷知究虑,以明其指,虽有蔽短,合其要归,亦《六经》之支与流裔⑦。使其人遭明王圣主,得其所折中,皆股肱之材已⑧。仲尼有言:"礼失而求诸野。"⑨方今去圣久远,道术缺废,无所更索,彼九家者,不犹瘉于野乎?⑩若能修六艺之术,而观此九家之言,舍短取长,则可以通万方之略矣。

注释

①诸子十家,其可观者九家而已:十家,指儒家、道家、阴阳家、法家、名家、墨家、纵横家、杂家、农家、小说家。其可观者九家,指小说家以外的九家。张舜徽《汉书艺文志通释》引征顾实的话说:"十家去小说,故曰九家。九家亦曰九流,向、歆所定。故张衡曰:'刘向父子领校秘书,阅定九流也。'"《汉志·小说家类》小序引孔子话说:"虽小道,必有可观者焉。"孔子这句话出于《论语·子张》篇,原作子夏曰:"虽小道必有可观者焉,致远恐泥,是以君子弗为也。"宋邢昺疏曰:"《正义》曰,此章勉人学为大道正典也。小道,谓异端之说,百家语也。虽曰小道,亦必有小理可观览者焉,然致远经久则恐泥难不通,是以君子不学也。"即是说小说家者流,虽亦有小道可供观览,

但经久致远，则其居泥小道难以普遍通行，故君子不去学它，而学大道正典。

②王道既微，诸侯力政：《尚书·洪范》："无偏无党，王道荡荡；无党无偏，王道平平；无反无侧，王道正直。"即指为人君者所行之道，无偏私，无陂曲，无反道，无偏侧，则其所推行的治世之道便是坦荡的大中之道。后来儒家发展为以"仁义"治天下，行王道，便与"霸道"相对而言了。所谓霸道，指人君凭借武力、刑罚、权势等所推行的治世之道。诸侯力政，《汉书·五行志中之下》："京房《易》传曰：'天子弱，诸侯力政，厥异水斗。'"颜师古注曰："政，亦征也。言专以武力相征讨。一说诸侯之政当以德礼，今王室微弱，文教不行，遂乃以力为政，相攻伐也。"

③时君世主，好恶殊方：时君，指当时的君王。世主，一种解释是世袭的君主；一种解释是当世的君主，与时君为同义反复。好恶殊方，殊，不同；方，旨趣方向、方面。谓时君世主，好或恶的旨趣又很不同。

④是以九家之术蜂出并作，各引一端，崇其所善，以此驰说，取合诸侯：由于王道衰微，诸侯力政，时君世主又好恶殊方，因此九家之说乃蜂拥而出，并且各持一端，推崇自己所喜好擅长的理论，并以此驰说，以适合于诸侯的口味。驰说，即游说。《史记·十二诸侯年表》："儒者断其义，驰说者骋其辞。"此处之驰说，即游说之义。

⑤其言虽殊，辟犹水火，相灭亦相生也；仁之与义，敬之与和，相反而皆相成也：辟犹，比如也。颜师古注曰："辟读曰譬。"相灭相生，即相克相生，乃五行间互相依存而又互相抵消的辩证关系。又比如仁与义、敬与和，相反而相成。仁，指古代儒家学说中含义广泛的道德范畴，其核心是指人与人之间相亲相爱。义，指古代儒家学说中最基本的道德范畴，其核心内容是合理、适宜。敬，尊重；和，相安、谐调。仁与义、敬与和，说其

相辅而相成，易解矣；说其相反而相成，难解矣。其义盖说九家之言虽然很不同，彼此虽然有倾轧的一面，但也有相促成的一面，矛盾统一于王道衰微，诸侯力政，又好恶殊方的社会环境中。

⑥《易》曰："天下同归而殊涂，一致而百虑。"：此话出于《易·系辞下》："子曰：'天下何思何虑，天下同归而殊涂，一致而百虑。'"孔颖达正义曰："子曰天下何思何虑者，言得一之道心既寂静，何假思虑也。天下同归而殊涂者，言天下万事终则同归于一，但初时殊异其涂路也。一致而百虑者，所致虽一，虑必有百，言虑虽百种，必归于一致也。涂虽殊异，亦同归于至真也。言多则不如少，动则不如寂，则天下之事何须思也，何须虑也?"《汉书艺文志通释》引《淮南子·氾论篇》："百川异源，而皆归于海；百家殊业，而皆务于治。"认为此语足以发明《易·系辞》同归殊涂，一致百虑之旨。由于百家之旨皆"务于治"，才能殊途同归，百虑一致。

⑦今异家者各推所长，穷知究虑，以明其指，虽有蔽短，合其要归，亦《六经》之支与流裔：异家，各个学派。推，称颂、推销、兜售。长，长处，优点。穷知，用尽心智；究虑，推求思虑。目的是要阐明指诣。虽因遮蔽而见识短浅，但仍合旨归，所以百家之说亦是《六经》的支派和流裔。陈国庆《汉书艺文志注释汇编》引姚明煇话说："九家虽殊涂，而同归于《六经》，虽百虑而一致于《六经》，故其会归皆合于《六经》。儒无论已；道合于尧之克攘、《易》之嗛嗛，是《六经》之支与流裔也。阴阳出于羲和；法同《易》噬嗑之象辞；名，孔子亦欲正名，是皆《六经》之支与流裔也。墨之六长，悉本于《六经》；孔子叹使乎使乎，为纵横家所长；杂能一贯王治；农知所重民食，又皆《六经》之支与流裔之证也。"

⑧皆股肱之材已：已，颜师注曰："已，语终辞。"无实义。使九家之人遇到明王圣主，去其偏激之说而得其中道之论，则这

些人皆股肱之材。股，大腿。肱，手臂，具体指从肘到腕的部分。比喻这些人都是帝王得力的助手。张舜徽《汉书艺文志通释》："大抵诸子之兴，皆起于救世之急，咸思以其术易天下。虽各有短长，可相互为用。自古英才杰士，固于经艺之外兼取诸子之长，以为匡济之具。先秦如管仲、商鞅，后世如王安石、张居正，悉有取于道家、法家之要，得所折中，故能成股肱之材，立不朽之业。"可为股肱之材的具体实例，助人深解原文之义。

⑨礼失而求诸野：《汉书·楚元王传》刘歆曰："夫礼失求之于野，古文不犹愈于野乎？"颜师古注曰："愈，胜也。"而在《汉书·艺文志》"礼失而求诸野"句下，颜师古则注曰："言都邑失礼，则于外野求之，亦将有获。"野，指民间村野。诸，乃"之于"二字的合音合义。这话到底是孔子所说，还是刘歆所说，只能存疑。意谓都城若礼失无据，便可以求它于民间。原因是民间可能还保留着某些礼俗传统。

⑩不犹瘉于野乎：瘉，颜师古注曰："瘉与愈同。愈，胜也。"是说当今之世，治世之道术废弃缺乏，无处索求，那么求之这九家，岂不胜于求之于村野吗？可见班固于九家之言还是很看重的，所以他说若能修六艺之术，再观用九家之言，则可生出众多的谋略以治世。

《隋志·子部》总序

《易》曰："天下同归而殊涂，一致而百虑。"儒、道、小说，圣人之教也，而有所偏①。兵及医方，圣人之政也，所施各异②。世之治也，列在众职，下至衰乱，官失其守③。或以其业游说诸侯，各崇所习，分镳并骛④。若使总而不遗，折之中道，亦可以兴化致治者矣。⑤《汉书》有诸子、兵书、数术、方伎之略，今合而叙之，为十四种，谓之子部。

注释

①儒、道、小说，圣人之教也，而有所偏：《隋志·儒家类》小序称："圣人之教，非家至而户说，故有儒者宣而明之。"可证儒家乃替圣人宣明教化，致使家喻户晓，故称儒家乃圣人之教也。《汉志·道家类》小序称："此君人南面之术也。合于尧之克攘，《易》之嗛嗛……"《隋志·道家类》小序亦称："道者，盖为万物之奥，圣人之至赜也。"可证也属于圣人之教。至于小说家，《汉志·小说家类》小序亦引孔子曰："虽小道，必有可观者焉。"《隋志·小说家类》小序亦说："古者圣人在上，'史为书，瞽为诗，工诵箴谏，大夫规诲，士传言，而庶人谤'……道听涂说，靡不毕纪。"可证小说家虽属小道，亦不远离圣人之教。然儒者过于强调仁义及五常，道者过于强调清虚自守，小说者则道听途说，街谈巷语，稗官野论，所以《隋志》此处说它们各有所偏。

②兵及医方，圣人之政也，所施各异：《汉志·兵书略》总序称："兵家者……王官之武备也。《洪范》八政，八曰师。"这里的师指的就是军政。《尚书·洪范》："八政：一曰食，二曰货，三曰祀，四曰司空，五曰司徒，六曰司寇，七曰宾，八曰师。"孔颖达正义曰："八曰师，立师防寇贼，以安保民也。八政如此次者，人不食则死，食于人最急，故教为先也。……寇贼为害，则民不安居，故师为八也。"可证兵家者乃属于圣人之政。至于医家，则《汉志·方技略》总序称："盖论病以及国，原诊以知政。"《隋志·医方类》小序亦称："其善者，则原脉以知政，推疾以及国。"亦证明医也为政。只不过它们被用来施政的方面各不相同而已。

③世之治也，列在众职，下至衰乱，官失其守：《周礼》六官，各有所职，世之昌平，全靠六官各尽职责。《尚书·商书》：

"旁招俊义，列于庶位。"传曰："言王能志学说亦用能，敬承王志，广招俊义，使列众官。"至王道衰微而乱作，则官失其职守，社会失御，于是百家蜂起，各逞治道。

④或以其业游说诸侯，各崇所习，分镳并骛：是说诸子百家在治道衰乱、官失其守的社会环境中，则各以其所业游说诸侯，并各以所习之长，分镳并骛。分镳，犹言分道。梁昭明太子《文选序》："各体互兴，分镳并驱。"是说各种文体分道并进。镳，马嚼子，即马口中所衔铁具之露在口外两端的部分，有时还铸以图案纹饰，比较明显。《魏书·河间公元齐传》："子志字猛略，少清辩强干，历览《书》《传》，颇有文才，为洛阳令，不避强御。与御史中尉李彪争路，俱入见，面陈得失。……高祖曰：'洛阳，我之丰、沛，自应分路扬镳，自今以后可分路而行。'"扬镳，驱马前进。形象地说，即一勒马嚼，马即昂首，其镳上扬，这时马会奋蹄前进。骛，奔驰也。《韩非子·外储右下》："代御执辔持策，则马咸骛矣。"此处骛即奔驰之义。

⑤若使总而不遗，折之中道，亦可以兴化致治者矣：假若对诸子百家之说海纳而不流失，并且将其精要折之中道，也可以兴教化获太平。中道，即中庸之道。中庸之道的中，不偏也，即正也；中庸之道的庸，不变也，即不改变正道、中道。即坚持正道而不变，亦能兴化致治。

《四库总目·子部》总序

自六经以外立说者，皆子书也①。其初亦相淆，自《七略》区而列之，名品乃定②。其初亦相轧，自董仲舒别而白之，醇驳乃分③。其中或佚不传，或传而后莫为继，或古无其目而今增，古各为类而今合，大都篇帙繁富。可以自为部分者，儒家以外有兵家，有法家，有农家，有医家，有天文算法，有术数，有艺术，有谱录，有杂家，有类书，有小说家。其别教则有释家，有道家。叙而次之，凡十四类。儒家尚矣。有文事者有武备，故次之以兵家。兵，刑类也，唐、虞无皋陶，则寇贼奸宄无所禁④，必不能风动时雍⑤，故次以法家。民，国之本也；谷，民之天也，故次以农家。本草经方，技术之事也，而生死系焉，神农、黄帝⑥以圣人为天子，尚亲治之，故次以医家。重民事者先授时⑦，授时本测候，测候本积数，故次以天文算法。以上六家，皆治世者所有事也。百家方技，或有益，或无益，而其说久行，理难竟废，故次以术数。游艺亦学问之余事，一技入神，器或寓道，故次以艺术。以上二家皆小道之可观者也。《诗》取多识，《易》称制器，博闻有取，利用攸资，故次以谱录。群言歧出，不名一类，总为荟萃，皆可采撷菁英，故次以杂家。隶事分类，亦杂言也，旧附于子部，今从其例，故次以类书。稗官所述，其事末矣，用广见闻，愈于博弈，故次以小说家。以上四家，皆旁资参考者也。二氏，外学也，故次以释家、道家终焉。夫学者研理于经，可以正天下之是非；征事于史，可以明古今之成败，余皆杂学也。然儒家本六艺之支流，虽其间依草附木，不能免门户之私，而数大儒明道立言，炳然具在，要可与经、史旁参。其余虽真伪相杂，醇疵互见，然凡能自名一家者，必有一节之足以自立，即其不合于圣人者，存之亦可为鉴戒。"虽有丝麻，无弃菅蒯"⑧，"狂夫之言，圣人择焉"⑨，在博收而慎取之尔。

注释

①自六经以外立说者，皆子书也：此为给子书下定义，就先秦诸子而言，此说不枉。学者研理于经，可以正天下之是非；征事于史，可以明古今之成败，余皆杂学也。然儒家本六经之支流，其明道立言，要可与经史旁参。其余虽真伪相杂，醇疵互

见，然凡能自名一家者，必有一节之足以自立。可见于定义之后，四库馆臣自己就又改变了指向。实际变成了凡能立一家说，成一家言，乃至于一能一技，一巧一艺，均成了子部之书。张之洞在《书目答问》中曾说："周秦诸子，皆自成一家学术，后世群书，其不能归入经史者，强附于子部，名似而实非也。"这种批评，应包括《四库全书总目》。然自《四库总目》确立之子部类目以降，诸家目录沿袭其例，影响所及，直至今日。

②其初亦相淆，自《七略》区而列之，名品乃定：先秦诸子，其家派渊源，开初是相混淆的。《七略》乃刘歆继承父业完成的目录学著作。《汉书·艺文志》总序："至成帝时，以书颇散亡，使谒者陈农求遗书于天下。诏光禄大夫刘向校经传、诸子、诗赋，步兵校尉任宏校兵书，太史令尹咸校数术，侍医李柱国校方技。每一书已，向辄条其篇目，撮其指意，录而奏之。会向卒，哀帝复使向子侍中、奉车都尉歆卒父业。歆于是总群书而奏其《七略》，故有《辑略》，有《六艺略》，有《诸子略》，有《诗赋略》，有《兵书略》，有《数术略》，有《方技略》。"然而《七略》已佚，班固作《汉书·艺文志》全采《七略》体例，故《汉志》之别而列之，当即《七略》之别而列之。《汉志》诸子略，将先秦诸子分列为儒家、道家、阴阳家、法家、名家、墨家、纵横家、杂家、农家、小说家，凡十家。《四库总目》此处说"自《七略》区而列之，名品乃定"，即指先秦诸子百家，乃分别归纳，列为十家，并且都有了名分品位。

③其初亦相轧，自董仲舒别而白之，醇驳乃分：开初，诸子百家互争高下，互相攻讦，互相倾轧，自从董仲舒别而白之，醇驳乃分。董仲舒（前179—前104），西汉信都广川人。少治《春秋》。景帝时为博士。武帝时以贤良对策，主张罢黜百家，独尊儒术，为武帝采纳，开此后两千余年以儒学为官方哲学之先声。其辨白诸子之醇驳，均在其贤良对策之中。武帝听了他很多对

317

策,于是再向他提出问题,他对曰:"今陛下幸嘉惠,留听于承学之臣,复下明册,以切其意,而究尽圣德,非愚臣之所能具也。前所上对,条贯靡竟,统纪不终,辞不别白,指不分明,此臣浅陋之罪也。"董仲舒虽是向汉武帝作检讨,说是以前对策"统纪不终,辞不别白,指不分明",实际表明他确是对百家治道"别而白之"。醇,精纯不杂;驳,混杂不纯。醇驳乃分,经董仲舒别而白之,诸子百家纯杂之分才明确。

④唐、虞无皋陶,则寇贼奸宄无所禁:唐,指唐尧;虞指虞舜。皋陶,也称咎繇,传说为舜之臣,掌刑狱之事。偃姓。《尚书·舜典》:"舜曰:'皋陶,蛮夷猾夏,寇贼奸宄。汝作士,五刑有服。'"孔安国传曰:"猾,乱也。夏,华夏。群行攻劫曰寇,杀人曰贼,在外曰奸,在内曰宄。言无教所致。"孔颖达正义曰:"帝呼皋陶曰,往者蛮夷戎狄猾乱华夏,又有强寇劫贼外奸内宄者,为害甚大,汝作士官,治之皆能审得其情,致之五刑之罪,受罪者皆有服从之心。言轻重得中,悉无怨恨也。"《史记·五帝纪·舜》:"舜曰:'皋陶,蛮夷猾夏,寇贼奸轨。汝作士,五刑有服,五服三就。'"裴骃《史记集解》引郑玄注曰:"猾夏,侵乱中国也。由内为奸,起外为轨。"又引马融注曰,汝作士,"狱官之长"。张守节《史记正义》按曰:"若大理卿也。"总的意思是说唐尧、虞舜若无皋陶掌刑狱,罪得宜,则寇贼奸宄就无法禁绝。

⑤必不能风动时雍:风动,如风鼓动,比喻四方响应。《尚书·大禹谟》:"帝曰:'俾予从欲以治,四方风动,惟乃之休。'"孔安国传曰:"使我从心所欲而政以治,民动顺上命,若草应风,是汝能明刑之美。"孔颖达正义曰:"使我从心所欲而为政以大治,四方之民从我化,如风之动草,惟汝用刑之美。"仍讲的是皋陶掌刑,四方心服,使舜为政如行风,风吹则草动。时雍,也作时邕,犹言和善。时,善也;雍,和也。《尚书·尧典》:"百姓昭明,协和万邦,黎民于变时雍。"《汉书·刑法制》:"顺稽古之制,成时

雍之化。"故后世诗文多以时作时世解，以时雍解作时世安定太平。《四库总目》此处所说仍接上句，意谓唐尧、虞舜若无皋陶掌刑，四方宾服，就一定达不到上命民从时世太平的治世目标。

⑥神农、黄帝：神农，传说中的古帝名。古史又称炎帝、烈山氏，与《史记》不合。《史记·五帝本纪》："黄帝者，少典之子，姓公孙，名曰轩辕。……轩辕之时，神农氏世衰……炎帝欲侵陵诸侯，诸侯咸归轩辕……尊轩辕为天子，代神农氏，是为黄帝。"可证神农乃黄帝之先的帝名，绝非炎帝。神农之王天下，传说他教民耒、耜，以兴农业。又亲尝百草为医药，以救济生灵。黄帝，亦治五气，蓺五种，并合《素问》《灵枢》为《黄帝内经》，以医民救命。

⑦授时：《尚书·尧典》："乃命羲和，钦若昊天，历象日月星辰，敬授人时。"孔安国传曰："重黎之后，羲氏、和氏世掌天地四时之官，故尧命之使敬顺昊天……敬记天时以授人也。"可证授时，乃敬记天时以授人，所以授时便可以简单解释为敬授人时。

⑧"虽有丝麻，无弃菅蒯"：《春秋左传·成公九年》："《诗》曰'虽有丝麻，无弃菅蒯。虽有姬姜，无弃蕉萃'。"晋杜预注曰："逸诗也。姬姜，大国之女。蕉萃，陋贱之人。"菅，茅草，其茎可用来拧绳织履。蒯，也是一种草名，其茎亦可用来编织。草编之物虽不如丝麻之物考究，但也不需要有了丝麻而就扬弃菅蒯。

⑨"狂夫之言，圣人择焉"：狂夫，愚钝之人。此话源出《汉书·晁错传》，晁错谓："《传》曰：'狂夫之言，而明主择焉。'臣错愚陋，昧死上狂言，唯陛下财择。"颜师古注曰："财，与裁同也。"意谓愚钝之人说的话，圣人明主也会择善而从，并不是因人废言。

按：古典目录学中的子部，应该说奠基于《七略》，《汉书·艺文志》沿用之；定型于《隋书·经籍志》，而《隋志》对《七略》或说是对《汉书·艺文志》之诸子略、兵书略、数术略、方技略又合而叙之，始列儒家、道家、法家、名家、墨家、纵横家、杂家、农家、小说家、兵家、天文、历数、五行、医方，凡十四类；成熟于《四库全书总目》，而《四库总目》既辨章学术，又从实际出发，在子部列了儒家、兵家、法家、农家、医家、天文算法、术数、艺术、谱录、杂家、类书、小说家、释家、道家十四类。其间变化一目了然。《汉志》《隋志》的阴阳家、名家、墨家、纵横家、五行家等不见了。到哪儿去了呢？如名家《尹文子》《人物志》，墨家《墨子》，纵横家《鬼谷子》等，进了杂家类的杂学之属。阴阳、五行家的某些流传之书，则进了术数。其理由是："或其学不传，后无所述；或其名不美，人不肯居，故绝续不同，不能一概。后人著录，株守旧文……此拘泥门目之过也。黄虞稷《千顷堂书目》，于寥寥不能成类者，并入杂家。杂之义广，无所不包，班固所谓'合儒、墨，兼名、法'也。变而得宜，于例为善。"（《四库总目·杂家类》小序）这是黄虞稷的错误类归，四库馆臣的谬种流传。余嘉锡《目录学发微》指斥《四库总目》"最误者莫如合名、墨、纵横于杂家，使《汉志》九流十家顿亡其三，不独不能辨章学术，且举古人家法而淆之矣"。批评得一针见血。《四库总目·术数类》小序又称："术数之兴，多在秦汉以后。要其旨，不出乎阴阳五行。"故后世所出阴阳家的作品，于《四库总目》则进了术数类。这样，《汉书·艺文志》诸子略所列十家当中，就有阴阳、名、墨、纵横四家分别被合并到了杂家和术数两类中去了。数术略中的天文、历谱则进了天文算法。五行、蓍龟、杂占、形法则进了术数。方技略中的医经、经方、房中、神仙则进了医家。所有这些归并，对于先秦两汉时期相关类的著作就有当有不当。《四库总目》在子部还增设了艺术、谱录、类书，却不失因书设类的目录学原则。当然类书是否放在子部，大可值得讨论。类书者，可分为总类和专类。总类之书,来源于经、史、子、集诸书,而又都撷取其中相关内容,再分门别类地加以编辑而成一书,冠以新名。故《四库总目·类书类》小序都说:"类事之书,兼收四部。而非经非史非子非集,四部之内乃无类可归。"没办法,故考《隋书·经籍志》乃入子部,只好"仍旧贯矣"。可见《四库总目》于子部列类书类,是不得已而为之,是没有办法的办法。其实就类书性质,确是非经非史非子非集,放在哪一部都不合适。明代胡应麟已有看法。因而应大胆将其从子部中移出,单列类书部。

纪晓岚在摆布子部类序时费了不少心血,也很有独到见解。其谓"儒家尚矣。有文事者有武备,故次之以兵家。兵,刑类也,唐、虞无皋陶,则寇贼奸宄无所禁,必不能风动时雍,故次以法家。民,国之本也;谷,民之天也,故次以农家。本草、经方,技术之事也,而生死系焉,神农、黄帝以圣人为天子,尚亲治之,故次以医家。重民事者先授时,授时本测候,测候本积数,故次以天文算法。以上六家,皆治世者所有事也"。纪晓岚在《纪文达公集》卷八《济众新编序》中也说:"余校录《四库全书》,子部凡分十四家。儒家第一,兵家第二,法家第三,所谓礼乐兵刑,国之大柄也。农家、医家,旧史多退之于末简,余独以农家居四,而其五为医家。农者,民命之所关;医虽一技,亦民命之所关,故升诸他艺术之上也。"其见解独到,顺乎自然,合乎情理,符合世事逻辑。

然于道家处理,则大可商榷。纪晓岚明明知道,道家"要其本始,则主于清净自持,而济以坚忍之力,以柔制刚,以退为进",也知道"后世神怪之迹多附于道家"(《四库总目·道家类》小序),但他仍然将先秦道家与后世道教合为一类,部居在子部之末,这是不公正的,也是糊涂的。《汉志·道家类》小序称:"道家者流,盖出于史官,历记成败存亡祸福古今之道,然后知秉要执本,清虚以自守,卑弱以自持,此君人南面之术也。

合于尧之克攘（让），《易》之嗛嗛。"与儒家"助人君顺阴阳明教化者也。游文于六经之中，留意于仁义之际，祖述尧舜，宪章文武"殊途而同归。故自《汉志》以降，几乎所有书目于子部都是先儒后道，方轨并驾。因为儒、道两家都是"君人南面之术"，故儒家之后必次以道家。只是后世将长生、神仙、服耳、导引、斋醮、章咒、烧炼、符箓等书相继入于道家，使道家遭玷污而混于道教。这并不是先秦道家自身的问题，而是后世鸿宝、张鲁等人为推行道教非要攀龙附凤造成的鱼龙混杂现象，我们应当为其别而白之，于儒家之后仍次以道家，因为它们均属文事。而在子部之末单列宗教类，用其类归佛教、道教、其他宗教。借以还道家、道教之本来面貌。

※　　　※　　　※

《汉志·儒家类》小序

儒家者流，盖出于司徒之官①，助人君顺阴阳明教化者也②。游文于六经之中③，留意于仁义之际④，祖述尧舜⑤，宪章文武⑥，宗师仲尼⑦，以重其言⑧，于道最为高。孔子曰："如有所誉，其有所试。"⑨唐、虞之隆，殷、周之盛，仲尼之业，已试之效者也⑩。然惑者既失精微⑪，而辟者又随时抑扬⑫，违离道本⑬，苟以哗众取宠⑭。后进循之，是以《五经》乖析，儒学寖衰⑮，此辟儒之患⑯。

注释

①儒家者流，盖出于司徒之官：儒家，指崇奉孔子学说的学术流派。其学说内容主要是祖述尧舜，宪章文武。崇尚礼乐仁义，提倡忠恕中庸，主张德治仁政，重视伦理教育。战国时儒家

有八派，重要的有孟子和荀子两派。者，本是语助词，表示提示，此处作"这"讲。《说文解字》："者，别事词也。"清段玉裁注曰："者回、者个，皆取别事之意，不知何时以'这'字代之。"故此处之"者"字，当作"这个"解。流，指流派。儒家者流，即是说儒家这个学术流派。司徒，官名。《尚书·周书》："司徒掌邦教，敷五典，扰兆民。"孔安国传曰："地官卿司徒，主国教化。布五常之教，以安和天下众民，使小大皆协睦。"孔颖达正义曰："《周礼》云：'乃立地官司徒，使帅其属而掌邦教，以佐王安扰邦国。'……郑玄云：'扰，亦安也。'"由于司徒之官，职在掌邦之教化，安和众民，所以推测儒家学派大概是由司徒之官演化而来的，故说"儒家者流，盖出于司徒之官"。

②助人君顺阴阳明教化者也：阴阳，是中国早期自然哲学的一对最基本的范畴。最初的意义是指日光的向背，向日为阳，背日为阴。古代思想家看到一切事物都有正反两个方面，因此就用自然界阴阳这两个概念来解释两种对立而又统一，消长而又相互依存的现象。所谓顺阴阳，指帮助人君依顺阴阳转换变化的规律。明教化，倡明教化。教化，指政教风化。风化，风气感化。帮助人君倡明政教风化。

③游文于六经之中：游文，行文、撰文，即组织文字，表达意思。六经，指《易》《书》《诗》《礼》《乐》《春秋》。意谓儒家撰文立论均于六经中取意。

④留意于仁义之际：仁义，是儒家重要的道德观念。主张仁者，爱人。《论语·雍也》："夫仁者，己欲立而立人，己欲达而达人。"即其意也。义，情义、恩义。儒家潜心留意在仁义之间。

⑤祖述尧舜：《中庸》三十："仲尼祖述尧舜，宪章文武，上律天时，下袭水土。"《中庸》乃《礼记》中的一篇，故此话源出《礼记》。颜师古为《汉书》作注曰："祖，始也；述，修也。……言以尧舜为本始而遵修之。"尧与舜都是上古时的明君

圣主，儒家以尧、舜的为人与治道为祖始，阐述修习其王道精神，以为后世效法。

⑥宪章文武：颜师古注曰："宪，法也；章，明也。……言以文王、武王为明法。"简单地解释，宪章，即效法。文，指周文王；武，指周武王。文王姓姬名昌，武王的父亲。殷时为诸侯，居于岐山之下，受到其他诸侯的拥戴，曾被殷纣王囚于羑里，在那里演八卦而成《周易》。后获释，成为西方诸侯之长，称西伯。又迁都于丰。为其子武王后来起兵伐纣，灭商立周做了充分的准备。武王姓姬名发，联合庸、蜀、羌、髳、微、卢、彭、濮等民族，起兵伐纣，与殷战于牧野，取胜立周。《礼记·礼运篇》："今大道既隐，天下为家，各亲其亲，各子其子，货力为己，大人世及以为礼。……故谋用是作，而兵由此起。禹、汤、文、武、成王、周公，由此其选也。此六君子者，未有不谨于礼者也。"孔颖达正义曰："禹、汤、文、武、成王、周公由此其选也者，以其时谋作兵起，递相争战，禹、汤等能以礼义成治，故云由此其选。由，用也；此，谓礼义也。用此礼义教化，其为三王中之英选也。此六君者，未有不谨于礼者也。言此圣贤六人皆谨慎于礼，以行下五事也。"意谓文王、武王乃小康社会的圣贤，原因是他们能在"货力为己"、谋作兵起的社会环境中施行礼治，刑仁讲让，示民有常，便是英选之才了，所以儒家以他们为典范而加以效法。

⑦宗师仲尼：宗师，宗，归向、尊崇；师，师表。仲尼，孔丘，即孔子。儒家尊崇孔子为其师表。

⑧以重其言：使其言为重。言儒家以"祖述尧舜，宪章文武，宗师仲尼"，来加重其学说的分量。

⑨孔子曰："如有所誉，其有所试。"：《论语·卫灵公》："子曰：'吾之于人也，谁毁谁誉？如有所誉者，其有所试矣。'"意谓我对于别人，批评谁，赞誉谁，都得有根据。宋邢昺疏曰：

"如有所誉者其有所试矣者,言所称誉者,辄试以事,不虚誉而已也。"颜师古注曰:"言于人有所称誉者,辄试以事,取其实效也。"即是说,凡孔子所称誉之人,都是经过实际考验的。

⑩唐、虞之隆,殷、周之盛,仲尼之业,已试之效者也:唐尧、虞舜的隆兴,商朝、周朝的兴盛,孔子学说的发展,都是已经过试验而证明是有效的。

⑪然惑者既失精微:惑者,糊涂、不清醒、迷惑的人。精微,《中庸·二十七》:"故君子尊德性而道问学,致广大而尽精微,极高明而道中庸。"精微,即精要细微。是说后世糊涂不清醒之人已经失掉了儒家思想学说中的精要和细微幽深的精髓。

⑫而辟者又随时抑扬:辟者,不实在,偏颇之人。通僻。《左传·昭公十六年》:"辟邪之人而皆及执政,是先王无刑罚也。"顾实《汉书艺文志讲疏》:"惑者为谁?章句鄙儒,如秦延君是也;辟者为谁?曲学阿世,如公孙弘是也。"意谓辟邪偏颇之人又随时对儒家学说加以抑制或张扬。

⑬违离道本:违离,违背脱离。道本,指儒家学说的本旨。

⑭苟以哗众取宠:苟,苟且,不严肃,胡乱。哗,颜师古注曰:"喧也。"宠,"尊也。"以浮夸不严肃的言辞来博取群众的尊宠。顾实《汉书艺文志疏》谓惑者、辟者"二者皆违离道本,苟以哗众取宠。虽然,其犹愈于中唐以后之经儒乎"。

⑮后进循之,是以《五经》乖析,儒学寖衰:晚生后进之人又沿着这种违离道本、浮饰言辞的道路发展,因此《五经》乖析。五经,《易》《书》《诗》《礼》《春秋》五部经典。乖析,离散。寖衰,颜师古注曰:"寖,渐也。"因《五经》乖析,儒学也逐渐衰落。

⑯此辟儒之患:这是邪辟儒生给儒学造成的祸患。张舜徽《汉书艺文志通释》:"辟读僻,僻者偏也,谓其所知偏于一面而不知其他,喻其人之隘陋。……《淮南子·氾论篇》云:

'东面而望，不见西墙；南面而视，不睹北方；唯无所向者，则无所不通。'……汉世博士之学，实坐此病，故《汉志》亟言其患。"

《隋志·儒家类》小序

儒者，所以助人君明教化者也。圣人之教，非家至而户说，故有儒者宣而明之。其大抵本于仁义及五常之道①，黄帝、尧、舜、禹、汤、文、武，咸由此则②。《周官》，太宰以九两系邦国之人，其四曰儒，是也③。其后陵夷衰乱，儒道废阙。仲尼祖述前代，修正六经，三千之徒并受其义。至于战国，孟轲、子思、荀卿之流宗而师之，各有著述，发明其指。所谓中庸之教，百王不易者也。俗儒为之，不顾其本，苟欲哗众，多设问难，便辞巧说，乱其大体，致令学者难晓，故曰博而寡要④。

注释

①其大抵本于仁义及五常之道：是说儒家宗旨大抵以仁义及五常之道为根本。五常，谓仁、义、礼、智、信。《汉书·董仲舒传》："夫仁谊礼知信五常之道，王者所当修饬也。"何为道？董仲舒又曰："道者，所繇适于治之路也，仁义礼乐皆其具也。"儒家所倡导的五常之道，王者所当修饬，因为它是适于王者求治天下的道路。

②黄帝、尧、舜、禹、汤、文、武，咸由此则：是说黄帝、唐尧、虞舜、夏禹、商汤、周文王、周武王之王天下也，咸由此则。咸，皆、都。由，用也。则，法则。是说这些圣帝贤王之王天下，都遵用五常之法则。

③《周官》，太宰以九两系邦国之人，其四曰儒，是也：《周

官》即《周礼》。《周礼》："大宰之职……以九两系邦国之民。一曰牧，以地得民；二曰长，以贵得民；三曰师，以贤得民；四曰儒，以道得民；五曰宗，以族得民；六曰主，以利得民；七曰吏，以治得民；八曰友，以任得民；九曰薮，以富得民。"郑玄注曰："两，犹耦也，所以协耦万民。系，联缀也。"贾公彦疏曰："谓王者于邦国之中立法，使诸侯与民相合耦而联缀，不使离散，有九事，故云以九两系邦国之民也。"耦，二人并耕为耦，后引申为两个人，故通偶。后又引申为和，故"九两"，即九和，即九项协和万民之事。其"四曰儒，以道得民"。其道即前边所说五常之道。意谓儒家以仁、义、礼、智、信而取信于民。

④博而寡要：宽泛而不得要领。系批评俗儒失本生枝，便辞巧说，哗众取宠，博而寡要。

《四库总目·儒家类》小序

古之儒者，立身行己①，诵法先王，务以通经适用而已。无敢自命圣贤者。王通教授河汾②，始摹拟尼山③，递相标榜，此亦世变之渐矣。迨托克托等修《宋史》，以道学、儒林分为两传④。而当时所谓道学者，又自分二派，笔舌交攻，自时厥后，天下惟朱、陆是争⑤。门户别而朋党起，恩仇报复，蔓延者垂数百年。明之末叶，其祸遂及于宗社，惟好名好胜之私心不能自克，故相激而至是也。圣门设教之意，其果若是乎？今所录者，大旨以濂、洛、关、闽为宗⑥，而依附门墙，藉词卫道者，则仅存其目。金溪、姚江之派，亦不废所长⑦。惟显然以佛语解经者，则斥入杂家。凡以风示儒者无植党，无近名，无大言而不惭，无空谈而鲜用，则庶几孔、孟之正传矣。

注释

①立身行己：《孝经·开宗明义》："子曰：夫孝，德之本也，教之所由生也。……身体发肤，受之父母，不敢毁伤，孝之始也。立身行道，扬名于后世，以显父母，孝之终也。……夫孝，始于事亲，中于事君，终于立身。"立身，谓立身于世，立世扬名，宋邢昺疏谓行孝不仅仅是不毁其发肤，还"须成立其身，使善名扬于后代，以先荣其父母，此孝行之终也。若行孝道不至扬名荣亲，则未得为立身也。"可证立身，即立世扬名。行己，《论语·子路篇》："子贡问曰：'何如斯可谓之士矣？'子曰：'行己有耻，使于四方，不辱君命，可谓士矣。'"宋邢昺疏曰："此答士之高行也，言行己之道若有不善，耻而不为。为臣奉命出使，能遵时制宜，不辱君命。有此二者，可谓士矣。"可证"行己"即"己行"。自己所行之道若不端善，耻而不为。全句谓立身于世，行己善道。古之儒者，立身于世，行己之道，都要祖述效法古圣先王，旨在通经适用，不敢自命圣贤。

②王通教授河汾：王通（584—617），隋绛州龙门人，字仲淹。幼好学。仕隋为蜀郡司户书佐。文帝时至长安上太平十二策，不见用，乃归河汾间以教授为业，受业之人以千数，时称"河汾门下"。薛收、房乔、李靖、魏徵等皆从受王佐之道。尝仿《春秋》作《元经》（一作《六经》），又作《中说》（一名《文中子》）。卒后门人私谥"文中子"。河汾，指黄河与汾水，泛指山西省西南部地区。王通在此讲学授业，故称教授河汾。

③始摹拟尼山：尼山亦名尼丘，在山东曲阜东南。相传叔梁纥与颜氏女在此野合而生孔子，后因此以尼丘、尼山为孔子之别称。此处是说王通仿古作《六经》，又为《中说》以拟《论语》。

④迨托克托等修《宋史》，以道学、儒林分为两传：迨，等到。托克托，即脱脱。脱脱（1314—1356），元蒙古人，字大用，蔑里乞氏，马札儿台子。幼时由伯父伯颜抚养。问学于浦江吴直

方。初为皇太子怯薛官。顺帝至元元年（1335），伯颜捕杀权臣唐其势，脱脱击败其余党，尽擒以献。历御史中丞、虎符亲军都指挥使。四年，拜御史大夫。六年，以伯颜骄横擅权，乘其出猎黜之。至正元年（1341）任中书左丞相，悉改伯颜旧政，恢复科举取士。为总裁官，主修宋、辽、金三史。早在元初，忽必烈就曾诏修宋史，但由于元王朝内部对修撰宋史的体例主张不一，长期未能成书。元末，社会激烈动荡，元顺帝想借前代"治乱兴衰之由"，"垂鉴后世"，决定"宋、辽、金各为一史"，命脱脱等主持修撰。《四库全书总目·宋史》提要称《宋史》"大旨以表章道学为宗，余事皆不甚措意"。钱大昕《廿二史考异》卷八十也说："《宋史》最推崇道学，而尤以朱元晦（熹）为宗。"所以《宋史》自卷四百二十七、列传第卷一百八十六起，用三卷的篇幅，专为道学家代表人物立传。紧接着用八卷篇幅为儒家代表人物立传。故《四库总目》此处说："迨托克托等修《宋史》，以道学、儒林分为两传。"

⑤而当时所谓道学者又自分二派，笔舌交攻，自时厥后，天下惟朱、陆是争：道学，指宋代儒家周敦颐、张载、程颐、程颢、朱熹等以儒学为主，兼容某些佛、道内容而形成的一种思想体系。也称为"理学"。自分为二派，指南宋时分为以朱、陆为代表的两派。朱，指朱熹；陆，指陆九渊。朱熹（1130—1200），字元晦，一字仲晦，号晦庵、遯翁，别称考亭、紫阳。宋徽州婺源人。绍兴十八年（1148）进士。曾任秘阁修撰等职，历仕四朝，而在朝时间不满四十日。熹受学于程颐的三传弟子李侗，阐扬儒家思想中的"仁"及《大学》《中庸》的哲学思想，继承并发展二程理气关系的学说，集理学之大成，后世并称"程朱"。陆九渊（1139—1193），字子静，宋抚州金溪人。乾道八年（1172）进士。任敕令所删定官。官至荆门军。后还乡居贵溪之象山讲学，学者称为象山先生。曾与朱熹会讲于鹅湖，论多不合。朱重道问

学，陆重尊德性；朱好注经，陆谓学苟知道，《六经》皆我注脚；朱主张理在气先，陆认为心即是理，只需切己自反，理即自然而明。从此，理学分为朱、陆两家，笔舌交攻，争论不休。

⑥今所录者，大旨以濂、洛、关、闽为宗：是说《四库全书》所收录之理学著作，大体是濂、洛、关、闽学派的历代代表性著作。濂，指濂溪，宋周敦颐家居处。本为水名，在湖南道县。旧日道州之西营乐乡有安定山，山有溪，名濂溪。周敦颐（1017—1073），字茂叔，居庐山，借家乡之名筑室名濂溪书堂，著《太极图说》及《通书》。其书采用道家学说，以太极为理，阴阳五行为气，其说对宋明理学影响甚大。人称濂溪先生。程颢、程颐是他的弟子。程颢（1032—1085），字伯淳，世称明道先生，举嘉祐二年（1057）进士。与弟程颐（1033—1107）同受业于周敦颐，世称"二程"。其学广涉诸家，出入道家、释家，返求之于六经。谓天即理，"识仁"为主。在洛阳讲学十余年，弟子受其教如浴春风。此即为洛学。关，指关中张载。张载（1020—1077），字子厚，宋凤翔郿县横渠人。与程颢同举嘉祐二年进士，熙宁初年为崇文院校书。不久，退居南山下，教授诸生，学者称横渠先生。因其是关中人，故其学派称为关学。但关学反对以"理"为万物的本源，提出虚空即气，主张气是充塞宇宙的实体。由于气的变化，形成各种事物现象。承认物质先于精神而存在，具有朴素的唯物主义因素。闽，指闽中朱熹。朱熹前已简介。朱熹的祖籍是婺源，曾属徽州，今属江西。其父朱松尝于北宋宣和中官闽，生熹于延平。延平今属福建。熹晚年徙居建阳考亭，主讲紫阳书院。他是宋代理学的代表人物之一，是程颐三传弟子李侗的学生，闽学的代表人物。《四库总目》此处所说濂、洛、关、闽，其实指的就是周、程、张、朱为代表的理学学派的代表性著作才收。

⑦金溪、姚江之派，亦不废所长：金溪，指宋陆九渊，前已

介绍。因为他是抚州金溪人，故以他为代表的学派，就简称为金溪。姚江之派指阳明学派。阳明即王守仁，他生于浙江余姚，其地有水名姚江，故以他为代表的学派又称为姚江学派。其学说以"致良知"和"知行合一"为主。谓"心即是理……不欺本心之明即是行"。《四库总目》子部儒家类后序称："至宋而门户大判，仇隙相寻，学者各尊所闻、格斗不休者，遂越四五百载。中间递兴递灭，不知凡几。其最著者，新安、金溪两宗而已。明河东一派，沿朱之波；姚江一派，嘘陆之焰。其余千变万化，总出于二者之间，脉络相传，一一可按。"就是说对金溪、姚江学派来说，《四库全书》亦不废其所长，而有所选录。

按：自刘向父子，直至《汉书·艺文志》《隋书·经籍志》《四库全书总目》，从"诸子略"到"子部"，均首列儒家。推其原因，盖"自汉武帝罢黜百家，表章《六经》以后，儒学始居诸子之上。以'祖述尧舜，宪章文武，宗师仲尼'者为儒，故《淮南·俶真篇》高诱注云：'儒，孔子道也。'是即汉人之所谓儒耳。若汉以前之所谓儒，乃术士之通称，故秦之坑儒，实坑术士也。汉人多以濡柔释儒，流于懦弱无能。而孔子与鲁哀公论及儒行，则谓'非时不见，非义不合'；'见利不亏其义，见死不更其守'；'可亲而不可劫，可杀而不可辱'；'身可危也，而志不可夺也'，其刚毅有守如此。是岂自汉以下褒衣博带、张拱徐趋、柔弱不振之所谓儒乎？故论儒术崇卑广狭，自必上溯其原，以校其异同；而未可拘于一隅，以汉为断也。《汉志》上承刘歆《七略》，篇中论列学术，皆采《辑略》中语。在诸子略中，每家皆云某家出于某官，其说未可征信。……自刘、班论列诸子，谓皆出于王官。后之辨章学术者，率奉此以为定论。独清末学者长沙曹氏（耀湘）以为不然，载其说于《墨子笺》中。要言不烦，其说是也。余平生论及斯事，守《淮南·要略篇》之论，以为诸子

331

之兴，皆因时势之需要，应运而起，不必有其渊源所自也。使徒牵于某家出于某官之说，则不足以明学术自身发展之因，而莫由推原其兴替，故其说必不可通。观《淮南》论诸子之学，皆起于救世之弊，应时而兴。故有殷周之争，而太公之阴谋生；有周公之遗风，而儒者之学兴；有儒者之敝，而墨者之教起；有齐国之兴盛，而管仲之书作；有战国之兵祸，而纵横修短之术出；有韩国法令之新故相反，而申子刑名之书生；有秦孝公之励精图治，而商鞅之法兴焉。其所论列，确当不移。凡言诸子之所由起，必以此中定论，足以摧破九流出于王官之论也。近人胡适，尝为《诸子不出于王官论》，附录于《中国哲学史大纲》卷上后，揭橥四端，言之成理，学者可参考"。（《汉书艺文志通释》儒家、诸子略张舜徽按语）而曹耀湘《墨子笺》中乃谓《汉志》中"推墨家所出与其短长之处，所见不逮《淮南》远甚，宁论史公与庄子乎？刘歆之叙诸子，必推本于古之官守，则迂疏而鲜通。其曰道家出于史官，不过因老子为柱下史及太史公自叙之文，而傅会为此说耳。若云历记成败兴亡，然后知秉要执本，未免以蠡测海之见。至其谓墨家出于清庙之守，则尤为无稽之臆说，无可采取"。上之所论，纵横捭阖，归于可信。不过《汉志》说儒家者流，其说乃助人君协阴阳明教化；其游文于《六经》之中，留意于仁义之际及五常之道，则大概是可信的。否则它不会自汉武帝以来为历代君王所崇奉。本质是较其他学派它更能为政治服务。《四库总目·子部》总序谓："夫学者研理于经，可以正天下之是非；征事于史，可以明古今之成败……然儒家本六艺之支流，虽其间依草附木，不能免门户之私，而数大儒明道立言，炳然具在，要可与经、史旁参。"原来儒家之说可与经、史旁参，有利君王治道，故历来褒颂之。

※　　　　　※　　　　　※

《汉志·道家类》小序

道家者流，盖出于史官[①]，历记成败存亡祸福古今之道，然后知秉要执本，清虚以自守，卑弱以自持，此君人南面之术也[②]。合于尧之克攘，《易》之嗛嗛，一谦而四益，此其所长也[③]。及放者为之，则欲绝去礼学，兼弃仁义，曰独任清虚可以为治[④]。

注释

①道家者流，盖出于史官：前已引曹耀湘《墨子笺》中语："其曰道家出于史官，不过因老子为柱下史及太史公自叙之文，而傅会为此说耳。"意谓九流之出，各应时需，并非都本于官守。目录家编目分类必辨章学术，考镜源流，故便说模棱两可的话，谓之"盖出于史官"。盖者，大概也，乃推测之辞，并未肯定。

②历记成败存亡祸福古今之道，然后知秉要执本，清虚以自守，卑弱以自持，此君人南面之术也：是说道家这个学派大概是从那些一一记载成败、存亡、祸福、古今之道，而后懂得抓住要点、掌握根本的史官中产生演化而来的。历记，普遍、一一记录。秉、执、持，掌握。要，要点、要领。执，抓住、掌握。本，事物的根本。刘向《列子叙录》谓："道家者，秉要执本，清虚无为。及其持身接物，务崇不竞，合于六经。"清虚，清静虚无。老子认为"清静为天下正"，"致虚极，守静笃，万物并作。"（《道经》）意即自守清虚，以逸待劳，无为而治。卑弱，卑下柔弱。老子认为："弱者道之用。"（《德经》）"柔弱胜刚强。"（《道经》）"江海所以为百谷王者，以其善下之。"（《德经》）意即坚守清虚，保持卑弱，实为以逸待劳，哀兵制胜之策略。此为

"君人南面之术也"。清人王念孙《读书杂志》四之七谓："君人当为人君。《穀梁传序疏》《尔雅序》引此，皆不误。"君人也好，人君也好，都指的是天子、国君。南面，即面向南。古代以坐北朝南为尊位，故天子诸侯见群臣，或卿大夫见僚属，皆面南而坐，后来便引申为天子君王称孤道寡的别称。术，手段。"君人南面之术"，也就是人君能实现统治的手段。

③合于尧之克攘，《易》之嗛嗛，一谦而四益，此其所长也：《尚书·尧典》："曰若稽古帝尧……允恭克让，光被四表，格于上下。"孔安国传曰："又信恭能让，故其名闻，充溢四外，至于天地。"颜师古《汉书注》曰："《虞书尧典》称尧之德曰'允恭克让'，言其信恭能让也，故《志》引之云，攘，古讓字。"即让也。《贾谊新书·道术》谓："厚人自薄谓之让。"克让，即是能让。"《易》之嗛嗛"，颜师古注曰："嗛字与谦同。"《易·谦·彖》："谦谦君子，用涉大川。吉。象曰谦谦君子，卑以自牧也。"老子主张"大国以下小国，则取小国；小国以下大国，则取大国"。(《德经》) 可证老子道家的所谓谦，也是手段，终极目标还是"君人南面"者也。"一谦而四益"，亦出《易·谦·彖》："天道下济而光明，地道卑而上行。天道亏盈而益谦，地道变盈而流谦，鬼神害盈而福谦，人道恶盈而好谦。谦尊而光，卑而不可逾。君子之终也。"这就是所谓的"一谦而四益"。孔颖达正义："从此以下广说谦德之美，以结君子能终之义。亏谓减损，减损盈满而增益。"陈国庆《汉书艺文志注释汇编》谓四益为"天益、地益、神益、人益"。整句是说道家之说，符合尧的克让，《易》中的谦虚。一谦而能得四益，这是道家学说的长处。

④及放者为之，则欲绝去礼学，兼弃仁义，曰独任清虚可以为治：放者，颜师古注："放，荡也。"裘锡圭《马王堆〈老子〉甲乙本卷前后佚书与"道法家"》认为"放者"即旷放的人，指庄子。《史记·老庄申韩列传赞》："庄子散道德，放论。"《晋

书·嵇康传》："又读《老》《庄》，重增其放。"可证"放者"即放荡之人，旷达放荡之人。待到由旷达放荡之人来继承推行道家学说，"则欲绝去礼学，兼弃仁义"。老子认为"绝圣弃智，民利百倍；绝仁弃义，民复孝慈"。（《道经》）"独任清虚可以为治"，独，单；任，凭借。单单凭借清虚就可以获取治道。整句是说等到旷达放荡之人推阐道家学说，便要废除礼学，同时扬弃仁义，并说单凭清虚自持即可以使天下太平。张舜徽《汉书艺文志通释》谓："此处所言'放者'，乃指庄周一流人。《史记·老庄申韩列传赞》中明言'庄子散道德，放论'。可知道家学说思想，为人误解曲说，一变而为放荡无羁，毁弃一切，则自庄周始。秦汉以'黄老'并称，原以施之政治。魏晋以来，但言'老庄'，便流于旷达清谈，与世隔绝。"

《隋志·道家类》小序

道者，盖为万物之奥，圣人之至赜也[①]。《易》曰："一阴一阳之谓道。"[②]又曰："仁者见之谓之仁，智者见之谓之智，百姓日用而不知。"[③]夫阴阳者，天地之谓也[④]。天地变化，万物蠢生，则有经营之迹[⑤]。至于道者，精微淳粹[⑥]，而莫知其体，处阴与阴为一，在阳与阳不二。仁者资道以成仁，道非仁之谓也；智者资道以为智，道非智之谓也；百姓资道而日用，而不知其用也。圣人体道成性，清虚自守，为而不恃，长而不宰[⑦]，故能不劳聪明而人自化[⑧]，不假修营而功自成。其玄德深远，言象不测。先王惧人之惑，置于方外，六经之义，是所罕言。《周官》九两，其三曰师[⑨]，盖近之矣。然自黄帝以下，圣哲之士所言道者，传之其人，世无师说。汉时，曹参始荐盖公能言黄老，文帝宗之[⑩]。

335

自是相传，道学众矣。下士为之，不推其本，苟以异俗为高，狂狷为尚⑪，迂诞谲怪而失其真⑫。

注释

①道者，盖为万物之奥，圣人之至赜也：奥，高远深奥。《汉书·地理志上》："九州迪同，四奥既宅。"颜师古注："奥，读曰墺，谓士之可居者也。"奥的本义为室的西南角，古时尊长居之，后来成了祭神的方位。四奥，当指室之四角。天下四方，士之可居。道，则为万物所生所居之处。至赜，幽深之极。《易·系辞上》："圣人有以见天下之至赜，而拟诸其形容，象其物宜。"孔颖达正义曰："圣人有以见天下之赜者，赜，谓幽深难见。圣人有其神妙，以能见天下深赜之至理也。"整句是说"道"这个东西，大概是产生万物和万物所居的堂奥，是圣人所能见到的幽深的至理。

②《易》曰："一阴一阳之谓道。"：此句乃出《易·系辞上》，孔颖达正义曰："一谓无也。无阴无阳乃谓之道。一得为无者，无是虚无，虚无为大虚，不可分别，唯一而已，故以一为无也者。……道是虚无之称，以虚无能开通于物，故称之曰道。"阴阳是中国早期自然哲学中一对基本范畴，其最初的含义是指日光的向背，向日为阳，背日为阴。古代思想家们看到一切事物都有正反两方面，于是就用阴阳这两个概念来解释自然界和人类社会两种对立而又相互消长、相生相克的现象，于是这一阴一阳便成了解释一切的大道。

③又曰："仁者见之谓之仁，智者见之谓之智，百姓日用而不知：此话仍出《易·系辞上》，韩康伯注曰："仁者资道以见其仁，智者资道以见其智，各尽其分。"孔颖达正义曰："道是生物开通，善是顺理养物，故继道之功者唯善行也。……若能成就此道者，是人之本性。若性仁者成就此道，为仁；性智者成就此道，为智也。故云仁者见之谓之仁，智者见之谓之智，是仁之与

智皆资道而得成仁智也。"《周易集解》十三引侯果话说:"仁者见道,谓道有仁,智者见道,谓道有智也。"解释最为通顺。"百姓日用而不知",孔颖达正义曰:"百姓日用而不知者,言万方百姓恒日日赖用此道而得生,而不知道之功也。言道冥昧,不以功为功,故百姓日用而不能知也。"整句意思承上而来,是说"道"这个东西即反映阴阳正反的事物大道,仁者见之会觉得道中有仁,智者见之会觉得道中有智,而百姓天天赖用此道而生息,却不知有此道。原因是这个"道"深奥冥昧,功而不显。

④夫阴阳者,天地之谓也:其意盖亦出《易·系辞上》,谓道"广大配天地,变通配四时,阴阳之义配日月"。孔颖达正义曰:"以《易》道广大,配合天地。大以配天,广以配地,变通配四时。"意即阴阳乃天地之称。

⑤天地变化,万物蠢生,则有经营之迹:蠢生,指万物萌动而生。汉杜笃《论都赋》:"滨据南山,带以泾渭,号曰陆海,蠢生万类。"即萌动而生之义。经营,规划营造。整句意谓天地变化,万物萌动而生,却有营造规划的迹象。意即天地变化,四时更替,万物生息,好像有规划似的那样有规律。

⑥至于道者,精微淳粹:精微,精深入微,淳粹,朴实完美,意谓"道"这个东西,精深入微而又朴实完美。

⑦为而不恃,长而不宰:恃,依赖、凭借。宰,乃为官吏的通称。古时为家臣之长,采邑的长官。此为名词动用,含主宰之义。是说圣人体道成性,清虚自守,有为而并不依赖它,为长却不主宰一切。

⑧故能不劳聪明而人自化:聪,指耳,指听觉;明,指目,指视觉。耳聪目明,即指此。是说圣人体道成性,清虚自守,无为而治,故能不劳人耳目之勤而自行风化。

⑨《周官》九两,其三曰师:前边已训释过。《周礼·天官·太宰》:"以九两系邦国之民。一曰牧,以地得民;二曰长,

337

以贵得民；三曰师，以贤得民；四曰儒，以道得民；五曰宗，以族得民；六曰主，以利得民；七曰吏，以治得民；八曰友，以任得民；九曰薮，以富得民。"郑玄注："两，犹耦也，所以协耦万民。系，联缀也。"贾公彦疏称："谓王者于邦国之中立法，使诸侯与民相合耦而联缀，不使离散，有九事，故云以九两系邦国之民也。"可见这"九两"，即九项需要协和团结的事，用来维系万民。其中第三项曰师，以贤得民。郑玄注曰："牧，州长也，九州各有封域，以居民也。长，诸侯也，一邦之贵，民所仰也。师，诸侯师氏，有德行，以教民者……"此处是说道家近似九两之师。

⑩汉时，曹参始荐盖公能言黄老，文帝宗之：《史记·曹相国世家》："孝惠帝元年，除诸侯相国法，更以参为齐丞相。参之齐，齐七十城。……闻胶西有盖公，善治黄老言，使人厚币请之。既见盖公，盖公为言治道贵清静而民自定，推此类具言之。参于是避正堂，舍盖公焉。其治要用黄老术，故相齐九年，齐国安集。"《汉书·曹参传》完全照抄了《史记》这段文字。此即所谓曹参荐盖公，言黄老，无为而治，齐国安集的史实，故汉文帝亦以此术为宗，终成文景之治。

⑪狂狷为尚：《论语·子路》："子曰：'不得中行而与之，必也狂狷乎！狂者进取，狷者有所不为也。'"中行，即中道，指言行不过激，也不保守。何晏《论语集解》引包咸的解释："狂者进取于善道，狷者守节无为。"狂与狷皆偏于一面，泛指偏激。狂者激进，狷者保守。为尚，偏激者受崇尚。

⑫迂诞谲怪而失其真：迂诞，荒唐而远出事理之外。《史记·孝武本纪》："孝武皇帝初即位，尤敬鬼神之祀。……其冬，公孙卿候神河南，见仙人迹缑氏城上……天子亲幸缑氏城视迹，问卿……卿曰：'仙者非有求人主，人主求之。其道非少宽假，神不来。言神事，事如迂诞，积以岁乃可致。'"唐张守节正义曰："迂音于，诞音但。迂，远也；诞，大也。"谲怪，奇异怪

诞。是说下士阐道，不推其本，而以异俗为高，狂狷为尚，致使其所谓的道家之说荒唐怪诞而失去了真谛。

《四库总目·道家类》小序

后世神怪之迹多附于道家，道家亦自矜其异，如《神仙传》《道教灵验记》是也①。要其本始，则主于清净自持，而济以坚忍之力，以柔制刚，以退为进。故《申子》《韩子》流为刑名之学②，而《阴符经》可通于兵③。其后长生之说与神仙家合为一，而服饵、导引入之④。房中一家近于神仙者，亦入之⑤。鸿宝有书，烧炼入之⑥。张鲁立教，符箓入之⑦。北魏寇谦之等，又以斋醮、章咒入之⑧。世所传述，大抵多后附之文，非其本旨。彼教自不能别，今亦无事于区分。然观其遗书，源流迁变之故，尚一一可稽也。

注释

①后世神怪之迹多附于道家，道家亦自矜其异，如《神仙传》《道教灵验记》是也："后世神怪之迹多附于道家"，此为四库馆臣说的公道话；而"道家亦自矜其异"，这话说得便不符合事实。检《汉志》道家所著录，起于《伊尹》《太公》《辛甲》《鬻子》诸书，然后才是《老子》《文子》《蜎子》《关尹子》《列子》《庄子》诸书。且问，这些家当中又有哪一家因后附神怪之迹而"自矜其异"了呢？倒是那时就有了"放者"欲绝去礼学，扬弃仁义；"下士"不推其本，苟以异俗为高，狂狷为尚，迂诞谲怪而失去了道家的真谛。可是这些都是遭到了班固、魏徵等人的相继批评，可见"道家亦自矜其异"的说法，乃是四库馆臣不负责任的评论。"如《神仙传》《道教灵验记》是也"，此为

四库馆臣为说明"后世神怪之迹多附于道家"而举的例子。《神仙传》乃晋葛洪为答其弟子滕升问仙人有无而作,所录凡八十四人。此书至唐初修《隋书·经籍志》时久已流传,而《隋志》作者并未将其附入道家,而是进了史部杂传类。《旧唐书·经籍志》一如《隋志》,亦将《神仙传》列入了史部杂传类。至《新唐书·艺文志》始将《神仙传》列入了子部道家所附释氏神仙类。这完全是编目者所为,并非作者存心附道。至于《道教灵验记》,乃五代后蜀杜光庭所撰,凡二十卷,其中宫观、尊像、天师、真人、王母灵验,都有所描述。《宋史·艺文志》将其列入了道家,却是道家中所附录的释氏神仙类。可证四库馆臣此处的评论并不符合事实。

②故《申子》《韩子》流为刑名之学:《史记·老庄申韩列传》:"申子之学,本于黄老,而主刑名。"《汉书·元帝纪》"以刑名绳下"注引汉刘向《别录》也说"申子学号刑名"。《韩非子·二柄》《史记·秦始皇本纪》都说韩非亦尚刑名之学。刑名,在战国时本为法家的一派,故《汉书·艺文志》将《申子》《韩子》都列入法家。申、韩虽本于黄老,却力主刑名。他们强调循名责实,强化上下关系,于封建统治颇为有利。其主张与黄老并不同,不存在流于刑名的问题。退一步说,即使是流于刑名,似也赖不上清净自持的道家学说。

③而《阴符经》可通于兵:旧题黄帝撰《阴符经》,且有太公、范蠡、鬼谷子、张良、诸葛亮、李筌六家注,经文凡三百八十四字,一卷。言虚无之道,修炼之术。唐李筌自谓受之骊山老母,实盖李筌所伪作,故《汉志》《隋志》不见著录。《新唐书·艺文志》著录在道家。《隋志》兵家著录有《周书阴符》九卷,此盖即《四库总目》说"《阴符经》可通于兵"的根据。

④其后长生之说与神仙家合为一,而服饵、导引入之:《汉志》方技略中列有神仙家,收入图书十家十种二百零五卷。《隋

志》养生、神仙、服饵、道引等均入子部医方。《旧唐书·经籍志》随之。《新唐书·艺文志》则合道说、神仙、释氏为道家,其中养生、服饵、导引等书,亦随之并入了道家。此盖即《四库总目》"其后长生之说与神仙家合为一,而服饵、导引入之"说法的依据。

⑤房中一家近于神仙者,亦入之:《汉志》方技略中列有"房中"一类,收入图书八家八种一百八十六卷,内容是说圣人制外药禁内情,劝人节性欲,长寿考。如《黄帝三王养阳方》《三家内房有子方》等,都是讲房中养生的。这类书中近乎神仙类的图书,如张湛《养生要集》十卷、《养性传》二卷等,在《新唐书·艺文志》中都进了道家。《神仙服食经》《玉皇圣台神用诀》《神仙九化经》《养生诸仙方》等,在《宋史·艺文志》中也都归入了道家。

⑥鸿宝有书,烧炼入之:鸿宝,也作洪宝,道术书的名书。《汉书·楚元王传·刘向传》:"向字子政,本名更生。年十二,以父德任为辇郎。既冠,以行修饬擢为谏大夫。……上复兴神仙方术之事,而淮南有《枕中鸿宝秘苑书》,书言神仙使鬼物为金之术及邹衍《重道延命方》,世人莫见。而更生父德武帝时治淮南狱得其书,更生幼而读诵,以为奇,献之,言黄金可成。上令典尚方铸作事,费甚多,方不验。上乃下更生吏,吏劾更生铸伪黄金,系当死。"所谓"鸿宝有书",即指此《枕中鸿宝秘苑书》。此书《汉志》未著录,《隋志》著录在子部杂家类中。因为此书讲烧炼黄金之术,属神仙方术事,故此后讲烧炼如《炼五神丹法》《烧炼杂诀法》《烧金石药法》等,在《宋史·艺文志》中便都归入了道家。此盖即《四库总目》"鸿宝有书,烧炼入之"的根据。

⑦张鲁立教,符箓入之:《后汉书·张鲁传》:"鲁字公旗。初,祖父陵,顺帝时客于蜀,学道鹤鸣山中,造作符书,以惑百

341

姓。……陵传子衡，衡传于鲁，鲁遂自号'师君'。"《三国志·魏书·张鲁传》："张鲁字公祺，沛国丰人也。祖父陵客蜀，学道鹄鸣山中，造作道书以惑百姓。……陵死，子衡行其道。衡死，鲁复行之。……据汉中，以鬼道教民，自号'师君'。其来学道者，初皆名'鬼卒'。受本道已信，号'祭酒'。"符箓，道教的秘密文书。屈曲作篆籀及星雷之文为符；记诸天曹官属佐吏之名为箓。《隋志》著录的道经中有符箓之书十七部，一百零三卷。此即是所谓的"张鲁立教"，即创立道教。从此，符箓一类的道教之物也归入了道家一类。

⑧北魏寇谦之等，又以斋醮、章咒入之：北魏，又称后魏。寇谦之，后魏寇讚之胞弟，有道术，自言尝遇仙人成公兴，与之游嵩华，食仙药，遂隐居松阳。始光（424—428）中被召至阙，甚敬重之。后传说其尸解以去。斋醮，请僧或道设斋坛，向神、佛祈祷，就叫斋醮。醮，祭祀之义。《竹书纪年上》："（黄帝）游于洛水，见大鱼，杀五牲以醮之。"《文选·宋玉高唐赋》："醮诸神，礼太一。"都是祭祀义。章咒，术士迷信驱鬼治病的口诀。此盖即《四库总目》说"北魏寇谦之等，又以斋醮、章咒入之"的根据。

按：张舜徽《汉书艺文志通释》关于道家有过一段精彩的论述："'此人君南面之术也'，一语道破道家之用而无遗。而上句所提'秉要执本，清虚以自守，卑弱以自持'十四字，尤为南面术纲领。竟以数语尽之，可谓至精至邃矣。此乃《七略》原文，班氏特移录沿用之耳。刘向之父德，史称其少修黄老术，有智略。向、歆承其家学，故能窥见道家之用。此犹司马谈尝习道论于黄子，故其《论六家要指》，独推崇道家。其言有曰：'道家使人精神专一，动合无形，赡足万物。与时迁移，应物变化。立俗施事，无所不宜。指约而易操，事少而功多。''道家无为，又曰无不为。其实易行，其辞难知。其术以虚无为本，以因循为用。虚者，道之常也；因者，君之纲也。群臣并至，使各自明也。'此皆言道家所陈人君南面之术，最为高妙。……又曰：'儒者则不然，以为人主，天下之仪表也，主倡而臣和，主先而臣随。如此，则主劳而臣逸。至于大道之要，去健羡，绌聪明，释此而任术。'司马谈两相比较，以为在南面术之运用方面，道家为工而儒家为拙耳。"这段论述点破了道家秘旨，托出了人君南面所用之术，实较儒家为高。然自汉武帝"罢黜百家，独尊儒术"以降，儒家成了历代封建社会的官方哲学，故被历来目录学家推为子部之首，而次以道家。也就是两家尚都被看重。至《四库总目》则将道家部居在子部末尾，释家之后。并说子部"儒家以外有兵家，有法家，有农家，有医家，有天文算法，有术数，有艺术，有谱录，有杂家，有类书，有小说家。其别教则有释家，有道家。叙而次之，凡十四类。儒家尚矣。有文事者有武备，故次之以兵家。兵，刑类也，唐、虞无皋陶，则寇贼奸宄无所禁，必不能风动时雍，故次以法家。民，国之本也；谷，民之天也，故次以农家。……二氏，外学也，故次以释家、道家终焉。"（《四库总目·子部》总序）纪晓岚还说："余校录《四库全书》，子部凡分十四家。儒家第一、兵家第二、法家第三，所谓礼乐兵刑，国之大柄也。农家、医家，旧史多退之于末简，余独以农家居四，而其五为医家。农者，民命之所关；医虽一技，亦民命之所关，故升诸他艺术之上也。"（《纪文达公集》卷八）可见纪晓岚将哪类部居在什么位置上是深有考虑的，也有一定道理。然独将道家混于道教而列于子部末简，则未尽妥当。前边说过了，道家乃"君人南面之术"，较之儒家"助人君协阴阳明教化"似更为重要，至少是儒、道当同属于文事，而沿《汉志》《隋志》之例，先儒后道，两者相继。四库馆臣之所以如此斥道，其原因便是"后世神怪之迹多附于道家"。其实这不应怪道家自身，而怪后世之攀附者。后世攀附者有道教之徒，乱归并者则有目录学家。道教之徒追宗老子为鼻祖，是想拉大旗，推教义，揽信徒。目录家将神仙、方术、烧炼、符箓、章咒、养生、导引等都归入道家，则是造成道家混乱，降低道家哲学地位的重要原因。其始作俑者是《新唐书·艺文志》，至《宋史·艺文志》其道家收书竟达七百十七部，二千五百二十四卷，尚不算《道藏》，乱到了极点。我们知道，先秦道家不同于也不是后来的道教。先秦道家，是哲学流派；后世道教，是宗教迷信。道教攀附道家，而道家被污染而亡。明代胡应麟《少室山房笔丛·玉壶遐览一》："盖后世神仙之说，虽原本道家，实与道家异。至于服食章醮，而老子之道亡也久矣。"说的就是这个道理。要解决这个问题也并不难，即在子部儒家之后仍列道家，收书以《隋志》所录之书和后世为这些书加工作品为限。另在子部末尾开列宗教类，其下设佛教、道教、其他宗教之属。这样，我们就可以打破《新唐书·艺文志》以来目录之书造成的混乱，将道家从烂泥潭中解救出来，揩去身上的污垢，恢复自身的面貌，回到原有的位置。其实纪晓岚当时也看到了这一点，其谓"世所传述，大抵多后附之文，非其本旨"，便可证明。只是因为"彼教自不能别，今亦无事于区分"。这一懒于区分，则又混乱二百多年。今大胆别之耳。

※　　　　※　　　　※

《汉志·阴阳家类》小序

阴阳家者流①，盖出于羲和之官②。"敬顺昊天，历象日月星辰，敬授民时。"此其所长也③。及拘者为之，则牵于禁忌，泥于小数，舍人事而任鬼神④。

注释

①阴阳家者流：阴阳家，春秋战国时提倡阴阳五行说的一个学术流派。战国时以持阴阳而名家者，有邹衍、邹奭等。《汉志》著录二十一家，三百六十九篇。除邹衍《邹子》四十九篇，邹奭《公梼生终始》十四篇、《邹子终始》五十六篇、《邹奭子》十二篇外，还收有其他有撰者姓名无撰者姓名的作品。阴阳说和五行说，是具有朴素唯物主义因素的两种流行思想。其学说包括阴阳四时、八位、十二度、二十四时等数度之学；也包括金、木、水、火、土相互作用而支配自然和社会发展的五德终始的五行之说。是新兴的封建统一政权政治主张的产物，反过来也为这种主张提供理论根据。后世阴阳五行作品入子部术数类。者，这也。这一流。

②盖出于羲和之官：是说阴阳家大概源出于羲和之官。《尚书·尧典》："乃命羲和，钦若昊天，历象日月星辰，敬授人时。"传曰："重黎之后。羲氏、和氏世掌天地四时之官，故尧命之使敬顺昊天。"《史记·五帝本纪·尧纪》："乃命羲、和敬顺昊天，数法日月星辰，敬授民时。"唐陆德明《经典释文》引述马融话说："羲氏掌天官，和氏掌地官。"阴阳家长于上述之学，故推测这一学派盖出于羲和之官。

③"敬顺昊天，历象日月星辰，敬授民时。"此其所长也：这段话出于《尚书·尧典》，前已引述。张守节《史记》正义曰："敬，犹恭勤也。元气昊然广大，故云昊天。《释天》云：'春为苍天，夏为昊天，秋为旻天，冬为上天。'而独言昊天者，以尧能敬天，大，故以昊大言之。"司马贞《史记》索隐曰："《尚书》作'历象日月'，则此言'数法'，是训'历象'二字。谓命羲、和以历数之法观察日月星辰之早晚，以敬授人时也。"所谓"历数之法"，张守节《史记》正义曰："历数之法，日之甲乙，月之大小，昏明递中之星，日月所会之辰，定其天数，以为一岁之历。""敬授民时"，至唐代因回避李世民名讳，改为"敬

345

授人时"。总的是说羲、和之职,在于恭敬地遵顺天道,观测日月星辰的运行变化,从而制定历法颁发给百姓使用。这些学问都是阴阳家所特有的长处。

④及拘者为之,则牵于禁忌,泥于小数,舍人事而任鬼神:及,等到,待到。拘者,刻板而不知变通的人。待到刻板而不知变通的人继承推行阴阳家学说,则"牵于禁忌",牵,牵涉、牵扯。禁忌,禁止,忌讳。后来的阴阳家有很多需要禁止忌讳的东西,故动辄择日占星,陷入了术数迷信。"泥于小数",泥,拘泥。小数,小的技能。"舍人事而任鬼神",舍,颜师古注曰:"废也。"也就是放弃、丢掉。人事,人世间的事情。任,听凭。整句是说待到刻板迂腐之人继承推行阴阳家的学说,则牵扯陷入很多禁止忌讳的泥潭,拘泥于择日占星的小技能,而放弃了人世间的实事,却听凭鬼使神差。

《隋志·五行类》小序

五行者,金、木、水、火、土,五常之形气者也[①]。在天为五星[②],在人为五藏[③],在目为五色[④],在耳为五音[⑤],在口为五味[⑥],在鼻为五臭[⑦]。在上则出气施变,在下则养人不倦。故《传》曰:"天生五材,废一不可。"[⑧]是以圣人推其终始,以通神明之变。为卜筮以考其吉凶[⑨],占百事以观于来物[⑩],睹形法以辨其贵贱[⑪]。《周官》则分在保章、冯相、卜师、筮人、占梦、视祲[⑫],而太史之职,实司总之。小数者才得其十鞘[⑬],便以细事相乱,以惑于世。

注释

①五行者,金、木、水、火、土,五常之形气者也:五行,

指金、木、水、火、土，古人认为此是构成各种物质的五种元素。《尚书·洪范》："初一曰五行。""五行：一曰水，二曰火，三曰木，四曰金，五曰土。"《尚书·甘誓》："有扈氏威侮五行，怠弃三正。"孔颖达正义曰："五行，水、火、金、木、土也。"《孔子家语·五帝》："天有五行，水、火、金、木、土，分时化育，以成万物。"可证五行指的就是金、木、水、火、土这五种元素。"五常之形气者也"，五常，指仁、义、礼、智、信。形气，指形和气。形，指具体物象；气，指构成宇宙万物的最根本的物质。《荀子·非十二子》："案往造旧说，谓之五行。"杨倞注曰："五行，五常，仁、义、礼、智、信是也。"整句是说，金、木、水、火、土这五行，乃是仁、义、礼、智、信这五常的物质表象和形成的气质。

②在天为五星：五星，指水、木、金、火、土五大行星，即东方岁星（木星）、南方荧惑（火星）、中央镇星（土星）、西方太白（金星）、北方辰星（水星）。刘向《说苑·辨物》："所谓五星者，一曰岁星，二曰荧惑，三曰镇星，四曰太白，五曰辰星。"其意是说五行在天便成五星。

③在人为五藏：藏，脏也。即五脏，指心、肝、脾、肺、肾。《周礼·天官·疾医》："以五气、五声、五色视其死生。"清孙诒让为其正义曰："《素问·阴阳应象大论》云：'木藏为肝，在音为角，在声为呼；火在藏为心，在音为徵，在声为笑；土在藏为脾，在音为宫，在声为歌；金在藏为肺，在音为商，在声为哭；水在藏为肾，在音为羽，在声为呻。'"此即所谓五行在人则为五藏。

④在目为五色：五色指青、赤、白、黑、黄五种颜色。古代以此五者为正色。《尚书·益稷》："以五采彰施于五色，作服，汝明。"清孙星衍为其作疏称："五色，东方谓之青，南方谓之赤，西方谓之白，北方谓之黑，天谓之玄，地谓之黄，玄出于黑，故六者有黄无玄，为五也。"故曰五行在目则为五色。

⑤在耳为五音：五音，指古代五声音阶中的五个音级，即宫、商、角、徵、羽。相当于简谱中的1、2、3、5、6。五行在耳便成了五音。

⑥在口为五味：五味，指酸、甜、苦、辣、咸五种味道。五行在口便成了五种味道。

⑦在鼻为五臭：五臭，臭，读即嗅。《庄子·天地》："五臭薰鼻，困惾中颡。"成玄英疏曰："五臭，谓膻、薰、香、腥、腐。"《礼记·月令》中代表四时之臭，共五种：春为膻，夏为焦，中央为香，秋为腥，冬为朽。四时加中央，又可与五行相对应，故五行在鼻便可嗅出五种气味。

⑧故《传》曰："天生五材，废一不可"：此话源出《春秋左氏传·襄公二十七年》："天生五材，民并用之，废一不可。"杜预为"五材"作注："金、木、水、火、土也。"即是说金、木、水、火、土这五材，缺一不可。

⑨为卜筮以考吉凶：古时占卜，用龟甲称卜，用蓍草称筮，合称卜筮。王充《论衡·卜筮》："武王伐纣，卜筮之逆，占曰大凶。太公推蓍蹈龟而曰：'枯骨死草，何知吉凶！'"可知龟甲和蓍草是古时占卜用的两种工具材料，用这两种东西进行占卜，可以预测吉凶，所以说"为卜筮以考吉凶"。其实这完全是迷信的"精神胜利法"，占测为吉，再去实施或执行，可以凝聚人心，鼓舞士气。占测为凶，也未必就不执行，像武王伐纣，本来占卜为逆，主于大凶，可是太公不信此邪，踩碎龟甲，折断蓍草，并说"枯骨死草，何知吉凶！"于是挥师进攻，一举灭商，获得成功。

⑩占百事以观于来物：占，候也，视也。即占卜百事以观察未来事物是否应验。

⑪睹形法以辨其贵贱：形法，即相法。指相地、相宅、相人、相物的方术，亦即堪舆、命相之称。睹，看，观察。观宅视相，就能分辨出贵贱。

348

⑫《周官》则分在保章、冯相、卜师、筮人、占梦、视祲：《周官》，即《周礼》。保章，古代的官名，掌管观测，记录天象变异。《周礼·春官·保章氏》："保章氏，掌天星，以志星辰日月之变动，以观天下之迁，辨其吉凶。"冯相，周代的官名，掌管天文。《周礼·春官·冯相氏》："冯相氏中士二人，下士四人，府二人，史四人，徒八人。……冯相氏掌十有二岁、十有二月、十有二辰、十日、二十有八星之位，辨其叙事，以会天位。"注曰："冯，乘也；相，视也。世登高台，以视天文之次序。"卜师，周代官名，掌开龟四兆。《周礼·春官·卜师》："卜师掌开龟之四兆：一曰方兆，二曰功兆，三曰义兆，四曰弓兆。"郑玄注曰："开出其占书也，经兆百二十体，今言四兆者，分之为四部。"贾公彦疏曰："开出其占书也者，郑意兆出于龟，其体一百二十，今云用龟之四兆，谓开出其占兆之书，分四部。"筮人，通簭人，周代掌占卜之官。《周礼·春官·簭人》："簭人掌三《易》，以辨九簭之名。一曰《连山》，二曰《归藏》，三曰《周易》……以辨吉凶……凡国之大事，先簭而后卜。"占梦，周代官名。《周礼·春官·占梦》："占梦中士二人，史二人，徒四人。……占梦掌其岁时，观天地之会，辨阴阳之气，以日月星辰占六梦之吉凶。"视祲，周代官名。《周礼·春官·视祲》："视祲中士二人，史二人，徒四人。……视祲掌十煇之法，以观妖祥，辨吉凶。"整句是说卜筮、占卜、形法的职责，在《周礼》中分别由保章、冯相、卜师、筮人、占梦、视祲等官分头职掌。而由太史总司之。

　　⑬小数者才得其十牭：小数者，有小技能的人。"得其丨牭"，牭，大概、粗疏、粗略。谓雕虫小技之人仅得阴阳五行之梗概，便以细碎之事的征兆灵验相混乱，用以蛊惑人世。

349

《四库总目·术数类》小序

术数①之兴，多在秦汉以后。要其旨，不出乎阴阳五行、生克制化。实皆《易》之支派，傅以杂说耳。物生有象，象生有数②，乘除推阐、务究造化之源者，是为数学③。星土云物，见于经典，流传妖妄，浸失其真。然不可谓古无其说，是为占候④。自是以外，末流猥杂，不可殚名⑤，史志总概以五行。今参验古书，旁稽近法，析而别之者三：曰相宅相墓，曰占卜，曰命书相书。并而合之者一，曰阴阳五行。杂技术之有成书者，亦别为一类附焉。中惟数学一家，为《易》外别传，不切事而犹近理。其余则皆百伪一真，递相煽动。必谓古无是说，亦无是理，固儒者之迂谈；必谓今之术士能得其传，亦世俗之惑志，徒以冀福畏祸。今古同情，趋避之念一萌，方技者流遂各乘其隙以中之。故悠谬之谈，弥变弥夥耳。然众志所趋，虽圣人有所弗能禁。其可通者存其理，其不可通者姑存其说可也。

注释

①术数：指以种种方术观察自然界值得注意的现象，用以推测人的气数和命运。也称为"数术"。《汉书·艺文志》"数术略"下列了天文、历谱、五行、蓍龟、杂占、形法六类之书，并在总序中说："数术者，皆明堂羲、和、史、卜之职也。"天文、历法，皆推步之学，是用数学推出来的，通常不加杂迷信。故后世目录学家常将天文、历算之书从"数术"类中提出，单列一类，与术数平行。而将《汉志》中的五行、蓍龟、杂占、形法，阴阳家，以及兵家中的阴阳类，则一并归入"术数类"。此处《四类总目》之"术数类"就是这种处理方式，故先将《四库总

目》之"术数类"托出,与《汉志》之阴阳家、《隋志》之五行家对应。此下再训释《汉志·数术略》及兵阴阳时,不再重复对应。

②物生有象,象生有数:《左传·僖公十五年》:"及惠公在秦,曰:'先君若从史苏之占,吾不及此夫。'韩简侍曰:"龟,象也;筮,数也。物生而后有象,象而后有滋,滋而后有数。先君之败德,及可数乎?"孔颖达正义曰:"卜之用龟,灼以出兆,是龟以金、木、水、火、土之象而告人;筮之用蓍,揲以为卦,是筮以阴阳蓍策之数而告人也。凡是动植飞走之物,物既生讫而后有其形象;既为形象而后滋多,滋多而后始有头数。其意言龟以象而示人,筮以数而告人。"

③数学:指古代数术之学。宋俞文豹《吹剑四录》:"康节讳人言其数学,温公种牡丹,先生曰:'某日午时马践死。'至日,厩马绝缰奔赴之,此非数学而何?"此处的数学,指的就"数术"或"术数"之学。

④占候:视天象变化以测吉凶,是为占候。《后汉书·郎顗传》:"能望气,占候吉凶,常卖卜自奉。"

⑤自是以外,末流猥杂,不可殚名:猥杂,杂乱烦琐。不可殚名,不可尽列其名。殚,尽也。

按:先汉之阴阳家,职在"敬顺昊天,历象日月星辰,敬授民时"。与"数术略"之"天文""历谱"近似。进入两汉则其学"牵于禁忌,泥于小数",多与鬼神迷信有关。至隋,则其书渐多,仅《隋志》著录者就有二百七十二部,一千零二十二卷,中如《阴阳风角相动法》《九宫经》《太一经》《黄帝龙首经》《玄女式经要法》《黄帝阴阳遁甲》《地形志》《海中仙人占灾祥书》《易林》《周易四时候》《地节堪余》《四序堪余》《八会堪余》《杂阴阳婚嫁书》《沐浴书》《占梦书》《坛经》《瑞应图》

351

《祥瑞图》《张掖郡玄石图》《乾坤镜》《望气书》《地形志》《相宅图》《手相板经》等，已远非先秦阴阳家"敬授民时"之意了。《隋志》将这些均归入"五行"类，开史志以"五行"概括阴阳家之先河。至《四库总目》，则以"术数之兴，多在秦汉以后。要其旨，不出乎阴阳五行、生克制化"两句话概括之。并谓自"数学""占候"以外，皆"末流猥杂，不可殚名，史志总概以五行"。而四库馆臣则"参验古书，旁稽近法，析而别之者三：曰相宅相墓、曰占卜、曰命书相书。并而合之者一，曰阴阳五行。杂技术之有成书者，亦别为一类附焉"。故《四库总目》子部术数类之下，设了数学、占候、相宅相墓、占卜、阴阳五行五属。存目中本类则在"阴阳五行"之后又附加了一属，名为"杂技术"。所收之目只有《太素脉法》《神机相字法》《龟鉴易影皇极数》《纪梦要览》《梦占类考》《梦林玄解》六种五十二卷。并在后案中说："《相字》《太素脉》之类，并出后世，益不足道矣。今统名曰'杂技术'，录其名以备数耳，非有取也。"态度十分明朗。这里有个问题，即人类社会本来在一天天进步，科学文化知识也在不断丰富，按说那些阴阳怪说、荒诞离奇、封建迷信、邪教怪论的东西应该越来越少，越来越没市场。可是不然，《汉志》阴阳家只著录二十一家，三百六十九篇，而五百年后的《隋志》却著录了二百七十二部，一千零二十二卷，到《四库总目》则已收不胜收，只好选收。这是什么道理？盖是越虚幻越能诱人，故"悠谬之谈，弥变弥夥耳"。且"众志所趋，虽圣人有所弗能禁"。

※　　　※　　　※

《汉志·法家类》小序

法家者流，盖出于理官①，信赏必罚，以辅礼制②。《易》曰："先王以明罚饬法"，此其所长也③。及刻者为之，则无教化，去仁爱，专任刑法而欲以致治，至于残害至亲，伤恩薄厚④。

注释

①法家者流，盖出于理官：意谓法家这一流派，大概由上古理官演化而来。所谓理官，即司法治狱之官。《后汉书·陈宠传》："及为理官，数议疑狱。"清龚自珍《乙丙之际箸议第六》："礼官之后为名家邓析子氏、公孙龙氏，理官之后为法家申氏、韩氏。"可证理官即刑狱之官。《周礼·秋官·司寇》："刑官之属，大司寇卿一人，小司寇中大夫二人，士师下大夫四人，乡士上士八人，中士十有六人，旅下士三十有二人。"唐贾公彦疏曰："士为察者，义取察理狱讼，是以刑官多称士。……上代以来，狱官之名有异，是以《月令》乃命大理瞻伤察疮。郑注云有虞氏曰士，夏曰大理，周曰大司寇。"亦谓大理之官即刑官，刑官即理官。

②信赏必罚，以辅礼制：有功必赏，有罪必罚，赏罚严明。《韩非子·外储说右上》："狐子对曰：'信赏必罚，其足以战。'"《汉书·宣帝纪赞》："孝宣之治，信赏必罚，综核名实，政事文学法理之士咸精其能。"颜师古注曰："有功必赏，有罪必罚。"信，的确。对有功者的确进行奖赏。必，一定。对有罪者一定进行惩罚。"以辅礼制"，用"信赏必罚"的法治办法来补充礼制的不足。

③《易》曰"先王以明罚饬法"，此其所长也：《易·噬嗑》："象曰雷电噬嗑，先王以明罚敕法。"先王，先代君王。明罚饬法，严明刑罚，整饬法度。饬通敕，整顿。孔颖达正义曰：

"但噬嗑之象，其象在口，雷电非噬嗑之体，但噬嗑象外物。既有雷电之体，则雷电欲取明罚敕法可畏之义，故连云雷电也。""此其所长也"，这些，是法家所擅长的学说。

④及刻者为之，则无教化，去仁爱，专任刑法而欲以致治，至于残害至亲，伤恩薄厚：及，等到，待到。刻者，严厉苛刻的人。为之，为，推行；之，指示代词，指法家学说。专任，专一凭借刑法而想达到天下太平。"伤恩薄厚"，颜师古注曰："薄厚者，变厚为薄。"《汉书艺文志通释》引周寿昌的话说："颜解未晰。此即《大学》所云'于所厚者薄'之意，盖专指秦商鞅、汉晁错为说。"检《大学》开宗明义第一篇谓："自天子以至于庶人，壹是皆以修身为本。其本乱而末治者否矣。其所厚者薄，而其所薄者厚，未之有也。"这里的厚作尊重解，薄作轻薄、轻蔑解。意谓从天子到平民，都要以修身养性为根本。如果他的根本已乱而求细枝末节的治理是不可能的。正如他尊重的人却对他轻蔑，他轻蔑的人却对他尊重，这样的事是从来不会有的。不过从此处"伤恩薄厚"的行文看，周寿昌的解释也未必妥当。司马谈《论六家要指》乃云："法家严而少恩……不别亲疏，不殊贵贱，一断于法，则亲亲尊尊之恩绝矣。"故其义盖是指损伤恩情，轻薄厚谊。整句是说待到严苛之人推行法家学说，则去掉了教化，丢掉了仁爱，专凭刑法而想得到天下太平。为此，甚至残害至亲，损伤恩情，轻薄厚谊。

《隋志·法家类》小序

法者，人君所以禁淫慝，齐不轨，而辅于治者也①。《易》著"先王明罚饬法"②，《书》美"明于五刑，以弼五教"③。《周官》，司寇"掌建国之三典，以佐王刑邦国，诘四方"④；司刑"以五刑之法，丽万民之罪"⑤是也。刻者为之，则杜哀矜⑥，绝仁爱，欲以威劫⑦为化，残忍为治，乃至伤恩害亲。

注释

①法者，人君所以禁淫慝，齐不轨，而辅于治者也："淫慝"，邪恶不正。《左传·宣公十二年》："古者明王，伐不敬，取其鲸鲵而封之，以为大戮，于是有京观，以惩淫慝。"又《左传·成公二年》："王命伐之，告事而已，不献其功，所以敬亲昵，禁淫慝也。"两处的淫慝都是邪恶不正之意。"齐不轨"，齐，平整、整齐，纠正，用作动词，使不轨行为整齐、统一到正确规范的轨道上来。"而辅于治者也"，辅，帮助、辅助、协助、补充。治，治道，太平。整句是说法家这个学说，是人君用来禁止邪恶，纠正不轨行为，帮助获得天下太平的学说。

②《易》著"先王明罚饬法"：前已训释，此不赘述。

③《书》美"明于五刑，以弼五教"：《尚书·大禹谟》："帝曰：皋陶，惟兹臣庶，罔或干予正。汝作士，明于五刑，以弼五教，期于予治。"孔颖达正义曰："帝呼之曰：皋陶，惟此群臣众庶，皆无敢有干犯我正道者。由汝作士官，明晓于五刑，以辅成五教。"五刑，古代五种轻重不等的刑法，即墨、劓、剕、宫、大辟五种刑法。五教，指古代五种伦理道德，即父义、母慈、兄友、弟恭、子孝。整句是说《尚书》记载黄帝赞美皋陶明晓五刑，并以五刑来辅弼五教的推展。

④《周官》，司寇"掌建国之三典，以佐王刑邦国，诘四方"：《周礼·秋官·司寇》："大司寇之职，掌建邦之三典，以佐王刑邦国，诘四方。一曰刑新国用轻典；二曰刑平国用中典；三曰刑乱国用重典。"三典，即指此轻、中、重三种典。典，郑玄注曰法也。贾公彦疏曰："释曰大司寇云：'佐王刑邦国，诘四方。'不言刑王国，诘畿内者，王官不嫌不刑诘在内，故举外以

见内也。太宰云'以六典治邦国',今此更言建三典者,彼六典自是六官之典,此三典是刑之三典,与彼别,故司寇别施之。……周穆王老耄乱荒忽,犹能用贤量度,详审之刑,以诘谨四方引之者。"整句是说《周礼》中记载司寇之官,职掌建国之三典,用以帮助君王刑则邦国,谨用于四方。

⑤司刑"以五刑之法,丽万民之罪":《周礼·秋官·司刑》:"司刑掌五刑之法,以丽万民之罪。"五刑,前已训释,不再赘述。"丽万民之罪",定万民之罪。丽通罹。《周礼·秋官·讶士》:"讶士掌四方之狱讼,谕罪刑于邦国。"郑玄注曰:"告晓以丽罪及制刑之本意。"贾公彦疏曰:"谕为晓,故云告晓以丽罪。罪者,谓断狱附罪轻重也。"《周礼·秋官·乡士》:"……司寇听之,断其狱,弊其讼于朝。群士司刑皆在,各丽其法,以议狱讼。"郑玄注:"丽,附也。各附致其法以成议也。"贾公彦之"断狱附罪轻重",郑玄注"丽,附也。""丽"又作"附"解。其实断狱附罪,就是断狱定罪,也就是判案量刑。

⑥杜哀矜:杜,绝也。哀矜,哀怜,怜悯。《尚书·吕刑》:"皇帝哀矜庶戮之不辜,极虐以威,遏绝苗民,无世在下。"意谓帝尧很哀怜众被戮之不辜,只得报告给他对那些为虐者必须施以威刑。晋傅玄《傅子·法刑》中谓:"司寇行刑,君为之不举乐,哀矜之心至也。"亦即怜悯之义。

⑦威劫:威逼、胁迫。《汉书·晁错传》:"陈胜行戍,至于大泽,为天下先倡,天下从之如流水者,秦以威劫行之之敝也。"此"威劫"即威逼、胁迫之义。整句是说主张严刑峻法的人来推行法家学说,则杜绝怜悯之心,绝去仁爱之意,想以威逼胁迫的手段代替教化,以残忍手段换取太平,甚至伤害恩人,毁害至亲。

《四库总目·法家类》小序

刑名之学①，起于周季，其术为圣世所不取。然流览遗篇，兼资法戒②。观于管仲诸家，可以知近功小利之隘；观于商鞅、韩非诸家，可以知刻薄寡恩之非。鉴彼前车，即所以克端治本。曾巩所谓不灭其籍，乃善于放绝者欤？至于凝、㠾所编（和凝、和㠾父子相继撰《疑狱集》），阐明疑狱③；桂、吴所录（桂万荣、吴讷相续撰《棠阴比事》），矜慎祥刑④。并义取持平，道资弼教。虽类从而录，均隶法家。然立议不同，用心各异，于虞廷钦恤⑤，亦属有裨。是以仍准旧史，录此一家焉。

注释

①刑名之学：刑名之学乃战国时法家中的一个学派，以申不害为代表人物。其学主张循名责实，以强化上下关系，巩固新兴地主阶级的统治地位。《史记·老庄申韩列传》："申子之学，本于黄老，而主刑名。"《汉书·元帝纪》："以刑名绳下"句注引刘向《别录》云："申子学号刑名。"可证申不害确为刑名之学的代表人物。《四库总目》此处之刑名之学，实为法家学说之别称。整句是说刑名之学起于周朝末期，其学说方术为圣明之世所不取。

②法戒：楷式和鉴借。《汉书·刘向传》说刘向"数上疏言得失，陈法戒"。宋曾巩《说苑·目录序》："向采传记、百家所载行事之迹，以为此书，奏之，以为法戒。"这两处的"法戒"都是法式和鉴戒之义。是说刑名之学，本为圣世所不取，但流览法家之遗篇，亦可提供法式和鉴戒。

③至于凝、㠾所编，阐明疑狱：五代和凝、和㠾父子曾相继完成《疑狱集》四卷。据《四库全书总目·疑狱集》提要称：

"五代和凝与其子㠓同撰。凝守成绩，郓州须昌人。初为梁义成军节度从事，唐天成中官翰林学士，唐亡入晋，官至左仆射，晋亡入汉，拜太子太傅，封鲁国公。汉亡入周，至显德二年乃卒。……㠓，据此书题其官曰中允，其始末则不可详矣。书前有㠓序，及至正十六年杜震序。陈振孙《书录解题》称《疑狱》三卷，上一卷为凝书，中、下二卷为㠓所续。今本四卷，疑后人所分也。"据余嘉锡先生谓："㠓，凝第四子，字显仁，太平兴国八年擢进士第，释褐霍丘主簿。雍熙初，知崇仁县，就拜大理评事，迁光禄寺丞，召试中书，擢为太子中允。淳化初，以本官直集贤院，赐绯鱼，与王旦同判吏部铨。是秋，风玄暴作而卒，年四十五。事迹详见《宋史·文苑传》其兄岘传后。《总目》谓其始末不可详，诚为疏略失考。"余先生又言："《疑狱集》原书为三卷，六十七条。四库所收四卷本，乃明人窜乱之本，不止分三卷为四卷，为非和氏之旧已也。"此即所谓"凝、㠓所编，阐明疑狱"之具体含义。

④桂、吴所录，矜慎祥刑：桂，指桂万荣；吴，指吴讷。宋桂万荣曾作《棠阴比事》，明吴讷又予删补之。《四库全书总目·棠阴比事》提要称："宋桂万荣撰、明吴讷删补。万荣，鄞县人，由余干尉仕至朝散大夫，直宝章阁，知常德府。讷字敏德，号思庵，常熟人。永乐中，以知医荐。仁宗监国，闻其名，使教功臣子弟。洪熙元年擢监察御史，官至右都御史，谥文恪。事迹具《明史》本传。是集前有嘉定四年万荣自序，称'取和鲁公父子《疑狱集》，参以开封郑公《折狱龟鉴》，比事属辞，联成七十二韵'。又有端平甲午重刻自序，称'以尚右郎陛对，理宗谕以尝见是书，深相褒许，因有求其本者，以锓梓星江，远莫之致，是用重刻流布'。其书仿唐李瀚《蒙求》之体，括以四字韵语，便于记读而自为注。凡一百四十条，皆古来剖析疑狱之事。明景泰间，吴讷以其徒拘声韵对偶，而序次无义，乃删其不足为法及相

类复出者，存八十条。以事之大小为先后，不复以叶韵相从。"此即所谓"桂、吴所录，矜慎祥刑"之具体含义。"矜慎祥刑"，用刑详审谨慎。《尚书·吕刑》："有邦有土，告尔祥刑。"传曰："有国土诸侯，告汝以善用刑之道。"

⑤虞廷钦恤："虞廷"作"虞庭"，指虞舜的朝廷。相传虞舜为古代圣明之主，故亦以"虞廷"作"圣朝"的代称。"钦恤"，慎重，体恤。《尚书·舜典》："钦哉钦哉，惟刑之恤哉。"《宋史·刑法志一》："可申条令，以称钦恤之意。"是说法家虽立议不同，用心各异，但对圣朝申明法度，表达体恤之意还是有所裨益的。

按：对待法家学说，历来都是将它作为礼治或者说是德治的辅助、补充看待的。但到了主张严刑苛法的人手里，则变成了无教化、去仁爱、残至亲、伤恩厚、杜哀矜、残忍为治的工具。由此秦能强盛，吞并六国，统一宇内。然亦由此，秦也来去匆匆，痛失江山。西汉初年的一些政治家，对这一点看得特别清楚，并发表了一些政论性文章，迄今亦仍有一定参考价值。《汉书·贾谊传》所载其《陈政事疏》谓："夫礼者，禁于将然之前，而法者禁于已然之后。是故法之所用易见，而礼之所为至难知也。若夫庆赏以劝善，刑罚以惩恶，先王执此之政，坚如金石；行此之令，信如四时；据此之公，无私如天地耳，岂顾不用哉！"这是年轻的政治家提出来的依法治国、以德治国的先驱之说。《汉书·董仲舒传》所载董氏《贤良对策》曰："凡以教化不立，而万民不正也。夫万民之从利也，如水之走下，不以教化堤防之，不能止也。是故教化立而奸邪皆止者，其堤防完也；教化废而奸邪并出，刑罚不能胜者，其堤防坏也。古之王者明于此，是南面而治天下，莫不以教化为大务。立太学以教于国，设庠序以化于邑，渐民以仁，摩民以谊，节民以礼，故其刑罚甚轻而禁不犯者，教化行而习俗美矣。……今汉继秦之后，如朽木粪墙矣，虽欲善治之，亡可奈何。法出而奸生，令下而诈起，如以汤止沸，抱薪救火，愈甚亡益也。……臣闻圣王之治天下也，少则习之学，长则材诸位，爵禄以养其德，刑罚以威其恶，故民晓于礼谊而耻犯其上。"又是主张礼治法治相结合的强烈主张。近人顾实谓："礼、法二者，犹今言道德、法律，譬犹国家之两轮，废一而不可。"这些历史借鉴，这些思想家的见解，岂止目录学上的辨章学术，考镜源流！于治国方略上亦足资借镜。今国家提出"依法治国，以德治国"相结合的方略，既是对历史经验的借鉴，也是对现实社会状况的总结。

※　　　　※　　　　※

《汉志·名家类》小序

名家者流，盖出于礼官①。古者"名位不同，礼亦异数"②。孔子曰："必也正名乎！名不正则言不顺，言不顺则事不成。"③此其所长也。及警者为之，则苟钩鈲析乱而已④。

注释

①名家者流，盖出于礼官：《史记·太史公自序·论六家之要指》："名家苛察缴绕，使人不得反其意，专决于名而失人情，故曰'使人俭而善失真'。若夫控名责实，参伍不失，此不可不察也。"名家，也称为"辨者"，又称为"形名家"，是战国时的一个学派。其学说着重讨论"名""实"关系。如惠施主张"合同异"，认为一切差别、对立都是相对的，最后导致过分夸大事物的同一性。公孙龙则主张"离坚白"，着重分析感觉和概念，区分个别与一般、具体与抽象，最后导致过分强调事物的差别性。但两者对古代逻辑学发展都有贡献。名家这一流派，大概源

出于古之礼官。《周礼·春官·小宗伯》:"小宗伯之职,掌建国之神位,右社稷,左宗庙。兆五帝于四郊,四望四类亦如之。……辨庙祧之昭穆,辨吉凶之五服,车旗宫室之禁。掌三族之别,以辨亲疏……毛六牲,辨其名物,而颁之于五官,使供奉之。辨六齍之名物与其用,使六宫之人供奉之。辨六彝之名物,以待果将。辨六尊之名物,以待祭祀宾客……"这种礼仪之官的理论,大概是名家产生的源头。

②古者"名位不同,礼亦异数":《左传·庄公十八年》:"王命诸侯,名位不同,礼亦异数,不以礼假人。"名位,指官爵品位。礼数,古代按名位而排定的礼仪制度。孔颖达正义曰:"《周礼》王之三公八命,侯伯七命,是其名位不同也。其礼各以命数为节,是礼亦异数也。今侯而与公同赐,见借人礼也。"整句是说古时名分地位不同,其受礼的节数也不同。

③孔子曰:"必也正名乎!名不正则言不顺,言不顺则事不成。":这段话出于《论语·子路》篇:"子路曰:'卫君待子而为政,子将奚先?'子曰:'必也正名乎!'子路曰:'有是哉,子之迂也!奚其正?'子曰:'野哉由也!君子于其所不知,盖阙如也。名不正,则言不顺;言不顺,则事不成;事不成,则礼乐不兴;礼乐不兴,则刑罚不中;刑罚不中,则民无所措手足。'"提倡名正言顺,乃是名家所具备的长处。

④及警者为之,则苟钩鈲析乱而已:警,同譥,音jiào,即叫。警者,即司马谈《论六家要指》中的"缴绕"之人,也就是吹毛求疵、纠缠不清的人。等到吹毛求疵、纠缠不清的人来推行名家学说,则"苟钩鈲析乱而已"。钩,探索。鈲,割裂、裁析。析,分析,支离破碎。苟,随便、不严肃。待到警者为名家之说,则十分不严肃地割裂其说,将名家学说搞得支离破碎,将名实关系搞得混乱不清。

《隋志·名家类》小序

名者，所以正百物，叙尊卑，列贵贱，各控名而责实①，无相僭滥者也。《春秋传》曰："古者名位不同，节文异数。"孔子曰："名不正则言不顺，言不顺则事不成。"《周官》，宗伯"以九仪之命，正邦国之位，辨其名物之类"是也②。拘者为之，则苛察缴绕，滞于析辞而失大体。

注释

①各控名而责实：由名以求实，使名实相符。前引《史记·太史公自序》已谓"名家苛察缴绕……'使人俭而善失真'。若夫控名责实，参伍不失，此不可不察也。"此处之"控名责实"，盖来源于《史记·太史公自序》，且意思亦完全相同。亦即名家之说无甚可取，唯"控名责实"，从而正百物，叙尊卑，列贵贱，使各安其名其位而不相僭越这一点，是可取的。

②《周官》，宗伯"以九仪之命，正邦国之位，辨其名物之类"是也：九仪，周代对九种命官的授命仪式。《周礼·春官·大宗伯》："以九仪之命，正邦国之位。壹命受职，再命受服，三命受位，四命受器，五命赐则，六命赐官，七命赐国，八命作牧，九命作伯。"唐贾公彦疏曰："释云'每命异仪，贵贱之位乃正'者，下文从一命以至九命，各云所受赐贵贱不同，即此经'以九仪之命，正邦国之位'事义相成，故云贵贱之位乃正。正则不僭滥也。"

按：《汉志》《隋志》所列名家，均无几种书。《汉志》所录尚有《邓析子》《尹文子》《公孙龙子》《成公生》《惠子》《黄公》《毛公》七家三十六篇。到《隋志》，则仅录《邓析子》《尹文子》《士操》《人物志》四部七卷。显然这个学派后继乏人。然"后人著录，株守旧文，于是墨家仅《墨子》《晏子》二书；名家仅《公孙龙子》《尹文子》《人物志》三书；纵横家仅《鬼谷子》一书，亦别立标题，自为支派。此拘泥门目之过也"（《四库总目·杂家类》小序）。故至《四库总目》则取"黄虞稷《千顷堂书目》，于寥寥不能成类者，并入杂家"之例，而将墨家、名家、纵横家等一并归入了子部杂家类。原因是"杂之义广，无所不包，班固所谓'合儒、墨，兼名、法'也"。然名家之书，大旨是指陈治道，又自处虚静，而于万事万物一一综核其实，故其言出于黄老申韩之间，故史谓其自道以至名，自名以至法。《淮南鸿烈解》说公孙龙"粲于辞而贸名"，《扬子法言》说公孙龙"诡辞数万，盖其持论雄赡，实足以耸动天下"。可见其时亦颇有影响。黄虞稷与四库馆臣的做法，不符合历史实际，当予纠正。理由代序及前文中已阐明，不重述。

※　　　　※　　　　※

《汉志·墨家类》小序

墨家者流，盖出于清庙之守①。茅屋采椽，是以贵俭②；养三老五更，是以兼爱③；选士大射，是以上贤④；宗祀严父，是以右鬼⑤；顺四时而行，是以非命⑥；以孝视天下，是以上同⑦。此其所长也。及蔽者为之，见俭之利，因以非礼；推兼爱之意，而不知别亲疏⑧。

注释

①墨家者流，盖出于清庙之守：墨家，战国时的重要学派，也是儒家的重要反对派。其创始人墨子（约公元前468—前

363

376），名翟，春秋战国之际鲁国人。初期，墨家以墨子本人所主张的"兼爱""非攻""尚贤""尚同""天志""明鬼""节葬""节用""非乐""非命"等为中心，与儒家展开了一系列的政治、学术、思想斗争。战国末期，墨子后学克服了墨家学说中某些宗教迷信的成分，在认识论、逻辑学乃至于自然科学上都有所发展。清庙，《毛诗·周颂》："清庙，祀文王也。周公既成洛邑，朝诸侯，率以祀文王焉。"郑玄注曰："清庙者，祭有清明之德者之宫也。谓祭文王也，天德清明，文王象焉，故祭之而歌此诗也。庙之言貌也，死者精神不可得而见，但以生时之居立宫室象貌为之耳。"可见清庙者，乃祭祀有清明之德者的宫室，其初即其生前所居之宫室。"清庙之守"张舜徽《汉书艺文志通释》谓："《志》云'盖出于清庙之守'，《汉纪》卷二十五，'守'字作'官'，此殆班《志》原文。《志》叙诸子十家，皆云出于某官，不应此处独异。宋翔凤《过庭录》已疑守为官字之误。今可据《汉纪》正之。"故此句之意，仍是墨家这个流派，大概出于清庙之官。清庙之官，即掌清庙祭祀的官员。

②茅屋采椽，是以贵俭：《左传·桓公二年》："是以清庙茅屋，大路越席，大羹不致，粢食不凿，昭其俭也。"可见这"茅屋采椽"仍指的清庙为茅屋采椽。茅屋，颜师古注曰："以茅草覆屋。"采椽，颜师古注曰："采，柞木也。字作棌，本从木。"《史记·太史公自序》司马贞索隐引韦昭云："采椽，栎榱也。"张守节正义云："采取为椽，不刮削也。"未经刮削整治的木材便拿来作椽子，因此其学说贵节俭。

③养三老五更，是以兼爱：《礼记·文王世子》："遂设三老、五更、群老之席位焉。"郑玄注曰："三老五更各一人也，皆年老更事致仕者也。天子以父兄养之，示天下之孝悌也。名以三、五者，取象三辰五星，天所因以照明天下者。群老无数，其礼亡以乡饮酒礼言之。帝位之处，则三老如宾，五更如介，群老如众。"

这种制度到汉代还保存着,《汉书·礼乐志》:"养三老五更于辟雍。"《后汉书·明帝纪》:"尊事三老,兄事五更。"郑玄据汉制以"三老五更"为各一人。蔡邕以三老为三人,五更为五人。墨家提倡尊养三老五更,故其学说贵兼爱。兼爱,是墨子重要的伦理思想。针对儒家"爱有差等"的说法,墨子提出爱无差别等级的主张,即提倡平等的不分厚薄亲疏的相爱,并把"兼相爱"与"交相利"结合起来,指出"爱人"不能离开"利人"。这在当时富有反抗贵族道德的精神。

④选士大射,是以上贤:《礼记·王制》:"命乡论秀士,升之司徒,曰选士。"可证选士乃周代于乡人中选拔德业有成者的办法。大射,古代为祭祀而举行的一种射礼,中者参与祭祀活动,未中者则不得参与。选士、大射都带有选拔之意。《后汉书·孝明八王列传》谓:"天子将祭,择士而祭,谓之大射。大射之礼,张三侯:虎侯、熊侯、豹侯,示服猛也,皆以其皮方制之。""是以上贤",上同尚,推崇、崇尚。贤,德才兼备谓之贤。古时之所以选士大射,这是为了崇尚贤能。

⑤宗祀严父,是以右鬼:宗祀,宗庙中的祭祀。《孝经·圣治》:"昔者周公郊祀后稷以配天,宗祀文王于明堂,以配上帝。"故后世祭祀祖宗便统称为宗祀。《汉书·叙传上·班彪王命论》:"夫以匹妇之明,犹能推事理之致,探祸福之机,而全宗祀于无穷,垂策书于春秋。"严父,谓敬父。《孝经·圣治》:"孝莫大于严父,严父莫大于配天。"宋邢昺疏严,"敬也"。意谓尊敬其父。右鬼,颜师古注引如淳曰:"右鬼,谓信鬼神。若杜伯射宣王,是亲鬼而右之。"颜师古曰:"右,犹尊尚也。"《墨子·明鬼下》:"周宣王杀其臣杜伯,不辜。……周宣王合诸侯而田于圃……日中,杜伯乘白马素车,朱衣冠,执朱弓,挟朱矢,追周宣王,射之车上。中心折脊殪车中,伏弢而死。"墨家显然信有神鬼,故在家庙祭祀尊敬的先父,这是因为其崇尚鬼神。

⑥顺四时而行，是以非命：四时，即四季也。《礼记·孔子闲居》："天有四时，春、秋、冬、夏。""顺四时而行"，即依时按季地行事，这是因为其反对命定说。"命定说"乃是儒家的重要思想，墨家反对其说，认为依时行事即可，不必相信什么命里注定。颜师古注引苏林曰："非有命者，言儒者执有命，而反劝人修德积善，政教与行相反，故讥之也。"又引如淳曰："言无吉凶之命，但有贤不肖之善恶。""非命"，即非议、责怪、反对儒家的"命定"之说。

⑦以孝视天下，是以上同：颜师古注曰："《墨子》有节用、兼爱、上贤、明鬼神、非命、上同等诸篇，故志历序其本意也。视，读曰示。""上同"，即"尚同"，此为墨家的政治主张，强调同一或统一，故崇尚相同，反对分等。将孝道昭示于天下，这是因为要推行"上同"学说，因孝道是天下共同的道德。

⑧及蔽者为之，见俭之利，因以非礼；推兼爱之意，而不知别亲疏：及，等到、待到。蔽者，目光短浅、滞于一隅的人。为之，推行其说。"见俭之利，因以非礼"，目光短浅的人看到墨家贵节俭而有利，便发展成反对必要的礼。推展墨家"兼爱"的意念，而不知道亲疏是有区别的。这段批评，乃是"罢黜百家，独尊儒术"之后，站在维护儒学立场而提出的。

《隋志·墨家类》小序

墨者，强本节用之术也。上述尧、舜、夏禹之行，茅茨不翦①，粝梁之食②，桐棺三寸③，贵俭兼爱，严父上德，以孝示天下，右鬼神而非命。《汉书》以为本出清庙之守。然则《周官》宗伯"掌建邦之天神地祇人鬼"，肆师"掌立国祀及兆中庙中之禁令"④，是其职也。愚者为之，则守于节俭，不达时变；推心兼爱，而混于亲疏也。

注释

①茅茨不翦：茅茨，指用茅草絮盖的屋顶。《韩非子·五蠹》："尧之王天下也，茅茨不翦，采椽不斫。"翦同剪。茅茨不翦，指用茅草盖好的屋顶，其草叶参差不齐，连剪都不剪，就那么毛茬自任，以示简朴。

②粝粱之食：粝也作粝，即粗米。《汉书·司马迁传》："粝粱之食，藜藿之羹。"《梁书·武帝纪下》："日止一食，膳无鲜腴，惟豆羹粝食而已。"通俗解释便是吃粗粮粗饭。

③桐棺三寸：指用桐木做的棺材。桐，有梧桐、油桐、泡桐等，质地朴素、松软。以三寸厚的桐木板为棺，乃节俭朴素之美德。《墨子·节葬下》："（禹）葬会稽之山，衣衾三领，桐棺三寸，葛以缄之。"谓禹葬节俭。

④宗伯"掌建邦之天神地祇人鬼"，肆师"掌立国祀及兆中庙中之禁令"：《周礼·春官·大宗伯》："大宗伯之职，掌建邦之天神人鬼地示之礼，以佐王建保邦国。"郑玄注曰："建，立也。立天神地祇人鬼之礼者，谓祀之、祭之、享之礼，吉礼是也。……明尊鬼神重人事。"《周礼·春官·小宗伯·肆师》："肆师之职，掌立国祀之礼，以佐大宗伯。……掌兆中庙中之禁令。"贾公彦疏曰："案小宗伯云，兆五帝于四郊，已下皆四郊之上神，兆多矣，皆掌，不得使人干犯神位，七庙亦然，故云掌其禁令也。"兆，指兆坛。贾公彦释曰："凡为坛者，四面皆茔域围之，若宫墙然。"兆中庙中，指兆坛之中与七庙之中的祭祀有规定，常人不能随便混入，故特设肆师以禁止之，故云"肆师掌兆中庙中之禁令"。

按：墨家至《四库全书总目》入杂家，故《四库总目》无墨家之类，当然也就无此类之序。顾实《汉书艺文志讲疏》引《淮南要略》云:"墨子背周道而用夏政。"顾实谓:"准斯以谈,当以夏为说。《孟子》称禹思天下有溺者,犹己溺之也,盖兼爱之所出也。禹南省方,济于江,黄龙负舟,熙然而称曰:'我受命于天,竭力而劳万民。生,寄也;死,归也。何足以滑和。'(见《淮南·精神篇》)盖非命之所出也。《论语》称禹菲饮食而致孝乎鬼神,恶衣服而致美乎黻冕,卑宫室而尽力乎沟洫,盖贵俭、上贤、右鬼、尚同之所出也。孔子年事稍先,犹循循周道,未遽变革。百家言黄帝,变周最烈,然其自居也犹厚。惟墨子崛起其间,反周从夏,日夜不休,劳形天下。《庄子·天下篇》曰:'墨子真天下之好也,将求之不得也,虽枯槁不舍也。才士也夫!'呜呼!斯言不虚美矣。"张舜徽《汉书艺文志通释》于此有过一段按语:"自孟子之说行天下,后又跻其书于群经之列,儒者遂视墨子为邪说暴行,无从而究心者矣,此墨学所以一蹶不振也。然西汉诸儒论列百家,犹能识得墨学深处。观司马谈《论六家要指》有云:'墨者俭而难遵,是以其事不可遍循。然其强本节用,不可也。'又云:'墨者亦尚尧、舜道,言其德行曰高堂三尺,土阶三等;茅茨不翦,采椽不刮;食土簋,啜土刑;粝粱之食,藜藿之羹;夏日葛衣,冬日鹿裘;其送死,桐棺三寸,举音不尽其哀;教丧礼,必以此为万民之率,使天下法,若此,则尊卑无别也。夫世异时移,事业不必同,故曰俭而难遵。要曰强本节用,则人给家足之道也。此墨子之所长,虽百家弗能废也。'司马特为拈出强本节用四字,可谓能识其大。"

两家评说,各有其理。吾谓墨家学说不是不好,而是不能行也。生产力不断发展,社会不断进步,文明不断提高,人们的物质生活和文化生活当亦随之而改善,怎么可能永远"茅茨不翦,采椽不刮;粝粱之食,藜藿之羹;夏日葛衣,冬日鹿裘;食土簋,啜土刑"呢?其心也善,其功则难成。脱离实际的理论学说,不会有强劲的生命力。故自汉武帝"罢黜百家,独尊儒术"

之后，墨家作为儒学的反对派当然遭到严厉贬斥。一是不能遵行，二是时遭贬斥，故其学无以延续。然自《汉书·艺文志》仍列墨家起，此后之《隋书·经籍志》《旧唐书·经籍志》《新唐书·艺文志》《宋史·艺文志》，都还列有墨家。但自黄虞稷《千顷堂书目》，始将墨家并入杂家，从此墨家便失去了列类的身份。推其原因，倒不是有意贬斥，而是自黄虞稷以降，目录家只顾类归形式的严整，而不顾历史事实，因而造成混乱。

※　　　　※　　　　※

《汉志·纵横家类》小序

纵横家者流，盖出于行人之官①。孔子曰："诵《诗》三百，使于四方，不能专对，虽多亦奚以为？"②又曰："使乎，使乎！"③言其当权事制宜，受命而不受辞④，此其所长也。及邪人为之，则上诈谖而弃其信⑤。

注释

①纵横家者流，盖出于行人之官：纵原作从，两者相通，故直用纵，一看便通晓。纵横家，战国时从事政治外交活动的谋士。其主要代表人物是苏秦、张仪，他们分别代表合纵、连横两派，故称为纵横家。《韩非子·五蠹》："从者，合众弱以攻强也；而衡者，事一强以攻众弱也。"此即纵横家的本质。这个流派，"盖出行人之官"。行人，古官名。《周礼·秋官》："大行人，掌大宾之礼及人客之仪，以亲诸侯。……小行人，掌邦国宾客之礼籍，以待四方之使者。"显然是外交司礼之官。纵横家最初可能导源于这种大、小行人，故云"盖出于行人之官"。

②孔子曰："诵《诗》三百，使于四方，不能专对，虽多亦

奚以为?":此话原出《论语·子路》:"子曰:'诵《诗》三百,授之以政,不达;使于四方,不能专对,虽多亦奚以为?'"意谓诵读了《诗经》三百篇,给他交办政事,却办不通达;让他出使四方,又不能独立应对,虽然读诗很多,又有什么用呢?专对,指在外交场合能够根据具体情况而能独立应对。以,动词,用。为,原为动词,此处虚化为表示疑问的语气词,但只跟奚、何等字连用,才能构成表示反问语气的固定句式。

③又曰:"使乎,使乎!":此话原出《论语·宪问》:"蘧伯玉使人于孔子。孔子与之坐而问焉,曰:'夫子何为?'对曰:'夫子欲寡其过而未能也。'使者出。子曰:'使乎,使乎!'"意谓蘧伯玉派了一位使者去问孔子,孔子让他坐下之后问他:"您老先生在干什么?"使者回答说:"我很想减少自己的过错,却没有能够达到。"使者走出以后,孔子则称赞说:"好一位使者,好一位使者!"

④言其当权事制宜,受命而不受辞:权事制宜,权衡是非轻重,以因事而制宜。宜,指适宜的措施。"受命而不受辞",《春秋公羊传·庄公十九年》:"聘礼,大夫受命不受辞。"何休注曰:"以外事不素制,不豫设,故云尔。"意谓大夫出使只接受命令而不接受需要应对的话,应对的辞令需要因事制宜,随机应变,回答巧妙。就如同蘧伯玉派人去探望孔子,孔子问他问题,他回答本人"欲寡其过而未能也",孔子觉得回答巧妙,称赞他是一位很善应对的使者。其意在于说明使者应当权衡利弊,因事制宜,出使前只接受使命,无须接受辞令。

⑤及邪人为之,则上诈谖而弃其信:邪人,不正派的人。顾实《汉书艺文志讲疏》:"邪人者,苏(秦)、张(仪)是也。"上诈谖,上,崇尚。诈谖,欺诈。谖,颜师古注:"谖,诈言也。音许远反。"弃其信,抛弃他的信义。意谓待到那些不正派的人做使者,便将因事制宜、随机应对的辞令变成了提倡欺诈而抛弃信义。

《隋志·纵横家类》小序

从横者,所以明辩说,善辞令,以通上下之志者也。《汉书》以为本出行人之官,受命出疆,临事而制。故曰:"诵《诗》三百,使于四方,不能专对,虽多亦奚以为?"《周官》掌交"以节与币,巡邦国之诸侯及万姓之聚,导王之德意志虑,使辟行之,而和诸侯之好,达万民之说;谕以九税之利,九仪之亲,九牧之维,九禁之难,九戎之威"①是也。佞人为之②,则便辞利口③,倾危变诈④,至于贼害忠信,覆邦乱家。

注释

①《周官》掌交"以节与币,巡邦国之诸侯及万姓之聚,导王之德意志虑,使辟行之,而和诸侯之好,达万民之说;谕以九税之利,九仪之亲,九牧之维,九禁之难,九戎之威":这段话原出《周礼·秋官·掌交》:"掌交,掌以节与币,巡邦国之诸侯及其万民之所聚者。导王之德意志虑,使咸知王之好恶,辟行之。使和诸侯之好,达万民之说,掌邦国之通事,而结其交好。以谕九税之利,九礼之亲,九牧之维,九禁之难,九戎之威。"郑玄注:"节以为行信,币以见诸侯也。咸,皆也。辟,读如辟忌之辟。使皆知王之所好者而行之,知王之所恶者辟而不为。"又曰:"有欲相与修好者,则为和合之。"贾公彦疏曰:"释曰下有结其交好为朝聘,则此好谓使为婚姻之好也,是以郑云有欲修好者则为和合之。""达万民之说",郑玄注曰:"说,所喜也。达者,达之于王,若其国君。说音悦,注同。"贾公彦疏曰:"释曰掌交既巡民间,见民有喜说之事,王与国君未知,掌交通达于王及国君也。""掌邦国之通事,而结其交好",贾公

彦疏曰:"释曰言邦国通事,是两国交通之事,惟有君臣朝觐聘问之事结使交好,故以朝觐聘问解,则《易》云先王建万国亲诸侯也。""谕九税之利",谕,郑玄注:"告晓也。"贾公彦疏曰:"太宰云:'以九职任万民',既任之,使之营种,因即税之。三农生九谷,税九谷;园圃蔬草木,税草木。九税,唯臣妾聚敛蔬材者无税,故言九税耳。今掌交还以此九税之法告晓,使之、任之、税之,故云九税所税民九职也。""九礼之亲",九礼,即九仪之礼。九仪,即周代对九种命官的受命仪式。《周礼·春官·大宗伯》:"以九仪之命,正邦国之位。壹命受职,再命受服,三命受位,四命受器,五命赐则,六命赐官,七命赐国,八命作牧,九命作伯。"亦谓天子接待来朝者有九种不同的礼节。贾公彦疏曰:"云九礼九仪之礼者,以其大行人、小行人掌讶,皆掌九仪之礼,以其专据诸侯国,不得以大宗伯解此言也。言之亲,则朝聘是也。"又谓:"九牧之维者,大司马九法建牧立监,以维邦国,故云维。九禁之威者,大司马设九伐,有所威刑,故言难言威也。"整句是说,《周礼》中记载掌管交流、交际的官员,以节信玉帛等巡视各国诸侯及百姓聚居之地,宣导国王的美德远虑,使大家都知道王的好恶,从而知道推行什么、规避什么。并使诸侯间有欲修好者而和合之;使人民百姓中所喜闻乐见的事通晓给国王。并使诸侯国之间朝觐聘问之事相通而结交友好。并且要通报九税之利、九礼之亲及建九州之牧以联系邦国,设九禁之法使邦国有所畏难,设九伐而有所威刑。

②佞人为之:佞人,善于花言巧语、阿谀奉承的人。

③便辞利口:牵强附会,巧为立说。利口,能言善辩,灵牙利齿。

④倾危变诈:倾危,险诈。变诈,变换险诈。

按：纵横家至《四库全书总目》入杂家，故《四库总目》无纵横家之类，当然也就无此类之序。《汉书艺文志通释》按语称："古之《诗》教在于温柔敦厚，人必熟于三百篇之义，而后能善于辞说。故孔子尝曰：'不学《诗》，无以为言。'其教弟子诵《诗》，贵能奉使专对。苟能深于《诗》教，则出于委婉而不激直，即今之所谓外交辞令也。受命出使，辞必己出。重在因事制宜，与物变化，析疑辨难，应对有方，所谓抑冲樽俎者，于是乎在。故其道又与纵横之术有相通者矣。《隋书·经籍志》曰：'从横者，所以明辩说，善辞令，以通上下之志者也。'是已。若其人胶固而不达权宜，则虽诵《诗》三百，亦不足以任此，故孔子又薄之也。至于邪人出使，以诈相倾，未有不取败者。《隋志》又曰：'佞人为之，则便辞利口，倾危变诈，至于贼害忠信，覆邦乱家。'可与《汉志》'上诈谖而弃其信'之旨相发。"这段话于通释文义非常简明畅达，然于纵横家是否真的就来源于"行人之官"，是否真的由周之掌交之官演变而来，《汉书·艺文志》只用一个"盖"字。张氏亦曾批评《汉志》"在诸子略中，每家皆云某家出于某官，其说未可征信，余别有说详辨于诸子略尾"。此处却又相信纵横家来自行人掌交之官，吾不以为然矣。纵横家者，乃战国强凌弱、弱御强形势的产物。

※　　　　※　　　　※

《汉志·杂家类》小序

杂家者流，盖出于议官①。兼儒、墨，合名、法，知国体之有此②，见王治之无不贯③，此其所长也。及荡者为之④，则漫羡而无所归心⑤。

注释

①杂家者流，盖出于议官：杂家，战国末年到西汉初期，析衷糅合各学派部分思想而成为一家的学术流派，即所谓"兼儒、墨，合名、法"者也。议官，议政之官。王先谦《汉书补注》引沈钦韩话说："杂者盖出史官之职。"其实这并非是王先谦、沈钦韩的新发现，《隋志·杂家类》小序已说："然则杂者，盖出史官之职也。"沈氏之说盖来源于此。每家必言出于古之某官，这是《汉志》《隋志》的毛病。推其用意，盖是想辨章学术，考镜源流。其心虽善，其说则未必全然可信。

②知国体之有此：颜师古注曰："治国之体，亦当有此杂家之说。"国体，国家的典章制度。

③见王治之无不贯：颜师古注曰："王者之治，于百家之道无不贯综。"王治，君王之治道。贯，综贯，贯通。《淮南子·氾论篇》："百川异源，而皆归于海；百家殊业，而皆务于治。"意即百家之说，各有短长，舍短取长，皆足资治。是以古之善为国者，率能博观约取，贯通使用。前几句是说杂家者流，知道治国之体中有杂家之说，看到了君王治理天下也综用百家之业，故有人便博采众家之长，"兼儒、墨，合名、法"，而成为杂家一派。

④及荡者为三：荡者，放荡的人。盪，同荡，荡的异体字，亦即放浪。何晏《论语·阳货》"好智不好学，其蔽也荡。"集解引孔安国说："荡，无所适守。"意即放浪之人，无业专守。顾实《汉书艺文志讲疏》："盪者，盖指淮南王（刘安），故其本传斥之曰'好书多浮辩'。"待到放浪之人推行杂家之说，则漫羡而无所归心。

⑤则漫羡而无所归心：漫羡，清钱大昭《汉书辨疑》谓漫羡"犹漫衍也"。亦即散漫之意。也就是由于其杂，而心无所指归，则其说离道远矣。

《隋志·杂家类》小序

杂者,兼儒、墨之道,通众家之意,以见王者之化,无所不冠者也[①]。古者,司史历记前言往行,祸福存亡之道。然则杂者,盖出史官之职也。放者为之,不求其本,材少而多学,言非而博,是以杂错漫羡,而无所指归[②]。

注释

①杂者,兼儒、墨之道,通众家之意,以见王者之化,无所不冠者也:是说杂学者因为看到了君王之治道教化,无不综贯百家之说,所以才采儒、墨、名、法等众家之说为己说,以成杂家。

②放者为之,不求其本,材少而多学,言非而博,是以杂错漫羡,而无所指归:放者,即前文之盪者,即指放浪之人。"不求其本",不求杂家之学的原本、根本。"材少而多学",谓才智少而涉猎学派学说却很多。"是以杂错漫羡"因此其学说思想驳杂漫衍,无有一定之归。

《四库总目·杂家类》小序

衰周之季,百氏争鸣,立说著书,各为流品,《汉志》所列备矣。或其学不传,后无所述;或其名不美,人不肯居,故绝续不同,不能一概。后人著录,株守旧文,于是墨家仅《墨子》《晏子》二书;名家仅《公孙龙子》《尹文子》《人物志》三书;

纵横家仅《鬼谷子》一书，亦别立标题，自为支派。此拘泥门目之过也。黄虞稷《千顷堂书目》，于寥寥不能成类者，并入杂家。杂之义广，无所不包，班固所谓"合儒、墨，兼名、法"也①。变而得宜，于例为善，今从其说。以立说者谓之"杂学"②，辨证者谓之"杂考"③，议论而兼叙述者谓之"杂说"④，旁究物理、胪陈纤琐者谓之"杂品"⑤，类辑旧文、涂兼众轨者谓之"杂纂"⑥，合刻诸书、不名一体者谓之"杂编"⑦。凡六类。

注释

①杂之义广，无所不包，班固所谓"合儒、墨，兼名、法"也：这句话显然是四库馆臣偷换了班固的概念。班固《汉志·杂家类》小序所谓杂家之"兼儒、墨，合名、法"，是说杂家的特点兼有儒家、墨家的思想，也合有名家、法家的学说。实质是博采各家有利于己说的学说内容而又形成的一家之说。其杂绝非杂烩，而是杂取熔一，又树一帜。与"杂之义广，无所不包"的所谓包罗万象绝非同义。故《四库总目》之"杂家类"与《汉志》之杂家在概念上已不完全相同。《汉志》之杂家类所录之书固然要进"杂家类"，《汉志》之名家、墨家、纵横家，甚至道家之某些书，也都归入了"杂家类"，这就是天大的笑话。《四库总目》之"杂家类"，已不完全是杂家，而是杂类，是大杂烩，必须进行改造和调整。

②以立说者谓之"杂学"：此为《四库总目》杂家类之第一属。反过来说，何谓"杂学"？杂学者，乃其书能立一家之说者。如道家之《鬻子》《鹖冠子》，名家之《尹文子》《公孙子》，墨家之《墨子》，法家之《慎子》，纵横家之《鬼谷子》等，在先秦都能立一家之说，故到《四库总目》虽都被列入了杂家，但仍不失杂学地位。《四库总目》杂学类后序称："古者庠序之教，胥天下而从事六德六行六艺，无异学也。周衰而后百氏兴。名家称出于礼官，然坚石白马之辨无所谓礼；纵横家称出于行人，然倾

危变诈,古行人无是辞命;墨家称出于清庙之守,并不解其为何语(以上某家出某皆班固之说),实皆儒之失其本原者,各以私智变为杂学而已。其传者寥寥无几,不足自名一家,今均以杂学目之。其他谈理而有出入,论事而参利害,不纯为儒家言者,亦均附此类。"四库馆臣在杂家类小序中讲的归并理由,如"其学不传,后无所述""其名不美,人不肯居""黄虞稷《千顷堂书目》,于寥寥不能成类者,并入杂家"等说法,还算客观公允,也算是从实际出发处理图书类分问题。然于杂学之属后序中却暴露了他们的真实看法,原来他们于归并到杂家杂学中的名家、墨家、纵横家,以及道家、法家之部分,却认为"实皆儒之失其本原者,各以私智变为杂学而已"。这实在是立乎儒家正统之巅,而偏看先秦各个学派的毫无根据的说法。墨家明明是儒家的反对派,怎么会是"儒之失其本原者"呢?儒家在先秦并不是什么至高无上的学派,自汉武帝罢黜百家,表彰六经之后,儒学才始居诸子之上。其在先秦不过是术士的通称而已,怎么会是杂学都来自它呢?

③辨证者谓之"杂考":这是《四库总目》为"杂考"之属下的定义,所收之书亦很贴切,然于后序之中则又篡改文义,曲解杂家。其后序称:"考证经义之书,始于《白虎通义》,蔡邕《独断》之类皆沿其支流,至唐而《资暇集》《刊误》之类为数渐繁,至宋而《容斋随笔》之类动成巨帙。其说大抵兼论经、史、子、集,不可限以一类,是真出于议官之杂家也(班固谓杂家者出于议官)。今汇而编之,命曰杂考。"此不啻为歪批《三字经》。班固《汉志》谓:"杂家者流,盖出于议官。兼儒、墨,合名、法,知国体之有此,见王治之无不贯。"意思是说杂家者流知道立国之体有此一家,君王治道无不综贯众家之长,所以他们才兼取儒家、墨家之精,综合名家、法家之要而成为杂家。至于他们是否出于议政之官还是史官,这不是问题的本质。先秦杂家

377

并未兼经、史、子、集,后世之兼经、史、子、集者,更不是真出于议官之杂家。四库馆臣在这里故弄玄虚,决不可取。

④议论而兼叙述者谓之"杂说":对此属之设,《四库总目》有一篇简短的后序,谓:"杂说之源,出于《论衡》。其说或抒己意,或订俗讹,或述近闻,或综古义。后人沿波,笔记作焉。大抵随意录载,不限卷帙之多寡,不分次第之先后,兴之所至,即可成编,故自宋以来,作者至夥,今总汇之为一类。"此不啻为"杂说"之注解,然亦不过仅解其所自说。古之杂说,指百家之说。《史记·平准侯公孙弘列传》谓:"丞相公孙弘者,齐菑川国薛县人也,字季。……年四十余,乃学《春秋》杂说。"《文心雕龙·诸子》:"若夫陆贾《典语》、贾谊《新书》、扬雄《法言》、刘向《说苑》、王符《潜夫》、崔寔《政论》……彼皆蔓延杂说,故入诸子之流。"可证古人之所谓杂说,确指百家之说。而《四库总目》之杂家类的杂说,实为杂抒、杂记、杂录、杂论等书的总括,与古之一人而涉猎百家所成之杂说不尽相同。

⑤旁究物理、胪陈纤琐者谓之"杂品":《四库总目》杂家类杂品之属后序称:"古人质朴,不涉杂事。其著为书者,至射法、剑道、手搏、蹴鞠止矣。至《隋志》而欹器图犹附小说,象经、棋势犹附兵家,不能自为门目也。宋以后,则一切赏心娱目之具,无不勒有成编,图籍于是始众焉。今于其专明一事一物者,皆别为谱录。其杂陈众品者,自《洞天清录》以下,并类聚于此门。盖即为古所未有之书,不得不立古所未有之例矣。"由于四库馆臣在图籍的类分与列目上能据实以创新,故类归更趋合理。如立"谱录"以类归"专明一事一物"之书,非但合理,且给"杂品"之创开辟了道路。否则杂处一起,便无法眉目清晰。《洞天清录》乃宋宗室赵希鹄撰,所论皆鉴别古器物之事,凡古琴辨三十二条,古砚辨十二条,古钟鼎彝器辨二十条,怪古辨十一条……类似此书而品鉴众事众物为一书者,皆入此"杂品"之

属。此又是《四库总目》在图书类分上的一个创新。确实做到了为古所未有之书立古所未有之目。

⑥类辑旧文、涂兼众轨者谓之"杂纂"：《四库总目》杂家类杂纂之属后序谓："以上诸书，皆采撷众说以成编者。以其源不一，故悉列之杂家。《吕览》《淮南子》《韩诗外传》《说苑》《新序》亦皆缀合群言，然不得其所出矣，故不入此类焉。"所列诸书，《韩诗外传》进了经部《诗》类；《吕览》《淮南子》进了子部杂家杂学之属；《说苑》《新序》进了子部儒家类。原因是这些书虽也缀合群言，然已形成一体而不知其某说之所自出。而此杂纂之属所统摄之书，乃采撷众说、来源于多书而又纂成一书者，故谓之杂纂。此即"类辑旧文，涂兼众轨"之谓。

⑦合刻诸书、不名一体者谓之"杂编"：《四库总目》杂家类杂编之属后序称："古无以数人之书合为一编而别题以总名者。惟《隋志》载《地理书》一百四十九卷《录》一卷。注曰：'陆澄合《山海经》以来一百六十家，以为此书。澄本之外，其旧书并多零失。见存别部自行者，惟四十二家。'又载《地记》二百五十二卷，注曰：'梁任昉增陆澄之书八十四家，以为此《记》。其所增旧书，亦多零失。见存别部行者，惟十二家。'是为丛书之祖，然犹一家言也。左圭《百川学海》出，始兼裒诸家杂记。至明而卷帙益繁。《明史·艺文志》无类可归，附之类书，究非其实。当入之于杂家，于义为允。今虽离析其书，各著于录，而附存其目，以不没搜辑之功者，悉别为一门，谓之杂编。其一人之书合为总帙而不可名以一类者，既无所附丽，亦列之此门。"此类之书似类书而在每题之下所引之书又标书名条目，并非类书编法；似丛书而所引之书又不保留一部完整之书，亦非丛书编法；似自著丛书而又绝非汇刻某人所著单行各书。三者都不像，故谓之杂编。

按：《汉志》所谓杂家，是指诸子十家中的一家，即杂家学派。其特点是集众家之说，融会贯通而为一家言。故《汉志》谓其为"兼儒、墨，合名、法"者也。儒、墨本为对立的两派，杂家却取其所长，兼而有之。儒、法各自主张也并不完全一致，杂家亦能兼而有之。可见这杂家，乃杂有众家之思想而立为己说。推其产生的原因，盖为"百川异源，而皆归于海；百家殊业，而皆务于治"（《淮南子·氾论篇》）。大抵百家之说，各有短长，舍短取长，皆足资治。是以古之善为国者，率能博观约取，择善而从，相互为用。实则这便是最大的杂家。杂家大概正是看到了这一点，便先行舍短取长，融为一说，争得君王择用，达到实现政治抱负的目的。《隋志》虽在杂家类序中仍仿《汉志》的表述，但在著录上却将《释氏谱》《历代三宝记》《感应传》《众僧传》《高僧传》《皇帝菩萨清净大拾记》《宝台四法藏目录》《玄门宝海》等，都收了进来。说明《隋志》的杂家便已开始变成了杂类，而并非完全是先秦的杂家。至《四库总目》则谓"杂之义广，无所不包"，明确地将杂家变成了杂类，并美其名曰"班固所谓'兼儒、墨，合名、法'也"。然四库馆臣倒也明标其目为"杂家类"，并创造性地在"杂家类"下开设了"杂学""杂考""杂说""杂品""杂纂""杂编"六属，也可说是因书制宜、据书设类的典范。且其为下属几类的类归定义也大都中肯，调整之后尚可沿用。至《中国丛书综录》则在子部首列"周秦诸子类"，下列"总论""儒家""道家""法家""名家""墨家""纵横家""杂家""农家""小说家"十属。而在其后，隔过"儒学类""兵书类""农家类""工艺类""医家类""历算类""术数类""艺术类"八类之后，又单设了一个"杂学类"，其下再设"杂论""杂说""杂考""善书"四属。此就区分先秦杂家与后世杂学来说，未尝不是一种构想。但在总体架构上尚需全面权衡。总体构想是在原部居位置上仍保留"杂家类"，收录真正杂家的作品。而在子部另开"杂学类",以收杂类子书。

※　　　　※　　　　※

《汉志·农家类》小序

农家者流,盖出于农稷之官①。播百谷,劝耕桑,以足衣食,故八政一曰食,二曰货②。孔子曰"所重民、食"③,此其所长也。及鄙者为之,以为无所事圣王,欲使君臣并耕,悖上下之序④。

注释

①农家者流,盖出农稷之官:农家,战国时期反映农业生产和农民思想的一个学术流派。农稷,农业之官也。古代周之始祖后稷善种植,曾为尧时的农业之官,因谓农官为农稷。农稷也称为农神,汉王粲《务本论》谓:"仰司星辰以审其时,俯耕籍田以率其力,封祀农稷以神其事,祈谷报年以宠其功。"即封农稷为农神。整句是说农家这个学术流派,大概是出于古代农业之官。

②播百谷,劝耕桑,以足衣食,故八政一曰食,二曰货:播百谷,指播种多样的农作物并传授种植管理的经验技术。劝耕桑,劝,勉励、奖励、鼓励。耕,指农业耕种。桑,指种桑养蚕,缫丝织布。即鼓励农业蚕桑,以满足人们的衣食所需,所以八政当中一曰食,二曰货。《尚书·洪范》:"八政:一曰食,二曰货,三曰祀,四曰司空,五曰司徒,六曰司寇,七曰宾,八曰师。"孔颖达正义曰:"人主施政教于民有八事也。一曰食,教民使勤农业也;二曰货,教民使求资用也。……食,谓掌民食之官,若后稷者也;货,掌金帛之官,若《周礼》司货贿是也。……食,则勤农以求之;衣,则蚕绩以求之。"可见食、货

乃八正之首要，故重衣食货换乃农家的中心思想。

③孔子曰"所重民、食"：孔子这句话出自《论语·尧曰》："所重：民、食、丧、祭。"颜师古《汉书》注曰："《论语》载孔子称殷汤伐桀告天辞也。言为君之道，所重者在人之食。"即谓人君者，所最重视的是人民及人民赖以生存生活的粮食。而强调这种以民为本、以农为本之思想学说者，乃是农家所擅长的。

④及鄙者为之，以为无所事圣王，欲使君臣并耕，悖上下之序：鄙者，即鄙俗之人，实指主张亲自参加农业劳作的人。即待到这种鄙俗之人来继承和推行农家学说，便以为"无所事圣王"。颜师古注曰："言不须圣王，天下自治。"即认为只要都亲身参加农业生产，也就无所谓再事圣主贤王。并主张君臣与老百姓一样，都要参与种田。这样就"悖上下之序"了。颜师古注曰："悖，乱也。"序，秩序、等级。即扰乱了上下等级秩序。

《隋志·农家类》小序

农者，所以播五谷，艺桑麻，以供衣食者也。《书》叙八政，其一曰食，其二曰货。孔子曰："所重民、食。"《周官》冢宰"以九职任万民"，其一曰"三农生九谷"①；地官司稼"掌巡邦野之稼，而辨穜稑之种，周知其名与其所宜地，以为法而悬于邑闾"②是也。鄙者为之，则弃君臣之义，徇耕稼之利，而乱上下之序。

注释

①《周官》冢宰"以九职任万民"，其一曰"三农生九谷"：此话原出《周礼·天官·大宰》："以九职任万民：一曰三农，生九谷；二曰园圃，毓草木；三曰虞衡，作山泽之材……九曰闲民，无常职，转移执事。"郑玄注引郑司农云："三农，平地、

山、泽也。九谷，黍、稷、秫、稻、麻、大小豆、大小麦。"贾公彦疏曰："释曰此九者皆是民之职业，故云万民也。……三农，谓农民于原、隰及平地三处营种，故云生九谷。"原，宽阔高原之地；隰，低湿之地；平地，平原之地。整句之意是《周礼》中记载冢宰以九种职业任使万民，其中第一条就是使老百姓于高原、湿地、平原广泛营种，这样就可生产出多种谷物。

②地官司稼"掌巡邦野之稼，而辨穜稑之种，周知其名与其所宜地，以为法而悬于邑闾"：此话原出《周礼·地官》。唐贾公彦疏曰："释曰云巡邦野之稼者，谓秋熟之时观之矣。若然春稼秋穑，不云穑而云稼者，穑由稼而有，故本之言稼也。"穜，先种后熟的谷物；稑，后种先熟的谷物。周知，遍知。邑，古代区域单位。《周礼·地官·小司徒》："九夫为井，四井为邑，四邑为丘，四丘为甸，四甸为县，四县为都。"郑玄注曰："四井为邑，方二里。"闾，地方上倒数第二级行政单位。《周礼·地官·大司徒》："令五家为比，使之相保；五比为闾，使之相爱。"因知周时以二十五家为一闾。郑玄注曰："遍知种所宜之地，悬以示民，后年种谷用为法也。"整句是说《周礼·地官·司稼》记载司稼的职责，在于巡视邦国四野的庄稼，辨别所种植的各种谷物，并且得遍知其名目和所宜种的土地，从而将其写成文字的东西，悬挂在农村基层单位所在之地，告示农民以后种谷可以此为法式。

《四库总目·农家类》小序

农家条目，至为芜杂。诸家著录，大抵辗转旁牵。因耕而及《相牛经》，因《相牛经》及《相马经》《相鹤经》《鹰经》《蟹录》，至于《相贝经》，而《香谱》《钱谱》相随入矣①。因五谷而及《圃史》，因《圃史》而及《竹谱》《荔枝谱》《橘谱》，至于《梅谱》《菊谱》，而《唐昌玉蕊辨证》《扬州琼花谱》相随入矣②。因蚕桑而及《茶经》，因《茶经》而及《酒史》《糖霜谱》，至于《蔬食谱》，而《易牙遗意》《饮膳正要》相随入矣③。触类蔓延，将因《四民月令》而及算术、天文，因《田家五行》而及风角、鸟占，因《救荒本草》而及《素问》《灵枢》乎④？今逐类汰除，惟存本业，用以见重农贵粟，其道至大，其义至深，庶几不失《豳风》《无逸》之初旨⑤。茶事一类，与农家稍近，然龙团凤饼之制，银匙玉碗之华⑥，终非耕织者所事，今亦别入谱录类，明不以末先本也。

注释

①因耕而及《相牛经》，因《相牛经》及《相马经》《相鹤经》《鹰经》《蟹录》，至于《相贝经》，而《香谱》《钱谱》相随入矣：《相牛经》，关于识别牛之优劣的著作。《世说新语·汰侈》："王君夫有牛，名八百里驳。"南朝梁刘孝标注曰："《相牛经》曰：'《牛经》出宁戚，传百里奚。'"《相马经》，关于识别马之优劣的著作。《隋书·经籍志三》，即子部五行类著录《相马经》一卷，其下注曰："梁有《伯乐相马经》《阙中铜马法》《周穆王八马图》《齐侯大夫宁戚相牛经》《王良相牛经》《高堂隆相牛经》《淮南八公相鹄经》《浮丘公相鹤书》《相鸭经》《相鸡经》《相鹅经》《相贝经》……"《中国丛书综录》农家类著录有汉朱仲（又题严助）撰《相贝经》一卷，宋傅肱撰《蟹谱》二卷。又著录宋洪刍《香谱》二卷、陈敬《香谱》四卷，题宋董逌撰《钱谱》一卷。《四库总目》这段话的意思是说"农家条目至为杂芜"，因谈及农耕便联系到了相牛、相马，乃至相鹤、相鹰、品蟹、相贝，于是《香谱》《钱谱》等书也就随之阑入。

②因五谷而及《圃史》，因《圃史》而及《竹谱》《荔枝谱》《橘谱》，至于《梅谱》《菊谱》，而《唐昌玉蕊辨证》《扬州琼花

谱》相随入矣：明王世懋有《学圃杂疏》，晋戴凯之有《竹谱》，宋蔡襄有《荔枝谱》，明清人也有《荔枝谱》，《山居杂志》中有《橘谱》，宋范成大有《梅谱》，宋范成大、刘蒙、史正志都有《菊谱》。《唐昌玉蕊辨证》，宋周必大撰。玉蕊，花名，唐人尤重之，入诗歌咏者甚多。唐昌，指长安唐昌观。唐昌观的玉蕊花尤为著名。刘禹锡就有"玉女来看玉蕊花，异香先引七香车"的诗句。琼花，其叶柔而莹泽，其花色微黄而香，旧扬州后土祠有琼花一株，相传为唐人所植。宋淳熙以后多聚八仙花接木移植，为稀有珍异植物。《扬州琼花谱》即记此花。此处的句式与前同，继续抨击农家之芜杂。

③因蚕桑而及《茶经》，因《茶经》而及《酒史》《糖霜谱》，至于《蔬食谱》，而《易牙遗意》《饮膳正要》相随入矣：《茶经》三卷，唐陆羽撰。其书论及茶的性状、产地、采制、烹饮诸方面内容，记载翔实，是我国最早的论茶专著。《酒史》二卷，明冯时化撰。《糖霜谱》一卷，宋王灼撰。凡七篇，分别叙述唐代糖霜的缘起、制法、性味及有关杂事。《百川学海》《五朝小说》《山居杂志》《说郛》丛书中，都收有《蔬食谱》一卷，宋陈达叟撰。《易牙遗意》二卷，明韩奕撰。易牙，春秋时齐桓公的幸臣，雍人，名巫，故又称雍巫。长于调味，善逢迎，传说曾烹其子以进桓公。管仲死后，易牙与竖刁、开方专权；桓公死后，易牙等立公子无亏，齐遂大乱。《饮膳正要》三卷，元忽思慧撰。忽思慧尝为太医官，其书长于育婴妊、饮膳卫生、食性宜忌等。当然也有荒诞的内容。此处与上述句式相同，仍为指责农家的芜杂。

④触类蔓延，将因《四民月令》而及算术、天文，因《田家五行》而及风角、鸟占，因《救荒本草》而及《素问》《灵枢》乎：《四民月令》一卷，东汉崔寔撰。其书仿《礼记·月令》体例，逐月记叙士、农、工、商的生产和生活活动。原书久佚，现

有清任兆麟、王谟、严可均、唐鸿学的辑佚本流传。其内容以记述禾、麦、黍、麻、豆的种植为主，兼及祭祀、社交、教育、交易、饮食、医药等方面的活动，亦谈及各种器物的制作与保管。《田家五行》二卷，元娄元礼撰。书中内容多就日月星辰、大气光象及云、霞变化等天象，鸟、兽、草、木、虫、鱼、山、水、潮汐等物象的征兆来预测天气演变，从而阐释气候特点及其规律。书中搜集的谚语，有些至今还沿用。风角，指中国古代根据对风的观察以卜吉凶的一种迷信术数。《后汉书·郎𫖮传》："父宗，字仲绥，学京氏《易》，善风角星算。"唐章怀太子李贤注曰："风角，谓候四方四隅之风，以占吉凶也。"《隋书·经籍志三》，即子部五行类就著录《风角集要占》《风角要占》《风角占》《风角总占》《风角杂占》《风角要候》《风角鸟情》等二十三种之多。鸟占，因鸟之飞鸣，傅会人事，以占吉凶，谓之鸟占。《隋书·经籍志三》，即子部五行类就著录有《鸟情占》《鸟情逆占》《鸟情书》《鸟情杂占禽兽语》《占鸟情》《六情鸟音内秘》等书多种。《救荒本草》二卷，明周王朱橚撰。书中考核能救荒年解饥馑的野生植物四百一十四种，见于《本草纲目》的有一百三十八种。分草、木、米谷、果、菜五部，逐一绘图说明，记其花实根干皮叶之可食者，以备荒年救饥食用。徐光启辑《农政全书》，将其列入荒政部。《素问》《灵枢》，都是正规的医书。《四库总目》此处在上述句式正面表述基础上，又以反诘句式继续抨击农家类之杂芜。

⑤庶几不失《豳风》《无逸》之初旨：《豳风》，《诗经》十五国风之一，共七篇二十七章，皆为西周时代之诗。《豳风》中的《七月》备述农人生活境况。后稷曾孙公刘尝居此。后稷，周之始祖，后被奉为农神。《无逸》，乃《尚书·周书》中的一篇。其文有曰："周公曰：'呜乎！君子所其无逸，先知稼穑之艰难，乃逸。'"孔颖达正义曰："此篇是成王始初即政，周公恐其逸豫，

故戒之,使无逸。……君子必先知农人稼穑之艰难,然后乃谋为逸豫。"可证《豳风》《无逸》都是劝农勿逸的名篇。《四库全书》所选之书,均为其本业,以不失这两篇的最初宗旨。

⑥龙团凤饼之制,银匙玉碗之华:龙团凤饼,即指龙凤茶团。宋徽宗《大观茶论》序:"本朝之兴,岁修建溪之贡,龙团凤饼名冠天下,婺源之品亦自此盛。"其实早在北宋真宗时,丁谓为福建漕,监御茶,进龙凤团。仁宗庆历间,蔡襄知建州,别择茶之精者为小龙团十斤以献,斤为十饼,龙团凤饼遂名冠天下。银匙玉碗,指吃饮时所用的调羹盘碗都是银玉的,表示豪华。此处说的是讲茶之书与农事较近,似可归入农家,但香茗上品进贡之制,银匙玉碗之华,毕竟不是耕织者的雅事,故归入谱录类,以明本末之别。

按:正如《四库总目》所说,农家条目最为芜杂。然而杂在哪儿了呢?四库馆臣并未指出,只是从形式上分出了一些书,因为它们多叫"谱"或"录",所以便在子部又设了一类,叫作"谱录",于是一些植物谱、生物谱、器物谱、刀剑录等便都归入了"谱录类"。其实"谱录"之设,始于宋尤袤《遂初堂书目》,《四库总目》沿用其例。如此归并,从名字上说似无不可,因为其书就叫"谱"或"录"。但将《古今刀剑录》《鼎录》《考古图》《啸堂集古录》《宣和博古图》《宣德鼎彝谱》《文房四谱》《砚谱》《墨谱》《香谱》《云林石谱》等,与《茶经》《品茶要录》《宣和北苑贡茶录》《东溪试茶录》《煎茶水记》《酒谱》《糖霜谱》《洛阳牡丹记》《扬州芍药谱》《范村梅谱》《范村菊谱》《海棠谱》《橘录》《竹谱》《笋谱》《菌谱》《禽经》《蟹谱》等书放在同一类目之下,总觉有些不安。打造鉴赏,与种植、养殖之品尝、鉴赏,总觉得不完全是一回事。只是因为它们都名"录"或"谱",便不管其内容性质而囫囵吞枣地类归在一起,实在是太形而上学了。图书分类，主要是分其内容，当然也免不了分其体裁，分其地域。完全从书名出发而类分图书，始作俑者虽是尤袤，而推波助澜并形成气候影响两百余年者，则绝对是四库馆臣。

《四库总目》在子部图书的类分上，好几类都出了偏颇。诸如道家与道教，墨家、名家、纵横家、杂家与杂类，农家与谱录，小说家与小说类等，在类归上都有些问题。将道教阑入道家，类目仍用"道家"之名，这是糊涂，更是不负责任。扬弃墨家、名家、纵横家固有之名与实，而将他们并入杂家类；将先秦"兼儒、墨，合名、法"而成一家的杂家并入其杂收的"杂家类"，这都是四库馆臣胆大妄为、不顾事实的举动。此处的"农家"与"谱录"，则与上述之胆大妄为属同一性质。农家者，乃指农家学派。其学术思想与理念，在于"播百谷，劝耕桑，以足衣食"。体现的是孔子的"重民食"，即国以民为本，民以食为天。与百姓的具体的耕桑不完全是一回事，与从农耕演化出来的林、牧、副、渔等各业，更不完全是一回事。问题是自《新唐书·艺文志》起却把这些不是一回事或不完全是一回事的图书，都归并到了农家麾下。至《宋史·艺文志》，则更变本加厉，乱到了极点。因而给人的印象便是"农家条目，最为芜杂"。我们若是在子部开列儒家、道家、法家、名家、墨家、纵横家、杂家、农家、小说家、兵家、医家。而在其后与儒家对应开设"儒学"；与道家对应开设宗教，中含道教、佛教、其他宗教；与杂家对应开设"杂学"；与农家对应开设"农艺"；与小说家对应在集部开设"小说类"；与医家对应开设"医学"；与兵家对应开设"兵械演练"。这样似乎就能将家与学分开，不至于鱼目混珠。"谱录类"取消，其书各入金石、工艺等，其中的草木鸟兽虫鱼等书可以析出，进入"农艺"。这样"谱录类"就可以不复存在了。

※　　　　　※　　　　　※

《汉志·小说家类》小序

　　小说家者流,盖出于稗官①。街谈巷语、道听涂说者之所造也。孔子曰:"虽小道,必有可观者焉;致远恐泥,是以君子弗为也。"②然亦弗灭也。闾里小知者之所及,亦使缀而不忘③。如或一言可采,此亦刍荛狂夫之议也④。

注释

　　①小说家者流,盖出于稗官:小说家为古代九流十家之一。此家采集民间传说议论,借以考察社情民意,供为道执政者观览。故孔子说"虽小道,必有可观者焉"。稗官,颜师古注引如淳话说:"稗,音锻家排。《九章》'细米为稗'。街谈巷说,其细碎之言也。王者欲知闾巷风俗,故立稗官使称说之。今世亦谓偶语为稗。"颜师古注曰:"稗,音稊稗之稗,不与锻排同也。稗官,小官。《汉名臣奏》唐林请省置吏,公卿大夫至都官、稗官各减什三,是也。"意谓小说家这个流派,大概出于古之稗官。

　　②孔子曰:"虽小道,必有可观者焉;致远恐泥,是以君子弗为也。":此话出于《论语·子张》,子夏曰:"虽小道,必有可观者焉;致远恐泥,是以君子不为也。"小道,儒家对宣扬礼乐政教以外之学说、技艺的贬称。朱熹《四书集注》曰:"小道,如农圃医卜之属。"泥,颜师古注曰:"泥,滞也。音乃细反。"即阻滞、不通之意。整句是说,虽然是雕虫小技,也一定会有可供观览汲取的地方,但若要从事远大事业,这种小道恐怕行不通,因此,君子不为这种小技。

　　③闾里小知者之所及,亦使缀而不忘:闾里,乡里。小知者,知识肤浅的人。缀,拼合。《玉篇》缀,"缉也"。意谓乡里

知识肤浅之人所意识到的小事，也将其聚合编辑起来，而不忘掉它的警示作用。

④如或一言可采，此亦刍荛狂夫之议也：刍荛，割草为刍，打柴为荛，意即草野之人。狂夫，愚钝之人。此句似承上句，谓乡里知识浅薄之人所未意识的小事，也编辑起来而不忘掉它们。这其中如果有一句话可以采集，也就算是草野百姓所议论的内容。《汉书·晁错传·上书言兵事》："《传》曰：'狂夫之言，明主择焉。'"意即野老村夫之言，亦可观览焉。

《隋志·小说家类》小序

小说者，街说巷语之说也。《传》载舆人之诵①，《诗》美询于刍荛②。古者圣人在上，"史为书，瞽为诗，工诵箴谏，大夫规诲，士传言，而庶人谤"③。孟春，徇木铎以求歌谣，巡省观人诗，以知风俗④。过则正之，失则改之⑤，道听涂说，靡不毕纪。《周官》，诵训"掌道方志以诏观事，道方慝以诏辟忌，以知地俗"；⑥而训方氏"掌道四方之政事，与其上下之志，诵四方之传道而观衣物"⑦是也。孔子曰："虽小道，必有可观者焉，致远恐泥。"

注释

①《传》载舆人之诵：《传》，指《春秋左氏传》。舆人，指众人。《左传·僖公二十八年》："听舆人之诵，曰：'原田每每，舍其旧而新是谋。'"《国语·楚语》："近臣谏，远臣谤，舆人诵，以自诰也。"《左传·襄公三十年》："丰卷奔晋，子产请其田里。三年而复之，反其田里。及其入焉，从政一年，舆人诵之曰：'取我衣冠而褚之，取我田畴而伍之，孰杀子产吾其与之。'

及三年,又诵之曰:'我有子弟,子产诲之;我有田畴,子产殖之;子产而死,谁其嗣之。'"此为"《传》载舆人之诵"的出处。诵,怨谤、讽诵。整句是说《春秋左氏传》上记载着众人的讽诵怨谤之词。

②《诗》美询于刍荛:《毛诗·大生板》:"我言维服,勿以为笑;先民有言,询于刍荛。"唐孔颖达正义曰:"我之所言,维是当今急事,汝勿亦为非而笑之。先世上古之民,贤者有善言云:'我有疑事,当询谋于刍荛薪采者。以樵采之贱者犹当与之谋,况我与汝之同寮,得弃其言也?'"《礼记·孔子闲居·坊》:"《诗》云:'先民有言,询于刍荛。'"郑玄注曰:"先民,谓上古之君也。询,谋也。刍荛,下民之事也。言古之人君将有政教,必谋之于庶民乃施之。"整句是说《诗经》上有言,遇事同群众商量,或者说是问政于民,这是美德。

③古者圣人在上,"史为书,瞽为诗,工诵箴谏,大夫规诲,士传言,而庶人谤":此话出自《春秋左氏传·襄公十四年》:"天子有公,诸侯有卿,卿置侧室,大夫有贰宗,士有朋友……自王以下,各有父兄子弟,以补察其政。史为书,瞽为诗,工诵箴谏,大夫规诲,士传言,庶人谤。"孔颖达正义云:"《周礼》有大史、小史、内史、外史、御史。……知此史为大史者,以《传》称齐崔杼弑其君,云大史书之,知君举则书,皆大史书也。"又云:"采得民有诗,乃使瞽人为歌,以讽刺。非瞽人自为诗也。"瞽,盲目也。又云:"《仪礼》通谓乐人为工,工亦瞽也。"箴谏,讽刺规谏。又云:"规,亦谏也。……规正谏诲其君也。"郑玄注曰:"士卑,不得径达,闻君过失,传告大大。"又注曰:"庶人不与政,闻君过则诽谤。"整句是说古者圣君虽高居上位,但君有举动,不管对错,大史必书,以制约君之行动。有盲人歌诗,以反映民之怨愤。有乐工针砭规谏,大夫规劝,士闻君过也传告大夫,以反映意见。一般寻常百姓虽不参与政治,但

听说君有过失也进行诽谤。

④孟春,徇木铎以求歌谣,巡省观人诗,以知风俗:《周礼·天官·小宰》:"正岁,帅治官之属而观治象之法,徇以木铎,曰:'不用法者,国有常刑。'"郑玄注曰:"正岁,谓夏之正月。得四时之正以出教令者,审也。古者将有新令,必奋木铎以警众,使明听也。木铎,木舌也。文事奋木铎,武事奋金铎。"正月,即孟春之月。木铎,以木为舌的大铃。古代凡宣布政教法令,则巡行振鸣以引起众人注意。整句是说,每年孟春正月,便敲着木铎聚集众人以向他们征求歌谣,巡行各地以观察民间的怨诗,借以知民间风俗。

⑤过则正之,失则改之:《春秋左氏传·襄公十四年》:"是故天子有公,诸侯有卿,卿置侧室,大夫有贰宗,士有朋友,庶人工商皂隶牧圉,皆有亲昵,以相辅佐也。善则赏之,过则匡之,患则救之,失则革之。"意谓下之佐上,上有善为则宣扬之,有了过错则匡正之,有了困难则搭救之,有了过失错误则使其改正之。此处的意思与《左传》之说相同,意谓徇木铎求歌谣,巡省观人诗,道听途说,什么都纪录下来。目的还是要辅佐君王有过错则改正之,有失误则改去之。

⑥《周官》,诵训"掌道方志以诏观事,道方慝以诏辟忌,以知地俗":"此话出自《周礼·地官·诵训》,贾公彦疏曰:"释曰云掌道方志者,志即今之识也。谓道四方所记识久远之事以告王也。云以诏观事者,谓告王观博古之事也。……释曰诵训又掌说四方言语所恶之事以诏告,令王避其忌恶所以然者,使王博知地俗言语之事。"方慝,郑玄注曰:"方慝,四方言语所恶也。不辟其忌,则其方以为苟于言语也。"通俗解释,方慝,四方的忌讳。慝,音忒,恶也。整句是说,《周礼》记载诵训之官,职在报道四方所记久远之事以告君王,使王知观摩博古之事;又在报道四方的忌讳以告王有所回避,并由此而知各地风俗言语之事。

⑦而训方氏"掌道四方之政事，与其上下之志，诵四方之传道而观衣物"：此话出自《周礼·夏官》，原文为"训方氏掌道四方之政事，与上下之志。诵四方之传道，正岁则布而训四方，而观新物"。郑玄注曰："道，犹言也，为王说之。四方，诸侯也；上下，君臣也。"贾公彦疏曰："释曰训方氏训四方美恶，而向王言之。以其政事及君臣上下皆有善恶。""诵四方之传道"，郑玄注曰："传道，世世所传说往古之事也，为王诵之，若今论圣德尧舜之道矣。"贾公彦疏曰："古昔之善道，恒诵之在口，王问则为王诵之，以其善道可传，故须诵之。""正岁则布而训四方"，郑玄注曰："布告以教天下，使知世所善恶。"贾公彦疏曰："释曰正岁，谓夏之建寅正月，则布告前所道所诵之事教天下，使知世所善恶也。""而观新物"，郑玄注曰："四时于新物出，则观之，以知民志所好恶。志淫好僻，则当以政教化正之。"贾公彦疏曰："释曰此训方观新物，知民善恶之情。"整句是说训方之官职在言说诸侯之政事与君臣之善恶，传诵往古之善道。每年正月，则布告四方，使知善恶。并于四时均注意观察新生事物，借以知晓老百姓的善恶之情。《隋志》之"而观衣物"，恐误，当为"而观新物"。

《四库总目·小说家类》小序

张衡《西京赋》曰："小说九百，本自虞初。"①《汉书·艺文志》载《虞初周说》九百四十三篇，注称"武帝时方士"②。则小说兴于武帝时矣。故《伊尹说》以下九家，班固多注依托也（《汉书·艺文志》注，凡不著姓名者，皆班固自注）③。然屈原《天问》，杂陈神怪，多莫知所出，意即小说家言。而《汉志》所载《青史子》五十七篇，《贾谊新书·保傅篇》中先引之，则其来已久，特盛于虞初耳。迹其流别，凡有三派：其一叙述杂事；其一记录异闻；其一缀辑琐语也。唐宋而后，作者弥繁，中间诬谩④失真，妖妄荧听⑤者固为不少。然寓劝戒，广见闻，资考证者，亦错出其中。班固称："小说家流，盖出于稗官。"如淳注谓："王者欲知闾巷风俗，故立稗官，使称说之。"然则博采旁搜，是亦古制，固不必以冗杂废矣。今甄录其近雅驯者，以广见闻。惟猥鄙荒诞，徒乱耳目者，则黜不载焉。

注释

①张衡《西京赋》曰："小说九百，本自虞初。"：张衡（78—139），字平子，东汉南阳西鄂人。少善属文。通五经、天文、历算及机械制作。安帝时拜为郎中，迁太史令。永和初年为河间相，拜尚书。尝作浑天仪，又作候风地动仪，并著有《灵宪算罔论》，阐述浑天说。文学作品今传者有《西京赋》，收在昭明《文选》中。"小说九百"，指《虞初周说》九百四十三篇，取其整数，故言九百。虞初，西汉河南洛阳人，武帝时以方士侍郎号为"黄车使者"。尝根据《周书》改写成《周说》九百三十四篇。《西京赋》谓："匪唯玩好，乃有秘书；小说九百，本自虞初。"

②《汉书·艺文志》载《虞初周说》九百四十三篇，注称"武帝时方士"：检《汉书·艺文志·小说家》著录《虞初周说》九百四十三篇。其注文称："河南人，武帝时以方士侍郎，号黄车使者。"其注文之注引应劭话说："其说以《周书》为本。"颜师古注曰："《史记》云虞初洛阳人，即张衡《西京赋》'小说九百，本自虞初'者也。"《四库总目》此处所说即据上述而言。并据此得出结论"则小说兴于武帝时矣"。

③故《伊尹说》以下九家，班固多注依托也：此话指《汉书·艺文志·小说家》所著录之《伊尹说》二十七篇。其注曰："其语浅薄，似依托也。"《伊尹说》以下所录之《鬻子说》十九篇，注曰："后世所加。"《周考》七十六篇，注曰："考周事

也。"《青史子》五十七篇，注曰："古史官记事也。"《师旷》六篇，注曰："见《春秋》，其言浅薄，本与此同，似因托之。"《务成子》十一篇，注曰："称尧问，非古语。"《宋子》十八篇，注曰："孙卿道宋子，其言黄老意。"《天乙》三篇，注曰："天乙谓汤，其言非殷时，皆依托也。"《黄帝说》四十篇，注曰："迂诞依托。"明确说其为依托者，只有四家。九家只有四家为依托，未必就是"多注依托也"。

④诬谩：虚妄不实。
⑤妖妄荧听：妖妄，怪异荒诞。荧听，混淆视听。

按：小说家之说，虽来自街谈巷语，道听途说，却有可观者焉。故自《汉书·艺文志》以降，历来书目都不肯不著于录也。原因正如《四库全书总目》所说，它可以寓劝戒，广见闻，资考证。然亦正如《四库全书总目》所说："唐宋而后，作者弥繁，中间诬谩失真，妖妄荧听者固为不少。"这话反映了一定的社会现象。中国小说的发展，至唐而转变。转变的方向是小说家与小说类开始分离。唐以前的小说家，是作为学术流派在缓慢发展。其书虽也带有文学色彩，但毕竟还是来自街谈巷议、道听途说，尚可以资考证。有的甚至就是考史说史，如《汉书·艺文志》所著录的《周考》《周说》《天乙》等，就都很近史。故鲁迅先生在《中国小说史略》中谓小说家"诸书大抵或托古人，或记古事。托人者似子而浅薄，记事者近史而悠缪者也"。也就是说，小说家之著作"似子"而"近史"。似子者，因有其说；近史者，因记其事。这是迄今对小说家及其著作最形象最恰如其分的界定。故小说家与小说类，两者在发展脉络上有联系，但又不完全是一回事。唐代以后虚拟故事体的传奇小说、宋元的话本小说、明清的通俗小说，则完全走上了文学道路。虽然仍可寓劝戒，广见闻，但无以资考镜了。然台湾编辑出版的《中央图书馆典藏北平图书馆善本书目》,大陆编辑出版的《中国古籍善本书目》等,却硬是把小说家著作与小说类的纯文学作品放到了一起,并放在子部小说家类。推其根源,盖来自《中国丛书综录》。《中国丛书综录》编辑出版于1959年,在那个年代,其分类就有许多复原和创新,实在难能可贵。但在子部单列周秦诸子,其中已有小说家而后在本部又单列小说类,实属不伦不类。其在小说类下又分设了杂录、志怪、传奇、谐谑、话本、章回、评论七属,更觉得不可思议。这就等于将小说家等同于文学作品的小说类作者,也等于将文学作品小说类的作家等同于小说家了。这是极不科学的混同。而《中国丛书综录》的主持人,二十年后又主编了《中国古籍善本书目》,在小说家与小说类问题上采取同样处理办法就很自然了。而在1959年,《北京图书馆善本书目》也出版问世。该书目在子部仍设小说家,以收《山海经》以下传统的小说家著作。而在集部新开一小说类,以收《飞燕外传》以下纯文学作品。这样既保证了"立说者皆为子书"的分类理念,也使虚构的文学作品不阑入子部而又有类可归。《四库全书》以小说不登大雅,一律摒弃不录,在分类上倒也没暴露弱点。但若是编制古籍目录,那就不管什么书都得收录。面对浩繁的古籍,只能视书设类。既不能抱残守缺,固守旧文,也不能别出心裁,有意标新立异。实事求是,是最高原则。

※　　　　※　　　　※

《汉志·兵书略》总序

兵家者,盖出古司马之职,王官之武备也①。《洪范》八政,八曰师②。孔子曰为国者"足食足兵";"以不教民战,是谓弃之"，明兵之重也③。《易》曰古者"弦木为弧，剡木为矢，弧矢之利，以威天下"，其用上矣④。后世燿金为刃⑤，割革为甲⑥，器械甚备。下及汤、武受命，以师克乱而济百姓，动之以仁义，行之以礼让，《司马法》是其遗事也⑦。自春秋至于战国，出奇设伏，变诈之兵并作。汉兴，张良、韩信序次《兵法》，凡百八十二家；删取要用，定著三十五家⑧。诸吕用事而盗取之⑨。武帝时，军政杨仆捃摭遗逸，纪奏《兵录》，犹未能备⑩。至于孝成，命任宏论次兵书，为四种⑪。

注释

①兵家者，盖出古司马之职，王官之武备也：先秦至西汉初期专门研究军事的学术派别。其代表人物有孙武、吴起、孙膑、尉缭、韩信等。兵家的重要著作有《孙子兵法》《吴起》《孙膑兵法》等。司马，官名。《周礼·夏官·大司马》，其下辖小司马、军司马、舆司马、行司马。"大司马之职，掌建邦国之九法，以佐王平邦国。……中春，教振旅，司马以旗致民，平列陈，如战之陈。……中夏，教茇舍，如陈旅之陈。……中秋，教治兵，如振旅之陈。……中冬，教大阅……修战法。"可证司马之官，职在掌兵。王官，指天子之官，与诸侯之官相对。武备，军备。《穀梁传·襄公二十五年》："古者虽有文事，必有武备。"字面上也可解释为武装准备或军事准备。整句是说，兵家学派大概是从古时司马官那里演化出来的，是天子之官中的武备官。

②《洪范》八政，八曰师：《洪范》，《尚书》中的篇名。《洪范》中之八政："一曰食，二曰货，三曰祀，四曰司空，五曰司徒，六曰司寇，七曰宾，八曰师。"孔颖达正义曰："八曰师，立师防寇贼，以安保民也。"意思是说《洪范》八政中第八便讲到了武备。

③孔子曰为国者"足食足兵"；"以不教民战，是谓弃之"，明兵之重也：《论语·颜渊》："子贡问政。子曰：'足食足兵，民

信之矣。'"意思是说，粮食充足，武备修整，老百姓就对国家信任。《论语·子路》："子曰：'以不教民战，是谓弃之。'"杨伯峻先生《论语译注》谓"不教民"三字构成一个名词语，意即"不教之民"。其意是说，用未经过训练的黎民百姓去参加战争，就等于抛弃他们，让他们白白去送死。孔子之所以如此强调足食足兵，对人民进行军事训练，是为了表明军备的重要。

④《易》曰古者"弦木为弧，剡木为矢，弧矢之利，以威天下"，其用上矣：《易·系辞下》："弦木为弧，剡木为矢，弧矢之利，以威天下，盖取诸睽。"孔颖达正义曰："按《尔雅》，弧，木弓也，故云弦木为弧。取诸睽者，睽，谓乖离，弧矢所以服此乖离之人，故云取诸睽也。"剡，削也，即削木为矢。矢，箭头也。弦，名词动用，谓绷弦上木便成为弓。弧，颜师古注曰："弧，木弓也。"整句是《易经》中说古时绷弦上木以成弓，削木以为箭。弓矢的功利，便威震天下。

⑤爚金为刃：颜师古注曰："爚，读与铄同，谓销也。"即销熔之意。金，泛指金属，当时应指铜。刃，本指刀锋，这里泛指刀剑。意谓后世懂得熔化金属制作刀剑。

⑥割革为甲：割，分割，剪裁。革，皮革。《说文》谓革为"兽皮，治去其毛"。甲，指铠甲。古时武士以金属或皮革等做甲，穿上以护身。

⑦下及汤、武受命，以师克乱而济百姓，动之以仁义，行之以礼让，《司马法》是其遗事也：汤，指商汤，又称武汤、武王、天乙、成汤，或称成唐，甲骨文中称唐、大乙，又称高祖乙。是他率兵打败了夏桀，建立了商朝。武，指周武王，姬姓，名发。是他率兵打败了商纣王，建立了周朝。受命，指受天之命。即"君权神授"的另一种说法。夏桀、商纣是历史上有名的昏君、暴君，百姓处于水深火热之中。商汤、周武受天之命，率领义师攻克了乱政，而救百姓于水火，故称"克乱而济百姓"。济，救

济,搭救。大军所向,除暴安良,以仁、义、礼、让为行动准则。《司马法》这部兵书便是那时的遗事。《司马法》即《司马兵法》,当指古司马之官用兵征战之法。然自《隋书·经籍志》著录《司马兵法》三卷,为"齐将司马穰苴撰"以降,《旧唐书·经籍志》《新唐书·艺文志》《宋史·艺文志》,便都将《司马兵法》的作者著录为司马穰苴或田穰苴,其实这完全是误解。《史记·司马穰苴列传》谓:"司马穰苴者,田完之苗裔也。……至常曾孙(田)和,因自立为齐威王,用兵行威,大放穰苴之法,而诸侯朝齐。齐威王使大夫追论古者《司马兵法》,而附穰苴于其中,因号曰《司马穰苴兵法》。"这就是说,穰苴之兵法,只是齐威王使大夫追论的古《司马兵法》当中的一小部分,绝非司马穰苴撰著了全部《司马兵法》。司马迁在《穰苴列传》的太史公书中曰:"余读《司马兵法》,闳廓深远……若夫穰苴,区区为小国行师,何暇及《司马兵法》之揖让乎?"亦谓司马穰苴无条件与《司马兵法》相提并论。

⑧汉兴,张良、韩信序次《兵法》,凡百八十二家;删取要用,定著三十五家:张良(?—前190或前189),字子房,西汉沛郡城父人。《史记·留侯世家》:"良尝闲从容步游下邳圯上,有一老父,衣褐,至良所。……出一编书,曰:'读此则为王者师矣。后十年兴。十三年孺子见我济北,谷城山下黄石即我矣。'遂去,无他言,不复见。旦日视其书,乃《太公兵法》也。良因异之,常习诵读之。……良数以《太公兵法》说沛公,沛公善之,常用其策。"韩信(?—前196),今江苏淮阴人。《汉书·韩信传》:"因问信曰:'《兵法》有右背山陵,前左水泽?'……信曰:'此在《兵法》,顾诸君弗察耳。《兵法》不曰陷之死地而后生,投之亡地而后存乎?'"表明张良、韩信都曾习过兵法,又都是汉代的开国功臣,故汉兴让他们序次兵法,当是可信的。至于从一百八十二家中删重取要,厘定为二十五家,则正史未见其书。

399

⑨诸吕用事而盗取之：诸吕，指刘邦皇后吕雉及其亲属吕产、吕禄等外戚。用事，执政、擅权、当权。《史记·孝文纪·诏》："闻者诸吕用事擅权，谋为大逆，欲以危刘氏宗庙。"即此意。整句是说，张良、韩信序次的《兵法》，到诸吕擅政时被盗取了。《汉书·艺文志》只在兵权谋家著录《韩信》三篇。

⑩武帝时，军政杨仆捃摭遗逸，纪奏《兵录》，犹未能备：军政，古官名，即军正。杨仆（？—前109），西汉弘农宜阳人。以千夫为吏，河南守举其能，迁御史，累迁至主爵都尉。元鼎五年（前112）拜楼船将军，击南越有功，封将梁侯。《史记》《汉书》均有传。捃摭，颜师古注曰即"拾取之"。也就是搜集、摘取之义。整句是说，汉武帝时，军政杨仆，曾搜集散逸的材料，纪录进奏了《兵录》，但仍然不能完备。

⑪至于孝成，命任宏论次兵书，为四种：《汉书·艺文志》总序："至成帝时，以书颇散亡，使谒者陈农求遗书于天下。诏光禄大夫刘向校经传、诸子、诗赋，步兵校尉任宏校兵书，太史令尹咸校数术，侍医李柱国校方技。"总序中"步兵校尉任宏校兵书"，与此处之"命任宏论次兵书"，说的是一回事。任宏，亦名任伟公。步兵校尉，乃京师屯兵八校之一，其职仅次于将军。论次，论定编次。四种，即四类指兵权谋、兵形势、兵阴阳、兵技巧四种五十三家七百九十篇，图四十三卷。

《汉志·兵书略》之下，又分为兵权谋十三家、兵形势十一家、兵阴阳十六家、兵技巧十三家。

其谓："权谋者，以正守国，以奇用兵，先计而后战，兼形势，包阴阳，用技巧者也。""以正守国，以奇用兵"，《老子·德经》作"以正治国，以奇用兵"。正与奇，古时相反相成的两种用兵方法。正，指用兵的常法，反映战争指导的一般规律；奇，指用兵的变法，反映战争指导的特殊规律。即以正规的用兵方法守土安邦，以奇特的方法发动进攻，出奇制胜。"先计而后战"，计，计策、计谋、计划。即必须先有计划、计谋而后才能进行战争。用兵的权谋是以正兵守国，以奇谋用兵打仗，以先谋后战为原则。"兼形势，包阴阳，用技巧者也"，指兵权谋兼具兵形势，包括了兵阴阳，行用了兵技巧。三者兼具而成权谋。

其谓："形势者，靁动风举，后发而先至。离合背乡，变化无常，以轻疾制敌者也。""靁动风举"，靁，即雷的本字。雷动，指雷震动、滚动。风举，指风起而飞。《周易·说卦》："雷以动之，风以散之，雨以润之。"此处之"雷动风举"，指用兵在雷厉风行，以迅雷不及掩耳之势，克敌制胜。"后发而先至"，后发，即后发制人。发是发动。先至，指先动手以制服敌人。这是战争的辩证法。在敌我双方斗争中，一方先让一步，待对方暴露出弱点，自己处于有利地位时，再一举战胜对方。这就是所谓的"后发而先至"。《孙子·形篇》："先为不可胜，以待敌之可胜。"《军争篇》又曰："以迂为直，以患为利……后人发，先人至。"都说的是这个意思。"离合背乡"，乡，颜师古注曰："乡，读曰嚮。"嚮，即向的繁体字。指战争中军队的分散与聚合，相背与相向，变化无常。《孙子·虚实篇》谓："夫兵形象水。水之形，避高而趋下；兵之形，避实而击虚。水因地而制流，兵因敌而制胜，故兵无常势，水无常形。"这是对兵形势的最好解释。"以轻疾制敌者也"，此话承上而来，军事战争形势"离合背乡，变化无常"，必"以轻疾"才能克敌制胜。轻疾，轻快也。轻，谓轻装；疾，谓迅捷、快速。意即兵贵神速，否则形势变化，就会失去战机。《孙子·九地篇》"兵之情，主速乘人之不及"是也。

其谓："阴阳者，顺时而发。推刑德，随斗击，因五胜，假鬼神而为助者也。""阴阳者，顺时而发"，是说军中讲阴阳，是依时而动的用谋方法。"推刑德"，推，推重。刑德，即阴阳。《汉书·董仲舒传》："王者欲有所为，宜求其端于天。天道之大者在阴阳，阳为德，阴为刑。"即推重阴阳变化。"随斗击"，斗，

401

指北斗星。即随着北斗星的所指方向而反映出来的季节时间变换，来确定击敌的时机。"因五胜"，颜师古注曰："五胜，五行相胜也。"五行之金、木、水、火、土，相生相克，相互变化。因，依据。依据五行相生相克的原理来克敌制胜。"假鬼神而为助者也"，假，借也。假借鬼神的力量来帮助制胜。

其谓："技巧者，习手足，便器械，积机关，以立攻守之胜者也。""习手足"，练习手脚。"便器械"，便，熟习。器械，指射、弋等器械。"积机关"，《荀子·解蔽》注积"习也"。"以立攻守之胜者也"，立，设立、建立。即建立进攻与防守的制胜的训练方法和制度。陈国庆《汉书艺文志注释汇编》引姚明煇话说："习手足，如手搏、蹴鞠是也；便器械，如射、弋是也；积机关，如连弩是也。"

《隋志·兵家类》小序

兵者，所以禁暴静乱者也。《易》曰："古者弦木为弧，剡木为矢，弧矢之利，以威天下。"孔子曰："不教人战，是谓弃之。"《周官》大司马"掌九法九伐，以正邦国"①是也。然皆动之以仁，行之以义，故能诛暴静乱，以济百姓。下至三季②，恣情逞欲，争伐寻常，不抚其人③，设变诈而灭仁义，至乃百姓离叛，以致于乱。

注释

①《周官》大司马"掌九法九伐，以正邦国"：此话出自《周礼·夏官·司马》，原文为"大司马之职，掌九邦国之九法，以佐王平邦国。……以九伐之法正邦国"。九法，指周天子治诸侯国的九项措施。九伐，指周天子制裁诸侯违犯王命的九种办法。

②下至三季：指夏、商、周三代的末年。《国语·晋语》："虽当三季之王，亦不可乎？"注曰："季，末也。三季王，桀、纣、幽王也。"

③不抚其人：此话当与上文"皆动之以仁，行之以义"相对。大司马虽掌九法九伐之权，但以仁义为行动准则，故能诛暴静乱，以济百姓。至夏、商、周三代末年，恣情逞欲，争伐寻常，不讲仁义，不抚爱其民了。

《四库总目·兵家类》小序

《史记·穰苴列传》称齐威王使大夫追论古者《司马兵法》，是古有兵法之明证。然《风后》以下，皆出依托①。其间孤虚、王相之说②，杂以阴阳五行；风云气色之说，又杂以占候，故兵家恒与术数相出入，术数亦恒与兵家相出入，要非古兵法也。其最古者，当以《孙子》《吴子》《司马法》为本。大抵生聚训练之术③，权谋运用之宜而已。今所采录，惟以论兵为主。其余杂说，悉别存目。古来伪本流传既久者，词不害理，亦并存以备一家。明季游士撰述，尤为猥杂，惟择其著有明效，如戚继光《练兵实纪》之类者，列于篇。

注释

①然《风后》以下，皆出依托：风后，相传曾为黄帝相。《史记·五帝纪》："举风后、力牧、常先、大鸿以治民。顺天地之纪，幽明之占，死生之说，存亡之难。裴骃《史记集解》引郑玄注曰："风后，黄帝三公也。"张守节《史记正义》引《帝王世纪》云："黄帝梦大风吹天下之尘垢皆去，又梦人执千钧之弩，驱羊万群。帝寤而叹曰：'风为号令，执政者也。垢去土，后在

也。天下岂有姓风名后者哉？'"《汉书·艺文志》兵书略中兵阴阳著录有《风后》十三篇，图二卷，当即指黄帝时之《风后兵法》。其注文曰："黄帝臣，依托也。"此云"《风后》以下，皆依托"，即指《汉志·兵书略》所著录《风后》以下。今检《汉志》，《风后》以下，有《力牧》十五篇，注曰："黄帝臣，依托也。"《鬼容区》三篇，图一卷，注曰："黄帝臣，依托也。"

②其间孤虚、王相之说：孤虚，古时占卜推算日时的方法。天干为日，地支为辰，日辰不全即为孤虚。孤虚，也称为空亡，占卜时其结果若是孤虚，即空亡，便主事不成。王相，阴阳家以王（旺盛）、相（强壮）、胎（孕育）、没（没落）、死（死亡）、囚（禁锢）、废（废弃）、休（休退）八个字，与五行、四时、八卦递相搭配，以表示事物的消长更迭。五行用事者为王，王所生为相，表示物得其时。《四库总目》此处是说《风后》以下之书，非但依托古人之作，并在书中间关于孤虚、王相之说实夹杂了许多阴阳五行的术数内容。

③大抵生聚训练之术：生聚，繁殖人口，积蓄物资。训练，教育训练。《左传·哀公元年》"（伍员）退而告人曰：'越十年生聚，而十年教训。二十年之外，吴其为沼乎？'"杜预注曰："生民聚财富而后教之。"孔颖达正义曰："服虔云：'令少者无取老妇，老者无取少妇；女十七不嫁，男二十不娶，父母有罪也。'"说的是越王勾践卧薪尝胆，十年生聚，十年教训。此处《四库总目》所说，乃谓《孙子》《吴子》《司马法》等书，其内容亦大体是繁殖人口、积蓄财富、教训品德、训练兵技和权谋运用等。

按：《汉书·艺文志》所列诸子十家，无兵家。然于"兵书略"总序中又称"兵家者，盖出古司马之职，王官之武备也"。是其又有兵家之意也。《隋志》则于诸子十家之后，紧列兵家，然再不像《汉志》那样将兵家又分成兵权谋、兵形势、兵阴阳、兵技巧，而是将这些内容一股脑地全著录在兵家名下。至《四库全书》，已时越千载，古兵书留存者已稀；四库馆臣亦认清了所谓兵阴阳者，不过术数而已；另外就是《四库全书》首先是选书，而不是编目，因而在类分上可以简化。故《四库全书》之兵家，非但不同于《汉志》之"兵书略"，亦不同于《隋志》一混汤的兵家。但不管怎么说，自《隋志》以后，各目几乎都单列有兵家。兵家一列，则诸子十家便难以独立。故自张之洞《书目答问》，直至上海图书馆所编之《中国丛书综录》之单设"周秦诸子"的尝试，便从根本上发生了动摇。《中国丛书综录》"周秦诸子类"无阴阳家，这似乎容易理解。因为即或有阴阳家之书，也得进术数。但无兵家，只列兵书，这似乎是既不符合历史事实，也不符合中国古典目录学的传统。兵者，王官之武备，所以禁暴静乱者也，哪能无兵家？子部结构应全面设计。

※　　　※　　　※

《汉志·数术略》总序

数术①者，皆明堂羲、和、史、卜之职也②。史官之废久矣，其书既不能具；虽有其书而无其人③。《易》曰："苟非其人，道不虚行。"④春秋时鲁有梓慎，郑有裨灶，晋有卜偃，宋有子韦；六国时楚有甘公，魏有石申夫；汉有唐都，庶得麤觕⑤。盖有因而成易，无因而成难，故因旧书以序数术为六种⑥。

注释

①数术：古代关于天文、历法、占卜的学问。《汉书·艺文志》之"数术略"，包含着"天文""历谱""五行""蓍龟"

"杂占""形法"六类。其中"天文""历谱"两类，虽也有星占内容夹杂其间，但更多更主要的还是经过观察、测量、推算而形成的天文、历法之学。这当中有数算内容，故称为"数术"，即数算之术。但其"五行""蓍龟""杂占""形法"，则已无什么数算之术，而完全陷入了迷信，故后世目录家则将"天文""历算"两类从"数术"中析出，与各家平行单独成类。而将其余四类归入了"术数"。在这个时候则"数术"等于"术数"。术数，最通俗的说法，就是迷信。

②皆明堂羲、和、史、卜之职也：明堂，古代帝王宣明政教的地方，凡朝会、祭祀、庆赏、选士、养老、教学等大典，均在明堂举行。其后宫室渐备，则在近郊东南另设明堂。关于古代明堂的说法，其说不一。汉高诱、蔡邕，晋纪瞻，皆谓明堂、清庙、太庙、太室、太学、辟雍为一回事，似可信。羲、和，指羲氏、和氏，唐尧、虞舜时掌管天地四时的官。《尚书·尧典》："乃命羲、和，钦若昊天，历象日月星辰，敬授人时。"传曰："羲氏、和氏，世掌天地四时之官。"故后世"羲和"便演变成了官名。"史、卜"，指太史、太卜等官。王先谦《汉书补注》引沈钦韩话说："史是史巫之史，官则太卜、詹尹之官。……非载笔执简之史也。"整句是说，数术之事之学，都是明堂中羲、和、巫史、太卜等官的职责。

③史官之废久矣，其书既不能具；虽有其书而无其人：既，已经。具，完备。整句是说巫史之官废除已经很久，他们的著作也已经很不完备；实际上现在即使还有他们的书流传，也没有他们那样的人了。

④《易》曰："苟非其人，道不虚行。"：此话出《易·系辞下》。孔颖达正义曰："言若圣人则能循其文辞，揆其义理，知其典常，是《易》道得行也。若苟非通圣之人，则不晓达《易》之道理，则《易》之道不虚空得行也。言有人则《易》道行，若无

人则《易》道不行。无人而行,是虚行也,必不如此。故云道不虚行也。"此处是承上句,巫史之废既久,他们的著作已很不完备。换句话说,即使现在还有其书,也没有像他们那样懂得此学之人了。正如《易经》上所说的,没有了这样的人,《易》道也就不虚行了。

⑤春秋时鲁有梓慎,郑有裨灶,晋有卜偃,宋有子韦;六国时楚有甘公,魏有石申夫;汉有唐都,庶得麟觕:梓慎,春秋鲁国人,大夫。《左传·襄公二十八年》:"二十八年春,无冰。梓慎曰:'今兹宋、郑其饥乎?岁在星纪,而淫于玄枵。'"又《左传·昭公十五年》:"春,将禘于武公,戒百官。梓慎曰:'禘之日,其有咎乎?吾见赤黑之祲,非祭祥也,丧氛也。'"又《左传·昭公十七年》:"梓慎曰:'往年吾见之,是其征也。火出而见,今兹火出而章,入而伏。'"又昭公二十年:"梓慎望氛曰:'今兹宋有乱,国几亡。三年而后弭,蔡有大丧。'"昭公十八年:"梓慎登大庭氏之库以望之曰:'宋、卫、陈、郑也,数日皆来告火。'"丙子风,梓慎曰:"是谓融风,火之始也。"凡此种种,都可证明梓慎是春秋时鲁国的一位星象数术家。裨灶,春秋时郑国大夫,也是星象数术家,曾预言周天子及楚王将死,宋、卫、陈、郑将火,晋国国君将亡,陈国将灭等,无不奇中。《左传·昭公十八年》:"裨灶曰:'不用吾言,郑又将火。'"又《左传·襄公二十八年》:"裨灶曰:'今兹周王及楚子皆将死。'"是其证也。卜偃,春秋时晋国大夫,姓郭名偃,为掌卜之官。晋献公将攻虢,问其何月为宜。偃答宜在九月十月之交。晋如期发兵,确灭虢。《左传·僖公五年》:"晋侯围上阳,问于卜偃曰:'吾其济乎?'对曰:'克之。'公曰:'何时?'对曰:'童谣云:丙之晨,龙尾伏辰,均服振振,取虢之旂,鹑之贲贲,天策焞焞,火中成军,虢公其奔。'"表明卜偃也是一位星象数术家。子韦,《汉志·阴阳家》著录《宋司星子韦》三篇,注曰:"景公之史。"

407

《汉书艺文志通释》引沈钦韩话说："《吕览·制乐篇》：'宋景公之时，荧惑在心。公惧，召子韦而问焉。子韦曰：荧惑者，天罚也；心者，宋之分野也；祸当于君。'《论衡·变虚篇》：'《子韦书录序奏》亦言子韦曰：君出三善言，荧惑宜有动。于是候之，果徙舍。'"《史记·天官书》："昔之传天数者，于宋子韦。"亦表明子韦是春秋宋国的阴阳、星象、数术家。甘公，即甘德，战国时齐人，古天文学家，著有《天文星占》八卷，已佚。《史记·天官书·太史公曰》："昔之传天数者：高辛之前，重、黎；于唐、虞，羲、和；有夏，昆吾；殷商，巫咸；周室，史佚、苌弘；于宋，子韦；郑则裨灶；在齐，甘公；楚，唐昧；赵，尹皋；魏，石申。"《史记集解》引徐广曰："或曰甘公名德也，本是鲁人。"此处说"楚有甘公"，不知何据。《汉志·杂占》著录《甘德长柳占梦》二十卷，即此甘公也。石申夫，上引《史记·天官书·太史公曰》，已谓"魏，石申"。《史记正义》谓："《七录》云石申，魏人，战国时作《天文》八卷也。"《扬子法言·五百》："或问星有甘、石，何如？"注曰："甘公，石申夫，善观天文者也。"《晋书·天文志上》："诸侯之史，齐有甘德，魏有石申夫，皆掌著天文。"唐都，西汉人，方士，善历数，司马迁曾从其学天官。武帝元封间改正朔，造《太初历》，诏求民间治历者二十余人，都与焉。《汉书·律历志上》："至武帝元封七年，汉兴百二岁矣，大中大夫公孙卿、壶遂、太史令司马迁等言：'历纪坏废，宜改正朔。'……太岁在子，已得太初本星度新正。姓等奏不能为算，愿募治历者，更造密度，各自增减，以造汉《太初历》。乃选治历邓平及乐司马可、酒泉候宜君、侍郎尊及与民间治历者，凡二十余人。方士唐都、巴郡落下闳与焉。都分天部，而闳运算转历。"此处方士之唐都，即《汉书·艺文志·数术》之唐都。麤，立粗，即粗略之意。觕，音粗，亦粗略之意。庶，庶几，差不多。意谓前边点到的那些人，于数术差不多得其大略。

⑥故因旧书以序数术为六种：六种，即指天文、历谱、五行、蓍龟、杂占、形法六类，实则为一百零九家，二千五百三十九卷。《汉志》谓"凡数术百九十家，二千五百二十八卷"，恐误。

《汉志·数术略·天文类》小序

天文者①，序二十八宿，步五星日月，以纪吉凶之象，圣王所以参政也②。《易》曰："观乎天文，以察时变。"③然星事殆悍，非湛密者弗能由也④。夫观景以谴形，非明王亦不能服听也⑤。以不能由之臣，谏不能听之王，此所以两有患也⑥。

注释

①天文者：天文，指日月星辰等天体在宇宙间之分布与运行现象；而风、云、雨、露、霜、雪等有无变化，为地文现象。古人将这两者综合起来，统归入天文。今人则把观察日月星辰等天体运行变化称天文，而把风云雨露霜雪的有无变化称气象。

②序二十八宿，步五星日月，以纪吉凶之象，圣王所以参政也：序，动词，序次或次序之义。即序次二十八宿。二十八宿，也称为二十八舍。古代天文学家将黄道即日月所经的天区之恒星，分成二十八个星座，就称为二十八宿，四方各有七宿。东方：角、亢、氐、房、心、尾、箕；南方：井、鬼、柳、星、张、翼、轸；西方：奎、娄、胃、昴、毕、觜、参；北方：斗、牛、女、虚、危、室、壁。"步五星日月"，步，推步，即推算、测算。五星，指金木水火土五大行星。即推算五星日月的运行规律。整句是说天文这门学问，乃序次二十八宿的位置，推算日月星辰的变化，纪录主吉主凶的现象，供圣王用来作政治决策时参

考。"所以参政",所以,结构助词"所"跟介词"以"加上后面的词语组成固定的名词性词组,这是一种句型。此处即为用以参政之意。

③《易》曰:"观乎天文,以察时变":此话出自《易·贲·象》:"观乎天文,以察时变;观乎人文,以化成天下。"王弼注曰:"观天之文,则时变可知也;观人之文,则化成可为也。"时变,指春夏秋冬四时之变化。

④然星事殄悍,非湛密者弗能由也:颜师古注曰:"殄,读与凶同。湛读曰沈。由,用也。"殄,恶也。星事,指星象之事,即以星象占验吉凶的方术。悍,猛烈、急剧。湛密,湛,深厚;密,严密。整句是说,《易经》虽然说了"观乎天文,以察时变",但星象之事很急剧恶劣,不是深沉细致的人还不能用这种方法。

⑤夫观景以谴形,非明王亦不能服听也:景,即影也。谴,《说文》解释为谪问。形,形体,与影相对应,如形影相吊。此处是说通过观察自己的身影,来谴责自身的形。对这种诤劝,不是圣明的君王也是不能心悦诚服地听取的。

⑥以不能由之臣,谏不能听之王,此所以两有患也:由,用也。以不深沉缜密之不能见用之臣,诤谏不能服听之君王,此所以两有患也。患,祸患。指谏者与君王都有祸患。《汉书艺文志通释》引姚振宗话说:"末后数语,盖有感而言。周之苌弘,汉之眭孟、京君明,说天变以殒身。刘光禄亦因陈灾异而沉滞,尤其章著者也。"张舜徽亦加按语称:"上世神道设教,用意非无可取。盖有鉴于帝王权太重、位太高,无可使之修省惕厉而改过迁善者,惟有因天道之变化以进谏诤而警戒之。故历代臣工多以日月星辰之失常,引归人事以箴其上。直言急谏,孰能听之。因言而取祸者至多,故《汉志》论之有余慨。"又《汉书·京房传》:"京房字君明,东郡顿丘人也。治《易》,事梁人焦延寿。延寿字

赣，……常曰：'得我道以亡身者，必京生也。'其说长于灾变，分六十四卦，更直日用事，以风雨寒温为候，各占有验，房用之尤精。……永光、建昭间，西羌反，日蚀，又久青亡光，阴雾不精。房数上疏，先言其将然，近数月，远一岁。所言屡中，天子说之。……是时中书令石显颛权，显友人五鹿充宗为尚书令，与房同经，论议相非。二人用事，……房曰：'齐桓公、秦二世亦尝闻此君而非笑之，然则任竖刁、赵高，政治日乱，盗贼满山，何不以幽、厉卜之而觉寤乎？'……石显、五鹿充宗皆疾房，欲远之，建言宜试以房为郡守。元帝于是以房为魏郡太守。……房去月余，竟征下狱。初，淮阳宪王舅张博从房受学，以女妻房，房与相亲……及房出守郡，显告房与张博通谋，非谤政治，归恶天子，诖误诸侯王……房、博皆弃市。……房本姓李，推律自定为京氏，死时年四十一。"此为以天道变化进谏诤而致死的典型实例，也是姚振宗"说天变以殒身"的明证。

《隋志·天文类》小序

天文者，所以察星辰之变，而参于政者也。《易》曰："天垂象，见吉凶。"① 《书》称："天视自我人视，天听自我人听。"② 故曰："王政不修，谪见于天，日为之蚀；后德不修，谪见于天，月为之蚀③。其余孛彗飞流，见伏陵犯，各有其应④。《周官》，冯相"掌十有二岁、十有二月、十有二辰、十日、二十有八星之位，辨其叙事，以会天位"⑤是也。小人为之，则指凶为吉，谓恶为善，是以数术错乱而难明。

注释

① 《易》曰："天垂象，见吉凶。"：此话出于《易·系辞

上》:"天生神物,圣人则之;天地变化,圣人效之;天垂象,见吉凶,圣人象之。"意即天垂万象,有吉有凶,圣人可以明察而趋吉避凶。

②《书》称:"天视自我人视,天听自我人听":此话出于《尚书·泰誓中》:"天视自我民视,天听自我民听,百姓有过,在予一人。""民"改为"人",盖避唐太宗李世民名讳。传曰:"言因民以视听,民所恶者,天诛之。"意谓天所看到的,来自我黎民百姓所看到的;天所听到的,来自我黎民百姓所听到的。那时的圣王十分注意倾听人民的意见呼声。

③故曰:"王政不修,谪见于天,日为之蚀;后德不修,谪见于天,月为之蚀。":此话盖自《礼记·昏礼》"男教不修,阳事不得,适见于天,日为之食;妇顺不修,阴事不得,适见于天,月为之食。是故日食则天子素服,而修六官之职,荡天下之阳事;月食则后素服,而修六宫之职,荡天下之阴事"之文演化而来。郑玄注曰:"適之言责也。"这便与"谪"相通了。又曰:"食者,见道有亏伤也。荡,荡涤去秽恶也。"意谓不修王政,见责于天,表现为日蚀。不修后(女)德,见责于天,表现为月蚀。

④其余孛彗飞流,见伏陵犯,各有其应:孛,指孛星,属彗星中的一种。《公羊传·文公十四年》:"孛者何?彗星也。"彗,指彗星,俗称扫帚星。飞,指流星。流,亦指流星。见,显现。伏,埋伏、隐藏。陵,侵侮。犯,侵犯。应,效应、验应。意谓其余彗星流星之显现隐伏凌侮侵犯,则各有各的表应。

⑤《周官》,冯相"掌十有二岁、十有二月、十有二辰、十日、二十有八星之位,辨其叙事,以会天位:此话出于《周礼·春官·冯相氏》。贾公彦疏曰:"释曰云十有二岁者,岁,谓太岁,左行于地,行经十二辰,一岁移一辰者也。云十有二月者,谓斗柄月建一辰,十二月而周,故云十有二月。云十有二辰者,

谓子丑寅卯之等，十有二辰也。十日者，谓甲乙丙丁之等也。云二十八星者，东方角、亢、氐、房、心、尾、箕；北方斗牛之等为二十八星也。……云辨其叙，谓五者皆与人为，候之以为事业，次叙而事得分辨。云以会天位者（星、宿、辰、次、房），五者在天会合而为候也。"

《汉志·数术略·历谱类》小序

历谱者①，序四时之位，正分至之节，会日月五星之辰，以考寒暑杀生之实②。故圣王必正历数，以定三统服色之制，又以探知五星日月之会③。凶阸之患，吉隆之喜，其术皆出焉④。此圣人知命之术也，非天下之至材，其孰与焉⑤！道之乱也，患出于小人而强欲知天道者，坏大以为小，削远以为近，是以道术破碎而难知也⑥。

注释

①历谱者：历，历法，即人们根据日月星辰运行规律而编排年、月、日，推算岁时节候的方法。谱，编排记录。《史记·三代世表》："太史公曰：五帝、三代之记，尚矣。自殷以前诸侯不可得而谱，周以来乃颇可著。"正义曰："谱，布也，列其事也。"历谱，则是将据日月星辰之运行规律而推算出来的岁时节候，布列记录成书，实际即为历书。

②序四时之位，正分至之节，会日月五星之辰，以考寒暑杀生之实：序，动词，次序，序次。四时，指春、夏、秋、冬。位，方位，位次。古代以日行北陆为冬，西陆为春，南陆为夏，东陆为秋。整句是说历谱这一门是序次春、夏、秋、冬四时之方位的。正，拨正、调正、端正，也是动词。分，指春分，秋分。

至，指冬至、夏至。节，指节气。整句是说拨正春分、秋分、冬至、夏至等二十四节气。春分是在春天中间将日夜平分的节气，其后日则渐长，夜则渐短；到秋分则又将日夜平分，其后夜则渐长，日则渐短。冬至、夏至是地球离太阳远近的极至。冬至，地球北半部距太阳最远，地球与太阳夹角最大；夏至，地球北半部距太阳最近，地球与太阳夹角最小。根据这两个夹角的大小变化，即可推算出年月日时及节气。会，会合，也是动词。辰，时也。孔颖达《尚书·尧典》正义曰辰"时也，集会有时，故谓之辰"。也就是通常所说的"时辰"。五星，指金木水火土五大行星。整句是说日月五星交会之时。全句仍承上句，谓历谱这门学问，乃是序次四时之方位，拨正春秋分、冬夏至等二十四节气，在日月五星交会之时，考定寒暑杀生的实际内容。

③故圣王必正历数，以定三统服色之制，又以探知五星日月之会：历数，推算节气之度数。《尚书·洪范》："五纪，一曰岁，二曰月，三曰日，四曰星辰，五曰历数。"孔颖达正义曰："五曰历数，算日月行道所历，计气朔早晚之数，所以为一岁之历。"正是历数的极好解释。其实通俗地说，历数者，乃历法之推数。"圣王必正历数"，圣王一定要辨正历数，以便拿来制定三统服色的制度。三统，汉董仲舒在其《春秋繁露·三代改制质文》中说夏以寅月（夏历正月）为岁首，叫建寅，以黑色为上色，称黑统；商以丑月（夏历十二月）为岁首，叫建丑，以白色为上色，称白统；周以子月（夏历十一月）为岁首，叫建子，以赤色为上色，称赤统。是为三统。整句是说，由于历法是用来序四时之位，正分至之节，会日月五星之辰，以考证寒暑杀生之实的，所以圣王一定得辨正历法之数，以定三统中尚哪一服色之制，还可以从中探究而知道五星日月交会之际。

④凶阨之患，吉隆之喜，其术皆出焉：凶，饥荒。《墨子·七患》："三谷不收谓之凶。"亦即凶荒之年。阨，厄的异体字，

即困苦、危难之意。吉，吉利、吉祥。隆，增高。《易·大过》："栋隆，吉。"孔颖达正义曰："栋隆起而获吉也。"整句是说困苦危难的忧患，吉祥增高的喜悦，其推测之术皆出于此。"其术皆出焉"，推测吉凶的方术皆出于此。焉，代词，指代历谱。

⑤此圣人知命之术也，非天下之至材，其孰与焉：命，指天命。至材，顶极的天才。与焉，与，参与；焉，指示代词，指代历谱。与焉，参与其中。承上文，说历谱此乃圣人知天命的方术，不是顶极的人才，谁能参与其中！

⑥道之乱也，患出于小人而强欲知天道者，坏大以为小，削远以为近，是以道术破碎而难知也：道，指法则、规律，与具体事物的器相对。小人，指道行低下的星命家。天道，指自然规律。《荀子·天论》："天有常道矣，地有常数矣。"《汉书艺文志通释》引姚明煇话说："非天下之至材，不能与于此，故小人不可强知。天道全体，至远至大。得其一端者为方术，得其全体者为道术。坏大为小，削远为近，皆方术之所为。今之星命家，皆所谓小人而强欲知天道者。"整句是说推算岁时节候的规律之所以被扰乱，其祸害就出于那些只知形而下的星命小人强想知道天体的规律。他们无法窥知，便将至大至远的天体规律，毁坏成小的，削减为近的，因此，道术变得支离破碎而难以知晓。

《隋志·历数类》小序

历数者，所以揆天道①，察昏明②，以定时日，以处百事，以辨三统，以知阴会，吉隆终始，穷理尽性，而至于命者也③。《易》曰："先王以治历明时。"④《书》叙："暮，三百有六旬有六日，以闰月定四时，成岁。"⑤《春秋传》曰："先王之正时也，履端于始，举正于中，归余于终。"⑥又曰："闰以正时，时以序事，事以厚生，生民之道。"⑦其在《周官》，则亦太史之职。小人为之，则坏大为小，削远为近，是以道术破碎而难知。

注释

①历数者，所以揆天道：历数，推算节气之度。前举《尚书·洪范》五纪历数疏："算日月行道所历，计气朔早晚之数，所以为一岁之历。"揆，测量、测度。天道，天体运行规律。即是说历数这门学问是用来测量天体运行规律的。

②察昏明：察，观察。"昏"，原作"昬"，唐避太宗李世民名讳，缺笔而成"昏"。昏，日暮，天刚黑。明，平明，天刚亮的时候。也就是观察昼夜的变化。

③至于命者也：直到知天命。这一段都是讲历数的功能作用。即用它来揆天道，察昏明，定时日，处百事，辨三统，知陬会，晓吉隆，穷理性，知天命。

④《易》曰："先王以治历明时。"：此话并非《易》之原话。《易·革卦·象辞》："象曰：'泽中有火，革。君子以治历明时。'"孔颖达正义曰："君子以治历明时者，天时变改，故须历数，所以君子观兹革象，修治历数，以明天时。"

⑤《书》叙："朞，三百有六旬有六日，以闰月定四时，成岁。"：此话出自《尚书·尧典》，传曰："匝四时期日，一岁十二月，月三十日，正三百六十日。除小月六，为六日，是为一岁有余十二日，未盈三岁足得一月，则置闰焉，以定四时之气节，成一岁之历象。"即春、夏、秋、冬四时运转一个周期就叫"朞"，朞者，期也。一朞有三百六十六日，也就是一年。因为一年十二个月当中有六个小月，每个小月少一天，一年就少六日，怎么有余十二日，不清楚。不满三岁就差不多少了一个月，所以就得闰一个月，才能足成一岁。

⑥《春秋传》曰："先王之正时也，履端于始，举正于中，

归余于终。"：此话出自《春秋左氏传·文公元年》，杜预注曰："步历之始以为术之端，首荟之日三百六十有六日。日月之行又有迟速，而必分为十二月，举中气以正月，有余日则归之于终，积而为闰，故言归余于终。"履，步也，即推步。推步，即测算、推算历法。先王之校正四时，以推步测算历法为始端，举月之正半在于中气，将小月之余日归置于终末，然后再置闰。

⑦又曰："闰以正时，时以序事，事以厚生，生民之道。"：此话出自《春秋左氏传·文公六年》。杜预注曰："四时渐差，则致闰以正之。""时以序事"则注曰："顺时命事。""事以厚生"，则注曰："事不失时，则年丰。""生民之道"，未注，但意思明白。其原文，在"生民之道"后边还有一句"于是乎在矣"。则整句是说四时有差，必致闰以正之。时正便可以顺时命事。事不失时，便五谷丰登。五谷丰登，活民之道便在于此。

《四库总目·天文算法类》小序

三代上之制作，类非后世所及。惟天文算法则愈阐愈精。容成造术①，颛顼立制②，而测星纪闰，多述帝尧，在古初已修改渐密矣。洛下闳③以后，利玛窦④以前，变化不一。泰西⑤晚出，颇异前规。门户构争，亦如讲学。然分曹测验，具有实征，终不能指北为南，移昏作晓。故攻新法者至国初而渐解焉。圣祖仁皇帝御制《数理精蕴》⑥诸书，妙契天元，精研化本，寸中、西两法权衡归一，垂范亿年。海宇承流，递相推衍，一时如梅文鼎⑦等，测量撰述，亦具有成书。故言天者，至于本朝更无疑义。今仰遵圣训，考校诸家，存古法以溯其源，秉新制以究其变，古来疏密，厘然具矣。若夫占验禨祥⑧，率多诡说。郑当再火，裨灶先证⑨，旧史各自为类，今亦别入之术数家。惟算术、天文相为表里，《明史·艺文志》以算术入小学，是古之算术，非今之算术也。今核其实，与天文类从焉。

注释

①容成造术：容成，相传是黄帝的大臣，最早发明历法。后被道家附会为仙人，说是黄帝和老子之师。《汉书艺文志通释》引俞樾话说："《庄子·则阳篇》尝引容成氏语，释文云：'老子师也。'《汉志·阴阳家》有《容成子》十四篇，房中家又有《容成阴道》二十六卷，此即老子之师也。"又曰："合诸说观之，容成氏有三：上古之君，一也；黄帝之臣，二也；老子之师，三也。然老子生年亦究不可考，其师或即黄帝之臣乎？未可知矣。"俞樾之说，毫无意义。《汉志·阴阳家》确实著录《容成子》十四篇，《汉志·方技略·房中》也确实著录《容成阴道》二十六卷，但在其款目下什么注文也没有，俞氏据何在此之下即说："此即老子之师"的话呢？张舜徽《汉书艺文志通释》此条按语称："《汉志》著录之《容成子》十四篇，列于《南公》之次，张苍之前，必非老子之师无疑。此书盖出六国时人之手，而托名于容成子者也。"《汉志》著录《南公》三十一篇之下，注文曰："六国时。"《南公》都是六国时人作，居其后者当然不会早于六国。《四库总目》此处之说，显系认定容成乃黄帝之臣，发明了造历之术。

②颛顼立制：颛顼，上古五帝之一，相传为黄帝之孙，昌意之子。生十年而佐少皞，十二年而冠，二十年而登帝位，在位七十八年而崩。号高阳氏。《史记·五帝本纪》谓帝高阳颛顼"载时以象天，依鬼神以制义，治气以教化，絜诚以祭祀。"《大戴礼记》作"履时以象天"。履，步也，即推步测时以制历。《四库总目》此处之"颛顼立制"，推算历法，乃其立制内容之一。

③洛下闳：又作落下闳。《汉书·律历志》："至于元封七

年……太岁在子,已得太初本星度新正。(射)姓等奏不能算,愿募治历者,更造密度,各自增减,以造汉《太初历》。乃选治历邓平及长乐司马可、酒泉候宜君、侍郎尊及与民间治历者,凡二十余人,方士唐都、巴郡落下闳与焉。都分天部,而闳运算转历。"可证落下闳乃巴郡方士,谙天文历算,参加了汉武帝时《太初历》的制作。

④利玛窦:字西泰,意大利人。明万历十年(1582)奉派来中国,初在广东肇庆传教,万历二十九年(1601)到北京,进呈自鸣钟等物,并与士大夫交往。研读四书五经,并作拉丁文释义和注释。著译有《几何原本》《天学实义》等。

⑤泰西:犹言极西,旧时中国人对西方国家的通称,主要指欧美。

⑥《数理精蕴》:实为《御制数理精蕴》,上编五卷、下编四十卷、《表》八卷,凡五十三卷,是康熙五十二年圣祖仁皇帝御定《律历渊源》的第二部分。取材容古今中外之数学,是数算之书之成就的集大成作品。

⑦梅文鼎:梅文鼎(1633—1721),字定九,号勿庵。清初安徽宣城人。幼即喜观天象,常有所得。既长,则精研古来历算之书,至废寝忘食。又兼通晚明以来输入西方数学,融会贯通,冶为一炉,著天算之书八十余种,皆发前人所未发。康熙四十四年(1705)因李光地之推荐,觐见康熙皇帝,所谈历象算法,极受赞赏。所著天文书,汇为《梅氏丛书》。

⑧占验祺祥:占验,占卜应验。祺祥,祺,事神以求福去火。祥,吉祥、有福。祺祥,祈求鬼神以致福。

⑨郑当再火,神灶先诬:神灶,春秋时郑国的大夫,是星象术数家。曾预言周天子及楚王将死,宋、卫、陈、郑将火,晋国君将亡,陈国将灭,无不奇中。《左传·昭公十七年》:"神灶言于子产曰:'宋、卫、陈、郑,将同月火。'"《左传·昭公十八

年》:"裨灶曰:'不用吾言,郑又将火。'"此即"郑当再火,裨灶先诬"之出典。

按:最初的天文历法,类归于数术。其性质功能,正如《汉书·艺文志》所说:"天文者,序二十八宿,步五星日月,以纪吉凶之象,圣王所以参政也。"原来序次二十八宿的位置,推算金、木、水、火、土五星及日月运行的规律,纪录主吉主凶的天象,目的是为圣王做政治决策时参考。而"圣王必正历数"是为了"定三统服色之制","探知五星日月之会"。圣人之所以要知道这种天命之术,是因为"凶陋之患,吉隆之喜"皆出于此术。可见天文历法之兴,并不完全是为了"敬授民时",而在当中夹杂着很浓的政治色彩。天象乃自然现象,与王者优劣、诸侯好坏,本没有关系。《易·系辞》云:"天垂象,见吉凶。"所见者无非是日月薄蚀错行,星辰出没怪异,风云色变无常而已。古之言天者据此占人事之吉凶,一方面说明古人缺乏科学知识,流于迷信无稽,但另一方面也说明帝王权位太重太高,其昏君昧主的倒行逆施,无人可使之修省惕厉,改过迁善,故假之以天道变化,以谏净而警戒之。故历代臣工常以日月星辰之失常,引归人事以针其上。所以天文、历法古时归于数术。

至《隋书·经籍志》,虽将天文、历数与五行分离开来,各自平行列类,但仍认为"天文者,所以察星辰之变,而参于政者也。"认为"王政不修,谪见于天,日为之蚀;后德不修,谪见于天,月为之蚀。其余孛彗飞流,见伏陵犯,各有其应。"基于这种认识,故其天文类所著录之九十七部书中,除二十种带有科学价值的以外,七十七部都是星占之类的书。这反映了唐初人的认识局限。《旧唐书·经籍志》《新唐书·艺文志》于天文、历法之书的收录虽大大净化,但仍有一些星占之书混录其中。《宋史·艺文志》天文、历算两类术数味道似更轻了一点,但于这两类中间又复列五行、蓍龟两类，所收之书术数味极浓。至《四库全书总目》编辑时，已有康熙皇帝御制《数理精蕴》诸书相继问世。这些书"妙契天元，精研化本，于中、西两法权衡归一，垂范亿年。海宇承流，递相推衍"。这种背景，使得四库馆臣大胆扬弃术数迷信，而进一步注重科学。"若夫占验禨祥，率多诡说。郑当再火，裨灶先诬。旧史各自为类，今亦别入之术数家。"这几句话落在文字上十分简单，但敢说"占验禨祥，率多诡说"，这不但需要勇气，更需要科学。这个认识转变过程，花费了一千七八百年。且四库馆臣对这类书也并未采取虚无态度，即指出它们"百伪一真，递相煽动"，又认为"必谓古无是说，亦无是理"。因而采取"其可通者存其理，其不可通者姑存其说"的政策，将它们归入了"术数类"。这是个比较实事求是的目录家态度。

《汉志·数术略·五行类》小序

五行者，五常之形气也①。《书》云"初一曰五行，次二曰羞用五事"，言进用五事以顺五行也②。貌、言、视、听、思心失，而五行之序乱，五星之变作，皆出于律历之数而分为一者也③。其法亦起五德终始，推其极则无不至④。而小数家因此以为吉凶，而行于世，浸以相乱⑤。

注释

①五行者，五常之形气也：五行，指木、金、火、土、水。五常，指仁、义、礼、智、信。《礼记·中庸》："天命之谓性，率性之谓道，修道之谓教。"郑玄注曰："天命，谓天所命生民者也，是谓性命。木神则仁，金神则义，火神则礼，水神则信，土

神则知……"表明这五行乃是五常的形体和气质。即木对仁，金对义，火对礼，水对信，土对智。

②《书》云"初一曰五行，次二曰羞用五事"，言进用五事以顺五行也：此话出自《尚书·洪范》，原文为"初一曰五行，次二曰敬用五事，次三曰农用八政，次四曰协用五纪，次五曰建用皇极，次六曰乂用三德，次七曰明用稽疑，次八曰念用庶征，次九曰飨用五福，威用六极"。在此之前，《尚书》还有话，即"天乃锡禹洪范九畴，彝伦攸叙。"孔传曰："天与禹洛出书，神龟负文而出，列于背有数，至于九。禹遂因而第之，以成九类常道，所以次叙。""初一曰五行"，即这九类常道以五行为始，故曰初一。五事，指下文之貌、言、视、听、思。羞，进献。整句是说，因为五行是五常的形气，所以《尚书》中说大禹所次第之九类常道，第一是五行，第二便是进用貌、言、视、听、思五事从顺五行之变化。

③貌、言、视、听、思心失，而五行之序乱，五星之变作，皆出于律历之数而分为一者也：《汉书·五行志下之上》："'思心之不容，是谓不圣。'思心者，心思虑也；容，宽也。……貌、言、视、听，以心为主，四者皆失，则区霿无识，故其咎霿也。"《史记·天官书》："天有五星，地有五行。"《汉书·律历志上》："五星之合于五行，水合于辰星，火合于荧惑，金合于太白，木合于岁星，土合于填星。"《汉书·五行志下之下》："五星盈缩，变色逆地，甚则为孛。"《史记·天官书》："五星色白圜，为丧旱；赤圜，则中不平，为兵；青圜，为忧水；黑圜为疾，多死；黄圜，则吉。"律历，音律和历法。《史记·律书》："律历，天所以通五行八正之气，天所以成孰万物也。"数，计量、计算。《汉书·律历志上》："数者，一、十、百、千、万也。所以算数事物，顺性命之理也。"整句是说貌、言、视、听、思五事之心虑一失衡，木、金、火、土、水五行之序就错乱，五行之序一乱，则木星、金星、火星、土星、水星这五大行星之逆变也就发生，星变一

生，则人世间的水、旱、兵、疾也相继暴发。而这些不正常的变化，全来自律历之数变，因为它们各自都在一个数位之上。

④其法亦起五德终始，推其极则无不至：五德终始，战国末期阴阳家邹衍的学说，也称为"五德转移"。其说以水、木、金、火、土五种物质相生相克的道理和终而复始的循环变化，来推衍自然界的运转，附会人事王朝的兴衰。范文澜《中国通史》第二编第三章第十节："战国时，邹衍结合五行与阴阳两种思想成为阴阳五行学。它不是简单地结合，而是发展为神秘的德和运。邹衍把德当作本体，运当作作用，以德运为出发点，推断自然和社会的命运。属于唯物论的原始五行论、阴阳论，经邹衍改造后，成为唯心论的阴阳五行学，即五德终始论。"整句是说，这种音律和历法的计算方法，也启发了邹衍的"五德终始"学说，而"五德终始"造其极，登其峰，则无所而不至。

⑤而小数家因此以为吉凶，而行于世，寖以相乱：数，技能。小数家，即有小技能的人。因此，以此。寖，读作 jìn，本作"寖"，省作"寖"，今作"浸"。逐渐之义。整句是说有小技能（即后世行车推命、看风水）的人也用"五德终始"说来推断吉凶祸福，并且遍行于世，逐渐渗透以相为乱。

《汉志·数术略·蓍龟类》小序

蓍龟者，圣人之所用也①。《书》曰："女则有大疑，谋及卜筮。"②《易》曰："定天下之吉凶，成天下之亹亹者，莫善于蓍龟。"③"是故君子将有为也，将有行也，问焉而以言，其受命也如响。无有远近幽深，遂知来物。非天下之至精，其孰能与于此！"④及至衰世，解于齐戒，而娄烦卜筮，神明不应⑤。故筮渎不告，《易》以为忌；龟厌不告，《诗》以为刺⑥。

注释

①蓍龟者，圣人之所用也：蓍龟，谓卜筮也。蓍草和龟甲皆为古时卜筮的用具。筮用蓍草，卜用龟甲。意谓蓍草和龟甲，是圣人问卜的用具。

②《书》曰："女则有大疑，谋及卜筮。"：此话出自《尚书·洪范》，原文为"汝则有大疑，谋及乃心，谋及卿士，谋及庶人，谋及卜筮"。孔传曰："将举事而汝则有大疑，先尽汝心以谋虑之，次及卿士众民；然后卜筮以决之。"颜师古注亦曰："言所为之事有疑，则以卜筮决之也。龟曰卜，蓍曰筮。"意谓《尚书》中说了，将举事而你又有很大的疑虑，要尽心考虑，利弊权衡，其次再问计于卿士和群众，倾听他们的意见，最后再进行卜筮，以决吉凶，以解疑虑。

③《易》曰："定天下之吉凶，成天下之亹亹者，莫善于蓍龟。"：此话出自《易·系辞上》，原文为"备物致用，立成器以为天下利，莫大乎圣人；探赜索隐，钩深致远，以定天下之吉凶，成天下之亹亹者，莫大乎蓍龟"。亹亹，读 wěi，勤勉不倦貌。意谓窥探求索幽深隐秘、钩沉深远之事，用来决定天下的吉凶，从而成为天下之勤勉有为之人者，没有比卜筮更重大的了。

④"是故君子将有为也，将有行也，问焉而以言，其受命也如响。无有远近幽深，遂知来物。非天下之至精，其孰能与于此！"：此话亦出自《易·系辞上》。孔颖达正义曰："是以君子将有为也，将有行也，问焉而以言者，既《易》道有四（《易》有圣人之道四焉：以言者尚其辞；以动者尚其变；以制器者尚其象；以卜筮者尚其占），是以君子将欲有所施为，将欲有所行往，占问其吉凶而以言命蓍也。其受命也如响者，谓蓍受人命，报人吉凶，如响之应声也。无有远近幽深者，言《易》之告人吉凶，无问远之与近及幽，遂深远之处，悉皆告之也。遂知来物者，物，事也。然《易》以万

事告人，人因此遂知将来之事也。非天下之至精，其孰能与于此者，言《易》之功深如此，若非天下万事之内至极精妙，谁能参与于此，与《易》道同也。"整句是说，由于定天下吉凶莫善于蓍龟，所以君子将有所为或将有所行，都要以言问卜。焉，代词，指代蓍龟。（蓍龟）受命之后报告吉凶，也如响之应声。响者，声之回响也。而且无论远近幽深之处，全都报告给人，于是君子便知晓了未来的事物。《易》之功深如此，若不是天下万事之内的至精极妙，又谁能参与于此，而与《易》道同深呢！

⑤及至衰世，解于齐戒，而娄烦卜筮，神明不应：颜师古注曰："解，读曰懈。齐，读曰斋。娄，读曰屡。"整句是说，到了衰微乱世，所谓君子则懈怠于斋戒修身敬神，反而屡屡求神问卜，神明也置之不应。

⑥故筮渎不告，《易》以为忌；龟厌不告，《诗》以为刺：渎，轻慢亵渎。颜师古注曰："《易·蒙卦》之辞曰：'初筮告，再三渎，渎则不告。'言童蒙之来决疑，初则以实而告，至于再三，为其烦渎，乃不告也。"又注曰："《小雅·小旻》之诗曰：'我龟既厌，不我告犹。'言卜问烦数，媟嫚于龟，龟灵厌之，不告以道也。"整句是，至衰微乱世，人们懈于斋戒修省，反而频繁求筮问卜，所以筮因亵渎而不告以吉凶，这是《易》以为忌讳的；龟灵厌烦，也不告以吉凶，这是《诗经》以为讽刺的。"我龟既厌，不我告犹"，便是讽刺的例证。

《汉志·数术略·杂占类》小序

杂占者，纪百事之象，候善恶之征①。《易》曰："占事知来。"②众占非一，而梦为大，故周有其官③。而《诗》载熊罴虺蛇众鱼旐旟之梦,著明大人之占,以考吉凶,盖参卜筮④。《春秋》之说妖也,曰:"人之所忌,其气炎以取之,妖由人兴也。人失常则妖兴,人无衅焉,妖不自作。"故曰德胜不祥,义厌不惠⑤。桑穀共生,大戊以兴⑥;雊雉登鼎,武丁为宗⑦。然惑者不稽诸躬,而忌妖之见,是以《诗》刺"召彼故老,讯之占梦",伤其舍本而忧末,不能胜凶咎也⑧。

注释

①杂占者,纪百事之象,候善恶之征:颜师古注曰:"征,证也。《下系》之辞也,言有事而占,则睹方来之验也。"候,伺望、候望。整句是说杂占这东西,是用来纪录百事的现象,候望未来善恶结果验证的一种方术。

②《易》曰:"占事知来":此话出自《易·系辞下》:"吉事有祥,象事知器,占事知来。"韩康伯注曰:"行其言事则获嘉祥之应,观其象事则知制器之方,玩其占事则睹方来之验也。"意谓遇事求卜,可以知道未来应验的结果。

③众占非一,而梦为大,故周有其官:颜师古注曰:"谓大卜掌三梦之法,又占梦中士二人,皆宗伯之属官。"《周礼·春官·大卜》大卜"掌三梦之法,一曰致梦,二曰觭梦,三曰咸陟"。表明周时确有占梦之官,且是春官宗伯的属官。并规定"占梦中士二人,史二人,徒四人"。郑玄注曰:"以日月星辰占六梦之吉凶。梦是精神所感,并日月星辰等,是鬼神之事,故列职于此。"整句是说需要占卜的事项并不是一种一类一件,其中测梦是一件大事,故周时就设有占梦之官。

④而《诗》载熊罴虺蛇众鱼旐旟之梦,著明大人之占,以考吉凶,盖参卜筮:颜师古注曰:"《小雅·斯干》之诗曰:'吉梦维何?维熊维罴,男子之祥;维虺维蛇,女子之祥。'《无羊》之诗曰:'牧人乃梦,众维鱼矣,旐维旟矣。大人占之,众维鱼矣,实维丰年;旐维旟矣,室家溱溱。'言熊罴虺蛇皆吉祥之梦,而

生男女。乃见众鱼，则为丰年之应，旐旟则为多盛之象。大人占之，谓以圣人占梦之法占之也。画龟蛇曰旐，鸟隼曰旟。"然颜师古所引之诗为节录，仍不易理解。《诗·小雅·斯干》曰："吉梦维何？维熊维罴，维虺维蛇。大人占之，维熊维罴，男子之祥；维虺维蛇，女子之祥。"郑玄笺曰："熊罴之兽，虺蛇之虫，此四者梦之吉祥也。大人占之，谓圣人占梦之法占之也。熊罴在山，阴之祥也，故为生男；虺蛇冗处，阴之祥也，故为生女。"《诗·小鸿·无羊》曰："牧人乃梦，众维鱼矣，旐维旟矣。大人占之，众维鱼矣，实维丰年；旐维旟矣，家室溱溱。"郑玄笺曰："牧人乃梦见人众相与捕鱼，又梦见旐与旟占梦之官得而献之于宣王，将以占国事也。阴阳和，则鱼众多矣。笺云鱼者，庶人之所以养也，今人众相与捕鱼，则是岁熟相供养之祥也。"旐，读zhào，其上画有龟蛇的旗帜。旟，读yú，其上画有鸟隼图像的旗帜。整句是说《诗经》中记载着熊、罴、虺、蛇、众、鱼、旐、旟之梦，标明了以圣人占梦之法去占测，也能考核吉凶而归于卜筮。

⑤《春秋》之说妖也，曰："人之所忌，其气炎以取之，妖由人兴也。人失常则妖兴，人无衅焉，妖不自作。"故曰德胜不祥，义厌不惠：此话出自《左传·庄公十四年》，乃郑厉公向申繻问话，问他有没有妖。上面的话即申繻的答词。颜师古注曰："申繻之辞也，事见庄公十四年。炎，谓火之光始焰焰也。言人之所忌，其气焰引致于灾也。衅，瑕也。失常，谓反五常之德也。炎，读与焰同。"整句是说，《春秋》之说妖，说的是人所忌讳的，是仗其气炎来夺取，妖妄是由人招致兴起的。人失去五常之德，则妖妄便兴风作浪；人无瑕疵，妖并不自行发作。所以说德能胜于不吉祥，义能制止不顺利。厌，压制，制约。惠，颜师古注曰："惠，顺也。"

⑥桑穀共生，大戊以兴：《尚书·咸有一德》："伊陟相大戊，亳有祥，桑、穀共生于朝。伊陟赞于巫咸，作咸乂四篇。"孔传

曰:"祥,妖怪。二木合生,七日大拱,不恭之罚。桑,苏臧反;榖,工木反,楮也。赞,告也。巫咸,臣名。"孔颖达正义曰:"伊陟辅相大戊于亳都之内,有不善之祥。桑、榖二木共生于朝,朝非生木之处,是为不善之征。伊陟以此桑、榖之事告于巫咸,使录其事,作咸乂四篇。《史记·殷本纪》:"帝雍己崩,帝太戊立,是为帝太戊。帝太戊立伊陟为相。亳有祥,桑、榖共生于朝,一暮大拱。帝太戊惧,问伊陟。伊陟曰:'臣闻妖不胜德,帝之政其有阙与?帝其修德。'太戊从之,而祥桑枯死而去。……殷复兴。"讲的也是这段故事。太戊,商代国王。甲骨文作大戊、天戊,太庚之子。这句话说的是不祥的桑、榖共生,引起太戊听取伊陟修德意见,反使不祥之桑枯死而去,使殷朝复兴。所以说"桑榖共生,大戊以兴"。

⑦雊雉登鼎,武丁为宗:《尚书·高宗肜日》:"高宗祭成汤,有飞雉升鼎耳而雊,祖巳训诸王,作高宗肜日。"孔颖达正义曰:"高宗祭其太祖成汤于肜,祭之日有飞雉来升祭之鼎耳而雊鸣。其臣祖巳以为王有失德而致此祥,遂以道义训王,劝王改修德政。史叙其事,作高宗肜日。"《史记·殷本纪》:"帝武丁祭成汤,明日,有飞雉登鼎耳而呴,武丁惧。祖己曰:'王勿忧,先修政事。'……武丁修政行德,天下咸欢,殷道复兴。"武丁,商代国王,死后称为高宗。雊,雄鸡叫声。整句是说雉鸡登鼎耳而鸣,乃不祥之兆,可是武丁能听劝告,修政行德,得到天下拥护,自己反而成了国王,殷朝也因此而复兴。

⑧然惑者不稽诸躬,而忌妖之见,是以《诗》刺"召彼故老,讯之占梦",伤其舍本而忧末,不能胜凶咎也:颜师古注曰:"稽,考也,计也。《小雅·正月》之诗也。故老,元老也。讯,问也。言不能修德以禳灾,但问元老以占梦之吉凶。"诸,之于。躬,自身。伤,悲哀,怜惜。整句是说,糊涂不清的人不懂得考察自身的行为不端,反而忌讳妖妄的出现,正如《诗经》中讽刺

的那样,"唤来旧时的元老,却问之以占梦之事",真可怜其舍本逐末,因而也就无以战胜凶灾。

《汉志·数术略·形法类》小序

形法者①,大举九州之势②,以立城郭室舍③,形人及六畜骨法之度数、器物之形容,以求其声气贵贱吉凶④。犹律有长短,而各征其声,非有鬼神,数自然也⑤。然形与气相首尾,亦有有其形而无其气,有其气而无其形,此精微之独异也。

注释

①形法:即相法,指相地、相宅、相人、相物的方术。

②大举九州之势:九州,指古代中国中原地区的行政区划。《尚书·禹贡》谓冀、兖、青、徐、扬、荆、豫、梁、雍为九州。势,指九州之形势,即自然界现象。

③以立城郭室舍:城郭,即内城与外城。《管子·度地》:"内为之城,城外为之郭。"室,古人指房屋内部,前叫堂,堂后以墙隔开,后部中央部分叫室,室的东、西两侧叫房。《论语·先进》:"由也,升堂矣,未入于室也。"舍,客馆。《周礼·天官·冢宰》:"掌舍,掌王之会同之舍。"《庄子·说剑》:"大子休,就舍待命,令设戏请夫子。"后引申为房舍居室。整句是说,相法(形法),大者能相九州之形势,而立定城郭室舍。

④形人及六畜骨法之度数、器物之形容,以求声气贵贱吉凶:形,其断句有两种:一种属上,成"以立城郭室舍形"句式,解释为形状、样子。一种属下,成"形人及六畜骨法之度数"句式,解释为相之也。即相人及六畜骨法。此处取属下断句。六畜,指马、牛、羊、猪、狗、鸡。骨法,即骨相特征。度

数，计量长短的标准数。形容，形状，形象状貌。声气，声音气息。《史记·淮阴侯列传》蒯通以相人说韩信曰："仆尝受相人之术。"韩信曰："先生相人何如？"对曰："贵贱在于骨法，忧喜在于容色，成败在于决断，以此参之，万不失一。"可见人的贵贱、声气、吉凶，从骨法上能看出来。整句是说，相人及六畜的骨法，可知其声气、贵贱、吉凶。

⑤犹律有长短，而各征其声，非有鬼神，数自然也：律，古代用竹管或金属管制成的定音或候气的仪器。《尚书·舜典》："声依永，律和声。"《礼记·月令》："律中大蔟。"注曰："律，候气之管，以铜为之。"律有长短，律管的管径相同，但长短不一，以确定音的不同高度，从低音算起，成奇数的六个管曰阳六，如黄钟、太蔟、姑洗、蕤宾、夷则、无射，称为阳律；阴六曰吕，为大吕、夹钟、仲吕、林钟、南吕、应钟。两者合称为律吕。征，求也。《史记·货殖列传》："故物贱之征贵，贵之征贱，各劝其业，乐其事。"司马贞索隐曰："征，求也。谓此处物贱，求彼贵卖之。"整句是说，律管有长有短，各求其声调高低，没有什么鬼神，是自然的命运。《汉书艺文志通释》引证姚明煇的话说："大举九州之势，以立城郭室舍，即相地相宅。形人及六畜骨法之度数，器物之形容，即相人相物。形，相之也。黄钟管长，其声浊；应钟管短，其声清。十二律管有长短，声有清浊。以今物理学言之，震初数多，则声清，少则浊，自然之理也。以今堪舆家风水书言之，论形必大举九州之势而立城郭室舍，则所重在气。气有来龙，有过脉，有止处。气者，阴阳五行之气；形则山峙水流之形也。"

按：《汉志》"数术略"，共分六类。首天文，次历谱。这两类虽也有迷信方术的内容，但毕竟是数算之术为主，故自《隋志》以降，众目都把这两类从"数术"中分离了出来，单列天文、历算，与子部各类平行。这是目录家的真知灼见，也得到了广泛的认可和长时间的考验。而《汉志》"数术略"中之五行、蓍龟、杂占、形法四类，已非数算之术，而是方术之数，故《隋志》将其统归于"五行"，而《四库总目》则统归于"术数"。表面上看，这似乎只是个类分的变迁，实则反映了人类的认识历程。迷信是无知的产物。王者迷信，是其相信人权神授、天命所归的结果。神既可以授他权，也可以夺他权。为了不让夺权或晚夺权，对天象、星命、风候、气象、妖妄的警示，也就特别在意。于是数术者兴，术数者继，虽然也制约了统治者的某些为所欲为，但更多的还是让众庶俯首听命。四库馆臣悍然把这些都贬入"术数"，既是勇气，也是立乎中朝，坚持正统的大气，更是相对讲究科学的凛然正气。

※　　　　※　　　　※

《汉志·方技略》总序

方技者，皆生生之具，王官之一守也①。太古有岐伯、俞拊，中世有扁鹊、秦和②，盖论病以及国，原诊以知政③。汉兴有仓公④。今其技术晻昧⑤，故论其书，以序方技为四种⑥。

注释

①方技者，皆生生之具，王官之一守也：方技，亦作方伎，指方术之技，故医、卜、星、相之术，占时皆属方技。《汉志》将占卜、星、相之术归入"数术"类，故此处之方技只剩下医经、医方、房中、神仙等于人医药健康有关的内容。所以说"方技者，皆生生之具"。生生，乃中国的哲学术语，《周易》《尚书》中都不止一次出现，指变化和新事物的产生。《易·系辞

431

上》:"生生之谓易。"孔颖达正义曰:"生生,不绝之辞。阴阳变转,后生次于前生,是万物恒生,谓之易也。"意谓方技之术乃生生不息的保障工具。也是君王官员中的一种职守。

②太古有岐伯、俞拊,中世有扁鹊、秦和:太古,亦作大古,指远古、上古。《礼记·郊特牲》:"大古冠布,齐则缁之。"郑玄注曰:"唐、虞以上曰太古也。"可见太古的概念,是指唐尧、虞舜及其之前的时代。岐伯,上古名医,相传是黄帝的臣子,黄帝曾与之论医。今所传《黄帝内经》中所谓黄帝与岐伯论医,乃战国秦汉时医家的托名。俞拊,亦作俞跗、俞柎、踰跗,相传也是黄帝时的良医。《史记·扁鹊仓公列传》谓扁鹊过虢,虢太子死,扁鹊谓中庶子说他能使太子生,中庶子曰:"先生得无诞之乎?何以言太子可生也!臣闻上古之时,医有俞跗,治病不以汤液醴洒,镵石挢引,案扤毒熨,一拨见病之应,因五藏之输,乃割皮解肌,诀脉结筋,搦髓脑,揲荒爪幕,湔浣肠胃,漱涤五藏,练精易形。先生之方能若是,则太子可生也。不能若是而欲生之,曾不可以告咳婴之儿。"这段话是对俞拊医术最具体的褒奖。中世,当即指中古,因与太古相对。意即次于上古的时代。《易·系辞下》:"《易》之兴也,其于中古乎?"指商、周之间。此处之中世当指唐、虞至秦这段历史时期。扁鹊,春秋战国之际名医。原名秦越人,渤海郡鄚(今河北任丘北)人,一说为今山东济南市长青区人。家于卢国,故又名卢医。受秘方于长桑君。他总结前人经验,创造切脉医术,精通内科、妇科、五官科、小儿科等。详见《史记·扁鹊仓公列传》。秦和亦名医和,春秋时秦国医家,曾倡论阴、阳、风、雨、晦、明为"六气"。认为六气太过,可以引起各种不同的疾病。《春秋左氏传·昭公元年》:"晋侯求医于秦,秦伯使医和视之。曰:'疾不可为也,是谓近女室,疾如蛊。非鬼非食,惑以丧志。良臣将死,天命不祐。'……"可证其确是名医。

③盖论病以及国，原诊以知政：《国语·晋语》："平公有疾，秦景公使医和视之，……（赵）文子曰：'医及国家乎？'对曰：'上医医国，其次疾人。'"《左传·昭公元年》："晋侯求医于秦，秦伯使医和视之。曰：'……今君不节不时，能无及此乎？'出告赵孟。赵孟曰：'谁当良臣？'对曰：'主是谓矣。''主相晋国，于今八年，晋国无乱，诸侯无阙，可谓良矣。'和闻之。'国之大臣，荣其宠禄，任其宠节，有菑祸兴而无改焉，必受其咎。今君至于淫以生疾，将不能图恤社稷，祸孰大焉。'"这两段话都能说明论病可以医国，当然要看被医的对象是什么人物。国君荒淫无度，大臣没有规劝，或规劝无效，以致影响国家社稷，这时医家论病就不仅仅是治病救人，而是关乎拯救国家了。原诊，颜师古注曰："诊，视验，谓视其脉及色候也。"其实就是诊脉。诊脉怎么知政呢？可从《史记·扁鹊仓公列传》看出。"当晋昭公时，……简子疾，五日不知人，大夫皆惧，于是召扁鹊。……董安于问扁鹊，扁鹊曰：'血脉治也，而何怪！昔秦穆公尝如此，七日而寤。寤之日，告公孙支与子舆曰："我之帝所，甚乐。吾所以久者，适有所学也。帝告我，晋国且大乱，五世不安。其后将霸，未老而死。霸者之子且令而国男女无别。"公孙支书而藏之，秦策于是出。夫献公之乱，文公之霸，而襄公败秦师于殽而归纵淫，此子之所闻。今主君之病与之同。不出三日必间，间必有言也。'居二日半，简子寤。"这已是从诊脉看病而涉及政治了。

④汉兴有仓公：仓公（约前205—？）姓淳于，名意，齐临菑（今山东临淄）人。曾任太仓长，故又称仓公。他能辨证审脉，治病多验。详见《史记·扁鹊仓公列传》。

⑤今其技术晻昧：技术，指诊治医疗技术。晻昧，颜师古注曰："晻，同暗。"昧，昏暗。意谓现在的医术衰没。

⑥以序方技为四种：指方技略只叙录医经、医方、房中、神仙四类之书。

《汉志·方技略·医经类》小序

医经者，原人血脉经络骨髓阴阳表里，以起百病之本，死生之分①。而用度箴石汤火所施，调百药齐和之所宜②。至齐之得，犹慈石取铁，以物相使③。拙者失理，以愈为剧④，以生为死。

注释

①医经者，原人血脉经络骨髓阴阳表里，以起百病之本，死生之分：医经，指中医纲领之书。《汉书·艺文志》著录《黄帝内经》十八卷、《外经》三十七卷，《扁鹊内经》九卷、《外经》十二卷，《白氏内经》三十八卷、《外经》三十六卷，《旁篇》二十五卷。凡七家二百一十六卷。此为班固眼内的医经，即医书之经典。原，探究、察究。血脉，指血液运行的脉道。经络，指经脉和络脉。经脉如经路，为纵行的干线；络脉如网络，为横行的分支。它们纵横交错，循行于身体内外，组成有机联系的系统，总称为经络。骨髓，指藏于骨腔内的精髓，为肾精所化生。阴阳，指脏腑、组织、部位等的属性。如以脏为阴，腑为阳；血为阴，气为阳；腹为阴，背为阳等。表里，指表证和里证及其相互关系，病在表的轻而浅，病在里的重而深。"起百病之本"，起，起获、取出。本，致病的根本。"起百病之本"即"治病求本"，此为施行治疗的一种原则。今常说西医治标，中医治本。或中西结合，标本兼治。这当中的本，即此处"起百病之本"的本。也就是俗说的病因、病根。"死生之分"，指分清死生的界限。整句是说，医经是探究人的血脉、经络、骨髓、阴阳、表里之康病变化，从而借以取得百病的根源，分清死生界限的一种医术。

②而用度箴石汤火所施，调百药齐和之所宜：用度，用，

以、因、用来。度,揣度、估计、推测、掌握分寸。箴、石,颜师古注曰:"所以刺病也。石谓砭石,即石箴也。古者攻病则有砭,今其术绝矣。"汤,指汤液,即将药物加水煎煮,取汁饮服的汤药。火,即"火剂",古代清火去热的药剂。清代王念孙《读书杂志》四之七谓"所施"上亦当有"之"字,才能与下边句式一例。有道理。形成"而用度箴石汤火之所施"句型,与下句"调百药齐和之所宜"对称排比,文句更整齐。齐,颜师古注曰:"齐,音才诣反。其下并同。和,音乎卧反。"这样,齐,即指调剂了。和,读 hè 音,与齐便形成调和百药到适宜的程度。整句仍然是说,医经还用来掌握箴石汤火所施的分寸,调治百药达到适宜的程度。

③至齐之得,犹慈石取铁,以物相使:"至齐之得",至,等到。齐,同剂。待到药剂一制得。慈石,同磁石。意谓待到药剂一制得,就如同以磁石来取铁,用以治病,便药到病除。"以物相使",即以一物降一物,以一物取一物,以一物去一物。

④拙者失理,以愈为剧:笨拙的庸医掌握不了医理病理,便以愈为剧。剧,厉害。

《汉志·方技略·经方类》小序

经方者①,本草石之寒温②,量疾病之浅深③,假药味之滋④,因气感之宜⑤,辩五苦六辛⑥,致水火之齐⑦,以通闭解结,反之于平。及失其宜者,以热益热,以寒增寒,精气内伤,不见于外,是所独失也⑧。故谚曰:"有病不治,常得中医⑨。"

注释

①经方者:《汉书艺文志通释》引证姚明煇的话说:"经方

者，乃上古相传之医方，后世莫能出其范围，故冠以经名也。"张舜徽按语称："经者常也，经方者，谓常用之验方也。此十一家之书（《汉书·艺文志》著录经方凡十一家二百七十四卷），大抵为古昔名医裒集各种验方而成。分类为编，以补医经之所未及。救死扶伤，其用甚广。然而时移世异，后出益繁。人情厌旧喜新，则前者尽废。故《汉志》著录经方虽多至三百卷，而无传于后者。观《隋志》所载此类书倍蓰于斯，可以知其升降也。"

②本草石之寒温：本，本着、依据、根据。草，指中草药。石，砭石、石针。根据草药药石的寒温。

③量疾病之浅深：量，估量、测量。疾病，轻者为疾，重者为病。《尚书·金縢》："既克商二年，王有疾，弗豫。"《礼记·檀弓上》："曾子寝疾，病。"都是疾病分说。后来演变为疾病连称泛指。此处即是估量是疾是病，是浅是深。

④假药味之滋：假，借助、凭借。味，一种食物叫一味，一种草药叫一味。根据药方开出方剂可称为一副、一付。一个药方中可包含着几味药。滋，滋养、滋补。意即借助药味的滋养。

⑤因气感之宜：因，就着。气感，犹气质，指人的生理、心理等因素。意谓因人的生理、心理因素以制宜。

⑥辩五苦六辛：辩，通辨，即辨明、辨别。五苦六辛，《汉书艺文志通释》引证姚明煇话说："五苦：黄连、苦参、黄芩、黄柏、大黄；六辛：干姜、附子、肉桂、吴萸、蜀椒、细辛。"

⑦致水火之齐：齐，同剂，即药剂、方剂。《汉书艺文志通释》引证姚明煇话说："制剂有水火之不同。凡药，火制四：煅、煨、炙、炒也；水制三：浸、泡、洗也；水火共制二：蒸、煮也。此制剂各有所宜也。"致，达到、得到。总起来是说经典的医药方剂，本着草药药石的寒温属性，测诊疾病的深浅，借助药味的滋养，因人的生理机理心理气血而制宜，辨别五苦六辣，再给与用水、火二法煎制的药剂，是可以用来疏通闭气疏解郁结

的，从而使之反回到平和状态。

⑧及失其宜者，以热益热，以寒增寒，精气内伤，不见于外，是所独失也：失宜，失其所宜。失宜者，即指医治失当的庸医。及其，待到。等到医治失宜的庸医治病，则以热加热，以寒增寒，使病人元气内伤，外表却看不出来，这才是他们所独有的过失。

⑨故谚曰："有病不治，常得中医。"：不治，钱锺书先生《管锥编》第一册第364页谓："不求医人治病。"中医，清钱大昭《汉书辨疑》谓："今吴人犹云不服药为中医。"我认为，中医者，即体内自行调理，不服药而自愈，是为中医。谚语的意思是，有病不可让庸医乱治，乱治则以热益热，以寒增寒，反倒坏了。不如不治，而使体内自行调养，倒常常得到内在之医治。

《汉志·方技略·房中类》小序

房中者，情性之极，至道之际①。是以圣王制外乐以禁内情，而"为之节文"②。《传》曰："先王之作乐，所以节百事也。"③乐而有节，则和平寿考④。及迷者弗顾，以生疾而陨性命⑤。

注释

①房中者，情性之极，至道之际：房中者，指房中术。专讲男女两性交欢之书。张舜徽《汉书艺文志通释》按语称："古人于男女阴阳交合之事，非但不讳言，且用以教人。《白虎通义》有云：'父所以不自教子何？为渫渎也。又授之道，当极说阴阳夫妇变化之事，不可父子相教也。'据此，可知古人易子而教，殆由丁此。……及方士所得，遂流为邪道惑众之房中术。《后汉

书·方术传》称：'冷寿光年可百五六十岁，行容成公御妇人法，须发尽白，而色理如三四十时。……'盖其术行于西京这末，至东京而益盛。"情性，即人情之本性。极，顶点、高峰。至道，最基本的道理。际，至，接近。整句是说房中这类书讲的是男女情性达到高潮以及基本道理等内容。

②是以圣王制外乐以禁内情，而"为之节文"：是以，因此。圣王，圣明的君王。制外乐，控制、约束在宫外的寻欢作乐。禁内情，在内室也要严禁纵情。"为之节文"，出自《礼记·坊记》："子云：'小人贫斯约，富斯骄。约斯盗，骄斯乱。'礼者，因人之情而为之节文。"孔颖达正义曰："此一节明小人贫富皆失于道，故圣人制礼而为之节文。使富不至骄，贫不至约。……使民富不足骄者，此为富者制法也。……贫不至于约者，此为贫者制法也。"由此可以理解"为之节文"，其义当为为他们制定节文。节文，当是节制之条文。《史记·刘敬叔孙通列传》："礼者，因时世人情，而为之节文。"当为同义。

③《传》曰："先王之作乐，所以节百事也。"：此话出自《左传·昭公元年》，原文为"晋侯求医于秦，秦伯使医和视之。曰：'疾不可为也，是谓近女室，疾如蛊。非鬼非食，惑以丧志。良臣将死，天命不祐。'公曰：'女不可近乎？'对曰：'节之。先王之乐，所以节百事也。故有五节。'"此处多一"作"字，无伤本义。孔颖达正义曰："女之为节，不可得说，故以乐譬之。先王之为此乐也，所以限节百种之事，故为乐有五声之节。为声有迟有速，从本至末，缓急相及，使得中和之声。"比喻很恰当。言内室寻欢，也要有节制，得之适当中和。

④乐而有节，则和平寿考：和平，中和、心平气和。寿考，年高、长寿。《诗·大雅·棫朴》："周王寿考。"郑玄笺曰："文王是时九十余矣，故云寿考。"意谓作乐而有节制，便心平气和，健康长寿。

⑤及迷者弗顾，以生疾而陨性命：弗顾，不顾，即毫无顾忌。陨，通殒，死亡。意谓待到迷于美色而作乐寻欢，毫无顾忌，则就要生病而陨命。

《汉志·方技略·神仙类》小序

神仙者，所以保性命之真，而游求于其外者也①。聊以荡意平心，同死生之域，而无怵惕于胸中②。然而或者专以为务，则诞欺怪迂之文弥以益多，非圣王之所以教也③。孔子曰："索隐行怪，后世有述焉，吾不为之矣。"④

注释

①神仙者，所以保性命之真，而游求于其外者也：神仙，指长生不老，来去无方，得道成仙的人。神仙者，此处指神仙这一类的书。所以，即以所，用来。真，精诚。《庄子·渔夫》："真者，精诚之至也。"道教称"修真得道"或"成仙"的人为"真人"。游，流动，遍。意谓神仙者，乃是那些诚心诚意用来保护自己性命，并在性命之外还遍求成仙得道、长生不老的方术。

②聊以荡意平心，同死生之域，而无怵惕于胸中：聊，依赖。荡，颜师古注曰："荡，涤。一曰荡，放也。"平，不使激动，平和。这是两个动宾结构，荡意平心，洗涤浪意，平和心态。即清心静意，平心静气。修行得道，视死如仙逝，故认为死与生都在同一个境界。怵惕，戒惧、惊惧。整句意谓神仙者可以依赖它涤荡浪意，平和心态，认为死与生都在同一个境界，因而视死如成仙，胸中毫无惊惧。

③然而或者专以为务，则诞欺怪迂之文弥以益多，非圣王之所以教也：或者，有的人。务，致力、从事。"专以"之后省略

了"神仙"二字,加进去就容易理解了。有的人专以成仙为致力从事的专业。诞,颜师古注曰:"诞,大言也。迂,远也。"诞欺,大言欺说。怪迂,怪诞迂远的话。弥,副词,益发,更加。整句是说然而有的人专以神仙为致力的专务,因而荒诞欺说、怪僻远阔的文章便更加多起来。王先谦《汉书补注》认为此为指说汉武帝,而"不敢斥言武帝,而其文甚显"。陈国庆《汉书艺文志注释汇编》引证王应麟的话说:"司马公曰老庄之书,大指欲同死生,轻去就。而为神仙者服饵修炼,以求轻举,炼草石为金银,其为正相戾。是以刘歆《七略》叙述道家为诸子,神仙为方技。其后复有符水禁咒之术。至寇谦之(北魏人,事见《魏书·薛辩寇讚郦范韩秀尧暄列传》),遂合而为一,至今循之,其讹甚矣。"故此句末尾结论说,这并不是圣明的君王用来施教的内容。

④孔子曰:"索隐行怪,后世有述焉,吾不为之矣。":颜师古注曰:"《礼记》载孔子之言。索隐,求索隐暗之事,而行怪迂之道,妄令后人有所祖述,非我本志。"孔子这段话出自《礼记·中庸》:"索隐行怪,后世有所述焉,吾弗为之矣。"索,原作"素"。郑玄注曰:"言方乡辟害,匿身而行诡谲,以作后世名也,弗为之矣。耻之也。"意谓孔子于求索隐暗之事,推行怪异之道,让后世之人有所称述而效羡,我决不干这类的事。

《隋志·医方类》小序

医方者,所以除疾疢,保性命之术者也①。天有阴阳风雨晦明之气,人有喜怒哀乐好恶之情②。节而行之,则和平调理;专壹其情,则溺而生疢③。是以圣人原血脉之本,因针石之用,假药物之滋,调中养气,通滞解结,而反之于素④。其善者,则原脉以知政，推疾以及国。《周官》，医师之职"掌聚诸药物，凡有疾者治之"⑤，是其事也。鄙者为之，则反本伤性。故曰："有疾不治，恒得中医。"

注释

①医方者，所以除疾疢，保性命之术者也：医方者，当指医治和方论。疢，音 chèn，指热病。疾疢或疢疾，也泛指害病或久病。此处之疾疢，当泛指疾病。整句意谓医疗和方论，是用来除却疾病，保障人的性命并健康生活的技术。

②天有阴阳风雨晦明之气，人有喜怒哀乐好恶之情：《左传·昭公元年》："六气，曰阴、阳、风、雨、晦、明也。分为四时，序为五节。"晋杜预注曰："六气之化，分而序之，则成四时得五行之节。"此即天有六气之变说。喜、怒、哀、乐、好、恶称为六情，即人的六种感情。班固《白虎通》专有"情性"一篇，论及人之六情。

③节而行之，则和平调理；专壹其情，则溺而生疢：人之于六情若有节制而行之，便可平顺调和；若专极某一情，便可因沉迷而失去六情之平衡以致生病。溺，沉迷、嗜好。《礼记·乐记》："今夫新乐，进俯退俯。奸声以滥，溺而不止。"孔颖达正义曰："溺而不止者，声既淫妙，人所贪溺，不可禁止也。"贪溺，即沉迷。

④而反之于素：素，平素、往常、旧时。承前文，因人有专一其情，溺而生病者，因此圣人便探究血脉之根本，行针、石之宜用，借助药物之滋养，调理体内，补养气血，疏通淤滞，疏解郁结，而使其反回恢复到平素那样。

⑤《周官》，医师之职"掌聚诸药物，凡有疾者治之"：此话出自《周礼·天官·冢宰下》，原文为"医师掌医之政令，聚毒药以共医事。凡邦之有疾病者，疕疡者造焉，则使医分而治之"。郑玄注曰："毒药，药之辛苦者。药之物，恒多毒。"孔颖达正义

曰："细辛苦参，虽辛苦而无毒，但有毒者多辛苦，故云毒药药之辛苦者。"是说周代职官中已有医师，且他们都是良医，能原脉以知政，推疾以及国。掌聚药共医之职。凡邦国之有疾病者，则分而治之。

《四库总目·医家类》小序

儒之门户分于宋，医之门户分于金、元[1]。观元好问《伤寒会要序》，知河间之学与易水之学争[2]；观戴良作《朱震亨传》，知丹溪之学与宣和局方之学争也[3]。然儒有定理，而医无定法。病情万变，难守一宗，故今所叙录，兼众说焉，明制定医院十三科[4]，颇为繁碎。而诸家所著，往往以一书兼数科，分隶为难，今通以时代为次。《汉志》医经、经方二家后，有房中、神仙二家，后人误读为一，故服饵导引，歧途颇杂，今悉删除。《周礼》有兽医[5]，《隋志》载《治马经》等九家[6]，杂列医书间。今从其例。附录此门，而退置于末简，贵人贱物之义也。《太素脉法》，不关治疗，今别收入术数家，兹不著录。

注释

①儒之门户分于宋，医之门户分于金、元：儒家儒学以门户之见而设营垒，始于宋，特别是南宋的朱、陆之分，此在前边已作过注解，不再重注。医家之分门户，盖始于金河间刘完素与易州张元素、元朱震亨所谓丹溪之学与宣和局方之学的分野争论。故此处说"儒之门户分于宋，医之门户分于金、元"。

②观元好问《伤寒会要序》，知河间之学与易水之学争：元好问（1190—1257），字裕之，号遗山，金代秀容（今山西忻州）人，元德明之子。七岁能诗。宣宗兴定五年（1221）进士，历内

乡令，官至行尚书省左司员外郎。金亡，不仕，以著述为己任。收集金君臣言论遗事，为元人修《金史》所取资。所辑《中州集》，录金二百四十九人诗词，各附小传以存史。为文备众体，诗尤奇崛，且以身处金、元之际，特多兴亡之感。为一代宗匠。有《元遗山文集》传世。

《伤寒会要》为金元四大名医之一的李杲撰。李杲（约1180—1251），字明之，号东垣，金元间真定（今河北正定）人。世以资雄乡里。幼好医药，师易州张元素，尽传其业。于伤寒、痈疽、眼目病尤长。治症有奇效，以补中益气、升阳益胃为宗旨，世称"温补派"。为医学金元四家之一。有《内外伤辨惑论》《脾胃论》《兰室秘藏》等著作传世。其《伤寒会要》盖未传世。元好问为此书作序，当在金哀宗天兴七年（1238）之后，其时金已灭亡四年。时当南宋理宗嘉熙二年，大蒙古国太宗十年当年或以后。其序称："往予在京师，闻镇人李杲明之有国医之目，而未之识也。壬辰之兵，明之与予同出汴梁，于聊城，于东平，与之游者六年于今，然后得其所以为国医者为详。盖明之世以赀雄乡里，诸父读书，喜宾客，所居竹里，名士日造其门。明之幼岁好医药，时易州张元素以医名燕赵间，明之捐千金从之学，不数年尽传其业。家既富厚，无事于技操有余以自重，人不敢以医名之。大夫士或病，其资高骞，少所降屈，非危急之疾有不得已焉者，则未始谒之也。大概其学如伤寒、气疽、眼目病为尤长。伤寒则著《会要》三十余万言。其说曰：'伤寒家有经禁、时禁、病禁，此三禁者，学医者人知之。然亦顾所以用之为何如耳？'《会要》推明仲景、朱奉议、张元素以来备矣。见证得药，见药识证，以类相从，指掌皆在。仓猝之际，虽使粗工用之，荡然如载司南以适四方，而无问津之惑。其用心博矣。……戊戌之夏，予将还太原，其子执中持所谓《会要》者来，求为序引，乃以如上事冠诸篇，使学者知明之之笔于书，其已试之效盖如此云。闻月望日河东元某书于范尊师之正一宫。"（详见《元遗山先生文集》卷三十七）这篇序文之省略号前，均系明之治病事例，力表其灵活辨证，视病施药，收效甚奇。别无他言。故从此序中除了可知其为张元素高足弟子并传其业以外，似乎看不出"河间之学与易水之学"的争论。四库馆臣硬说"观元好问《伤寒会要序》，知河间之学与易水之学争"，实有故弄玄虚之嫌。

医学上所谓河间之学，其代表人物是刘完素。刘完素（约1120—1200），字守真，号通元处士，金河间（今河北河间）人。行医不仕。治病好用凉剂，以降心火、益肾水为主，人称"寒凉派"。为金元四大家之一。有《运气要旨论》《精要宣明论》《素问玄机原病式》等传世。因其是河北河间人，故以他为代表的医学学派便称为河间之学。

医学上所谓易水之学，其代表人物是张元素。张元素字洁古，金易州人。应进士，因犯庙讳而落第，乃去学医。平素治病不用古方，认为运气不齐，古今异轨，古方新病，不相能也。其弟子李杲，最著名。前边说过，李杲治病以补中益气、升阳益胃为宗旨，世称"温补派"。然李杲之师乃易州张元素。易州即今河北易县，汉置故安县，晋改曰固安。北齐废。隋置易州，并置易县为州治。宋改县为易水。故张元素也可以说是易水人，以他为代表的医学学派便称为易水之学。一边是"寒凉派"，一边是"温补派"，水火不容，门户之见甚深。

《金史·张元素传》："河间刘完素病伤寒，八日头痛脉紧，呕逆不食，不知所为。元素往候，完素面壁不顾。元素曰：'何见待之卑如此哉！'既为诊脉，谓之曰脉病云云，曰：'然初服某药用某味乎？'曰：'然。'元素曰：'子误矣。某味性寒，下降走太阴，阳亡汗不能出。今脉如此，当服某药则效矣。'完素大服，如其言，遂愈。元素自此显名。"门户之深，至病入膏肓，犹不放弃偏见，面壁而不顾。

③观戴良作《朱震亨传》,知丹溪之学与宣和局方之学争也:戴良(1317—1383),字叔能,号九灵山人,元末明初浦江人。通经史百家及医卜释老学说,长于诗文。曾任江北行省儒学提举。元亡,隐居四明山。明洪武十五年(1382)征入京,欲官之,良以老疾固辞,忤帝旨,下狱死。著有《九灵山房集》。

朱震亨(1281—1358),字彦修,世居丹溪,人称为丹溪翁、丹溪先生,元婺州义乌人。曾从许谦学,为许氏高足弟子。清修苦节,绝类古笃行之士,所至人多化之。后因师嘱转学医,广求名医,得罗之悌之传,治症多奇效。其医论认为阳易动阴易亏,故阳常有余,阴常不足。治法上注重滋阴降火。后世称其为"养阴派"。与刘完素、张从正、李杲并称为金元四家。有《格致余论》《局方发挥》《伤寒论辨》《外科精要发挥》等医著。《四库总目》此处所谓"观戴良作《朱震亨传》,知丹溪之学与宣和局方之学争也"的说法,根据就是戴良所作《丹溪翁传》,收在戴氏《九灵山房集》卷十中。

《传》称:"丹溪翁者,婺之义乌人也。姓朱氏,讳震亨,字彦修,学者尊之曰丹溪翁。翁自幼好学,日记千言。稍长,从乡先生读经,为举子业。后闻许文懿公得朱子四传之学,讲道八华山,复往拜焉。盖闻道德性命之说宏深粹密,遂为专门。一日,文懿谓曰:'吾卧病久,非精于医者不能以起之。子聪明异常人,肯游艺于医乎?'翁以母病脾,于医亦粗习,及闻文懿之言,即慨然曰:'士苟精一艺,以推及物之仁,虽不仕于时,犹仕也。'乃悉焚弃向所习举子业,一于医致力焉。时方盛行陈师文、裴宗元所定大观二百九十七方,翁穷昼夜是习。既而悟曰:'掺古方以治今病,其势不能以尽合。苟将起度量,立规矩,称权衡,必也《素》《难》诸经乎!'然吾乡诸医鲜克知之者,遂治装出游,求他师而叩之。乃渡浙河,走吴中,出宛陵,抵南徐,达建业,皆无所遇。及还武林,忽有以其郡罗氏告者。罗名知悌,字子敬，世称太无先生。宋理宗朝寺人，学精于医，徐金刘完素之再传，而旁通张从正、李杲二家之说。然性偏甚，恃能厌事，难得意。翁往谒焉，凡数往返，不与接。已而求见愈笃，罗乃进之曰：'子非朱彦修乎？'时翁已有医名，罗故知之。翁既得见，遂北面再拜以谒，受其所教，罗遇翁亦甚欢，即授以刘、张、李诸书，为之敷扬三家之旨，而一断于经。且曰：'尽去而旧学，非是也。'翁闻其言，涣焉无少凝滞于胸臆。居无何，尽得其学以归。……翁之卓卓然如是，则医又特一事而已。翁讲学行事之大方，已具吾友宋太史濂所为翁墓志，故不录，而窃录其医之可传者为翁传，庶使后之君子得以互考焉。"省略号之前，均系朱氏治病之效验，无涉他意。四库馆臣硬说观此传，就知道丹溪之学与宣和局方之学所争也，又是故弄玄虚。其中无非是丹溪求学医时，正"盛行陈师文、裴宗元所定大观二百九十七方，翁穷昼夜是习。既而悟曰：'掺古方以治今病，其势不能以尽合。'"一语，哪里看得出什么医学学派之争！

陈师文、裴宗元，行实难考，只是《太平惠民和剂局方》一书，"旧本题宋库部郎中提辖措置药局陈师文等奉敕编。案王应麟《玉海》云，大观中陈师文等校正《和剂局方》五卷，二百九十七道，二十一门。晁公武《读书志》云，大观中诏通医刊正药局方书，阅岁书成，校正七百八字，增损七十余方。"(《四库全书总目·太平惠民和剂局方》提要）由此可知陈师文、裴宗元等奉敕所编之方书，乃大观局方，非宣和局方。古方虽经效验，但也因时因人而异，"掺古方以治今病，其势不能以尽合"。实在是千古恒理，谈不上什么门户之争。《四库全书总目》最喜谈门户，这是纪晓岚的毛病。

④明制定医院十三科：《明史·职官志三》："太医院掌医疗之法。凡医术十三科，医官、医生、医士，专科肄业：曰大方脉，曰小方脉，曰妇人，曰疮疡，曰针灸，曰眼，曰口齿，曰接

骨，曰伤寒，曰咽喉，曰金镞，曰按摩，曰祝由。"凡十三科。

⑤《周礼》有兽医：《周礼·天官冢宰下》："兽医掌疗兽病、疗兽疡。凡疗兽病，灌而行之，以节之，以动其气，观其所发而养之。……"证明《周礼》六官中确有兽医，《四库总目》此处所说不为无稽。然《周礼》天官冢宰下讲医，将人医与兽医混而叙其职守，不符先人后物之理，故四库馆臣将兽医附在了医家之后，以示贵人贱物之义。

⑥《隋志》载《治马经》等九家：《隋书·经籍志》子部医方类著录《疗马方》一卷、《伯乐治马杂病经》一卷、《治马经》三卷、《治马经》四卷、《治马经目》一卷、《治马经图》二卷、《马经孔穴图》一卷、《杂撰马经》一卷、《治马牛驼骡等经》三卷《目》一卷，凡九家，杂处其中，不伦不类。

按：医、卜、星、相，古时皆属方技。然《汉书·艺文志》将天文、历谱两类分出，单列了"五行"类；将蓍龟、杂占、形法三类分出，单列了"数术"类。这样就使"方技"所涵盖的内容只剩下医家的一些内容，开了后世目录改"方技"为"医方"或"医家"的先河。《汉志》"方技类"下分医经、经方、房中、神仙四小类，这首先是因为有这方面的书。张舜徽《汉书艺文志通释》按语称："方技实包医经、经方、房中、神仙四类，而此后论仅及医学一端。良以房中、神仙皆与医道有关，举医足以该之也。医之为用甚广，利泽生民为最大，故古人重之，秦世焚坑，而医药之书明令不去。医说精义流传未绝。《汉志》著录之书，虽多非先秦旧帙，固犹古义之遗存也。是以后世习医者，咸探源于此焉。自昔恒称士、农、工、商为四民，《汉书·食货志》且为之说曰：'士农工商，四民有业。学以居位曰士，辟土殖谷曰农，作巧制器曰工，通财鬻货曰商。'余则以为四民之外，最不可少者为医，而续之以解曰：'治病救死曰医。'庶几益为五，其用始全云。"这段按语道出了人们对医的看法。

《隋书·经籍志》已扬弃"方技"之目,而以"医方"替代之,似乎更切其题。"医方"之名,字面之义似是医经、经方之合称,然其所著录之书则远非这么简单,排序也比较混乱。尤其将兽医之书混迹其间,连《周礼》的层次也达不到。《隋志》著录兽医之书凡九家,第一家为《疗马方》一卷,排在了《黄帝素问》前边,而后隔过一百二十九家,又著录了八部兽医书。其后再著录六十一部其他医书。《汉志》方技类著录神仙,原因之一是有一些书总得类归,之二便是西汉武帝以来,或者说是自秦始皇以来,都想海外求仙,以图长生不老,故使社会风气朝这方面发展。但班固并不糊涂,他在类序中一语道破,谓神仙这东西,无非是那些不但想保全性命之精真,还想额外奢求,"聊以荡意平心,同死生之域,而无怵惕于胸中"的玩艺,并未真信有什么神仙。至北魏寇谦"有道术,太武敬重之"(《北史·寇讚传》)。尝自言遇仙人成功兴,与之游嵩华,食仙药,遂隐松阳。始光(424—428)中召至阙,甚敬重之。后传其尸解以去。正是由于他,遂使神仙贴在了道家身上。神仙往道家身上一贴,为道教并入道家开了先河。《隋志》医方类著录的《彭祖养性经》《老子禁食经》《太清诸丹药方》《真人九丹经》《太清神丹中经》《太清璇玑文》《养生术》《引气图》《道引图》等,就是道教附会道家,将道教阑入道家的始作俑者。

至《四库全书总目》虽单列医家,部居的位置也很靠前。且谓:"本草、经方,技术之事也,而生死系焉,神农、黄帝以圣人为天子,尚亲治之,故次以医家。"(《四库总目·子部》总序)纪晓岚还说:"农家、医家,旧史多退之于末简,余独以农家居四,而其五为医家。农者,民命之所关,医虽一技,亦民命之所关,故升诸他艺术之上也。"(《纪文达公集》卷八)这些见解都很客观、求实、有见地。但却指责"明制定医院为十三科,颇为繁碎。而诸家所著，往往以一书兼数科，分隶为难，今通以时代为次"。这种批评并不确当，而且医院之分科是诊治上的分科，并不是医书的分类。以不确当之理解批评别人，并作为自己不为医书恰当分类的理由，这是不高尚的作风。又说："《汉志》医经、经方二家后，有房中、神仙二家，后人误读为一，故服饵导引，歧途颇杂，今悉删除。"《汉志》房中是劝诫人们要节制房事，不能纵欲伤身，本属保养，与医沾边。神仙则纯属保性命再求长生不老，属无稽之谈。这两类误读不到一起。而将神仙贴在道家身上，前边已经谈过了，乃北魏寇谦，从此服饵、导引等道教的东西阑入了道家，使道家至今蒙尘。四库馆臣将道教乌七八糟的书籍通通归入道家，更是不负责任。

※　　　※　　　※

《四库总目·艺术类》小序

古言字书，后明八法①，于是字学、书品为二事②；左图右史③，画亦古义，丹青金碧，渐别为赏鉴一途；衣裳制而纂组巧，饮食造而陆海陈，踵事增华，势有别致④。然均与文史相出入，要为艺事之首也。琴本雅音，旧列乐部，后世俗工拨捩⑤，率造新声，非复《清庙》《生民》之奏⑥，是特一技耳。摹印本六体之一，自汉白元朱，务矜镌刻，与小学远矣⑦。射义、投壶载于《戴记》⑧，诸家所述，亦事异礼经，均退列艺术，于义差允。至于谱博弈、论歌舞，名品纷擎，事皆琐屑，亦并为一类，统曰杂技焉。

注释

①八法：指汉字结构通常有侧（点）、勒（横）、弩（直）、

趯（钩）、策（斜画向上）、掠（撇）、啄（右的短撇）、磔（捺）八种书势笔法，故称为八法。南朝宋鲍照《鲍氏集》十之"飞白书势铭"说："超工八法，尽奇六文。"即指此八法。"永"字一字八种法则俱全，故亦称"永字八法"。

②于是字学、书品为二事：字学，古指小学，包括形、音、义，是释经的基本功，故属经部。后属文字学，多讲形、义。书品，亦即品书品字，也就是品评书家、书法优劣。一是讲字形、字音、字义，一是品评书家书法之优劣短长，虽然都跟文字有关，但却是截然不同的两回事。

③左图右史：指藏书盈侧。《新唐书·杨绾传》谓杨绾"性沉静，独处一室，左右图史，凝尘满席，澹如也"。龚自珍《定盦文集续集三·阮尚书年谱第一序》："乃设精舍，颜曰诂经，背山面湖，左图右史。"四库此处之左图则指图画而言。意谓画亦自古有之，且由于它发展金碧辉煌，于是慢慢又演变出了赏画品画一条途径。可见它第一句讲的是书法，本句则讲的是画，这两类都是"艺术类"的主要内容。

④衣裳制而纂组巧，饮食造而陆海陈，踵事增华，势有别致：纂组，指编织。《管子·轻重甲》："尹伊以薄之游女工文绣纂组，一纯得粟锤于桀之国。"唐吴兢《贞观政要·求谏》："雕琢害农事，纂组伤女工。"两处纂组都是编织之义。陆海，指物产富饶之地。亦指大高原，即关中一带。《汉书·东方朔传》建元三年朔进谏："汉兴去三河之地，止霸产以西，都泾、渭之南，此所谓天下陆海之地，秦之所以虏西戎兼山东者也。"颜师古注曰："高平曰陆，关中地高，故称耳。海者万物所出，言关中山川物产饶富。是以谓之陆海也。"踵事增华，指继续前人的成就，并加增饰，有所提高。《昭明太子文选序》："盖踵其事而增华，变其本而加厉，物既有之，文亦宜然。"驯致，逐渐达到。《周易·坤》："象曰履霜坚冰，阴使凝也，驯致其道，至坚冰也。"孔颖达

正义曰："驯致其道至坚冰也者，驯，犹狎顺也，若鸟兽驯狎然，言顺其阴柔之道，习而不已，乃至坚冰也。"确有渐进之义。整句是说衣裳做好了才能知其编织之巧，饮食做好了才能知道陆海之丰陈，继承前事而加以增饰，其各有渐次达到至美的途径。

⑤后世俗工拨捩：拨捩，指调拨琴弦。捩，转弦的轴。拨捩，拨动琴弦之轴以调音。

⑥非复《清庙》《生民》之奏：《清庙》，《诗经·周颂》有《清庙》篇，《诗·序》谓为祀文王之歌。郑玄笺以清庙为祀文王之宫。亦为宗庙的通称。清，肃穆清静。《左传·桓公二年》："是以清庙茅屋……昭其俭也。"此在前边墨家类序中已注释过，不重注。《诗经·大雅》有《生民》篇，《诗·序》："生民，尊祖也。后稷生于姜嫄，文武之功起于后稷，故推以配天焉。"可证《清庙》《生民》都是祭祀祖先所奏的正式乐章，待俗工拨捩琴弦，便不成为《清庙》《生民》之雅奏了。

⑦摹印本六体之一，自汉白元朱，务矜镌刻，与小学远矣：摹印，乃秦书八体之一，是就小篆稍加变化而成。其字形屈曲缜密，开初本用于玺文，后来也用于一般印章。就是说摹印当初也是书体之一，跟小学文字相关。汉白元朱，盖与印章所刻之字是阴刻还是阳刻有关。古代钤印章于紫泥或封蜡之上，故所刻印章之字多以阴刻为主，钤盖在紫泥封蜡上之后，紫泥封蜡上的印字笔画反而凸起，称为阳文。若将这种阴刻之印章涂色钤盖在纸上，则印字笔画反成凹进去的白色。后世印色虽仍称印泥，但要用它来涂在印章上再钤盖，故要看印章之字是阳刻还是阴刻。后世印章之字虽仍有阴刻，但主流则是阳刻了。阳刻印章涂色钤盖，则印出来的印文笔画视涂上的印泥颜色而相应之。后世印泥朱色为多，故印出来的印文也就呈现朱色。所谓"汉白元朱"，大概指的就是这种变化。而不管是汉白还是元朱，都追求篆法刀法，故四库馆臣谓其"务矜镌刻"，追求艺术，与小学文字则越

451

来越远矣。

⑧射义、投壶载于《戴记》：射义、投壶都是《礼记》中的篇名。《礼记》分《大戴礼记》和《小戴礼记》，大戴为戴德，小戴为戴圣，为叔侄。今传本《礼记》为小《戴记》。《礼记·射义》孔颖达正义："按郑目录云，名曰射义者，以其记燕射、大射之礼，观德行取于士之义。"《礼记》正文则曰："古者诸侯之射也，必先行燕礼；卿大夫士之射，必先行乡饮酒之礼。故燕礼者，所以明君臣之义也；乡饮酒之礼者，所以明长幼之序也。"而《礼记·投壶》："投壶之礼，主人奉矢，司射奉中，使人执壶。"孔颖达正义曰："矢，所以投者也。中士则鹿中也。射人奉之者，投壶射之类也，其奉之西阶上北面。投壶，壶器名，以矢投其中射之类。"射义、投壶本属礼制的内容，故载于《戴记》。后世演变为礼制的游戏，所以诸家所记述也就常常与《礼经》不同，故都列于艺术类。

按：《新唐书·艺文志》已设有"杂艺术类"，凡收书十一家二十部一百四十二卷。其中已著录《投壶经》《皇博经》《大小博法》《大博经行棋戏法》《名手画录》《画后品》《宁王调马打球图》《唐画断》《续画品》《骰子选格》等书。《宋史·艺文志》仍设有"杂艺术类"，涉及棋、画、叶子格、射、投壶等各方面。但《砚图谱》《文房四谱》《砚录》《马经》《疗驹经》《医驹方》等亦杂在其中。故《四库全书总目》设"艺术类"并不是什么首创，而是在继承中发展。发展的表现，是在"艺术类"之下设了三级类，这是目录学中分类进一步细密的表现。其三级类目为书画、琴谱、篆刻、杂技四目。其在"书画类"后有一段按语，谓："考论书画之书，著录最夥。有记载姓名如传记体者，有叙述名品如目录体者，有讲说笔法者，有书画各为一书者，又有共为一书者。其中彼此钩贯，难以类分，今通以时代为次。其兼说赏鉴古器者，则别入杂家杂品中。"这段话反映了四库馆臣认识了此类书的情况，但又无策将其类分清楚，故混而编排，一律以作者时代先后排序，这就使目录一会儿出现书法，一会儿出现绘画，显得眉目不清。其实在"书画类"下再下一级类目，即设书法、绘画，这样就使"书画各为一书者"，及"共为一书者"都有了恰当的部居。"共为一书者"进"书画类"，"各为一书者"该进"书法"则进"书法"，该进"绘画"进"绘画"。"琴谱类"可改为"乐谱类"，冀使收书更宽。"篆刻"汉朝人尚认为是雕虫小技，壮夫不为，故钟繇、李邕或自镌碑，亦无一自制印者。所以现在所能看到的汉印，往往伪异，盖由不解六书的工匠所刻。自王俅、晁克一、吾丘衍以后，始有鉴赏，文彭、何震以后，法益密，巧益生，乃成艺术之一类。"杂技"之名实不雅。考《适情录》《奕史》《奕律》《射书》《射义新书》《壶谱》《五木经》《丸经》《双陆谱》诸书，都是玩耍游戏，但其中也不乏游戏之技之艺，所以不如改"杂技"为"游艺"似更恰当，也更具概括性。

※　　　※　　　※

《四库总目·谱录类》小序

刘向《七略》，门目孔多[1]。后并为四部，大纲定矣[2]。中间子目，递有增减，亦不甚相连。然古人学问，各守专门，其著述具有源流，易于配隶。六朝以后，作者渐出新裁，体例多由创造，古来旧目遂不能该。附赘悬疣，往往牵强[3]。《隋志·谱系》本陈族姓，而末载《竹谱》《钱图》[4]；《唐志·农家》本言种植，而杂列《钱谱》《相鹤经》《相马经》《鸷击录》《相贝经》[5]；

453

《文献通考》亦以《香谱》入农家。是皆明知其不安，而限于无类可归；又复穷而不变，故支离颠舛，遂至于斯。惟尤袤《遂初堂书目》创立"谱录"一门，于是别类殊名，咸归统摄，此亦变而能通矣。今用其例，以收诸杂书之无可系属者⑥。门目既繁，检寻亦病于琐碎，故诸物以类相从，不更以时代次焉。

注释

①刘向《七略》，门目孔多：刘氏《七略》到底又分了多少门类，因其书久已失传，不敢妄谈。不过班固编《汉书·艺文志》，据说是照搬了《七略》，只是将《辑略》拆开，分散到各略及各略的下位类中，作为略序和类序，故实剩六略。《汉书·艺文志》最后总结说："大凡书六略三十八种，五百九十六家，万三千二百六十九卷。"这其中的所谓三十八种，实则是三十八类，即六艺略中的易类、书类、诗类、礼类、乐类、春秋类、论语类、孝经类、小学类；诸子略中的儒家、道家、阴阳家、法家、名家、墨家、纵横家、杂家、农家、小说家；诗赋略中的赋、杂赋、歌诗；兵书略中的权谋、形势、阴阳、技巧；数术略中的天文、历谱、五行、蓍龟、杂占、形法；方技略中的医经、经方、房中、神仙。凡三十八种，门目并不算多，怎么会说"孔多"呢？

②后并为四部，大纲定矣：《隋书·经籍志》总序称："魏氏代汉，采掇遗亡，藏在秘书、中、外三阁。魏秘书郎郑默始制《中经》，秘书监荀勖又因《中经》更著《新簿》，分为四部，总括群书。一曰甲部，纪六艺及小学等书；二曰乙部，有古诸子家、近世子家、兵书、兵家、术数；三曰丙部，有《史记》、旧事、皇览簿、杂事；四曰丁部，有诗赋、图赞、汲冢书。……东晋之初，渐更鸠聚。著作郎李充以勖旧《簿》校之，其见存者但有三千一十四卷。充遂总没众篇之名，但以甲乙为次。自尔因循，无所变革。……齐永明中，秘书丞王亮、监谢朏又造《四部

书目》……梁初,秘书监任昉,躬加部集……梁有秘书监任昉、殷钧《四部目录》。……炀帝即位,秘阁之书限写五十副本……于东都观文殿东西厢构屋以贮之。东屋藏甲乙,西屋藏丙丁。……今考见存,分为四部。"可证四部之分,魏已有之,只是分甲乙丙丁,位对经、子、史、集。真正定格为经、史、子、集四部,乃是《隋书·经籍志》。《四库总目》此处所谓"并为四部,大纲定矣",即指自魏至隋,始并六略三十八类为四部,于是中国目录学四分之大纲定矣。

③附赘悬疣,往往牵强:《庄子·骈拇》:"附赘县疣,出乎形哉而侈于性。"《文心雕龙·镕裁》:"骈拇枝指,由侈于性;附赘县胧,实侈于形。一意两出,义之骈枝也;同辞重句,文之胧赘也。"胧同疣,县同悬。赘疣,即肉瘤。常用来比喻多余无用之物。此处是说六朝以后,作者多出新裁,创造出许多新体例的著作,旧有书目的格局就无法恰当类归,于是这里附那里悬,强拉硬扯,真像是附赘悬疣,成了原类目的多余无用之物。

④《隋志·谱系》本陈族姓,而末载《竹谱》《钱图》:查《隋志》,其史部"谱系类",的确是类分部居姓氏族谱的类目,类乎后世的"谱牒"。凡录四十一部书,其中三十八部都是族姓谱系之书,末尾却附录了《竹谱》《钱谱》《钱图》三种书,真是毫不相干,有如附赘悬疣。

⑤《唐志·农家》本言种植,而杂列《钱谱》《相鹤经》《相马经》《鸷击录》《相贝经》:今检《旧唐书·经籍志》,《四库总目》所指责者,确是如此。《新唐书·艺文志》除上述外,还附入了《养鱼经》《鹰经》《蚕经》等。这些都被四库馆臣批评为支离颠舛而待改造。

⑥惟尤袤《遂初堂书目》创立"谱录"一门,于是别类殊名咸归统摄,此亦变而能通矣。今用其例,以收诸杂书之无可系属者:尤袤(1127—1194),字延之,号遂初居士,常州无锡人。

455

南宋高宗绍兴十八年（1148）进士，历泰兴令、秘书丞兼国史院编修、著作郎、给事中，累官至礼部尚书。为人立朝敢言，守法不阿。工诗文，与杨万里、范成大、陆游齐名，称"南宋四大家"。取孙绰《遂初赋》意，构"遂初堂"于九龙山上，藏书三万余卷，作《遂初堂书目》，始在一书之下著录各种版本，被誉为最早的版本目录著作之一。就是这部书目，首创了"谱录"的类目。这个类目被四库馆臣视为救命稻草，认为别类殊名者可咸归其统摄，因而采用其例，"以收诸杂书之无可系属者"。

按：尤袤于《遂初堂书目》所创之"谱录"一目，的确不错，使有些过去附赘于它门而又确实不恰当者，有了较为确当的归属。但它也并不像四库馆臣所说，别类殊名之书咸能统摄；"诸杂书之无可系属者"都能涵盖。只是由于四库馆臣这么理解了，所以使这一类目成了大杂烩。如《古今刀剑录》《鼎录》《考古图》《啸堂集古录》《宣和博古图》《宣德鼎彝谱》《西清古鉴》等，与夫《文房四谱》《歙州砚谱》《砚史》《端溪砚谱》《西清砚谱》等，与夫《墨谱》《墨经》《墨史》等，与夫《钱录》《香谱》《香乘》《石谱》《茶经》《茶录》《酒经》《酒谱》《糖霜谱》等，与夫《洛阳牡丹记》《扬州芍药谱》《梅谱》《菊谱》《海棠谱》《兰谱》《荔枝谱》《橘录》《竹谱》《笋谱》《菌谱》《群芳谱》等，与夫《禽经》《蟹谱》《异鱼图赞》《蛇谱》等，只要书名中有谱有录，通通进了"谱录"，这太形而上学了。它完全违背了按学科依内容类分图书的目录学原则，实在是应该加以改造。改造的原则是拆掉这一类，凡属考古者入"金石类"；凡属与种植、养殖有关者入"农家农艺"；凡属器物制作、食品制造者入新设之"工艺类"。

※　　　　※　　　　※

《四库总目·类书类》小序

　　类事之书，兼收四部。而非经非史非子非集，四部之内乃无类可归。《皇览》始于魏文①，晋荀勖《中经簿》分隶何门，今无所考②。《隋志》载入子部，当有所受之③。历代相承，莫之或易。明胡应麟作《笔丛》，始议改入集部④。然无所取义，徒事纷更，则不如仍旧贯矣。此体一兴，而操觚⑤者易于检寻，注书者利于剽窃，转辗稗贩，实学颇荒。然古籍散亡，十不存一，遗文旧事，往往托以得存。《艺文类聚》《初学记》《太平御览》诸编，残玑断璧，至捃拾⑥不穷，要不可谓之无补也。其专考一事，如《同姓名录》之类者，别无可附，旧皆入之类书，今一仍其例。

注释

　　①《皇览》始于魏文：《皇览》，中国最早的类书。三国魏文帝时命诸臣自五经群书，分类为篇，编辑成书，以供皇帝阅览，故称《皇览》。编辑者或说是刘劭、王象，或说是王象、缪袭。据《魏略》称该书分四十余部，每部数十篇，合八百余万字。《新唐书·艺文志》著录南朝宋何承天、徐爰也都辑有《皇览》，盖分类编辑群书为一书，专门进呈皇帝御览者均可称为《皇览》。隋唐后《皇览》皆佚，只有清孙冯翼辑佚本一卷流传，仅存《逸礼·冢墓记》二类八十余条，尚不及四千字。

　　②晋荀勖《中经簿》分隶何门，今无所考：荀勖（？—289），字公曾，颍阴（今河南许昌）人。西晋目录学家、文学家、音乐家。初仕魏。入晋后领秘书监，进光禄大夫，掌管乐事，官至尚书令。他曾经依据魏郑默的《中经》而又编制成《中

经新簿》,总括群书,将经籍分为甲、乙、丁四部。甲部:六艺、小学;乙部:古诸子百家、近世子家、兵书、兵家、术数;丙部:史记、旧事、皇览簿、杂事;丁部:诗赋、图赞、汲冢书。由此可知,像《皇览》这样的类书,《中经簿》是放在丙部,即后来的史部的,四库馆臣怎么说"分隶何门,今无所考"呢?不负责任。

③《隋志》载入子部,当有所受之:今检《隋书·经籍志》,《皇览》一百二十卷,注曰:"缪袭等撰。梁六百八十卷。梁又有《皇览》一百二十三卷,何承天、徐爰合撰。《皇览》目四卷,又有《皇览抄》二十卷,梁特进萧琛抄。亡。"部居在子部杂家类。有什么依据部居于此,不得而知。"当有所受之",是四库馆臣的推论,不可全信。

④明胡应麟作《笔丛》,始议改入集部:这个话四库馆臣说得根据不足。胡应麟(1551—1602),字元瑞,号少室山人,后更号石羊生。明金华府兰溪人。万历时举人,此后久试不第,遂筑室山中,购书四万余卷,记诵淹博,多有撰著。曾携诗谒王世贞,为世贞所激赏。有《少室山房类稿》《少室山房笔丛》《诗薮》等著作行世。他似乎没说过要将类书放入集部,不知四库馆臣据何。详见下边按语。

⑤操觚:执简也。觚,木简,古人用以写书的文字载体之一。《急就篇》一:"急就奇觚与群异。"注曰:"觚者,学书之牍,或以记事,削木为之,盖简之属。……其形或六面,或八面,皆可书。觚者,棱也,以有棱角,故谓之觚。"操觚,即谓执简写书。四库馆臣谓这种类书的体裁一兴时,则写书家便于寻检所用资料而不去认真读书;注释家更便于剽窃,这样辗转相抄,实学便荒废了。

⑥捃拾:拾取、采集。捃,又作攟、擓。刘向《说苑·至公》:"楚文王伐邓,使王子革、王子灵共捃菜。"捃即拾义。

按：类书之兴，便于寻览。《皇览》始作，目的就是为了便于日理万机的皇帝于万机之暇，在某类问题上看古圣先贤是怎么说怎么做的。上行下效，皇帝开其端，民间便续其事，于是类书日益发展，至唐而勃兴。原因是唐代乃诗歌发展的黄金时期。律诗发展，要有严格的格律，特别是用韵，十分严肃，于是社会上韵书也就随之而发展。律诗诵史述事又要求典雅有据，于是供寻检典故出处的类书也随之而发展。类书一多，在目录学家手里就有个类分和部居问题。前边说过了，晋《中经簿》时代，类书尚少，放在什么部类也不会影响整个目录的格局，故荀勖将仅有的《皇览》放在了丙部，即后来的史部。此后虽迭经东晋、南北朝，但类书发展缓慢，未形成气候。故唐初编《隋书·经籍志》时，仍未十分注意类书的分类与部居，只将几部晋以后隋以前的《皇览》分入了子部杂家。《隋志》此例一开，直到今日，一千四百余年，类书始终被类分在子部。尽管后世目录已将类书从子部杂家中析出，单立了类书类，但居子部的格局，终未改变。四库馆臣已谓："类事之书，兼收四部。而非经非史非子非集，四部之内乃无类可归。"前人虽有改隶之说，但四库馆臣却认为是"徒事纷更，则不如仍旧贯"。既知四部中无类可归，又不愿改隶创新，故《四库全书总目》已降，迄今又近三百年仍部居在子部。

明胡应麟《少室山房笔丛·九流绪论·中》谓："今世传大类书，如《太平御览》《册府元龟》，皆千卷，可谓富矣。然贞观中编《文思博要》一千二百卷，金轮朝编《三教珠英》一千三百卷，简帙皆多于宋。又许敬宗编《瑶山玉彩》五百卷，张太素编《册府》五百八十二卷，视今传《合璧事类》等书亦皆过之。其始盖昉于六朝何承天《皇览》一百二十二卷、刘孝标《类苑》一百二十卷、徐勉《华林要略》六百卷、祖珽《修文御览》三百六十卷。……按类书，郑《志》另录，《通考》仍列于子家，盖不欲四部之外别立门户也。然类书有数种，如《初学记》《艺文》

兼载诗词，则近于集；《御览》《元龟》事实咸备，则邻于史；《通典》《通志》礼仪之属，又一二间涉于经，专以属之子部，恐亦未安。余亦别录二藏，及赝古书，及类书为一部，附四大部之末，尚俟博雅者商焉。"

今核类书特点，确是非经非史非子非集，然亦类经似史邻子近集，"专属之子部"，确有未安。怎么办？胡应麟单列一部的思想可取，但与之二藏、伪书共为一部，则又是胡思乱想。释、道二藏，乃是佛典、道书的丛编，与类书绝不相类。伪书则更是跨类相杂，非丛非类，无法与类书相伍。所以胡氏的想法不行。郑樵《通志·艺文略》分群籍为经类第一，礼类第二，乐类第三，小学类第四，史类第五，诸子类第六，天文类第七，五行类第八，艺术类第九，医方类第十，类书类第十一，类文第十二，凡十二类。整体分类虽别出心裁，然类书单列为一类则是大胆尝试。张之洞作《书目答问》，已将丛书析出，单列为丛部。《中国古籍善本书目》已实践了这一格局。今若将类书也析出，单列为类书部，形成经、史、子、集、类、丛六部格局，似更合适。

※　　　　※　　　　※

《汉志·诗赋略》总序

《传》曰："不歌而诵谓之赋，登高能赋可以为大夫。"[①]言感物造耑，材知深美，可与图事，故可以为列大夫也[②]。古者诸侯卿大夫交接邻国，以微言相感，当揖让之时，必称《诗》以谕其志，盖以别贤不肖而观盛衰焉[③]。故孔子曰"不学《诗》，无以言"也[④]。春秋之后，周道寖坏，聘问[⑤]歌咏不行于列国，学《诗》之士逸在布衣[⑥]，而贤人失志之赋作矣。大儒孙卿及楚臣屈原离谗忧国，皆作赋以风，咸有恻隐古诗之义⑦。其后宋玉、唐勒，汉兴枚乘、司马相如，下及扬子云，竞为侈丽闳衍之词，没其风谕之义⑧。是以扬子悔之曰："诗人之赋丽以则，辞人之赋丽以淫。如孔氏之门人用赋也，则贾谊登堂，相如入室矣，如其不用何！"⑨自孝武立乐府而采歌谣，于是有代、赵之讴，秦、楚之风⑩，皆感于哀乐，缘事而发，亦可以观风俗，知薄厚云。序诗赋为五种⑪。

注释

①《传》曰："不歌而诵谓之赋，登高能赋可以为大夫。"：此处《传》曰，并不指《春秋左氏传》曰。《春秋左氏传》不见有此类的话。这里的《传》似指《诗》毛《传》。诗可歌，不歌，指不歌诗。诵，默念、朗读均可谓诵。赋是诗六义中的一种。《诗·周南·关雎序》：诗有六义，风、雅、颂、赋、比、兴。铺叙其事曰赋。风、雅、颂，是诗歌的三种体制；赋、比、兴，是诗歌的三种表现手法。《诗·鄘风·定之方中》："卜云其吉，终然允臧。"毛公传曰："建邦能命龟，田能施命，作器能铭，使能造命，升高能赋，师旅能誓，山川能说，丧纪能诔，祭祀能语。君子能此九者，可谓有德音，可以为大夫。"这两句话中的头一句，是给赋定义定性，告诉人们不歌诗而能诵念就是赋，登高而能铺叙其事，即登高而能赋者可以做大夫。在奴隶制社会中，诸侯国君之下有卿、大夫、士三级官员，故后世大夫便泛指官员。不过上述谓"能此九者，可谓有德音，可以为大夫"。《汉志》引文偷改其义，谓"登高能赋"便可以为大夫，过分强调了赋的作用。

②言感物造耑，材知深美，可与图事，故可以为列大夫也：颜师古注曰："耑，古端字也。因物动志，则造辞义之端绪。"材知深美"，材，资质。知，通智，智慧、能力。资质高美，才学深厚。整句是说《诗》毛《传》上讲的两句话，说的是有感于物，就能遣词造句，表现出自己的质美智深，这样的人是可以跟

他共同谋事的,所以可以成为大夫。

③古者诸侯卿大夫交接邻国,以微言相感,当揖让之时,必称《诗》以谕其志,盖以别贤不肖而观盛衰焉:《汉书艺文志通释》引顾实的话说:"微言者,隐语之类也。故《学记》曰:'不学博依,不能安《诗》。'依或作衣,衣者隐也。"张舜徽按语称:"《诗》教主于温柔敦厚。深于《诗》者,则可使于四方,折冲樽俎。相与言谈之顷,不直接言之,而比喻言之;隐约其辞,情文相感。大之可以化干戈为玉帛,小亦可以登礼让于衽席。辞令之美,关系甚大,故古人以学《诗》为亟也。"可证微言,即不明言,用暗喻。揖让,宾主相见时的礼仪。揖,古时拱手之礼,带有辞让之义,故演变为揖让。整句是说古时候诸侯、卿、大夫与邻邦交往,常以暗喻相感化,宾主相见彼此行礼时一定要借用《诗》句表明自己的心志,这大概是为了区别好坏高低,从而观察其国运的盛与衰。

④孔子曰"不学《诗》,无以言"也:此话出自《论语·季氏》篇:"陈亢问于伯鱼曰:'子亦有异闻乎?'对曰:'未也。尝独立,鲤趋而过庭。曰学《诗》乎?对曰未也。不学《诗》,无以言。鲤退而学《诗》。'"这是一段很有名的"趋庭"故事。伯鱼名孔鲤,字伯鱼,是孔子的儿子。陈亢,字子元,一字子禽。春秋时陈国人,齐大夫陈子车的弟弟,孔子弟子。他觉得孔鲤是孔子的儿子,经常在父亲身边,可能会听到一些不同于一般弟子的教诲,所以问孔鲤是否有异闻。孔鲤答复陈亢,没听到过什么不同的教导。只是有一天他独自站在庭院里,我从他跟前过,他便问我是否学了《诗》,回答未学。他便说:"不学《诗》,无以言。"此话的意思是不学好《诗经》,就不善辞令,就等于不会说话。

⑤聘问:指古代诸侯之间的修好通问。

⑥学《诗》之士逸在布衣:学《诗》本为诸侯、卿、大夫的

事，旨在学好《诗》，善辞令，以便邦际交往中显得高雅有志，不辱使命。周道渐渐衰微，列国之间修好聘问、歌咏往来渐少，于是学《诗》之事便下落飘逸到平民百姓中间去了。此正是春秋末期由"学在官府"朝"学在四夷"转化过程中的社会现象。

⑦而贤人失志之赋作矣。大儒孙卿及楚臣屈原离谗忧国，皆作赋以风，咸有恻隐古诗之义：贤人失志，好人不得志或得志而遭毁誉又失去心志。大凡事不平则鸣，失志不平，动手写赋，以明心志的现象发生了。作，发作。孙卿，即荀子（约前313—前238），名况，时人尊而号为卿。因避西汉宣帝刘询的嫌名讳，汉人又名孙卿。孙卿，乃赵国人，战国末期著名的思想家、教育家。《史记·荀卿列传》谓："荀卿，赵人。年五十始来游学于齐。……齐尚修列大夫之缺，而荀卿三为祭酒焉。齐人或谗荀卿，荀卿乃适楚，而春申君以为兰陵令。春申君死，而荀卿废。"屈原名平，字原，又自云名正则，字灵均。《史记·屈原列传》谓："屈原者，名平，楚之同姓也。为楚怀王左徒。博闻强志，明于治乱，娴于辞令。入则与王图议国事，以出号令；出则接遇宾客，应对诸侯。王甚任之。上官大夫与之同列……因谗之曰：'王使屈平为令，众莫不知，每一令出，平伐其功，以为非我莫能为也。'王怒而疏屈平。"可证孙卿、屈原两人都曾"离谗"而忧国。离，通罹，遭受。风，颜师古注曰："风读曰讽，次下亦同。""咸有恻隐古诗之义"，咸，皆、都、全。恻隐，哀痛、怜悯。意谓他们作的赋，都有古诗那种对别人不幸表示同情怜悯之义。

⑧其后宋玉、唐勒，汉兴枚乘、司马相如，下及扬子云，竞为侈丽闳衍之词，没其风谕之义：宋玉，战国时楚国鄢人。或谓屈原弟子。楚顷襄王时为大夫。与唐勒、景差皆好辞赋，并以赋见称。《汉志》著录宋玉赋十六篇。顾实《汉书艺文志讲疏》谓："《楚辞·九辩》十一篇、《招魂》一篇，《文选》（收）《风赋》

《高唐赋》《神女赋》《登徒子好色赋》四篇，凡十六篇。"

唐勒，战国时楚人，曾任大夫，为政谨慎，莫敢直谏。好为辞赋，所作以屈原为楷模，与宋玉、景差并称。《汉志》著录唐勒赋四篇，今皆散佚。

枚乘（？—前140），字叔，西汉临淮淮阴人。景帝时为吴王刘濞郎中。濞欲谋反，上书谏，不纳，遂去吴至梁，为梁孝王客。吴楚七国反时，再致书刘濞劝罢，以此知名，故后被景帝召为弘农都尉，以病去官。武帝即位，以安车蒲轮征之，年迈，死途中。《汉志》著录枚乘赋九篇，《文选》收其《七发》一篇，《西京杂记》录其《柳赋》一篇，《古文苑》载其《梁王菟园赋》一篇，还知有《临霸池远诀赋》一篇，其余久亡，已不知其篇名。

司马相如（前179—前118），字长卿，西汉蜀郡成都人。工辞赋。初事景帝，为武骑常侍，病免。去梁，从枚乘等游。后于临邛遇新寡家居之卓文君，携以同奔成都。武帝读其所作《子虚赋》而善之，召为郎。后为中郎将，奉使通西南夷，有功，拜孝文园令，病免。《汉志》著录司马相如赋二十九篇，存世者不足五分之一。

扬雄（前53—18），字子云，西汉蜀郡成都人。少好学，口吃。博览群书，长于辞赋。年四十余，始游京师，以文见召。奏《甘泉》《河东》《羽猎》《长杨》等赋。成帝时为给事黄门郎。后仕于王莽，为大夫，校书天禄阁。著有《太玄》《法言》《方言》《训纂篇》等。《汉志》著录扬雄赋十二篇。"侈丽闳衍"，指文辞华丽繁富。整句是说孙卿、屈原之后，宋玉、唐勒、枚乘、司马相如，直至扬雄扬子云，虽也作赋，但竞相比试宏篇丽句，却失去了赋本身的讽喻之义。

⑨是以扬子悔之曰："诗人之赋丽以则，辞人之赋丽以淫。如孔氏之门人用赋也，则贾谊登堂，相如入室矣，如其不用

何!":这段话出自扬雄《法言·吾子》篇。诗人,指《诗》三百篇的作者,别于辞赋的作者。辞人,指汉代善于作辞赋的人。"丽以则",丽,指文辞华丽。以,且。则,正也,规则、规矩。淫,过度,无节制。"孔氏之门人用赋",清王念孙《读书杂志》四之七认为:"门下人字,涉上文两人字而衍。"意谓"门"字之下多了个"人"字。堂室,阶上室外称堂。《尚书·顾命》:"立于西堂。"疏引郑玄注:"序内半以前曰堂。"《论语·先进》:"由升堂矣,未入于室也。"皇侃疏:"窗户之外曰堂,窗户之内曰室。"后世从师,深得其真传叫登堂入室。整句是说扬雄后来认识到竞相比试宏词丽句很没价值,故悔之曰:诗人的辞赋,虽华丽,但纯正有矩;辞人的辞赋,则追求词藻,华丽过分。如果孔子门徒也作赋,则贾谊算是升阶登堂,司马相如则更进一步,算是入室了。如其仍不用赋,则贾谊、司马相如便无可奈何了。

⑩自孝武立乐府而采歌谣,于是有代、赵之讴,秦、楚之风:孝武,指汉武帝。《汉书·礼乐志》:"至武帝定效祀之礼,祠太一于甘泉,就乾位也;祭后土于汾阴,泽中方丘也。乃立乐府,采诗夜诵,有赵、代、秦、楚之讴。以李延年为协律都尉,多举司马相如等数十人造为诗赋,略论律吕,以合八音之调,作十九章之歌。"颜师古注曰:"始置之也。乐府之名盖起于此,哀帝时罢之。"可证乐府确是立于武帝之时。其性质是主管音乐的官署,掌宫廷、巡行、祭祀所用的音乐,兼采民歌,配以乐曲。代,战国时的国名,地在今河北蔚县一带。后为赵襄子所灭。因为汉武帝设立了乐府,专门负责采集歌谣以配曲歌唱,故乐府里才有了代、赵、秦、楚的民歌讴诵。

⑪序诗赋为五种:五种,即是五类。五类的分法,人体是屈原赋派,凡二十家,三百六十一篇;陆贾赋派,凡二十一家,二百七十四篇;孙卿赋派,凡二十五家,一百三十六篇;杂赋十二家,二百三十三篇;歌诗二十八家,三百一十四篇。共收诗赋

百六家，一千三百一十八篇。这种分类，在《汉书·艺文志》中仅见于此。盖因都是诗赋，无以再分，故只好看风格，视流派。做得好，固然不失辨章学术，考镜源流；做不好，极易陷入主观唯心。

《隋志·集部》总序

　　文者，所以明言也。古者登高能赋，山川能祭，师旅能誓，丧纪能诔，作器能铭，则可以为大夫①。言其因物骋辞，情灵无拥者也②。唐歌虞咏，商颂周雅，叙事缘情，纷纶相袭③，自斯已降，其道弥繁。世有浇淳④，时移治乱，文体迁变，邪正或殊。宋玉、屈原，激清风于南楚；严、邹、枚、马⑤，陈盛藻于西京；平子艳发于东都，王粲独步于漳、滏⑥。爰逮晋氏，见称潘、陆，并黼藻相辉，宫商间起，清辞润乎金石，精义薄乎云天⑦。永嘉已后，玄风既扇，辞多平淡，文寡风力。降及江东，不胜其弊。宋、齐之世，下逮梁初，灵运高致之奇，延年错综之美，谢玄晖之藻丽，沈休文之富溢，辉焕斌蔚，辞义可观⑧。梁简文之在东宫⑨，亦好篇什，清辞巧制，止乎衽席之间，雕琢蔓藻，思极闺闱之内。后生好事，递相放习，朝野纷纷，号为宫体。流宕不已，讫于丧亡。陈氏因之，未能全变。其中原则兵乱积年，文章道尽。后魏文帝，颇效属辞，未能变俗，例皆淳古⑩。齐宅漳滨⑪，辞人间起，高言累句，纷纭络绎，清辞雅致，是所未闻。后周草创，干戈不戢⑫，君臣戮力，专事经营，风流文雅，我则未暇。其后南平汉、沔，东定河朔⑬，讫于有隋，四海一统，采荆南之杞梓，收会稽之箭竹⑭，辞人才士，总萃京师。属以高祖少文，炀帝多忌，当路执权，逮相摈压⑮。于是握灵蛇之珠，韫荆山之玉，转死沟壑之内者，不可胜数⑯。草泽怨刺，于是兴焉。古者陈诗观风，斯亦所以关乎盛衰者也。班固有诗赋略，凡五种，今引而伸之，合为三种，谓之集部⑰。

注释

①古者登高能赋，山川能祭，师旅能誓，丧纪能诔，作器能铭，则可以为大夫：前边曾引《诗·鄘风·定之方中》"卜云其吉，终然允藏"诗句中的毛公传："建邦能命龟，田能施命，作器能铭，使能造命，升高能赋，师旅能誓，山川能说，丧纪能诔，祭祀能语。君子能此九者，可谓有德音，可以为大夫。"此处只简化为五个方面，系举例性说明一个人如果具备了这些才学素质，就可以做大夫。

②言其因物骋辞，情灵无拥者也：因物，因登高见物而能作赋，因作器而能写出铭文，即所谓的因物骋辞。骋辞，亦作骋词，谓可以因物而自如地、尽情奔放地用言语文辞来描述景物，抒发感情。情灵，心性，思想感情。拥，遮盖、壅塞。整句是说这样能因物成章的人，其心性，或者说是思想感情流畅而无壅塞。

③纷纶相袭：纷纶，渊博、浩繁。是说唐尧时的歌，虞舜时的咏，殷商时的颂，东西周的雅乐，缘情叙事，渊博浩繁，前后相承。

④浇淳：谓浮薄的风气破坏了淳厚的风气。

⑤严、邹、枚、马：严，指严忌。本姓庄，因避东汉明帝刘庄名讳，故改庄为严。实为庄忌。西汉会稽（今绍兴）人。与司马相如俱好辞赋，叫景帝本人并不喜好辞赋，故不得志。去吴，事吴王刘濞，见吴王有谋反意，知不可谏，又去梁，并遇知于梁孝王。与邹阳、枚乘均受尊重，而严忌名声尤著，世称严夫子。有辞赋二十四篇，仅存《哀时命》一篇，为哀伤屈原之作。邹，指邹阳。邹阳（前？—前120），西汉齐（治今山东淄博市临淄

467

区）人，以口辩闻名当世。景帝时，他先游于吴王刘濞，谏吴王停止谋反，不听，又事梁孝王刘武。《汉志》在纵横家类著录邹阳七篇，可证他仍带有战国末期纵横家的文风特点。他的《狱中上梁王书》最有名。文中大量征引史实，运用比喻，论谗毁之祸，表述忠信，手法铺张，语意层出，滔滔不绝，气势磅礴，具有典型的战国时文章的辩丽风格。枚，指枚乘。马，指司马相如。前已注释。这些人，均以辞赋文章名噪西汉。

⑥平子艳发于东都，王粲独步于漳、滏：平子，指张衡。张衡（78—139），字平子，南阳西鄂（今河南南阳）人。历任郎中、太史令、侍中、河间相等职。他不仅长于文学，更是著名的古代科学家，以知识广博著称。其赋今存《思玄赋》《应间》《二京赋》《南都赋》《归田赋》全篇，《定情赋》《舞赋》残文。其中《二京赋》是继班固《两都赋》而作，但篇幅更为巨大。《东京赋》竟多达五千四百余字，超出班氏《东都赋》一倍以上。因此对各种生活场景的描绘更细致。尤其对世俗生活，如都市商贾、侠士、辩士的活动，以及杂技表演等，都花费了不少的笔墨。所以《隋志》此处说"平子艳发于东都"。即美丽的《东京赋》，以细腻入微地描写洛阳而发迹。王粲（177—217），字仲宣，山阳高平（今山东微山西北）人。年轻时多年避乱荆州，后归曹操。他出身世家，少有才名，且锐意进取。然生当乱世，久留他乡，故作品多感时伤事，自悲罔遇时交。其诗文辞赋都很有成就。前人常将他与曹植并称。其作品以《七哀》最著名。漳，指临漳。汉置邺县。三国时曹魏建都于邺。晋改曰临漳，后复曰邺。故城在今河北临漳县西南十八里旧县村。滏，指滏山。在河北武安市南三十里。本名鼓山。《魏书·地形志》："临漳有鼓山。"《元和郡县志》："鼓山，亦名滏山。滏水出焉。"可证漳与滏都是曹魏的代称。"王粲独步于漳、滏"，就是独自擅名于曹魏之时。

⑦爰逮晋氏，见称潘、陆，并黼藻相辉，宫商间起，清辞润

乎金石，精义薄乎云天：潘，指潘岳。潘岳（247—300），字安仁，荥阳中牟（今河南中牟县东）人。少有才名，热衷仕进，媚事权贵，人品颇遭非议，因而仕途并不得意。又常常感到苦恼；有高蹈避世思想，又不能真正实行。最终被赵王司马伦所杀。其诗其文均以善叙悲哀之情著称。其代表作有《悼亡诗》三首。潘岳的哀、诔文有五篇收录在《文选》中。王隐《晋书》称他"哀诔之妙，古今莫比，一时所推"。同时为辞赋作家，代表作有《西征赋》《秋兴赋》《怀旧赋》等。陆，指陆机。陆机（261—303），字士衡，吴郡华亭（今上海市松江区）人。祖父陆逊、父陆抗，均为东吴名将，地位显赫。东吴被灭后，陆机与弟弟陆云均以文才被西晋召入洛阳，很受北方士大夫的器重。惠帝时为成都王司马颖所杀。陆机才冠当世，诗、文、辞赋都很有成就。其赋体的文艺批评著作《文赋》，是文艺理论的名作，形式也前所未有。其诗歌源出于陈思王，以"缘情绮靡"的准则，将诗歌进一步推向文人化、贵族化，导入了华丽雅致的诗风。《吊魏文帝文》《辩亡论》《豪士赋序》等文也很著名。与潘岳齐名。"见称潘、陆"，即潘、陆被称道。黼藻，《尚书·益稷》："藻火粉米，黼黻绨绣。"孔安国传："藻，水草有纹者。……黼，若斧形。"后世以黼藻指花纹、雕刻、彩画之属。此处指潘、陆两人文采富丽，如黼藻互相辉映。宫、商、角、徵、羽，古代五声音阶的阶名。《左传·昭公二十五年》"章五声"，孔颖达正义曰："声之清浊，差为五等。"此处是说潘、陆的诗、文、赋，才调清音，如五声中宫调与商调，相互叠起。清丽的词藻温润金石，义蕴精到迫上云天。

⑧宋、齐之世，下逮梁初，灵运高致之奇，延年错综之美，谢玄晖之藻丽，沈休文之富溢，辉焕斌蔚，辞义可观：灵运，指谢灵运。谢灵运（385—433），南朝刘宋陈郡阳夏人。谢玄孙。幼养寄于外，因名"客儿"，人称"谢客"。晋时袭封康乐公，故

469

又称"谢康乐"。少好学,博览群书。文章与颜延之齐名,并称"颜谢"。仕晋为秘书丞,入宋,累官太子左卫率、永嘉太守。好游山水,不理政务。后辞官返会稽,经营园林。文帝元嘉初,征为秘书监,迁侍中、临川内史。因昼夜游娱宴集,免官。与谢惠连、羊璿之等以文章赏会,共为山泽之游。又使奴僮及门生凿山浚湖。屡触犯郡守,被诬谋反,被杀。工诗文,并开山水诗之先河。高致,高卓的情趣。谢灵运之高卓情趣是很奇特的。延年,指颜延之。颜延之(384—456),字延年,南朝刘宋琅邪临沂人。少孤贫,好读书,无所不览。东晋时为豫章公刘裕世子中军行参军。入宋,初为太子舍人。历始安、永嘉二郡太守,官至金紫光禄大夫,领湘东王师。嗜酒,不护细行。性激直,每犯权要,自谓"狂不可及",人称"颜彪"。文章冠绝当时,与谢灵运齐名,世称"颜谢"。错综,交错综合。此处指颜延年文章错落之美。谢玄晖,指谢朓。谢朓(464—499),字玄晖,南朝齐东郡阳夏人。少好学。起家豫章王太尉行参军。以文才为随王萧子隆所赏识。与沈约、王融等同为竟陵王萧子良西邸八友。后遭诬,狱死。其文章清丽,长五言诗,为"永明体"的代表人物,世称"小谢"。藻丽,词藻清丽。沈休文,指沈约。沈约(441—513),字休文,南朝梁吴兴武康人。沈璞子。幼遭家难,流寓孤贫,笃志好学,博通群籍,善属文。仕宋,为安西外兵参军。齐时累迁国子祭酒、司徒左长史。与萧衍、谢朓等同在竟陵王萧子良西邸,为八友之一。入梁,拥立萧衍(梁武帝)有功,为尚书仆射,迁尚书令,转左光禄大夫。历仕三代,自负才高,昧于荣利,颇累清谈。后触怒武帝,受谴,忧惧而死。擅诗赋,与谢朓等创"永明体"。提出"声韵八病"之说。富溢,文章诗赋富美流溢。"辉焕斌蔚",辉,光辉。焕,光亮、鲜明。斌,文采,同彬。蔚,盛貌。光辉鲜明,文采华美繁盛。是说南朝宋齐梁,谢灵运、颜延之、谢朓、沈约等人文学之作辉焕斌蔚,辞义可观。

⑨梁简文之在东宫：梁简文，指南朝梁简文帝。简文帝名萧纲。萧纲（503—551），字世缵，一作世赞，小字六通。庙号太宗，谥号简文帝。昭明太子萧统同母弟。天监五年（506）封为晋安王，食邑八千户。中大通三年（531），昭明太子萧统先父而死，简文帝继立为皇太子。太清三年（549），侯景攻破建康，梁武帝死，萧纲继位。第二年为侯景所杀。简文帝"幼而敏睿，识悟过人。六岁便属文……既长，器宇宽弘，未尝见愠喜……读书十行俱下，九流百氏，经目必记。篇章辞赋，操笔立成。博综儒书，善言玄理。……七岁有诗癖，长而不倦。然伤于轻艳，当时号曰'宫体'。"（《梁书·简文帝纪》）其实简文帝之清辞巧制，喜好篇什，早于立为东宫太子。只是其诗文限于宫闱之内，空洞无物，又过于雕琢辞句，故被称为"宫体诗"。

⑩后魏文帝，颇效属辞，未能变俗，例皆淳古：后魏，又称北魏。文帝，指拓跋宏、元宏。北魏孝文帝（467—499）。鲜卑族，献文帝长子。五岁即位，太皇太后冯氏执政，改革吏治，实行均田制。太和十四年（490）冯氏死，亲政，进一步改革。十七年（493）迁都洛阳，改鲜卑族姓氏为汉姓，禁鲜卑服、鲜卑语。在洛阳立国子、太学、四门小学。重用中原汉族儒生，参照南朝典章制度，制定朝仪。他"雅好读书，手不释卷。《五经》之义，览之便讲。学不师受，探其精奥。……才藻富赡。好为文章诗赋铭颂，任兴而作，有大文笔。马上口授，及其成也，不改一字。自太和十年已后诏册，皆帝之文也。自余文章，百有余篇"（《魏书·孝文帝纪》）。尽管孝文帝自身并提倡自己出身的鲜卑族，极力学习先进的中原文化，但也未能变俗，仍然义风古朴。

⑪齐宅漳滨：齐，指北齐（550 557）。高洋废东魏王朝，自称帝，建号曰齐，史称北齐。建都于邺。邺，春秋时为齐邑，齐桓公曾于此建邺城。战国时为魏都。汉置县，属魏郡。汉末袁绍为冀州牧，镇邺。绍败亡，又封予曹操。晋避愍帝司马业嫌名

471

讳，改名为临漳，故城在今河北临漳县西。临漳者，以其北有漳水相临，故名。明清时属彰德府。此处所谓"齐宅漳滨"，指的就是北齐以漳水之滨的邺为帝宅，即以此为都之义。

⑫干戈不戢：戢，止息。干戈不戢，即战乱不止。

⑬其后南平汉、沔，东定河朔：汉，指汉水；沔，指沔水。汉水，也称为汉江，是长江最大的支流。源出于陕西宁强县北之嶓冢山，初出山时名漾水，经沔县（现为勉县）为沔水；东经褒城县，合褒水，始为汉水。所谓"南平汉、沔"，意谓隋收复了陕西、荆楚。河朔，河，黄河；朔，北。泛指黄河以北的地域。即指隋东边平定了黄河以北。

⑭采荆南之杞梓，收会稽之箭竹：荆南杞梓，杞和梓，两种优质的木材，用以比喻优秀人才。《南史·庾域传》谓庾域"少沉静，有名乡曲。梁文帝为郢州，辟为主簿，叹美其才，曰：'荆南杞梓，其在斯乎！'"箭竹，竹的一种。晋戴凯之《竹谱》谓："箭竹，高者不过一丈，节间三尺，坚劲中矢，江南诸山皆有之，会稽所生最精好。故《尔雅》云：'东南之美者，有会稽之竹箭焉。'"此处也是用来比喻人才。说的是隋朝统一之后，到处延揽人才。因而辞人才士，集中到了京师。

⑮属以高祖少文，炀帝多忌，当路执权，逮相摈压：高祖，指隋文帝杨坚。隋文帝（541—604）名杨坚，华阴人。初仕北周，位至相国，袭封隋国公。大定元年（581）废北周，自称帝，定国号为隋，改元开皇。七年灭后梁，九年灭陈。结束了自东晋以来二百余年的分裂战乱局面，统一了全国。在位二十四年。"二十年间，天下无事，区宇之内晏如也。考之前王，足以参踪盛烈。但素无术学，不能尽下，无宽仁之度，有刻薄之资。暨乎暮年，此风逾扇。"（《隋书·高祖纪·史臣曰》）此即此处所谓少文。炀帝，指杨广，一名英，文帝次子，仁寿四年（604）即位。在位十四年。然其"恃才矜己，傲狠明德，内怀险躁，外示

凝简。盛冠服以饰其奸，除谏官以掩其过"（《隋书·炀帝纪·史臣曰》）。此盖即此处之"炀帝多忌"之谓也。摈压，摈，排斥，压，倾轧。

⑯于是握灵蛇之珠，韫荆山之玉，转死沟壑之内者，不可胜数：灵蛇之珠，即指灵蛇报于随侯之珠。以其珍奇，常用来比喻俊才、智慧。"握灵蛇之珠"，即胸怀俊才的奇特之士。《曹子建集·与杨德祖书》："人人自谓握灵蛇之珠，家家自谓抱荆山之玉。"可帮助此解。韫，藏，蕴藏。荆山，在湖北南漳县西，漳水所自出。《尚书·禹贡》："荆及衡阳，惟荆州。"汉孔安国传："北据荆山，南及衡山之阳。"相传卞和得璞玉于楚荆山，即指此山。故有荆山之玉的传说。此处之"韫荆山之玉"仍是喻谓胸藏俊才的难得之士。前后连贯起来是说，隋朝统一四海，吸引了不少人才萃于京师。但由于文帝少文，炀帝多忌，并当路执权，以至排斥挤压，致使握珠怀玉之才，反而转死荒山沟壑。

⑰班固有诗赋略，凡五种，今引而伸之，合为三种，谓之集部：《汉书·艺文志·诗赋略》将所录诗赋分为五类，前已注释。《隋志》不但引伸其录，并合为三种。三种者，即分为三类。一类为"楚辞"，二类为"别集"，三类为"总集"。集部之称，当为《隋志》所首创。

《四库总目·集部》总序

集部之目，楚辞最古，别集次之，总集次之，诗文评又晚出，词曲则其闰余也。古人不以文章名，故秦以前书无称屈原、宋玉工赋者。洎乎汉代，始有词人，迹其著作，率由追录。故武帝命所忠求相如遗书[①]，魏文帝亦诏天下上孔融文章[②]。至于六朝，始自编次，唐末又刊板印行（事见贯休《禅月集序》）[3]。夫自编则多所爱惜，刊板则易于流传。四部之书，别集最杂，兹其故欤！然典册高文，清词丽句，亦未尝不高标独秀，挺出邓林[4]。此在翦刈卮言[5]，别裁伪体，不必以猥滥病也。总集之作，多由论定，而兰亭、金谷，悉觞咏于一时[6]。下及《汉上题襟》《松陵唱和》《丹阳集》惟录乡人[7]，《箧中集》则附登乃第[8]，虽去取佥孚[9]众议，而履霜有渐[10]，已为诗社标榜之先驱。其声气攀援，甚于别集。要之浮华易歇，公论终明，岿然而独存者，《文选》《玉台新咏》以下数十家耳。诗文评之作，著于齐、梁。观同一八病四声[11]也，钟嵘以求誉不遂，巧致讥排[12]；刘勰以知遇独深，继为推阐[13]。词场恩怨，亘古如斯。冷斋曲附乎豫章，石林隐排乎元祐[14]，党人余衅，报及文章，又其已事矣。固宜别白存之，各核其实。至于倚声末技，分派诗歌，其间周、柳、苏、辛，亦递争轨辙。然其得其失，不足重轻，姑附存以备一格而已。大抵门户构争之见，莫甚于讲学，而论文次之。讲学者聚党分朋，往往祸延宗社；操觚之士，笔舌相攻，则未有乱及国事者。盖讲学者必辨是非，辨是非必及时政，其事与权势相连，故其患大。文人词翰，所争者名誉而已，与朝廷无预，故其患小也。然如艾南英以排斥王、李之故，至以严嵩为察相，而以杀杨继盛为稍过当，岂其扪心清夜，果自谓然[15]？亦朋党既分，势不两立，故决裂明教而不辞耳。至钱谦益《列朝诗集》，更颠倒贤奸，彝良泯绝[16]，其贻害人心风俗者，又岂鲜哉！今扫除畛域[17]，一准至公，明以来诸派之中，各取其所长，而不回护其所短。盖有世道之防焉，不仅为文体计也。

注释

①故武帝命所忠求相如遗书：所忠，西汉武帝的幸臣，尝建议征世家子弟富人之坐斗鸡走狗马、弋猎博戏者，决为徒，相引数千人，名曰"株送徒"，能入财者得补郎。又齐人公孙卿欲因

所忠上奏其得宝鼎札书，所忠视其书不合经典，疑其妄言而婉拒之。武帝元封中，丞相石庆尝劾治之，不能服，反受其过。《史记·司马相如列传》："相如既病免，家居茂陵。天子曰：'司马相如病甚，可往从悉取其书。若不然，后失之矣。'使所忠往，而相如已死，家无书。问其妻，对曰：'长卿固未尝有书也。时时著书，人又取去，即空居。长卿未死时，为一卷书，曰有使者来求书，奏之。无他书。'其遗札书言封禅事，奏所忠。忠奏其书，天子异之。"此即所谓"武帝命所忠求相如遗书"之出典。

②魏文帝亦诏天下上孔融文章：魏文帝，指三国魏帝曹丕。曹丕（187—226），字子桓，沛国谯人。曹操次子。性好文学，有《魏文帝集》。所作《典论·论文》是我国文学批评史上开山代表之作。在位七年。孔融（153—208），字文举，东汉鲁国人，孔子二十世孙。性好学，有异才，文词名于当世，为"建安七子"之一。自负才气，对曹操多侮慢之辞，曾被免官，终与曹操积怨，构陷成罪，为曹操所杀。然魏文帝既服其才，又喜其文。《后汉书·孔融传》："魏文帝深好融文辞，每叹曰：'杨、班俦也。'募天下有上融文章者，辄赏以金帛。所著诗、颂、碑文、论议、六言、策文、表、檄、教令、书记凡二十五篇。"此即《四库总目》"魏文帝亦诏天下上孔融文章"之出典。

③唐末又刊板印行（事见贯休《禅月集序》）：其意是说自六朝以后非但自己编次自己的文集，唐末又自己刊板印行自己的文集。这种事例见于贯休的《禅月集序》。贯休（832—912）五代时僧人，俗姓姜，字德隐，号禅月大师。婺州兰溪人。七岁投本县和安寺出家，苦节峻行，传《法华经》《起信论》，精其奥义。吴越钱镠尝重之。后入蜀，王建待之甚厚。工草书，时人比之阎立本、怀素。又善绘水墨罗汉，笔法坚劲夸张，世称"梵相"。有诗名。尝有诗云："一瓶一钵垂垂老，万水千山得得来。"故人又称其为"得得来和尚"。有《禅月集》传世。今传《禅月

集》有前蜀王衍乾德五年（923）昙域和尚后序，称"检寻稿草及暗记忆者，约一千首，雕刻成部"。昙域是贯休的弟子，为其师编辑文集并刻印于蜀中，可信。

④亦未尝高标独秀，挺出邓林：高标，本指木杪，后演变为凡高耸的物体，如峰、塔等，皆可称为高标。李白《蜀道难》："上有六龙回日之高标，下有冲波逆折之回川。"即指最高的山峰。高文典册，清词丽句，未尝不是高标独秀。邓林，神话中的树林。《山海经·海外北经》："夸父与日逐走，入日，渴欲得饮。饮于河、渭，河、渭不足，北饮大泽，未至，道渴而死，弃其杖，化为邓林。"此为邓林出典。"挺出邓林"，谓其高耸突出于邓林。

⑤翦刈卮言：翦刈，削剪、铲除。卮言，支离破碎之言。

⑥兰亭、金谷，悉觞咏于一时：兰亭，在浙江绍兴市西南兰渚山下。《水经·渐江水注》："湖口有亭，号曰兰亭，亦曰兰上里。太守王羲之、谢安兄弟数往造焉。吴郡太守谢勖封兰亭侯，盖取此亭以为封号也。"古亭几经迁移，今亭为清康熙三十七年（1698）重建。还有流觞亭、右军将军祠、碑亭等古迹。东晋永和九年（353）三月三日，王羲之与谢安、孙绰等四十一人，在兰亭为"修禊"事，众人赋诗，王羲之手书其序，称为《兰亭宴集序》《兰亭集序》《临河序》《禊序》。从此兰亭声名远播，吟咏不断。金谷，指金谷园，在今河南洛阳市东北。《水经·谷水注》："金谷水出太白原，东南流历金谷，谓之金谷水。"晋石崇筑园于此，世称金谷园。庾信《枯树赋》："若非金谷满园树，即是河阳一县花。"由此金谷园名声远扬，歌咏不绝。觞咏，谓饮酒赋诗。

⑦下及《汉上题襟》《松陵唱和》《丹阳集》惟录乡人：这三部书都是诗人唱和的总集，但又都以一地为限。《四库全书总目·松陵集》提要称："唐皮日休、陆龟蒙等唱和之诗。考卷端

日休之序，则编而成集者龟蒙，题集名者日休也。……依韵唱和，始于北魏王肃夫妇，至唐代盛于元、白，而极于皮、陆。盖其时崔璞以谏议大夫为苏州刺史，辟日休为从事，而龟蒙适以所业谒璞，因得与日休相赠答。同时进士颜萱、前广文博士张贲、进士郑璧、司马都、浙东观察推官李毂、前进士崔璐及处士魏朴、羊昭业等，亦相随有作，裒为此集。……唐人唱和裒为集者凡三：《断金集》久佚；王士祯记湖广莫进士有《汉上题襟集》，求之不获。今亦未见传本。其存者惟此一集。"因知《汉上题襟》《松陵唱和》均是总集名称，只是收录在一地诸贤唱和之诗。至于《丹阳集》，则是唐代殷璠的别集。

⑧《箧中集》则附登乃弟：《箧中集》，唐元结所编辑的总集之名。成于唐肃宗李亨乾元三年（760），收录沈千运、王季友、于逖、孟云卿、张彪、赵微明、元季川七人诗凡二十四首。元季川，即元结弟弟元融，季川是其字。故四库馆臣批评元结在《箧中集》中附登了其弟的诗作。

⑨佥孚：佥，全、都；孚，深信、信服。全都深孚众望。

⑩履霜有渐：履霜，行走在霜上。《周易·坤》："履霜坚冰至。"意谓行走在霜上而知严寒冰冻将至，用以比喻防微杜渐，及早警惕。是说上述那些总集虽去取咸孚众议，但履霜而知冰冻将至，实际已成了后来诗社朋比标榜之先驱。

⑪八病四声：谓作诗在声律上应当避忌的八种弊病。南齐永明中沈约等倡"声病"说，至唐始有"八病"的名目，宋人更加以发挥。"八病"为平头、上尾、蜂腰、鹤膝、大韵、小韵、旁纽、正纽。其中大韵，指五言诗如以"新"字为韵，上九字中不得更著"人""津""邻""身""陈"等字（即与韵相犯）。小韵，指除韵以外而有迭相犯者（即九字之间互犯）。旁纽，一名大纽。即五字句中有"月"字，不得更著"鱼""元""阮""愿"等与"月"同声纽的字。正纽，一名小纽，即以"壬"

"衽""任""入"为一纽,五言一句中已有"壬"字,不得更著"衽""任""入"字,致犯四声相纽之病。"八病四声"之说,本起于赋诗声韵格律上的要求,但也产生争议。

⑫钟嵘以求誉不遂,巧致讥排:钟嵘(?—约518),字仲伟,南朝梁颍川长社人。少好学,明《周易》。南齐时为国子生,举州秀才,任南康王侍郎。入梁,历仕中军临川王行参军、西中郎将、晋安王记室。曾评汉魏至梁时一百二十余诗人之诗作,分为上、中、下三品,成《诗评》,后名《诗品》,是我国古代第一部诗歌批评专著。《四库全书总目·诗品》提要称:"史称嵘尝求誉于沈约,约弗为奖借,故嵘怨之,列约中品。案约诗列之中品,未为排抑,惟序中深诋声律之学,谓'蜂腰鹤膝,仆病未能,双声叠韵,里俗已具'。是则攻击约说,显然可见。"因为钟嵘与沈约之间有这样一重关系,故《四库总目》此处说他"求誉不遂,巧致讥排"。

⑬刘勰以知遇独深,继为推阐:刘勰(约466—538,一说约465—532),字彦合,南朝梁东莞莒人,世居京口。早孤,笃志好学,不婚娶,依沙门僧祐,与共居处十余年,遂博通经论。《梁书·刘勰传》说他"天监初起家奉朝请中军,临川王宏引兼记室,迁车骑仓曹参军,出为太末令。政有清绩,除仁威南康王记室,兼东宫通事舍人。……改诏付尚书……迁步兵校尉,兼舍人如故。昭明太子好文学,深爱接之。初,勰撰《文心雕龙》五十篇,论古今文体,引而次之"。《四库总目》此处说他"以知遇独深,继为推阐",指的就是他深受昭明太子爱重,而昭明太子萧统又深好文学,故刘勰才有《文心雕龙》之作,继续推阐文学批评。

⑭冷斋曲附乎豫章,石林隐排乎元祐:冷斋,盖指惠洪。惠洪(1071—1128),又名德洪,字觉范,自号寂音,江西筠州新昌(今江西宜丰县)人,宋代著名诗僧,其著述之丰,有《冷斋

夜话》《志林》《林间录》《石门文字禅》《天厨禁脔》《甘露集》等。豫章，盖指黄庭坚。黄庭坚（1045—1105），字鲁直，号山谷道人、涪翁，洪州分宁（今江西修水）人。治平进士。与苏轼齐名，世称"苏黄"。黄庭坚在宋代影响颇大，开创了江西诗派，又能词，兼擅行、草书。著有《山谷精华录》《山谷琴趣外篇》等。《四库全书总目·冷斋夜话》提要称："是书杂记见闻，而论诗者居十之八，论诗之中，称引元祐诸人者又十之八，盖黄庭坚语尤多。盖惠洪犹及识庭坚，故引以为重。"故《四库总目》此处谓"冷斋曲附乎豫章"。石林，指叶梦得。叶梦得（1077—1148），字少蕴，号石林，宋苏州吴县人。哲宗绍圣四年（1097）进士，为丹徒尉。徽宗朝累迁至翰林学士，极论士大夫朋党之弊。《四库全书总目·石林诗话》提要称："是编论诗，推重王安石者不一而足，而于欧阳修诗，一则摘其评河豚诗之误；一则摘其语有不伦，亦不复改；一则摭其疑夜半钟声之误。于苏轼诗，一则讥其系懑割愁之句为险浑；一则讥其捐三尺字及乱蛙两部句为歇后；一则讥其失李麟；一则讥其不能听文同；一则讥其石建腧厕之误。皆有抑扬于其间。盖梦得出蔡京之门，而其婿章冲则章惇之孙，本为绍述余党，故于公论大明之后，尚阴抑元祐诸人。"故《四库总目》此处谓"石林隐排乎元祐"，即指此而言。

⑮然如艾南英以排斥王、李之故，至以严嵩为察相，而以杀杨继盛为稍过当，岂其扪心清夜，果自谓然：艾南英（1583—1646），字千子，明江西东乡人。万历末与章世纯、罗万藻、陈际泰以兴起斯文、改变八股文文风为己任，刻四人所作行于世。世人翕然归之。天启四年（1624）举人。对策有讥刺魏忠贤语，罚停三科。《明史·艾南英传》说："庄烈帝（崇祯）即位，诏许会试，久之，卒不第。而文日有名。负气陵物，人多惮其口。始王、李之学大行天下，谈古文者悉宗之。后钟、谭出而一变。至是钱谦益负重名于词林，痛相纠驳。南英和之、排诋王、李，

不遗余力。"王、李，王指王世贞（1526—1590），字元美，自号凤洲，又号弇州山人，明苏州太仓人。嘉靖二十六年（1547）进士，官刑部主事。杨继盛因弹劾严嵩而下狱，世贞时进汤药，又代其妻草疏。杨死，复棺殓之。因招严嵩大恨。会鞑靼军入塞，嵩乃寻隙贞父王忬罪，论死。贞好古诗文，始与李攀龙为文坛盟主，主张文不读西汉以后作，诗不读中唐人集，以复古号召一世。攀龙死，独主文坛二十年。李，指李攀龙（1514—1570），字于鳞，号沧溟，明山东历城人。嘉靖二十三年（1544）进士，累官至河南按察使。操海内文章之柄垂二十年。文学主张与王世贞极同。艾南英因在文学主张上排斥王世贞、李攀龙，竟不顾事实将奸相严嵩说成是察相。察相，明察之宰相。只将严嵩权杀异己说成是稍过其当。这种因学术之争而致使奸贤颠倒，岂其清夜扪心，自认就是这么回事吗？

⑯彝良泯绝：彝，常，常规。正常的善良、良心泯灭无存。

⑰畛域：范围、界限。此处指小圈子、偏见。

按：明胡应麟《少室山房笔丛·经籍会通》二云："经、史、子、集，区分为四；九流百代咸类附焉。……夏、商以前，经即史也，《尚书》《春秋》是已。至汉人不任经矣，于是乎作史。继之魏晋，其业浸微，其书浸盛，史遂析而别于经。而经之名，禅于佛老矣。周秦之际，子即集也，孟轲、荀况是已。至汉而人不专子矣，于是乎有集。继之唐宋，其体愈备，而其制愈繁，子遂析而入于集，而子之体夷于诗骚矣。"这段话说的虽未尽如此，但也道出了经、史、子、集彼此的关系和各自脱胎的逻辑。《汉志·诗赋略》总序谓："春秋之后，周道寖坏，聘问歌咏不行于列国，学《诗》之士逸在布衣，而贤人失志之赋作矣。大儒孙卿及楚臣屈原离谗忧国，皆作赋以风，咸有恻隐古诗之义。"更深刻地阐明了最初产生集部之作的社会和历史原因。它既跟经有渊源，更与子有牵连。孙卿本是儒家的重要人物，但却因遭谗忧愤而作赋，是子析而入于集者也。至于《隋志》，则谓："文者，所以明言也。……言其因物骋辞，情灵无拥者也。唐歌虞咏，商颂周雅，叙诗缘情，纷纶相袭，自斯已降，其道弥繁。世有浇淳，时移治乱，文体迁变，邪正或殊……"也从社会发展、时移治乱、文体变迁的角度，阐释文集产生的历史渊源。不失"辨章学术，考镜源流"的目录学典范。

至《四库总目》，则从自身的分类说起："集部之目，楚辞最古，别集次之，总集次之，诗文评又晚出，词曲则其闰余也。"其下则大谈词场恩怨，门户纷争。自隋以降，与时俱进，文体出新。大而言之，唐诗、宋词、元曲、明剧，乃至清人文翰，亦都有彼此承传的逻辑。可四库馆臣几乎只字未题，这就失去了其目录学应有的功能。诗，特别是唐诗，格律严整，限制抒情畅意，故词应运而生。词，乃诗之余，虽也有格律要求，然句有长短，字有雅俗，较律诗自由多了，抒情畅意也方便多了。元人所作散曲，较词更自由了。散曲包括散套和小令。长短不论，一韵到底。至于杂剧、传奇，明清小说，《四库全书》尽可以不收，但作为一种影响很大的文学现象，总不该只字不提。为了说清学术上的源与流，分门别派，述其主张，也是必要的。但照四库馆臣这样，为了吹捧皇帝，表现至公，刻意张扬门户党争，反而不公了。

※　　　　※　　　　※

《隋志·楚辞类》小序

楚辞者，屈原之所作也。自周室衰乱，诗人寝息，谄佞之道兴，讽刺之辞废。楚有贤臣屈原，被谗放逐，乃著《离骚》八篇。言己离别愁思，申杼其心①，自明无罪，因以讽谏，冀君觉悟，卒不省察，遂赴汨罗死焉。弟子宋玉，痛惜其师，伤而和之。其后，贾谊、东方朔、刘向、扬雄嘉其文彩，拟之而作。盖以原楚人也，谓之"楚辞"。然其气质高丽，雅致清远②，后之文人，咸不能逮。始汉武帝命淮南王为之章句，旦受诏，食时而奏之，其书今亡③。后汉校书郎王逸，集屈原已下，迄于刘向，逸又自为一篇，并叙而注之，今行于世④。隋有释道骞⑤，善读之，能为楚声，音韵清切，至今传楚辞者，皆祖骞公之音。

注释

①申杼其心：杼，通抒，抒发。申杼，即申抒。申明抒发其赤胆忠心而又遭谗罹罪因而被放逐的愤懑心境。

②气质高丽，雅致清远：气质，指屈原及其所作《离骚》等的风骨、格调。高丽，高超华丽。雅致，风雅的意趣。清远，清明广远。整句是说屈原及其《离骚》，风骨格调高超华丽，意趣清明广远，后世文人之作，达不到这种水平。

③始汉武帝命淮南王为之章句，旦受诏，食时而奏之，其书今亡：淮南王，指刘安。刘安（前179—前122），西汉宗室，淮南王刘长的三子，文帝时袭王位。《汉书·淮南王传》："淮南王安，为人好书，鼓琴，不喜弋猎狗马驰骋，亦欲以行阴德拊循百姓，流名誉。……时武帝方好艺文，以安属为诸父，辩博善为文辞，甚尊重之。……使为《离骚》传，旦受诏，日食时上。"传，

颜师古注曰："传，谓解说之，若《毛诗传》。"意即汉武帝确曾让淮南王刘安解说《离骚》。章句，分析古书的章节句读。与"传"同义。"旦受诏，食时而奏之"，旦，早晨。食时，到该吃中饭的时候。从字面的意思解释，似也可以说成是吃一顿饭的工夫。然《汉书·淮南王传》为"日食时上"，故必得解释到吃中饭的时候便奏上。意思是言其快。淮南王刘安为什么能这么快？一是他文化水平高，二是他自身也擅长作辞赋。《汉书·艺文志》诗赋略中就著录《淮南王赋》八十二篇，而《淮南王群臣赋》才四十四篇，一人之赋作几抵群臣赋作二倍。自己能作赋，熟读屈原《离骚》，以学习助创，可想而知。故早晨受命，到吃饭时便完成上奏，大体可信。只是久已亡佚。

④后汉校书郎王逸，集屈原已下，迄于刘向，逸又自为一篇，并叙而注之，今行于世：《后汉书·文苑传·王逸》："王逸字叔师，南郡宜城人也。元初中，举上计吏，为校书郎。顺帝时，为侍中。著《楚辞章句》行于世。其赋、诔、书、论及杂文，凡二十一篇。又作《汉诗》百二十三篇。"《四库全书总目·楚辞章句》提要称："初，刘向裒集屈原《离骚》《九歌》《天问》《九章》《远游》《卜居》《渔父》，宋玉《九辨》《招魂》，景差《大招》，而以贾谊《惜誓》、淮南小山《招隐士》、东方朔《七谏》、严忌《哀时命》、王褒《九怀》及向所作《九叹》，共为《楚辞》十六篇，是为总集之祖。逸又益以己作《九思》与班固二叙为十七卷，而各为之注。"此处所谓"集屈原以下，迄于刘向，逸又自为一篇，并叙而注之"实则便是以刘向所编之《楚辞》为蓝本，加上王逸自作《九思》一篇和班固二叙，然后再逐章逐句加以注解，便成了《楚辞章句》。非但隋唐时行世，迄今仍传本不罕。

⑤隋有释道骞：道骞，无考。《隋书·经籍志》著录《楚辞音》一卷，释道骞撰。

《四库总目·楚辞类》小序

裒屈、宋诸赋,定名楚辞,自刘向始也。后人或谓之骚,故刘勰品论楚辞,以"辨骚"标目。考史迁称"屈原放逐,乃著《离骚》"[①],盖举其最著一篇。《九歌》以下,均袭骚名,则非事实矣。《隋志》集部,以"楚辞"别为一门,历代因之。盖汉魏以下,赋体既变,无全集皆作此体者。他集不与楚辞类,楚辞亦不与他集类,体例既异,理不得不分著也。杨穆有《九悼》一卷,至宋已佚[②]。晁补之、朱子,皆尝续编,然补之书亦不传,仅朱子书附刻《集注》后[③]。今所传者,大抵注与音耳。注家由东汉至宋,递相补苴,无大异词。迨于近世,始多别解。割裂补缀,言人人殊。错简说经之术,蔓延及于词赋矣。今并刊除,杜窜乱古书之渐也。

注释

①考史迁称"屈原放逐,乃著《离骚》":史迁,指作《史记》的司马迁。此话出自《史记·太史公自序》:"太史公遭李陵之祸,幽于缧绁,乃喟然而叹曰:'是余之罪也夫!是余之罪也夫!身毁不用矣。'退而深惟曰:'夫《诗》《书》隐约者,欲遂其志之思也。昔西伯拘羑里,演《周易》;孔子厄陈、蔡,作《春秋》;屈原放逐,著《离骚》;左丘失明,厥有《国语》;孙子膑脚,而论《兵法》;不韦迁蜀,世传《吕览》;韩非囚秦,《说难》《孤愤》;《诗》三百篇,大抵圣贤发愤之所为作也。此人皆意有所郁结,不得通其道也,故述往事,思来者。'"意谓与这些人一样,屈原忠君爱国,却遭谗放逐,心中郁结,气有不平,乃著《离骚》,以明不公。

②杨穆有《九悼》一卷，至宋已佚：杨穆字绍叔，北周弘农华阴人。魏孝庄帝永安中除华州别驾。孝武帝末，弟杨宽请以澄城县伯让穆，诏许之。官至并州刺史。《周书》《北史》都有他简单传记，但均未提及他作有《九悼》。《隋书·经籍志》著录杨穆撰《楚辞九悼》一卷。其后的《旧唐书·经籍志》《新唐书·艺文志》之楚辞类，均著录杨穆《九悼》一卷。至《宋史·艺文志》则不见著录。四库馆臣说杨穆《九悼》"至宋已佚"，大体可信。

③晁补之、朱子，皆尝续编，然补之书亦不传，仅朱子书附刻《集注》后：晁补之（1053—1110），字无咎，号济北，自号归来子。济州巨野人。晁端友子。宋神宗元丰二年（1079）进士。《宋史·晁补之传》谓："补之聪敏强记，才解事即善属文，王安国一见奇之。十七岁从父官杭州，稡钱塘山川风物之丽，著《七述》以谒州通判苏轼。轼先欲有所赋，读之叹曰：'吾可以阁笔矣！'又称其文博辩隽伟，绝人远甚，必显于世。由是知名。……补之才气飘逸，嗜学不知倦。文章温润典缛，其凌丽奇卓出于天成。尤精楚辞，论集屈、宋以来赋咏为《变离骚》等三书。"《宋史·艺文志》楚辞类著录晁补之《续楚辞》二十卷，《变离骚》二十卷，即此。朱熹（1130—1200），字元晦，一字仲晦，号晦庵、晦翁、遯翁、沧州病叟，别号紫阳、云谷老人。宋徽州婺源人，徙居建阳考亭。南宋绍兴十八年（1148）进士，累官至焕章阁待制提举南京鸿庆宫。一生著作等身，理学宗师，门人弟子众矣。其集注《楚辞》，"以屈原所著二十五篇为《离骚》，宋玉以下十六篇为《续离骚》，随文诠释。……又刊定晁补之《续楚辞》《变离骚》二书，录荀卿、吕大临凡五十二篇，为《楚辞后语》。亦自为之序"（《四库全书总目·楚辞集注》提要）。晁补之有关楚辞之作无单行本流传，作为《楚辞后语》，则刻在《楚辞集注》中，今有宋元明清本流传。《四库总目》此处之说不尽准确。

按：从性质上说，楚辞绝非一人之作，而是汇众人之篇什，粹编成一书者也。这种性质的书，正是总集的概念。具体则属总集中的"地方艺文"。正如《四库总目·总集类》小序所说："文籍日兴，散无统纪，于是总集作焉。一则网罗散佚，使零章残什并有所归；一则删汰繁芜，使菁稗咸除，精华毕出。是固文章之衡鉴，著作之渊薮矣。"刘向当年"裒集屈原《离骚》《九歌》《天问》《九章》《远游》《卜居》《渔父》，宋玉《九辩》《招魂》，景差《大招》，而以贾谊《惜誓》、淮南小山《招隐士》、东方朔《七谏》、严忌《哀时命》、王褒《九怀》及向所作《九叹》，共为《楚辞》十六篇，是为总集之祖。"（《四库全书总目·楚辞章句》提要）既是总集，那么将其归入"总集"之"地方艺文"，不就完了吗，可事情并没这么简单。一是自阮孝绪《七录》"文集录"中首设"楚辞部"以后，特别是"《隋志》集部以楚辞别为一门"以来，"历代因之"。这种一千几百年的旧贯，人们已经很熟悉，突然改变，反会破坏传统，造成人们极大的不熟悉。二是"汉魏以下，赋体既变，无全集皆作此体者。他集不与楚辞类，楚辞亦不与他集类，体例既异，理不得不分著也"。就是说，汉魏以后，文体大变，即或偶有仿楚辞之作，也成不了单集。其他文集不同于楚辞，楚辞亦不同于其他文集，楚辞成了一种独立的文体，无法与其他文集相容。加之它在文集中出现最早，故仍以保持旧贯为好。

分类固以学科内容、编著体裁为类分原则，但书囊无底，内容多样，体裁不一，有综合，有单一，有似此非此，有非彼似彼，各个都要条分缕析，类归确切，难以做到。有从俗，有创新，反倒是个规律。

且分类编目，宗旨有二：一是为了便于管理。历史上的古籍编目，无论是公藏私庋，登记类分，便于管理，是目的之一。二是为了检用。古人不会作索引，只会依类寻检，突然扭俗变类，别人不熟，反成麻烦。此亦为"楚辞"依旧贯的一种考虑。

※　　　　※　　　　※

《隋志·别集类》小序

　　别集之名，盖汉东京之所创也①。自灵均已降，属文之士众矣，然其志尚不同，风流殊别。后之君子，欲观其体势而见其心灵，故别聚焉，名之为集②。辞人景慕，并自记载，以成书部。年代迁徙，亦颇遗散。其高唱绝俗者，略皆具存。今依其先后，次之于此。

注释

　　①别集之名，盖汉东京之所创也：别集，与总集相对，指个人的诗文集。东京，指东汉建都洛阳，对西京长安而言，号东京洛阳，故东京乃东汉之代名词，实指东汉，或称为后汉。说"别集"之名创自东汉，查无出处。故《四库总目·别集类》小序只说"集始于东汉"。"别集"之名，最早见于南朝梁阮孝绪所编的《七录》。《七录》中的第四录是"文集录"。"文集录"中的第二部是"别集部"。说"集始于东汉"，较有根据，仅《隋书·经籍志》所著录，东汉末年以前人的文集就有四十二部。

　　②自灵均已降，属文之士众矣，然其志尚不同，风流殊别。后之君子，欲观其体势而见其心灵，故别聚焉，名之为集：灵均，屈原的字。屈原名平，又自云名正则，字灵均。属义，谓连缀字句而成文章，即写作之义。风流，本指有才而不拘礼法的气派，此处解释成风格流派似更贴切。整句是说，自屈原以后，运笔写作的人很多，但他们的志趣趋向不同，风格流派也有很大的区别。后世之人要通过观览其文章体裁气势而达到了解他们的心

灵，故分别汇聚每个人的文章，编辑成册，名之曰集。集者，文章汇集者也。

《四库总目·别集类》小序

集始于东汉。荀况诸集，后人追题也①。其自制名者，则始张融《玉海集》②；其区分部帙，则江淹有《前集》，有《后集》③，梁武帝有《诗赋集》，有《文集》，有《别集》④，梁元帝有《集》，有《小集》⑤，谢朓有《集》，有《逸集》⑥；与王筠之一官一集⑦，沈约之《正集》百卷，又《别选集略》三十卷者⑧，其体例均使于齐、梁。盖集之盛，自是始也。唐宋以后，名目益繁，然隋、唐《志》所著录，《宋志》十不存一；《宋志》所著录，今又十不存一。新刻日增，旧编日减，岂数有乘除欤！文章公论，历久乃明，天地英华所聚，卓然不可磨灭者，一代不过数十人。其余可传可不传者，则系乎有幸有不幸，存佚靡恒，不足异也。今于元代以前，凡论定诸编，多加甄录；有明以后，篇章弥富，则删薙⑨弥严。非曰沿袭恒情，贵远贱近，盖阅时未久珠砾并存，去取之间，尤不敢不慎云尔。

注释

①集始于东汉。荀况诸集，后人追题也："集始于东汉"，前已注解。《隋书·经籍志》著录有楚兰陵令《荀况集》一卷、楚大夫《宋玉集》三卷、《汉武帝集》一卷、汉《淮南王集》一卷、汉中书令《司马迁集》一卷、汉太中大夫《东方朔集》二卷、汉孝文园令《司马相如集》一卷、汉胶西相《董仲舒集》一卷、汉骑都尉《李陵集》二卷、汉谏议大夫《王褒集》五卷、汉谏议大夫《刘向集》六卷、汉谏议大夫《谷永集》二卷、汉司空

《师月集》一卷、汉光禄大夫《息夫躬集》一卷、汉太中大夫《扬雄集》五卷、汉太中大夫《刘歆集》五卷、汉《成帝班婕妤集》一卷，四库馆臣认为荀况等这些人的文集，乃是后人摭拾编辑，追题的集名，西汉时并没有。

②其自制名者，则始张融《玉海集》："其自制名者"，即自己给自己的集子取名者。张融（444—497），字思光，张畅子。南朝齐吴郡吴人。弱冠知名。初为新安王行参军，出为封溪令。路经嶂岭，土人执而将杀食之，神色不动，土人异而释之。浮海至交州，于海中作《海赋》。入齐累官太子中庶子、司徒左长史。《南齐书·张融传》："融自名集为《玉海》，司徒褚渊问《玉海》名，融答：'玉以比德，海崇上善。'文集数十卷行于世。"证明张融确实自制文集，自命其名曰《玉海集》。

③其区分部帙，则江淹有《前集》，有《后集》：江淹（444—505），字文通，南朝梁济阳考城人。少孤贫好学。起家刘宋南徐州从事。尝坐罪入狱，上书力辩得释。寻举秀才，对策上第。齐高帝萧道成闻其才，召为尚书驾部郎。入齐，官御史中丞。入梁，封醴陵侯，累官金紫光禄大夫。《梁书·江淹传》："淹少以文章显，晚节才思微退，时人皆谓之才尽（江郎才尽出典）。凡所著述百余篇，自撰为前后《集》。"此即四库馆臣所谓"其区分部帙，则江淹有《前集》，有《后集》"之依据。

④梁武帝有《诗赋集》，有《文集》，有《别集》：梁武帝（464—549），即萧衍，字叔达，小字练儿。南朝梁开国君主，南兰陵人。在位四十八年。《梁书·武帝纪》谓其："天情睿敏，下笔成章，千赋百诗，直疏便就，皆文质彬彬，超迈今古。诏、铭、赞、诔、箴、颂、笺、奏，爰初在田，洎登宝历，凡诸文集又百二十卷……"考《隋书·经籍志》，著录《梁武帝集》二十六卷、《梁武帝诗赋集》二十卷、《梁武杂文集》九卷、《梁武帝别集目录》二卷、《梁武帝净业赋》三卷，确实也是区分部帙。

⑤梁元帝有《集》，有《小集》：梁元帝（508—554），字世诚，小字七符，名萧绎，梁武帝第七子。武帝天监十三年（514）受封湘东王。梁武陵王萧纪天正二年（553）即皇帝位。元帝幼时盲一目，好读书，工书善画。《隋书·经籍志》确实著录《梁元帝集》五十二卷、《梁元帝小集》十卷。

⑥谢朓有《集》，有《逸集》：谢朓（464—499），字玄晖，南朝齐陈郡阳夏人。少好学，文章清丽。起家豫章王太尉行参军。以文才为随王萧子隆所赏爱。与沈约、王融等同为竟陵王萧子良西邸八友。《隋书·经籍志》确实著录有齐吏部郎《谢朓集》十二卷、《谢朓逸集》一卷。

⑦王筠之一官一集：王筠（482—550），字元礼，一字德柔，小字养，南朝梁琅邪临沂人。七岁能属文，十六为《芍药赋》，有文名。为梁昭明太子萧统及沈约、谢朓等爱重。初为尚书殿中郎，迁太子洗马，掌东宫管记。后出为临海太守。中书郎、尚书吏部，迁司左长史。《隋书·经籍志》确实著录了他的梁太子洗马《王筠集》十一卷、王筠《中书集》十一卷、王筠《临海集》十一卷、王筠《尚书集》九卷，确为一官一集。

⑧沈约之《正集》百卷，又《别选集略》三十卷者：沈约（441—513），字休文，南朝梁吴兴武康人。幼遭家难，流寓孤贫，笃志好学，博通经籍，善属文。擅持赋，与谢朓等创"永明体"，并提出"声韵八病"之说。《梁书·沈约传》说他"所著《晋书》百一十卷、《宋书》百卷、《齐纪》二十卷、《高祖纪》十四卷、《迩言》十卷、《谥例》十卷、《宋文章志》三十卷、《文集》百卷，皆行于世。又撰《四声谱》，以为在昔词人累千载而不寤，而独得胸衿，穷其妙旨，自谓入神之作"。又《隋书·经籍志》只著录梁特进《沈约集》一百一卷，未见著录别选《集略》。

⑨删薙：删，删改、删削、删除。薙，除草、芟草。两个字叠用，即删汰筛选。

按：《隋书·经籍志》说："别集之名，盖汉东京之所创也。"这是一句不肯定之语。《四库全书总目》索兴说"集始于东汉"。更加滑头。我们姑且将《隋志》著录的西汉以上诸集，就认为是后人追题，但《隋志》所著录之后汉诸家文集，当不都是后人所追题，因而别集之名起自东汉，大抵可信。别集者，个人之文集也。东汉之个人文集，《隋志》著录三十五部，当有彼时已成集者。编目分类之有"别集"，盖昉于阮孝绪《七录》。《七录》的"文集录"中已设有"别集部"。《隋志》的编辑者们深受其分类影响，特设了"别集"类。此后一千四百年，相沿未断，且都以时代相分，每时代中则以作者前后列序。

※　　　　※　　　　※

《隋志·总集类》小序

总集者，以建安之后辞赋转繁，众家之集日以滋广，晋代挚虞苦览者之劳倦，于是采摘孔翠，芟剪繁芜，自诗赋下各为条贯，合而编之，谓为《流别》①。是后，文集总钞，作者继轨，属辞之士，以为覃奥②，而取则焉。今次其前后，并解释评论，总于此篇。

注释

①晋代挚虞苦览者之劳倦，于县采摘孔翠，芟剪繁芜，自诗赋下各为条贯，合而编之，谓之《流别》：挚虞（？—311），宁仲治，西晋京兆长安人。少事皇甫谧。才学通博，著述不倦。举贤良，拜中郎，累官至卫尉卿。惠帝永兴元年（304），从帝至长安。旋流离鄂杜间，入南山。还洛，官至太常卿。怀帝永嘉中，洛阳荒乱，人饥相食，挚虞以馁卒。《晋书·挚虞传》说他"撰

《文章志》四卷、注解《三辅决录》。又撰古文章类聚，区分为三十卷，名曰《流别集》，各为之论，辞理惬当，为世所重"。证明《隋志》之说可信。今检《隋书·经籍志》总集类，首款著录的便是挚虞的《文章流别集》四十一卷。"采摘孔翠"，摘，通摘。孔翠，本指孔雀与翠鸟，此指美丽的文章。芟，删除。芜，丛生的杂草，此处指删汰滥竽充数的文章。整句是说建安以后诗赋日夥，文集日滋，挚虞担心览者全阅之苦，便采摘精华，去其繁杂，并条分缕析，排比合编，以成总集。

②覃奥：广蓄深藏。意谓有了总集这种形式，属文之士便以其为广蓄深藏的渊薮。

《四库总目·总集类》小序

文籍日兴，散无统纪，于是总集作焉。一则网罗放佚，使零章残什并有所归；一则删汰繁芜，使莠稗咸除，精华毕出。是固文章之衡鉴①，著作之渊薮矣。《三百篇》既列为经②，王逸所裒又仅楚辞一家③，故体例所成，以挚虞《流别》为始。其书虽佚，其论尚散见《艺文类聚》④中。盖分体编录者也。《文选》而下，互有得失。至宋真德秀《文章正宗》，始别出谈理一派，而总集遂判两途⑤。然文质相扶⑥，理无偏废，各明一义，未害同归。惟末学循声，主持过当，使方言俚俗，俱入词章；丽制鸿篇，横遭嗤点，是则并德秀本质失之耳。今一一别裁，务归中道。至明万历以后，侩魁渔利，坊刻弥增，剽窃陈因，动成巨帙，并无门径之可言，姑存其目，为冗滥之戒而已。

注释

①衡鉴：本作衡镜，宋人回避宋太祖赵匡胤之祖赵敬的嫌名

讳，改镜为鉴。其意谓，衡，指衡器，可以用来衡量轻重短长。鉴，即镜，可以用来照出善恶美丑。此指文章进入总集要经过甄选，故总集好像成了文章好坏的衡量尺度和鉴别借镜。

②《三百篇》既列为经："三百篇"，指《诗经》。《诗经》本为诗歌总集，但久已归入六艺，后为经书，不在总集之列。

③王逸所裒又仅楚辞一家：指王逸所作的《楚辞章句》。其实王逸并未裒集楚辞，裒集者乃刘向。刘向裒集的十六篇楚辞，前已注释。王逸在这十六篇的基础上，又增加了自己所作的《九思》和班固二叙，厘为十七卷，分篇各为之注。不过，不管其裒集与否，王逸的《楚辞章句》，确都是楚辞，历来不视其为总集。

④《艺文类聚》：此为类书，唐欧阳询等奉敕编辑，凡一百卷，四十八类。其"'序称《流别》《文选》，专取其文；《皇览》《遍略》，直书其事，文义既殊，寻检难一'。是书比类相从，事居于前，文列于后，俾览者易为功，作者资其用，于诸类书中，体例最善。"（《四库全书总目·艺文类聚》提要）四库馆臣此处所说，意谓挚虞所编《文章流别》虽然已经失传，但其对文章评论文字，有些还散见于《艺文类聚》中。

⑤至宋真德秀《文章正宗》，始别出谈理一派，而总集遂判两途：真德秀（1178—1235），字景元，一字希元，后改作景希，号西山。一说原姓慎，避南宋孝宗赵昚名讳，改姓真。宋建宁府浦城人。宁宗庆元五年（1199）进士，开禧元年（1205）中博学鸿词科。理宗时擢礼部侍郎，直学士院。端平元年（1234）为户部尚书，改翰林学士，拜参知政事。学宗朱熹。《文章正宗》乃其所选编之总集。"是集分辞令、议论、叙事、诗歌四类。录《左传》《国语》以下至于唐末之作。其持论甚严，大意主于论理而不论文。刘克庄《集》有赠郑宁文诗，曰：'昔侍西山讲读时，颇于函丈得精微。书如逐客犹遭黜，辞取横汾亦恐非。筝笛焉能

谐雅乐，绮罗原未识深衣。嗟予老矣君方少，好向师门识指归。'其宗旨具于是矣。"(《四库全书总目·文章正宗》提要)就是说《文章正宗》论理而不论文；其前其后之总集也有只论文章好坏而不谈其理者，于是总集分成了两条道。

⑥文质相扶：文，指文采；质，指质地、质朴。《论语·雍也》："质胜文则野，文胜质则史，文质彬彬，然后君子。"意谓质朴超越文采便显得粗野，文采超越质朴就显浮虚。史，指古代掌管文书的史官，多用铺陈之词，客观地记录国君、诸侯的言行，自己心里并无诚恳质朴之意。只有文质相扶，才可以称为君子。此处指甄选文章也要文质相扶，不可偏废。

按：阮孝绪《七录》之"文集录"，已开列"总集部"。《隋志》因之，遂于集部设总集类。相沿至今，这个类目仍在沿用着。不过至《四库总目》所收总集，仍不过依其成书时代和编辑者前后通排了下来，对总集之书未能进一步类分。张之洞《书目答问》，对总集进行了下位类的细分，形成文选、文、诗、词四类。这个分法仍然不是编制群书目录的分法，而是为学子读书选目的分法。诗、文、赞、颂、名、表、序、志都有的文集太多了，怎么分得开呢？民国以来的古籍群书目录，当以国家图书馆的善本书目编制得最为严整。20世纪80年代书目文献出版社出版的《北京图书馆古籍善本书目》，其总集之下已分为丛编、通代、断代、地方艺文、家集五类。通常情况下，这五类是能概括总集情况的。但它仍是善本书目，善本书本身就是从现存古籍中选出来的，书的范围仍有局限性，所以其类表仍不能概括全部古籍。20世纪50年代末，上海图书馆编制出版的《中国丛书综录》，在总集类下分为文选、历代、郡邑、外国、氏族、唱酬、题咏、尺牍、谣谚、课艺十属。今博采众家，结合现存古籍之实际，分为丛编、通代、断代、地方艺文、家集、域外、题咏、楹

494

联、尺牍、谣谚、课艺，可能概括性更强。

※　　　※　　　※

《四库总目·诗文评类》小序

　　文章莫盛于两汉，浑浑灏灏①，文成法立，无格律之可拘。建安、黄初②，体裁渐备，故论文之说出焉。《典论》其首也③。其勒为一书，传于今者，则断自刘勰、钟嵘。勰究文体之源流，而评其工拙；嵘第作者之甲乙，而溯厥师承。为例各殊，至皎然诗式，备陈法律。孟棨《本事诗》、刘攽《中山诗话》、欧阳修《六一诗话》④，文体兼说部，后所论著，不出此五例中矣。宋、明两代，均好议论，所撰尤繁。虽宋人务求深解，多穿凿之词；明人喜作高谈，多虚憍之论，然汰除糟粕，采撷精英，每足以考证旧闻，触发新意。《隋志》附总集之内，《唐书》以下，则并于集部之末别立此门⑤。岂非以其讨论瑕瑜，别裁真伪，博参广考，亦稗于文章欤！

注释

①浑浑灏灏：浑浑，浑厚质朴貌；灏灏，犹浩浩，远大貌。扬雄《法言·问神》："虞、夏之书浑浑尔，商书灏灏尔。"此处是说两汉文章浑厚质朴，深远浩浩。

②建安、黄初：建安，东汉末刘协的年号，行用二十五年。占刘协帝祚三十二年的近80%的时间。公元196年，曹操奉汉献帝将都城从洛阳移到了许昌，改元"建安"，于是挟天子令诸侯，希冀重建统一大业。同时不断招揽文学才士，逐渐形成以曹氏父子为核心的北方文学中心。他们面对战争连年、破败乱离的社会景象，创作出不少"慷慨悲凉"的作品。刘勰《文心雕龙》说

"观其时文,雅好慷慨,良由世积乱离,风衰俗怨,并志深而笔长,故梗概而多气也",正是此期文学的特点。"建安风骨"由此而成名。黄初,是三国魏文帝曹丕的年号,行用七年(220—226)。曹丕本身就是著名的文学家和文学评论家。其弟曹植名声更著。此处是说经过建安、黄初三十余年的发展,文学体裁逐渐齐备,于是文学评论也就产生了。

③《典论》其首也:《典论》是曹丕的文学评论专著,也是中国文学批评史上第一部专门性论著,故谓其首也。全书已佚,其中《典论·论文》却保存了下来。谓"文章,经国之大业,不朽之盛事"。对"建安七子"的辞赋诗文展开了评论。

④孟棨《本事诗》、刘攽《中山诗话》、欧阳修《六一诗话》:孟棨,或作启,字初中,唐人。累举进士而不第,至僖宗乾符中始及第,官尚书司勋郎中。有《本事诗》一卷。采历代词人之作,叙其本事。分情感、事感、高逸、怨愤、征异、征咎、嘲戏七类。所记除乐昌公主、宋武帝二条为六朝事外,余皆唐人之作。刘攽(1023—1089),字贡父,一作戆父、赣父,号公非,宋临江新喻人。北宋仁宗庆历六年(1046)进士。历州县官二十年,入国子监为直讲,迁馆阁校勘。神宗熙宁中同知太常礼院、因反对新法,出知曹州。哲宗元祐中召拜中书舍人。博览群书,精于史学,尝助司马光修《资治通鉴》,专治汉史部分。又有《中山诗话》一卷。北宋诗话唯欧阳修、司马光与此为最古。此编虽较欧、马不及,但在元祐中,刘攽学问最有根底。欧阳修《六一诗话》,众人皆知,恕不注。

⑤《隋志》附总集之内,《唐书》以下,则并于集部之末别立此门:查《文心雕龙》于《隋书·经籍志》确实著录在总集之《文选音》之后,《文章始》之前,即梁人作品之中。《旧唐书·经籍志》仍仿《隋志》,亦将《文心雕龙》著录在总集中,并未单行著录。《新唐书·艺文志》于总集之外,集部之末,另行著

录了李充《翰林论》、刘勰《文心雕龙》、颜竣《诗例录》、钟嵘《诗评》、刘子玄《史通》、柳氏《释史》、刘悚《史例》、沂公《史例》、裴杰《史汉异议》、李嗣真《诗品》、王昌龄《诗格》等书，不仅仅是诗文评，而且也有史评史论。但仍然没有单列门目。《宋史·艺文志》集部之末单行著录这类书已达九十八部，六百卷。其中仍有柳璨《史通析微》、刘悚《史例》、刘知幾《史通》等史评之书。它倒是立了门目，但名曰"文史类"，仍不名"诗文评"。《明史·艺文志》只记本朝著述之盛。其集部末尾也著录了四十八部诗评诗品诗话的书，但其门目仍名"文史类"。并不是《四库总目》所说的"《唐书》以下，则并于集部之末别立此门"，而是自《新唐书·艺文志》以下，名家著录已注意到这部分书的特质，朝着单独立类的方向发展。

按：宋郑樵《通志·艺文略》"类文第十二"的最后一小类是"诗评"。钱曾《述古堂书目》出现了"诗文评"的类目名称，但同时还存在"诗话"之属。可见对于图书性质的认识，是个渐进的过程。其原因是图书自身，特别是某类图书自身就有个发展积累过程。在这个过程中，始因量少，构不成单独立类的条件，只好附着在相近的类中。《隋书·经籍志》"远览马《史》、班《书》，近观王、阮《志》《录》"，极力吸收旧录之精髓，故有"《隋志》所类，无所不当"的美誉（见郑樵《通志·校雠略》）。它之所以能如此，主要就是《隋志》对图书著录分类采取了"离其疏远，合其近密，约文绪义"的基本原则。即把内容"疏远"的书，著录在不同类目之下；把内容"近密"的书著录在同一类或相近类目之下。这是按图书内容进行分类的目录学思想的体现。《文心雕龙》是评论文章优劣的著作，《隋志》便将其放在了总集类内，算是"合其近密"吧。自《新唐书·艺文志》而下，直至《明史·艺文志》，虽都注意到了诗文品评这类的书，并在集部之末单独予以著录,但都还名之曰"文史类"。表明文学批评这种文艺理论,到清初还未被学者所认识。《述古堂书目》的作者钱曾,是明末清初的藏书家,他虽在自己的藏书目录中开设了"诗文评类",但同时也开设了"诗话类",表明他对这类书有了认识,但还不是太清楚。至《四库全书总目》认识才臻于成熟。"文章莫盛于两汉,浑浑灏灏,文成法立,无格律之可拘。建安、黄初,体裁渐备,故论文之说出焉。《典论》其首也。"这就十分清楚地交代了评论诗文这类书产生的历史背景。既有产生,就有发展。刘勰《文心雕龙》"究文体之源流,而评其工拙"。钟嵘作《诗品》,将诗作分成上、中、下三等,故谓钟嵘"第作者之甲乙,而溯厥师承"。而至唐孟棨、宋刘攽、欧阳修之作品,虽体兼说部,然"后所论著,不出此五例中矣"。即论文品诗之作,不出《文心雕龙》《诗品》《本事诗》《中山诗话》《六一诗话》这五书体例。这种总结和概括,非居高临下,总览全局者,不能做如是说。然《四库全书总目》喜一类作品按作者时代先后排列,未注意更细的类分。若是编辑中国古籍总目,还可细分为诗评、文评、制艺等类。

※　　　　※　　　　※

《四库总目·词曲类》小序

词、曲二体,在文章、技艺之间。厥品颇卑,作者弗贵,特才华之士以绮语①相高耳。然《三百篇》变而古诗,古诗变而近体,近体变而词,词变而曲,层累而降,莫知其然。究厥渊源,实亦乐府之余音,风人之末派。其于文苑,同属附庸,亦未可全斥为俳优②也。今酌取往例,附之篇终。词、曲两家,又略分甲乙。词为五类,曰别集、曰总集、曰词话、曰词谱、词韵;曲则惟录品题论断之词,及中原音韵,而曲文则不录焉。王圻《续文献通考》,以《西厢记》《琵琶记》俱入经籍类中,全失论撰之体裁,不可训也③。

注释

①绮语:藻饰或不实之词称为绮语。佛教《四十二章经·善恶并明》:"众生以十事为善,亦以十事为恶。何等为十?身三、口四、意三。……口四者:两舌、恶口、妄言、绮语。"又《法苑珠林·五戒戒相》:"又《成实论》云:'虽是实语,以非时故,即名绮语。或是时以随顺衰恼无利益故,故虽利益以言无本,义理不次,恼心说故,皆名绮语。"都可证明"绮语",乃矫饰不实之词,后世于描写男女私情诗文的文字也称为"绮语"。此处谓"才华之士以绮语相高",即带有后世"绮语"的含义。

②俳优:指古代以乐舞作谐戏的艺人。类似滑稽演员。此处谓词曲虽是文苑附庸,但也不能全将其看成杂耍。

③王圻《续文献通考》,以《西厢记》《琵琶记》俱入经籍类中,全失论撰之体裁,不可训也:王圻字元翰,明松江府上海人。嘉靖四十四年(1565)进士,授清江知县,擢御史。张居正、高拱均不赏识,出为福建佥事,复为忌者排挤,谪邛州判官。后历官至陕西布政参议。乞养归,筑室淞江之滨,种梅万树,名梅花源,专心著书其中,《续文献通考》,乃其著述之一,二百五十四卷。此书意续元马端临《文献通考》,而又变更其门目,欲于通考之外兼擅通志之长,结果反使体例踳驳。其《经籍考》内所载南宋诸人文集,尚不及《文渊阁书目》之半。金人文集与《中州集》所载作者小传相比,仅及十之一二。而将《西厢记》《琵琶记》《水浒传》俱著录在"经籍门"中,历为后来论者之所讥。四库馆臣此处之说,即由上述而来。

按：《四库全书总目》将词曲合在一起，单设为类，列在集部末尾，在目录学上是突破，但又十分保守。王国维先生在他的《宋元戏曲考序》一文中说："凡一代有一代之文学：楚之骚，汉之赋，六代之骈语，唐之诗，宋之词，元之曲，皆所谓一代之文学，而后世莫能继焉者也。独元人之曲，为时既近，托体稍卑，故两朝史志与《四库》集部，均不著于录；后世儒硕，皆鄙弃不复道。而为此等，大率不学之徒。即有一二学子，以余力及此，亦未有能观其会通，窥其奥窔者。遂使一代文献，郁堙沉晦者且数百年，愚甚惑焉。"王国维的观点，几乎可以代表近现代以来所有有识之士的看法。王国维的时代，距《四库全书》纂修将近两百年。处在康乾盛世的四库馆臣们，未必没有王国维的见识，但奉敕修书，不能不体现官方的正统、尊严和意志。故于歪门邪道的稗官野史、杂品小说，一律不予顾盼。就编书而言，见仁见智，各有各的标准，也没有多少可非议的。编目则不同了，编目是遇书就得编，既编就得分类，就得部居，这就有了类目设置问题。《四库全书》"词曲类"下开设了词集、词选、词话、词谱词韵、南北曲五小类，这是就其所收书设置的。若是面对全部这类作品进行编目，这个类目就捉襟见肘了。词故不必说。它非但是有宋一代文学代表之作，也是一种文学体裁延续至今，故词与曲必须分开设类。词类之下可设类编、别集、总集、词话、词谱、词韵六类。曲是有元一代的文学代表作品，也是一种较大的文学体裁，应与词平行单独列类。曲类之下可设诸宫调、散曲、曲选、弹词、宝卷、曲韵曲谱、曲评曲话曲目七类。戏剧与曲有联系，但又不完全相同。始终将戏剧屈居于曲的概念里，是不符合实际的。因而将戏剧析出，与词、曲平行单列一类，也是我们必须考虑的内容。戏剧类之下还可以再设杂剧、传奇、剧选。

小说与小说家类的作品有联系，但性质概念也不完全相同。

小说家类的作品，"近史""似子"，其杂事、异闻、琐语、谐谑，虽也来自街谈巷语，但毕竟有来源，似可信，可征引，与后世虚拟故事体的传奇、话本和通俗小说，有很大的不同。将这两者都放在小说家类，显然是不妥当的。《四库全书总目》不收小说，自然谈不上有什么问题，但其小说家类所收之书，不少都应该进入杂学类，以还小说家类的本来面貌。因而在词、曲、戏剧之后单列小说类，显然是必要的。其下可设短篇、长篇两属。再往下还可以细分。

※　　　　※　　　　※

《隋志》在四部以外附道经经戒三百一部，九百八卷；饵服四十六部，一百六十七卷；房中十三部，三十八卷；符箓十七部，一百三卷。共三百七十七部，一千二百一十六卷。并附道经小序一篇。

又附佛经大乘经六百一十七部，二千七十六卷；小乘经四百八十七部，八百五十二卷；杂经三百八十部，七百一十六卷；杂疑经一百七十二部，三百三十六卷；大乘律五十二部，九十一卷；小乘律八十部，四百七十二卷；杂律二十七部，四十六卷；大乘论三十五部，一百四十一卷；小乘论四十一部，五百六十七卷；杂论五十一部，四百三十七卷；记二十部，四百六十四卷。共一千九百五十部，六千一百九十八卷。并附佛经小序一篇。今依次录其总序以释之。

《隋志·道经》总序

道经者，云有元始天尊，生于太元之先，禀自然之气，冲虚凝远，莫知其极①。所以说天地沦坏，劫数终尽②，略与佛经同。以为天尊之体，常存不灭。每至天地初开，或在玉京之上，或在穷桑之野，授以秘道，谓之开劫度人③。然其开劫，非一度矣，故有延康、赤明、龙汉、开皇④，是其年号。其间相去经四十一亿万载。所度皆诸天仙上品，有太上老君、太上丈人、天真皇人、五方天帝及诸仙官，转共承受，世人莫之豫⑤也。所说之经，亦禀元一⑥之气，自然而有，非所造为，亦与天尊常在不灭。天地不坏，则蕴而莫传；劫运若开，其文自见。凡八字，尽道体之奥，谓之天书。字方一丈，八角垂芒，光辉照耀，惊心眩目，虽诸天仙不能省视。天尊之开劫也，乃命天真皇人改啭天音而辩析之。自天真以下，至于诸仙，展转节级，以次相授。诸仙得之，始授世人。然以天尊经历年载，始一开劫，受法之人，得而宝秘，亦有年限，方始传授。上品则年久，下品则年近。故今授道者，经四十九年，始得授人。推其大旨，盖亦归于仁爱清静，积而修习，渐至长生，自然神化，或白日登仙，与道合体。其受道之法，初受《五千文箓》，次受《三洞箓》，次受《洞玄箓》，次受《上清箓》。箓皆素书⑦，纪诸天曹官属佐吏之名有多少，又有诸符错在其间，文章诡怪，世所不识。受者必先洁斋⑧，然后赍金环一，并诸赞币⑨，以见于师。师受其赞，以箓授之，仍剖金环，各持其半，云以为约。弟子得箓，缄而佩之。

其洁斋之法，有黄箓、玉箓、金箓、涂炭等斋⑩。为坛三成，每成皆置綵蕝，以为限域⑪。傍各开门，皆有法象⑫。斋者亦有人数之限，以次入于緻簁之中，鱼贯面缚，陈说愆咎[13]，告白神祇，昼夜不息，或一二七日而止，其斋数之外有人者，并在緻簁之外，谓之斋客，但拜谢而已，不面缚焉。而又有诸消灾度厄之法，依阴阳五行数术，推人年命书之，如章表之仪，并具赞币，烧香陈读。云奏上天曹，请为除厄，谓之上章。夜中，于星辰之下陈设酒脯饼饵币物，历祀天皇太一[14]，祀五星列宿，为书如上章之仪以奏之，名之为醮。又以木为印，刻星辰日月于其上，吸气执之以印，疾病多有愈者[15]。又能登刀入火而焚㷊之，使刃不能割，火不能热。而又有诸服饵、辟谷、金丹、玉浆、云英，蠲除滓秽之法[16]，不可殚记。云自上古黄帝、帝喾、夏禹之俦并遇神人，咸受道箓，年代既远，经史无闻焉。

推寻事迹，汉时诸子，道书之流有三十七家，大旨皆去健羡，处冲虚而已[17]，无上天官符箓之事。其《黄帝》四篇，《老子》二篇，最得深旨。故言陶弘景[18]者隐于句容，好阴阳五行、风角星算，修辟谷、导引之法，受道经符箓，武帝素与之游。及禅代之际，弘景取图谶之文，合成"景梁"字以献之，由是恩遇甚厚。又撰《登真隐诀》，以证古有神仙之事；又言神丹可成，服之则能长生，与天地永毕。帝令弘景试合神丹，竟不能就，乃言中原隔绝，药物不精故也。帝以为然，敬之尤甚。然武帝弱年好事，先受道法。及即位，犹自上章，朝士受道者众。三吴及边海之际，信之逾甚。陈武世居吴兴，故亦奉焉。后魏之世，嵩山道士寇谦之，自云尝遇真人成公兴，后遇太上老君，授谦之为天师，而又赐之《云中音诵科诫》二十卷。又使玉女授其服气导引之法，遂得辟谷，气盛体轻，颜色鲜丽。弟子十余人，皆得其术。其后又遇神人李谱，云是老君玄孙，授其图箓真经，劾召百神，六十余卷，及销炼金丹云英八石玉浆之法。太武始光之初[19]，奉其书而献之。帝使谒者奉玉帛牲牢祀嵩岳，迎致其余弟子，于代都东南起坛宇，给道士百二十余人，显扬其法，宣布天下。太

503

武亲备法驾，而受符箓焉。自是道业大行，每帝即位，必受符箓，以为故事。刻天尊及诸仙之象而供养焉。迁洛已后，置道场于南郊之傍，方二百步。正月、十月之十五日，并有道士哥人百六人，拜而祠焉。后齐武帝迁邺，遂罢之。文襄之世，更置馆宇，选其精至者使居焉。后周承魏，崇奉道法，每帝受箓，如魏之旧。寻与佛法俱灭。开皇初又兴，高祖雅信佛法，于道士蔑如也。大业中，道士以术进者甚众。其所以讲经，由以《老子》为本，次讲《庄子》及灵宝、昇玄⑳之属。其余众经，或言传之神人，篇卷非一。自云天尊姓乐，名静信，例皆浅俗，故世甚疑之。其术业优者，行诸符禁，往往神验。而金丹玉液长生之事，历代糜费，不可胜纪，竟无效焉。今考其经目之数，附之于此。

注释

①道经者，云有元始天尊，生于太元之先，禀自然之气，冲虚凝远，莫知其极：元始天尊，道教供奉的最高天神，由于他生于太元之先，所以号称"元始"。南朝梁陶弘景《真灵位业图》将道教天神分为七级，最高一级是上合虚皇道君，即元始天尊。唐人附会此说，并谓元始天尊姓乐，名静信。《隋志》此序已提及此事。太元，指太空、宇宙。《云笈七签》卷二十："出驾八景，浮游太元。"这里的太元，即指太空、宇宙。禀，承受。《尚书·说命上》："臣下罔攸禀命。"《左传·昭公二十六年》："先王所禀于天地，以其为民也。"杜预注："禀，受也。"冲虚，恬淡虚静。《旧唐书·高祖纪》："且老氏垂化，本贵冲虚；养志无为，遗情物外。"凝远，凝重深远。《陈书·萧允传》："允少知名，风神凝远，通达有识鉴。"此处之"风神凝远"，即是凝重深远之义。整句是说道经里边谓有元始天尊，生于宇宙万物之前，承受自然之气，恬淡虚静，凝重深远，不知其边际终极。

②天地沦坏，劫数终尽：沦坏，塌陷、毁灭，指天塌地陷。劫数，本为佛教语，指极漫长的时间。后指厄运、灾难，大限。

意谓道经中所说的天塌地陷，厄运灾难结束，与佛经中所说大抵相同。

③每至天地初开，或在玉京之上，或在穷桑之野，授以秘道，谓之开劫度人：玉京，天上城阙。《魏书·释老志》："道家之原，出于老子。其自言也，先天地生，以资万类。上处玉京，为神王之宗；下在紫微，为飞仙之主。"这里的玉京指的就是天上的城阙。穷桑，传说古帝少皞氏居于穷桑，故少皞氏亦号为穷桑。《左传·昭公二十九年》："世不失职，遂济穷桑。"杜预注："穷桑，地在鲁北。"还有一种说法，穷桑，即曲阜。整句是说每至开天辟地，元始天尊或者在天上宫阙，或者在野外穷桑，传授秘密之道，叫作开劫度人。也就是摆脱劫难，度化俗人。

④延康、赤明、龙汉、开皇：道教指天地开辟以后开劫度人用以计时的年号，故此序说其开劫并非一度，故有延康、赤明、龙汉、开皇，是其年号。

⑤豫：通与，即参与。未豫，即未参与。

⑥元一：指万物唯一的本源。

⑦箓皆素书：古人写书，丝织品的缣帛也是载体。《风俗通义》说刘向为孝成皇帝典校书籍二十余年，"皆先竹书，改易刊定，可缮写者以上素。"《隋书·经籍志》总序："秘书监荀勖又因《中经》更著《新簿》，分为四部，总括群书……但录题及言，盛以缥囊，书用细素。"可证素书即缣帛之书。

⑧洁斋：净洁身心，诚敬斋戒。郦道元《水经注·获水》："穿石为藏……黎民谓藏有神，不敢犯神，凡到藏，皆洁斋而进……"唐张鷟《游仙窟》："余乃端仰一心，洁斋三日。"都是净洁身心的斋戒活动。

⑨然后赍金环一，并诸贽币：赍，付与、送与。贽币，见面时赠送的财物。即谓受道之人，洁身心斋戒后，还要送与金环及各种财物。

505

⑩其洁斋之法，有黄箓、玉箓、金箓、涂炭等斋：黄箓，道教的醮名。设坛普祭天神、地祇、人鬼，用以忏罪祈福。《旧唐书·哀帝纪》天祐二年敕："天文变见，合事祈禳，宜于太清宫置黄箓道场，三司支给斋料。"醮，祭祀。《竹书纪年上》："（黄帝）游于洛水之上，见大鱼，杀五牲以醮之。"《文选·楚宋玉高唐赋》："醮诸神，礼太一。"所以道士设坛祈祷也称为醮，故黄箓、玉箓、金箓、涂炭，都各是醮名的一种，也可以理解为是祭祀形式的一种。

⑪为坛三成，每成皆置緜蕝，以为限域：成，重、层。《尔雅·释丘》："丘一成为敦丘，再成为陶丘。"这里的"成"字即是层、重之义。"为坛三成"，即筑坛三重。緜蕝，亦作绵蕞。《史记·叔孙通列传》："遂与所征三十人西，及上左右为学者与其弟子百余人为緜蕞。"裴骃《史记集解》引徐广话说："表位标准。音子外反。"骃案："如淳曰：'置设蕝索，为习肄处。蕞谓以茅翦树地为纂位。《春秋传》曰置茅蕝也。'《索隐》徐音子外反。如淳曰：'翦茅树地，为纂位尊卑之次。'苏林音纂。韦昭云：'引绳为緜，音兹会反。'按：贾逵云：'树茅以表位为蕝。'"意谓以绳束茅草代替人位，演习礼仪。道教洁斋之法，设坛三重，每层皆放置草束为标，作为边限。

⑫傍各开门，皆有法象：指神妖作法时变成的形象。是说坛旁各有开门，每门都树有神仙作法时的变象。

⑬鱼贯面缚，陈说愆咎：面缚，两手反绑于身背而面向前。《史记·宋微子世家》："周武王伐纣克殷，微子乃持其祭器造于军门，肉袒面缚。"司马贞《史记索隐》："面缚者，缚手于背而面向前也。"愆咎，罪过。《后汉书·章帝纪》："朕新离供养，愆咎众著，上天降异，大变随之。"整句是说，进行洁斋的人数有一定限制，并按次序逐个进草靶子围起的戒坛，反捆双手鱼贯而入，忏述自己的罪过，以洗心革面。

⑭天皇太一：《史记·天官书》："中宫天极星，其一明者，太一常居也。"张守节《史记正义》："泰一，天帝之别名也。刘伯庄云：'泰一，天神之最尊贵者也。'"天皇，天帝也。《后汉书·张衡传》："叫帝阍使辟扉兮，觌天皇于琼宫。"唐章怀太子李贤注曰："天皇，天帝也。"意即天神当中最尊贵者就称为天皇太一。

⑮又以木为印，刻星辰日月于其上，吸气执之以印，疾病多有愈者：以木为印，即以木刻字之义，或者说是往木板上刻字之义。《梦溪笔谈》卷十八："其法，用胶泥刻字，薄如钱唇，每字为一印，火烧令坚。……每字皆有数印，如'之''也'等字，每字有二十余印，以备一板内有重复者。……昇死，其印为余群从所得，至今保藏。"可证"刻字"就称为"印"，或者说是刻成了的字就可称为"印"。此处之"以木为印"，就是以木刻字，或者说是刻了字的木块木板就称为印。故"以木为印"的概念，即木板上一定是镌刻了文字，否则难以称印。"刻星辰日月于其上"，星辰，一说是众星的总称，一说星，指金、木、水、火、土五星；辰，指二十八宿。古代天文学家把黄道的恒星分成二十八个星座，称为二十八宿。所谓黄道，就是太阳和月亮所经行的天区。天区四方各有七宿：东方：角、亢、氐、房、心、尾、箕；北方：斗、牛、女、虚、危、室、壁；西方：奎、娄、胃、昴、毕、觜、参；南方：井、鬼、柳、星、张、翼、轸。中间是日月经行的天区。此处所谓"刻星辰日月于其上"，那当不会是杂乱无章地乱刻日月、五星、二十八宿于其上，而应当是在天区周围，依五星、二十八宿所应处的位置画好图，上于板，再镌刻出来。所以刻在木板上的当是简明的天体图。然后吸气执之以印，疾病多有愈者。吸气，盖是消灾度厄斋法所要求的神态。执之，拿起、握住那块刻有天体图的印板。下边的文字断句有歧异。中华书局校点本《隋志》断为："吸气执之，以印疾病，多

有愈者。"1955年11月商务印书馆重印之永盛协印务局本《隋志》及1931年上海群学书社出版之许啸天整理的标点本，都是这么个断法，看来彼此有参考。我则认为"以印疾病"是难讲通的。疾病怎么印法泥？不可理解。当是"吸气执之以印"，印在哪儿？印在纸上，以求天神消灾度厄。此与上文"祀五星列宿，为书如上章之仪以奏之"的形式有关。将印好的天体图，如"章表之仪"，"奏上天曹"，天曹知之，为人消灾度厄，疾病多有全愈者。其义皆通。故这条文字当与雕版印刷有关。或者说与版印绝对有关。虽为《隋书·经籍志》所载，但其事当早于隋朝。值得特殊注意。

⑯而又有诸服饵、辟谷、金丹、玉浆、云英，蠲除滓秽之法：服饵，道家修养的一种方法，指服食丹药。辟谷，古称行导引之术，可以不食五谷，称为辟谷。后为方士道教附会为神仙入道之术。金丹，古代方士炼金石为药，谓服之可以长生，是谓金丹。玉浆，仙人的饮料称玉浆。陶潜《搜神后记》："嵩高山北有大穴，莫测其深，百姓岁时游观。晋初，尝有一人误坠穴中，……又有草屋，中有二人对坐围棋，局下有一杯白饮，坠者告以饥渴，棋者曰：'可饮此。'遂饮之，气力十倍。……乃出蜀中，归洛下，问张华，华曰：'此仙馆大夫，所饮者玉浆也。'"云英，云母当中的一种。云母，是一种矿石，古人认为云之根在此，故称云母。此矿石可析为片，薄者透光，可为镜屏。以质色泽分为云英、云珠、云母、云沙、云液、云胆等。亦可入药，《抱朴子》将其入为仙药。蠲除、免除。滓秽，郁积在体内的废渣秽气。意谓又有以服饵、辟谷、金丹、玉浆、云英等用来清除体内废渣秽气的办法。

⑰大旨皆去健羡，处冲虚而已：健羡，贪欲无厌。《史记·太史公自序》："至于大道之要，去健羡，绌聪明，释此而任术。"裴骃《史记集解》："如淳曰：'知雄守雌，是去健也；不见可欲，

使心不乱,是去羡也。'"冲虚,淡泊虚静。意谓道家要旨,是去贪欲,安于淡泊虚静。

⑱陶弘景:陶弘景(456—536),《梁书》有传:"陶弘景字通明,丹阳秣陵人也。……年十岁,得葛洪《神仙传》,昼夜研寻,便有养生之志。……齐高帝作相,引为诸王侍读,除奉朝请,虽在朱门,闭影不交外物,唯以披阅为务,朝仪故事,多取决焉。永明十年,上表辞禄,诏许之……于是止于句容之句曲山。恒曰:'此山下是第八洞宫,名金坛华阳之天,周回一百五十里。'……乃中山立馆,自号'华阴隐居'。始从东阳孙游岳,受符图经法。遍历名山,寻访仙药。……建武中,齐宜都王铿为明帝所害。其夜弘景梦铿告别,因访其幽冥中事,多说秘异,因著《梦记》焉。……义师平建康,闻议禅代,弘景援引图谶,数处皆成'梁'字,令弟子进之。高祖既早与之游,及即位后,恩礼逾笃,书问不绝,冠盖相望。天监四年,移居积金东涧。善辟谷、导引之法,年逾八十而有壮容。……大同二年,卒,时年八十五。……谥曰贞白先生。"

⑲太武始光之初:太武,指北魏太武帝。太武帝即拓跋焘,字佛厘,一作佛貍,鲜卑族人在位时严禁佛教,尊崇道教。故寇谦之之道教特受尊崇。

⑳灵宝、昇玄:灵宝,道家的长生之法。《抱朴子·辨问》:"此乃灵宝之方,长生之法。"昇玄,道教所说的得道升天就叫昇玄。

按:道教之盛在南北朝。南朝梁陶弘景之时,北朝北魏寇谦之之时,都因皇帝的崇信而使道教盛极一时。隋虽崇佛,然道上以术进者甚众。唐主姓李,追尊老子,故唐初也是崇道。然《隋志》的编纂者,却能保持冷静头脑,竟然敢于提出"自云天尊姓乐,名静信,例皆浅俗,故此甚疑之。……而金丹玉液长生之事，历代糜费，不可胜纪，竟无效焉。"这是需要极强的科学态度和勇气的。故《隋志》道家之著录绝不与道教相混，而是将道教之经目附录在四部之后，这虽不能说是最好的方法，但毕竟反映出他们视道家与道教为两回事的真知灼见。《四库总目》之编纂，较《隋志》晚一千年。千年中虽然道教攀龙附凤，死命地往道家身上贴，但道教与道家毕竟不能同日而语。可是四库馆臣却在如此重要的问题上，采取了不负责任的态度，竟把道教并入了道家类。其目录思想之混乱，其类分思想之不科学，态度之不负责任，非但昭然若揭，并且长期影响了后世。今天，当着我们要用计算机为古籍进行编目，并做分类标引时，产生了调整类目的时机。我们无论如何不能再继续相混下去，而要在先秦诸子中单列道家，而在子部末尾另立宗教，宗教中单列道教。

《隋志·佛经》总序

佛经者，西域天竺之迦维卫国净饭王太子释迦牟尼所说。释迦当周庄王之九年四月初八日，自母右胁而生，姿貌奇异，有三十二相，八十二好。舍太子位，出家学道，勤行精进，觉悟一切种智，而谓之佛，亦曰佛陀，亦曰浮屠，皆胡言也。华言译之为净觉。其所说，云人身虽有生死之异，至于精神，则恒不灭。此身之前，则经无量身矣。积而修习，精神清净，则成佛道。天地之外，四维①上下，更有天地，亦无终极，然皆有成有败。一成一败，谓之一劫。自此天地已前，则有无量劫矣。每劫必有诸佛得道，出世教化，其数不同。今此劫中，当有千佛。自初至于释迦，已七佛②矣。其次当有弥勒出世，必经三会③，演说法藏，开度众生。由其道者，有四等之果。一曰须陁洹，二曰斯陁含，三曰阿那含，四曰阿罗汉。至罗汉者，则出入生死，去来隐显，而不为累。阿罗汉已上，至菩萨者，深见佛性，以至成道。每佛灭度，遗法相传，有正、像、末三等淳醨④之异。年岁远近，亦各不同。末法已后，众生愚钝，无复佛教，而业行⑤转恶，年寿渐短，经数百千载间，乃至朝生夕死。然后有大水、大火、大风之灾，一切除去之，而更立生人，又归淳朴，谓之小劫。每一小劫，则一佛出世。

初，天竺中多诸外道⑥，并事水火毒龙，而善诸变幻。释迦之苦行也，是诸邪道并来嬲恼⑦，以乱其心而不能得。及佛道成，尽皆摧伏，并为弟子。弟子，男曰桑门⑧，译言息心，而总曰僧，译言行乞；女曰比丘尼。皆剃落须发，释累辞家，相与和居，治心修净，行乞以自资，而防心摄行⑨。僧至二百五十戒，尼五百戒。俗人信凭佛法者，男曰优婆塞，女曰优婆夷，皆去杀、盗、淫、妄言、饮酒，是为五诫。释迦在世教化四十九年，乃至天龙人鬼并来听法，弟子得道以百千万亿数。然后于拘尸那城娑罗双树间，以二月十五日入般涅槃。涅槃亦曰泥洹，译言灭度，亦言常乐我净。初释迦说法，以人之性识根业各差，故有大乘小乘之说。至是谢世，弟子大迦叶与阿难等五百人，追共撰述，缀以文字，集载为十二部。后数百年，有罗汉菩萨相继著论，赞明其义。然佛所说我灭度后，正法五百年，像法一千年，末法三千年⑩，其义如此。

推寻典籍，自汉已上，中国未传。或云久以流布，遭秦之世，所以堙灭。其后张骞使西域，盖闻有浮屠之教。哀帝时，博士弟子秦景使伊存口授浮屠经，中土闻之，未之信也⑪。后汉明帝，夜梦金人飞行殿庭，以问于朝，而傅毅以佛对。帝遣郎中蔡愔及秦景使天竺求之，得佛经四十二章及释迦立像，并与沙门摄摩腾、竺法兰东还。愔之来也，以白马负经，因立白马寺于洛城雍门西以处之。其经缄于兰台石室，而又画像于清凉台及显节陵上⑫。章帝时，楚王英以崇敬佛法闻，西域沙门赍佛经而至者甚众。永平中，法兰又译《十住经》。其余传译，多未能通。至桓帝时，有安息国沙门安静，赍经至洛，翻译最为通解。灵帝时，有月支沙门支谶、天竺沙门竺佛朔等并翻佛经。而支谶所译《泥洹经》二卷，学者以为大得本旨。汉末，太守竺融亦崇佛法。三国时，有西域沙门康僧会赍经至吴译之，吴主孙权甚大敬信。魏黄初中，中国人始依佛戒，剃发为僧。先是西域沙门来此，译小品经⑬，首尾乖舛，未能通解。甘露中，有朱仕行⑭者，往西域，至于阗国，得经九十章，晋元康中至邺译之，题曰《放光般若经》。太始中，有月支沙门竺法护西游诸国，大得佛经，至洛翻译，部数甚多。佛教东流，自此而盛。

石勒时，常山沙门卫道安，性聪敏，诵经日至万余言。以胡僧所译《维摩》《法华》未尽深旨，精思十年，心了神悟，乃正其乖舛，宣扬解释。时中国纷扰，四方隔绝，道安乃率门徒，南游新野，欲令玄宗所在流布，分遣弟子各趋诸方。法性诣扬州，法和入蜀，道安与慧远之襄阳。后至长安，苻坚甚敬之。道安素闻天竺沙门鸠摩罗什思通法门，劝坚致之。什亦闻安令问，遥拜致敬。姚苌弘始二年，罗什至长安，时道安卒后已二十载矣，什深慨恨。什之来也，大译经论，道安所正与什所译义如一，初无乖舛。

初，晋元熙中，新丰沙门智猛，策杖西行，到华氏城⑮，得《泥洹经》及《僧祇律》，东至高昌，译《泥洹》为二十卷。后有天竺沙门昙摩罗谶复赍胡本，来至河西。沮渠蒙逊遣使至高昌取猛本，欲相参验，未还而蒙逊破灭。姚苌弘始十年，猛本始至长安，译为三十卷。昙摩罗谶又译《金光明》等经。时胡僧至长安者数十辈，惟鸠摩罗什才德最优。其所译则《维摩》《法华》《成实论》等诸经，及昙无谶所译《金光明》，昙摩罗谶所译《泥洹》等经，并为大乘之学⑯。而什又译《十诵律》，天竺沙门

512

佛陀耶舍译《长阿含经》及《四方律》，兜佉勒沙门昙摩难提译《增一阿含经》，昙摩耶舍译《阿毗昙论》，并为小乘之学[17]。其余经论，不可胜记。自是佛法流通，极于四海矣。东晋隆安中，又有罽宾沙门僧伽提婆译《增一阿含经》及《中阿含经》。义熙中，沙门支法领从于阗国得《华严经》三万六千偈，至金陵宣译。又有沙门法显，自长安游天竺，经三十余国，随有经律之处，学其书语，译而写之。还至金陵，与天竺禅师跋罗参共辩定，谓《僧祇律》[18]，学者传之。

齐、梁及陈，并有外国沙门。然所宣译，无大名部可为法门者。梁武大崇佛法，于华林园中总集释氏经典，凡五千四百卷。沙门宝唱撰《经目录》。又后魏时，太武帝西征长安，以沙门多违佛律，群聚秽乱，乃诏有司尽坑杀之，焚破佛像。长安僧徒一时歼灭。自余征镇[19]，豫闻诏书，亡匿得免者十一二。文成之世，又使修复。熙平中，遣沙门慧生使西域，采诸经律，得一百七十部。永平中，又有天竺沙门菩提留支大译佛经，与罗什相埒。其《地持》《十地论》，并为大乘学者所重。后齐迁邺，佛法不改。至周武帝时，蜀郡沙门卫元嵩上书，称僧徒猥滥，武帝出诏，一切废毁。

开皇元年，高祖普诏天下，任听出家，仍令计口出钱，营造经像。而京师及并州、相州、洛州等诸大都邑之处，并官写一切经，置于寺内。而又别写，藏于秘阁。天下之人从风而靡，竞相景慕，民间佛经多于《六经》数十百倍。大业时，又令沙门智果于东都内道场撰《诸经目》，分别条贯，以佛所说经为三部：一曰大乘，二曰小乘，三曰杂经。其余似后人假托为之者，别为一部，谓之疑经。又有菩萨及诸深解奥义、赞明佛理者，名之为论，及戒律并有大、小及中三部之别。又所学者，录其当时行事，名之为记。凡十一种。今举其大数，列于此篇。

注释

①四维：四角、四隅。东、西、南、北叫四方，四方之隅叫四维。《淮南子·天文训》："帝张四维，运之以斗……日冬至，日出东南维，入西南维……夏至，出东北维，入西北维……"此处之维都是四角之义。然此文之四维亦含有四方之义。

②七佛：指毗婆尸、尸弃、毗舍、俱留孙、俱那含牟尼、迦叶波、释迦牟尼，共七佛。

③三会：指弥勒佛的三次说法大会。佛教称兜率天弥勒降生翅头末城，学道成佛，在华林园龙华树下开三次法会。初会说法，九十六亿人得阿罗汉；第二次大会说法，九十四亿人得阿罗汉；第三次大会说法，九十二亿人得阿罗汉，可见其三次法会度化了二百八十二亿人，所以说它"开度众生"。

④淳醨：同淳漓，淳，厚也；漓，薄也。合起来即是厚与薄之分。一般指风俗的淳厚与浇薄。此处指佛法深浅厚薄有别。

⑤业行：释家指人在言语、思想、行为等方面的活动。南朝齐王中《头陀寺碑文》："法师释昙珍，业行淳修，理怀渊远。"意即修行之义。

⑥外道：佛教称其他宗教及思想为外道。

⑦嬲恼：纠缠扰乱。指释迦牟尼苦行修炼过程中，不少旁门左道来干扰。

⑧桑门：梵语"沙门"的异译。《魏书·释老志》："诸服其道者，则剃落须发，释累辞家，结师资，遵律度，相与和居，治心修静，行乞以自给，谓之沙门，或曰桑门，亦声相近。总谓之僧，皆胡言也。僧译为和命，众沙门为息心，比丘为行乞。"亦证明桑门即沙门，原因是这两个字音相近。总的称为僧，都是外国人的称呼。

⑨防心摄行：防止私心杂念，注意自己的言语行为。摄，保持、保养。

⑩正法、像法、末法：正法，指释迦牟尼所说的教法，别于左道妖术而言。像法，正、像、末三时之一，谓佛灭度久远，与"正法"相似的佛法。其时道化讹替，虽有教有行而无正果者。"像法"的时限说法不一，一般认为是在佛去世五百至一千年之间。末法，指佛教衰微时期的佛法。所以《隋志》此处说释迦灭度后，五百年"正法"仍传，五百年后至一千年仍能传"像法"，千年以后至三千年传的便是"末法"了。

⑪哀帝时，博士弟子秦景使伊存口授浮屠经，中土闻之，未之信也：哀帝，指西汉哀帝刘欣（前6—前1）。秦景，本为秦景宪，名景卢。曹魏鱼豢所撰《魏略·西戎传》，引《三国志·魏志》卷三裴松之注，谓西汉哀帝元寿元年（前2）博士弟子景卢（秦景宪）从大月氏王之使者伊存口授浮屠经。浮屠即佛陀之音译。是为佛教传入中国最早最可靠记载。《魏书·释老志》对此事件之评述则谓我国虽已听闻佛教之说，却尚未信受其义。

⑫清凉台及显节陵：清凉台当即指山西五台山。此山岁积坚冰，夏仍飞雪，无炎暑，又有五台，故称清凉山或清凉台。显节陵，东汉明帝刘庄的陵名，在今河南洛阳市东南。《后汉书·章帝纪》："葬孝明皇帝于显节陵。"李贤注引《帝王纪》："显节陵方三百步，高八丈。其地故富寿亭也，西北去洛阳三十七里。"

⑬小品经：即鸠摩罗什于公元408年所译《小品般若经》之别称。《小品般若经》凡十卷二十九品，又称《摩诃般若波罗蜜经》《小品般若波罗蜜经》《小品经》《新小品经》。是大乘佛教最初期说般若空观之基础经典之一。后有很多不同译本。

⑭朱仕行：亦作朱士行（203—282），三国时魏僧，又称朱子行、朱士衡。颍川（今河南禹州）人。是我国最早往西域求法之僧，也是我国最早出家之僧，也是我国最早讲经说法者。甘露五年（260）出塞至于阗，欲求梵本，抄得般若正品梵书九十章，

515

名为《放光般若经》,于西晋武帝太康三年(282)遣弟子弗如檀等送达中土。至惠帝元康元年(291)由竺叔兰、无罗叉等于陈留水南寺译为汉文,此即《放光般若经》二十卷。

⑮华氏城:又作波吒厘子、波吒罗、波罗利子、波罗利弗多罗等,为中印度摩揭陀国之都城,位于恒河左岸,即今之巴特纳市。波吒厘子,本为树名,因该城种此树多,故以之为城名。

⑯大乘之学:大乘对小乘而言。梵语摩诃衍,摩诃义为大,衍义为乘,乘车运载的意思。佛教认为,开一切智、尽未来际众生化益之教为大乘,比喻修行法门为乘大车,故名。《法华经·譬喻品》:"若有众生,从佛世尊闻法信受,勤修精进;求一切智、佛智、自然智、无师智、如来知见,力无所畏;愍念安乐无量众生,利益天人,度脱一切,是名大乘。"

⑰小乘之学:梵语的意译。大乘佛教流行之后,原部派佛教被贬称为小乘。小乘保持早期佛教的教理,信奉《阿含经》等教典,重在自我解脱,以求证阿罗汉果为其止境,通过个人修行,入于涅槃,以免轮回之苦。《释氏要览·三宝小乘》:"小者,简非大也。谓如来观根逗机,方便施设也。"

⑱《僧祇律》:《摩诃僧祇律》的简称,是五部律之一,为大众部之律藏。晋释法显自长安游天竺,遍历三十余国,将所得经律加以翻译。回国后又与天竺禅跋陀罗辨析订正,称为《僧祇律》。

⑲征镇:魏晋以来,将军、大将军的称号为征镇。有征东、镇东、征西、镇西之类。监临军事,守卫地方,总称征镇。后来诗文中即以征镇称地方方面长官。此处则指地方、地域、城镇。

《四库总目·释家类》小序

阮孝绪作《七录》，以二氏之文别录于末①。《隋书》遵用其例，亦附于《志》末。有部数、卷数而无书名②。《旧唐书》以古无释家，遂并佛书于道家，颇乖名实③。然惟录诸家之书为二氏作者，而不录二氏之经典，则其义可从④。今录二氏于子部末，用阮孝绪例；不录经典，用刘昫例也⑤。诸《志》皆道先于释，然《魏书》已称《释老志》⑥，《七录》旧目载于释道宣《广弘明集》者，亦以释先于道⑦。故今所叙录，以释家居前焉。

注释

①阮孝绪作《七录》，以二氏之文别录于末：阮孝绪（479—536），字士宗，河南陈留尉氏县人。南朝梁目录学家。酷爱图书，隐居不仕。普通（520—527）年间，博采宋齐以来公私图书记录，参考《梁文德殿五部目录》，编成了《七录》十二卷。该目录分内外篇，内篇五录，即经典录、纪传录、子兵录、文集录、技术录；外篇二录，即佛经录、仙道录。共著录图书六千二百八十八部，四万四千五百二十一卷。是《汉志》后《隋志》前较大的群书目录。所谓"阮孝绪作《七录》，以二氏之文别录于末"，指的就是《七录》不但将佛经、道经放在了外篇，以应方外之说，而且部居在七录的最后两个位置，实属末简。

②《隋书》遵用其例，亦附于《志》末。有部数、卷数而无书名：所谓"《隋书》遵用其例"，是指《隋志》援用了《七录》的旧例，将佛经、道经部居在本《经籍志》的简末了。其实两者并不完全相同。《七录》置二氏之文于卷末，只不过部居为最后两类，但还是《七录》的有效组成部分。《隋志》则在经、史、

子、集四部之外，也就是在全志的末尾另外附加了道经、佛经两类。这在体例上并不全同于《七录》。"有部数、卷数而无书名"，其实这大概也是《隋志》仿《七录》之例。《七录》佛法录收戒律部七十一种八十八帙三百二十九卷；禅定部一百四种一百八帙一百七十六卷；智慧部二千七十七种二千一百九十帙三千六百七十七卷；疑似部四十六种四十六帙六十卷；论记部一百一十二种一百六十四帙一千一百五十八卷。共五部二千四百一十种二千五百九十五帙五千四百卷。仙道录收经戒部二百九十种三百一十八帙八百二十八卷；服饵部四十八种五十二帙一百六十七卷；房中部十三种十三帙三十八卷；符图部七十种七十六帙一百三卷。共四部四百二十五种四百五十九帙一千一百三十八卷。而《隋志》所附录道教之经戒部三百一部九百八卷；饵服四十六部一百六十七卷；房中十三部三十八卷；符箓十七部一百三卷。共三百七十七部一千二百一十六卷。附录佛教之大乘经六百一十七部二千七十六卷；小乘经四百八十七部八百五十二卷；杂经三百八十部七百一十六卷；杂疑经一百七十二部三百三十六卷。大乘律五十二部九十一卷；小乘律八十部四百七十二卷；杂律二十七部四十六卷。大乘论三十五部一百四十一卷；小乘论四十一部五百六十七卷；杂论五十部四百三十七卷。记二十部四百六十四卷。共一千九百五十部六千一百九十八卷。的确是只记录佛道两家之教典的部数、卷数，而不记书名。推其原因，盖是若每书都录一款，其篇幅总量盖远远超过四部群书，比例不成体统。

③《旧唐书》以古无释家，遂并佛书于道家，颇乖名实：《旧唐书·经籍志》道家诸书一百二十五部，其中《老子》六十一家，《庄子》十七家，道释诸说四十七家。道释诸说部分，也只是著录了释道宣的《统略净住子》二卷、释僧佑的《法苑》十五卷、释贤明的《真言要集》十卷、费长房的《历代三宝记》三卷、释道宣的《集古今佛道论衡》四卷、释复礼志的《十门辩惑

论》二卷、释道宣的《通惑决疑录》二卷、释法琳的《辩正论》八卷、《破邪论》三卷、释彦琮的《崇正论》六卷等。真正的佛典一种也未著录，怎么就指责《旧唐书》"并佛书于道家"而"颇乖名实"呢？言过其实，贻误视听。

④然惟录诸家之书为二氏作者，而不录二氏之经典，则其义可从：《旧唐志》所著录的道家、释家的书，都是这两家所编撰的个人著述，而不著录道教、佛教的经典，这种义例可以遵从。

⑤今录二氏于子部末，用阮孝绪例；不录经典，用刘昫例也：用阮孝绪例将佛、道两家放在子部之末，这只能说四库馆臣从人家那里得到启发而做的一件事，并非真是阮孝绪的体例。此在前边已经说过了，不赘述。"不录经典，用刘昫例"，仍说的是《旧唐书·经籍志》体例。因为《旧唐书》乃五代后晋司空同中书门下平章事刘昫领衔编修，故说"刘昫例"，实为《旧唐书》例。刘昫例是什么呢？刘昫例就是不录佛典，只录僧人有关著作；不录道经，只录道家有关著作。

⑥诸《志》皆道先于释，然《魏书》已称《释老志》：诸《志》，指《汉书·艺文志》《隋书·经籍志》《旧唐书·经籍志》《新唐书·艺文志》等。四库馆臣这个话说得也极不准确。班固作《汉书·艺文志》，诸子中第二位是道家，但绝无释家之著录。原因是那时释家还未成为气候。根本谈不上什么"先道后释"。《隋书·经籍志》在诸子中设有道家，在四部之后才附有道经部卷、佛经部卷。若是只就这块附录而言，确是道经在前，佛经在后。新旧《唐志》则是一混汤地著录在道家，但在排序上则是道先释后。笼统说"诸《志》皆道先于释"，不准确，容易误导。"《魏书》已称《释老志》"，这倒是事实。《魏书》指记载南北朝时北朝北魏（也称后魏）事迹的史书，领衔编修者为北齐魏收。该书在最末卷，即一百一十四卷，志第二十，开设了《释老志》。《释老志》先讲释家，后讲道教，实则是释、道发展简史。

⑦《七录》旧目载于释道宣《广弘明集》者，亦以释先于道：《七录》久已失传，然其序文及门目则被道宣收录在自己编撰的《广弘明集》卷之三中。道宣（596—667），丹徒人，本姓钱，十六岁削发为僧，隋大业中从智首法师受具戒。唐武德中为西明寺上座。玄奘从印度取经还，道宣奉敕入译场参与译事。撰有《行事钞》《戒疏》《义抄》《续高僧传》《广弘明集》等书。今据《广弘明集》所录之《七录》门目，知其外篇一，即六录，为佛法录；外篇二，即七录，为仙道录。确是释先道后。这就构成了《四库全书总目》在子末部居二氏之书时形成先释后道格局的依据。

按：佛教、道教本为两大宗教，如果历来的目录学家久已看透，建门立目，以宗教名之，就不会有后来的混乱。混乱的方面有二：一是将佛教名为释家，这就容易与诸子十家相连属；二是诸子十家中本有道家，释家之名一立，道家之名便容易与之相并称。殊不知道家本是先秦的哲学流派，性质上与后世道教无关。可是道教非要追认道家老子为鼻祖，以为自己的门旗，故后世目录家便将道教归名道家了。故自《七录》起，不管是部居在什么位置，两家都并列，实为混乱。

附录

四部调整类目表

经　　部

丛　编
易　类
　　正文之属
　　传说之属
　　图研之属
　　文字音义之属
　　分篇之属
　　专著之属
　　易例之属
　　古易之属
书　类
　　正文之属
　　传说之属
　　文字音义之属
　　分篇之属
　　书序之属
　　专著之属
　　逸书之属

诗　类
　　正文之属
　　传说之属
　　文字音义之属
　　分篇之属
　　诗序之属
　　诗谱之属
　　专著之属
　　逸诗之属
　　三家诗之属
周礼类
　　正文之属
　　传说之属
　　文字音义之属
　　分篇之属
　　专著之属
仪礼类
　　正文之属

传说之属
　　　文字音义之属
　　　分篇之属
　　　专著之属
　　　图研之属
　　　逸礼之属
　礼记类
　　　正文之属
　　　传说之属
　　　文字音义之属
　　　分篇之属
　　　专著之属
　大戴礼记类
　　　正文之属
　　　传说之属
　　　分篇之属
　　　逸礼之属
　三礼总义类
　　　通论之属
　　　名物制度之属
　　　图研之属
　　　通礼杂礼之属
　　　目录之属
　乐　类
　　　乐制之属
　　　乐理之属
　　　律吕之属
　春秋左传类

　　　正文之属
　　　传说之属
　　　文字音义之属
　　　专著之属
　　　释例之属
　春秋公羊传类
　　　正文之属
　　　传说之属
　　　文字音义之属
　　　专著之属
　春秋穀梁传类
　　　正文之属
　　　传说之属
　　　文字音义之属
　　　专著之属
　春秋总义类
　　　正文之属
　　　传说之属
　　　文字音义之属
　　　专著之属
　四书类
　　　大学之属
　　　　正文
　　　　传说
　　　中庸之属
　　　　正文
　　　　传说
　　　论语之属

　　　　正文
　　　　传说
　　　　文字音义
　　　　专著
　　　　古齐鲁论
　　　孟子之属
　　　　正文
　　　　传说
　　　　文字音义
　　　　专著
　　　合刻总义之属
　　　　传说
　　　　文字音义
　　　　专著
　孝经类
　　　正文之属
　　　传说之属
　　　文字音义之属
　　　专著之属
　尔雅类
　　　正文之属
　　　传说之属
　　　分篇之属
　　　专著之属
　群经总义类
　　　传说之属
　　　图研之属
　　　文字音义之属

　　　　授受源流之属
　　　　石经之属
　　　　通考
　　　　专考
　小学类
　　　文字之属
　　　　说文
　　　　传说
　　　　专著
　　　　字书
　　　　通论
　　　　古文
　　　　字典
　　　　字体
　　　　蒙学
　　　音韵之属
　　　　韵书
　　　　古今韵说
　　　　等韵
　　　　注音
　　　训诂之属
　　　　群雅
　　　　字诂
　　　　方言
　　　　译语
　　　文法之属
　　　　文法
　　　　函牍格式

523

公文程式　　　　　诗纬之属
　　　杂著　　　　　　　礼纬之属
　谶纬类　　　　　　　　乐纬之属
　　　河图之属　　　　　春秋纬之属
　　　洛书之属　　　　　孝经纬之属
　　　谶之属　　　　　　论语纬之属
　　　易纬之属　　　　　总义之属
　　　书纬之属

史　　部

丛　编　　　　　　　　　外纪之属
纪传体类　　　　　　　　载记类
　正史之属　　　　　　　史表类
　　　通代　　　　　　　史钞类
　　　断代　　　　　　　史评类
　别史之属　　　　　　　　史学之属
　　　通代　　　　　　　　史论之属
　　　断代　　　　　　　　考订之属
编年类　　　　　　　　　　咏史之属
　　通代之属　　　　　　传记类
　　断代之属　　　　　　　总传之属
纪事本末类　　　　　　　　　历代
　　通代之属　　　　　　　　郡邑
　　断代之属　　　　　　　　谱牒
杂史类　　　　　　　　　　　姓名
　　通代之属　　　　　　　　人表
　　断代之属　　　　　　　　君臣

　　　　儒林　　　　　　通礼
　　　　文苑　　　　　　典礼
　　　　技艺(书画、印　　杂礼
　　　　　人、伶人、筹人)　专志
　　　　忠孝　　　　　　纪元
　　　　隐逸　　　　　　谥法
　　　　列女　　　　　　讳法
　　　　释道仙　　　　　科举校规
　　别传之属　　　　邦计之属
　　　　个人　　　　　　通纪
　　　　年谱　　　　　　营田
　　　　事状　　　　　　赋税
　　　　墓志　　　　　　贸易
　　杂传之属　　　　　　俸饷
　　科举录之属　　　　　漕运
　　　　总录　　　　　　盐法
　　　　历科会试录　　　钱币
　　　　登科录　　　　　户政
　　　　历科乡试录　　　地政
　　　　诸贡录　　　　　荒政
　　　　武试录　　　　　衡制
　　职官录之属　　　邦交之属
　　　　总录　　　　军政之属
　　　　历朝　　　　　　兵制
　　日记之属　　　　　　马政
政书类　　　　　　　　　保甲
　　通制之属　　　　　　团练
　　仪制之属　　　　　　边政

525

```
        律令之属                    寺观
          刑制                    祠庙
          律例                    陵墓
          治狱                    园林
          判牍                    书院
          法验                  杂志之属
        考工之属                水利之属
          营造                  山川之属
          杂志                    山志
      掌故琐记之属                  水志
      公牍档册之属                游记之属
  职官类                        外纪之属
        官制之属                防务之属
          通志                    海防
          专志                    江防
        官箴之属                  陆防
  诏令奏议类                    舆图之属
        诏令之属                    坤舆
        奏议之属                    全国
  时令类                            郡县
  地理类                            山图
        总志之属                    水图
        方志之属                    道里
          通志                      军用
          郡县志                    园林
        专志之属                  建筑宫殿
          古迹                      陵寝
          宫殿                金石类
```

总志之属
　　　目录
　　　图像
　　　文字
　　　通考
　　　题跋
　　　杂著
　　金之属
　　　目录
　　　图像
　　　文字
　　　通考
　　　题跋
　　　杂著
　　钱币之属
　　　图像
　　　文字
　　　杂著
　　玺印之属
　　　目录
　　　文字
　　　通考
　　　杂著
　　石之属
　　　目录
　　　图像
　　　文字
　　　通考

　　　题跋
　　　义例
　　　字书
　　　杂著
　　玉之属
　　　目录
　　　图像
　　　通考
　　　题跋
　　　杂著
　　甲骨之属
　　　图像
　　　文字
　　　通考
　　　义例
　　　字书
　　陶之属
　　　图像
　　　文字
　　郡邑之属
　　　目录
　　　图像
　　　文字
　　　题跋
　　　杂著
目录类
　　通论之属
　　　义例

527

考订	征访
掌故琐记	禁毁
藏书约	书志之属
总录之属	提要
史志	题跋
官修	专录之属
私撰	版本之属
地方	通论
氏族	专考
汇刻	书影

子　部

丛编	墨家类
儒家类	名家类
儒家之属	纵横家类
儒学之属	兵家类
经济	兵法之属
性理	操练之属
礼教	武术技巧之属
鉴戒	兵器之属
家训	法家类
乡约	农家农艺类（综合论农之
女范	书入此）
蒙学	农艺之属
劝学	农历农谚
俗训	土壤耕作
道家类	农家器具

作物种植
　　　灾害防治
　　　产品加工
　　　膳食烹调
　　蚕桑之属
　　园艺之属
　　　总志
　　　蔬菜
　　　瓜果
　　　花卉
　　畜牧之属
　　水产之属
　　鸟兽虫鱼之属
　　兽医之属
医家类
　　内经之属
　　难经之属
　　伤寒之属
　　金匮之属
　　总论之属
　　内科之属
　　　通论
　　　中风
　　　脚气
　　　疝症
　　　虚劳
　　　瘟疫
　　　鼠疫

　　　痧症
　　　霍乱
　　　痢疟
　　　虫蛊
　　　其他
　　外科之属
　　　通论
　　　痈疡
　　　疯疠
　　　瘰疬
　　　疔毒
　　骨伤科之属
　　五官科之属
　　　眼科
　　　耳鼻喉科
　　　口腔科
　　妇产科之属
　　儿科之属
　　痘疹科之属
　　诊治之属
　　　诊法
　　　针灸
　　　按摩导引
　　养生之属
　　脏象之属
　　本草之属
　　方剂之属
　　医案之属

529

医话之属　　　　　　　　总论
　　杂著之属　　　　　　　　题跋
杂家类　　　　　　　　　　书法书品
杂学类　　　　　　　　　　法帖
　　杂考之属　　　　　　　　画法画品
　　杂说之属　　　　　　　　画谱
　　杂品之属　　　　　　　　画录
　　杂纂之属　　　　　　音乐之属
　　杂编之属　　　　　　　　总论
小说家类　　　　　　　　　琴学
　　杂事之属　　　　　　　　乐谱
　　异闻之属　　　　　　　　雅乐
　　琐语之属　　　　　　　　燕乐
天文历算类　　　　　　　　杂乐舞
　　天文之属　　　　　　篆刻之属
　　历法之属　　　　　　　　印论
　　算书之属　　　　　　　　印谱
术数类　　　　　　　　　游艺之属
　　数学之属　　　　　　　　棋弈
　　占候之属　　　　　　　　联语
　　命书相书之属　　　　　　诗钟
　　相宅相墓之属　　　　　　谜语
　　占卜之属　　　　　　　　剧艺
　　阴阳五行之属　　　　　　投壶
　　杂术之属　　　　　　　　蹴鞠
艺术类　　　　　　　　　　　捶丸
　　总论之属　　　　　　　　烟火
　　书画之属　　　　　　　　角力

酒令
猜拳
博戏
杂艺
工艺类
 日用器物之属
  陶瓷
  器具
  几案
  锦绣
  服饰
  香料
  游具
  雕刻
  髹饰
 文房四宝之属
  丛录
  纸
  墨
  笔
  砚
  装潢
 观赏之属
  庭院
  瓶花
  古玩
  奇石

  杂赏
宗教类
 道教之属
  经文
  神符
  灵图
  谱篆
  戒律
  威仪
  方法
  众术
  表章赞颂
  杂著
 佛教之属
  大藏
  单经
  律
  论疏
  经咒
  诸宗
  总录
 其他宗教之属
  回教
  摩尼教
  景教
  耶教

集　　部

楚辞类
别集类
　　汉魏六朝别集
　　唐五代别集
　　宋别集
　　金别集
　　元别集
　　明别集
　　清别集
总集类
　　丛编之属
　　通代之属
　　断代之属
　　郡邑之属
　　氏族之属
　　酬唱之属
　　题咏之属
　　尺牍之属
　　谣谚之属
　　课艺之属
　　域外之属
诗文评类
　　诗评之属
　　文评之属
　　郡邑之属
　　制艺之属
词　类
　　丛编之属
　　别集之属
　　总集之属
　　词话之属
　　词谱之属
　　词韵之属
曲　类
　　诸宫调之属
　　散曲之属
　　曲选之属
　　弹词之属
　　宝卷之属
　　曲韵曲谱曲律之属
　　曲评曲话曲目之属
戏剧类
　　杂剧之属
　　传奇之属
　　总集之属
　　选集之属
　　地方戏曲之属
小说类
　　短篇之属
　　长篇之属

小说评论之属

类　丛　部

类书类
　　通类之属
　　专类之属
丛书类

汇编之属
郡邑之属
家集之属
自著之属

图书在版编目（CIP）数据

三目类序释评 / 李致忠释评. —太原：三晋出版社，2024.3
ISBN 978-7-5457-2809-5

Ⅰ．①三… Ⅱ．①李… Ⅲ．①目录学—研究—中国—古代 Ⅳ．① G257

中国国家版本馆 CIP 数据核字（2024）第 069274 号

三目类序释评

释 评 者：	李致忠
责任编辑：	郭亚林　张仲伟
责任印制：	李佳音
选题策划：	张仲伟
封扉设计：	段宇杰
出 版 者：	山西出版传媒集团·三晋出版社
地　　址：	太原市建设南路 21 号
电　　话：	0351-4956036（总编室）
	0351-4922203（印制部）
网　　址：	http://www.sjcbs.cn
经 销 者：	新华书店
承 印 者：	山西新华印业有限公司
开　　本：	880mm×1230mm　1/32
印　　张：	18.5
字　　数：	470 千字
印　　数：	1—3000 册
版　　次：	2024 年 3 月　第 1 版
印　　次：	2024 年 4 月　第 1 次印刷
书　　号：	ISBN 978-7-5457-2809-5
定　　价：	118.00 元

如有印装质量问题，请与本社发行部联系　电话：0351-4922268